21 世纪高等院校经典教材同步辅导

ERSHIYISHIJIGAODENGYUANXIAOJINGDIANJIAOCAITONGBUFUDAO

高等数学

全程导学及习题全解

下册

同济大学第五版

主　编　周　珑
副主编　孟　慧　杨　春
主　审　王进良

◆知识归纳　梳理主线重点难点
◆习题详解　精确解答教材习题
◆提高练习　巩固知识迈向更高

中国时代经济出版社

China Modern Economic Publishing House

内容简介

  本书是根据高等教育出版社出版的,同济大学应用数学系主编的《高等数学》(上、下册)(第五版)的一本配套的学习辅导和习题解答教材。全书紧扣教材内容,针对各章节全部习题给出详细解答,思路清晰,逻辑缜密,循序渐进的帮助读者分析并解决问题,内容详尽,简明易懂。本书对各章的知识点进行了归纳和提炼,帮助读者梳理各章脉络,统揽全局。在《高等数学》(第五版)(上、下册)教材习题的基础上,根据每章的知识重点,精选了有代表性的题型,方便读者迅速掌握各章的重点和难点。

  本书可作为在校大学生和自考生学习《高等数学》(第五版)(上、下册)课程的教学辅导材料和复习参考用书及工科考研强化复习的指导书,也可以作为《高等数学》(第五版)(上、下册)课程教师的教学参考书。

前　　言

　　《高等数学》是解决理工科数学问题和工程实际问题的重要理论基础和实用工具,也是理工科各专业研究生入学考试的内容。为了帮助广大学生更好的学习和掌握《高等数学》(第五版)(上、下册)课程的理论精髓和解题方法,我们根据同济大学应用数学系编写的《高等数学》(第五版)教材,编写了这本辅导资料。

　　本辅导教材根据《高等数学》(第五版)教材中每一章的内容,编写了以下几方面的内容:本章小结:精练了各章中的主要知识点,理清各知识点之间的脉络联系,囊括了主要定理及相关推论和重要公式等,帮助读者迅速了解本章重要知识点,系统理解各章的体系结构,奠定扎实的理论基础。

　　典型例题讲解:精选具有代表性的重点题型进行讲解,分析问题的突破点,指引解决问题的思路,旨在帮助读者学会独立思考的方式和分析问题的办法。

　　习题全解:依据教材各章节的习题,进行详尽的解答。考虑到不同层次读者的需求,在解答过程中,对于重点和难点习题进行了分析和讲解,归纳解题技巧。

　　自测题:根据教学要求、教学重点,编写了一套难易适中的自测题,并对自测题进行了详细的解答。

　　本教材由周珑、孟慧、杨春等同志编写,全书由王进良老师主审。王进良老师高深的造诣、严谨的治学态度,使编者受益匪浅,对此深表感谢。本书编写过程中得到杜心康、宁建建等同志的大力协助,并得到中国时代经济出版社的领导和有关编辑的大力支持,为此表示忠心的感谢!对《高等数学》(第五版)教材的作者——同济大学应用数学系的老师们,表示衷心的感谢!

由于编者水平有限,加之时间仓促,本书难免有缺点和疏漏,存在一些不妥之处,敬请各位专家及广大读者批评指正。

编 者

2006 年 8 月

目　　录

第八章　多元函数微分法及其应用

本章重点内容导学

一、多元函数基本概念

1. 二元函数的定义及定义域的求法

2. 二元函数极限的定义及求法

3. 二元函数的连续性定义及性质

二、多元函数的微分法

1. 偏导数与高阶偏导数的定义及计算方法

2. 全微分

(1) 定义

(2) 全微的必要与充分条件

(3) 极限、连续、偏导数存在, 可微和偏导数连续之间的关系

(4) 全微分的计算和应用

3. 方向导数的定义及计算

4. 复合函数及隐函数的微分法

三、多元函数微分法的几何应用

1. 空间曲面的切平面及法线求法

2. 空间曲线的切线及法平面求法

四、极值

1. 无约束极值的定义, 存在的必要与充分条件及求法

2. 条件极值的定义及求法

3. 极值的应用

典型例题讲解

例 1　求函数 $z = \sqrt{x}\ln(x+y) + \arcsin(x^2+y^2)$ 的定义域并画草图.

解　$\sqrt{x}$ 的定义域为 $x \geqslant 0$

$\ln(x+y)$ 的定义域为 $x+y > 0$

$\arcsin(x^2+y^2)$ 的定义域为 $x^2+y^2 \leqslant 1$

故得联立方程组 $\begin{cases} x \geqslant 0 \\ x+y > 0 \\ x^2+y^2 \leqslant 1 \end{cases}$

故所求函数的定义域为 $y > -x, x \geqslant 0, 0 < x^2+y^2 \leqslant 1$

草图如图 $8-1$.

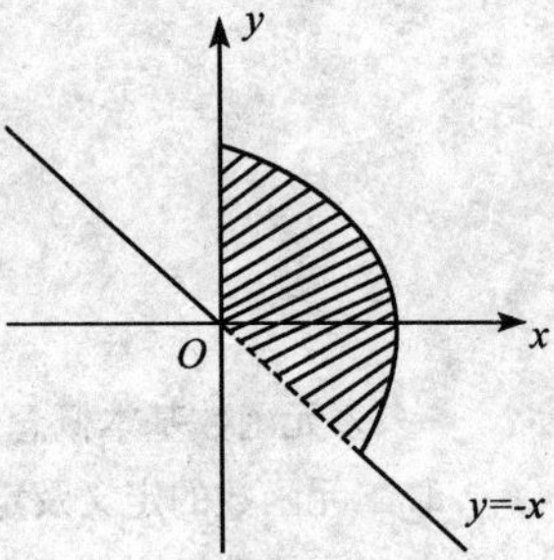

图 $8-1$

例 2　求下列极限：

(1) $\lim\limits_{\substack{x \to \infty \\ y \to \infty}} \dfrac{x^2+y^2}{x^4+y^4}$

解　$\lim\limits_{\substack{x \to \infty \\ y \to \infty}} \dfrac{x^2+y^2}{x^4+y^4} = \lim\limits_{\substack{x \to \infty \\ y \to \infty}} \dfrac{x^2}{x^4+y^4} + \lim\limits_{\substack{x \to \infty \\ y \to \infty}} \dfrac{y^2}{x^4+y^4}$

因为 $0 \leqslant \dfrac{x^2}{x^4+y^4} \leqslant \dfrac{1}{x^2}$，而 $\lim\limits_{x \to \infty} \dfrac{1}{x^2} = 0$，由夹逼原理 $\lim\limits_{\substack{x \to \infty \\ y \to \infty}} \dfrac{x^2}{x^4+y^4} = 0$

又因为 $0 \leqslant \dfrac{y^2}{x^4+y^4} \leqslant \dfrac{1}{y^2}$，而 $\lim\limits_{y \to \infty} \dfrac{1}{y^2} = 0$，由夹逼原理 $\lim\limits_{\substack{x \to \infty \\ y \to \infty}} \dfrac{y^2}{x^4+y^4} = 0$

所以 $\lim\limits_{\substack{x \to \infty \\ y \to \infty}} \dfrac{x^2+y^2}{x^4+y^4} = 0$.

(2) $\lim\limits_{\substack{x \to \infty \\ y \to 0}} \left(1 + \dfrac{1}{x}\right)^{\frac{x^2}{x^2+y^2}}$

解　$\lim\limits_{\substack{x \to \infty \\ y \to 0}} \left(1 + \dfrac{1}{x}\right)^{\frac{x^2}{x^2+y^2}} = \lim\limits_{\substack{x \to \infty \\ y \to 0}} \left[\left(1 + \dfrac{1}{x}\right)^x\right]^{\lim\limits_{\substack{x \to \infty \\ y \to 0}} \frac{x}{x^2+y^2}}$

$= \mathrm{e}^{\lim\limits_{\substack{x \to \infty \\ y \to 0}} \frac{x}{x^2+y^2}}$

$= \mathrm{e}^0$

$= 1.$

例3 设 $z(x,y) = \begin{cases} \dfrac{\sin xy}{x(2+y^2)}, & x \neq 0 \\ 0, & x = 0 \end{cases}$ 证明 $z(x,y)$ 在 $(0,0)$ 处连续.

证明 $\displaystyle\lim_{\substack{(x,y)\to(0,0)\\ xy=0}} z(x,y) = 0 = z(0,0)$

又当 $x \neq 0$ 时,

$$\lim_{\substack{(x,y)\to(0,0)\\ xy\neq 0}} z(x,y) = \lim_{\substack{(x,y)\to(0,0)\\ xy\neq 0}} \frac{\sin xy}{xy(2+y^2)} \cdot \frac{y}{1}$$

$$= \lim_{\substack{(x,y)\to(0,0)\\ xy\neq 0}} \frac{\sin xy}{xy} \cdot \lim_{\substack{(x,y)\to(0,0)\\ xy\neq 0}} \frac{y}{2+y^2}$$

$$= 1 \cdot 0 = 0$$

即 $\displaystyle\lim_{\substack{x\to 0\\ y\to 0}} z(x,y) = z(0,0)$,由定义可知, $z(x,y)$ 在 $(0,0)$ 处连续.

例4 设 $f(x,y) = x + (y-1)\arcsin\sqrt{\dfrac{x}{y}}$,求 $f_x(x,1)$.

解 $f(x,y) = x + (y-1)\arcsin\sqrt{\dfrac{x}{y}}$

$$f_x(x,y) = \frac{\partial f}{\partial x} = 1 + (y-1) \cdot \frac{\dfrac{1}{2\sqrt{xy}}}{\sqrt{1 - (\sqrt{\dfrac{x}{y}})^2}}$$

$$= 1 + (y-1) \cdot \frac{\dfrac{1}{2\sqrt{xy}}}{\sqrt{1 - \dfrac{x}{y}}}$$

$$= 1 + (y-1) \frac{1}{2\sqrt{(y-x)\cdot x}}$$

则 $f_x(x,1) = 1$.

或 $f_x(x,1) = \dfrac{\mathrm{d}}{\mathrm{d}x} f(x,1) = (x)' = 1$.

例5 设 $z = \dfrac{1}{x} f(xy) + yf(x+y)$,求 $\dfrac{\partial^2 z}{\partial x \partial y}$.

解 由 $z = \dfrac{1}{x} f(xy) + yf(x+y)$

得 $\dfrac{\partial z}{\partial x} = \dfrac{xyf'(xy) - f(xy)}{x^2} + yf'(x+y)$

$$= \frac{y}{x} f'(xy) - \frac{f(xy)}{x^2} + yf'(x+y)$$

$$\frac{\partial^2 z}{\partial x \partial y} = \frac{f'(xy)}{x} + yf''(xy) - \frac{f'(xy)}{x} + f'(x+y) + yf''(x+y)$$

$$= yf''(xy) + f'(x+y) + yf''(x+y).$$

例 6　设函数 f, g 有连续导数, 令 $u = yf\left(\dfrac{x}{y}\right) + xg\left(\dfrac{y}{x}\right)$, 求 $x\dfrac{\partial^2 u}{\partial x^2} + y\dfrac{\partial^2 u}{\partial x \partial y}$.

解　设 $s = \dfrac{x}{y}, t = \dfrac{y}{x}$, 则

$$\frac{\partial u}{\partial x} = y\frac{\mathrm{d}f}{\mathrm{d}s}\frac{\partial s}{\partial x} + g + x\frac{\mathrm{d}g}{\mathrm{d}t} \cdot \frac{\partial t}{\partial x}$$

$$= y\frac{\mathrm{d}f}{\mathrm{d}s} \cdot \frac{1}{y} + g + x\frac{\mathrm{d}g}{\mathrm{d}t}\left(-\frac{y}{x^2}\right)$$

$$= \frac{\mathrm{d}f}{\mathrm{d}s} + g - \frac{y}{x}\frac{\mathrm{d}g}{\mathrm{d}t}$$

$$\frac{\partial^2 u}{\partial x^2} = \frac{\partial}{\partial x}\left(\frac{\partial u}{\partial x}\right)$$

$$= \frac{\partial}{\partial x}\left[\frac{\mathrm{d}f}{\mathrm{d}s} + g - \frac{y}{x}\frac{\mathrm{d}g}{\mathrm{d}t}\right]$$

$$= \frac{\mathrm{d}^2 f}{\mathrm{d}s^2} \cdot \frac{1}{y} + \frac{\mathrm{d}g}{\mathrm{d}t}\left(-\frac{y}{x^2}\right) + \frac{y}{x^2}\frac{\mathrm{d}g}{\mathrm{d}t} - \frac{y}{x} \cdot \frac{\mathrm{d}^2 g}{\mathrm{d}t^2}\left(-\frac{y}{x^2}\right)$$

$$= \frac{1}{y}\frac{\mathrm{d}^2 f}{\mathrm{d}s^2} + \frac{y^2}{x^3}\frac{\mathrm{d}^2 g}{\mathrm{d}t^2}$$

$$\frac{\partial^2 u}{\partial x \partial y} = \frac{\partial}{\partial y}\left(\frac{\partial u}{\partial x}\right)$$

$$= \frac{\partial}{\partial y}\left[\frac{\mathrm{d}f}{\mathrm{d}s} + g - \frac{y}{x}\frac{\mathrm{d}g}{\mathrm{d}t}\right]$$

$$= \frac{\mathrm{d}^2 f}{\mathrm{d}s^2}\left(-\frac{x}{y^2}\right) + \frac{\mathrm{d}g}{\mathrm{d}t} \cdot \frac{1}{x} - \frac{1}{x}\frac{\mathrm{d}g}{\mathrm{d}t} - \frac{y}{x}\frac{\mathrm{d}^2 g}{\mathrm{d}t^2} \cdot \frac{1}{x}$$

$$= -\frac{x}{y^2}\frac{\mathrm{d}^2 f}{\mathrm{d}s^2} - \frac{y}{x^2}\frac{\mathrm{d}^2 g}{\mathrm{d}t^2}$$

由以上计算结果可得到

$$x\frac{\partial^2 u}{\partial x^2} + y\frac{\partial^2 u}{\partial x \partial y} = x\left(\frac{1}{y}\frac{\mathrm{d}^2 f}{\mathrm{d}s^2} + \frac{y^2}{x^3}\frac{\mathrm{d}^2 g}{\mathrm{d}t^2}\right) + y\left(-\frac{x}{y^2}\frac{\mathrm{d}^2 f}{\mathrm{d}s^2} - \frac{y}{x^2}\frac{\mathrm{d}^2 g}{\mathrm{d}t^2}\right) = 0.$$

例 7　已知方程 $\dfrac{x}{z} = \ln\dfrac{z}{y}$ 定义了函数 $z = z(x, y)$, 求 $\mathrm{d}z$, 及 $\dfrac{\partial^2 z}{\partial x^2}, \dfrac{\partial^2 z}{\partial x \partial y}$.

解　由方程 $\dfrac{x}{z} = \ln\dfrac{z}{y}$ 变形可得到 $z\ln\dfrac{z}{y} = x$

方程两边分别对 x 求偏导得

$$\frac{\partial z}{\partial x}\Big(\ln\frac{z}{y}\Big)+z\frac{\frac{\partial z}{\partial x}/y}{\frac{z}{y}}=1$$

化简得到$\frac{\partial z}{\partial x}\Big(\ln\frac{z}{y}+1\Big)=1$

$$\frac{\partial z}{\partial x}=\frac{1}{\ln\frac{z}{y}+1}$$

$$=\frac{1}{\frac{x}{z}+1}$$

$$=\frac{z}{x+z}$$

对方程$\frac{x}{z}=\ln\frac{z}{y}$ 两边求 y 偏导得

$$-\frac{x}{z^2}\frac{\partial z}{\partial y}=\frac{\frac{\partial z}{\partial y}}{z}-\frac{1}{y}$$

化简得$\frac{\partial z}{\partial y}=\frac{z^2}{(x+z)y}$

又 $\mathrm{d}z=\frac{\partial z}{\partial x}\mathrm{d}x+\frac{\partial z}{\partial y}\cdot\mathrm{d}y=\frac{z}{x+z}\mathrm{d}x+\frac{z^2}{(x+z)y}\cdot\mathrm{d}y$

由$\frac{\partial z}{\partial x}=\frac{z}{x+z}$

可得$\frac{\partial^2 z}{\partial x^2}=\frac{\frac{\partial z}{\partial x}(x+z)-z\Big(1+\frac{\partial z}{\partial x}\Big)}{(x+z)^2}$

$$=\frac{z-z\Big(1+\frac{z}{x+z}\Big)}{(x+z)^2}$$

$$=-\frac{z^2}{(x+z)^3}$$

$$\frac{\partial^2 z}{\partial x\partial y}=\frac{\frac{\partial z}{\partial y}(x+z)-z\frac{\partial z}{\partial y}}{(x+z)^2}$$

$$=\frac{x\frac{\partial z}{\partial y}}{(x+z)^2}$$

$$=\frac{x\cdot\frac{z^2}{(x+z)y}}{(x+z)^2}$$

$$= \frac{xz^2}{y(x+z)^3}.$$

例 8 求曲面 $\frac{1}{x} - ye^{-z} - \ln(y-z+1) = 0$ 在点 $(e,1,1)$ 处的切平面与法线方程.

解 令 $G(x,y,z) = \frac{1}{x} - ye^{-z} - \ln(y-z+1)$

因为 $G_x = -\frac{1}{x^2}, G_y = -e^{-z} - \frac{1}{y-z+1}, G_z = ye^{-z} + \frac{1}{y-z+1}$

所以曲面在点 $(e,1,1)$ 处的切平面的法向量为

$$\boldsymbol{n}\bigg|_{(e,1,1)} = \left\{ -\frac{1}{x^2}, -e^{-z} - \frac{1}{y-z+1}, ye^{-z} + \frac{1}{y-z+1} \right\}\bigg|_{(e,1,1)}$$
$$= \{-e^{-2}, -e^{-1}-1, e^{-1}+1\}$$

故曲面在点 $(e,1,1)$ 处的切平面方程为

$$-e^{-2}(x-e) - (e^{-1}+1)(y-1) + (e^{-1}+1)(z-1) = 0$$

即 $-e^{-2}x - (e^{-1}+1)(y-z) + e^{-1} = 0$ 或 $\frac{x}{e} + (1+e)(y-z) + 1 = 0$

法线方程 $\dfrac{x-e}{-e^{-2}} = \dfrac{y-1}{-e^{-1}-1} = \dfrac{z-1}{e^{-1}+1}.$

例 9 求函数 $f(x,y) = 5x^2y + xy^2 - 10x$ 的极值,并说明该极值是极大值还是极小值?

解 $f(x,y) = 5x^2y + xy^2 - 10x$

则 $f_x(x,y) = 10xy + y^2 - 10$

$f_y(x,y) = 5x^2 + 2xy$

令 $f_x(x,y) = 0, f_y(x,y) = 0$,解得驻点 $(0,\sqrt{10}), (0,-\sqrt{10})$

又 $f_{xx}(x,y) = 10y, f_{xy}(x,y) = 10x+2y, f_{yy}(x,y) = 2x$

记 $A = f_{xx}(x,y), B = f_{xy}(x,y), C = f_{yy}(x,y)$

在 $x=0, y=\sqrt{10}$ 处,$A = 10\sqrt{10}, B = 2\sqrt{10}, C = 0$

故 $AC - B^2 < 0$,所以 $f(0,\sqrt{10}) = 0$ 不是极值

在 $x=0, y=-\sqrt{10}$ 处,$A = -10\sqrt{10}, B = -2\sqrt{10}, C = 0$

故 $AC - B^2 < 0$,所以 $f(0,-\sqrt{10}) = 0$ 也不是极值.

例 10 求 $z = 6 - 4x - 3y$ 在 $x^2 + y^2 = 1$ 的条件下的极值.

解 构造辅助函数 $F(x,y,\lambda) = 6 - 4x - 3y + \lambda(x^2 + y^2 - 1)$

由 $\begin{cases} F_x = -4 + 2\lambda x = 0 \\ F_y = -3 + 2\lambda y = 0 \\ F_\lambda = x^2 + y^2 - 1 = 0 \end{cases}$

解方程组得 $\lambda = \pm \dfrac{5}{2}$

当 $\lambda = \dfrac{5}{2}$ 时,$x = \dfrac{4}{5}, y = \dfrac{3}{5}$;

当 $\lambda = -\dfrac{5}{2}$ 时,$x = -\dfrac{4}{5}, y = -\dfrac{3}{5}$.

比较 $z(x, y)$ 在点 $(\dfrac{4}{5}, \dfrac{3}{5}), (-\dfrac{4}{5}, -\dfrac{3}{5}), (0, 1), (0, -1), (1, 0), (-1, 0)$ 处的值.

由 $z(\dfrac{4}{5}, \dfrac{3}{5}) = 6 - 4 \times \dfrac{4}{5} - 3 \times \dfrac{3}{5} = 1$

$z(-\dfrac{4}{5}, -\dfrac{3}{5}) = 6 - 4 \times (-\dfrac{4}{5}) - 3 \times (-\dfrac{3}{5}) = 11$

$z(0, 1) = 6 - 4 \times 0 - 3 \times 1 = 3$

$z(0, -1) = 6 - 4 \times 0 - 3 \times (-1) = 9$

$z(1, 0) = 6 - 4 \times 1 - 3 \times 0 = 2$

$z(-1, 0) = 6 - 4 \times (-1) - 3 \times 0 = 10$

因此在 $(\dfrac{4}{5}, \dfrac{3}{5})$ 处取极小值,$z(\dfrac{4}{5}, \dfrac{3}{5}) = 1$;

在 $(-\dfrac{4}{5}, -\dfrac{3}{5})$ 处取极大值,$z(-\dfrac{4}{5}, -\dfrac{3}{5}) = 11$.

例 11　在椭圆 $\dfrac{x^2}{a^2} + \dfrac{y^2}{b^2} = 1$ 上求一点 $M(x, y)(x, y \geqslant 0)$,使椭圆在该点的切线与坐标轴构成的三角形面积为最小,并求其面积.

解　把椭圆 $\dfrac{x^2}{a^2} + \dfrac{y^2}{b^2} = 1$ 表示成参数方程

$$\begin{cases} x = a\cos\theta \\ y = b\sin\theta \end{cases} (0 \leqslant \theta \leqslant 2\pi)$$

在点 $(a\cos\theta, b\sin\theta)(0 \leqslant \theta \leqslant \dfrac{\pi}{2})$ 处,椭圆的切线方程为

$$y - b\sin\theta = -\dfrac{b}{a}\mathrm{ctg}\theta(x - a\cos\theta)$$

当 $x = 0, y = \dfrac{b}{\sin\theta}$;

当 $y = 0, x = \dfrac{a}{\cos\theta}$.

因此与两坐标轴所围成的三角形面积可表示为

$$S = \dfrac{1}{2} \cdot \dfrac{a}{\cos\theta} \cdot \dfrac{b}{\sin\theta} = \dfrac{ab}{\sin 2\theta}$$

$$S'(\theta) = -\frac{2ab\cos2\theta}{\sin^2 2\theta}$$

令 $S'(\theta) = 0$,此时 $\theta = \frac{\pi}{4}$,

又根据几何知识可知,所求最小面积存在.

故当 $\theta = \frac{\pi}{4}$ 时,S 最小,其最小面积为 ab,此时,所求的点为 $(\frac{a}{\sqrt{2}}, \frac{b}{\sqrt{2}})$.

习题全解

习题 $8-1$

1. 判断下列平面点集中哪些是开集、闭集、区域、有界集、无界集?并分别指出它们的聚点所成的点集(称为导集) 和边界.

(1)$\{(x,y) \mid x \neq 0, y \neq 0\}$;

(2)$\{(x,y) \mid 1 < x^2 + y^2 \leqslant 4\}$;

(3)$\{(x,y) \mid y > x^2\}$;

(4)$\{(x,y) \mid x^2 + (y-1)^2 \geqslant 1\} \bigcap \{(x,y) \mid x^2 + (y-2)^2 \leqslant 4\}$.

解 (1) 开集,无界集,边界为 x 轴与 y 轴,导集是 R^2.

(2) 不是开集,也不是闭集,是有界集,其导集为 $\{(x,y) \mid 1 \leqslant x^2 + y^2 \leqslant 4\}$,其边界是 $\{(x,y) \mid x^2 + y^2 = 1$ 或 $x^2 + y^2 = 4\}$.

(3) 开集,区域,无界集,其导集是 $\{(x,y) \mid y \geqslant x^2\}$,边界是 $\{(x,y) \mid y = x^2\}$.

(4) 闭集,有界集,其导集为其本身,边界是 $\{(x,y) \mid x^2 + (y-1)^2 = 1$ 或 $4\}$.

2. 已知函数 $f(x,y) = x^2 + y^2 - xy\tan\frac{x}{y}$,试求 $f(tx, ty)$.

解 $\because f(x,y) = x^2 + y^2 - xy\tan\frac{x}{y}$

$\therefore f(tx,ty) = (tx)^2 + (ty)^2 - tx \cdot ty\tan\frac{tx}{ty}$

$$= t^2\left(x^2 + y^2 - xy\tan\frac{x}{y}\right)$$

$\therefore f(tx,ty) = t^2 f(x,y).$

3. 试证函数 $F(x,y)=\ln x\cdot\ln y$ 满足关系式
$$F(xy,uv)=F(x,u)+F(x,v)+F(y,u)+F(y,v).$$

证明　$\because F(x,y)=\ln x\cdot\ln y$

$\therefore F(xy,uv)=\ln(xy)\cdot\ln(uv)$
$$\begin{aligned}&=(\ln x+\ln y)\cdot(\ln u+\ln v)\\&=\ln x\cdot\ln u+\ln x\cdot\ln v+\ln y\cdot\ln u+\ln y\cdot\ln v\\&=F(x,u)+F(x,v)+F(y,u)+F(y,v).\end{aligned}$$

4. 已知函数 $f(u,v,w)=u^{w}+w^{u+v}$，试求 $f(x+y,x-y,xy)$.

解　$f(u,v,w)=u^{w}+w^{u+v}$
$$\begin{aligned}f(x+y,x-y,xy)&=(x+y)^{xy}+(xy)^{(x+y)+(x-y)}\\&=(x+y)^{xy}+(xy)^{2x}.\end{aligned}$$

5. 求下列各函数的定义域：

$(1)z=\ln(y^2-2x+1)$; 　　　　　　$(2)z=\dfrac{1}{\sqrt{x+y}}+\dfrac{1}{\sqrt{x-y}}$;

$(3)z=\sqrt{x-\sqrt{y}}$; 　　　　　　$(4)z=\ln(y-x)+\dfrac{\sqrt{x}}{\sqrt{1-x^2-y^2}}$;

$(5)u=\sqrt{R^2-x^2-y^2-z^2}+\dfrac{1}{\sqrt{x^2+y^2+z^2-r^2}}(R>r>0)$;

$(6)u=\arccos\dfrac{z}{\sqrt{x^2+y^2}}$.

解　(1) 令 $y^2-2x+1>0$，

得 $x<\dfrac{y^2+1}{2}$

$\therefore$ 其定义域 $D=\left\{(x,y)\mid x<\dfrac{y^2+1}{2}\right\}$.

(2) $\begin{cases}x+y\geqslant0\\\sqrt{x+y}\neq0\end{cases}\Leftrightarrow x+y>0$

$\begin{cases}x-y\geqslant0\\\sqrt{x-y}\neq0\end{cases}\Leftrightarrow x-y>0.$

$\therefore$ 其定义域 $D=\{(x,y)\mid x+y>0\text{且}x-y>0\}$.

(3) $\begin{cases}y\geqslant0\\x-\sqrt{y}\geqslant0\end{cases}\Leftrightarrow x\geqslant\sqrt{y}\text{且}y\geqslant0.$

$\therefore$ 其定义域 $D=\{(x,y)\mid y\geqslant0\text{且}x\geqslant\sqrt{y}\}$.

$(4) \begin{cases} y-x>0 \\ x\geqslant 0 \\ 1-x^2-y^2\geqslant 0 \\ \sqrt{1-x^2-y^2}\neq 0 \end{cases} \Leftrightarrow \begin{cases} y>x\geqslant 0 \\ x^2+y^2<1 \end{cases}$

∴ 其定义域 $D=\{(x,y)\mid y>x\geqslant 0$ 且 $x^2+y^2<1\}$.

$(5) \begin{cases} R^2-x^2-y^2-z^2\geqslant 0 \\ x^2+y^2+z^2-r^2>0 \end{cases} \Leftrightarrow r^2<x^2+y^2+z^2\leqslant R^2$.

∴ 其定义域 $D=\{(x,y,z)\mid r^2<x^2+y^2+z^2\leqslant R^2\}$.

$(6) \begin{cases} x^2+y^2>0\Leftrightarrow x^2+y^2\neq 0 \\ -1\leqslant\dfrac{z}{\sqrt{x^2+y^2}}\leqslant 1\Leftrightarrow\left|\dfrac{z}{\sqrt{x^2+y^2}}\right|\leqslant 1\Leftrightarrow z^2\leqslant x^2+y^2 \end{cases}$

∴ 其定义域 $D=\{(x,y,z)\mid z^2\leqslant x^2+y^2$ 且 $x^2+y^2\neq 0\}$.

6. 求下列各极限:

$(1)\ \displaystyle\lim_{(x,y)\to(0,1)}\frac{1-xy}{x^2+y^2}$;

$(2)\ \displaystyle\lim_{(x,y)\to(1,0)}\frac{\ln(x+e^y)}{\sqrt{x^2+y^2}}$;

$(3)\ \displaystyle\lim_{(x,y)\to(0,0)}\frac{2-\sqrt{xy+4}}{xy}$;

$(4)\ \displaystyle\lim_{(x,y)\to(0,0)}\frac{xy}{\sqrt{xy+1}-1}$;

$(5)\ \displaystyle\lim_{(x,y)\to(2,1)}\frac{\sin(xy)}{y}$;

$(6)\ \displaystyle\lim_{(x,y)\to(0,0)}\frac{1-\cos(x^2+y^2)}{(x^2+y^2)e^{x^2y^2}}$.

解 $(1)\ \displaystyle\lim_{(x,y)\to(0,1)}\frac{1-xy}{x^2+y^2}=\frac{1-0\times 1}{0^2+1^2}=1$.

$(2)\ \displaystyle\lim_{(x,y)\to(1,0)}\frac{\ln(x+e^y)}{\sqrt{x^2+y^2}}=\frac{\ln(1+e^0)}{\sqrt{1^2+0^2}}=\ln 2$.

$(3)\ \displaystyle\lim_{(x,y)\to(0,0)}\frac{2-\sqrt{xy+4}}{xy}=\lim_{(x,y)\to(0,0)}\frac{2^2-(\sqrt{xy+4})^2}{xy\cdot(2+\sqrt{xy+4})}$

$\qquad =\displaystyle\lim_{(x,y)\to(0,0)}\frac{-xy}{xy\cdot(2+\sqrt{xy+4})}$

$\qquad =\displaystyle\lim_{(x,y)\to(0,0)}\frac{-1}{2+\sqrt{xy+4}}$

$\qquad =\dfrac{-1}{2+\sqrt{0+4}}=-\dfrac{1}{4}$.

$(4)\ \displaystyle\lim_{(x,y)\to(0,0)}\frac{xy}{\sqrt{xy+1}-1}=\lim_{(x,y)\to(0,0)}\frac{xy\cdot(\sqrt{xy+1}+1)}{(xy+1)-1}$

$\qquad =\displaystyle\lim_{(x,y)\to(0,0)}(\sqrt{xy+1}+1)$

$$= \sqrt{0+1+1}$$
$$= 2.$$

(5) $\displaystyle\lim_{(x,y)\to(2,0)} \frac{\sin(xy)}{y} = \lim_{(x,y)\to(2,0)} \left(\frac{\sin(xy)}{xy} \cdot x \right) \xlongequal{t=xy} \lim_{t\to 0} \frac{\sin t}{t} \cdot \lim_{x\to 2} x$

$$= 1 \times 2$$
$$= 2.$$

(6) $\displaystyle \frac{1-\cos(x^2+y^2)}{(x^2+y^2)e^{x^2 y^2}} = \frac{1-\left(1-2\sin^2 \dfrac{x^2+y^2}{2}\right)}{\left(\dfrac{x^2+y^2}{2}\right)^2 e^{x^2 y^2}} \cdot \frac{x^2+y^2}{4}$

$$= 2\left[\frac{\sin \dfrac{x^2+y^2}{2}}{\dfrac{x^2+y^2}{2}} \right]^2 \cdot \frac{x^2+y^2}{4e^{x^2 y^2}}$$

$\therefore \displaystyle\lim_{(x,y)\to(0,0)} \frac{1-\cos(x^2+y^2)}{(x^2+y^2)e^{x^2 y^2}} \xlongequal{x^2+y^2=2t} \lim_{t\to 0} 2\left(\frac{\sin t}{t}\right)^2 \cdot \lim_{(x,y)\to(0,0)} \frac{x^2+y^2}{4e^{x^2 y^2}}$

$$= 2 \times 1^2 \times \frac{0+0}{4e^0}$$

$$= 0.$$

7. 证明下列极限不存在:

(1) $\displaystyle\lim_{(x,y)\to(0,0)} \frac{x+y}{x-y}$;　　　　(2) $\displaystyle\lim_{(x,y)\to(0,0)} \frac{x^2 y^2}{x^2 y^2 + (x-y)^2}$.

证明　(1) 点$(0,0)$是$D = \{(x,y) \mid x \neq y\}$的聚点.

不妨设动点$P(x,y)$沿直线$y = kx$趋近于点$P_0(0,0)$,则

$$\lim_{(x,y)\to(0,0)} \frac{x+y}{x-y} = \lim_{x\to 0} \frac{x+kx}{x-kx} = \frac{1+k}{1-k}(k\neq 1)$$

显然当k取不同数值时$\dfrac{1+k}{1-k}$也将不同.

$\therefore \displaystyle\lim_{(x,y)\to(0,0)} \frac{x+y}{x-y}$是不存在的.

(2) 动点$P(x,y)$沿直线$y=0$趋近于点$P_0(0,0)$时,极限为0;动点$P\to P_0(0,0)$是沿直线$y=x$时,极限为1;

两个极限不相等,所以命题得证.

8. 函数$z = \dfrac{y^2+2x}{y^2-2x}$在何处是间断的?

解　$D = \{(x,y) \mid y^2 \neq 2x\}$,其导集为$R^2$.

由初等函数连续性知,z在D上是连续的.

∵z 在 $\{(x,y) \mid y^2 = 2x\}$ 上没有意义

∴ 函数在 $\{(x,y) \mid y^2 = 2x\}$ 处间断.

9. 证明 $\lim\limits_{(x,y)\to(0,0)} \dfrac{xy}{\sqrt{x^2+y^2}} = 0$.

证明 $D = \{(x,y) \mid x^2 + y^2 \neq 0\}$

∴ 点 $P_0(0,0)$ 是 D 的聚点.

$$\left| \frac{xy}{\sqrt{x^2+y^2}} - 0 \right| \leqslant \left| \frac{\frac{x^2+y^2}{2}}{\sqrt{x^2+y^2}} \right| = \frac{\sqrt{x^2+y^2}}{2}$$

任取 $\varepsilon > 0$ 则存在 $\delta = 2\varepsilon$ 使得当 $P(x,y) \in \dot{U}(P_0,\delta)$ 时

$$\left| \frac{xy}{\sqrt{x^2+y^2}} - 0 \right| \leqslant \frac{\sqrt{x^2+y^2}}{2} < \frac{2\varepsilon}{2} = \varepsilon.$$

$(P(x,y) \in \dot{U}(P_0,\delta)$ 即 $0 < \sqrt{(x-0)^2+(y-0)^2} < \delta)$

∴ $\lim\limits_{(x,y)\to(0,0)} \dfrac{xy}{\sqrt{x^2+y^2}} = 0.$

10. 设 $F(x,y) = f(x)$,$f(x)$ 在 x_0 处连续,证明:对任意 $y_0 \in \mathbf{R}$,$F(x,y)$ 在 (x_0,y_0) 处连续.

证明 $f(x)$ 在 x_0 处连续

∴ $\lim\limits_{x\to x_0} f(x) = f(x_0)$

∴ $\lim\limits_{(x,y)\to(x_0,y_0)} F(x,y) = \lim\limits_{x\to x_0} f(x) = f(x_0)$
$$= F(x_0,y_0)$$

$(F(x_0,y_0) = f(x_0))$

∴ 对任意 $x_0 \in R$,$F(x,y)$ 在 (x_0,y_0) 处连续.

习题 $8-2$

1. 求下列函数的偏导数:

(1)$z = x^3 y - y^3 x$; (2)$s = \dfrac{u^2 + v^2}{uv}$;

(3)$z = \sqrt{\ln(xy)}$; (4)$z = \sin(xy) + \cos^2(xy)$;

(5)$z = \ln\tan\dfrac{x}{y}$; (6)$z = (1+xy)^y$;

(7)$u = x^{\frac{y}{z}}$; (8)$u = \arctan(x-y)^z$.

解 (1) $\dfrac{\partial z}{\partial x} = 3x^2 y - y^3$

$\dfrac{\partial z}{\partial y} = x^3 - 3y^2 x.$

(2) $s = \dfrac{u^2 + v^2}{uv} = \dfrac{u}{v} + \dfrac{v}{u}$

$\dfrac{\partial s}{\partial u} = \dfrac{1}{v} - \dfrac{v}{u^2} = \dfrac{u^2 - v^2}{u^2 v}$

$\dfrac{\partial s}{\partial v} = \dfrac{v^2 - u^2}{uv^2}$（函数关于自变量对称）．

(3) $\dfrac{\partial z}{\partial x} = \dfrac{1}{2} \cdot \dfrac{1}{\sqrt{\ln(xy)}} \cdot \dfrac{1}{xy} \cdot y$

$\qquad = \dfrac{1}{2x\sqrt{\ln(xy)}}$

$\dfrac{\partial z}{\partial y} = \dfrac{1}{2y\sqrt{\ln(xy)}}$（对称性）．

(4) $\dfrac{\partial z}{\partial x} = \cos(xy) \cdot y + 2\cos(xy) \cdot (-\sin(xy)) \cdot y$

$\qquad = y\cos(xy) - y\sin(2xy)$

由于函数关于自变量的对称性

$\therefore \dfrac{\partial z}{\partial y} = x\cos(xy) - x\sin(2xy).$

(5) $\dfrac{\partial z}{\partial x} = \dfrac{1}{\tan\dfrac{x}{y}} \cdot \dfrac{1}{\cos^2\dfrac{x}{y}} \cdot \dfrac{1}{y}$

$\qquad = \dfrac{1}{y} \cdot \dfrac{1}{\sin\dfrac{x}{y}\cos\dfrac{x}{y}}$

$\qquad = \dfrac{2}{y\sin\dfrac{2x}{y}}$

$\dfrac{\partial z}{\partial y} = \dfrac{1}{\tan\dfrac{x}{y}} \cdot \dfrac{1}{\cos^2\dfrac{x}{y}} \cdot \left(-\dfrac{x}{y^2}\right)$

$\qquad = -\dfrac{2x}{y^2\sin\dfrac{2x}{y}}.$

(6) $\dfrac{\partial z}{\partial x} = y(1+xy)^{y-1} \cdot y = y^2(1+xy)^{y-1}$

$$\frac{\partial z}{\partial y} = \frac{\partial}{\partial y}(e^{y\ln(1+xy)})$$

$$= e^{y\ln(1+xy)} \cdot \left(\ln(1+xy) + y \cdot \frac{1}{1+xy} \cdot x\right)$$

$$= (1+xy)^y \left(\ln(1+xy) + \frac{xy}{1+xy}\right).$$

(7) $\dfrac{\partial u}{\partial x} = \dfrac{y}{z} x^{\frac{y}{z}-1} = \dfrac{1}{z} \cdot y x^{\frac{y}{z}-1}$

$\dfrac{\partial u}{\partial y} = x^{\frac{y}{z}} \cdot \ln x \cdot \dfrac{1}{z} = \dfrac{\ln x \cdot x^{\frac{y}{z}}}{z}$

$\dfrac{\partial u}{\partial z} = x^{\frac{y}{z}} \cdot \left(-\dfrac{y}{z^2}\right) \cdot \ln x = -\dfrac{y\ln x \cdot x^{\frac{y}{z}}}{z^2}.$

(8) $\dfrac{\partial u}{\partial x} = \dfrac{1}{1+[(x-y)^z]^2} \cdot z(x-y)^{z-1} \cdot 1$

$$= \frac{z(x-y)^{z-1}}{1+(x-y)^{2z}}$$

$\dfrac{\partial u}{\partial y} = \dfrac{1}{1+[(x-y)^z]^2} \cdot z(x-y)^{z-1} \cdot (-1)$

$$= -\frac{z(x-y)^{z-1}}{1+(x-y)^{2z}}$$

$\dfrac{\partial u}{\partial z} = \dfrac{1}{1+(x-y)^{2z}} \cdot (x-y)^z \ln(x-y) \quad (x-y>0).$

2. 设 $T = 2\pi\sqrt{\dfrac{l}{g}}$,求证 $l\dfrac{\partial T}{\partial l} + g\dfrac{\partial T}{\partial g} = 0.$

证明 $T = 2\pi\sqrt{\dfrac{l}{g}}$

$\dfrac{\partial T}{\partial l} = 2\pi \cdot \dfrac{1}{2} \cdot \dfrac{1}{\sqrt{\dfrac{l}{g}}} \cdot \dfrac{l}{g}$

$$= \frac{\pi}{\sqrt{lg}}$$

$\dfrac{\partial T}{\partial g} = 2\pi \cdot \dfrac{1}{2} \cdot \dfrac{1}{\sqrt{\dfrac{l}{g}}} \cdot \left(-\dfrac{l}{g^2}\right)$

$$= -\frac{\pi l}{\sqrt{lg^3}}$$

$\therefore l\dfrac{\partial T}{\partial l} + g\dfrac{\partial T}{\partial g} = l \cdot \dfrac{\pi}{\sqrt{lg}} + g \cdot \left(-\dfrac{\pi l}{\sqrt{lg^3}}\right)$

$$= \frac{\pi l}{\sqrt{lg}} - \frac{\pi l}{\sqrt{lg}}$$

$$= 0.$$

3. 设 $z = \mathrm{e}^{-(\frac{1}{x}+\frac{1}{y})}$，求证 $x^2 \frac{\partial z}{\partial x} + y^2 \frac{\partial z}{\partial y} = 2z$.

证明　$z = \mathrm{e}^{-(\frac{1}{x}+\frac{1}{y})}$

$$\frac{\partial z}{\partial x} = \mathrm{e}^{-(\frac{1}{x}+\frac{1}{y})} \cdot \frac{1}{x^2}$$

由对称性，$\dfrac{\partial z}{\partial y} = \mathrm{e}^{-(\frac{1}{x}+\frac{1}{y})} \cdot \dfrac{1}{y^2}$

$$\therefore x^2 \frac{\partial z}{\partial x} + y^2 \frac{\partial z}{\partial y} = \mathrm{e}^{-(\frac{1}{x}+\frac{1}{y})} + \mathrm{e}^{-(\frac{1}{x}+\frac{1}{y})} = 2z.$$

4. 设 $f(x,y) = x + (y-1)\arcsin\sqrt{\dfrac{x}{y}}$，求 $f_x(x,1)$.

解　$f_x(x,y) = 1 + (y-1) \cdot \dfrac{1}{\sqrt{1 - \left(\sqrt{\dfrac{x}{y}}\right)^2}} \cdot \dfrac{1}{2} \cdot \dfrac{1}{\sqrt{\dfrac{x}{y}}} \cdot \dfrac{1}{y}$

$$= 1 + \frac{y-1}{2y\sqrt{\dfrac{x}{y}\left(1 - \dfrac{x}{y}\right)}}$$

$$= 1 + \frac{y-1}{2\sqrt{x(y-x)}}$$

$$\therefore f_x(x,1) = 1 + \frac{1-1}{2\sqrt{x(1-x)}} = 1.$$

或，$f_x(x,1) = \dfrac{\mathrm{d}}{\mathrm{d}x} f(x,1) = (x)' = 1$

5. 曲线 $\begin{cases} z = \dfrac{x^2+y^2}{4}, \\ y = 4 \end{cases}$ 在点 $(2,4,5)$ 处的切线对于 x 轴的倾角是多少？

解　$\dfrac{\partial z}{\partial x} = \dfrac{2x}{4} = \dfrac{x}{2}$

$\tan\alpha = \dfrac{\partial z}{\partial x}\bigg|_{\substack{x=2 \\ x=4}} = \dfrac{2}{2} = 1(\alpha\ \text{为倾角})$

即所求倾角是 $45°$.

6. 求下列函数的 $\dfrac{\partial^2 z}{\partial x^2}$，$\dfrac{\partial^2 z}{\partial y^2}$ 和 $\dfrac{\partial^2 z}{\partial x \partial y}$：

$(1) z = x^4 + y^4 - 4x^2 y^2$；

(2)$z = \arctan \dfrac{y}{x}$;

(3)$z = y^x$.

解　(1)$\dfrac{\partial z}{\partial x} = 4x^3 - 8xy^2$

$\dfrac{\partial z}{\partial y} = 4y^3 - 8x^2 y$

$\dfrac{\partial^2 z}{\partial x^2} = \dfrac{\partial}{\partial x}\left(\dfrac{\partial z}{\partial x}\right) = 12x^2 - 8y^2$

$\dfrac{\partial^2 z}{\partial y^2} = 12y^2 - 8x^2$

$\dfrac{\partial^2 z}{\partial x \partial y} = \dfrac{\partial}{\partial y}\left(\dfrac{\partial z}{\partial x}\right) = -16xy.$

(2)$\dfrac{\partial z}{\partial x} = \dfrac{1}{1 + \left(\dfrac{y}{x}\right)^2} \cdot \left(-\dfrac{y}{x^2}\right)$

$\qquad = -\dfrac{y}{x^2 + y^2}$

$\dfrac{\partial z}{\partial y} = \dfrac{1}{1 + \left(\dfrac{y}{x}\right)^2} \cdot \dfrac{1}{x}$

$\qquad = \dfrac{x}{x^2 + y^2}$

$\dfrac{\partial^2 z}{\partial x^2} = -\left[-\dfrac{y}{(x^2 + y^2)^2}\right] \cdot 2x = \dfrac{2xy}{(x^2 + y^2)^2}$

$\dfrac{\partial^2 z}{\partial y^2} = -\dfrac{x}{(x^2 + y^2)^2} \cdot 2y$

$\qquad = -\dfrac{2xy}{(x^2 + y^2)^2}$

$\dfrac{\partial^2 z}{\partial x \partial y} = -\dfrac{x^2 + y^2 - y \cdot 2y}{(x^2 + y^2)^2}$

$\qquad = -\dfrac{x^2 - y^2}{(x^2 + y^2)^2}.$

(3)$\dfrac{\partial z}{\partial x} = y^x \cdot \ln y$　　$\dfrac{\partial z}{\partial y} = x \cdot y^{x-1}$

$\dfrac{\partial^2 z}{\partial x^2} = y^x \cdot \ln y \cdot \ln y = y^x \ln^2 y$

$\dfrac{\partial^2 z}{\partial y^2} = x \cdot (x-1) y^{x-1-1} = x(x-1) y^{x-2}$

$$\frac{\partial^2 z}{\partial x \partial y} = (x \cdot y^{x-1}) \cdot \ln y + y^x \cdot \frac{1}{y}$$

$$= x \ln y \cdot y^{x-1} + y^{x-1}.$$

7. 设 $f(x,y,z) = xy^2 + yz^2 + zx^2$，求 $f_{xx}(0,0,1)$，$f_{xz}(1,0,2)$，$f_{yz}(0,-1,0)$ 及 $f_{zzx}(2,0,1)$.

解　$f_x = y^2 + 2zx$

$\quad\quad f_y = z^2 + 2xy$

$\quad\quad f_z = x^2 + 2yz$

$f_{xx} = 2z, f_{xx}(0,0,1) = 2 \times 1 = 2$

$f_{xz} = 2x, f_{xz}(1,0,2) = 2 \times 1 = 2$

$f_{yz} = 2z, f_{yz}(0,-1,0) = 2 \times 0 = 0$

$f_{zz} = 2y, f_{zzx} = 0$

$\therefore f_{zzx}(2,0,1) = 0.$

8. 设 $z = x\ln(xy)$，求 $\dfrac{\partial^3 z}{\partial x^2 \partial y}$ 及 $\dfrac{\partial^3 z}{\partial x \partial y^2}$.

解　$z = x\ln(xy)$

$\dfrac{\partial z}{\partial x} = \ln(xy) + x \cdot \dfrac{1}{xy} \cdot y$

$\quad\quad = 1 + \ln(xy)$

$\dfrac{\partial^2 z}{\partial x^2} = \dfrac{1}{xy} \cdot y = \dfrac{1}{x}$

$\dfrac{\partial^2 z}{\partial x^2 \partial y} = 0$

$\dfrac{\partial^2 z}{\partial x \partial y} = \dfrac{1}{xy} \cdot x = \dfrac{1}{y}$

$\dfrac{\partial^2 z}{\partial x \partial y^2} = -\dfrac{1}{y^2}.$

9. 验证：

(1) $y = e^{-kn^2 t}\sin nx$ 满足 $\dfrac{\partial y}{\partial t} = k\dfrac{\partial^2 y}{\partial x^2}$；

(2) $r = \sqrt{x^2 + y^2 + z^2}$ 满足 $\dfrac{\partial^2 r}{\partial x^2} + \dfrac{\partial^2 r}{\partial y^2} + \dfrac{\partial^2 r}{\partial z^2} = \dfrac{2}{r}$.

证明　(1) $\dfrac{\partial y}{\partial t} = e^{-kn^2 t}\sin nx \cdot (-kn^2)$

$\quad\quad\quad\quad = -kn^2 y$

$\dfrac{\partial y}{\partial x} = e^{-kn^2 t}\cos nx \cdot n$

$$\frac{\partial^2 y}{\partial x^2} = e^{-kn^2 t}(-\sin nx) \cdot n \cdot n$$

$$= -n^2 y$$

$$\therefore \frac{\partial y}{\partial t} = k \frac{\partial^2 y}{\partial x^2}.$$

$(2) r = \sqrt{x^2 + y^2 + z^2}$

$$\frac{\partial r}{\partial x} = \frac{1}{2} \frac{1}{\sqrt{x^2 + y^2 + z^2}} \cdot 2x = \frac{x}{r}$$

$$\frac{\partial r}{\partial y} = \frac{y}{r}, \frac{\partial r}{\partial z} = \frac{z}{r},$$

$$\frac{\partial^2 r}{\partial x^2} = \frac{r - x \cdot \frac{\partial r}{\partial x}}{r^2} = \frac{r - x \cdot \frac{x}{r}}{r^2} = \frac{r^2 - x^2}{r^3}$$

$$\frac{\partial^2 r}{\partial y^2} = \frac{r^2 - y^2}{r^3}, \frac{\partial^2 r}{\partial z^2} = \frac{r^2 - z^2}{r^3}$$

$$\therefore \frac{\partial^2 r}{\partial x^2} + \frac{\partial^2 r}{\partial y^2} + \frac{\partial^2 r}{\partial z^2}$$

$$= \frac{r^2 - x^2 + r^2 - y^2 + r^2 - z^2}{r^3}$$

$$= \frac{3r^2 - (x^2 + y^2 + z^2)}{r^3}$$

$$= \frac{3r^2 - r^2}{r^3}$$

$$= \frac{2r^2}{r^3}$$

$$= \frac{2}{r}.$$

习题 $8-3$

1. 求下列函数的全微分:

$(1) z = xy + \frac{x}{y}$;

$(2) z = e^{\frac{y}{x}}$;

$(3) z = \frac{y}{\sqrt{x^2 + y^2}}$;

$(4) u = x^{yz}$.

解 $(1) \frac{\partial z}{\partial x} = y + \frac{1}{y}, \frac{\partial z}{\partial y} = x - \frac{x}{y^2}$

$$\therefore \mathrm{d}z = (y + \frac{1}{y})\mathrm{d}x + (x - \frac{x}{y^2})\mathrm{d}y.$$

(2) $\dfrac{\partial z}{\partial x} = \mathrm{e}^{\frac{y}{x}} \cdot (\dfrac{y}{x^2}) = -\dfrac{y}{x^2}\mathrm{e}^{\frac{y}{x}}$

$\dfrac{\partial z}{\partial y} = \mathrm{e}^{\frac{y}{x}} \cdot \dfrac{1}{x} = \dfrac{1}{x}\mathrm{e}^{\frac{y}{x}}$

$$\therefore \mathrm{d}z = -\frac{y}{x^2}\mathrm{e}^{\frac{y}{x}}\,\mathrm{d}x + \frac{1}{x}\mathrm{e}^{\frac{y}{x}}\,\mathrm{d}y.$$

(3) $\dfrac{\partial z}{\partial x} = -\dfrac{1}{2} \cdot \dfrac{y}{(x^2+y^2)^{\frac{3}{2}}} \cdot 2x$

$$= -\frac{xy\ \sqrt{x^2+y^2}}{(x^2+y^2)^2}$$

$\dfrac{\partial z}{\partial y} = \dfrac{\sqrt{x^2+y^2} - y \cdot (\frac{1}{2} \cdot (x^2+y^2)^{-\frac{1}{2}} \cdot 2y)}{x^2+y^2}$

$$= \frac{x^2\ \sqrt{x^2+y^2}}{(x^2+y^2)^2}$$

$\therefore \mathrm{d}z = \dfrac{\partial z}{\partial x}\mathrm{d}x + \dfrac{\partial z}{\partial y}\mathrm{d}y$

$$= \frac{-xy\ \sqrt{x^2+y^2}\,\mathrm{d}x + x^2\ \sqrt{x^2+y^2}\,\mathrm{d}y}{(x^2+y^2)^2}$$

$$= \frac{x}{(x^2+y^2)^{\frac{3}{2}}}(-y\mathrm{d}x + x\mathrm{d}y).$$

(4) $\dfrac{\partial u}{\partial x} = yz \cdot x^{yz-1}$

$\dfrac{\partial u}{\partial y} = x^{yz} \cdot \ln x \cdot z = z\ln x \cdot x^{yz}$

$\dfrac{\partial u}{\partial z} = x^{yz} \cdot \ln x \cdot y = y\ln x \cdot x^{yz}$

$\therefore \mathrm{d}u = \dfrac{\partial u}{\partial x}\mathrm{d}x + \dfrac{\partial u}{\partial y}\mathrm{d}y + \dfrac{\partial u}{\partial z}\mathrm{d}z$

$$= yz \cdot x^{yz-1}\,\mathrm{d}x + z\ln x \cdot x^{yz}\,\mathrm{d}y + y\ln x \cdot x^{yz}\,\mathrm{d}z.$$

2. 求函数 $z = \ln(1 + x^2 + y^2)$ 当 $x = 1, y = 2$ 时的全微分.

解 $\dfrac{\partial z}{\partial x} = \dfrac{1}{1+x^2+y^2} \cdot 2x = \dfrac{2x}{1+x^2+y^2}$

$\dfrac{\partial z}{\partial y} = \dfrac{2y}{1+x^2+y^2}$

$$\frac{\partial z}{\partial x}\bigg|_{\substack{x=1\\y=2}} = \frac{2\times1}{1+1+4} = \frac{1}{3}$$

$$\frac{\partial z}{\partial y}\bigg|_{\substack{x=1\\y=2}} = \frac{2\times2}{1+1+4} = \frac{2}{3}$$

$$\therefore dz = \frac{1}{3}dx + \frac{2}{3}dy.$$

3. 求函数 $z = \dfrac{y}{x}$ 当 $x=2, y=1, \Delta x=0.1, \Delta y=-0.2$ 时的全增量和全微分.

解　$z\bigg|_{\substack{x=2\\y=1}} = \dfrac{1}{2} = 0.5$

$z\bigg|_{\substack{x=2+0.1\\y=1+(-0.2)}} = \dfrac{1+(-0.2)}{2+0.1} = \dfrac{8}{21}$

∴ 全增量 $\Delta z = \dfrac{8}{21} - 0.5 = -\dfrac{5}{42}$

$$\frac{\partial z}{\partial x} = -\frac{y}{x^2}, \frac{\partial z}{\partial y} = \frac{1}{x}$$

$$\frac{\partial z}{\partial x}\bigg|_{\substack{x=2\\y=1}} = -\frac{1}{4}, \frac{\partial z}{\partial y}\bigg|_{\substack{x=2\\y=1}} = \frac{1}{2}$$

$$\therefore dz = -\frac{1}{4}dx + \frac{1}{2}dy$$

取 $dx = \Delta x = 0.1, dy = \Delta y = -0.2,$

$$dz = -\frac{1}{4}\times0.1 + \frac{1}{2}\times(-0.2) = -\frac{1}{8}.$$

4. 求函数 $z = e^{xy}$ 当 $x=1, y=1, \Delta x=0.15, \Delta y=0.1$ 时的全微分.

解　$z = e^{xy},$

$$\frac{\partial z}{\partial x} = e^{xy}\cdot y, \frac{\partial z}{\partial y} = e^{xy}\cdot x,$$

$$\frac{\partial z}{\partial x}\bigg|_{\substack{x=1\\y=1}} = e^{1\times1}\cdot1 = e, \frac{\partial z}{\partial y}\bigg|_{\substack{x=1\\y=1}} = e,$$

$$\therefore dz = e dx + e dy$$
$$= e(dx + dy)$$
$$= e\times(0.15+0.1)$$
$$= \frac{1}{4}e.$$

5. 计算 $\sqrt{(1.02)^3 + (1.97)^3}$ 的近似值.

解　设函数 $z = f(x,y) = \sqrt{x^3+y^3},$ 则

$$f_x(x,y) = \frac{1}{2} \cdot \frac{1}{\sqrt{x^3+y^3}} \cdot 3x^2 = \frac{3x^2}{2\sqrt{x^3+y^3}},$$

$$f_y(x,y) = \frac{3y^2}{2\sqrt{x^3+y^3}}$$

取 $x=1, y=2$

$$\therefore f_x(1,2) = \frac{3 \times 1^2}{2\sqrt{1+2^3}} = \frac{1}{2},$$

$$f_y(1,2) = \frac{3 \times 2^2}{2 \times \sqrt{1+2^3}} = 2;$$

取 $\mathrm{d}x = 0.02, \mathrm{d}y = -0.03$

$$\mathrm{d}z = \frac{1}{2}\mathrm{d}x + 2\mathrm{d}y$$

$$= \frac{1}{2} \times 0.02 + 2 \times (-0.03)$$

$$= -0.05,$$

$$f(1,2) = \sqrt{1+2^3} = 3.$$

∴ 所求近似值为 $3 - 0.05 = 2.95$.

6. 计算 $(1.97)^{1.05}$ 的近似值 $(\ln 2 = 0.693)$.

解 设函数 $z = f(x,y) = x^y$,

则 $f_x(x,y) = yx^{y-1}$,

$$f_y(x,y) = x^y \cdot \ln x.$$

取 $x=2, y=1$ 则

$$f(2,1) = 2^1 = 2,$$

$$f_x(2,1) = 1 \times 2^{1-1} = 1,$$

$$f_y(2,1) = 2^1 \times \ln 2 \approx 2 \times 0.693 = 1.386;$$

取 $\mathrm{d}x = -0.03, \mathrm{d}y = 0.05$,

$$\mathrm{d}z = \mathrm{d}x + 1.386\mathrm{d}y$$

$$= -0.03 + 1.386 \times 0.05$$

$$= 0.0393.$$

∴ 所求近似值为 $2 + 0.0393 = 2.0393$.

7. 已知边长为 $x = 6\,\mathrm{m}$ 与 $y = 8\,\mathrm{m}$ 的矩形,如果 x 边增加 $5\,\mathrm{cm}$ 而 y 边减少 $10\,\mathrm{cm}$,问这个矩形的对角线的近似变化怎样?

解 设对角线长为 z 米,则 $z = \sqrt{x^2+y^2}$

$$\frac{\partial z}{\partial x} = \frac{x}{\sqrt{x^2 + y^2}}, \frac{\partial z}{\partial y} = \frac{y}{\sqrt{x^2 + y^2}}$$

取 $x = 6\text{m}, y = 8\text{m}$

$$z = \sqrt{6^2 + 8^2} = 10\text{m},$$

$$\frac{\partial z}{\partial x} = \frac{6}{10} = \frac{3}{5}, \frac{\partial z}{\partial y} = \frac{8}{10} = \frac{4}{5};$$

取 $\mathrm{d}x = 5\text{cm}, \mathrm{d}y = -10\text{cm}.$

$$\mathrm{d}z = \frac{3}{5}\mathrm{d}x + \frac{4}{5}\mathrm{d}y = \frac{3}{5} \times 5 - \frac{4}{5} \times 10 = -5\text{cm}$$

∴ 对角线变短了大约 5cm.

8. 设有一无盖柱形容器,容器的壁与底的厚度均为 0.1 cm,内高为 20 cm,内半径为 4 cm. 求容器外壳体积的近似值.

解 设容器的内半径、内高、容积分别为 r、h、V,则 $V = \pi r^2 h$

$$\frac{\partial V}{\partial r} = 2\pi r h, \frac{\partial V}{\partial h} = \pi r^2$$

取 $r = 4$ cm, $h = 20$ cm

$\mathrm{d}r = 0.1$ cm, $\mathrm{d}h = 0.1$ cm

则 $\mathrm{d}V = \dfrac{\partial V}{\partial r}\mathrm{d}r + \dfrac{\partial V}{\partial h}\mathrm{d}h$

$\qquad = 2\pi r h \mathrm{d}r + \pi r^2 \mathrm{d}h$

$\qquad = 2 \times 3.14 \times 4 \times 20 \times 0.1 + 3.14 \times 4^2 \times 0.1$

$\qquad \approx 55.3\text{cm}^3$

即容积外壳体积近似为 55.3 cm³.

9. 设有直角三角形,测得其两直角边的长分别为 7±0.1 cm 和 24±0.1 cm. 试求利用上述二值来计算斜边长度时的绝对误差.

解 设两直角边和斜边分别为 a, b, c 则 $c = \sqrt{a^2 + b^2}$

$$|\Delta c| \approx |\mathrm{d}c| = \left| \frac{\partial c}{\partial a}\mathrm{d}a + \frac{\partial c}{\partial b}\mathrm{d}b \right|$$

$$\leqslant \left| \frac{\partial c}{\partial a} \right| \cdot \delta a + \left| \frac{\partial c}{\partial b} \right| \cdot \delta b$$

$$= \frac{a \cdot \delta a + b \cdot \delta b}{\sqrt{a^2 + b^2}}$$

取 $a = 7, b = 24, \delta a = 0.1, \delta b = 0.1$

$$\delta c = \frac{\delta a \cdot a + b \cdot \delta b}{\sqrt{a^2 + b^2}}$$

$$= \frac{7 \times 0.1 + 24 \times 0.1}{\sqrt{7^2 + 24^2}}$$

$$= \frac{31}{25} \times 0.1$$

$$= 0.124\text{cm}$$

即斜边长绝对误差为 0.124 cm.

10. 测得一块三角形土地的两边边长分别为 63 ± 0.1 m 和 78 ± 0.1 m,这两边的夹角为 $60° \pm 1°$. 试求三角形面积的近似值,并求其绝对误差和相对误差.

解　设已知两边长为 x, y,夹角为 θ,三角形面积为 z,则 $z = \frac{1}{2}xy\sin\theta$.

$$\frac{\partial z}{\partial x} = \frac{1}{2}y\sin\theta, \frac{\partial z}{\partial y} = \frac{1}{2}x\sin\theta,$$

$$\frac{\partial z}{\partial \theta} = \frac{1}{2}xy\cos\theta$$

取 $x = 63, y = 78, \theta = 60° = \frac{\pi}{3}$

$$z = \frac{1}{2} \times 63 \times 78 \times \sin 60° \approx 2128\text{m}^2;$$

取 $\delta x = 0.1, \delta y = 0.1, \delta\theta = 1° = \frac{\pi}{180}$

$$|\Delta z| \approx |\mathrm{d}z| = \left| \frac{\partial z}{\partial x}\mathrm{d}x + \frac{\partial z}{\partial y}\mathrm{d}y + \frac{\partial z}{\partial \theta}\mathrm{d}\theta \right|$$

$$\leqslant \left| \frac{\partial z}{\partial x} \right|\delta x + \left| \frac{\partial z}{\partial y} \right|\delta y + \left| \frac{\partial z}{\partial \theta} \right|\delta\theta,$$

$$\therefore \delta z = \left| \frac{\partial z}{\partial x} \right|\delta x + \left| \frac{\partial z}{\partial y} \right|\delta y + \left| \frac{\partial z}{\partial \theta} \right|\delta\theta$$

$$= \frac{1}{2} \times 78 \times \sin\frac{\pi}{3} \times 0.1 + \frac{1}{2} \times 63 \times \sin\frac{\pi}{3} \times 0.1 + \frac{1}{2} \times 63 \times 78 \times \cos\frac{\pi}{3}$$

$$\times \frac{\pi}{180}$$

$$\approx 27.6\text{m}^2,$$

$$\frac{\delta z}{|z|} = \frac{27.6}{2128} \approx 1.3\%.$$

即三角形面积近似值为 2128m²,绝对误差为 27.6m²,相对误差约为 1.3%.

11. 利用全微分证明:两数之和的绝对误差等于它们各自的绝对误差之和.

证明　设两数为 x, y,其和为 z 则 $z = x + y$

$$\frac{\partial z}{\partial x} = 1, \frac{\partial z}{\partial y} = 1$$

$$\therefore \delta z = \left| \frac{\partial z}{\partial x} \right| \delta x + \left| \frac{\partial z}{\partial y} \right| \delta y$$

$$= 1 \cdot \delta x + 1 \cdot \delta y$$

$$= \delta x + \delta y$$

即两数之和的绝对误差等于它们各自绝对误差之和.

12. 利用全微分证明：乘积的相对误差等于各因子的相对误差之和；商的相对误差等于被除数及除数的相对误差之和.

证明　设 $z = x \cdot y, u = \dfrac{x}{y}$

$$\frac{\partial z}{\partial x} = y, \frac{\partial z}{\partial y} = x$$

$$\delta z = \left| \frac{\partial z}{\partial x} \right| \delta x + \left| \frac{\partial z}{\partial y} \right| \delta y$$

$$= | y | \delta x + | x | \delta y$$

$$\frac{\delta z}{| z |} = \frac{| y | \delta x + | x | \delta y}{| x \cdot y |}$$

$$= \frac{\delta x}{| x |} + \frac{\delta y}{| y |}$$

$$\frac{\partial u}{\partial x} = \frac{1}{y}, \frac{\partial u}{\partial y} = -\frac{x}{y^2}$$

$$\frac{\delta u}{| u |} = \left| \frac{\frac{\partial u}{\partial x}}{u} \right| \delta x + \left| \frac{\frac{\partial u}{\partial y}}{u} \right| \delta y$$

$$= \left| \frac{\frac{1}{y}}{\frac{x}{y}} \right| \delta x + \left| \frac{-\frac{x}{y^2}}{\frac{x}{y}} \right| \delta y$$

$$= \frac{\delta x}{| x |} + \frac{\delta y}{| y |}$$

$\therefore$ 原命题得证.

习题 8 — 4

1. 设 $z = u^2 + v^2$，而 $u = x + y, v = x - y$，求 $\dfrac{\partial z}{\partial x}, \dfrac{\partial z}{\partial y}$.

解法一　$\dfrac{\partial z}{\partial x} = \dfrac{\partial z}{\partial u} \dfrac{\partial u}{\partial x} + \dfrac{\partial z}{\partial v} \dfrac{\partial v}{\partial x}$

$$= 2u \times 1 + 2v \cdot 1$$

$$= 2(x+y) + 2(x-y)$$
$$= 4x$$

$$\frac{\partial z}{\partial y} = \frac{\partial z}{\partial u}\frac{\partial u}{\partial y} + \frac{\partial z}{\partial v}\frac{\partial v}{\partial y}$$

$$= 2u \times 1 + 2v \times (-1)$$

$$= 2(x+y) - 2(x-y)$$

$$= 4y.$$

解法二　$z = u^2 + v^2$

$$= (x+y)^2 + (x-y)^2$$

$$= 2(x^2 + y^2)$$

$$\therefore \frac{\partial z}{\partial x} = 4x, \frac{\partial z}{\partial y} = 4y.$$

解法三　$\mathrm{d}z = \dfrac{\partial z}{\partial u}\mathrm{d}u + \dfrac{\partial z}{\partial v}\mathrm{d}v$

$$= 2u\mathrm{d}v + 2v\mathrm{d}v$$

$$\mathrm{d}u = \mathrm{d}(x+y) = \mathrm{d}x + \mathrm{d}y$$

$$\mathrm{d}v = \mathrm{d}(x-y) = \mathrm{d}x - \mathrm{d}y$$

$$\therefore \mathrm{d}z = 2u(\mathrm{d}x + \mathrm{d}y) + 2v(\mathrm{d}x - \mathrm{d}y)$$

$$= 2(u+v)\mathrm{d}x + 2(u-v)\mathrm{d}y$$

$$= 2[(x+y) + (x-y)]\mathrm{d}x + 2[(x+y) - (x-y)]\mathrm{d}y$$

$$= 4x\mathrm{d}x + 4y\mathrm{d}y$$

又 $\mathrm{d}z = \dfrac{\partial z}{\partial x}\mathrm{d}x + \dfrac{\partial z}{\partial y}\mathrm{d}y$

$$\therefore \frac{\partial z}{\partial x} = 4x, \frac{\partial z}{\partial x} = 4y.$$

2. 设 $z = u^2 \ln v$，而 $u = \dfrac{x}{y}$，$v = 3x - 2y$，求 $\dfrac{\partial z}{\partial x}, \dfrac{\partial z}{\partial y}$.

解　$\dfrac{\partial z}{\partial x} = \dfrac{\partial z}{\partial u}\dfrac{\partial u}{\partial x} + \dfrac{\partial z}{\partial v}\dfrac{\partial v}{\partial x}$

$$= 2u\ln v \cdot \frac{1}{y} + \frac{u^2}{v} \cdot 3$$

$$= \frac{2\dfrac{x}{y}\ln(3x-2y)}{y} + \frac{3\left(\dfrac{x}{y}\right)^2}{3x-2y}$$

$$= \frac{2x\ln(3x-2y)}{y^2} + \frac{3x^2}{y^2(3x-2y)}$$

$$\frac{\partial z}{\partial y} = \frac{\partial z}{\partial u}\frac{\partial u}{\partial y} + \frac{\partial z}{\partial v}\frac{\partial v}{\partial y}$$

$$= 2u\ln v \cdot \left(-\frac{x}{y^2}\right) + \frac{u^2}{v}\cdot(-2)$$

$$= 2\frac{x}{y}\ln(3x-2y)\cdot\left(-\frac{x}{y^2}\right) + \frac{\left(\frac{x}{y}\right)^2}{3x-2y}\cdot(-2)$$

$$= -\frac{2x^2\ln(3x-2y)}{y^3} - \frac{2x^2}{y^2(3x-2y)}.$$

3. 设 $z = e^{x-2y}$，而 $x = \sin t, y = t^3$，求 $\dfrac{\mathrm{d}z}{\mathrm{d}t}$.

解
$$\frac{\mathrm{d}z}{\mathrm{d}t} = \frac{\partial z}{\partial x}\frac{\mathrm{d}x}{\mathrm{d}t} + \frac{\partial z}{\partial y}\frac{\mathrm{d}y}{\mathrm{d}t}$$

$$= e^{x-2y}\cdot\cos t + e^{x-2y}\cdot(-2)\cdot 3t^2$$

$$= e^{\sin t - 2t^3}(\cos t - 6t^2).$$

4. 设 $z = \arcsin(x-y)$，而 $x = 3t, y = 4t^3$，求 $\dfrac{\mathrm{d}z}{\mathrm{d}t}$.

解
$$\frac{\mathrm{d}z}{\mathrm{d}t} = \frac{\partial z}{\partial x}\frac{\mathrm{d}x}{\mathrm{d}t} + \frac{\partial z}{\partial y}\frac{\mathrm{d}y}{\mathrm{d}t}$$

$$= \frac{1}{\sqrt{1-(x-y)^2}}\cdot 1\cdot 3 + \frac{1}{\sqrt{1-(x-y)^2}}\cdot(-1)\cdot(12t^2)$$

$$= \frac{3-12t^2}{\sqrt{1-(x-y)^2}}$$

$$= \frac{3-12t^2}{\sqrt{1-(3t-4t^3)^2}}.$$

5. 设 $z = \arctan(xy)$，而 $y = e^x$，求 $\dfrac{\mathrm{d}z}{\mathrm{d}x}$.

解
$$\frac{\mathrm{d}z}{\mathrm{d}x} = \frac{\partial f}{\partial x} + \frac{\partial f}{\partial y}\frac{\mathrm{d}y}{\mathrm{d}x}$$

$$= \frac{y}{1+x^2y^2} + \frac{x}{1+x^2y^2}\cdot e^x$$

$$= \frac{e^x + xe^x}{1+x^2\cdot(e^x)^2}$$

$$= \frac{e^x(x+1)}{1+x^2 e^{2x}}.$$

6. 设 $u = \dfrac{e^{ax}(y-z)}{a^2+1}$，而 $y = a\sin x, z = \cos x$，求 $\dfrac{\mathrm{d}u}{\mathrm{d}x}$.

解
$$\frac{\mathrm{d}u}{\mathrm{d}x} = \frac{\partial u}{\partial x} + \frac{\partial u}{\partial y}\frac{\mathrm{d}y}{\mathrm{d}x} + \frac{\partial u}{\partial z}\frac{\mathrm{d}z}{\mathrm{d}x}$$

$$= \frac{e^{ax}(y-z)}{a^2+1} \cdot a + \frac{e^{ax}}{a^2+1} \cdot a\cos x + \frac{-e^{ax}}{a^2+1} \cdot (-\sin x)$$

$$= \frac{e^{ax}[a(y-z)+a\cos x+\sin x]}{a^2+1}$$

$$= \frac{e^{ax}[a(a\sin x-\cos x)+a\cos x+\sin x]}{a^2+1}$$

$$= \frac{e^{ax}(a^2+1)\sin x}{a^2+1}$$

$$= e^{ax}\sin x.$$

7. 设 $z = \arctan\dfrac{x}{y}$，而 $x = u+v, y = u-v$，验证

$$\frac{\partial z}{\partial u} + \frac{\partial z}{\partial v} = \frac{u-v}{u^2+v^2}.$$

证明
$$\frac{\partial z}{\partial u} = \frac{\partial z}{\partial x}\frac{\partial x}{\partial u} + \frac{\partial z}{\partial y}\frac{\partial y}{\partial u}$$

$$= \frac{1}{1+\left(\frac{x}{y}\right)^2} \cdot \frac{1}{y} \cdot 1 + \frac{1}{1+\left(\frac{x}{y}\right)^2} \cdot \left(-\frac{x}{y^2}\right) \cdot 1$$

$$= \frac{y^2}{x^2+y^2} \cdot \frac{1}{y} + \frac{y^2}{x^2+y^2}\left(-\frac{x}{y^2}\right)$$

$$= \frac{y-x}{x^2+y^2}$$

$$= \frac{u-v-(u+v)}{(u+v)^2+(u-v)^2}$$

$$= \frac{-v}{u^2+v^2}$$

$$\frac{\partial z}{\partial v} = \frac{\partial z}{\partial x}\frac{\partial x}{\partial v} + \frac{\partial z}{\partial y}\frac{\partial y}{\partial v}$$

$$= \frac{1}{1+\left(\frac{x}{y}\right)^2} \cdot \frac{1}{y} \cdot 1 + \frac{1}{1+\left(\frac{x}{y}\right)^2} \cdot \left(-\frac{x}{y^2}\right) \cdot (-1)$$

$$= \frac{x+y}{x^2+y^2}$$

$$= \frac{u+v+u-v}{(u+v)^2+(u-v)^2}$$

$$= \frac{u}{u^2+v^2}$$

$$\therefore \frac{\partial z}{\partial u} + \frac{\partial z}{\partial v} = \frac{u-v}{u^2+v^2}.$$

8. 求下列函数的一阶偏导数(其中 f 具有一阶连续偏导数):

(1) $u = f(x^2 - y^2, \mathrm{e}^{xy})$;　　　　　(2) $u = f\left(\dfrac{x}{y}, \dfrac{y}{z}\right)$;

(3) $u = f(x, xy, xyz)$.

解　(1) 令 $m = x^2 - y^2, n = \mathrm{e}^{xy}$,则 $u = f(m, n)$

$\therefore \dfrac{\partial u}{\partial x} = \dfrac{\partial f}{\partial m}\dfrac{\partial m}{\partial x} + \dfrac{\partial f}{\partial n}\dfrac{\partial n}{\partial x}$

$\qquad = f_m \cdot 2x + f_n \cdot \mathrm{e}^{xy} \cdot y$

$\qquad = 2x f_m + y\mathrm{e}^{xy} f_n$

$\dfrac{\partial u}{\partial y} = \dfrac{\partial f}{\partial m}\dfrac{\partial m}{\partial y} + \dfrac{\partial f}{\partial n}\dfrac{\partial n}{\partial y}$

$\qquad = f_m \cdot (-2y) + f_n \cdot \mathrm{e}^{xy} \cdot x$

$\qquad = -2y f_m + x\mathrm{e}^{xy} f_n.$

(2) 令 $m = \dfrac{x}{y}, n = \dfrac{y}{z}$,则 $u = f(m, n)$

$\dfrac{\partial u}{\partial x} = \dfrac{\partial f}{\partial m}\dfrac{\partial m}{\partial x}$

$\qquad = f_m \cdot \dfrac{1}{y}$

$\qquad = \dfrac{1}{y} \cdot f_m$

$\dfrac{\partial u}{\partial y} = \dfrac{\partial f}{\partial m}\dfrac{\partial m}{\partial y} + \dfrac{\partial f}{\partial n}\dfrac{\partial n}{\partial y}$

$\qquad = f_m \cdot \left(-\dfrac{x}{y^2}\right) + f_n \cdot \dfrac{1}{z}$

$\qquad = -\dfrac{x}{y^2} f_m + \dfrac{1}{z} f_n$

$\dfrac{\partial u}{\partial z} = \dfrac{\partial f}{\partial n}\dfrac{\partial n}{\partial z}$

$\qquad = f_n \cdot \left(-\dfrac{y}{z^2}\right)$

$\qquad = -\dfrac{y}{z^2} f_n.$

(3) 令 $xy = m, xyz = n$,则 $u = f(x, m, n)$

$\dfrac{\partial u}{\partial x} = \dfrac{\partial f}{\partial x} + \dfrac{\partial f}{\partial m} \cdot \dfrac{\partial m}{\partial x} + \dfrac{\partial f}{\partial n} \cdot \dfrac{\partial n}{\partial x}$

$\qquad = f_x + y f_m + yz f_n$

$$\frac{\partial u}{\partial y} = \frac{\partial f}{\partial m}\frac{\partial m}{\partial y} + \frac{\partial f}{\partial n}\frac{\partial n}{\partial y}$$

$$= xf_m + xzf_n$$

$$\frac{\partial u}{\partial z} = \frac{\partial f}{\partial n}\frac{\partial n}{\partial z}$$

$$= xyf_n.$$

9. 设 $z = xy + xF(u)$，而 $u = \dfrac{y}{x}$，$F(u)$ 为可导函数，证明

$$x\frac{\partial z}{\partial x} + y\frac{\partial z}{\partial y} = z + xy.$$

证明　　$\dfrac{\partial z}{\partial x} = y + F(u) + x \cdot \dfrac{\mathrm{d}F}{\mathrm{d}u} \cdot \dfrac{\partial u}{\partial x}$

$$= y + F(u) + x \cdot \frac{\mathrm{d}F}{\mathrm{d}u} \cdot \left(-\frac{y}{x^2}\right)$$

$$= y + F(u) - \frac{y}{x}\frac{\mathrm{d}F}{\mathrm{d}u}$$

$$\frac{\partial z}{\partial y} = x + x\frac{\mathrm{d}F}{\mathrm{d}u} \cdot \frac{\partial u}{\partial y}$$

$$= x + x\frac{\mathrm{d}F}{\mathrm{d}u} \cdot \frac{1}{x}$$

$$= x + \frac{\mathrm{d}F}{\mathrm{d}u}$$

$$\therefore x\frac{\partial z}{\partial x} + y\frac{\partial z}{\partial y} = x\left[y + F(u) - \frac{y}{x}\frac{\mathrm{d}F}{\mathrm{d}u}\right] + y\left(x + \frac{\mathrm{d}F}{\mathrm{d}u}\right)$$

$$= xy + xF(u) - y\frac{\mathrm{d}F}{\mathrm{d}u} + xy + y\frac{\mathrm{d}F}{\mathrm{d}u}$$

$$= z + xy.$$

10. 设 $z = \dfrac{y}{f(x^2 - y^2)}$，其中 $f(u)$ 为可导函数，验证

$$\frac{1}{x}\frac{\partial z}{\partial x} + \frac{1}{y}\frac{\partial z}{\partial y} = \frac{z}{y^2}.$$

证明　　令 $x^2 - y^2 = u$，则 $z = \dfrac{y}{f(u)}$

$$\frac{\partial z}{\partial u} = -\frac{y}{f^2(u)} \cdot f_u \cdot \frac{\partial u}{\partial x} = -\frac{2xyf_u}{f^2(u)}$$

$$\frac{\partial z}{\partial y} = \frac{f(u) - yf_u\dfrac{\partial u}{\partial y}}{f^2(u)} = \frac{f(u) + 2y^2 f_u}{f^2(u)}$$

$$\therefore \frac{1}{x}\frac{\partial z}{\partial x}+\frac{1}{y}\frac{\partial z}{\partial y}=\frac{1}{x}\cdot\left(-\frac{2xyf_u}{f^2(u)}\right)+\frac{1}{y}\cdot\frac{f(u)+2y^2f_u}{f^2(u)}$$

$$=\frac{-2yf_u+\frac{1}{y}f(u)+2yf_u}{f^2(u)}$$

$$=\frac{1}{yf(u)}$$

$$=\frac{y}{y^2f(u)}$$

$$=\frac{z}{y^2}.$$

11. 设 $z=f(x^2+y^2)$,其中 f 具有二阶导数,求 $\dfrac{\partial^2 z}{\partial x^2},\dfrac{\partial^2 z}{\partial x\partial y},\dfrac{\partial^2 z}{\partial y^2}.$

解 令 $x^2+y^2=u$,则 $z=f(u)$

$$\frac{\partial z}{\partial x}=\frac{\mathrm{d}f}{\mathrm{d}u}\frac{\partial u}{\partial x}=2xf_u$$

$$\frac{\partial z}{\partial y}=\frac{\mathrm{d}f}{\mathrm{d}u}\frac{\partial u}{\partial y}=2yf_u$$

$$\frac{\partial^2 z}{\partial x^2}=\frac{\partial}{\partial x}(2xf_u)=2f_u+2x\cdot f_{uu}\frac{\partial u}{\partial x}$$
$$=2f_u+4x^2f_{uu}$$

$$\frac{\partial^2 z}{\partial x\partial y}=\frac{\partial}{\partial y}(2xf_u)$$
$$=2xf_{uu}\frac{\partial u}{\partial y}$$
$$=4xyf_{uu}$$

$$\frac{\partial^2 z}{\partial y^2}=\frac{\partial}{\partial y}(2yf_u)$$
$$=2f_u+2yf_{uu}\cdot\frac{\partial u}{\partial y}$$
$$=2f_u+4y^2f_{uu}.$$

12. 求下列函数的 $\dfrac{\partial^2 z}{\partial x^2},\dfrac{\partial^2 z}{\partial x\partial y},\dfrac{\partial^2 x}{\partial y^2}$(其中 f 具有二阶连续偏导数):

(1) $z=f(xy,y)$;

(2) $z=f(x,\dfrac{x}{y})$;

(3) $z=f(xy^2,x^2y)$;

(4) $z=f(\sin x,\cos y,e^{x+y}).$

解 (1) $\dfrac{\partial z}{\partial x}=f'_1\cdot y=yf'_1$

$$\frac{\partial^2 z}{\partial x^2} = yf''_{11} \cdot y = y^2 f''_{11}$$

$$\frac{\partial^2 z}{\partial x \partial y} = \frac{\partial}{\partial y}(yf'_1)$$

$$= f'_1 + y(f''_{11} \cdot x + f''_{12})$$

$$= f'_1 + xyf''_{11} + yf''_{12}$$

$$\frac{\partial z}{\partial y} = f'_1 \cdot x + f'_2$$

$$\frac{\partial^2 z}{\partial y^2} = \frac{\partial}{\partial y}(f'_1 x + f'_2)$$

$$= x(f''_{11} \cdot x + f''_{12}) + (f''_{21} \cdot x + f''_{22})$$

$$= x^2 f''_{11} + x(f''_{12} + f''_{21}) + f''_{22}$$

$$= x^2 + 2xf''_{12} + f''_{22} \quad (f''_{12} = f''_{21}).$$

(2) $\frac{\partial z}{\partial x} = f'_1 + f'_2 \frac{1}{y} = f'_1 + \frac{1}{y}f'_2$

$$\frac{\partial z}{\partial y} = f'_2 \cdot \left(-\frac{x}{y^2}\right) = -\frac{x}{y^2}f'_2$$

$$\frac{\partial^2 z}{\partial x^2} = \frac{\partial}{\partial x}\left(f'_1 + \frac{1}{y}f'_2\right)$$

$$= \left(f''_{11} + \frac{1}{y}f''_{12}\right) + \frac{1}{y}\left(f''_{21} + f''_{22}\frac{1}{y}\right)$$

$$= f''_{11} + \frac{1}{y}(f''_{12} + f''_{21}) + \frac{1}{y^2}f''_{22}$$

$$= f''_{11} + \frac{2}{y}f''_{12} + \frac{1}{y^2}f''_{22}(f''_{12} = f''_{21})$$

$$\frac{\partial^2 z}{\partial x \partial y} = \frac{\partial}{\partial y}\left(f'_1 + \frac{1}{y}f'_2\right)$$

$$= f''_{12} \cdot \left(-\frac{x}{y^2}\right) + \left(-\frac{1}{y^2}\right)f'_2 + \frac{1}{y}f''_{22} \cdot \left(-\frac{x}{y^2}\right)$$

$$= -\frac{1}{y^2}f'_2 - \frac{x}{y^2}f''_{12} - \frac{x}{y^3}f''_{22}$$

$$\frac{\partial^2 z}{\partial y^2} = \frac{\partial}{\partial y}\left(-\frac{x}{y^2}f'_2\right)$$

$$= -\frac{2x}{y^3}f'_2 + \left(-\frac{x}{y^2}\right)f''_{22}\left(-\frac{x}{y^2}\right)$$

$$= \frac{2x}{y^3}f'_2 + \frac{x^2}{y^4}f''_{22}.$$

(3) $\dfrac{\partial z}{\partial x} = f'_1 \cdot y^2 + f'_2 \cdot 2xy$

$\dfrac{\partial z}{\partial y} = f'_1 \cdot 2xy + f'_2 \cdot x^2$

$\dfrac{\partial^2 z}{\partial x^2} = \dfrac{\partial}{\partial x}(f'_1 y^2 + f'_2 \cdot 2xy)$

$\qquad = y^2(f''_{11} \cdot y^2 + f''_{12} \cdot 2xy) + 2yf'_2 + 2xy \cdot (f''_{21} \cdot y^2 + f''_{22} \cdot 2xy)$

$\qquad = 2yf'_2 + y^4 f''_{11} + 2xy^3(f''_{12} + f''_{21}) + 4x^2 y^2 f''_{22}$

$\qquad = 2yf'_2 + y^4 f''_{11} + 4xy^3 f''_{12} + 4x^2 y^2 f''_{22}$

$\dfrac{\partial^2 z}{\partial x \partial y} = \dfrac{\partial}{\partial y}(f'_1 \cdot y^2 + f'_2 \cdot 2xy)$

$\qquad = 2yf'_1 + y^2(f''_{11} \cdot 2xy + f''_{12} \cdot x^2) + 2xf'_2 + 2xy(f''_{21} \cdot 2xy + f''_{22} \cdot x^2)$

$\qquad = 2(xf'_2 + yf'_1) + 2xy^3 f''_{11} + 2x^3 yf''_{22} + x^2 y^2(f''_{12} + 4f''_{21})$

$\qquad = 2(xf'_2 + yf'_1) + 2xy(x^2 f''_{22} + y^2 f''_{11}) + 5x^2 y^2 f''_{12}$

$\dfrac{\partial^2 z}{\partial y^2} = \dfrac{\partial}{\partial y}(f'_1 \cdot 2xy + f'_2 \cdot x^2)$

$\qquad = 2xf'_1 + 2xy(f''_{11} \cdot 2xy + f''_{12} x^2) + x^2(f''_{21} \cdot 2xy + f''_{22} \cdot x^2)$

$\qquad = 2xf'_1 + 4x^2 y^2 f''_{11} + 4x^3 yf''_{12} + x^4 f''_{22}.$

(4) $\dfrac{\partial z}{\partial x} = f'_1 \cos x + f'_3 e^{x+y}$

$\dfrac{\partial z}{\partial y} = f'_2(-\sin y) + f'_3 e^{x+y}$

$\dfrac{\partial^2 z}{\partial x^2} = -\sin x \cdot f'_1 + \cos x(f''_{11}\cos x + f''_{13} e^{x+y}) + e^{x+y} f'_3$

$\qquad + e^{x+y}(f''_{31}\cos x + f''_{33} e^{x+y})$

$\qquad = e^{x+y} f'_3 - \sin x \cdot f'_1 + \cos^2 x f''_{11} + e^{2(x+y)} f''_{33} + \cos x f''_{13} e^{x+y} + e^{x+y} f''_{31}\cos x$

$\qquad = -\sin x f'_1 + e^{x+y} f'_3 + \cos^2 x f''_{11} + 2e^{xy}\cos x f''_{13} + e^{2(x+y)} f''_{33} \quad (f''_{13} = f''_{31})$

$\dfrac{\partial^2 z}{\partial x \partial y} = \dfrac{\partial}{\partial y}(f'_1 \cos x + f'_3 e^{x+y})$

$\qquad = \cos x[f''_{12}(-\sin y) + f''_{13} e^{x+y}] + e^{x+y} f'_3 + e^{x+y}[f''_{32}(-\sin y) + f''_{33} e^{x+y}]$

$\qquad = e^{x+y} \cdot f'_3 - \cos x \sin y f''_{12} + e^{x+y}\cos x f''_{13} - \sin y e^{x+y} f''_{32} + e^{2(x+y)} f''_{33}$

$\dfrac{\partial^2 z}{\partial y^2} = \dfrac{\partial}{\partial y}(f'_2(-\sin y) + f'_3 e^{x+y})$

$\qquad = -\cos y f'_2 - \sin y[f''_{22}(-\sin y) + f''_{23} e^{x+y}] + e^{x+y} f'_3 + e^{x+y}[f''_{32}(-\sin y)$

$\qquad + f''_{33} e^{x+y}]$

$$= -\cos y f'_2 + e^{x+y} f'_3 + \sin^2 y f''_{22} - 2e^{x+y}\sin y f''_{23} + e^{2(x+y)} f''_{33}.$$

13. 设 $u = f(x,y)$ 的所有二阶偏导数连续,而

$$x = \frac{s - \sqrt{3}t}{2}, \quad y = \frac{\sqrt{3}s + t}{2},$$

证明

$$\left(\frac{\partial u}{\partial x}\right)^2 + \left(\frac{\partial u}{\partial y}\right)^2 = \left(\frac{\partial u}{\partial s}\right)^2 + \left(\frac{\partial u}{\partial t}\right)^2$$

及

$$\frac{\partial^2 u}{\partial x^2} + \frac{\partial^2 u}{\partial y^2} = \frac{\partial^2 u}{\partial s^2} + \frac{\partial^2 u}{\partial t^2}.$$

证明

$$\frac{\partial u}{\partial s} = f'_1 \cdot \frac{1}{2} + f'_2 \cdot \frac{\sqrt{3}}{2}$$

$$= \frac{1}{2}f'_1 + \frac{\sqrt{3}}{2}f'_2$$

$$\frac{\partial u}{\partial t} = f'_1 \cdot \left(-\frac{\sqrt{3}}{2}\right) + f'_2 \cdot \frac{1}{2}$$

$$= \frac{f'_2 - \sqrt{3}f'_1}{2}$$

$$\therefore \left(\frac{\partial u}{\partial s}\right)^2 + \left(\frac{\partial u}{\partial t}\right)^2 = \left(\frac{1}{2}f'_1 + \frac{\sqrt{3}}{2}f'_2\right)^2 + \frac{(f'_2 - \sqrt{3}f'_1)^2}{4}$$

$$= f'^2_1 + f'^2_2$$

即 $\left(\dfrac{\partial u}{\partial x}\right)^2 + \left(\dfrac{\partial u}{\partial y}\right)^2 = \left(\dfrac{\partial u}{\partial s}\right)^2 + \left(\dfrac{\partial u}{\partial t}\right)^2$

$$\frac{\partial^2 u}{\partial s^2} = \frac{\partial}{\partial s}\left(\frac{1}{2}f'_1 + \frac{\sqrt{3}}{2}f'_2\right)$$

$$= \frac{1}{2}\left(f''_{11} \cdot \frac{1}{2} + f''_{12} \cdot \frac{\sqrt{3}}{2}\right) + \frac{\sqrt{3}}{2}\left(f''_{21} \cdot \frac{1}{2} + f''_{22}\frac{\sqrt{3}}{2}\right)$$

$$= \frac{f''_{11} + 2\sqrt{3}f''_{12} + 3f''_{11}}{4}$$

$$\frac{\partial^2 u}{\partial t^2} = \frac{\partial}{\partial t}\left(\frac{f'_2 - \sqrt{3}f'_1}{2}\right)$$

$$= \frac{\dfrac{f''_{22} - \sqrt{3}f''_{21}}{2} - \sqrt{3}\dfrac{f''_{12} - f''_{11} \cdot \sqrt{3}}{2}}{2}$$

$$= \frac{3f''_{11} - 2\sqrt{3}f''_{12} + f''_{22}}{4}$$

$$\therefore \frac{\partial^2 u}{\partial s^2} + \frac{\partial^2 u}{\partial t^2} = f''_{11} + f''_{22}$$

即 $\dfrac{\partial^2 u}{\partial x^2} + \dfrac{\partial^2 u}{\partial y^2} = \dfrac{\partial^2 u}{\partial s^2} + \dfrac{\partial^2 u}{\partial t^2}$.

习题 8 — 5

1. 设 $\sin y + e^x - xy^2 = 0$，求 $\dfrac{\mathrm{d}y}{\mathrm{d}x}$.

解　设 $F(x,y) = \sin y + e^x - xy^2$，

$F_x = e^x - y^2$，

$F_y = \cos y - 2xy$.

$\therefore \dfrac{\mathrm{d}y}{\mathrm{d}x} = -\dfrac{F_x}{F_y} = -\dfrac{e^x - y^2}{\cos y - 2xy}$.

2. 设 $\ln \sqrt{x^2 + y^2} = \arctan \dfrac{y}{x}$，求 $\dfrac{\mathrm{d}y}{\mathrm{d}x}$.

解　方程两边对 x，求导

$$\frac{1}{\sqrt{x^2 + y^2}} \cdot \frac{2x + 2y\dfrac{\mathrm{d}y}{\mathrm{d}x}}{2\sqrt{x^2 + y^2}} = \frac{1}{1 + \dfrac{y^2}{x^2}} \cdot \frac{\dfrac{\mathrm{d}y}{\mathrm{d}x}x - y}{x^2}$$

化简 $x + y \cdot y' = xy' - y$

$\therefore \dfrac{\mathrm{d}y}{\mathrm{d}x} = \dfrac{x + y}{x - y}$.

3. 设 $x + 2y + z - 2\sqrt{xyz} = 0$，求 $\dfrac{\partial z}{\partial x}$ 及 $\dfrac{\partial z}{\partial y}$.

解　设 $F(x,y,z) = x + 2y + z - 2\sqrt{xyz}$，

$F_x = 1 - 2\dfrac{yz}{2\sqrt{xyz}} = 1 - \dfrac{yz}{\sqrt{xyz}}$，

$F_y = 2 - \dfrac{xz}{\sqrt{xyz}}$，$F_z = 1 - \dfrac{xy}{\sqrt{xyz}}$.

$\therefore \dfrac{\partial z}{\partial x} = -\dfrac{F_x}{F_z}$

$= -\dfrac{1 - \dfrac{yz}{\sqrt{xyz}}}{1 - \dfrac{xy}{\sqrt{xyz}}}$

$= -\dfrac{\sqrt{xyz} - yz}{\sqrt{xyz} - xy}$

$$\frac{\partial z}{\partial y} = -\frac{Fy}{Fz}$$

$$= -\frac{2 - \dfrac{xz}{\sqrt{xyz}}}{1 - \dfrac{xy}{\sqrt{xyz}}}$$

$$= -\frac{2\sqrt{xyz} - xz}{\sqrt{xyz} - xy}.$$

4. 设 $\dfrac{x}{z} = \ln\dfrac{z}{y}$，求 $\dfrac{\partial z}{\partial x}$ 及 $\dfrac{\partial z}{\partial y}$.

解　设 $F(x,y,z) = \dfrac{x}{z} - \ln\dfrac{z}{y}$

$$F(x) = \frac{1}{z}, \quad Fy = -\frac{1}{\dfrac{z}{y}} \cdot \left(-\frac{z}{y^2}\right) = \frac{1}{y}$$

$$Fz = -\frac{x}{z^2} - \frac{1}{\dfrac{z}{y}} \cdot \frac{1}{y} = \frac{-x-z}{z^2}$$

$$\frac{\partial z}{\partial x} = -\frac{Fx}{Fz} = -\frac{\dfrac{1}{z}}{\dfrac{-x-z}{z^2}} = \frac{z}{x+z}$$

$$\frac{\partial z}{\partial y} = -\frac{Fy}{Fz} = -\frac{\dfrac{1}{y}}{\dfrac{-x-z}{z^2}} = \frac{z^2}{y(x+z)}.$$

5. 设 $2\sin(x+2y-3z) = x+2y-3z$，证明 $\dfrac{\partial z}{\partial x} + \dfrac{\partial z}{\partial y} = 1$.

证明　设 $F(x,y,z) = 2\sin(x+2y-3z) - (x+2y-3z)$

$F_x = 2\cos(x+2y-3z) - 1$

$F_y = 4\cos(x+2y-3z) - 2$

$F_z = 2\cos(x+2y-3z) \cdot (-3) + 3$

$\therefore F_y = 2F_x, F_z = -3F_x$

当 $F_z \neq 0$ 时，

$$\frac{\partial z}{\partial x} = -\frac{F_x}{F_z} = -\frac{F_x}{-3F_x} = \frac{1}{3}$$

$$\frac{\partial z}{\partial y} = -\frac{F_y}{F_z} = -\frac{2F_x}{-3F_x} = \frac{2}{3}$$

$$\therefore \frac{\partial z}{\partial x} + \frac{\partial z}{\partial y} = 1.$$

6. 设 $x = x(y,z), y = y(x,z), z = z(x,y)$ 都是由方程 $F(x,y,z) = 0$ 所确定的具有连续偏导数的函数,证明

$$\frac{\partial x}{\partial y} \cdot \frac{\partial y}{\partial z} \cdot \frac{\partial z}{\partial x} = -1.$$

证明　　$\dfrac{\partial x}{\partial y} = -\dfrac{Fy}{Fx},$

$$\frac{\partial y}{\partial z} = -\frac{Fz}{Fy}, \frac{\partial z}{\partial x} = -\frac{Fx}{Fz}$$

$$\frac{\partial x}{\partial y} \cdot \frac{\partial y}{\partial z} \cdot \frac{\partial z}{\partial x} = \left(-\frac{Fy}{Fx}\right) \cdot \left(-\frac{Fz}{Fy}\right) \cdot \left(-\frac{Fx}{Fz}\right) = -1.$$

7. 设 $\Phi(u,v)$ 具有连续偏导数,证明由方程 $\Phi(cx - az, cy - bz) = 0$ 所确定的函数 $z = f(x,y)$ 满足 $a\dfrac{\partial z}{\partial x} + b\dfrac{\partial z}{\partial y} = c.$

证明　　$\Phi_x = \Phi'_1 \cdot c$　　$\Phi_y = \Phi'_2 \cdot c$

$$\Phi_z = \Phi'_1 \cdot (-a) + \Phi'_2 \cdot (-b)$$
$$= -a\Phi'_1 - b\Phi'_2$$

$$\therefore a\frac{\partial z}{\partial x} + b\frac{\partial z}{\partial y} = a \cdot \left(-\frac{\Phi'_1 c}{-a\Phi'_1 - b\Phi'_2}\right) + b\frac{-\Phi'_2 \cdot c}{-a\Phi'_1 - b\Phi'_2}$$

$$= \frac{ac\Phi'_1 + bc\Phi'_2}{a\Phi'_1 + b\Phi'_2}$$

$$= c.$$

8. 设 $e^z - xyz = 0$,求 $\dfrac{\partial^2 z}{\partial x^2}$.

解　　设 $F(x,y,z) = e^z - xyz$

$$Fx = -yz, Fy = -xz, Fz = e^z - xy$$

$$Fz \neq 0 \text{ 时}, \frac{\partial z}{\partial x} = -\frac{Fx}{Fz} = -\frac{-yz}{e^z - xy} = \frac{yz}{e^z - xy}$$

$$\frac{\partial^2 z}{\partial x^2} = \frac{y\dfrac{\partial z}{\partial x}(e^z - xy) - yz\left(e^z \cdot \dfrac{\partial z}{\partial x} - y\right)}{(e^z - xy)^2}$$

$$= \frac{y\dfrac{yz}{e^z - xy}(e^z - xy) - yz\left(e^z \cdot \dfrac{yz}{e^z - xy} - y\right)}{(e^z - xy)^2}$$

$$= \frac{-y^2 z^2 e^z + 2y^2 z e^z - 2xy^3 z}{(e^z - xy)^3}.$$

9. 设 $z^3 - 3xyz = a^3$,求 $\dfrac{\partial^2 z}{\partial x \partial y}$.

解　设 $F(x,y,z) = z^3 - 3xyz - a^3$

$Fx = -3yz, Fy = -3xz,$

$Fz = 3z^2 - 3xy$

$Fz \neq 0$ 时,$\dfrac{\partial z}{\partial x} = -\dfrac{Fx}{Fz} = -\dfrac{-3yz}{3z^2 - 3xy} = \dfrac{yz}{z^2 - xy}$

$\dfrac{\partial z}{\partial y} = -\dfrac{Fy}{Fz} = \dfrac{xz}{z^2 - xy}$

$$\dfrac{\partial^2 z}{\partial x \partial y} = \dfrac{\left(z + y\dfrac{\partial z}{\partial y}\right)(z^2 - xy) - yz\left(2z\dfrac{\partial z}{\partial y} - x\right)}{(z^2 - xy)^2}$$

$$= \dfrac{\left(z + y\dfrac{xz}{z^2 - xy}\right)(z^2 - xy) - yz\left(2z\dfrac{xz}{z^2 - xy} - x\right)}{(z^2 - xy)^2}$$

$$= \dfrac{z^5 - 2xyz^3 - x^2y^2z}{(z^2 - xy)^3}.$$

10. 求由下列方程组所确定的函数的导数或偏导数:

(1) 设 $\begin{cases} z = x^2 + y^2, \\ x^2 + 2y^2 + 3z^2 = 20, \end{cases}$ 求 $\dfrac{\mathrm{d}y}{\mathrm{d}x}, \dfrac{\mathrm{d}z}{\mathrm{d}x}$;

(2) 设 $\begin{cases} x + y + z = 0, \\ x^2 + y^2 + z^2 = 1, \end{cases}$ 求 $\dfrac{\mathrm{d}x}{\mathrm{d}z}, \dfrac{\mathrm{d}y}{\mathrm{d}z}$;

(3) 设 $\begin{cases} u = f(ux, v + y), \\ v = g(u - x, v^2y), \end{cases}$ 其中 f, g 具有一阶连续偏导数,求 $\dfrac{\partial u}{\partial x}, \dfrac{\partial v}{\partial x}$;

(4) 设 $\begin{cases} x = \mathrm{e}^u + u\sin v, \\ y = \mathrm{e}^u - u\cos v, \end{cases}$ 求 $\dfrac{\partial u}{\partial x}, \dfrac{\partial u}{\partial y}, \dfrac{\partial v}{\partial x}, \dfrac{\partial v}{\partial y}$.

解　(1) 视 x 为自变量,y,z 为因变量各方程两边对 x 求导得

$\begin{cases} z' = 2x + 2yy' \\ 2x + 4yy' + 6zz' = 0 \end{cases}$

消去 $y', 2z' + 2x + 6zz' = 4x$

$\therefore \dfrac{\mathrm{d}z}{\mathrm{d}x} = \dfrac{x}{3z + 1}$　$(3z + 1 \neq 0)$

消去 $z', 2x + 4yy' + 6z(2x + 2yy') = 0$

$\therefore y' = -\dfrac{x(6z + 1)}{2y(3z + 1)}$　$(y(3z + 1) \neq 0)$.

(2) 由此方程组,可确定一元隐函数组 $y = y(x), x = x(z)$. 各方程两边对 z,求导

$$\begin{cases} x' + y' = -1 \\ 2xx' + 2yy' = -2z \end{cases}$$

在 $\begin{vmatrix} 1 & 1 \\ 2x & 2y \end{vmatrix} = 2(y-x) \neq 0$ 时,

$$\frac{\mathrm{d}y}{\mathrm{d}z} = \frac{\begin{vmatrix} 1 & -1 \\ x & -z \end{vmatrix}}{\begin{vmatrix} 1 & 1 \\ x & y \end{vmatrix}} = \frac{x-z}{y-x}$$

$$\frac{\mathrm{d}x}{\mathrm{d}z} = \frac{\begin{vmatrix} 1 & 1 \\ -z & y \end{vmatrix}}{y-x} = \frac{z-y}{y-x}.$$

(3) 对 x 求偏导

$$\begin{cases} \dfrac{\partial u}{\partial x} = f'_1\left(u + x\dfrac{\partial u}{\partial x}\right) + f'_2\dfrac{\partial v}{\partial x} \\ \dfrac{\partial v}{\partial x} = g'_1\left(\dfrac{\partial u}{\partial x} - 1\right) + g'_2\left(2yv\dfrac{\partial v}{\partial x}\right) \end{cases}$$

整理 $\begin{cases} (xf'_1 - 1)\dfrac{\partial u}{\partial x} + f'_2\dfrac{\partial v}{\partial x} = -f'_1 u \\ g'_1\dfrac{\partial u}{\partial x} + (2yvg'_2 - 1)\dfrac{\partial v}{\partial x} = g'_1 \end{cases}$

当 $\begin{vmatrix} xf'_1 - 1 & f'_2 \\ g'_1 & 2yvg'_2 - 1 \end{vmatrix} = (xf'_1 - 1)(2yvg'_2 - 1) - g'_1 f'_2 \neq 0$ 时,

$$\frac{\partial u}{\partial x} = \frac{\begin{vmatrix} -f'_1 u & f'_2 \\ g'_1 & 2gvg'_2 - 1 \end{vmatrix}}{(xf'_1 - 1)(2gvg'_2 - 1) - f'_2 g'_1} = \frac{-f'_1 u(2gvg'_2 - 1) - f'_2 g'_1}{(xf'_1 - 1)(2gvg'_2 - 1) - f'_2 g'_1}$$

$$\frac{\partial u}{\partial x} = \frac{\begin{vmatrix} xf'_1 - 1 & -f'_1 u \\ g'_1 & g'_1 \end{vmatrix}}{(xf'_1 - 1)(2gvg'_2 - 1) - f'_2 g'_1} = \frac{g'_1(xf'_1 + f'_1 u - 1)}{(xf'_1 - 1)(2gvg'_2 - 1) - f'_2 g'_1}.$$

(4) 设 $F(x,y,u,v) = e^u + u\sin v - x$

$G(x,y,u,v) = e^u - u\cos v - y$ 则

$$J = \begin{vmatrix} Fu & Fv \\ Gu & Gv \end{vmatrix} = \begin{vmatrix} e^u + \sin v & u\cos v \\ e^u - \cos v & u\sin v \end{vmatrix}$$

$$= u\sin v(e^u + \sin v) - u\cos v(e^u - \cos v)$$

$$= ue^u(\sin v - \cos v) + u$$

$$\frac{\partial(F,G)}{\partial(x,v)} = \begin{vmatrix} Fx & Fv \\ Gx & Gv \end{vmatrix} = \begin{vmatrix} -1 & u\cos v \\ 0 & u\sin v \end{vmatrix} = -u\sin v$$

$$\therefore \frac{\partial u}{\partial x} = -\frac{1}{J}\frac{\partial(F,G)}{\partial(x,v)} = \frac{\sin v}{e^u(\sin v - \cos v) + 1}$$

$$\frac{\partial(F,G)}{\partial(y,v)} = \begin{vmatrix} Fy & Fv \\ Gy & Gv \end{vmatrix} = \begin{vmatrix} 0 & u\cos v \\ -1 & u\sin v \end{vmatrix} = u\cos v$$

$$\therefore \frac{\partial u}{\partial y} = -\frac{1}{J}\frac{\partial(F,G)}{\partial(y,v)} = -\frac{\cos v}{e^u(\sin v - \cos v) + 1}$$

$$\frac{\partial(F,G)}{\partial(u,x)} = \begin{vmatrix} Fu & Fx \\ Gu & Gx \end{vmatrix} = \begin{vmatrix} e^u + \sin v & -1 \\ e^u - \cos v & 0 \end{vmatrix}$$

$$= e^u - \cos v$$

$$\therefore \frac{\partial v}{\partial x} = -\frac{1}{J}\frac{\partial(F,G)}{\partial(u,x)} = -\frac{e^u - \cos v}{ue^u(\sin v - \cos v) + u}$$

$$\frac{\partial(F,G)}{\partial(u,y)} = \begin{vmatrix} Fu & Fy \\ Gu & Gy \end{vmatrix} = \begin{vmatrix} e^u + \sin v & 0 \\ e^u - \cos v & -1 \end{vmatrix}$$

$$= -(e^u + \sin v)$$

$$\therefore \frac{\partial v}{\partial y} = -\frac{1}{J}\frac{\partial(F,G)}{\partial(u,y)} = \frac{e^u + \sin v}{ue^u(\sin v - \cos v) + u}.$$

11. 设 $y = f(x,t)$，而 $t = t(x,y)$ 是由方程 $F(x,y,t) = 0$ 所确定的函数，其中 f,F 都具有一阶连续偏导数，试证明

$$\frac{\mathrm{d}y}{\mathrm{d}x} = \frac{\dfrac{\partial f}{\partial x}\dfrac{\partial F}{\partial t} - \dfrac{\partial f}{\partial t}\dfrac{\partial F}{\partial x}}{\dfrac{\partial f}{\partial t}\dfrac{\partial F}{\partial y} + \dfrac{\partial F}{\partial t}}.$$

证明
$$\begin{cases} F(x,y,t) = 0 \\ f(x,t) - y = 0 \end{cases}$$

对 x 求导

$$\begin{cases} F_x + F_y y' + F_t \cdot t' = 0 \\ f_x + f_t \cdot t' - y' = 0 \end{cases}$$

$$\therefore \begin{cases} F_y \cdot y' + F_t \cdot t' = -F_x \\ -y' + f_t \cdot t' = -f_x \end{cases}$$

$$\therefore y' = \frac{\begin{vmatrix} -F_x & F_t \\ -f_x & f_t \end{vmatrix}}{\begin{vmatrix} F_y & F_t \\ -1 & f_t \end{vmatrix}} = \frac{F_t f_x - F_x f_t}{F_y f_t + F_t}$$

即 $$\frac{\mathrm{d}y}{\mathrm{d}x} = \frac{\dfrac{\partial f}{\partial x}\dfrac{\partial F}{\partial t} - \dfrac{\partial f}{\partial t}\dfrac{\partial F}{\partial x}}{\dfrac{\partial f}{\partial t}\dfrac{\partial F}{\partial y} + \dfrac{\partial F}{\partial t}}.$$

习题 8－6

1. 求曲线 $x = t - \sin t, y = 1 - \cos t, z = 4\sin\dfrac{t}{2}$ 在点 $(\dfrac{\pi}{2} - 1, 1, 2\sqrt{2})$ 处的切线及法平面方程.

解 曲线的切向量为

$\boldsymbol{T} = (x'(t_0), y'(t_0), z'(t_0))$

$x'(t) = 1 - \cos t$

$y'(t) = \sin t$

$z'(t) = 2\cos\dfrac{t}{2}$

在点 $\left(\dfrac{\pi}{2} - 1, 1, 2\sqrt{2}\right)$ 处

$\cos t_0 = 0, \sin t_0 = 1, t_0 = \dfrac{\pi}{2}$

$\therefore x'(t_0) = 1, y'(t_0) = 1, z'(t_0) = \sqrt{2}$

$\therefore \boldsymbol{T} = (1, 1, \sqrt{2})$

$\therefore$ 切线为 $\dfrac{x - x_0}{1} = \dfrac{y - y_0}{1} = \dfrac{z - z_0}{\sqrt{2}}$

即 $x - \dfrac{\pi}{2} + 1 = y - 1 = \dfrac{\sqrt{2}z - 4}{2}$

法平面方程为 $1 \cdot (x - x_0) + 1 \cdot (y - y_0) + \sqrt{2}(z - z_0) = 0$

即 $x - \dfrac{\pi}{2} + 1 + y - 1 + \sqrt{2}(z - 2\sqrt{2}) = 0$

$\therefore x + y + \sqrt{2}z = \dfrac{\pi}{2} + 4.$

2. 求曲线 $x = \dfrac{t}{1+t}, y = \dfrac{1+t}{t}, z = t^2$ 在对应于 $t = 1$ 的点处的切线及法平面方程.

解 切向量 $\boldsymbol{T} = (x'(t), y'(t), z'(t))$

$$= \left(\dfrac{1}{(t+1)^2}, -\dfrac{1}{t^2}, 2t\right)$$

当 $t = 1$ 时,$\boldsymbol{T} = \left(\dfrac{1}{4}, -1, 2\right)$

$t = 1$ 所对应点为 $\left(\dfrac{1}{2}, 2, 1\right)$

∴ 所求点 $\left(\dfrac{1}{2}, 2, 1\right)$ 处切线为

$$\frac{x - x_0}{\dfrac{1}{4}} = \frac{y - y_0}{-1} = \frac{z - z_0}{2}$$

即 $4\left(x - \dfrac{1}{2}\right) = 2 - y = \dfrac{z-1}{2}$

所求法平面方程为

$$\frac{1}{4}\left(x - \frac{1}{2}\right) + (-1)(y - 2) + 2(z - 1) = 0$$

即 $x - 4y + 8z - \dfrac{1}{2} = 0.$

3. 求曲线 $y^2 = 2mx, z^2 = m - x$ 在点 (x_0, y_0, z_0) 处的切线及法平面方程.

解　对 x 求导得

$$2y \cdot y' = 2m \Rightarrow y' = \frac{m}{y}$$

$$2z \cdot z' = -1 \Rightarrow z' = -\frac{1}{2z}$$

∴ 在点 (x_0, y_0, z_0) 处切向量为 $\boldsymbol{T} = \left(1, \dfrac{m}{y_0}, -\dfrac{1}{2z_0}\right)$

∴ 所求切线方程为

$$\frac{x - x_0}{1} = \frac{y - y_0}{\dfrac{m}{y_0}} = \frac{z - z_0}{-\dfrac{1}{2z_0}}$$

所求法平面方程为

$$x - x_0 + (y - y_0) \cdot \frac{m}{y_0} + \left(-\frac{1}{2z_0}\right)(z - z_0) = 0$$

即 $x + \dfrac{m}{y_0}y - \dfrac{1}{2z_0}z - x_0 - m + \dfrac{1}{2} = 0.$

4. 求曲线 $\begin{cases} x^2 + y^2 + z^2 - 3x = 0, \\ 2x - 3y + 5z - 4 = 0 \end{cases}$ 在点 $(1, 1, 1)$ 处的切线及法平面方程.

解　各方程两边对 x 求导

$$\begin{cases} 2x + 2y \cdot y' + 2z \cdot z' - 3 = 0 \\ 2 - 3y' + 5z' = 0 \end{cases}$$

代入点 $(1, 1, 1)$ 得

$$\begin{cases} 2 + 2y' + 2z' - 3 = 0 \\ 2 - 3y' + 5z' = 0 \end{cases}$$

解得 $y' = \dfrac{9}{16}, z' = -\dfrac{1}{16}$

∴ 切向量为 $\boldsymbol{T} = \left(1, \dfrac{9}{16}, -\dfrac{1}{16}\right)$

切线方程为

$$\dfrac{x-1}{1} = \dfrac{y-1}{\dfrac{9}{16}} = \dfrac{z-1}{-\dfrac{1}{16}}$$

法平面方程为

$$x-1+\dfrac{9}{16}(y-1) + \left(-\dfrac{1}{16}\right)(z-1) = 0$$

即 $16x + 9y - z - 24 = 0$.

5. 求出曲线 $x = t, y = t^2, z = t^3$ 上的点,使在该点的切线平行于平面 $x + 2y + z = 4$.

解　平面 $x + 2y + z = 4$ 的一个法向量为 $\boldsymbol{n} = (1, 2, 1)$

由题意知所求点的切线与 $\boldsymbol{n}$ 垂直

切向量 $\boldsymbol{T} = (x'(t), y'(t), z'(t))$

　　　　$= (1, 2t, 3t^2)$

∵ $\boldsymbol{T} \perp \boldsymbol{n}$ ∴ $\boldsymbol{T} \cdot \boldsymbol{n} = 0$

即 $1 \times 1 + 2 \times 2t + 3t^2 \times 1 = 0$

即 $3t^2 + 4t + 1 = 0$

$t = -\dfrac{1}{3}$ 或 $t = -1$

∴ $x = -\dfrac{1}{3}, y = \dfrac{1}{9}, z = -\dfrac{1}{27}$ 或 $x = -1, y = 1, z = -1$

∴ 所求点为 $\left(-\dfrac{1}{3}, \dfrac{1}{9}, -\dfrac{1}{27}\right)$ 或 $(-1, 1, -1)$.

6. 求曲面 $e^z - z + xy = 3$ 在点 $(2, 1, 0)$ 处的切平面及法线方程.

解　设 $F(x, y, z) = e^z - z + xy - 3$

$Fx = y, Fy = x$

$Fz = e^z - 1$

∴ 点 $(2, 1, 0)$ 处法向量为

$\boldsymbol{n} = (Fx(2, 1, 0), Fy(2, 1, 0), Fz(2, 1, 0))$

　$= (1, 2, 0)$

∴ 所求切平面方程为

$1 \cdot (x - 2) + 2(y - 1) + 0 \cdot (z - 0) = 0$

即 $x + 2y - 4 = 0$

所求法线方程

$$\frac{x-2}{1} = \frac{y-1}{2} = \frac{z-0}{0}$$

即 $x-2 = \frac{y-1}{2} = \frac{z}{0}$.

7. 求曲面 $ax^2 + by^2 + cz^2 = 1$ 在点 (x_0, y_0, z_0) 处的切平面及法线方程.

解　设 $F(x,y,z) = ax^2 + by^2 + cz^2 - 1$

则法向量 $\boldsymbol{n} = (Fx, Fy, Fz)$

$$= (2ax, 2bx, 2cz)$$

点 (x_0, x_0, z_0) 处

$\boldsymbol{n} = (2ax_0, 2by_0, 2cz_0)$

∴ 所求切平面方程

$2ax_0(x-x_0) + 2by_0(y-y_0) + 2cz_0(z-z_0) = 0$

即　$ax_0 x + by_0 y + cz_0 z = 1$.

所求法线方程

$$\frac{x-x_0}{2ax_0} = \frac{y-y_0}{2by_0} = \frac{z-z_0}{2cz_0}.$$

即　$\dfrac{x-x_0}{ax_0} = \dfrac{y-y_0}{by_0} = \dfrac{z-z_0}{cz_0}.$

8. 求椭球面 $x^2 + 2y^2 + z^2 = 1$ 上平行于平面 $x - y + 2z = 0$ 的切平面方程.

解　所求切平面的一个法向量为 $(1, -1, 2)$

记 $F(x,y,z) = x^2 + 2y^2 + z^2 - 1$

法向量 $\boldsymbol{n} = (Fx, Fy, Fz)$

$$= (2x, 4y, 2z)$$

∵ $(2x, 4y, 2z) \parallel (1, -1, 2)$

∴ $2x = -4y = z, x = -2y$

代入 $x^2 + 2y^2 + z^2 = 1$ 得

$$4y^2 + 2y^2 + 16y^2 = 1 \Rightarrow y = \pm\frac{1}{\sqrt{22}}$$

$$x = \mp\frac{2}{\sqrt{22}} \quad z = \mp\frac{4}{\sqrt{22}}$$

故切点为 $\left(\dfrac{2}{\sqrt{22}}, -\dfrac{1}{\sqrt{22}}, \dfrac{4}{\sqrt{22}}\right)$ 或 $\left(-\dfrac{2}{\sqrt{22}}, \dfrac{1}{\sqrt{22}}, -\dfrac{4}{\sqrt{22}}\right)$

∴ 所求切平面方程为

$$x - \frac{2}{\sqrt{22}} - \left(y + \frac{1}{\sqrt{22}}\right) + 2\left(z - \frac{4}{\sqrt{22}}\right) = 0$$

即 $x - y + 2z = \frac{11}{\sqrt{22}} = \frac{\sqrt{22}}{2}$

或 $x + \frac{2}{\sqrt{22}} - \left(y - \frac{1}{\sqrt{22}}\right) + 2\left(z + \frac{4}{\sqrt{22}}\right) = 0$

即 $x - y + 2z + \frac{\sqrt{22}}{2} = 0$.

9. 求旋转椭球面 $3x^2 + y^2 + z^2 = 16$ 上点 $(-1, -2, 3)$ 处的切平面与 xOy 面的夹角的余弦.

解 记 $F(x,y,z) = 3x^2 + y^2 + z^2 - 16$

法向量为 $\boldsymbol{n} = (F_x, F_y, F_z)$

$\qquad\qquad = (6x, 2y, 2z)$

点 $(-1, -2, 3)$ 处 $\boldsymbol{n} = (-6, -4, 6)$

取法向量 $\boldsymbol{n}_0 = (3, 2, -3)$

$\boldsymbol{n}_0$ 与 z 轴夹角余弦值为

$$\frac{|-3|}{\sqrt{3^2 + 2^2 + 9}} = \frac{3}{\sqrt{22}}$$

$\therefore$ 所求余弦值为 $\dfrac{3}{\sqrt{22}}$.

10. 试证曲面 $\sqrt{x} + \sqrt{y} + \sqrt{z} = \sqrt{a}$ 上任何点处的切平面在各坐标轴上截距之和等于 a.

证明 任取曲面上一点 $P_0(x_0, y_0, z_0)$，则 $\sqrt{x_0} + \sqrt{y_0} + \sqrt{z_0} = \sqrt{a}$

记 $F(x,y,z) = \sqrt{x} + \sqrt{y} + \sqrt{z} - \sqrt{a}$

切向量为 $\boldsymbol{n} = (F_x, F_y, F_z)$

$\qquad\qquad = \frac{1}{2}\left(\frac{1}{\sqrt{x}}, \frac{1}{\sqrt{y}}, \frac{1}{\sqrt{z}}\right)$

P_0 处取 $\boldsymbol{n} = \left(\frac{1}{\sqrt{x_0}}, \frac{1}{\sqrt{y_0}}, \frac{1}{\sqrt{z_0}}\right)$

P_0 处切平面方程为

$$\frac{1}{\sqrt{x_0}}(x - x_0) + \frac{1}{\sqrt{y_0}}(y - y_0) + \frac{1}{\sqrt{z_0}}(z - z_0) = 0$$

即 $\dfrac{x}{\sqrt{x_0}} + \dfrac{y}{\sqrt{y_0}} + \dfrac{z}{\sqrt{z_0}} = \sqrt{x_0} + \sqrt{y_0} + \sqrt{z_0} = \sqrt{a}$

∴切平面与各坐标轴的截矩分别为

$$\sqrt{x_0 a}, \sqrt{y_0 a}, \sqrt{z_0 a}$$

∴截矩之和

$$\sqrt{x_0 a} + \sqrt{y_0 a} + \sqrt{z_0 a} = \sqrt{a}(\sqrt{x_0} + \sqrt{y_0} + \sqrt{z_0})$$
$$= \sqrt{a} \cdot \sqrt{a}$$
$$= a$$

原命题得证.

习题 $8-7$

1. 求函数 $z = x^2 + y^2$ 在点 $(1,2)$ 处沿从点 $(1,2)$ 到点 $(2,2+\sqrt{3})$ 的方向的方向导数.

解　设 $P(1,2), Q(2,2+\sqrt{3})$,则方向 l 即 $\overrightarrow{PQ} = (1,\sqrt{3})$ 的方向

与 l 同向的单位向量 $e = \left(\dfrac{1}{2}, \dfrac{\sqrt{3}}{2}\right)$

$$\frac{\partial z}{\partial x}\bigg|_{(1,2)} = 2x\bigg|_{(1,2)} = 2$$

$$\frac{\partial z}{\partial y}\bigg|_{(1,2)} = 2y\bigg|_{(1,2)} = 4$$

∴所求向导数

$$\frac{\partial z}{\partial l}\bigg|_{(1,2)} = 2 \cdot \frac{1}{2} + 4 \cdot \frac{\sqrt{3}}{2} = 1 + 2\sqrt{3}.$$

2. 求函数 $z = \ln(x+y)$ 在抛物线 $y^2 = 4x$ 上点 $(1,2)$ 处,沿着这抛物线在该点处偏向 x 轴正向的切线方向的方向导数.

解　对 $y^2 = 4x, \dfrac{dy}{dx}\bigg|_{(1,2)} = \dfrac{2}{y}\bigg|_{(1,2)} = 1$

∴抛物线在点 $(1,2)$ 处切向量为 $(1,1)$

∴方向 l 即为向量 $(1,1)$ 的方向

∴单位向量 $e = \left(\dfrac{1}{\sqrt{2}}, \dfrac{1}{\sqrt{2}}\right)$

∴$\dfrac{\partial z}{\partial x}\bigg|_{(1,2)} = \dfrac{1}{x+y}\bigg|_{(1,2)} = \dfrac{1}{3}$

$$\frac{\partial z}{\partial y}\bigg|_{(1,2)} = \frac{1}{x+y}\bigg|_{(1,2)} = \frac{1}{3}$$

∴ 所求方向导数

$$\frac{\partial z}{\partial l}\bigg|_{(1,2)} = \frac{1}{3} \cdot \frac{1}{\sqrt{2}} + \frac{1}{3} \cdot \frac{1}{\sqrt{2}} = \frac{\sqrt{2}}{3}.$$

3. 求函数 $z = 1 - \left(\frac{x^2}{a^2} + \frac{y^2}{b^2}\right)$ 在点 $\left(\frac{a}{\sqrt{2}}, \frac{b}{\sqrt{2}}\right)$ 处沿曲线 $\frac{x^2}{a^2} + \frac{y^2}{b^2} = 1$ 在这点的内法线方向的方向导数.

解 对 $\frac{x^2}{a^2} + \frac{y^2}{b^2} = 1$,

$$\frac{2x}{a^2} + \frac{2y}{b^2} \cdot \frac{\mathrm{d}y}{\mathrm{d}x} = 0$$

$$\therefore \frac{\mathrm{d}y}{\mathrm{d}x}\bigg|_{\left(\frac{a}{\sqrt{2}}, \frac{b}{\sqrt{2}}\right)} = -\frac{\frac{2x}{a^2}}{\frac{2y}{b^2}}\bigg|_{\left(\frac{a}{\sqrt{2}}, \frac{b}{\sqrt{2}}\right)} = -\frac{b}{a}$$

即该点的切向量为 $(-a, b)$

∴ 一个法向量可以取为 $(-b, -a)$

方向 l 即与该法向量同向

$$\therefore \text{单位向量 } \boldsymbol{e}_l = \left(\frac{-b}{\sqrt{a^2 + b^2}}, \frac{-a}{\sqrt{a^2 + b^2}}\right)$$

$$\frac{\partial z}{\partial x}\bigg|_{\left(\frac{a}{\sqrt{2}}, \frac{b}{\sqrt{2}}\right)} = -\frac{2x}{a^2}\bigg|_{x = \frac{a}{\sqrt{2}}} = -\frac{\sqrt{2}}{a}$$

$$\frac{\partial z}{\partial y}\bigg|_{\left(\frac{a}{\sqrt{2}}, \frac{b}{\sqrt{2}}\right)} = -\frac{2y}{b^2}\bigg|_{y = \frac{b}{\sqrt{2}}} = -\frac{\sqrt{2}}{b}$$

∴ 所求方向导数

$$\frac{\partial z}{\partial l}\bigg|_{\left(\frac{a}{\sqrt{2}}, \frac{b}{\sqrt{2}}\right)} = -\frac{\sqrt{2}}{a} \cdot \frac{-b}{\sqrt{a^2 + b^2}} - \frac{\sqrt{2}}{b} \cdot \frac{-a}{\sqrt{a^2 + b^2}}$$

$$= \frac{\sqrt{2(a^2 + b^2)}}{ab}.$$

4. 求函数 $u = xy^2 + z^3 - xyz$ 在点 $(1, 1, 2)$ 处沿方向角为 $\alpha = \frac{\pi}{3}, \beta = \frac{\pi}{4}, \gamma = \frac{\pi}{3}$ 的方向的方向导数.

解 $\boldsymbol{e} = (\cos \alpha, \cos \beta, \cos \gamma)$

$$= \left(\cos \frac{\pi}{3}, \cos \frac{\pi}{4}, \cos \frac{\pi}{3}\right)$$

$$= \left(\frac{1}{2}, \frac{\sqrt{2}}{2}, \frac{1}{2}\right)$$

$$\frac{\partial u}{\partial x}\bigg|_{(1,1,2)} = (y^2 - yz)\bigg|_{(1,1,2)} = -1$$

$$\frac{\partial u}{\partial y}\bigg|_{(1,1,2)} = (2xy - yz)\bigg|_{(1,1,2)} = 0$$

$$\frac{\partial u}{\partial z}\bigg|_{(1,1,2)} = (3z^2 - xy)\bigg|_{(1,1,2)} = 11$$

∴ 所求方向导数

$$\frac{\partial u}{\partial l}\bigg|_{(1,1,2)} = -1 \cdot \frac{1}{2} + 0 + \frac{1}{2} \times 11 = 5.$$

5. 求函数 $u = xyz$ 在点 $(5,1,2)$ 处沿点 $(5,1,2)$ 到点 $(9,4,14)$ 的方向的方向导数.

解   设 $P(5,1,2), Q(9,4,14)$，则方向 l 即为 $\overrightarrow{PQ} = (4,3,12)$ 的方向.

∵ 单位向量 $e_l = \dfrac{1}{\sqrt{4^2 + 3^2 + 12^2}}(4,3,12)$

$$= \left(\frac{4}{13}, \frac{3}{13}, \frac{12}{13}\right)$$

$$\frac{\partial u}{\partial x}\bigg|_{(5,1,2)} = yz\bigg|_{(5,1,2)} = 2$$

$$\frac{\partial u}{\partial y}\bigg|_{(5,1,2)} = xz\bigg|_{(5,1,2)} = 10$$

$$\frac{\partial u}{\partial z}\bigg|_{(5,1,2)} = xy\bigg|_{(5,1,2)} = 5$$

∴ 所求方向导数

$$\frac{\partial u}{\partial l}\bigg|_{(5,1,2)} = 2 \cdot \frac{4}{13} + 10 \cdot \frac{3}{13} + 5 \cdot \frac{12}{13} = \frac{98}{13}.$$

6. 求函数 $u = x^2 + y^2 + z^2$ 在曲线 $x = t, y = t^2, z = t^3$ 上点 $(1,1,1)$ 处, 沿曲线在该点的切线正方向 (对应于 t 增大的方向) 的方向导数.

解   曲线切向量 $\boldsymbol{T} = (x'(t), y'(t), z'(t))$

$$= (1, 2t, 3t^2)$$

在点 $P_0(1,1,1)$ 处 $\boldsymbol{T} = (1,2,3)$

方向 l 即为 $\boldsymbol{T}$ 的方向

$$\therefore e_l = \frac{1}{\sqrt{1 + 2^2 + 3^2}}(1,2,3) = \left(\frac{1}{\sqrt{14}}, \frac{2}{\sqrt{14}}, \frac{3}{\sqrt{14}}\right)$$

$$\frac{\partial u}{\partial x}\bigg|_{P_0} = 2x\bigg|_{x=1} = 2$$

$$\frac{\partial u}{\partial y}\bigg|_{P_0} = \frac{\partial u}{\partial z}\bigg|_{P_0} = 2$$

∴ 所求方向导数

$$\frac{\partial u}{\partial l}\Big|_{(1,1,1)} = 2 \times \frac{1+2+3}{\sqrt{14}} = \frac{6\sqrt{14}}{7}.$$

7. 求函数 $u = x + y + z$ 在球面 $x^2 + y^2 + z^2 = 1$ 上点 (x_0, y_0, z_0) 处,沿球面在该点的外法线方向的方向导数.

解 记 $F(x,y,z) = x^2 + y^2 + z^2 - 1$,

则球面上一点法向量为 (Fx, Fy, Fz) 即 $(2x, 2y, 2z)$.

对于点 (x_0, y_0, z_0) 法向量为 $(2x_0, 2y_0, 2z_0)$,

∴ 方向 l 即为向量 (x_0, y_0, z_0) 的方向

∵ $x_0^2 + y_0^2 + z_0^2 = 1$

∴ $e_l = (x_0, y_0, z_0)$

$$\frac{\partial u}{\partial x} = \frac{\partial u}{\partial y} = \frac{\partial u}{\partial z} = 1$$

∴ 所求方向导数

$$\frac{\partial u}{\partial l}\Big|_{x_0, y_0, z_0} = x_0 + y_0 + z_0.$$

8. 设 $f(x,y,z) = x^2 + 2y^2 + 3z^2 + xy + 3x - 2y - 6z$,求 **grad** $f(0,0,0)$ 及 **grad** $f(1,1,1)$.

解 $fx = 2x + y + 3$,

$fy = 4y + x - 2$,

$fz = 6z - 6$,

grad $f(x,y,z) = (fx, fy, fz)$

$$= (2x + y + 3, 4y + x - 2, 6z - 6).$$

∴ **grad** $f(0,0,0) = (3, -2, -6)$,

grad $f(1,1,1) = (2+1+3, 4+1-2, 6-6)$

$$= (6, 3, 0).$$

9. 设 u, v 都是 x, y, z 的函数,u, v 的各偏导数都存在且连续,证明:

(1) **grad**$(u+v) = $ **grad** $u + $ **grad** v;

(2) **grad**$(uv) = v$**grad** $u + u$**grad** v;

(3) **grad**$(u^2) = 2u$**grad** u.

证明 (1) **grad** $u = \left(\dfrac{\partial u}{\partial x}, \dfrac{\partial u}{\partial y}, \dfrac{\partial u}{\partial z}\right)$

grad $v = \left(\dfrac{\partial v}{\partial x}, \dfrac{\partial v}{\partial y}, \dfrac{\partial v}{\partial z}\right)$

$$\mathbf{grad}(u+v) = \left(\frac{\partial(u+v)}{\partial x}, \frac{\partial(u+v)}{\partial y}, \frac{\partial(u+v)}{\partial z}\right)$$

$$= \left(\frac{\partial u}{\partial x} + \frac{\partial v}{\partial x}, \frac{\partial u}{\partial y} + \frac{\partial v}{\partial y}, \frac{\partial \partial u}{\partial z} + \frac{\partial v}{\partial z}\right)$$

$$= \left(\frac{\partial u}{\partial x}, \frac{\partial u}{\partial y}, \frac{\partial u}{\partial z}\right) + \left(\frac{\partial v}{\partial x}, \frac{\partial v}{\partial y}, \frac{\partial v}{\partial z}\right)$$

$\therefore \mathbf{grad}(u+v) = \mathbf{grad}\, u + \mathbf{grad}\, v.$

$$(2)\,\mathbf{grad}(uv) = \left(\frac{\partial(uv)}{\partial x}, \frac{\partial(uv)}{\partial y}, \frac{\partial(uv)}{\partial z}\right)$$

$$= \left(\frac{\partial u}{\partial x} \cdot v + u\frac{\partial v}{\partial x}, \frac{\partial u}{\partial y}v + u\frac{\partial v}{\partial y}, \frac{\partial u}{\partial z} \cdot v + \frac{\partial u}{\partial z} \cdot u\right)$$

$$= v\left(\frac{\partial u}{\partial x}, \frac{\partial u}{\partial y}, \frac{\partial u}{\partial z}\right) + u\left(\frac{\partial v}{\partial x}, \frac{\partial v}{\partial y}, \frac{\partial v}{\partial z}\right)$$

$\therefore \mathbf{grad}(uv) = v\,\mathbf{grad}\, u + u\,\mathbf{grad}\, v.$

(3) 利用(2) 令 $v = u$ 则

$\mathbf{grad}(u^2) = 2u\,\mathbf{grad}\, u.$

10. 问函数 $u = xy^2z$ 在点 $P(1, -1, 2)$ 处沿什么方向的方向导数最大?并求此方向导数的最大值.

解 $\dfrac{\partial u}{\partial x} = y^2z, \dfrac{\partial u}{\partial y} = 2xyz, \dfrac{\partial u}{\partial z} = xy^2$

$\therefore \mathbf{grad}\, u = (y^2z, 2xyz, xy^2)$

$\mathbf{grad}\, u\Big|_{(1,-1,2)} = (2, -4, 1)$

$\therefore$ 函数 $u = xy^2z$ 在 P 点沿梯度 $(2, -4, 1)$ 的方向,方向导数最大,

最大值为 $\left|\mathbf{grad}\, u\right|_{(1,-1,2)} = \sqrt{2^2 + 4^2 + 1} = \sqrt{21}.$

习题 8－8

1. 求函数 $f(x, y) = 4(x - y) - x^2 - y^2$ 的极值.

解 令 $\begin{cases} f_x = 4 - 2x = 0 \\ f_y = -4 - 2y = 0 \end{cases} \Rightarrow \begin{cases} x = 2 \\ y = -2 \end{cases}$

$\therefore$ 驻点为 $(2, -2)$

$f_{xx} = -2, f_{xy} = 0, f_{yy} = -2$

$\therefore f_{xx} \cdot f_{yy} - f_{xy}^2 = 4 > 0$

且 $f_{xx} < 0$

$\therefore f(x,y)$ 在 $(2,-2)$ 点处取得极大值

$f(2,-2) = 4 \cdot (2+2) - 4 - 4 = 8.$

2. 求函数 $f(x,y) = (6x-x^2)(4y-y^2)$ 的极值.

解 令 $\begin{cases} f_x = (6-2x)(4y-y^2) = 0 \\ f_y = (6x-x^2)(4-2y) = 0 \end{cases}$

$\Rightarrow \begin{cases} x=3 \\ y=2 \end{cases}$ 或 $\begin{cases} x=0 \\ y=0 \end{cases}$ 或 $\begin{cases} x=6 \\ y=0 \end{cases}$ 或 $\begin{cases} x=0 \\ y=4 \end{cases}$ 或 $\begin{cases} x=6 \\ y=4 \end{cases}$

$\therefore$ 驻点有 $M_1(3,2), M_2(0,0), M_3(6,0), M_4(0,4), M_5(6,4)$

$f_{xx} = -2(4y-y^2), f_{xy} = (6-2x)(4-2y)$

$f_{yy} = -2(6x-x^2).$

点 $M_1(3,2)$ 处 $f_{xx} = -2(8-4) = -8 < 0,$

$f_{xy} = 0, f_{yy} = -2 \cdot (18-9) = -18,$

$\therefore f_{xx} \cdot f_{yy} - f_{xy}^2 > 0$

$\therefore$ 取得极大值 $f(3,2) = (18-9)(8-4) = 36.$

点 $M_2(0,0)$ 处 $f_{xx} = 0, f_{xy} = 24,$

$\therefore f_{xx} \cdot f_{yy} - f_{xy}^2 < 0$ 故无极值.

点 $M_3(6,0)$ 处 $f_{xx} = 0, f_{xy} = -24,$

$\therefore f_{xx} \cdot f_{yy} - f_{xy}^2 < 0$ 故无极值.

点 $M_4(0,4)$ 处 $f_{xx} = 0, f_{xy} = -24,$

$\therefore f_{xx} \cdot f_{yy} - f_{xy}^2 < 0$ 故无极值.

点 $M_5(6,4)$ 处 $f_{xx} = 0, f_{yy} = 24,$

$\therefore f_{xx} \cdot f_{yy} - f_{xy}^2 < 0$ 故无极值.

综上所述,$f(x,y)$ 有极大值 $f(3,2) = 36.$

3. 求函数 $f(x,y) = e^{2x}(x+y^2+2y)$ 的极值.

解 令 $\begin{cases} f_x = 2e^{2x}(x+y^2+2y)+e^{2x} = 0 \\ f_y = e^{2x}(2y+2) = 0 \end{cases} \Rightarrow \begin{cases} x = \dfrac{1}{2} \\ y = -1 \end{cases}$

$\therefore$ 驻点为 $\left(\dfrac{1}{2}, -1\right)$

$f_{xx} = 4e^{2x}(x+y^2+2y) + 2e^{2x} + 2e^{2x}$

$\quad = 4e^{2x}(x+y^2+2y+1)$

$f_{yy} = 2e^{2x}$

$f_{xy} = 2e^{2x}(2y+2) = 4e^{2x}(y+1)$

$$\therefore f_{xx}\left(\frac{1}{2},-1\right)=2\mathrm{e}>0$$

$$f_{yy}\left(\frac{1}{2},-1\right)=2\mathrm{e}$$

$$f_{xy}\left(\frac{1}{2},-1\right)=0$$

$$\therefore f_{xx}f_{yy}-f_{xy}^2=4\mathrm{e}^2>0$$

$\therefore f(x,y)$ 在 $\left(\frac{1}{2},-1\right)$ 处取得极小值为

$$f\left(\frac{1}{2},-1\right)=\mathrm{e}\cdot\left(\frac{1}{2}+1-2\right)=-\frac{\mathrm{e}}{2}.$$

4. 求函数 $z=xy$ 在适合附加条件 $x+y=1$ 下的极大值.

解 $x+y=1\Rightarrow y=1-x$

$z=xy=x(1-x)$

令 $\dfrac{\mathrm{d}z}{\mathrm{d}x}=1-x-x=1-2x=0$

得 $x=\dfrac{1}{2}$

$$\frac{\mathrm{d}^2z}{\mathrm{d}x^2}=-2<0$$

$\therefore z=xy$ 在点 $\left(\frac{1}{2},\frac{1}{2}\right)$ 处取得极大值且 $z\Big|_{\left(\frac{1}{2},\frac{1}{2}\right)}=\frac{1}{2}\cdot\frac{1}{2}=\frac{1}{4}$.

5. 从斜边之长为 l 的一切直角三角形中,求有最大周长的直角三角形.

解 设任一直角边长为 a,周长为 m,则另一直角边长为 $\sqrt{l^2-a^2}(0<a<l)$

$m=\sqrt{l^2-a^2}+a+l$

令 $\dfrac{\mathrm{d}m}{\mathrm{d}a}=1+\dfrac{-2a}{2\sqrt{l^2-a^2}}=1-\dfrac{a}{\sqrt{l^2-a^2}}=0,$

得 $a=\sqrt{l^2-a^2}\therefore 2a^2=l^2$

$\therefore a=\sqrt{\dfrac{l^2}{2}}=\dfrac{\sqrt{2}}{2}l$ 是唯一的驻点.

由题意可推断,有最大周长的直角三角形两个直角边长均为 $\dfrac{\sqrt{2}}{2}l$.

6. 要造一个容积等于定数 k 的长方体无盖水池,应如何选择水池的尺寸,方可使它的表面积最小.

解 设长方体长宽高分别为 x,y,z,表面积为 S,则 $k=xyz.\,(x>0,y>0,z>0)$

$S=2(xz+yz)+xy=2z(x+y)+xy$

构造拉格朗日函数

$$F(x,y,z) = 2z(x+y) + xy - \lambda(k - xyz)$$

令

$$\left.\begin{aligned} F_x &= 2z + y + yz\lambda = 0 \\ F_y &= 2z + x + xz\lambda = 0 \\ F_z &= 2(x+y) + xy\lambda = 0 \end{aligned}\right\} \Rightarrow \begin{cases} x = y \\ y = 2z \end{cases}$$

又 $k = xyz = 2z \cdot 2z \cdot z$

$$\therefore z = \sqrt[3]{\frac{k}{4}} = \frac{\sqrt[3]{2k}}{2}, \therefore x = y = \sqrt[3]{2k}$$

$\therefore$ 唯一驻点为 $\left(\sqrt[3]{2k}, \sqrt[3]{2k}, \dfrac{\sqrt[3]{2k}}{2} \right)$.

由题意,当水池长宽均为 $\sqrt[3]{2k}$ 高为 $\dfrac{\sqrt[3]{2k}}{2}$ 时,表面积最小.

7. 在平面 xOy 上求一点,使它到 $x = 0, y = 0$ 及 $x + 2y - 16 = 0$ 三直线的距离平方之和为最小.

解　平面上任取一点 $P(x,y)$ 则其到三直线距离平方之和

$$u = x^2 + y^2 + \left(\frac{1x + 2y - 161}{\sqrt{1 + 2^2}} \right)^2$$

$$= x^2 + y^2 + \frac{1}{5}(x + 2y - 16)^2$$

令 $\begin{cases} \dfrac{\partial u}{\partial x} = 2x + \dfrac{2}{5}(x + 2y - 16) = 0 \\ \dfrac{\partial u}{\partial y} = 2y + \dfrac{2}{5}(x + 2y - 16) \cdot 2 = 0 \end{cases} \Rightarrow x = \dfrac{8}{5}, y = \dfrac{16}{5}$ 为唯一驻点

由题意推断所求点即为 $\left(\dfrac{8}{5}, \dfrac{16}{5} \right)$.

8. 将周长为 $2p$ 的矩形绕它的一边旋转而构成一个圆柱体,问矩形的边长各为多少时,才可使圆柱体的体积为最大?

解　设矩形两相邻边长为 x, y,圆柱体体积为 V,则

约束条件为 $2(x+y) = 2p$ 即 $x + y = p$

$0 < x < p, 0 < y < p$

目标函数 $V = \pi x^2 y$

作拉格朗日函数

$$F(x,y) = \pi x^2 y + \lambda(x + y - p)$$

令 $\begin{cases} Fx = 2\pi xy + \lambda = 0 \\ Fy = \pi x^2 + \lambda = 0 \\ x + y = p \end{cases}$ $\Rightarrow x = \dfrac{2}{3}p, y = \dfrac{1}{3}p$ 为唯一驻点

由题意推断,矩形边长分别为 $\dfrac{2}{3}p$,$\dfrac{1}{3}p$ 时绕短边旋转得圆柱体积最大.

9. 求内接于半径为 a 的球且有最大体积的长方体.

解　设任一内接长方体长宽高分别为 x,y,z 其体积为 V,则

$V = xyz, 0 < x,y,z < 2a$

约束条件为 $\left(\dfrac{x}{2}\right)^2 + \left(\dfrac{y}{2}\right)^2 + \left(\dfrac{z}{2}\right)^2 = a^2$

即 $x^2 + y^2 + z^2 = 4a^2$

$\therefore$ 作拉格朗日函数

$F(x,y,z) = xyz + \lambda(x^2 + y^2 + z^2 - 4a^2)$

令 $\begin{cases} Fx = yz + 2\lambda x = 0 \\ Fy = xz + 2\lambda y = 0 \\ Fz = xy + 2\lambda z = 0 \\ x^2 + y^2 + z^2 = 4a^2 \end{cases}$ $\Rightarrow$ 唯一驻点为 $x = y = z = \dfrac{2\sqrt{3}}{3}a$

由题意所求长方体长宽高均为 $\dfrac{2\sqrt{3}}{3}a$.

10. 抛物面 $z = x^2 + y^2$ 被平面 $x + y + z = 1$ 截成椭圆,求原点到这椭圆的最长与最短距离.

解　设椭圆上一点 $P(x,y,z)$,则 P 到原点距离 $l = \sqrt{x^2 + y^2 + z^2}$
约束条件为 $z = x^2 + y$,
$\qquad x + y + z = 1.$

作拉格朗日函数

$F(x,y,z) = \sqrt{x^2 + y^2 + z^2} + \lambda(x^2 + y^2 - z) + \mu(x + y + z - 1)$

令 $\begin{cases} Fx = \dfrac{x}{\sqrt{x^2+y^2+z^2}} + 2\lambda x + \mu = 0 \\ Fy = \dfrac{y}{l} + 2\lambda y + \mu = 0 \\ Fz = \dfrac{z}{l} - \lambda + \mu = 0 \\ x^2 + y^2 = z \\ x + y + z = 1 \end{cases}$ $\Rightarrow x = y = \dfrac{-1 \pm \sqrt{3}}{2}, z = 2 \mp \sqrt{3}$

$\therefore$ 驻点为 $\left(\dfrac{\sqrt{3}-1}{2},\dfrac{\sqrt{3}-1}{2},2-\sqrt{3}\right)$ 和 $\left(-\dfrac{\sqrt{3}+1}{2},-\dfrac{\sqrt{3}+1}{2},2+\sqrt{3}\right)$.

由题意推断

$$l_{\min} = \sqrt{2 \cdot \left(\dfrac{\sqrt{3}-1}{2}\right)^2 + (2-\sqrt{3})^2} = \sqrt{9-5\sqrt{3}},$$

$$l_{\max} = \sqrt{2 \cdot \left(-\dfrac{\sqrt{3}+1}{2}\right)^2 + (2+\sqrt{3})^2} = \sqrt{9+5\sqrt{3}},$$

$\therefore$ 原点到这椭圆最长与最短距离分别为 $\sqrt{9-5\sqrt{3}}$,$\sqrt{9+5\sqrt{3}}$.

习题 $8-9$

1. 求函数 $f(x,y) = 2x^2 - xy - y^2 - 6x - 3y + 5$ 在点 $(1,-2)$ 的泰勒公式.

解 $f(1,-2) = 2 + 2 - 4 - 6 + 6 + 5 = 5$

$$fx(1,-2) = (4x - y - 6)\Big|_{(1,-2)} = 4 + 2 - 6 = 0$$

$$fy(1,-2) = (-x - 2y - 3)\Big|_{(1,-2)} = -1 + 4 - 3 = 0$$

$$f_{xx} = 4, f_{xy} = -1, f_{yy} = -2$$

$$\therefore \frac{\partial^3 f}{\partial x^p \partial y^{3-p}} = 0 \quad (p = 0,1,2,3)$$

$$\frac{\partial^n f}{\partial x^p \partial y^{n-p}} = 0 \quad (n > 3, p = 0,1,2\cdots n)$$

$$\therefore f(x,y) = f(1,-2) + hfx(1,-2) + kfy(1,-2)$$

$$+ \frac{1}{2!}\left(h\frac{\partial}{\partial x} + k\frac{\partial}{\partial y}\right)^2 f(1,-2) + \frac{1}{3!}\left(h\frac{\partial}{\partial x} + k\frac{\partial}{\partial y}\right)^3 f(1,-2) + \cdots$$

$$+ \frac{1}{(n+1)!}\left(h\frac{\partial}{\partial x} + k\frac{\partial}{\partial y}\right)^{n+1} f(1+\theta h, -2+\theta k)$$

$$= 5 + 0 + 0 + \frac{1}{2}(4h^2 - 2hk - 2k^2) + 0$$

$$= 2h^2 - hk - k^2 + 5 \quad (0 < \theta < 1)$$

$(h = x - 1, k = y + 2)$

$$\therefore f(x,y) = 2(x-1)^2 - (x-1)(y+2) - (y+2)^2 + 5.$$

2. 求函数 $f(x,y) = e^x \ln(1+y)$ 在点 $(0,0)$ 的三阶泰勒公式.

解 $f(0,0) = e^0 \ln(1+0) = 0$,

$$f_x(0,0) = \mathrm{e}^x \ln(1+y)\Big|_{(0,0)} = 0,$$

$$f_y(0,0) = \frac{\mathrm{e}^x}{1+y}\Big|_{(0,0)} = \frac{1}{1} = 1,$$

$$f_{xx}(0,0) = \mathrm{e}^x \ln(1+y)\Big|_{(0,0)} = 0,$$

$$f_{xy}(0,0) = \frac{\mathrm{e}^x}{1+y}\Big|_{(0,0)} = 1,$$

$$f_{yy}(0,0) = -\frac{\mathrm{e}^x}{(1+y)^2}\Big|_{(0,0)} = -1,$$

$$\frac{\partial^3 f}{\partial x^3} = \mathrm{e}^x \ln(1+y)\Big|_{(0,0)} = 0,$$

$$\frac{\partial^3 f}{\partial x^2 \partial y} = \frac{\mathrm{e}^x}{1+y}\Big|_{(0,0)} = 1,$$

$$\frac{\partial^3 f}{\partial x \partial y^2} = -\frac{\mathrm{e}^x}{(1+y)^2}\Big|_{(0,0)} = -1,$$

$$\frac{\partial^3 f}{\partial y^3} = 2\frac{\mathrm{e}^x}{(1+y)^3}\Big|_{(0,0)} = 2,$$

$$\begin{aligned}
\therefore f(x,y) &= f(0,0) + hf_x(0,0) + kf_y(0,0) + \frac{1}{2!}\left(h\frac{\partial}{\partial x} + k\frac{\partial}{\partial y}\right)^2 f(0,0) \\
&\quad + \frac{1}{3!}\left(h\frac{\partial}{\partial x} + k\frac{\partial}{\partial y}\right)^2 f(0,0) + \frac{1}{4!}\left(h\frac{\partial}{\partial x} + k\frac{\partial}{\partial y}\right)^4 f(\theta h, \theta k) \\
&= 0 + 0 + k + \frac{1}{2}(0 + 2hk - k^2) + \frac{1}{6}(0 + 3h^2 k - 3hk^2 + 2k^3) \\
&= k + hk - \frac{k^2}{2} + \frac{1}{2}h^2 k - \frac{1}{2}hk^2 + \frac{1}{3}k^3 + \frac{1}{4!}\left(h\frac{\partial}{\partial x} + k\frac{\partial}{\partial y}\right)^4 f(\theta h, \theta k)
\end{aligned}$$

$$(0 < \theta < 1)$$

$$\because h = x, k = y$$

$$\therefore f(x,y) = y(x+1) - \frac{y^2 - x^2 y + xy^2 - y^3}{2} + R_3. \quad (R_3 \text{ 为余项})$$

$$\because \frac{\partial^4 f}{\partial x^4} = \mathrm{e}^x \ln(1+y),$$

$$\frac{\partial^4 f}{\partial x^3 \partial y} = \frac{\mathrm{e}^x}{1+y},$$

$$\frac{\partial^4 f}{\partial x^2 \partial y^2} = -\frac{\mathrm{e}^x}{(1+y)^2},$$

$$\frac{\partial^4 f}{\partial x \partial y^3} = \frac{2\mathrm{e}^x}{(1+y)^3},$$

$$\frac{\partial^4 f}{\partial y^4} = -\frac{6e^x}{(1+y)^4},$$

$$\therefore R_3 = \frac{1}{4!}\left(h\frac{\partial}{\partial x} + k\frac{\partial}{\partial y}\right)^4 f(\theta h, \theta k)$$

$$= \frac{1}{4!}\left(e^{\theta x}\ln(1+\theta y) + \frac{4e^{\theta x}}{1+\theta y} - \frac{6e^{\theta x}}{(1+\theta y)^2} + \frac{8e^{\theta x}}{(1+\theta y)^3} - \frac{6e^{\theta x}}{(1+\theta y)^4}\right).$$

$$(0 < \theta < 1)$$

3. 求函数 $f(x,y) = \sin x \sin y$ 在点 $\left(\frac{\pi}{4}, \frac{\pi}{4}\right)$ 的二阶泰勒公式.

解　$f\left(\frac{\pi}{4}, \frac{\pi}{4}\right) = \sin\frac{\pi}{4} \cdot \sin\frac{\pi}{4} = \frac{1}{2}$,

$$f_x\left(\frac{\pi}{4}, \frac{\pi}{4}\right) = \cos\frac{\pi}{4}\sin\frac{\pi}{4} = \frac{1}{2},$$

$$f_y\left(\frac{\pi}{4}, \frac{\pi}{4}\right) = \sin\frac{\pi}{4}\cos\frac{\pi}{4} = \frac{1}{2},$$

$$f_{xx}\left(\frac{\pi}{4}, \frac{\pi}{4}\right) = -\sin\frac{\pi}{4} \cdot \sin\frac{\pi}{4} = -\frac{1}{2},$$

$$f_{xy}\left(\frac{\pi}{4}, \frac{\pi}{4}\right) = \cos\frac{\pi}{4}\cos\frac{\pi}{4} = \frac{1}{2},$$

$$f_{yy}\left(\frac{\pi}{4}, \frac{\pi}{4}\right) = -\sin\frac{\pi}{4}\sin\frac{\pi}{4} = -\frac{1}{2},$$

$$\frac{\partial^3 f}{\partial x^3} = -\cos x \cdot \sin y, \frac{\partial^3 f}{\partial x^2 \partial y} = -\sin x \cdot \cos y,$$

$$\frac{\partial^3 f}{\partial x \partial y^2} = -\cos x \sin y, \frac{\partial^3 f}{\partial y^3} = -\sin x \cos y,$$

$$\therefore f(x,y) = f\left(\frac{\pi}{4}, \frac{\pi}{4}\right) + hf_x\left(\frac{\pi}{4}, \frac{\pi}{4}\right) + kf_y\left(\frac{\pi}{4}, \frac{\pi}{4}\right)$$

$$+ \frac{1}{2!}\left(h\frac{\partial}{\partial x} + k\frac{\partial}{\partial y}\right)^2 f\left(\frac{\pi}{4}, \frac{\pi}{4}\right) + R_2$$

$$= \frac{1 + h + k + [(-h^2) + 2hk - k^2] \cdot \frac{1}{2}}{2} + R_2.$$

$$\because h = x - \frac{\pi}{4}, k = y - \frac{\pi}{4}.$$

$$\therefore f(x,y) = \frac{1 + x + y - \frac{\pi}{2} - \frac{1}{2}(x-y)^2}{2} + R_2$$

余项 $R_2 = \frac{1}{3!}\left(h\frac{\partial}{\partial x} + k\frac{\partial}{\partial y}\right)^3\left(\frac{\pi}{4} + \theta h, \frac{\pi}{4} + \theta k\right)$

$$= \frac{1}{6} \Big[-\cos\Big(\frac{\pi}{4}+\theta h\Big)\sin\Big(\frac{\pi}{4}+\theta h\Big)\cdot h^3 - \sin\Big(\frac{\pi}{4}+\theta h\Big)\cos\Big(\frac{\pi}{4}+\theta h\Big)\cdot$$

$$3h^2k - \cos\Big(\frac{\pi}{4}+\theta h\Big)\sin\Big(\frac{\pi}{4}+\theta h\Big)\cdot 3hk^2 - \sin\Big(\frac{\pi}{4}+\theta h\Big)$$

$$\cos\Big(\frac{\pi}{4}+\theta h\Big)\Big] \cdot k^3$$

$$= -\frac{1}{6}\Big[\cos\Big(\frac{\pi}{4}+\theta h\Big)\sin\Big(\frac{\pi}{4}+\theta h\Big)(h^3+3hk^2)$$

$$+ \sin\Big(\frac{\pi}{4}+\theta h\Big)\cos\Big(\frac{\pi}{4}+\theta h\Big)(3h^2k+k^3)\Big](0<\theta<1).$$

4. 利用函数 $f(x,y)=x^y$ 的三阶泰勒公式,计算 $1.1^{1.02}$ 的近似值.

解　取 $x_0=1,y_0=1,h=x-1=0.1,k=y-1=0.02$

$\therefore f(1,1)=1, f_x(1,1)=1\cdot 1^{1-1}=1$

$f_y=1^1\cdot \ln 1=0$

$f_{xx}=1\cdot 0\cdot 1^{-1}=0$

$f_{xy}(1,1)=1\cdot 1^{1-1}\cdot \ln 1+1^{1-1}=1$

$f_{yy}(1,1)=1^1\cdot \ln^2 1=0$

$\dfrac{\partial^3 f(1,1)}{\partial y^3}=0 \qquad \dfrac{\partial^3 f(1,1)}{\partial x^3}=0$

$\dfrac{\partial^3 f(1,1)}{\partial x^2 \partial y}=\Big[(y-1)x^{y-2}+(x^{y-2}+(y-1)x^{y-2}\ln x)\cdot y\Big]\Big|_{(1,1)}$

$\qquad = 0+(1+0)\cdot 1$

$\qquad = 1$

$\dfrac{\partial^3 f(1,1)}{\partial x \partial y^2}=\Big[x^{y-1}\ln x+x^{y-1}\ln x+yx^{y-1}\ln^2 x\Big]\Big|_{(1,1)}$

$\qquad = 0+0+0$

$\qquad = 0$

∴ 三阶泰勒公式为

$$f(x,y)=f(1,1)+hf_x(1,1)+kf_y(1,1)+\frac{1}{2!}\Big(h\frac{\partial}{\partial x}+k\frac{\partial}{\partial y}\Big)^2 f(1,1)$$

$$+\frac{1}{3!}\Big(h\frac{\partial}{\partial x}+k\frac{\partial}{\partial y}\Big)^3 f(1,1)+R_3$$

$$=1+h+\frac{1}{2}(2hk)+\frac{1}{6}(3h^2k)+R_3$$

$$=1+h+hk+\frac{1}{2}h^2k+R_3$$

$$\approx 1 + 0.1 + 0.1 \cdot 0.02 + 0.1^2 \cdot 0.02 \cdot \frac{1}{2}$$

$$= 1.121.$$

5. 求函数 $f(x,y) = e^{x+y}$ 在点 $(0,0)$ 的 n 阶泰勒公式.

解　$f(0,0) = e^0 = 1$,

$$fx(0,0) = e^{xy}\Big|_{(0,0)} = 1, fy(0,0) = 1,$$

$$\therefore \frac{\partial^n f(0,0)}{\partial x^p \partial y^{n-p}} = 1$$

$$(n \geqslant 1, p = 0, 1, \cdots n)$$

$$\therefore f(x,y) = f(0,0) + hfx(0,0) + kfy(0,0) + \frac{1}{2!}\left(h\frac{\partial}{\partial x} + k\frac{\partial}{\partial y}\right)^2 f(0,0) + \cdots$$

$$+ \frac{1}{n!}\left(h\frac{\partial}{\partial x} + k\frac{\partial}{\partial y}\right)^n f(0,0) + R_n$$

$$= 1 + h + k + \frac{1}{2}(h+k)^2 + \frac{1}{3!}(h+k)^3 + \cdots + \frac{1}{n!}(n+k)^n + R_n$$

$$= \sum_{n=0}^{n} \frac{1}{n!}(x+y)^n + R_n \quad (x=h, y=k)$$

余项 $R_n = \dfrac{1}{(n+1)!}\left(h\dfrac{\partial}{\partial x} + k\dfrac{\partial}{\partial y}\right)^{n+1} f(\theta h, \theta k)$

$$= \frac{(h+k)^{n+1}}{(n+1)!} f(\theta h, \theta k)$$

$$= \frac{(x+y)^{n+1}}{(n+1)!} e^{\theta(x+y)} (0 < \theta < 1).$$

习题 8 - 10

1. 某种合金的含铅量百分比(%) 为 p,其熔解温度 ℃ 为 θ,由实验测得 p 与 θ 的数据如下表:

$p/(\%)$	36.9	46.7	63.7	77.8	84.0	87.5	
$\theta/℃$	181	197	235	270	283	292	

试用最小二乘法建立 θ 与 p 之间的经验公式 $\theta = ap + b$.

解　令 $M = \sum\limits_{i=1}^{6}[\theta_i - (ap_i + b)]^2$,

为使 M 取得最小值,须使 $\dfrac{\partial M}{\partial a} = \dfrac{\partial M}{\partial b} = 0$,

即
$$
\begin{cases}
2\displaystyle\sum_{i=1}^{6}\left[\theta_i-(ap_i+b)\right]\cdot(-p_i)=0 \\
2\displaystyle\sum_{i=1}^{6}\left[\theta_i-(ap_i+b)\right]\cdot(-1)=0
\end{cases}
$$

化简
$$
\begin{cases}
a\displaystyle\sum_{i=1}^{6}p_i^2+b\sum_{i=1}^{6}p_i=\sum_{i=1}^{6}\theta_i p_i \\
a\displaystyle\sum_{i=1}^{6}p_i+6b=\sum_{i=1}^{6}\theta_i
\end{cases}
$$

经计算 $\displaystyle\sum_{i=1}^{6}p_i=396.6,\ \sum_{i=1}^{6}\theta_i=145.8,$

$\displaystyle\sum_{i=1}^{6}p_i^2=28365.28,\ \sum_{i=1}^{6}\theta_i p_i=101176.3,$

$$
\therefore
\begin{cases}
28365.28a+396.6b=101176.3 \\
396.6a+6b=1458
\end{cases}
$$

$$
\therefore a=\dfrac{\begin{vmatrix}101176.3 & 396.6 \\ 1458 & 6\end{vmatrix}}{\begin{vmatrix}28365.28 & 396.6 \\ 396.6 & 6\end{vmatrix}}=2.234
$$

$$
b=\dfrac{\begin{vmatrix}28365.28 & 101176.3 \\ 396.6 & 6\end{vmatrix}}{\begin{vmatrix}28365.28 & 396.6 \\ 396.6 & 6\end{vmatrix}}=95.35
$$

$\therefore$ 所求经取公式为 $\theta=2.234p+95.35$（p 单位是 1%，θ 单位为 ℃）.

2. 已知一组实验数据为 $(x_1,y_1),(x_2,y_2),\cdots,(x_n,y_n)$. 现若假定经验公式是
$$
y=ax^2+bx+c.
$$
试按最小二乘法建立 a、b、c 应满足的三元一次方程组.

解　设 $M=\displaystyle\sum_{i=1}^{n}\left[y_i-(ax_i^2+bx_i+c)\right]^2,$

为使 M 最小，须使 $\dfrac{\partial M}{\partial a}=\dfrac{\partial M}{\partial b}=\dfrac{\partial M}{\partial c}=0,$

即
$$
\begin{cases}
2\displaystyle\sum_{i=1}^{n}x_i^2\left[y_i-(ax_i^2+bx_i+c)\right]=0 \\
2\displaystyle\sum_{i=1}^{n}x_i\left[y_i-(ax_i^2+bx_i+c)\right]=0 \\
2\displaystyle\sum_{i=1}^{n}\left[y_i-(ax_i^2+bx_i+c)\right]=0
\end{cases}
$$

$$\text{整理}\begin{cases} a\sum_{i=1}^{n}x_i^4+b\sum_{i=1}^{n}x_i^3+c\sum_{i=1}^{n}x_i^2=\sum_{i=1}^{n}x_i^2 y_i \\ a\sum_{i=1}^{n}x_i^3+b\sum_{i=1}^{n}x_i^2+c\sum_{i=1}^{n}x_i=\sum_{i=1}^{n}x_i y_i \\ a\sum_{i=1}^{n}x_i^2+b\sum_{i=1}^{n}x_i+nc=\sum_{i=1}^{n}y_i \end{cases}$$

即为所求三元一次方程组.

总习题八

1. 在"充分"、"必要"和"充分必要"三者中选择一个正确的填入下列空格内:

(1)$f(x,y)$ 在点(x,y) 可微分是 $f(x,y)$ 在该点连续的_____条件. $f(x,y)$ 在点(x,y) 连续是 $f(x,y)$ 在该点可微分的_____条件.

(2)$z=f(x,y)$ 在点(x,y) 的偏导数$\dfrac{\partial z}{\partial x}$ 及$\dfrac{\partial z}{\partial y}$ 存在是 $f(x,y)$ 在该点可微分的_____条件. $z=f(x,y)$ 在点(x,y) 可微分是函数在该点的偏导数$\dfrac{\partial z}{\partial x}$ 及$\dfrac{\partial z}{\partial y}$ 存在的_____条件.

(3)$z=f(x,y)$ 的偏导数$\dfrac{\partial z}{\partial x}$ 及$\dfrac{\partial z}{\partial y}$ 在点(x,y) 存在且连续是 $f(x,y)$ 在该点可微分的_____条件.

(4) 函数 $z=f(x,y)$ 的两个二阶混合偏导数$\dfrac{\partial z}{\partial x\partial y}$ 及$\dfrac{\partial^2 z}{\partial y\partial x}$ 在区域 D 内连续是这两个二阶混合偏导数在 D 内相等的_____条件.

解 (1) 充分,必要. (2) 必要,充分. (3) 充分. (4) 充分.

2. 选择下述题中给出的四个结论中一个正确的结论:

设函数 $f(x,y)$ 在点$(0,0)$ 的某邻域内有定义,且 $f_x(0,0)=3,f_y(0,0)=-1$,则有_____.

(A)$\mathrm{d}z\,|_{(0,0)}=3\mathrm{d}x-\mathrm{d}y$.

(B) 曲面 $z=f(x,y)$ 在点$(0,0,f(0,0))$ 的一个法向量为$(3,-1,1)$.

(C) 曲线 $\begin{cases} z=f(x,y), \\ y=0 \end{cases}$,在点$(0,0,f(0,0))$ 的一个切向量为$(1,0,3)$.

(D) 曲线 $\begin{cases} z=f(x,y), \\ y=0 \end{cases}$ 在点$(0,0,f(0,0))$ 的一个切向量为$(3,0,1)$.

解 选(C).

3. 求函数 $f(x,y) = \dfrac{\sqrt{4x - y^2}}{\ln(1 - x^2 - y^2)}$ 的定义域,并求 $\lim\limits_{(x,y)\to(\frac{1}{2},0)} f(x,y)$.

解 $\begin{cases} 4x - y^2 \geqslant 0 \Rightarrow y^2 \leqslant 4x \\ 1 - x^2 - y^2 > 0 \Rightarrow x^2 + y^2 < 1 \\ 1 - x^2 - y^2 \neq 1 \Rightarrow x^2 + y^2 \neq 0 \end{cases}$

$\therefore f(x,y)$ 定义域为

$\{(x,y) \mid 0 < x^2 + y^2 < 1 \text{ 且 } y^2 \leqslant 4x\}$,

$$\lim_{(x,y)\to(\frac{1}{2},0)} f(x,y) = \frac{\sqrt{4 \times \frac{1}{2} - 0}}{\ln\left(1 - \frac{1}{4} - 0\right)}$$

$$= \frac{\sqrt{2}}{\ln \dfrac{3}{4}}$$

$$= \frac{\sqrt{2}}{\ln 3 - \ln 4}.$$

4. 证明极限 $\lim\limits_{(x,y)\to(0,0)} \dfrac{xy^2}{x^2 + y^4}$ 不存在.

证明 不妨设点 (x,y) 沿 $x = ky^2$ 趋近于点 $(0,0)$,

则 $\dfrac{xy^2}{x^2 + y^4} = \dfrac{ky^2 \cdot y^2}{k^2 y^4 + y^4} = \dfrac{k}{k^2 + 1}$,显然 $\lim\limits_{(x,y)\to(0,0)} \dfrac{xy^2}{x^2 + y^4}$ 随 k 的取值而变化,

$\therefore \lim\limits_{(x,y)\to(0,0)} \dfrac{xy^2}{x^2 + y^4}$ 不存在.

5. 设 $f(x,y) = \begin{cases} \dfrac{x^2 y}{x^2 + y^2}, & x^2 + y^2 \neq 0, \\ 0, & x^2 + y^2 = 0, \end{cases}$

求 $f_x(x,y)$ 及 $f_y(x,y)$.

解 $f_x(x,y) = \lim\limits_{\Delta x \to 0} \dfrac{f(x + \Delta x, y) - f(x,y)}{\Delta x}$

当 $x = y = 0$ 时,$f_x(0,0) = \lim\limits_{\Delta x \to 0} \dfrac{f(\Delta x, 0) - f(0,0)}{\Delta x}$

$$= \lim_{\Delta x \to 0} \frac{\dfrac{0}{\Delta x^2 + 0} - 0}{\Delta x}$$

$$= 0;$$

当 $x \neq 0$ 或 $y \neq 0$ 时,

$f(x,y) = \dfrac{x^2 y}{x^2 + y^2}$ 为初等函数

$$\therefore f_x(x,y) = \frac{2xy(x^2+y^2) - x^2 y \cdot 2x}{(x^2+y^2)^2} = \frac{2xy^3}{(x^2+y^2)^2}$$

$$\therefore f_x(x,y) = \begin{cases} \dfrac{2xy^3}{(x^2+y^2)^2}, & x^2+y^2 \neq 0 \\ 0, & x^2+y^2 = 0 \end{cases}$$

用类似的方法可以求得

$$f_y(x,y) = \begin{cases} \dfrac{x^2(x^2-y^2)}{(x^2+y^2)^2}, & x^2+y^2 \neq 0 \\ 0, & x^2+y^2 = 0 \end{cases}$$

6. 求下列函数的一阶和二阶偏导数:

$(1) z = \ln(x+y^2)$; $\quad (2) z = x^y$.

解　(1) $\dfrac{\partial z}{\partial x} = \dfrac{1}{x+y^2}$, $\dfrac{\partial z}{\partial y} = \dfrac{2y}{x+y^2}$

$$\frac{\partial^2 z}{\partial x^2} = -\frac{1}{(x+y^2)^2},$$

$$\frac{\partial^2 z}{\partial y^2} = \frac{2(x+y^2) - 2y \cdot 2y}{(x+y^2)^2} = \frac{2(x-y^2)}{(x+y^2)^2},$$

$$\frac{\partial^2 z}{\partial x \partial y} = \frac{\partial^2 z}{\partial y \partial x} = -\frac{2y}{(x+y^2)^2}.$$

(2) $\dfrac{\partial z}{\partial x} = yx^{y-1}$, $\dfrac{\partial z}{\partial y} = x^y \ln x$

$$\frac{\partial^2 z}{\partial x^2} = y(y-1)x^{y-2},$$

$$\frac{\partial^2 z}{\partial y^2} = x^y (\ln x)^2,$$

$$\frac{\partial^2 z}{\partial x \partial y} = \frac{\partial^2 z}{\partial y \partial x} = yx^{y-1}\ln x + x^{y-1}.$$

7. 求函数 $z = \dfrac{xy}{x^2-y^2}$ 当 $x=2, y=1, \Delta x = 0.01, \Delta y = 0.03$ 时的全增量和全微分.

解　设 $f(x,y) = z = \dfrac{xy}{x^2-y^2}$,

$$f(2,1) = \frac{2}{4-1} = \frac{2}{3},$$

$$f(2.01,1.03) = \frac{2.01 \times 1.03}{2.01^2 - 1.03^3} = \frac{20703}{29792},$$

全增量为 $\Delta z = f(2.01,1.03) - f(2,1)$

$$= \frac{20703}{29792} - \frac{2}{3}$$

$$\approx 0.02,$$

$$f_x(2,1) = \frac{y(x^2-y^2)-xy \cdot 2x}{(x^2-y^2)}\bigg|_{(2,1)}$$

$$= \frac{-y^3-x^2y}{(x^2-y^2)^2}\bigg|_{(2,1)}$$

$$= \frac{-1-4\times 1}{(4-1)^2}$$

$$= -\frac{5}{9},$$

$$f_y(x,y) = \frac{x(x^2-y^2)-xy(-2y)}{(x^2-y^2)^2} = \frac{x(x^2+y^2)}{(x^2-y^2)^2},$$

$$f_y(2,1) = \frac{x(x^2+y^2)}{(x^2-y^2)^2}\bigg|_{(2,1)} = \frac{2 \cdot (4+1)}{(4-1)^2} = \frac{10}{9}.$$

$$\therefore \text{全微分 } \mathrm{d}z = f_x(2,1)\mathrm{d}x + f_y(2,1)\mathrm{d}y$$

$$= f_x(2,1)\Delta x + f_y(2,1)\Delta y$$

$$= -\frac{5}{9}\times 0.01 + \frac{10}{9}\times 0.03$$

$$= \frac{0.25}{9}$$

$$\approx 0.03.$$

8. 设

$$f(x,y) = \begin{cases} \dfrac{x^2y^2}{(x^2+y^2)^{3/2}}, & x^2+y^2\neq 0, \\ 0, & x^2+y^2 = 0. \end{cases}$$

证明: $f(x,y)$ 在点 $(0,0)$ 处连续且偏导数存在,但不可微分.

证明　先证 $f(x,y)$ 在点 $(0,0)$ 处连续. 易知 $f(x,y) \geqslant 0$,

$xy \neq 0$ 时,$\dfrac{x^2y^2}{(x^2+y^2)^{\frac{3}{2}}} = \dfrac{\sqrt{x^2+y^2}}{(x^2+y^2)^2/x^2y^2} = \dfrac{\sqrt{x^2+y^2}}{\left(\dfrac{x}{y}+\dfrac{y}{x}\right)^2}.$

$$\because \left| \frac{x}{y}+\frac{y}{x} \right| \geqslant 2,$$

$$\therefore \frac{x^2y^2}{(x^2+y^2)} \leqslant \frac{\sqrt{x^2+y^2}}{4}.$$

$$\because \lim_{(x,y)\to(0,0)} \frac{\sqrt{x^2+y^2}}{4} = 0,$$

∴ 由夹逼法知 $\lim\limits_{(x,y)\to(0,0)} f(x,y) = 0 = f(0,0)$.

∴ $f(x,y)$ 在 $(0,0)$ 处连续.

再证 $f(x,y)$ 在 $(0,0)$ 处偏导数存在,

当 $x^2 + y^2 \neq 0$ 时,$f(x,y)$ 为初等函数,

故 $f_x(x,y)f_y(x,y)$ 存在.

当 $x^2 + y^2 = 0$ 时,

$$f_x(x,y) = \lim_{\Delta x \to 0} \frac{f(\Delta x,0) - f(0,0)}{\Delta x} = \lim_{\Delta x \to 0} \frac{\dfrac{0}{|\Delta x|^3}}{\Delta x} = 0,$$

$$f_y(x,y) = \lim_{\Delta y \to 0} \frac{f(0,\Delta y) - f(0,0)}{\Delta y} = 0,$$

∴ $f(x,y)$ 在 $(0,0)$ 处偏导数存在.

然后证 $f(x,y)$ 在 $(0,0)$ 处不可微分,

在 $(0,0)$ 处有 $f_x(0,0) = f_y(0,0) = 0$,

$$\therefore \Delta z - [f_x(0,0)\Delta x + f_y(0,0)\Delta y] = \frac{(\Delta x)^2(\Delta y)^2}{\left[(\Delta x)^2 + (\Delta y)^2\right]^{\frac{3}{2}}}.$$

当 $\Delta x = \Delta y$ 时,

$$\frac{\dfrac{(\Delta x)^2(\Delta y)^2}{\left[(\Delta x)^2 + (\Delta y)^2\right]^{\frac{3}{2}}}}{\sqrt{(\Delta x)^2 + (\Delta y)^2}} = \frac{(\Delta x)^2(\Delta x)^2}{\left[(\Delta x)^2 + (\Delta x)^2\right]^2} = \frac{(\Delta x)^4}{4(\Delta x)^4} = \frac{1}{4},$$

这说明当 $\rho = \sqrt{(\Delta x)^2 + (\Delta y)^2} \to 0$ 时,

$\Delta z - [fx(0,0)\Delta x + fy(0,0)\Delta y]$ 并不是较 ρ 高阶的无穷小,故在 $(0,0)$ 点 $f(x,y)$ 不可微分.

综上,$f(x,y)$ 在 $(0,0)$ 处连续且偏导数存在但不可微分.

9. 设 $u = x^y$,而 $x = \varphi(t), y = \psi(t)$ 都是可微函数,求 $\dfrac{du}{dt}$.

解
$$\frac{du}{dt} = \frac{\partial u}{\partial x}\frac{dx}{dt} + \frac{\partial u}{\partial y}\frac{dy}{dt}$$
$$= yx^{y-1} \cdot \varphi'(t) + x^y \ln x \cdot \psi'(t)$$
$$= \varphi(t)^{\psi(t)-1}\left[\varphi(t)\ln\varphi(t) \cdot \psi'(t) + \psi(t) \cdot \varphi'(t)\right].$$

10. 设 $z = f(u,v,w)$ 具有连续偏导数,则
$$u = \eta - \zeta, v = \zeta - \xi, w = \xi - \eta,$$
求 $\dfrac{\partial z}{\partial \xi}, \dfrac{\partial z}{\partial \eta}, \dfrac{\partial z}{\partial \zeta}$.

解
$$\frac{\partial z}{\partial \xi} = \frac{\partial f}{\partial u}\frac{\partial u}{\partial \xi} + \frac{\partial f}{\partial v}\frac{\partial v}{\partial \xi} + \frac{\partial f}{\partial \omega}\frac{\partial \omega}{\partial \xi}$$

$$= 0 + fv(-1) + f\omega \times 1$$

$$= f\omega - fv$$

$$\frac{\partial z}{\partial \eta} = \frac{\partial f}{\partial u}\frac{\partial u}{\partial \eta} + \frac{\partial f}{\partial v}\frac{\partial v}{\partial \eta} + \frac{\partial f}{\partial \omega}\frac{\partial \omega}{\partial \eta}$$

$$= fn \times 1 + fv \cdot + f\omega \cdot (-1)$$

$$= fu - f\omega$$

$$\frac{\partial z}{\partial \zeta} = \frac{\partial f}{\partial u}\frac{\partial u}{\partial \zeta} + \frac{\partial f}{\partial v}\frac{\partial v}{\partial \zeta} + \frac{\partial f}{\partial \omega}\frac{\partial \omega}{\partial \zeta}$$

$$= fu \cdot (-1) + fv \cdot 1 + 0$$

$$= fv - fu.$$

11. 设 $z = f(u,x,y), u = xe^y$，其中 f 具有连续的二阶偏导数，求 $\dfrac{\partial^2 z}{\partial x \partial y}$.

解　$\dfrac{\partial z}{\partial x} = \dfrac{\partial f}{\partial u}\dfrac{\partial u}{\partial x} + \dfrac{\partial f}{\partial x}$

$$= f_u \cdot e^y + f_x$$

$$= e^y f_u + f_x$$

$$\frac{\partial^2 z}{\partial x \partial y} = e^y \frac{\partial}{\partial y}fu + e^y fu + \frac{\partial}{\partial y}f_x$$

$$= e^y(xe^y f_{uu} + xf_{xu} + f_{uy} + f_u) + f_{xy}.$$

12. 设 $x = e^u \cos v, y = e^u \sin v, z = uv$. 试求 $\dfrac{\partial z}{\partial x}$ 和 $\dfrac{\partial z}{\partial y}$.

解　$\begin{cases} x = e^u \cos v \\ y = e^u \sin v \end{cases}$

对 x 求导 $\begin{cases} 1 = e^u \cdot u_x \cos v + e^u(-\sin v)v_x \\ 0 = e^u \cdot u_x \sin v + e^u \cos v \cdot v_x \end{cases} \Rightarrow u_x = \dfrac{\cos v}{e^u} \quad v_x = -\dfrac{\sin v}{e^u},$

对 y 求导 $\begin{cases} 0 = e^u \cdot u_y \cos v - e^u \sin v \cdot v_y \\ 1 = e^u \cdot u_y \sin v + e^u \cos v \cdot v_y \end{cases} \Rightarrow u_y = \dfrac{\sin v}{e^u}, v_y = \dfrac{\cos v}{e^u}.$

$$\therefore \frac{\partial z}{\partial x} = \frac{\partial z}{\partial u}\frac{\partial u}{\partial x} + \frac{\partial z}{\partial v}\frac{\partial v}{\partial x}$$

$$= v\frac{\cos v}{e^u} + u \cdot \left(-\frac{\sin v}{e^u}\right)$$

$$= \frac{v\cos v - u\sin v}{e^u}$$

$$\frac{\partial z}{\partial y} = \frac{\partial z}{\partial u}\frac{\partial u}{\partial y} + \frac{\partial z}{\partial v}\frac{\partial v}{\partial y}$$

$$= v\frac{\sin v}{e^u} + u\frac{\cos v}{e^u}$$

$$= \frac{v \sin v + u \cos v}{e^u}.$$

13. 求螺旋线 $x = a\cos\theta, y = a\sin\theta, z = b\theta$ 在点 $(a,0,0)$ 处的切线及法平面方程.

解　点 $(a,0,0)$ 对应于 $\theta = 0$,

∴ 切向量 $\boldsymbol{T} = (x', y', z')$

$$= (-a\sin\theta, a\cos\theta, b)$$

$$= (0, a, b),$$

∴ 切线方程为

$$\frac{x-a}{0} = \frac{y}{a} = \frac{z}{b};$$

法平面方程为

$$0 \cdot (x-a) + ay + bz = 0,$$

即 $ay + bz = 0$.

14. 在曲面 $z = xy$ 上求一点,使这点处的法线垂直于平面 $x + 3y + z + 9 = 0$,并写出这法线的方程.

解　平面 $x + 3y + z + 9 = 0$ 的法向 $\boldsymbol{n}_1 = (1, 3, 1)$,

设所求点为 (x_0, y_0, z_0) 则 $z_0 = x_0 y_0$.

该点法向量 $\boldsymbol{n}_2 = \left(\dfrac{\partial z}{\partial x}, \dfrac{\partial z}{\partial y}, -1 \right) \Big|_{(x_0, y_0, z_0)}$

$$= (y, x, -1) \Big|_{(x_0, y_0, z_0)}$$

$$= (y_0, x_0, -1).$$

由题意 $\boldsymbol{n}_1 \mathbin{/\!/} \boldsymbol{n}_2 \Rightarrow y_0 = \dfrac{x_0}{3} = \dfrac{-1}{1}$,

∴ $y_0 = -1, x_0 = -3, z_0 = 3$,

∴ 所求点为 $(-3, -1, 3)$ 该点法线方程为 $\dfrac{x+3}{-1} = \dfrac{y+1}{-3} = \dfrac{z-3}{-1}$.

即 $x + 3 = z - 3 = \dfrac{y+1}{3}$.

15. 设 $\boldsymbol{e}_l = (\cos\theta, \sin\theta)$,求函数.

$$f(x,y) = x^2 - xy + y^2$$

在点 $(1,1)$ 沿方向 l 的方向导数,并分别确定角 θ,使这导数有(1) 最大值,(2) 最小值,(3) 等于 0.

解　$f_x(x,y) = 2x - y, f_y(x,y) = 2y - x$

$f_x(1,1) = 1, f_y(1,1) = 1,$

$$\therefore \frac{\partial f}{\partial l} = f_x(1,1)\cos\theta + f_y(1,1)\sin\theta$$

$$= \cos\theta + \sin\theta.$$

不妨设 $0 \leqslant \theta < 2\pi$,

令 $\dfrac{\mathrm{d}}{\mathrm{d}\theta}\left(\dfrac{\partial f}{\partial l}\right) = \cos\theta - \sin\theta = 0 \Rightarrow \theta = \dfrac{\pi}{4}$ 或 $\theta = \dfrac{5}{4}\pi$.

设 $A = \dfrac{\mathrm{d}^2}{\mathrm{d}\theta^2}\left(\dfrac{\partial f}{\partial l}\right) = -\sin\theta - \cos\theta$,

当 $\theta = \dfrac{\pi}{4}$ 时,$A < 0$;当 $\theta = \dfrac{5}{4}\pi$ 时,$A > 0$

$\therefore \theta = \dfrac{\pi}{4}$ 使 $\dfrac{\partial F}{\partial l}$ 有最大值,

$\theta = \dfrac{5}{4}\pi$ 使 $\dfrac{\partial f}{\partial l}$ 有最小值.

令 $\dfrac{\partial f}{\partial l} = \cos\theta + \sin\theta = 0 \Rightarrow \theta = \dfrac{3}{4}\pi$ 或 $\theta = \dfrac{7}{4}\pi$,

$\therefore \theta = \dfrac{3}{4}\pi$ 或 $\dfrac{7}{4}\pi$ 使 $\dfrac{\partial f}{\partial l} = 0$.

16. 求函数 $u = x^2 + y^2 + z^2$ 在椭圆面 $\dfrac{x^2}{a^2} + \dfrac{y^2}{b^2} + \dfrac{z^2}{c^2} = 1$ 上点 $M_0(x_0, y_0, z_0)$ 处沿外法线方向的方向导数.

解 椭球面上 M_0 处,法向量

$$\boldsymbol{n}_0 = \left(\frac{2x_0}{a^2}, \frac{2y_0}{b^2}, \frac{2z_0}{c^2}\right),$$

$\therefore$ 外法线方向即为向量 $\left(\dfrac{x_0}{a^2}, \dfrac{y_0}{b^2}, \dfrac{z_0}{c^2}\right)$ 的方向取单位向量

$$\boldsymbol{e}_l = \frac{1}{\sqrt{\dfrac{x_0^2}{a^4} + \dfrac{y_0^2}{b^4} + \dfrac{z_0^2}{c^4}}}\left(\frac{x_0}{a^2}, \frac{y_0}{b^2}, \frac{z_0}{c^2}\right)$$

$$\mathbf{grad}\,u = (2x, 2y, 2z) = (2x_0, 2y_0, 2z_0).$$

又因为 $\dfrac{x_0^2}{a^2} + \dfrac{y_0^2}{b^2} + \dfrac{z_0^2}{c^2} = 1$

$$\therefore (x_0, y_0, z_0) \cdot \left(\frac{x_0}{a^2}, \frac{y_0}{b^2}, \frac{z_0}{c^2}\right) = 1,$$

$\therefore$ 所求方向导数

$$\frac{\partial u}{\partial l} = \mathbf{grad}\,u \cdot \boldsymbol{e}_l$$

$$= 2(x_0, y_0, z_0) \cdot \frac{1}{\sqrt{\dfrac{x_0^2}{a^4} + \dfrac{y_0^2}{b^4} + \dfrac{z_0^2}{c^4}}} \left(\dfrac{x_0}{a^2}, \dfrac{y_0}{b^2}, \dfrac{z_0}{c^2} \right)$$

$$= \frac{2}{\sqrt{\dfrac{x_0^2}{a^4} + \dfrac{y_0^2}{b^4} + \dfrac{z_0^2}{c^4}}}.$$

17. 求平面 $\dfrac{x}{3} + \dfrac{y}{4} + \dfrac{z}{5} = 1$ 和柱面 $x^2 + y^2 = 1$ 的交线上与 xOy 平面距离最短的点.

解 设交线上一点为 (x_0, y_0, z_0) 则其到平面 xOy 距离 $d_0 = |z_0| \Rightarrow d^2 = z_0^2$，

约束条件为 $\dfrac{x_0}{3} + \dfrac{y_0}{4} + \dfrac{z_0}{5} = 1$ 且 $x_0^2 + y_0^2 = 1$.

构造拉格朗日函数 $F(x_0, y_0, z_0) = z_0^2 + \lambda \left(\dfrac{x_0}{3} + \dfrac{y_0}{4} + \dfrac{z_0}{5} - 1 \right) + \mu(x_0^2 + y_0^2 - 1)$,

令
$$\begin{cases} Fx_0 = \dfrac{\lambda}{3} + 2x_0\mu = 0 \\ Fy_0 = \dfrac{\lambda}{4} + 2y_0\mu = 0 \\ Fz_0 = 2z_0 + \dfrac{\lambda}{5} = 0 \\ \dfrac{x_0}{3} + \dfrac{y_0}{4} + \dfrac{z_0}{5} = 1 \\ x_0^2 + y_0^2 = 1 \end{cases} \Rightarrow \begin{cases} x_0 = \dfrac{4}{5} \\ y_0 = \dfrac{3}{5} \\ z_0 = \dfrac{35}{12} \end{cases} \text{或} \begin{cases} x_0 = -\dfrac{4}{5} \\ y_0 = -\dfrac{3}{5} \\ z_0 = \dfrac{85}{12} \end{cases}$$

∴ 驻点为 $\left(\dfrac{4}{5}, \dfrac{3}{5}, \dfrac{35}{12} \right)$, $\left(-\dfrac{4}{5}, -\dfrac{3}{5}, \dfrac{85}{12} \right)$.

因为要求 $d^2 = z_0^2$ 的最小值,所以 $\left(\dfrac{4}{5}, \dfrac{3}{5}, \dfrac{35}{12} \right)$ 即为所求点.

18. 在第一卦限内作椭球面 $\dfrac{x^2}{a^2} + \dfrac{y^2}{b^2} + \dfrac{z^2}{c^2} = 1$ 的切平面,使该切平面与三坐标面所围成的四面体的体积最小.求这切平面的切点,并求此最小体积.

解 任取椭球面上一点 $P(x_0, y_0, z_0)$ 则 $x_0, y_0, z_0 > 0$ 且 $\dfrac{x_0^2}{a^2} + \dfrac{y_0^2}{b^2} + \dfrac{z_0^2}{c^2} = 1$.

P 点的法向量为 $\boldsymbol{n}_p = \left(\dfrac{2x_0}{a^2}, \dfrac{2y_0}{b^2}, \dfrac{2z_0}{c^2} \right)$

$$= 2 \left(\dfrac{x_0}{a^2}, \dfrac{y_0}{b^2}, \dfrac{z_0}{c^2} \right)$$

∴ 切平面方程为

$$\frac{x_0}{a^2}(x-x_0)+\frac{y_0}{b^2}(y-y_0)+\frac{z_0}{c^2}(z-z_0)=0.$$

即　$$\frac{x_0 x}{a^2}+\frac{y_0 y}{b^2}+\frac{z_0 z}{c^2}=1.$$

令 $x=y=0$ 得,

$$z=\frac{c^2}{z_0}$$

即切平面与 z 轴截距为 $\frac{c^2}{z_0}$.

同理可求得 x 轴, y 轴截距分别为 $\frac{a^2}{x_0}, \frac{b^2}{y_0}$

$\therefore$ 四面体体积 $V=\dfrac{1}{3}\cdot\dfrac{1}{2}\dfrac{a^2}{x_0}\cdot\dfrac{b^2}{y_0}\cdot\dfrac{c^2}{z}$

$$=\frac{a^2 b^2 c^2}{6 x_0 y_0 z_0}$$

$$=\frac{a^2 b^2 c^2}{6}\cdot\frac{1}{x_0 y_0 z_0}$$

分析知欲使 V 最小只须 $x_0 y_0 z_0$ 最大.

设 $m=x_0 y_0 z_0$, 约束条件为 $\dfrac{x_0^2}{a^2}+\dfrac{y_0^2}{b^2}+\dfrac{z_0^2}{c^2}=1$

作拉格朗日函数

$$F(x_0,y_0,z_0)=x_0 y_0 z_0+\lambda\left(\frac{x_0^2}{a^2}+\frac{y_0^2}{b^2}+\frac{z_0^2}{c^2}-1\right)$$

令 $\begin{cases} Fx_0=y_0 z_0-\dfrac{2\lambda x_0}{a^2}=0 \\[2mm] Fy_0=x_0 z_0-\dfrac{2\lambda y_0}{b^2}=0 \\[2mm] Fz_0=x_0 y_0-\dfrac{2\lambda z_0}{c^2}=0 \\[2mm] \dfrac{x_0^2}{a^2}+\dfrac{y_0^2}{b^2}+\dfrac{z_0^2}{c^2}=1 \end{cases} \Rightarrow \begin{cases} x_0=\dfrac{a}{\sqrt{3}} \\[2mm] y_0=\dfrac{b}{\sqrt{3}} \\[2mm] z_0=\dfrac{c}{\sqrt{3}} \end{cases}$

$\therefore$ 唯一驻点 $\left(\dfrac{a}{\sqrt{3}},\dfrac{b}{\sqrt{3}},\dfrac{c}{\sqrt{3}}\right)$

$\therefore$ 所求切点为 $\left(\dfrac{a}{\sqrt{3}},\dfrac{b}{\sqrt{3}},\dfrac{c}{\sqrt{3}}\right)$

最小体积为 $\dfrac{a^2 b^2 c^2}{6}\cdot\dfrac{1}{\dfrac{abc}{(\sqrt{3})^3}}=\dfrac{\sqrt{3}}{2}abc.$

同步自测题及解析

一、单项选择题

1. 设 $z = z(x,y)$，由方程 $x^2 + y^3 - xyz^2 = 0$ 确定，$x\dfrac{\partial z}{\partial x} - y\dfrac{\partial z}{\partial y} = $ ___A___.

(A) $\dfrac{2x^2 - 3y^3}{2xyz}$ (B) $\dfrac{2x^2 - 3y^2}{2xyz}$

(C) $\dfrac{3x^2 + 2y^3}{2xyz}$ (D) $\dfrac{3x^3 + 2y^2}{2xyz}$

解 方程两边对 x 求导数 $2x - \left(yz^2 + 2xyz\dfrac{\partial z}{\partial x}\right) = 0, \dfrac{\partial z}{\partial x} = \dfrac{2x - yz^2}{2xyz}$；

原方程两边对 y 求导数 $3y^2 - \left(xz^2 + 2xyz\dfrac{\partial z}{\partial y}\right) = 0, \dfrac{\partial z}{\partial y} = \dfrac{3y^2 - xz^2}{2xyz}$，

$\therefore x\dfrac{\partial z}{\partial x} - y\dfrac{\partial z}{\partial y} = \dfrac{2x^2 - 3y^3}{2xyz}$.

2. 已知 $\dfrac{\partial f}{\partial x} > 0$，则 ___A___.

(A) $f(x,y)$ 关于 x 为单调递增   (B) $f(x,y) > 0$

(C) $\dfrac{\partial^2 f}{\partial x^2} > 0$ (D) $f(x,y) = x(y^2 + 1)$

解 很容易排除 B、C、D，故 A 正确.

3. 有且仅有一个间断点的函数是 ___B___.

(A) $\dfrac{y}{x}$ (B) $e^{-x}\ln(x^2 + y^2)$ (C) $\dfrac{x}{x+y}$ (D) arctan xy

解 对于 A，当 $x = 0, y$ 为任意实数，则它有无穷间断点；D 没有间断点；对于 C，

$\lim\limits_{\substack{(x,y)\to(0,0)\\y=kx}} \dfrac{x}{x+y} = \lim\limits_{x\to 0}\dfrac{x}{x+kx} = \dfrac{1}{1+k}$，极限不存在，故 B 正确.

4. 旋转抛物面 $z = 2x^2 + 2y^2 - 4$ 在点 $(1, -1, 0)$ 处的法线方程为 ___B___.

(A) $\dfrac{x-1}{4} = \dfrac{y+1}{4} = \dfrac{z}{-1}$ (B) $\dfrac{x-1}{4} = \dfrac{y+1}{-4} = \dfrac{z}{1}$

(C) $\dfrac{x-1}{-4} = \dfrac{y+1}{4} = \dfrac{z}{1}$ (D) $\dfrac{x-1}{-1} = \dfrac{y+1}{4} = \dfrac{z}{4}$

解 $F(x,y,z) = 2x^2 + 2y^2 - z - 4, n = (F_x, F_y, F_z) = (4x, 4y, -1)$，

$n\Big|_{(1,-1,0)} = (4,-4,-1)$，故选 B.

二、填空题

1. 设 $f(x,y,z) = \ln(x^2+y^2+z^2)$，则 **grad** $f(1,-1,2) = \underline{\left(\dfrac{1}{3},-\dfrac{1}{3},\dfrac{2}{3}\right)}$.

解　**grad** $f = (f_x, f_y, f_z) = \left(\dfrac{2x}{x^2+y^2+z^2}, \dfrac{2y}{x^2+y^2+z^2}, \dfrac{2z}{x^2+y^2+z^2}\right)$，于是

grad $f(1,-1,2) = \left(-\dfrac{1}{3},-\dfrac{1}{3},\dfrac{2}{3}\right)$.

2. $x^2+y^2+z^2=3$ 在点 $(1,1,1)$ 的切平面方程为 $\underline{x+y+z-3=0}$.

解　$F(x,y,z) = x^2+y^2+z^2-3, n = (F_x, F_y, F_z) = (2x,2y,2z)$.

$n\Big|_{(1,1,1)} = (2,2,2)$，所以在点 $(1,1,1)$ 处此方程切平面方程为

$2(x-1)+2(y-1)+2(z-1)=0$ 即 $x+y+z-3=0$.

3. 设 $f(x,y) = xy + \dfrac{x}{x^2+y^2}$，则 $f'_x(0,1) = \underline{\quad 2\quad}$，$f'_y(0,1) = \underline{\quad 0\quad}$.

解　$f'_x = y + \dfrac{x^2+y^2-2x^2}{(x^2+y^2)^2} = y + \dfrac{y^2-x^2}{(x^2+y^2)^2}$，

同理 $f'_y = x - \dfrac{2xy}{(x^2+y^2)^2}$，故 $f'_x(0,1)=2, f'_y(0,1)=0$.

4. 设 $z = \dfrac{1}{x}f(x,y) + y\varphi(x+y), f, \varphi$ 有二阶连续导数，则 $\dfrac{\partial^2 z}{\partial x\partial y} = \underline{\dfrac{xf''_{xy}-f'_y}{x^2}}$ $\underline{+\varphi'_x(x+y) + y\varphi''_{xy}(x+y)}$.

解　$\dfrac{\partial z}{\partial x} = \dfrac{xf'_x-f}{x^2} + y\varphi'_x(x+y)$，

$\dfrac{\partial^2 z}{\partial x\partial y} = \dfrac{xf''_{xy}-f'_y}{x^2} + \varphi'_x(x+y) + y\varphi''_{xy}(x+y)$.

三、求 $f(x,y) = (x^2+2x+y)\mathrm{e}^{2y}$ 的极值点及极值.

解　$\begin{cases} f'_x(x,y) = 2(x+1)\mathrm{e}^{2y} = 0 \\ f'_y(x,y) = 2(x^2+2x+y)\mathrm{e}^{2y} + \mathrm{e}^{2y} = 0 \end{cases}$

求得驻点为 $\left(-1,\dfrac{1}{2}\right)$.

又 $\because f''_{xx}(x,y) = 2\mathrm{e}^{2y}, f''_{xy}(x,y) = 4(x+1)\mathrm{e}^{2y}$,

$f''_{yy} = 4\left(x^2+2x+y+\dfrac{1}{2}\right)\mathrm{e}^{2y} + 2\mathrm{e}^{2y}$,

在 $\left(-1,\dfrac{1}{2}\right)$ 处，$f''_{xx}\cdot f''_{yy}-(f''_{xy})^2 = 4\mathrm{e}^2 > 0$，又 $A>0$，所以函数在 $\left(-1,\dfrac{1}{2}\right)$ 处

有极小值 $f\left(-1,\dfrac{1}{2}\right)=-\dfrac{e}{2}$.

四、求函数 $z=\arctan\dfrac{y}{x}+\ln\sqrt{x^2+y^2}$ 的全微分.

解 $\dfrac{\partial z}{\partial x}=-\dfrac{\dfrac{y}{x^2}}{1+\left(\dfrac{y}{x}\right)^2}+\dfrac{x}{x^2+y^2}=\dfrac{x-y}{x^2+y^2},$

$\dfrac{\partial z}{\partial y}=\dfrac{\dfrac{1}{x}}{1+\left(\dfrac{y}{x}\right)^2}+\dfrac{y}{x^2+y^2}=\dfrac{x+y}{x^2+y^2},$

$\therefore \mathrm{d}z=\dfrac{x-y}{x^2+y^2}\mathrm{d}x+\dfrac{x+y}{x^2+y^2}\mathrm{d}y.$

五、求空间曲线 $\begin{cases}x^2+y^2=10\\x^2+z^2=10\end{cases}$ 在点 $M(3,-1,-1)$ 处的切线方程和法平面方程.

解 将所给方程的两边对 x 求导并移项,得

$\begin{cases}y\dfrac{\mathrm{d}y}{\mathrm{d}x}=-x\\[2mm]z\dfrac{\mathrm{d}z}{\mathrm{d}x}=-x\end{cases}$

$\therefore \dfrac{\mathrm{d}y}{\mathrm{d}x}=-\dfrac{x}{y},\dfrac{\mathrm{d}z}{\mathrm{d}x}=-\dfrac{x}{z}$

$\dfrac{\mathrm{d}y}{\mathrm{d}x}\bigg|_{(3,-1,-1)}=3,\dfrac{\mathrm{d}z}{\mathrm{d}x}\bigg|_{(3,-1,-1)}=3.$

从而 $T=(1,3,3),$

故所求切线方程为

$\dfrac{x-3}{1}=\dfrac{y+1}{3}=\dfrac{z+1}{3};$

法平面方程为

$(x-3)+3(y+1)+3(z+1)=0,$

即 $x+3y+3z+3=0.$

六、在平面 $x+y+z=1$ 上求一点,使它与两定点 $P(1,0,1)$、$Q(2,0,1)$ 的距离平方和最小.

解 设所求点为 $O(x,y,z)$,

则 $d^2=\overrightarrow{OP}^2+\overrightarrow{OQ}^2=(x-1)^2+y^2+(z-1)^2+(x-2)^2+y^2+(z-1)^2$

$=(x-1)^2+(x-2)^2+2y^2+2(z-1)^2.$

令 $F(x,y,z) = (x-1)^2 + (x-2)^2 + 2y^2 + 2(z-1)^2 + \lambda(x+y+z-1)$,

$$\begin{cases} F'x = 2(x-1) + 2(x-2) + \lambda = 0 \\ F'y = 4y + \lambda = 0 \\ F'z = 4(z-1) + \lambda = 0 \\ x+y+z = 1 \end{cases}$$

解得 $O(x,y,z) = O\left(1, -\dfrac{1}{2}, \dfrac{1}{2}\right)$.

$\therefore d_{\min}^2 = (1-1)^2 + (1-2)^2 + 2\left(-\dfrac{1}{2}\right)^2 + 2\left(\dfrac{1}{2}-1\right)^2 = 2.$

七、设 $z = f(u,v)$ 对 u,v 有二阶连续偏导数,其中 $u = 2x+y$,$v = x^2+y^2$.

求 $\dfrac{\partial z}{\partial x}$,$\dfrac{\partial z}{\partial y}$,$\dfrac{\partial^2 z}{\partial x \partial y}$.

解　$\dfrac{\partial z}{\partial x} = 2f'_1 + 2xf'_2$

$\dfrac{\partial z}{\partial y} = f'_1 + 2yf'_2$

$\dfrac{\partial^2 z}{\partial x \partial y} = 2(f''_{11} + 2yf''_{12}) + 2x(f''_{21} + 2yf''_{22})$

$= 2f''_{11} + 4yf''_{12} + 2xf''_{21} + 4xyf''_{22}.$

第九章　重积分

本章重点内容导学

一、二重积分
1. 二重积分的定义、存在条件及几何意义
2. 二重积分的性质
3. 利用直角坐标和极坐标计算二重积分
二、三重积分
利用直角坐标、柱面坐标、球面坐标计算三重积分.
三、重积分的应用
曲面面积、质心、转动惯量、引力等的计算.

典型例题讲解

例1　改变下列二次积分的积分次序

$(1)\displaystyle\int_1^3 \mathrm{d}x\int_1^{x^2} f(x,y)\mathrm{d}y$

解　两端为:左端 $x=1$,右端 $x=3$;

两端为:下线 $y=1$,上线 $y=x^2$,

积分区域的图形如图 $9-1$.

由图可知,改变积分次序后,

两端将变为:下端 $y=1$;上端 $y=3^2=9$,

两线为:左线 $x=\sqrt{y}$;右线 $x=3$,

故原式 $=\displaystyle\int_1^9 \mathrm{d}y\int_{\sqrt{y}}^3 f(x,y)\mathrm{d}x$.

$(2)\displaystyle\int_2^3 \mathrm{d}x\int_1^{x^2}(x,y)\mathrm{d}y$

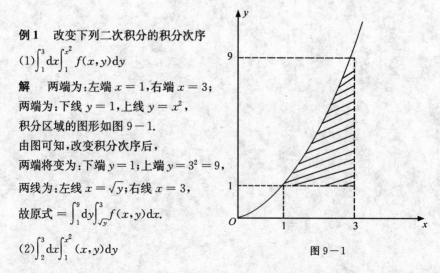

图 $9-1$

解　两端为:左端 $x=2$;右端 $x=3$;

两线为:下线 $y=1$;上线 $y=x^2$,

积分区域的图形如图 $9-2$.

由图可知,改变积分次序后,

对于 $ABCD$ 区域,

两端为:下端 $y=1$;上端 $y=2^2=4$;

两线为:左线 $x=2$;右线 $x=3$.

对于 DEC 区域,

两端为:下端 $y=2^2=4$;上端 $y=3^2=9$;

两线为:左线 $x=\sqrt{y}$;右线 $x=3$,

故原式 $=\int_1^4 \mathrm{d}y \int_2^3 f(x,y)\mathrm{d}x + \int_4^9 \mathrm{d}y \int_{\sqrt{y}}^3 f(x,y)\mathrm{d}x.$

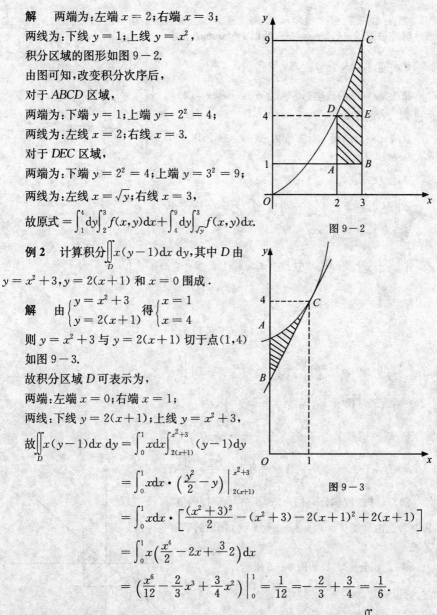

图 $9-2$

例2　计算积分 $\iint\limits_{D} x(y-1)\mathrm{d}x\,\mathrm{d}y$,其中 D 由

$y=x^2+3, y=2(x+1)$ 和 $x=0$ 围成.

解　由 $\begin{cases} y=x^2+3 \\ y=2(x+1) \end{cases}$ 得 $\begin{cases} x=1 \\ x=4 \end{cases}$

则 $y=x^2+3$ 与 $y=2(x+1)$ 切于点 $(1,4)$

如图 $9-3$.

故积分区域 D 可表示为,

两端:左端 $x=0$;右端 $x=1$;

两线:下线 $y=2(x+1)$;上线 $y=x^2+3$,

故 $\iint\limits_{D} x(y-1)\mathrm{d}x\,\mathrm{d}y = \int_0^1 x\mathrm{d}x \int_{2(x+1)}^{x^2+3} (y-1)\mathrm{d}y$

图 $9-3$

$$= \int_0^1 x\mathrm{d}x \cdot \left(\frac{y^2}{2} - y \right) \Big|_{2(x+1)}^{x^2+3}$$

$$= \int_0^1 x\mathrm{d}x \cdot \left[\frac{(x^2+3)^2}{2} - (x^2+3) - 2(x+1)^2 + 2(x+1) \right]$$

$$= \int_0^1 x\left(\frac{x^4}{2} - 2x + \frac{3}{2} \right)\mathrm{d}x$$

$$= \left(\frac{x^6}{12} - \frac{2}{3}x^3 + \frac{3}{4}x^2 \right) \Big|_0^1 = \frac{1}{12} = -\frac{2}{3} + \frac{3}{4} = \frac{1}{6}.$$

例3　设平面域 D 由曲线 $xy=1, y=x$ 和 $x=1$ 组成,将二重积分 $\iint\limits_{D} f(x,y)\mathrm{d}\sigma$ 化

为极坐标系中的二次积分.

解 如图 9-4,$\tan\alpha = \dfrac{\frac{1}{2}}{2}$,所以 $\alpha = \arctan\dfrac{1}{4}$,

从而 $\arctan\dfrac{1}{4} \leqslant \theta \leqslant \dfrac{\pi}{4}$.

曲线 $xy = 1$ 的极坐标方程为 $r\cos\theta \cdot r\sin\theta = 1$,

所以 $r = \sqrt{2\csc 2\theta}$.

直线 $x = 2$ 的极坐标方程为 $r\cos\theta = 2$,所以

$r = 2\sec\theta$

从而 $\sqrt{2\csc 2\theta} \leqslant r \leqslant 2\sec\theta$,

故 $\displaystyle\iint_D f(x,y)\mathrm{d}\sigma = \int_{\arctan\frac{1}{4}}^{\frac{\pi}{4}}\mathrm{d}\theta\int_{\sqrt{2\csc 2\theta}}^{2\sec\theta} f(r\cos\theta, r\sin\theta)r\mathrm{d}r.$

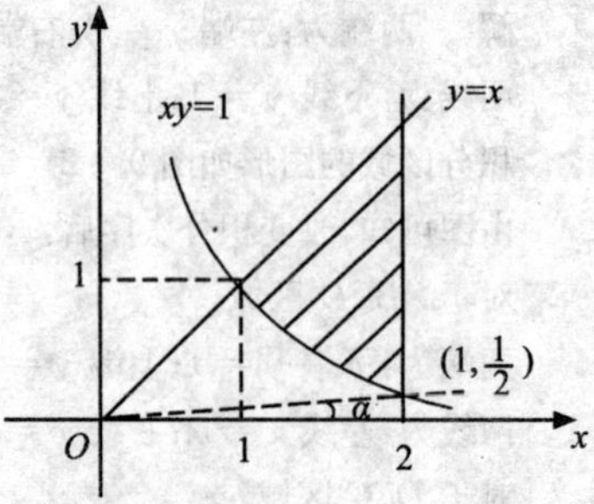

图 9-4

例 4 计算二重积分

$\displaystyle\iint_D |y - x^2|\,\mathrm{d}x\mathrm{d}y$,其中 $D: 0 \leqslant x \leqslant 1, 0 \leqslant y \leqslant 1$

解 $\displaystyle\iint_D |y - x^2|\,\mathrm{d}x\mathrm{d}y$

$= \displaystyle\int_0^1\mathrm{d}y\int_0^{\sqrt{y}}(y - x^2)\mathrm{d}x + \int_0^1\mathrm{d}y\int_{\sqrt{y}}^1(x^2 - y)\mathrm{d}x$

$= \displaystyle\int_0^1\mathrm{d}y \cdot \left(xy - \frac{x^3}{3}\right)\Big|_0^{\sqrt{y}} + \int_0^1\mathrm{d}y \cdot \left(\frac{x^3}{3} - xy\right)\Big|_{\sqrt{y}}^1$

$= \displaystyle\int_0^1\frac{2}{3}y^{\frac{3}{2}}\mathrm{d}y + \int_0^1\left(\frac{1}{3} - y + \frac{2}{3}y^{\frac{3}{2}}\right)\mathrm{d}y$

$= \dfrac{2}{3} \cdot \dfrac{2}{5}y^{\frac{5}{2}}\Big|_0^1 + \left(\dfrac{y}{3} - \dfrac{y^2}{2} + \dfrac{2}{3} \cdot \dfrac{2}{5}y^{\frac{5}{2}}\right)\Big|_0^1$

$= \dfrac{4}{15} + \left(\dfrac{1}{3} - \dfrac{1}{2} + \dfrac{4}{15}\right) = \dfrac{8}{15} + \dfrac{1}{3} - \dfrac{1}{2} = \dfrac{11}{30}.$

例 5 求二重积分 $\displaystyle\iint y[1 + x\mathrm{e}^{\frac{1}{2}(x^2+y^2)}]\mathrm{d}x\mathrm{d}y$ 的值,

其中 D 是由直线 $y = x, y = -1$ 及 $x = 1$ 围成的平面区域.

解 积分区域 D 如图 9-5 所示,

则 $\displaystyle\iint_D y[1 + x\mathrm{e}^{\frac{1}{2}(x^2+y^2)}]\mathrm{d}x\mathrm{d}y$

$= \displaystyle\int_{-1}^1\mathrm{d}x\int_{-1}^x y[1 + x\mathrm{e}^{\frac{1}{2}(x^2+y^2)}]\mathrm{d}y$

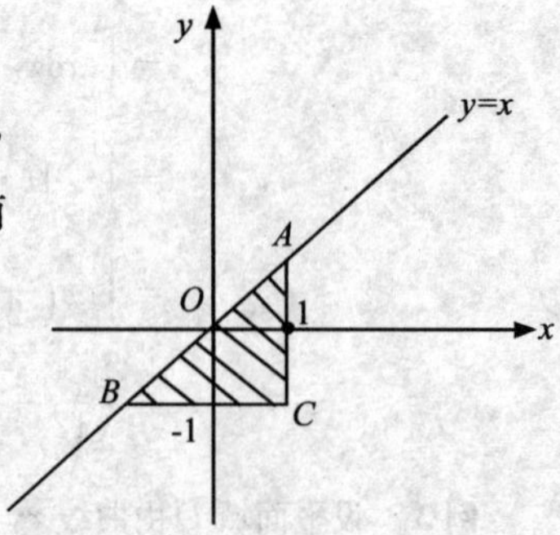

图 9-5

$$= \int_{-1}^{1} \mathrm{d}x \cdot \left[\frac{y^2}{2} + x\mathrm{e}^{\frac{1}{2}(x^2+y^2)} \right]\Big|_{-1}^{x}$$

$$= \int_{-1}^{1} \left[\frac{x^2}{2} + x\mathrm{e}^{x^2} - \frac{1}{2} - x\mathrm{e}^{\frac{1}{2}(x^2+1)} \right]\mathrm{d}x$$

$$= \int_{-1}^{1} \left(\frac{x^2}{2} - \frac{1}{2} \right)\mathrm{d}x + \int_{-1}^{1} \left[x\mathrm{e}^{x^2} - x\mathrm{e}^{\frac{1}{2}(x^2+1)} \right]\mathrm{d}x.$$

由奇函数积分性质可知 $\int_{-1}^{1} \left[x\mathrm{e}^{x^2} - x\mathrm{e}^{\frac{1}{2}(x^2+1)} \right]\mathrm{d}x = 0$,

故 $\iint\limits_{D} y\left[1 + x\mathrm{e}^{\frac{1}{2}(x^2+y^2)} \right]\mathrm{d}x\mathrm{d}y = \int_{-1}^{1} \left(\frac{x^2}{2} - \frac{1}{2} \right)\mathrm{d}x$

$$= \left(\frac{x^3}{6} - \frac{x}{2} \right)\Big|_{-1}^{1} = 2 \times \left(\frac{1}{6} - \frac{1}{2} \right) = -\frac{2}{3}.$$

例 6 设 $f(x)$ 在 $[0,a]$ 上连续, $(a > 0)$, 证明:
$\int_{0}^{a} \mathrm{d}x \int_{0}^{x} f(x)f(y)\mathrm{d}y = \frac{1}{2}\left(\int_{0}^{a} f(x)\mathrm{d}x \right)^2.$

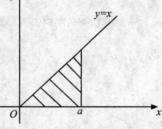

图 9—6

证明 对于 $\int_{0}^{a} \mathrm{d}x \int_{0}^{x} f(x)f(y)\mathrm{d}y$ 而言,其积分区域 D 如图 9—6 所示,交换其积分次序可得 $\int_{0}^{a} \mathrm{d}y \int_{y}^{a} f(x)f(y)\mathrm{d}x,$

即 $\int_{0}^{a} \mathrm{d}y \int_{y}^{a} f(x)f(y)\mathrm{d}x = \int_{0}^{a} \mathrm{d}x \int_{0}^{x} f(x)f(y)\mathrm{d}y.$

又 $\int_{0}^{a} \mathrm{d}y \int_{y}^{a} f(x)f(y)\mathrm{d}x = \int_{0}^{a} \mathrm{d}x \int_{x}^{a} f(y)f(x)\mathrm{d}y,$

而 $\int_{0}^{a} \mathrm{d}x \int_{0}^{x} f(x)f(y)\mathrm{d}y + \int_{0}^{a} \mathrm{d}x \int_{x}^{a} f(y)f(x)\mathrm{d}y$

$$= \int_{0}^{a} \mathrm{d}x \int_{0}^{a} f(x)f(y)\mathrm{d}y = \int_{0}^{a} f(x)\mathrm{d}x \cdot \int_{0}^{a} f(y)\mathrm{d}y$$

$$= \left[\int_{0}^{a} f(x)\mathrm{d}x \right]^2.$$

由此可知 $2\int_{0}^{a} \mathrm{d}x \int_{0}^{x} f(x)f(y)\mathrm{d}y = \left[\int_{0}^{a} f(x)\mathrm{d}x \right]^2,$

即 $\int_{0}^{a} \mathrm{d}x \int_{0}^{x} f(x)f(y)\mathrm{d}y = \frac{1}{2}\left[\int_{0}^{a} f(x)\mathrm{d}x \right]^2.$

例 7 试将三次积分 $\int_{0}^{1} \mathrm{d}x \int_{0}^{x} \mathrm{d}y \int_{0}^{xy} f(x,y,z)\mathrm{d}z$ 换成依次对变量 x, z 和 y 的三次积分.

解 设 $I = \int_{0}^{1} \mathrm{d}x \int_{0}^{x} \mathrm{d}y \int_{0}^{xy} f(x,y,z)\mathrm{d}z,$

(1) 先交换 x,y 积分顺序,得

$$I = \int_0^1 \mathrm{d}y \int_y^1 \mathrm{d}x \int_0^{xy} f(x,y,z)\mathrm{d}z.$$

(2) 再交换 x,z 积分顺序,得

$$I = \int_0^1 \mathrm{d}y \int_y^{y2} \mathrm{d}z \int_{\frac{z}{y}}^1 f(x,y,z)\mathrm{d}x + \int_0^1 \mathrm{d}y \int_0^{y2} \mathrm{d}z \int_y^1 f(x,y,z)\mathrm{d}x.$$

故将 I 换成依次对变量 x,z 和 y 的三次积分为

$$I = \int_0^1 \mathrm{d}y \int_{y2}^y \mathrm{d}z \int_{\frac{z}{y}}^1 f(x,y,z)\mathrm{d}x + \int_0^1 \mathrm{d}y \int_0^{y2} \mathrm{d}z \int_y^1 f\mathrm{d}x.$$

例8 计算积分 $\iiint\limits_V y\cos(x+z)\mathrm{d}x\,\mathrm{d}y\,\mathrm{d}z$,其中 V 由曲面 $y = \sqrt{x}, y = 0, z = 0,$

$x + z = \dfrac{\pi}{2}$ 围成.

解

$$\iiint\limits_V y\cos(x+z)\mathrm{d}x\,\mathrm{d}y\,\mathrm{d}z = \int_0^{\frac{\pi}{2}} \mathrm{d}z \int_0^{\frac{\pi}{2}-z} \cos(x+z)\mathrm{d}x \int_0^{\sqrt{x}} y\,\mathrm{d}y$$

$$= \frac{1}{2}\int_0^{\frac{\pi}{2}} \mathrm{d}z \int_0^{\frac{\pi}{2}-z} x\cos(x+z)\mathrm{d}x$$

$$= \frac{1}{2}\int_0^{\frac{\pi}{2}} \left(\frac{\pi}{2} - z - \cos z\right)\mathrm{d}z$$

$$= \frac{1}{16}(\pi^2 - 8).$$

例9 计算三重积分 $\iiint\limits_\Omega (x^2 + 3y^2 + 5z^2)\mathrm{d}v, \Omega: 0 \leqslant z \leqslant \sqrt{R^2 - x^2 - y^2}.$

解 由于 $\iiint\limits_\Omega (x^2 + 3y^2 + 5z^2)\mathrm{d}v = \frac{1}{2}\iiint\limits_{\Omega_1}(x^2 + 3y^2 + 5z^2)\mathrm{d}v,$

其中 $\Omega_1: x^2 + y^2 + z^2 \leqslant R^2.$

$$\iiint\limits_\Omega (x^2 + 3y^2 + 5z^2)\mathrm{d}v = \frac{1}{2}\iiint\limits_\Omega (x^2 + 3y^2 + 5z^2)\mathrm{d}v$$

$$= \frac{1}{2}\left\{\iiint\limits_{\Omega_1} x^2 + \mathrm{d}v + 3\iiint\limits_{\Omega_1} y^2\mathrm{d}v + 5\iiint\limits_{\Omega_1} z^2\mathrm{d}v\right\}$$

$$= \frac{1}{2}\left\{\frac{1}{3}\iiint\limits_{\Omega_1}(x^2 + y^2 + z^2)\mathrm{d}v + 3\left[\frac{1}{3}\iiint\limits_{\Omega_1}(x^2 + y^2 + z^2)\mathrm{d}v\right]\right.$$

$$\left. + 5 \cdot \left[\frac{1}{3}\iiint\limits_{\Omega_1}(a^2 + y^2 + z^2)\mathrm{d}v\right]\right\}$$

$$= \frac{3}{2}\int_0^{2\pi} \mathrm{d}\theta \int_0^\pi \mathrm{d}\varphi \int_0^R r^4\sin\varphi\mathrm{d}r$$

$$= \frac{3}{2} \cdot 2\pi\int_0^\pi \mathrm{d}\varphi \int_0^R r^4\sin\varphi\mathrm{d}r$$

$$= \frac{3}{2} \cdot 2\pi \int_0^\pi \sin\varphi d\varphi \int_0^R r^4 dr = \frac{6}{5}\pi R^5.$$

例 10　设 $f(t)$ 连续，$G_u: 0 \leqslant z \leqslant l, x^2 + y^2 \leqslant u^2$，而

$$F(u) = \iiint\limits_{G_u} [z^2 + f(x^2 + y^2)] dv,$$

求 $\lim\limits_{u \to 0^+} \dfrac{F(u)}{3u^2}$.

解　采用柱面坐标系，则

$$F(u) = \int_0^{2\pi} d\theta \int_0^u r\, dr \int_0^l [z^2 + f(r^2)] dz$$

$$= 2\pi \int_0^u \left[\frac{l^3}{3} + l f(r^2) \right] r dr$$

$$\frac{\mathrm{d}F(u)}{\mathrm{d}u} = 2\pi \left[\frac{l^3}{3} + l f(u^2) \right] u = 2\pi l u \left[\frac{l^2}{3} + f(u^2) \right]$$

$$\lim_{u \to 0^+} \frac{F(u)}{3u^2} \lim_{u \to 0^+} \frac{2\pi l u \left[\dfrac{l^2}{3} + f(u^2) \right]}{6u} = \frac{\pi}{3} \left[\frac{l^2}{3} + f(0) \right].$$

例 11　半球面 $z = \sqrt{a^2 - x^2 - y^2}$，柱面 $x^2 + y^2 = a^2$ 及平面 $z = -h(h > 0)$ 围成的空间区域 Ω，试求 Ω 对 z 轴的转动惯量.（设密度 $\mu = 1$）

解　$I_z = \iiint\limits_{\Omega} (x^2 + y^2) dv$

$$= \iiint\limits_{\Omega_1} (x^2 + y^2) dv + \iiint\limits_{\Omega_2} (x^2 + y^2) dv$$

$$= \iiint\limits_{\Omega_1} (r^2 \sin^2\varphi \cos^2\theta + r^2 \sin^2\varphi \sin^2\theta) r^2 \sin\varphi dr d\varphi d\theta$$

$$+ \iiint\limits_{\Omega_2} (r^2 \sin^2\theta + r^2 \cos^2\theta) r\, dr\, d\theta\, dz$$

$$= \iiint\limits_{\Omega_1} r^2 \sin^2\varphi \cdot r^2 \sin\varphi dr d\varphi d\theta + \iiint\limits_{\Omega_2} r^2 r dr\, d\theta\, dz$$

其中 Ω_1 是由 $z = \sqrt{a^2 - x^2 - y^2}$ 及 $z = 0$ 围成的空间区域，

而 Ω_2 是由 $x^2 + y^2 = a^2$ 及 $z = 0, z = -h$ 围成的空间区域，

则 $I_z = \int_0^a dr \int_0^{\frac{\pi}{2}} d\varphi \int_0^{2\pi} r^4 \sin^3\varphi d\theta + \int_0^a dr \int_{-h}^0 dz \int_0^{2\pi} r^3 d\theta$

$$= \int_0^a r^4 dr \int_0^{\frac{\pi}{2}} \sin^3\varphi d\varphi \cdot \int_0^{2\pi} d\theta + \int_0^a r^3\, dr \int_{-h}^0 dz \int_0^{2\pi} d\theta$$

$$= \frac{a^5}{5} \times \frac{2}{3} \times 2\pi + \frac{a^4}{4} \times h \times 2\pi$$

$$= \frac{4}{15}\pi a^5 + \frac{\pi h}{2}a^4 = \pi a^4\left(\frac{4}{15}a + \frac{h}{2}\right).$$

习题全解

习题 $9-1$

1. 设有一平面薄板(不计其厚度),占有 xOy 面上的闭区域 D,薄板上分布有面密度为 $\mu = \mu(x,y)$ 的电荷,且 $\mu(x,y)$ 在 D 上连续,试用二重积分表达该板上的全部电荷 Q.

解 $Q = \iint\limits_{D}\mu(x,y)\mathrm{d}\sigma$,

将区域 D 行意分成 n 个小闭区域

$\Delta\sigma_1, \Delta\sigma_2 \cdots \Delta\sigma_n$,

其中 $\Delta\sigma_i$ 表示第 i 个小闭区域,也表示它的面积. 在每个 $\Delta\sigma_i$ 上任取一点 (ξ_i, η_i) 则 $\mu(\xi_i, \eta_i)\Delta\sigma_i (i=1, 2\cdots n)$ 可作为第 i 个小闭区域上的电荷量. 这是因为薄板分布的电荷面密度 $\mu(x,y)$ 是连续的,只要 $\Delta\sigma_i$ 直径很小,$\mu(x,y)$ 可看作近似不变的.

那么该板上全部电荷

$Q = \lim\limits_{\lambda \to 0}\sum\limits_{i=1}^{n}\mu(\xi_i, \eta_i)\Delta\sigma_i = \iint\limits_{D}\mu(x,y)\mathrm{d}\sigma$,

其中 λ 是各 $\Delta\sigma_i$ 中最大的直径.

2. 设 $I_1 = \iint\limits_{D_1}(x^2+y^2)^3\mathrm{d}\sigma$ 其中 $D_1 = \{(x,y) \mid -1 \leqslant x \leqslant 1, -2 \leqslant y \leqslant 2\}$;

又 $I_2 = \iint\limits_{D_2}(x^2+y^2)^3\mathrm{d}\sigma$ 其中 $D_2 = \{(x,y) \mid 0 \leqslant x \leqslant 1, 0 \leqslant y \leqslant 2\}$.

试利用二重积分的几何意义说明 I_1 与 I_2 之间的关系.

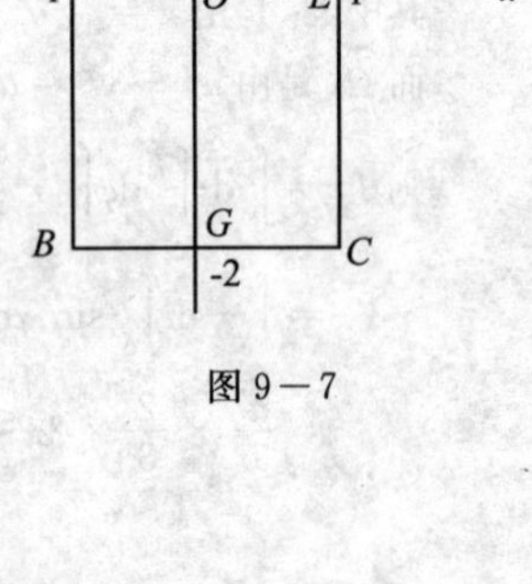

解 如图 $9-7$,D_1 即为闭区域 $ABCD$,

D_2 即为闭区域 $OEDF$.

设 $I_3 = \iint\limits_{D_3}(x^2+y^2)^3\mathrm{d}\sigma$,其中

图 $9-7$

$D_3 = \{(x,y) \mid 0 \leqslant x \leqslant 1, -2 \leqslant y \leqslant 2\}$,

则 D_3 即为闭区域 $CDFG$.

易知 $f(x,y) = (x^2 + y^2)^3$ 关于 x 轴, y 轴都对称, D_1 关于 y 轴对称,

$\therefore I_1 = 2I_3$.

又 D_3 关于 x 轴对称,

$\therefore I_3 = 2I_2$,

$\therefore I_1 = 4I_2$.

3. 利用二重积分定义证明:

(1) $\iint\limits_D \mathrm{d}\sigma = \sigma$ (其中 σ 为 D 的面积);

(2) $\iint\limits_D kf(x,y)\mathrm{d}\sigma = k\iint\limits_D f(x,y)\mathrm{d}\sigma$ (其中 k 为常数);

(3) $\iint\limits_D f(x,y)\mathrm{d}\sigma = \iint\limits_{D_1} f(x,y)\mathrm{d}\sigma + \iint\limits_{D_2} f(x,y)\mathrm{d}\sigma$,

其中 $D = D_1 \bigcup D_2$, D_1、D_2 为两个无公共内点的闭区域.

解 (1) $\iint\limits_D \mathrm{d}\sigma = \iint\limits_D 1 \cdot \mathrm{d}\sigma = \lim\limits_{\lambda \to 0} \sum\limits_{i=1}^{n} 1 \cdot \Delta\sigma_i$

$$= \lim\limits_{\lambda \to 0} \sum\limits_{i=1}^{n} \Delta\sigma_i = \lim\limits_{\lambda \to 0} \sigma = \sigma.$$

(2) $\iint\limits_D kf(x,y)\mathrm{d}\sigma = \lim\limits_{\lambda \to 0} \sum\limits_{i=1}^{n} kf(\xi_i, \eta_i)\Delta\sigma_i$

$$= \lim\limits_{\lambda \to 0} k \sum\limits_{i=1}^{n} f(\xi_i, \eta_i)\Delta\sigma_i$$

$$= k \lim\limits_{\lambda \to 0} \sum\limits_{i=1}^{n} f(\xi_i, \eta_i)\Delta\sigma_i$$

$$= k\iint\limits_D f(x,y)\mathrm{d}\sigma (k \text{ 为常数}).$$

(3) 根据定义, 将闭区域 D 任意分割, 故可以先将 D 分割为 D_1, D_2, 再对 D_1, D_2 分别进行任意分割, 按照这样的方法, 根据二重积分的定义,

$$\iint\limits_D f(x,y)\mathrm{d}\sigma = \iint\limits_{D_1} f(x,y)\mathrm{d}\sigma + \iint\limits_{D_2} f(x,y)\mathrm{d}\sigma.$$

4. 根据二重积分的性质, 比较下列积分的大小:

(1) $\iint\limits_D (x+y)^2\mathrm{d}\sigma$ 与 $\iint\limits_D (x+y)^3\mathrm{d}\sigma$, 其中积分区域 D 是由 x 轴, y 轴与直线 $x+y=1$ 所围成;

(2)$\iint\limits_{D}(x+y)^2\mathrm{d}\sigma$ 与 $\iint\limits_{D}(x+y)^3\mathrm{d}\sigma$，其中积分区域 D 是由圆周 $(x-2)^2+(y-1)^2=2$ 所围成；

(3)$\iint\limits_{D}\ln(x+y)\mathrm{d}\sigma$ 与 $\iint\limits_{D}[\ln(x+y)]^2\mathrm{d}\sigma$，其中 D 是三角形闭区域，三顶点分别为 $(1,0)$，$(1,1),(2,0)$；

(4)$\iint\limits_{D}\ln(x+y)\mathrm{d}\sigma$ 与 $\iint\limits_{D}[\ln(x+y)]^2\mathrm{d}\sigma$，其中 $D=\{(x,y)\mid 3\leqslant x\leqslant 5,0\leqslant y\leqslant 1\}$.

解 （1）在积分区域 D 上，$x+y\leqslant 1$

$x\geqslant 0,y\geqslant 0$ $\therefore 0\leqslant x+y\leqslant 1$

$\therefore (x+y)^2\geqslant (x+y)^3$，

$\therefore \iint\limits_{D}(x+y)^2\mathrm{d}\sigma\geqslant \iint\limits_{D}(x+y)^3\mathrm{d}\sigma$.

(2)D 是以 $(2,1)$ 为圆心，半径为 $\sqrt{2}$ 的圆所围成的闭区域.

$\therefore D=\{(x,y)\mid (x-2)^2+(y-1)^2\leqslant 2\}$，

$(x-2)^2+(y-1)^2=x^2+y^2-2x+5-2(x+y)\leqslant 2$，

$\therefore x+y\geqslant \dfrac{x^2+y^2-2x+3}{2}=\dfrac{(x-1)^2+y^2+2}{2}\geqslant 1$，

$\therefore (x+y)^3\geqslant (x+y)^2$，

$\therefore \iint\limits_{D}(x+y)^2\mathrm{d}\sigma\leqslant \iint\limits_{D}(x+y)^3\mathrm{d}\sigma$.

(3)$D=\{(x,y)\,x\geqslant 1,x+y\leqslant 2,y\geqslant 0\}$

$\therefore 1\leqslant x+y\leqslant 2<e$，

$\therefore 0<\ln(x+y)<\ln e=1$，

$\therefore \ln(x+y)\geqslant [\ln(x+y)]^2$，

$\therefore \iint\limits_{D}\ln(x+y)\mathrm{d}\sigma\geqslant \iint\limits_{D}[\ln(x+y)]^2\mathrm{d}\sigma$.

(4)$e<3\leqslant x+y\leqslant 6$，

$\ln(x+y)\geqslant \ln 3>\ln e=1$，

$\therefore [\ln(x+y)]^2\geqslant \ln(x+y)$，

$\therefore \iint\limits_{D}\ln(x+y)\mathrm{d}\sigma\leqslant \iint\limits_{D}[\ln(x+y)]^2\mathrm{d}\sigma$.

5. 利用二重积分的性质估计下列积分的值：

(1)$I=\iint\limits_{D}xy(x+y)\mathrm{d}\sigma$，其中 $D=\{(x,y)\mid 0\leqslant x\leqslant 1,0\leqslant y\leqslant 1\}$；

(2)$I = \iint\limits_{D} \sin^2 x \sin^2 y \mathrm{d}\sigma$,其中 $D = (x,y) \mid 0 \leqslant x \leqslant \pi, 0 \leqslant y \leqslant \pi\}$;

(3)$I = \iint\limits_{D} (x+y+1)\mathrm{d}\sigma$,其中 $D = \{(x,y) \mid 0 \leqslant x \leqslant 1, 0 \leqslant y \leqslant 2\}$;

(4)$I = \iint\limits_{D} (x^2 + 4y^2 + 9)\mathrm{d}\sigma$,其中 $D = \{(x,y) \mid x^2 + y^2 \leqslant 4\}$.

解　(1)$\because 0 \leqslant x \leqslant 1, 0 \leqslant y \leqslant 1$

$\therefore 0 \leqslant xy(x+y) \leqslant 2$,

$\therefore 0 \leqslant I = \iint\limits_{D} xy(x+y)\mathrm{d}\sigma \leqslant \iint\limits_{D} 2\mathrm{d}\sigma = 2\sigma$.

其中 σ 表示 D 的面积,$\sigma = 1$

$\therefore 0 \leqslant I \leqslant 2$.

(2)$\because 0 \leqslant x \leqslant \pi, 0 \leqslant y \leqslant \pi$

$\therefore 0 \leqslant \sin x, \sin y \leqslant 1$

$\therefore 0 \leqslant \sin^2 x \cdot \sin^2 y \leqslant 1$

$\therefore 0 \leqslant I = \iint\limits_{D} \sin^2 x \cdot \sin^2 y \mathrm{d}\sigma \leqslant \iint\limits_{D} \mathrm{d}\sigma = \sigma$.

其中 σ 为 D 的面积,$\sigma = \pi^2$

$\therefore 0 \leqslant I \leqslant \pi^2$.

(3)$\because 0 \leqslant x \leqslant 1, 0 \leqslant y \leqslant 2$

$\therefore 1 \leqslant x+y+1 \leqslant 4$

D 的面积 $\sigma = 1 \times 2 = 2$,

$\therefore \iint\limits_{D} \mathrm{d}\sigma \leqslant \iint\limits_{D} (x+y+1)\mathrm{d}\sigma \leqslant \iint\limits_{D} 4\mathrm{d}\sigma$

$\therefore 2 \leqslant I \leqslant 8$.

(4)$\because x^2 + y^2 \leqslant 4 \quad \therefore \mid y \mid \leqslant 2$

$\therefore x^2 + 4y^2 + 9 \leqslant 3y^2 + 13 \leqslant 3 \times 2^2 + 13 = 25$

$\therefore 9 \leqslant x^2 + 4y^2 + 9 \leqslant 25$

D 的面积 $\sigma = \pi \cdot 2^2 = 4\pi$

$\therefore 9\sigma \leqslant I = \iint\limits_{D} (x^2 + 4y^2 + 9)\mathrm{d}\sigma \leqslant 25\sigma$

$\therefore 36\pi \leqslant I \leqslant 100\pi$.

习题 9－2

1. 计算下列二重积分:

(1) $\iint\limits_{D}(x^2+y^2)\mathrm{d}\sigma$,其中 $D=\{(x,y)\mid |x|\leqslant 1,|y|\leqslant 1\}$;

(2) $\iint\limits_{D}(3x+2y)\mathrm{d}\sigma$,其中 D 是由两坐标轴及直线 $x+y=2$ 所围成的闭区域;

(3) $\iint\limits_{D}(x^3+3x^2y+y^3)\mathrm{d}\sigma$,其中 $D=\{(x,y)\mid 0\leqslant x\leqslant 1,0\leqslant y\leqslant 1\}$;

(4) $\iint\limits_{D}x\cos(x+y)\mathrm{d}\sigma$,其中 D 是顶点分别为 $(0,0)$,$(\pi,0)$ 和 (π,π) 的三角形闭区域.

解 (1) 被积函数和积分区域均关于 x 轴、y 轴对称,

$$\therefore \iint\limits_{D}(x^2+y^2)\mathrm{d}\sigma=4\iint\limits_{D_1}(x^2+y^2)\mathrm{d}\sigma(D_1=\{x,y\mid 0\leqslant x,y\leqslant 1\})$$

$$=4\int_0^1\mathrm{d}x\int_0^1(x^2+y^2)\mathrm{d}y$$

$$=4\int_0^1\left[x^2y+\frac{1}{3}y^3\right]_0^1\mathrm{d}x$$

$$=4\int_0^1\left(x^2+\frac{1}{3}\right)\mathrm{d}x$$

$$=4\left[\frac{1}{3}x^3+\frac{1}{3}x\right]_0^1$$

$$=4\times\frac{2}{3}=\frac{8}{3}.$$

(2) $D=\{(x,y)\mid x\geqslant 0,y\geqslant 0,x+y\leqslant 2\}$,

$$\therefore 0\leqslant x\leqslant 2,0\leqslant y\leqslant 2-x,$$

$$\therefore \iint\limits_{D}(3x+2y)\mathrm{d}\sigma=\int_0^2\mathrm{d}x\int_0^{2-x}(3x+2y)\mathrm{d}y$$

$$=\int_0^2\left[3xy+y^2\right]_0^{2-x}\mathrm{d}x$$

$$=\int_0^2\left[3x(2-x)+(2-x)^2\right]\mathrm{d}x$$

$$=\left[4x+x^2-\frac{2}{3}x^3\right]_0^2$$

$$=\frac{20}{3}.$$

(3) $\iint\limits_{D}(x^3+3x^2y+y^3)\mathrm{d}\sigma$

$$=\int_0^1\mathrm{d}x\int_0^1(x^3+3x^2y+y^3)\mathrm{d}y$$

$$=\int_0^1\left[x^3y+\frac{3}{2}x^2y^2+\frac{1}{4}y^4\right]_0^1\mathrm{d}x$$

$$= \int_0^1 \left(x^3 + \frac{3}{2} x^2 + \frac{1}{4} \right) \mathrm{d}x$$

$$= \left[\frac{1}{4} x^3 + \frac{1}{2} x^3 + \frac{1}{4} x \right]_0^1$$

$$= \frac{1}{4} + \frac{1}{2} + \frac{1}{4} = 1.$$

(4) $D = \{(x,y) \mid 0 \leqslant x \leqslant \pi, 0 \leqslant y \leqslant x\}$,

$$\therefore \iint\limits_D x\cos(x+y)\mathrm{d}\sigma$$

$$= \int_0^\pi \mathrm{d}x \int_0^x x\cos(x+y)\mathrm{d}y$$

$$= \int_0^\pi \left[x\sin(x+y) \right]_0^x \mathrm{d}x$$

$$= \int_0^\pi (x\sin 2x - x\sin x)\mathrm{d}x$$

$$= \left[\frac{1}{4}\sin 2x - \frac{1}{2} x\cos 2x + x\cos x - \sin x \right]_0^\pi$$

$$= 0 - \frac{\pi}{2} + (-\pi) - 0$$

$$= -\frac{3}{2}\pi.$$

2. 画出积分区域,并计算下列二重积分:

(1) $\iint\limits_D x\sqrt{y}\mathrm{d}\sigma$,其中 D 是由两条抛物线 $y = \sqrt{x}$,$y = x^2$ 所围成的闭区域;

(2) $\iint\limits_D xy^2\mathrm{d}\sigma$,其中 D 是由圆周 $x^2 + y^2 = 4$ 及 y 轴所围成的右半闭区域;

(3) $\iint\limits_D \mathrm{e}^{x+y}\mathrm{d}\sigma$,其中 $D = \{(x,y) \mid |x| + |y| \leqslant 1\}$;

(4) $\iint\limits_D (x^2 + y^2 - x)\mathrm{d}\sigma$,其中 D 是由直线 $y = 2$,$y = x$ 及 $y = 2x$ 及 $y = 2x$ 所围成的闭区域.

解 (1) 积分区域 D 即为图 $9-8$ 中阴影部分,

可表示为 $0 \leqslant x \leqslant 1, x^2 \leqslant y \leqslant \sqrt{x}$.

$$\therefore \iint\limits_D x\sqrt{y}\mathrm{d}\sigma = \int_0^1 \mathrm{d}x \int_{x^2}^{\sqrt{x}} x\sqrt{y}\mathrm{d}y.$$

$$= \int_0^1 \left[\frac{2}{3} xy^{\frac{3}{2}} \right]_{x^2}^{\sqrt{x}} \mathrm{d}x$$

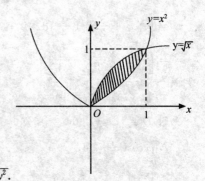

$$= \int_0^1 \frac{2}{3} (x^{\frac{7}{4}} - x^4) \, dx$$

$$= \frac{2}{3} \left[\frac{4}{11} x^{\frac{11}{4}} - \frac{1}{5} x^5 \right]_0^1$$

$$= \frac{2}{3} \times \left(\frac{4}{11} - \frac{1}{5} \right)$$

$$= \frac{6}{55}.$$

图 9-8

(2)D 即为图 9-9 中阴影部分,

可以表示为 $-2 \leqslant y \leqslant 2, 0 \leqslant x \leqslant \sqrt{4-y^2}$.

$$\therefore \iint\limits_D x y^2 \, d\sigma = \int_{-2}^2 dy \int_0^{\sqrt{4-y^2}} x y^2 \, dx$$

$$= \int_{-2}^2 \left[\frac{1}{2} x^2 y^2 \right]_0^{\sqrt{4-y^2}} dy$$

$$= \frac{1}{2} \int_{-2}^2 (4-y^2) y^2 \, dy$$

$$= \frac{1}{2} \left[\frac{4}{3} y^3 - \frac{1}{5} y^5 \right]_{-2}^2$$

$$= \frac{4}{3} \times 8 - \frac{1}{5} \times 2^5$$

$$= \frac{64}{15}.$$

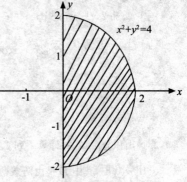

图 9-9

(3)D 即为图 9-10 中阴影部分.

设 $D_1 = \{(x,y) \mid -1 \leqslant x \leqslant 0,$
$-1-x \leqslant y \leqslant x+1\}$

$D_2 = \{(x,y) \mid 0 \leqslant x \leqslant 1, x-1 \leqslant y \leqslant 1-x\}$

$D = D_1 \cup D_2$ 且 D_1 与 D_2 没有公共内点

$$\therefore \iint\limits_D e^{x+y} \, d\sigma = \iint\limits_{D_1} e^{x+y} \, d\sigma + \iint\limits_{D_2} e^{x+y} \, d\sigma$$

$$= \int_{-1}^0 dx \int_{-1-x}^{1+x} e^{x+y} \, dy + \int_0^1 dx \int_{x-1}^{1-x} e^{x+y} \, dy$$

$$= \int_{-1}^0 e^{x+y} \Big|_{-1-x}^{1+x} dx + \int_0^1 e^{x+y} \Big|_{x-1}^{1-x} dy$$

$$= \int_{-1}^0 \left(e^{2x+1} - \frac{1}{e} \right) dx + \int_0^1 (e - e^{2x-1}) \, dx$$

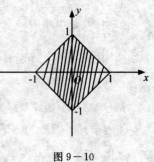

图 9-10

$$= \left[\frac{1}{2} e^{2x+1} - \frac{1}{e} x \right]_{-1}^{0} + \left[ex - \frac{1}{2} e^{2x-1} \right]_{0}^{1}$$

$$= \frac{e}{2} - \left(\frac{1}{2e} + \frac{1}{e} \right) + e - \frac{e}{2} + \frac{1}{2e}$$

$$= e - \frac{1}{e}.$$

(4)D 即为图 $9-11$ 中阴影部分.

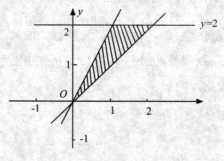

图 $9-11$

可表示为 $0 \leqslant y \leqslant 2, \dfrac{y}{2} \leqslant x \leqslant y$.

$$\therefore \iint\limits_{D} (x^2 + y^2 - x) d\sigma = \int_0^2 dy \int_{\frac{1}{2}y}^{y} (x^2 + y^2 - x) dx$$

$$= \int_0^2 \left[\frac{1}{3} x^3 + y^2 x - \frac{1}{2} x^2 \right]_{\frac{y}{2}}^{y} dy$$

$$= \int_0^2 \left(\frac{19}{24} y^3 - \frac{3}{8} y^2 \right) dy$$

$$= \left[\frac{19}{96} y^4 - \frac{1}{8} y^3 \right]_0^2$$

$$= \frac{19}{6} - 1 = \frac{13}{6}.$$

3. 如果二重积分 $\iint\limits_{D} f(x,y) dx dy$ 的被积函数 $f(x,y)$ 是两个函数 $f_1(x)$ 及 $f_2(x)$ 的乘积,即 $f(x,y) = f_1(x) \cdot f_2(y)$,积分区域 $D = \{(x,y) \mid a \leqslant x \leqslant b, c \leqslant y \leqslant d\}$,证明这个二重积分等于两个单积分的乘积,即

$$\iint\limits_{D} f_1(x) \cdot f_2(y) dx dy = \left[\int_a^b f_1(x) dx \right] \cdot \left[\int_c^d f_2(y) dy \right].$$

证明 $f_1(x) \cdot f_2(y) d\sigma = \int_a^b dx \int_c^d f_1(x) \cdot f_2(y) dy$

$$= \int_a^b f_1(x)\mathrm{d}x \cdot \int_c^d f_2(y)\mathrm{d}y$$

命题得证.

4. 化二重积分

$$I = \iint_D f(x,y)\mathrm{d}\sigma$$

为二次积分（分别列出对两个变量先后次序不同的两个二次积分），其中积分区域 D 是：

(1) 由直线 $y=x$ 及抛物线 $y^2=4x$ 所围成的闭区域；

(2) 由 x 轴及半圆周 $x^2+y^2=r^2 (y \geqslant 0)$ 所围成的闭区域；

(3) 由直线 $y=x, x=2$ 及双曲线 $y=\dfrac{1}{x} (x>0)$ 所围成的闭区域；

(4) 环形闭区域 $\{(x,y) \mid 1 \leqslant x^2+y^2 \leqslant 4\}$.

解 (1) D 可表示为 $0 \leqslant x \leqslant 4, x \leqslant y \leqslant \sqrt{4x}$,

或者 $0 \leqslant y \leqslant 4, \dfrac{y^2}{4} \leqslant x \leqslant y,$

$$\therefore \iint_D f(x,y)\mathrm{d}y = \int_0^4 \mathrm{d}x \int_x^{\sqrt{4x}} f(x,y)\mathrm{d}y$$

$$= \int_0^4 \mathrm{d}y \int_{\frac{y^2}{4}}^y f(x,y)\mathrm{d}x.$$

(2) $D = \{(x,y) \mid -r \leqslant x \leqslant r, 0 \leqslant y \leqslant \sqrt{r^2-x^2}\}$

$\quad = \{(x,y) \mid 0 \leqslant y \leqslant r, -\sqrt{r^2-y^2} \leqslant x \leqslant \sqrt{r^2-y^2}\}$

$$\therefore I = \iint_D f(x,y)\mathrm{d}\sigma = \int_{-r}^r \mathrm{d}x \int_0^{\sqrt{r^2-x^2}} f(x,y)\mathrm{d}y$$

$$= \int_0^r \mathrm{d}y \int_{-\sqrt{r^2-y^2}}^{\sqrt{r^2-y^2}} f(x,y)\mathrm{d}x.$$

(3) $\begin{cases} y=x \\ y=\dfrac{1}{x} \\ x>0 \end{cases} \Rightarrow \begin{cases} x=1 \\ y=1, \end{cases}$

$$\therefore D = \{(x,y) \mid 1 \leqslant x \leqslant 2, \dfrac{1}{x} \leqslant y \leqslant x\}$$

$$= \{(x,y) \mid \dfrac{1}{2} \leqslant y \leqslant 1, \dfrac{1}{y} \leqslant x \leqslant 2\}$$

$$\bigcup \{(x,y) \mid 1 \leqslant y \leqslant 2, y \leqslant x \leqslant 2\}$$

$$\therefore I = \iint_D f(x,y)\mathrm{d}\sigma = \int_1^2 \mathrm{d}x \int_{\frac{1}{x}}^x f(x,y)\mathrm{d}y$$

$$= \int_{\frac{1}{2}}^{1} \mathrm{d}y \int_{\frac{1}{y}}^{2} f(x,y)\mathrm{d}x + \int_{1}^{2} \mathrm{d}y \int_{y}^{2} f(x,y)\mathrm{d}x.$$

(4) $I = \iint\limits_{D} f(x,y)\mathrm{d}\sigma$

$$= \int_{-2}^{-1} \mathrm{d}x \int_{-\sqrt{4-x^2}}^{\sqrt{4-x^2}} f(x,y)\mathrm{d}y + \int_{-1}^{1} \mathrm{d}x \Big[\int_{\sqrt{1-x^2}}^{\sqrt{4-x^2}} f(x,y)\mathrm{d}y + \int_{-\sqrt{4-x^2}}^{-\sqrt{1-x^2}} f(x,y)\mathrm{d}y \Big]$$

$$+ \int_{1}^{2} \mathrm{d}x \int_{-\sqrt{4-x^2}}^{\sqrt{4-x^2}} f(x,y)\mathrm{d}y$$

$$= \int_{-2}^{-1} \mathrm{d}y \int_{-\sqrt{4-y^2}}^{\sqrt{4-y^2}} f(x,y)\mathrm{d}x + \int_{1}^{2} \mathrm{d}y \int_{-\sqrt{4-y^2}}^{\sqrt{4-y^2}} f(x,y)\mathrm{d}x$$

$$+ \int_{-1}^{1} \mathrm{d}y \Big[\int_{-\sqrt{4-y^2}}^{-\sqrt{1-y^2}} f(x,y)\mathrm{d}x + \int_{\sqrt{4-y^2}}^{\sqrt{4-y^2}} f(x,y)\mathrm{d}x \Big].$$

5. 设 $f(x,y)$ 在 D 上连续,其中 D 是由直线 $y=x$、$y=a$ 及 $x=b(b>a)$ 所围成的闭区域,证明

$$\int_{a}^{b} \mathrm{d}x \int_{a}^{x} f(x,y)\mathrm{d}y = \int_{a}^{b} \mathrm{d}y \int_{y}^{b} f(x,y)\mathrm{d}x.$$

证明　$D = \{(x,y) \mid a \leqslant x \leqslant b, a \leqslant y \leqslant x\}$

$$= \{(x,y) \mid a \leqslant y \leqslant b, y \leqslant x \leqslant b\},$$

$$\therefore \iint\limits_{D} f(x,y)\mathrm{d}\sigma = \int_{a}^{b} \mathrm{d}x \int_{a}^{x} f(x,y)\mathrm{d}y$$

$$= \int_{a}^{b} \mathrm{d}y \int_{y}^{b} f(x,y)\mathrm{d}x.$$

6. 改换下列二次积分的积分次序:

(1) $\displaystyle\int_{0}^{1} \mathrm{d}y \int_{0}^{y} f(x,y)\mathrm{d}x$;

(2) $\displaystyle\int_{0}^{2} \mathrm{d}y \int_{y^2}^{2y} f(x,y)\mathrm{d}x$;

(3) $\displaystyle\int_{0}^{1} \mathrm{d}y \int_{-\sqrt{1-y^2}}^{\sqrt{1-y^2}} f(x,y)\mathrm{d}x$;

(4) $\displaystyle\int_{1}^{2} \mathrm{d}x \int_{2-x}^{\sqrt{2x-x^2}} f(x,y)\mathrm{d}y$;

(5) $\displaystyle\int_{1}^{e} \mathrm{d}x \int_{0}^{\ln x} f(x,y)\mathrm{d}y$;

(6) $\displaystyle\int_{0}^{\pi} \mathrm{d}x \int_{-\sin\frac{x}{2}}^{\sin x} f(x,y)\mathrm{d}y$.

解　(1) $D = \{(x,y) \mid 0 \leqslant y \leqslant 1, 0 \leqslant x \leqslant y\}$

$$= \{(x,y) \mid 0 \leqslant x \leqslant 1, x \leqslant y \leqslant 1\}$$

$$\therefore \int_{0}^{1} \mathrm{d}y \int_{0}^{y} f(x,y)\mathrm{d}x = \int_{0}^{1} \mathrm{d}x \int_{x}^{1} f(x,y)\mathrm{d}y.$$

(2) $D = \{(x,y) \mid 0 \leqslant y \leqslant 2, y^2 \leqslant x \leqslant 2y\}$

$$= \{(x,y) \mid 0 \leqslant x \leqslant 4, \frac{1}{2}x \leqslant y \leqslant \sqrt{x}\}$$

$$\therefore \int_0^2 \mathrm{d}y \int_{y^2}^{2y} f(x,y)\mathrm{d}x = \int_0^4 \mathrm{d}x \int_{\frac{1}{2}x}^{\sqrt{x}} f(x,y)\mathrm{d}y.$$

$(3)\, D = \{(x,y) \mid 0 \leqslant y \leqslant 1, -\sqrt{1-y^2} \leqslant x \leqslant \sqrt{1-y^2}\}$

$\qquad = \{(x,y) \mid -1 \leqslant x \leqslant 1, 0 \leqslant y \leqslant \sqrt{1-x^2}\}$

$$\therefore \int_0^1 \mathrm{d}y \int_{-\sqrt{1-y^2}}^{\sqrt{1-y^2}} f(x,y)\mathrm{d}x$$

$$= \int_{-1}^1 \mathrm{d}x \int_0^{\sqrt{1-x^2}} f(x,y)\mathrm{d}y.$$

$(4)\, D = \{(x,y) \mid 1 \leqslant x \leqslant 2, 2-x \leqslant y \leqslant \sqrt{2x-x^2}\}$

$\qquad = \{(x,y) \mid 0 \leqslant y \leqslant 1, 2-y \leqslant x \leqslant 1+\sqrt{1-y^2}\}$

$$\therefore \int_1^2 \mathrm{d}x \int_{2-x}^{\sqrt{2x-x^2}} f(x,y)\mathrm{d}y$$

$$= \int_0^1 \mathrm{d}y \int_{2-y}^{1+\sqrt{1-y^2}} f(x,y)\mathrm{d}x.$$

$(5)\, D = \{(x,y) \mid 1 \leqslant x \leqslant e, 0 \leqslant y \leqslant \ln x\}$

$\qquad = \{(x,y) \mid 0 \leqslant y \leqslant 1, e^y \leqslant x \leqslant e\}$

$$\therefore \int_1^e \mathrm{d}x \int_0^{\ln x} f(x,y)\mathrm{d}y$$

$$= \int_0^1 \mathrm{d}y \int_{e^y}^e f(x,y)\mathrm{d}x.$$

$(6)\, D = \{(x,y) \mid 0 \leqslant x \leqslant \pi, -\sin\dfrac{x}{2} \leqslant y \leqslant \sin x\}$

$\qquad = \{(x,y) \mid -1 \leqslant y \leqslant 0, -2\arcsin y \leqslant x \leqslant \pi\}$

$\qquad \bigcup \{(x,y) \mid 0 \leqslant y \leqslant 1, \arcsin y \leqslant x \leqslant \pi - \arcsin y\}$

$$\therefore \int_0^\pi \mathrm{d}x \int_{-\sin\frac{x}{2}}^{\sin x} f(x,y)\mathrm{d}y$$

$$= \int_{-1}^0 \mathrm{d}y \int_{-2\arcsin y}^{\pi} f(x,y)\mathrm{d}x + \int_0^1 \mathrm{d}y \int_{\arcsin y}^{\pi-\arcsin y} f(x,y)\mathrm{d}x.$$

7. 设平面薄片所占的闭区域 D 由直线 $x+y=2, y=x$ 和 x 轴所围成,它的面密度 $\mu(x,y) = x^2 + y^2$,求该薄片的质量.

解 设薄片质量为 M,则

$$M = \iint\limits_D \mu(x,y)\mathrm{d}\sigma,$$

$$D = \{(x,y) \mid 0 \leqslant y \leqslant 1, y \leqslant x \leqslant 2-y\}.$$

$$\mu(x,y) = x^2 + y^2,$$

$$\therefore M = \int_0^1 \mathrm{d}y \int_y^{2-y} (x^2 + y^2) \mathrm{d}x$$

$$= \int_0^1 \left[\frac{1}{3} x^3 + y^2 x \right]_y^{2-y} \mathrm{d}y$$

$$= \int_0^1 \left[\frac{1}{3} (2-y)^3 + 2y^2 - \frac{7}{3} y^3 \right] \mathrm{d}y$$

$$= \left[-\frac{1}{12} (2-y)^4 + \frac{2}{3} y^3 - \frac{7}{12} y^4 \right]_0^1$$

$$= -\frac{1}{12} + \frac{2}{3} - \frac{7}{12} - \left(-\frac{1}{12} \times 2^4 \right)$$

$$= \frac{4}{3}$$

即薄片质量为 $\frac{4}{3}$ 单位.

8. 计算由四个平面 $x=0, y=0, x=1, y=1$ 所围成的柱体被平面 $z=0$ 及 $2x+3y+z=6$ 截得的立体的体积.

解　$2x+3y+z=6 \Rightarrow z=6-2x-3y$,

积分区域 $= D\{(x,y) \mid 0 \leqslant x \leqslant 1, 0 \leqslant y \leqslant 1\}$.

$\therefore$ 立体的体积

$$V = \iint\limits_D z \mathrm{d}\sigma = \iint\limits_D (6-2x-3y) \mathrm{d}\sigma$$

$$= \int_0^1 \mathrm{d}x \int_0^1 (6-2x-3y) \mathrm{d}y$$

$$= \int_0^1 \left[6y - 2xy - \frac{3}{2} y^2 \right]_0^1 \mathrm{d}x$$

$$= \int_0^1 \left(\frac{9}{2} - 2x \right) \mathrm{d}x$$

$$= \left[\frac{9}{2} x - x^2 \right]_0^1 = \frac{9}{2} - 1 = \frac{7}{2}.$$

9. 求由平面 $x=0, y=0, x+y=1$ 所围成的柱体被平面 $z=0$ 及抛物面 $x^2+y^2=6-z$ 截得的立体的体积.

解　$x^2+y^2=6-z \Rightarrow z=6-(x^2+y^2)$

$\therefore$ 所截得曲顶柱体底面

$$D = \{(x,y) \mid 0 \leqslant x \leqslant 1, 0 \leqslant y \leqslant 1-x\}$$

顶面是 $z=6-(x^2+y^2)$

$\therefore$ 其体积 $V = \iint\limits_D [6-(x^2-y^2)] \mathrm{d}\sigma$

$$= \int_0^1 dx \int_0^{1-x} [6-(x^2-y^2)] dy$$

$$= \int_0^1 \left[6y - x^2 y - \frac{1}{3} y^3 \right]_0^{1-x} dx$$

$$= \int_0^1 \left[(6-x^2)(1-x) - \frac{1}{3}(1-x)^3 \right] dx$$

$$= \left[6x - \frac{1}{3}x^3 - 3x^2 + \frac{1}{4}x^4 + \frac{1}{12}(1-x)^4 \right]_0^1$$

$$= 6 - \frac{1}{3} - 3 + \frac{1}{4} - \frac{1}{12}$$

$$= \frac{17}{6}.$$

10. 求由曲面 $z = x^2 + 2y^2$ 及 $z = 6 - 2x^2 - y^2$ 所围成的立体的体积.

解　令 $z = x^2 + 2y^2 = 6 - (2x^2 + y^2)$ 得

$x^2 + y^2 = 2$,

∴ 积分区域 $D = \{(x,y) \mid x^2 + y^2 \leqslant 2\}$.

∴ 所围立体体积

$$V = \iint\limits_D [6 - 2x^2 - y^2 - (x^2 + 2y^2)] d\sigma$$

$$= \int_{-\sqrt{2}}^{\sqrt{2}} dx \int_{-\sqrt{2-x^2}}^{\sqrt{2-x^2}} (6 - 3x^2 - 3y^2) dy$$

$$= 3 \int_{-\sqrt{2}}^{\sqrt{2}} dx \int_{-\sqrt{2-x^2}}^{\sqrt{2-x^2}} (6 - 3x^2 - 3y^2) dy$$

$$= 3 \int_{-\sqrt{2}}^{\sqrt{2}} \frac{4}{3} (2-x^2)^{\frac{3}{2}} dx = \int_0^{\sqrt{2}} (2-x^2)^{\frac{3}{2}} dx (对称性)$$

$$= 8 \int_0^{\frac{\pi}{2}} 2\sqrt{2} \cos^3 \theta \cdot d(\sqrt{2} \sin\theta) (令 x = \sqrt{2}\sin\theta)$$

$$= 32 \int_0^{\frac{\pi}{2}} \cos^4 \theta d\theta$$

$$= 32 \cdot \frac{3}{4} \cdot \frac{1}{2} \cdot \frac{\pi}{2} = 6\pi.$$

11. 画出积分区域,把积分 $\iint\limits_D f(x,y) dx dy$ 表示极坐标形式的二次积分,其中的积分区域 D 是:

(1) $\{(x,y) \mid x^2 + y^2 \leqslant a^2\}(a > 0)$;

(2) $\{(x,y) \mid x^2 + y^2 \leqslant 2x\}$;

(3) $\{(x,y) \mid a^2 \leqslant x^2 + y^2 \leqslant b^2\}$, 其中 $0 < a < b$;

$(4)\{(x,y)\mid 0\leqslant y\leqslant 1-x,0\leqslant x\leqslant 1\}.$

解 (1) 积分区域 D 如图 $9-12$ 阴影部分.

D 用极坐标表示为 $0\leqslant r\leqslant a,0\leqslant\theta\leqslant 2\pi$.

$$\therefore\iint\limits_D f(x,y)\mathrm{d}x\,\mathrm{d}y=\iint\limits_D f(r\cos\theta,r\sin\theta)r\mathrm{d}r\mathrm{d}\theta.$$

$$=\int_0^a r\mathrm{d}r\int_0^{2\pi}f(r\cos\theta,r\sin\theta)\mathrm{d}\theta.$$

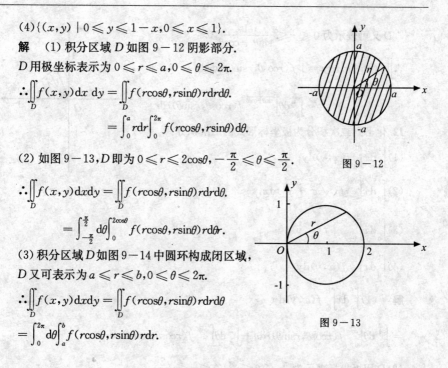

图 $9-12$

(2) 如图 $9-13$，D 即为 $0\leqslant r\leqslant 2\cos\theta,-\dfrac{\pi}{2}\leqslant\theta\leqslant\dfrac{\pi}{2}$.

$$\therefore\iint\limits_D f(x,y)\mathrm{d}x\mathrm{d}y=\iint\limits_D f(r\cos\theta,r\sin\theta)r\mathrm{d}r\mathrm{d}\theta.$$

$$=\int_{-\frac{\pi}{2}}^{\frac{\pi}{2}}\mathrm{d}\theta\int_0^{2\cos\theta}f(r\cos\theta,r\sin\theta)r\mathrm{d}r.$$

(3) 积分区域 D 如图 $9-14$ 中圆环构成闭区域，D 又可表示为 $a\leqslant r\leqslant b,0\leqslant\theta\leqslant 2\pi$.

$$\therefore\iint\limits_D f(x,y)\mathrm{d}x\mathrm{d}y=\iint\limits_D f(r\cos\theta,r\sin\theta)r\mathrm{d}r\mathrm{d}\theta$$

$$=\int_0^{2\pi}\mathrm{d}\theta\int_a^b f(r\cos\theta,r\sin\theta)r\mathrm{d}r.$$

图 $9-13$

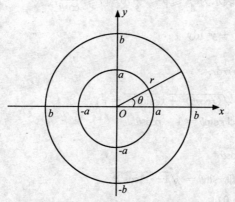

图 $9-14$

(4) 积分区域如图 $9-15$ 阴影部分，

$y\leqslant 1-x$ 即 $r\sin\theta\leqslant 1-r\cos\theta\Rightarrow r\leqslant\dfrac{1}{\sin\theta+\cos\theta}.$

$$\therefore D \text{ 又可表示为 } 0 \leqslant r \leqslant \frac{1}{\sin\theta + \cos\theta}, 0 \leqslant \theta \leqslant \frac{\pi}{2}$$

$$\therefore \iint\limits_{D} f(x,y)\mathrm{d}x\mathrm{d}y = \iint\limits_{D} f(r\cos\theta, r\sin\theta) r\mathrm{d}r\mathrm{d}\theta$$

$$= \int_0^{\frac{\pi}{2}} \mathrm{d}\theta \int_0^{\frac{1}{\sin\theta+\cos\theta}} f(r\cos\theta, r\sin\theta) r\mathrm{d}r.$$

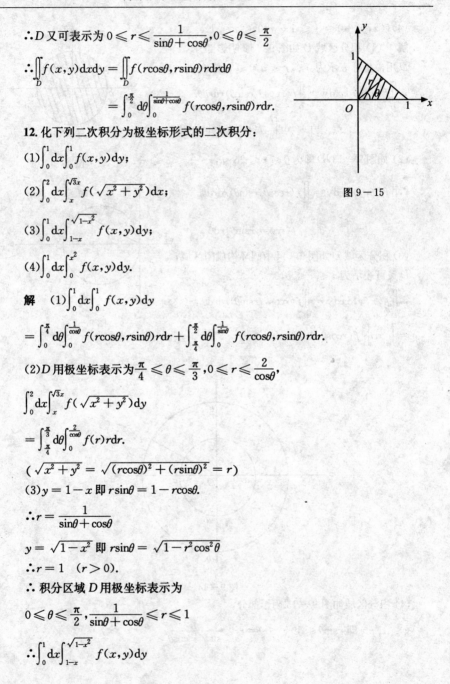

图 9—15

12. 化下列二次积分为极坐标形式的二次积分:

$(1) \displaystyle\int_0^1 \mathrm{d}x \int_0^1 f(x,y)\mathrm{d}y;$

$(2) \displaystyle\int_0^2 \mathrm{d}x \int_x^{\sqrt{3}x} f(\sqrt{x^2+y^2})\mathrm{d}x;$

$(3) \displaystyle\int_0^1 \mathrm{d}x \int_{1-x}^{\sqrt{1-x^2}} f(x,y)\mathrm{d}y;$

$(4) \displaystyle\int_0^1 \mathrm{d}x \int_0^{x^2} f(x,y)\mathrm{d}y.$

解 $(1) \displaystyle\int_0^1 \mathrm{d}x \int_0^1 f(x,y)\mathrm{d}y$

$= \displaystyle\int_0^{\frac{\pi}{4}} \mathrm{d}\theta \int_0^{\frac{1}{\cos\theta}} f(r\cos\theta, r\sin\theta) r\mathrm{d}r + \int_{\frac{\pi}{4}}^{\frac{\pi}{2}} \mathrm{d}\theta \int_0^{\frac{1}{\sin\theta}} f(r\cos\theta, r\sin\theta) r\mathrm{d}r.$

$(2) D$ 用极坐标表示为 $\dfrac{\pi}{4} \leqslant \theta \leqslant \dfrac{\pi}{3}, 0 \leqslant r \leqslant \dfrac{2}{\cos\theta},$

$$\int_0^2 \mathrm{d}x \int_x^{\sqrt{3}x} f(\sqrt{x^2+y^2})\mathrm{d}y$$

$$= \int_{\frac{\pi}{4}}^{\frac{\pi}{3}} \mathrm{d}\theta \int_0^{\frac{2}{\cos\theta}} f(r) r\mathrm{d}r.$$

$(\sqrt{x^2+y^2} = \sqrt{(r\cos\theta)^2 + (r\sin\theta)^2} = r)$

$(3) y = 1-x$ 即 $r\sin\theta = 1 - r\cos\theta.$

$$\therefore r = \frac{1}{\sin\theta + \cos\theta}$$

$y = \sqrt{1-x^2}$ 即 $r\sin\theta = \sqrt{1 - r^2\cos^2\theta}$

$\therefore r = 1 \quad (r > 0).$

$\therefore$ 积分区域 D 用极坐标表示为

$$0 \leqslant \theta \leqslant \frac{\pi}{2}, \frac{1}{\sin\theta + \cos\theta} \leqslant r \leqslant 1$$

$$\therefore \int_0^1 \mathrm{d}x \int_{1-x}^{\sqrt{1-x^2}} f(x,y)\mathrm{d}y$$

$$= \int_0^{\frac{\pi}{2}} d\theta \int_{\frac{1}{\sin\theta+\cos\theta}}^1 f(r\cos\theta, r\sin\theta) r dr.$$

(4) $y = x^2 \Rightarrow r\sin\theta = r^2\cos^2\theta$

$$\therefore r = \frac{\sin\theta}{\cos^2\theta}.$$

∴ D 用极坐标表示为

$$0 \leqslant \theta \leqslant \frac{\pi}{4}, \frac{1}{\cos\theta} \leqslant r \leqslant \frac{\sin\theta}{\cos^2\theta}$$

$$\therefore \int_0^1 dx \int_0^{x^2} f(x,y) dy$$

$$= \int_0^{\frac{\pi}{4}} d\theta \int_{\frac{1}{\cos\theta}}^{\frac{\sin\theta}{\cos^2\theta}} f(r\cos\theta, r\sin\theta) r dr.$$

13. 把下列积分化为极坐标形式,并计算积分值:

(1) $\int_0^{2a} dx \int_0^{\sqrt{2ax-x^2}} (x^2 + y^2) \cdot dy$;　　　　(2) $\int_0^a dx \int_0^x \sqrt{x^2 + y^2} dy$;

(3) $\int_0^1 dx \int_{x^2}^x (x^2 + y^2)^{-\frac{1}{2}} dy$;　　　　(4) $\int_0^a dy \int_0^{\sqrt{a^2-y^2}} (x^2 + y^2) dx$.

解　(1) 如图 $9-16$,D 可表示为 $0 \leqslant \theta \leqslant \frac{\pi}{2}, 0 \leqslant r \leqslant 2a\cos\theta$.

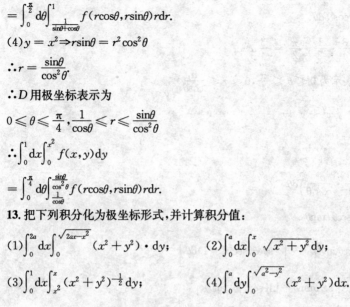

图 $9-16$

$$\therefore \int_0^{2a} dx \int_0^{\sqrt{2ax-x^2}} (x^2 + y^2) dy$$

$$= \int_0^{\frac{\pi}{2}} d\theta \int_0^{2a\cos\theta} r^2 \cdot r dr.$$

$$= \int_0^{\frac{\pi}{2}} \frac{1}{4} (2a\cos\theta)^4 d\theta.$$

$$= 4a^4 \int_0^{\frac{\pi}{2}} \cos^4\theta d\theta$$

$$= 4a^4 \cdot \frac{3}{4} \cdot \frac{1}{2} \cdot \frac{\pi}{2} = \frac{3}{4}a^4\pi.$$

(2)D 可表示为 $0 \leqslant \theta \leqslant \dfrac{\pi}{4}, 0 \leqslant r \leqslant \dfrac{a}{\cos\theta}$

$$\therefore \int_0^a dx \int_0^x \sqrt{x^2 + y^2} dy$$

$$= \int_0^{\frac{\pi}{4}} d\theta \int_0^{\frac{a}{\cos\theta}} r \cdot rdr$$

$$= \int_0^{\frac{\pi}{4}} \left(\frac{1}{3} \cdot \frac{a^3}{\cos^3\theta} \right) d\theta$$

$$= \frac{a^3}{3} \int_0^{\frac{\pi}{4}} \sec\theta d\tan\theta$$

$$= \frac{a^3}{3} \left[\sec\theta\tan\theta \Big|_0^{\frac{\pi}{4}} - \int_0^{\frac{\pi}{4}} \sec\theta(\sec^2\theta - 1) d\theta \right]$$

$$= \frac{a^3}{3} \cdot \frac{1}{2} \left[\sec\theta\tan\theta + \ln(\sec\theta + \tan\theta) \right]_0^{\frac{\pi}{4}}$$

$$= \frac{a^3}{6} [\sqrt{2} + \ln(\sqrt{2} + 1)].$$

(3)D 可表示为 $0 \leqslant \theta \leqslant \dfrac{\pi}{4}, 0 \leqslant r \leqslant \dfrac{\sin\theta}{\cos^2\theta}$

$$\therefore \int_0^1 dx \int_{x^2}^x (x^2 + y^2)^{-\frac{1}{2}} dy$$

$$= \int_0^{\frac{\pi}{4}} d\theta \int_0^{\frac{\sin\theta}{\cos^2\theta}} \frac{1}{r} \cdot rdr$$

$$= \int_0^{\frac{\pi}{4}} \frac{\sin\theta}{\cos^2\theta} d\theta = \sqrt{2} - 1.$$

(4) 如图 $9-17$，D 可表示为 $0 \leqslant \theta \leqslant \dfrac{\pi}{2}$，

$0 \leqslant r \leqslant a$

$$\int_0^a dy \int_0^{\sqrt{a^2 - y^2}} (x^2 + y^2) \cdot dx = \int_0^{\frac{\pi}{2}} d\theta \int_0^a r^2 \cdot rdr$$

$$= \frac{\pi}{2} \cdot \frac{a^4}{4} = \frac{\pi}{8}a^4.$$

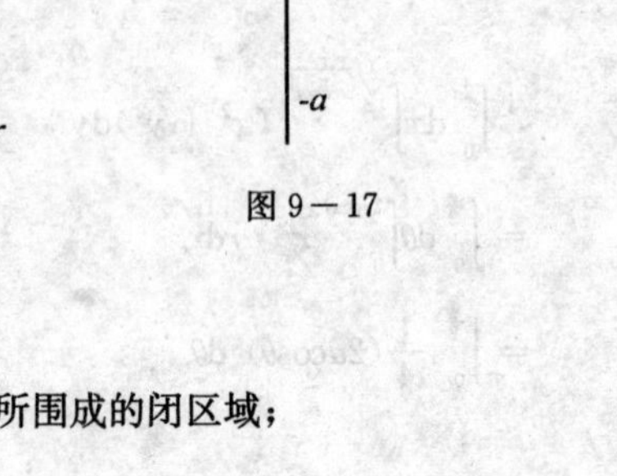

图 $9-17$

14. 利用极坐标计算下列各题：

(1)$\displaystyle\iint_D e^{x^2+y^2} d\sigma$，其中 D 是由圆周 $x^2 + y^2 = 4$ 所围成的闭区域；

(2) $\iint\limits_{D}\ln(1+x^2+y^2)\mathrm{d}\sigma$,其中 D 是由圆周 $x^2+y^2=1$ 及坐标轴所围成的在第一象限内的闭区域;

(3) $\iint\limits_{D}\arctan\dfrac{y}{x}\mathrm{d}\sigma$,其中 D 是由圆周 $x^2+y^2=4,x^2+y^2=1$ 及直线 $y=0,y=x$ 所围成的在第一象限内的闭区域.

解 (1)D 表示为 $0\leqslant\theta\leqslant 2\pi,0\leqslant r\leqslant 2$

$$\therefore\iint\limits_{D}\mathrm{e}^{x^2+y^2}\mathrm{d}\sigma=\int_0^{2\pi}\mathrm{d}\theta\int_0^2\mathrm{e}^{r^2}\cdot r\mathrm{d}r$$

$$=2\pi\cdot\frac{1}{2}\mathrm{e}^{r^2}\Big|_0^2=\pi(\mathrm{e}^4-1).$$

(2)D 表示为 $0\leqslant\theta\leqslant\dfrac{\pi}{2},0\leqslant r\leqslant 1$

$$\therefore\iint\limits_{D}\ln(1+x^2+y^2)\mathrm{d}\sigma$$

$$=\int_0^{\frac{\pi}{2}}\mathrm{d}\theta\int_0^1\ln(1+r^2)\cdot r\mathrm{d}r.$$

$$=\frac{\pi}{2}\cdot\frac{1}{2}\int_0^1\ln(1+r^2)d(r^2+1)$$

$$=\frac{\pi}{4}\Big[(1+r^2)\ln(r^2+1)\Big|_0^1-\int_0^1 2r\mathrm{d}r\Big]$$

$$=\frac{\pi}{4}[2\ln 2-1].$$

(3)D 可表示为 $1\leqslant r\leqslant 2,0\leqslant\theta\leqslant\dfrac{\pi}{4}$

$$\therefore\iint\limits_{D}\arctan\frac{y}{x}\mathrm{d}\sigma$$

$$=\int_0^{\frac{\pi}{4}}\mathrm{d}\theta\int_1^2\arctan\Big(\frac{r\sin\theta}{r\cos\theta}\Big)\cdot r\mathrm{d}r$$

$$=\int_0^{\frac{\pi}{4}}\arctan(\tan\theta)\mathrm{d}\theta\int_1^2 r\mathrm{d}r$$

$$=\int_0^{\frac{\pi}{4}}\theta\mathrm{d}\theta\cdot\int_1^2 r\mathrm{d}r$$

$$=\frac{1}{2}\cdot\Big(\frac{\pi}{4}\Big)^2\cdot\frac{1}{2}r^2\Big|_1^2$$

$$=\frac{3}{2}\cdot\frac{\pi^2}{32}$$

$$=\frac{3}{64}\pi^2.$$

15. 选用适当的坐标计算下列各题:

(1)$\iint\limits_{D}\dfrac{x^2}{y^2}\mathrm{d}\sigma$,其中 D 是由直线 $x=2,y=x$ 及曲线 $xy=1$ 所围成的闭区域;

(2)$\iint\limits_{D}\sqrt{\dfrac{1-x^2-y^2}{1+x^2+y^2}}\mathrm{d}\sigma$,其中 D 是由圆周 $x^2+y^2=1$ 及坐标轴所围成的在第一象限内的闭区域;

(3)$\iint\limits_{D}(x^2+y^2)\mathrm{d}\sigma$,其中 D 是由直线 $y=x,y=x+a,y=a,y=3a(a>0)$ 所围成的闭区域;

(4)$\iint\limits_{D}\sqrt{x^2+y^2}\mathrm{d}\sigma$,其中 D 是圆环形闭区域 $\{(x,y)\mid a^2\leqslant x^2+y^2\leqslant b^2\}$.

解 (1)D 可表示为 $\{(x,y)\mid 1\leqslant x\leqslant 2,\dfrac{1}{x}\leqslant y\leqslant x\}$

$$\therefore \iint\limits_{D}\dfrac{x^2}{y^2}\mathrm{d}\sigma=\int_1^2\mathrm{d}x\int_{\frac{1}{x}}^{x}\dfrac{x^2}{y^2}\mathrm{d}y$$

$$=-\int_1^2\left[\dfrac{x^2}{y}\right]_{\frac{1}{x}}^{x}\mathrm{d}x$$

$$=-\int_1^2(x-x^3)\mathrm{d}r$$

$$=\dfrac{9}{4}.$$

(2)D 可表示为 $0\leqslant\theta\leqslant\dfrac{\pi}{2},0\leqslant r\leqslant 1$

$$\iint\limits_{D}\sqrt{\dfrac{1-x^2-y^2}{1+x^2+y^2}}\mathrm{d}\sigma$$

$$=\int_0^{\frac{\pi}{2}}\mathrm{d}\theta\int_0^1\sqrt{\dfrac{1-r^2}{1+r^2}}\cdot r\mathrm{d}r$$

$$=\dfrac{\pi}{2}\cdot\dfrac{1}{2}\int_0^1\sqrt{\dfrac{1-r^2}{1+r^2}}\mathrm{d}r^2$$

$$\xrightarrow{r^2=t}\dfrac{\pi}{4}\int_0^1\sqrt{\dfrac{1-t}{1+t}}\mathrm{d}t$$

$$=\dfrac{\pi}{4}\int_0^1\dfrac{1-t}{\sqrt{1-t^2}}\mathrm{d}t$$

$$=\dfrac{\pi}{4}\left[\int_0^1\dfrac{1}{\sqrt{1-t^2}}\mathrm{d}t-\int_0^1\dfrac{t}{\sqrt{1-t^2}}\mathrm{d}t\right]$$

$$=\dfrac{\pi}{4}\left[\arcsin t\,\Big|_0^1+(1-t^2)^{\frac{1}{2}}\,\Big|_0^1\right]$$

$$= \frac{\pi}{4}\left(\frac{\pi}{2}-1\right) = \frac{\pi^2}{8} - \frac{\pi}{4}.$$

(3)$D = \{(x,y) \mid a \leqslant y \leqslant 3a, y-a \leqslant x \leqslant y\}$

$$\therefore \iint_D (x^2+y^2)\mathrm{d}\sigma = \int_a^{3a}\mathrm{d}y\int_{y-a}^y (x^2+y^2)\mathrm{d}x$$

$$= \int_a^{3a}\left[\frac{1}{3}x^3 + y^2 x\right]_{y-a}^y \mathrm{d}y$$

$$= \int_a^{3a}\left(2y^2 a - ya^2 + \frac{1}{3}a^3\right)\mathrm{d}y$$

$$= \left(\frac{2}{3}ay^3 - \frac{a^2}{2}y^2 + \frac{a^3}{3}y\right)\bigg|_a^{3a}$$

$$= 14a^4.$$

(4)D 可表示为 $a \leqslant r \leqslant b, 0 \leqslant \theta \leqslant 2\pi$

$$\therefore \iint_D \sqrt{x^2+y^2}\,\mathrm{d}\sigma = \int_0^{2\pi}\mathrm{d}\theta\int_a^b r\cdot r\mathrm{d}r$$

$$= 2\pi\cdot\frac{1}{3}(b^3-a^3)$$

$$= \frac{2\pi}{3}(b^3-a^3).$$

16. 设平面薄片所占的闭区域 D 由螺线 $\rho = 2\theta$ 上一段弧 $\left(0 \leqslant \theta \leqslant \frac{\pi}{2}\right)$ 与直线 $\theta = \frac{\pi}{2}$ 所围成，它的面密度为 $\mu(x,y) = x^2+y^2$. 求这薄片的质量(图 9-18).

解　D 可表示为 $0 \leqslant \theta \leqslant \frac{\pi}{2}, 0 \leqslant r \leqslant 2\theta$，

$\therefore$ 这薄片的质量

$$M = \iint_D \mu(x,y)\mathrm{d}\sigma = \int_0^{\frac{\pi}{2}}\mathrm{d}\theta\int_0^{2\theta} r^2\cdot r\mathrm{d}r$$

$$= \int_0^{\frac{\pi}{2}}\frac{16\theta^4}{4}\mathrm{d}\theta = \frac{4}{5}\cdot\left(\frac{\pi}{2}\right)^5 = \frac{\pi^5}{40}$$

其中 $\mu(x,y) = x^2+y^2 = r^2\cos^2\theta + r^2\sin^2\theta = r^2$.

17. 求由平面 $y=0, y=kx(k>0), z=0$ 以及球心在原点、半径为 R 的上半球面所围成的在第一卦限内的立体的体积(图 9-19).

解　积分区域 D 表示为

$0 \leqslant \theta \leqslant \arctan k, 0 \leqslant r \leqslant R.$

球面方程为 $x^2+y^2+z^2 = R^2$

题中 $z = \sqrt{R^2-x^2-y^2}$

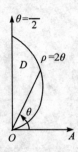

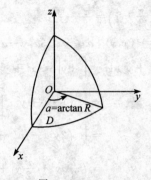

图 9—18   图 9—19

∴ 所求体积

$$V = \iint\limits_{D} z \mathrm{d}\sigma = \iint\limits_{D} \sqrt{R^2 - x^2 - y^2}\, \mathrm{d}\sigma$$

$$= \int_0^{\mathrm{arctan}k} \mathrm{d}\theta \int_0^R \sqrt{R^2 - r^2}\, r \mathrm{d}r$$

$$= \mathrm{arctan}k \left[-\frac{1}{3}(R^2 - r^2)^{\frac{3}{2}} \right]_0^R$$

$$= \frac{R^3}{3} \mathrm{arctan}k.$$

18. 计算以 xOy 面上的圆周 $x^2 + y^2 = ax$ 围成的闭区域为底,而以曲面 $z = x^2 + y^2$ 为顶的曲顶柱体的体积.

解 $D = \{(x,y) \mid x^2 + y^2 \leqslant ax\}$,

D 又可表示为 $-\dfrac{\pi}{2} \leqslant \theta \leqslant \dfrac{\pi}{2}, 0 \leqslant r \leqslant a\cos\theta$.

∴ 由顶柱体体积

$$V = \iint\limits_{D} z \mathrm{d}\sigma = \iint\limits_{D} (x^2 + y^2) \mathrm{d}\sigma$$

$$= \int_{-\frac{\pi}{2}}^{\frac{\pi}{2}} \mathrm{d}\theta \int_0^{a\cos\theta} r^2 \cdot r \mathrm{d}r$$

$$= \int_{-\frac{\pi}{2}}^{\frac{\pi}{2}} \left(\frac{1}{4} a^4 \cos^4\theta \right) \mathrm{d}\theta$$

$$= \frac{a^4}{2} \int_0^{\frac{\pi}{2}} \left(\frac{1 + \cos 2\theta}{2} \right)^2 \mathrm{d}\theta$$

$$= \frac{a^4}{2} \cdot \frac{1}{4} \int_0^{\frac{\pi}{2}} \left(1 + 2\cos 2\theta + \frac{1 + \cos 4\theta}{2} \right) \mathrm{d}\theta$$

$$= \frac{a^4}{8} \cdot \frac{3}{4} \pi = \frac{3\pi}{32} a^4.$$

19. 作适当的变换,计算下列二重积分:

(1)$\iint\limits_{D}(x-y)^2\sin^2(x+y)\mathrm{d}x\mathrm{d}y$,其中 D 是平行四边形闭区域,它的四个顶点是 $(\pi,0),(2\pi,\pi),(\pi,2\pi)$ 和 $(0,\pi)$;

(2)$\iint\limits_{D}x^2y^2\mathrm{d}x\mathrm{d}y$,其中 D 是由两条双曲线 $xy=1$ 和 $xy=2$,直线 $y=x$ 和 $y=4x$ 所围成的在第 I 象限内的闭区域;

(3)$\iint\limits_{D}\mathrm{e}^{\frac{y}{x+y}}\mathrm{d}x\mathrm{d}y$,其中 D 是由 x 轴、y 轴和直线 $x+y=1$ 所围成的闭区域;

(4)$\iint\limits_{D}\left(\dfrac{x^2}{a^2}+\dfrac{y^2}{b^2}\right)\mathrm{d}x\mathrm{d}y$,其中 $D=\left\{(x,y)\left|\dfrac{x^2}{a^2}+\dfrac{y^2}{b^2}=1\right.\right\}$.

解　(1)$D=\{(x,y)\mid\pi\leqslant x+y\leqslant3\pi,-\pi\leqslant x-y\leqslant\pi\}$

作坐标变换 $\begin{cases}u=x+y\\v=x-y\end{cases}$ 即 $\begin{cases}x=\dfrac{u+v}{2}\\y=\dfrac{u-v}{2}\end{cases}$

则 $D'=\{(u,v)\mid\pi\leqslant u\leqslant3\pi,-\pi\leqslant v\leqslant\pi\}$

雅可比式 $J=\dfrac{\partial(x,y)}{\partial(u,v)}=\begin{vmatrix}\dfrac{\partial x}{\partial u}&\dfrac{\partial x}{\partial v}\\\dfrac{\partial y}{\partial u}&\dfrac{\partial y}{\partial v}\end{vmatrix}$

$\qquad=\begin{vmatrix}\dfrac{1}{2},&\dfrac{1}{2}\\\dfrac{1}{2},&-\dfrac{1}{2}\end{vmatrix}=-\dfrac{1}{2}$

$\therefore\iint\limits_{D}(x-y)^2\sin^2(x+y)\mathrm{d}x\mathrm{d}y$

$=\iint\limits_{D'}v^2\sin^2u\cdot\left|-\dfrac{1}{2}\right|\mathrm{d}u\mathrm{d}v$

$=\dfrac{1}{2}\int_{\pi}^{3\pi}\sin^2u\mathrm{d}u\int_{-\pi}^{\pi}v^2\mathrm{d}v$

$=\dfrac{1}{2}\cdot\pi\cdot\dfrac{2}{3}\pi^3=\dfrac{1}{3}\pi^4.$

(2)$D=\{(x,y)\mid1\leqslant xy\leqslant2,0<x\leqslant y\leqslant4x\}$

作坐标变换 $\begin{cases}xy=u\\x=v\end{cases}$ 即 $\begin{cases}x=v\\y=\dfrac{u}{v}\end{cases}$

则 $D'=\{(u,v)\mid1\leqslant u\leqslant2,0<v\leqslant\dfrac{u}{v}\leqslant4v\}$

雅可比式 $J = \dfrac{\partial(x,y)}{\partial(u,v)} = \begin{vmatrix} 0 & 1 \\ \dfrac{1}{v}, & -\dfrac{u}{v^2} \end{vmatrix} = -\dfrac{1}{v} \neq 0$

$\therefore \iint\limits_{D} x^2 y^2 \mathrm{d}x\mathrm{d}y = \iint\limits_{D'} u^2 \left| -\dfrac{1}{v} \right| \mathrm{d}u\mathrm{d}v$

$= \int_1^2 u^2 \mathrm{d}u \int_{\frac{\sqrt{u}}{2}}^{\sqrt{u}} \dfrac{1}{v} \mathrm{d}v$

$= \int_1^2 \left(u^2 \left[\ln v \right]_{\frac{\sqrt{u}}{2}}^{\sqrt{u}} \right) \mathrm{d}u$

$= \int_1^2 \ln 2 \cdot u^2 \mathrm{d}u = \dfrac{7}{3} \ln 2$

(其中 $v \leqslant \dfrac{u}{v} \leqslant 4v \Rightarrow v^2 \leqslant u \leqslant 4v^2$

$\therefore v \leqslant \sqrt{u}$ 且 $v \geqslant \dfrac{\sqrt{u}}{2}$).

(3)$D = \{(x,y) \mid x \geqslant 0, y \geqslant 0, x+y \leqslant 1\}$

作变换 $\begin{cases} x+y = u \\ y = v \end{cases}$ 即 $\begin{cases} x = u - v \\ y = v \end{cases}$

则 $D' = \{(u,v) \mid 0 \leqslant v \leqslant u \leqslant 1\}$

$J = \dfrac{\partial(x,y)}{\partial(u,v)} = \begin{vmatrix} 1 & -1 \\ 0 & 1 \end{vmatrix} = 1$

$\therefore \iint\limits_{D} \mathrm{e}^{\frac{y}{x+y}} \mathrm{d}x\mathrm{d}y = \iint\limits_{D'} \mathrm{e}^{\frac{v}{u}} \cdot 1 \mathrm{d}u\mathrm{d}v$

$= \int_0^1 \mathrm{d}u \int_0^u \mathrm{e}^{\frac{v}{u}} \mathrm{d}v$

$= \int_0^1 \left[u\mathrm{e}^{\frac{v}{u}} \right]_0^u \mathrm{d}u$

$= \int_0^1 (\mathrm{e}-1) u \mathrm{d}u$

$= \dfrac{1}{2}(\mathrm{e}-1).$

(4) 作变换 $\begin{cases} x = a\rho\cos\theta \\ y = b\rho\sin\theta \end{cases}$

则 $D' = \{(\rho,\theta) \mid 0 \leqslant \rho \leqslant 1, 0 \leqslant \theta \leqslant 2\pi\}$

$J = \dfrac{\partial(x,y)}{\partial(\rho,\theta)} = \begin{vmatrix} a\cos\theta & -a\rho\sin\theta \\ b\sin\theta & b\rho\cos\theta \end{vmatrix} = ab\rho$

仅在 $\rho = 0$ 时,$J = 0$

$$\therefore \iint\limits_{D}\left(\frac{x^2}{a^2}+\frac{y^2}{b^2}\right)\mathrm{d}x\mathrm{d}y=\iint\limits_{D'}\rho^2\cdot ab\rho\mathrm{d}\rho\mathrm{d}\theta$$

$$=\int_0^{2\pi}\mathrm{d}\theta\int_0^1 ab\rho^3\,\mathrm{d}\rho$$

$$=2\pi\cdot ab\cdot\frac{1}{4}=\frac{\pi ab}{2}.$$

20. 求由下列曲线所围成的闭区域 D 的面积：

(1) D 是由曲线 $xy=4,xy=8,xy^3=5,xy^3=15$ 所围成的第 Ⅰ 象限部分的闭区域；

(2) D 是由曲线 $y=x^3,y=4x^3,x=y^3,x=4y^3$ 所围成的第 Ⅰ 象限部分的闭区域.

解　(1) $D=\{(x,y)\mid 4\leqslant xy\leqslant 8,5\leqslant xy^3\leqslant 15\ \text{且}\ x>0,y>0\}$，

作变换 $\begin{cases}xy=u\\ xy^3=v\end{cases}$ 即 $\begin{cases}x=\sqrt{\dfrac{u^3}{v}}\\ y=\sqrt{\dfrac{v}{u}}\end{cases}$.

则 $D'=\{(u,v)\mid 4\leqslant u\leqslant 8,5\leqslant v\leqslant 15\}$.

$$J=\frac{\partial(x,y)}{\partial(u,v)}=\begin{vmatrix}\dfrac{3}{2}\sqrt{\dfrac{u}{v}} & -\dfrac{1}{2}\sqrt{\dfrac{u^3}{v^3}}\\[3mm] -\dfrac{1}{2}\sqrt{\dfrac{v}{u^3}} & \dfrac{1}{2}\sqrt{\dfrac{1}{uv}}\end{vmatrix}$$

$$=\frac{1}{2v}\neq 0,$$

$\therefore$ 所求面积为

$$\iint\limits_{D}\mathrm{d}\sigma=\iint\limits_{D'}\left|\frac{1}{2v}\right|\mathrm{d}u\mathrm{d}v$$

$$=\int_4^8\mathrm{d}u\int_5^{15}\frac{1}{2v}\mathrm{d}v$$

$$=2\ln3.$$

实际上作变换 $\begin{cases}xy=u\\ y^2=v,\end{cases}$ 计算更为简单.

(2) $D=\{(x,y)\mid x^3\leqslant y\leqslant 4x^3,0<y^3\leqslant x\leqslant 4y^3\}$，

作变换 $\begin{cases}\dfrac{x^3}{y}=u\\ \dfrac{y^3}{x}=v\end{cases}$ 即 $\begin{cases}x=u^{\frac{3}{8}}v^{\frac{1}{8}}\\ y=u^{\frac{1}{8}}v^{\frac{3}{8}}\end{cases}$.

则 $D'=\{(u,v)\mid \frac{1}{4}\leqslant u\leqslant 1,\frac{1}{4}\leqslant v\leqslant 1\}$，

$$J = \frac{\partial(x,y)}{\partial(u,v)} = \begin{vmatrix} \frac{3}{8}u^{-\frac{5}{8}}v^{\frac{1}{8}} & \frac{1}{8}u^{\frac{3}{8}}v^{-\frac{7}{8}} \\ \frac{1}{8}u^{-\frac{7}{8}}v^{\frac{3}{8}} & \frac{3}{8}u^{\frac{1}{8}}v^{-\frac{5}{8}} \end{vmatrix}$$

$$= \frac{1}{8}(uv)^{-\frac{1}{2}} \neq 0.$$

$$\therefore \iint\limits_{D} d\sigma = \iint\limits_{D'} J\,du dv = \iint\limits_{D'} \frac{1}{8}(uv)^{-\frac{1}{2}}\,du dv$$

$$= \frac{1}{8}\int_{\frac{1}{4}}^{1} du \int_{\frac{1}{4}}^{1}(uv)^{-\frac{1}{2}}\,dv$$

$$= \frac{1}{8} \cdot \left[2v^{\frac{1}{2}}\right]_{\frac{1}{4}}^{1} \cdot \left[2u^{\frac{1}{2}}\right]_{\frac{1}{4}}^{1}$$

$$= \frac{1}{8}.$$

21. 设闭区域 D 是由直线 $x+y=1, x=0, y=0$ 所围成,求证

$$\iint\limits_{D}\cos\left(\frac{x-y}{x+y}\right)dx dy = \frac{1}{2}\sin 1.$$

证明 $D = \{(x,y) \mid x \geqslant 0, y \geqslant 0, x+y \leqslant 1\}$,

作变换 $\begin{cases} u = x+y \\ v = x-y \end{cases}$ 即 $\begin{cases} x = \dfrac{u+v}{2} \\ y = \dfrac{u-v}{2} \end{cases}$

则 $D' = \{(u,v) \mid u+v \geqslant 0, v \leqslant u \leqslant 1\}$

$$= \{(u,v) \mid 0 \leqslant u \leqslant 1, -u \leqslant v \leqslant u\},$$

$$J = \frac{\partial(x,y)}{\partial(u,v)} = \begin{vmatrix} \dfrac{1}{2} & \dfrac{1}{2} \\ \dfrac{1}{2} & -\dfrac{1}{2} \end{vmatrix} = -\frac{1}{2}.$$

$$\therefore \iint\limits_{D}\cos\left(\frac{x-y}{x+y}\right)dx dy = \iint\limits_{D'}\cos\left(\frac{v}{u}\right) \cdot \left|-\frac{1}{2}\right|du dv$$

$$= \frac{1}{2}\int_{0}^{1} du \int_{-u}^{u}\cos\left(\frac{v}{u}\right)dv$$

$$= \frac{1}{2}\int_{0}^{1}\left[\sin\left(\frac{v}{u}\right) \cdot u\right]_{-u}^{u}$$

$$= \int_{0}^{1}(u\sin 1)du$$

$$= \frac{1}{2}\sin 1$$

$\therefore$ 命题得证.

22. 选取适当的变换,证明下列等式:

(1) $\iint\limits_{D} f(x+y)\mathrm{d}x\mathrm{d}y = \int_{-1}^{1} f(u)\mathrm{d}u$,其中闭区域 $D = \{(x,y) \mid |x|+|y| \leqslant 1\}$;

(2) $\iint\limits_{D}(ax+by+c)\mathrm{d}x\mathrm{d}y = 2\int_{-1}^{1} \sqrt{1-u^2} f(u \sqrt{a^2+b^2}+c)\mathrm{d}u$,其中 $D = \{(x,y) \mid x^2+y^2 < 1\}$,且 $a^2+b^2 \neq 0$.

证明 (1) $D = \{(x,y) \mid |x|+|y| \leqslant 1\}$,

作变换 $\begin{cases} x+y = u \\ x-y = v \end{cases}$ 即 $\begin{cases} x = \dfrac{u+v}{2} \\ y = \dfrac{u-v}{2} \end{cases}$

则 $D' = \{(u,v) \mid |u| \leqslant 1, |v| \leqslant 1\}$,

$$J = \frac{\partial(x,y)}{\partial(u,v)} = \begin{vmatrix} \dfrac{1}{2} & \dfrac{1}{2} \\ \dfrac{1}{2} & -\dfrac{1}{2} \end{vmatrix} = -\frac{1}{2}.$$

$$\therefore \iint\limits_{D} f(x+y)\mathrm{d}x\mathrm{d}y = \iint\limits_{D'} f(u) \cdot \left| -\frac{1}{2} \right| \mathrm{d}u\mathrm{d}v$$

$$= \frac{1}{2}\int_{-1}^{1}\mathrm{d}u\int_{-1}^{1} f(u)\mathrm{d}v$$

$$= \frac{1}{2}\int_{-1}^{1} 2f(u)\mathrm{d}u$$

$$= \int_{-1}^{1} f(u)\mathrm{d}u$$

$\therefore$ 原命题得证.

(2) 作变换 $\begin{cases} x = \dfrac{au-bv}{\sqrt{a^2+b^2}} \\ y = \dfrac{bu+av}{\sqrt{a^2+b^2}} \end{cases}$

$$x^2+y^2 = \frac{(au-bv)^2+(bu+av)^2}{a^2+b^2}$$

$$= \frac{(a^2+b^2)(u^2+v^2)}{a^2+b^2}$$

$$= u^2+v^2 \leqslant 1$$

$$\therefore D' = \{(u,v) \mid u^2+v^2 \leqslant 1\}$$

$$\therefore J = \frac{\partial(x,y)}{\partial(u,v)}$$

$$= \frac{1}{(\sqrt{a^2+b^2})^2} \begin{vmatrix} a & -b \\ b & a \end{vmatrix}$$

$$= 1$$

$$\therefore \iint\limits_{D} f(ax + by + c)\mathrm{d}x\mathrm{d}y$$

$$= \iint\limits_{D'} f(u\sqrt{a^2 + b^2} + c) \cdot |\; \mathrm{d}u\mathrm{d}v$$

$$= \int_{-1}^{1} \mathrm{d}u \int_{-\sqrt{1-u^2}}^{\sqrt{1-u^2}} f(u\sqrt{a^2 + b^2} + c)\mathrm{d}v$$

$$= 2\int_{-1}^{1} \sqrt{1 - u^2}\, f(u\sqrt{a^2 + b^2} + c)\mathrm{d}u$$

其中 $ax + by = \dfrac{a(au - bv) + b(bu + av)}{\sqrt{a^2 + b^2}}$

$$= \dfrac{(a^2 + b^2)u}{\sqrt{a^2 + b^2}}$$

$$= u\sqrt{a^2 + b^2}$$

$\therefore$ 原命题得证.

习题 $9-3$

1. 化三重积分 $I = \iiint\limits_{D} f(x, y, z)\mathrm{d}x\mathrm{d}y\mathrm{d}z$ 为三次积分,其中积分区域 Ω 分别是:

(1) 由双曲抛物面 $xy = z$ 及平面 $x + y - 1 = 0, z = 0$ 所围成的闭区域;

(2) 由曲面 $z = x^2 + y^2$ 及平面 $z = 1$ 所围成的闭区域;

(3) 由曲面 $z = x^2 + 2y^2$ 及 $z = 2 - x^2$ 所围成的闭区域;

(4) 由曲面 $cz = xy(c > 0), \dfrac{x^2}{a^2} + \dfrac{y^2}{b^2} = 1, z = 0$ 所围成的在第一卦限内的闭区域.

解　(1)$D_{xy} = \{(x, y) \mid x \geqslant 0, y \geqslant 0, x + y \leqslant 1\}$

$$\therefore \iiint\limits_{\Omega} f(x, y, z)\mathrm{d}x\mathrm{d}y\mathrm{d}z$$

$$= \int_{0}^{1} \mathrm{d}x \int_{0}^{1-x} \mathrm{d}y \int_{0}^{xy} f(x, y, z)\mathrm{d}z.$$

(2)$D_{xy} = \{(x, y) \mid x^2 + y^2 \leqslant 1\}$

$$x^2 + y^2 \leqslant z \leqslant 1$$

$$\therefore \iiint\limits_{\Omega} f(x, y, z)\mathrm{d}x\mathrm{d}y\mathrm{d}z$$

$$= \int_{-1}^{1} \mathrm{d}x \int_{-\sqrt{1-x^2}}^{\sqrt{1-x^2}} \mathrm{d}y \int_{x^2+y^2}^{1} f(x, y, z)\mathrm{d}z.$$

(3) $\begin{cases} z = x^2 + 2y^2 \\ z = 2 - x^2 \end{cases} \Rightarrow x^2 + 2y^2 = 2 - x^2$

即 $x^2 + y^2 = 1$

$\therefore D_{xy} = \{(x,y) \mid x^2 + y^2 \leqslant 1\}$

$\therefore \iiint\limits_{\Omega} f(x,y,z)\mathrm{d}x\mathrm{d}y\mathrm{d}z$

$= \int_{-1}^{1} \mathrm{d}x \int_{-\sqrt{1-x^2}}^{\sqrt{1-x^2}} \mathrm{d}y \int_{x^2+2y^2}^{2-x^2} f(x,y,z)\mathrm{d}z.$

(4) $D_{xy} = \{(x,y) \mid x \geqslant 0, y \geqslant 0, \dfrac{x^2}{a^2} + \dfrac{y^2}{b^2} \leqslant 1\}$

$\therefore \iiint\limits_{\Omega} f(x,y,z)\mathrm{d}x\mathrm{d}y\mathrm{d}z$

$= \int_{0}^{a} \mathrm{d}x \int_{0}^{b\sqrt{1-\frac{x^2}{a^2}}} \mathrm{d}y \int_{0}^{\frac{xy}{c}} f(x,y,z)\mathrm{d}z.$

2. 设有一物体,占有空间闭区域 $\Omega = \{(x,y,z) \mid 0 \leqslant x \leqslant 1, 0 \leqslant y \leqslant 1, 0 \leqslant z \leqslant 1,\}$ 在点 (x,y,z) 处的密度为 $\rho(x,y,z) = x+y+z$,计算该物体的质量.

解　该物体质量为

$M = \iiint\limits_{\Omega} \rho(x,y,z)\mathrm{d}x\mathrm{d}y\mathrm{d}z$

$= \int_{0}^{1} \mathrm{d}x \int_{0}^{1} \mathrm{d}y \int_{0}^{1} (x+y+z)\mathrm{d}z$

$= \dfrac{3}{2}.$

3. 如果三重积分 $\iiint\limits_{\Omega} f(x,y,z)\mathrm{d}x\mathrm{d}y\mathrm{d}z$ 的被积函数 $f(x,y,z)$ 是三个函数 $f_1(x)$、$f_2(y)$、$f_3(z)$ 的乘积,即 $f(x,y,z) = f_1(x) \cdot f_2(y) \cdot f_3(z)$,积分区域 $\Omega = \{(x,y,z) \mid a \leqslant x \leqslant b, c \leqslant y \leqslant d, l \leqslant z \leqslant m\}$,证明这个三重积分等于三个单积分的乘积,即

$\iiint\limits_{\Omega} f_1(x)f_2(y)f_3(z)\mathrm{d}x\mathrm{d}y\mathrm{d}z = \int_{a}^{b} f_1(x)\mathrm{d}x \int_{c}^{d} f_2(y)\mathrm{d}y \int_{l}^{m} f_3(z)\mathrm{d}z.$

证明　$\iiint\limits_{\Omega} f_1(x)f_2(y)f_3(z)\mathrm{d}x\mathrm{d}y\mathrm{d}z$

$= \int_{a}^{b} \mathrm{d}x \int_{c}^{d} \mathrm{d}y \int_{l}^{m} f_1(x)f_2(y)f_3(z)\mathrm{d}z$

$= \int_{a}^{b} \mathrm{d}x \int_{c}^{d} f_1(x)f_2(y)\mathrm{d}y \cdot \int_{l}^{m} f_3(z)\mathrm{d}z$

$= \int_{a}^{b} f_1(x)\mathrm{d}x \cdot \int_{c}^{d} f_2(y)\mathrm{d}y \cdot \int_{l}^{m} f_3(z)\mathrm{d}z.$

4. 计算 $\iiint\limits_{\Omega} xy^2z^3\mathrm{d}x\mathrm{d}y\mathrm{d}z$,其中 Ω 是由曲面 $z=xy$,与平面 $y=x,x=1$ 和 $y=0$ 所围成的闭区域.

解 $D_{xy}=\{(x,y)\,|\,0\leqslant x\leqslant 1,0\leqslant y\leqslant x\}$

$\therefore \iiint\limits_{\Omega} xy^2z^3\mathrm{d}x\mathrm{d}y\mathrm{d}z$

$=\int_0^1\mathrm{d}x\int_0^x\mathrm{d}y\int_0^{xy}xy^2z^3\mathrm{d}z$

$=\int_0^1\mathrm{d}x\int_0^x\frac{1}{4}xy^2(xy)^4\mathrm{d}y$

$=\frac{1}{4}\int_0^1\frac{1}{7}x^5\cdot x^7\mathrm{d}x$

$=\frac{1}{4}\cdot\frac{1}{7}\cdot\frac{1}{13}=\frac{1}{364}.$

5. 计算 $\iiint\limits_{\Omega}\dfrac{\mathrm{d}x\mathrm{d}y\mathrm{d}z}{(1+x+y+z)^3}$,其中 Ω 为平面 $x=0,y=0,z=0,x+y+z=1$ 所围成的四面体.

解 $D_{xy}=\{(x,y)\,|\,x\geqslant 0,y\geqslant 0,x+y\leqslant 1\}$

$0\leqslant z\leqslant 1-(x+y).$

$\therefore \iiint\limits_{\Omega}\dfrac{\mathrm{d}x\mathrm{d}y\mathrm{d}z}{(1+x+y+z)^3}$

$=\int_0^1\mathrm{d}x\int_0^{1-x}\mathrm{d}y\int_0^{1-(x+y)}\dfrac{\mathrm{d}z}{(1+x+y+z)^3}$

$=-\frac{1}{2}\int_0^1\mathrm{d}x\int_0^{1-x}\left(\frac{1}{4}-\frac{1}{(1+x+y)^2}\right)\mathrm{d}y$

$=-\frac{1}{2}\int_0^1\left(\frac{3}{4}-\frac{1}{4}x-\frac{1}{1+x}\right)\mathrm{d}x$

$=-\frac{1}{2}\cdot\left(\frac{3}{4}-\frac{1}{8}-\ln 2\right)$

$=\frac{1}{2}\ln 2-\frac{5}{16}.$

6. 计算 $\iiint\limits_{\Omega} xyz\mathrm{d}x\mathrm{d}y\mathrm{d}z$,其中 Ω 为球面 $x^2+y^2+z^2=1$ 及三个坐标面所围成的在第一卦限内的闭区域.

解法一 $D_{xy}=\{x,y\,|\,x\geqslant 0,y\geqslant 0,x^2+y^2\leqslant 1\}$,

$0\leqslant z\leqslant \sqrt{1-(x^2+y^2)}$

$\therefore \iiint\limits_{\Omega} xyz\mathrm{d}x\mathrm{d}y\mathrm{d}z$

$$= \int_0^1 dx \int_0^{\sqrt{1-x^2}} dy \int_0^{\sqrt{1-(x^2+y^2)}} xyz\,dz$$

$$= \int_0^1 dx \int_0^{\sqrt{1-x^2}} \frac{1}{2}xy[1-(x^2+y^2)]dy$$

$$= \frac{1}{2}\int_0^1 \frac{1}{4}x(1-x^2)^2 dx$$

$$= \frac{1}{8}\left(\frac{1}{2}-\frac{2}{4}+\frac{1}{6}\right) = \frac{1}{48}.$$

解法二　Ω用球面坐标表示为

$$0 \leqslant r \leqslant 1, 0 \leqslant \varphi \leqslant \frac{\pi}{2}, 0 \leqslant \theta \leqslant \frac{\pi}{2},$$

$$\therefore \iiint_\Omega xyz\,dxdydz$$

$$= \int_0^{\frac{\pi}{2}} d\theta \int_0^{\frac{\pi}{2}} d\varphi \int_0^1 r\sin\varphi\cos\theta \cdot r\sin\varphi\sin\theta \cdot r\cos\varphi \cdot r^2 \sin\varphi\,dr$$

$$= \int_0^{\frac{\pi}{2}} \sin\theta\cos\theta\,d\theta \int_0^{\frac{\pi}{2}} \sin^3\varphi\cos\varphi \int_0^1 r^5\,dr$$

$$= \frac{1}{2}\sin^2\varphi\Big|_0^{\frac{\pi}{2}} \cdot \frac{1}{4}\sin^4\varphi\Big|_0^{\frac{\pi}{2}} \cdot \frac{1}{6}r^6\Big|_0^1$$

$$= \frac{1}{2} \cdot \frac{1}{4} \cdot \frac{1}{6} = \frac{1}{48}.$$

7. 计算 $\iiint_\Omega xz\,dxdydz$，其中 Ω 是由平面 $z=0, z=y, y=1$ 以及抛物柱面 $y=x^2$ 所围成的闭区域.

解　$D_{yz} = \{y,z \mid 0 \leqslant y \leqslant 1, 0 \leqslant z \leqslant y\},$

$$-\sqrt{y} \leqslant x \leqslant \sqrt{y}$$

$$\therefore \iiint_\Omega xz\,dxdydz$$

$$= \int_0^1 dy \int_0^y dz \int_{-\sqrt{y}}^{\sqrt{y}} xz\,dx$$

$$= \int_0^1 dy \int_0^y 0\,dz = 0.$$

8. 计算 $\iiint_\Omega z\,dxdydz$，其中 Ω 是由锥面 $z=\frac{h}{R}\sqrt{x^2+y^2}$ 与平面 $z=h(R>0,h>0)$ 所围成的闭区域.

解　$\begin{cases} z=\dfrac{h}{R}\sqrt{x^2+y^2} \\ z=h \end{cases} \Rightarrow R=\sqrt{x^2+y^2}$

$\therefore D_{xy} = \{(x,y) \mid x^2 + y^2 \leqslant R^2\}.$

$\dfrac{h}{R}\sqrt{x^2 + y^2} \leqslant z \leqslant h,$

$\therefore \iiint\limits_{\Omega} z\mathrm{d}x\mathrm{d}y\mathrm{d}z$

$= \displaystyle\int_{-R}^{R} \mathrm{d}x \int_{-\sqrt{R^2-x^2}}^{\sqrt{R^2-x^2}} \mathrm{d}y \int_{\frac{h}{R}\sqrt{x^2+y^2}}^{h} z\mathrm{d}z$

$= \displaystyle\int_{-R}^{R} \mathrm{d}x \int_{-\sqrt{R^2-x^2}}^{\sqrt{R^2-x^2}} \dfrac{h^2}{2R^2}[R^2 - (x^2+y^2)]\mathrm{d}y$

$= \dfrac{h^2}{2R^2} \displaystyle\int_{0}^{2\pi} \mathrm{d}\theta \int_{0}^{R} (R^2 - r^2) \cdot r\mathrm{d}r$

(由直角坐标转换成极坐标)

$= \dfrac{h^2}{2R^2} \cdot 2\pi \cdot \dfrac{1}{4}R^4$

$= \dfrac{\pi R^2 h^2}{4}.$

9. 利用柱面坐标计算下列三重积分:

(1) $\displaystyle\iiint\limits_{\Omega} z\mathrm{d}v$,其中 Ω 是由曲面 $z = \sqrt{2-x^2-y^2}$ 及 $z = x^2 + y^2$ 所围成的闭区域;

(2) $\displaystyle\iiint\limits_{\Omega} (x^2 + y^2)\mathrm{d}v$,其中 Ω 是由曲面 $x^2 + y^2 = 2z$ 及平面 $z = 2$ 所围成的闭区域.

解 (1) $\begin{cases} z = \sqrt{2-x^2-y^2} \\ z = x^2 + y^2 \end{cases}$ ①

令 $\begin{cases} x = r\mathrm{cso}\theta \\ y = r\sin\theta \end{cases}$ 则 ① 变为 $\begin{cases} z = \sqrt{2-r^2} \\ z = r^2 \end{cases}$

$\therefore r^4 = 2 - r^2 \Rightarrow r^2 = 1 \therefore r = 1$

$\displaystyle\iiint\limits_{\Omega} z\mathrm{d}v = \int_{0}^{1} \mathrm{d}r \int_{0}^{2\pi} \mathrm{d}\theta \int_{r^2}^{\sqrt{2-r^2}} z \cdot r\mathrm{d}z$

$\qquad = 2\pi \displaystyle\int_{0}^{1} \dfrac{r}{2}(2 - r^2 - r^4)\mathrm{d}r$

$\qquad = \pi \cdot \left(1 - \dfrac{1}{4} - \dfrac{1}{6}\right) = \dfrac{7}{12}\pi.$

(2) 引入柱坐标 $\begin{cases} x = r\cos\theta \\ y = r\sin\theta \,(r \geqslant 0) \\ z = z \end{cases}$

则 $\begin{cases} 2z = x^2 + y^2 = r^2 \\ z = 2 \end{cases} \Rightarrow r = 2$

$\therefore \Omega$ 可表示为 $0 \leqslant r \leqslant 2, 0 \leqslant \theta \leqslant 2\pi$.

$\dfrac{r^2}{2} \leqslant z \leqslant 2$

$\therefore \iiint\limits_{\Omega} (x^2 + y^2) dv$

$= \int_0^{2\pi} d\theta \int_0^2 r dr \int_{\frac{r^2}{2}}^2 r^2 dz$

$= 2\pi \int_0^2 r^3 \left(2 - \dfrac{r^2}{2}\right) dr$

$= 2\pi \left[\dfrac{1}{2} r^4 - \dfrac{r^6}{12}\right]_0^2$

$= 2\pi \left(8 - \dfrac{16}{3}\right) = \dfrac{16\pi}{3}.$

10. 利用球面坐标计算下列三重积分：

(1) $\iiint\limits_{\Omega} (x^2 + y^2 + z^2) dv$，其中 Ω 是由球面 $x^2 + y^2 + z^2 = 1$ 所围成的闭区域；

(2) $\iiint\limits_{\Omega} z dv$，其中闭区域 Ω 由不等式 $x^2 + y^2 + (z-a)^2 \leqslant a^2, x^2 + y^2 \leqslant z^2$ 所确定.

解　(1) 引入球面坐标 $\begin{cases} x = r\sin\varphi\cos\theta \\ y = r\sin\varphi\sin\theta \\ z = r\cos\varphi \end{cases}$

则 $x^2 + y^2 + z^2 = r^2$,

Ω 可表示为 $0 \leqslant r \leqslant 1, 0 \leqslant \varphi \leqslant \pi, 0 \leqslant \theta \leqslant 2\pi$.

$\therefore \iiint\limits_{\Omega} (x^2 + y^2 + z^2) dz$

$= \int_0^{2\pi} d\theta \int_0^\pi d\varphi \int_0^1 r^2 \cdot r^2 \sin\varphi dr$

$= 2\pi \int_0^\pi \sin\varphi d\varphi \cdot \dfrac{1}{5}$

$= \dfrac{4\pi}{5}.$

(2) Ω 可表示为 $0 \leqslant r \leqslant 2a\cos\varphi$,

$0 \leqslant \varphi \leqslant \dfrac{\pi}{4}, 0 \leqslant \theta \leqslant 2\pi$.

其中 $\begin{cases} x = r\sin\varphi\cos\theta \\ y = r\sin\varphi\sin\theta \\ z = r\cos\varphi \end{cases}$

$$\therefore \iiint\limits_{\Omega} z \mathrm{d}v = \int_0^{2\pi} \mathrm{d}\theta \int_0^{\frac{\pi}{4}} \mathrm{d}\varphi \int_0^{2a\cos\varphi} r\cos\varphi \cdot r^2 \sin\varphi \mathrm{d}r$$

$$= 2\pi \int_0^{\frac{\pi}{4}} \sin\varphi\cos\varphi \cdot \frac{1}{4}(2a\cos\varphi)^4 \mathrm{d}\varphi$$

$$= 2\pi \cdot 4a^4 \cdot \left[-\frac{1}{6}\cos^6\varphi\right]_0^{\frac{\pi}{4}}$$

$$= \frac{7}{6}\pi a^4.$$

11. 选用适当的坐标计算下列三重积分:

(1)$\iiint\limits_{\Omega} xy\mathrm{d}v$,其中 Ω 为柱面 $x^2 + y^2 = 1$ 及平面 $z = 1, z = 0, x = 0, y = 0$ 所围成的在第一卦限内的闭区域;

(2)$\iiint\limits_{\Omega} \sqrt{x^2 + y^2 + z^2}\mathrm{d}v$,其中 Ω 是由球面 $x^2 + y^2 + z^2 = z$ 所围成的闭区域;

(3)$\iiint\limits_{\Omega} (x^2 + y^2)\mathrm{d}v$,其中 Ω 是由曲面 $4z^2 = 25(x^2 + y^2)$ 及平面 $z = 5$ 所围成的闭区域;

(4)$\iiint\limits_{\Omega} (x^2 + y^2)\mathrm{d}v$,其中闭区域 Ω 由不等式 $0 < a \leqslant \sqrt{x^2 + y^2 + z^2} \leqslant A, z \geqslant 0$ 所确定.

解 (1) 令 $\begin{cases} x = r\cos\theta \\ y = r\sin\theta \\ z = z \end{cases}$

则 Ω 可表示为 $0 \leqslant r \leqslant 1, 0 \leqslant z \leqslant 1, 0 \leqslant \theta \leqslant \dfrac{\pi}{2}$.

$$\therefore \iiint\limits_{\Omega} xy\mathrm{d}v$$

$$= \int_0^{\frac{\pi}{2}} \mathrm{d}\theta \int_0^1 \mathrm{d}r \int_0^1 r\cos\theta \cdot r\sin\theta \cdot r\mathrm{d}z$$

$$= \frac{1}{4}r^4\bigg|_0^1 \cdot \frac{1}{2}\sin^2\theta\bigg|_0^{\frac{\pi}{2}}$$

$$= \frac{1}{8}.$$

(2) $x^2 + y^2 + z^2 = z$ 即 $x^2 + y^2 + \left(z - \dfrac{1}{2}\right)^2 = \dfrac{1}{4}$.

令 $\begin{cases} x = r\sin\varphi\cos\theta \\ y = r\sin\varphi\sin\theta \\ z = r\cos\varphi \end{cases}$ 则 $x^2 + y^2 + z^2 = r^2$.

Ω 可表示为 $0 \leqslant r \leqslant \cos\varphi, 0 \leqslant \varphi \leqslant \dfrac{\pi}{2}$,

$0 \leqslant \theta \leqslant 2\pi$

$\therefore \iiint\limits_{\Omega} \sqrt{x^2 + y^2 + z^2}\, \mathrm{d}v$

$= \displaystyle\int_0^{2\pi} \mathrm{d}\theta \int_0^{\frac{\pi}{2}} \mathrm{d}\varphi \int_0^{\cos\varphi} r \cdot r^2 \sin\varphi \mathrm{d}r$

$= \displaystyle\int_0^{2\pi} \mathrm{d}\theta \int_0^{\frac{\pi}{2}} \frac{1}{4} \cos^4\varphi \sin\varphi \mathrm{d}\varphi$

$= 2\pi \cdot \dfrac{1}{4} \cdot \left(-\dfrac{1}{5}\cos^5\varphi\right)\Big|_0^{\frac{\pi}{2}}$

$= \dfrac{\pi}{2} \cdot \dfrac{1}{5} = \dfrac{\pi}{10}.$

(3) 令 $\begin{cases} x = r\cos\theta \\ y = r\sin\theta \\ z = z \end{cases}$

则 $\begin{cases} 4z^2 = 25(x^2 + y^2) = 25r^2 \\ z = 5 \end{cases} \Rightarrow r = 2$

$\therefore \Omega$ 可表示为 $0 \leqslant \theta \leqslant 2\pi, 0 \leqslant r \leqslant 2$

$\dfrac{5}{2}r \leqslant z \leqslant 5.$

$\therefore \iiint\limits_{\Omega} (x^2 + y^2)\, \mathrm{d}v$

$= \displaystyle\int_0^{2\pi} \mathrm{d}\theta \int_0^2 \mathrm{d}r \int_{\frac{5}{2}r}^5 r^2 \cdot r\mathrm{d}z$

$= 2\pi \cdot \displaystyle\int_0^2 r^3 \left(5 - \frac{5}{2}r\right)\mathrm{d}r$

$= 2\pi \cdot \left[\dfrac{5}{4}^{4} - \dfrac{1}{2}r^5\right]_0^2$

$= 8\pi.$

(4) 令 $\begin{cases} x = r\sin\varphi\cos\theta \\ y = r\sin\varphi\sin\theta \\ z = r\cos\varphi \end{cases}$

则 $x^2 + y^2 = r^2\sin^2\varphi, x^2 + y^2 + z^2 = r^2$,

$\therefore 0 < a \leqslant r \leqslant A,$

$\therefore \Omega$ 可表示为 $a \leqslant r \leqslant A, 0 \leqslant \varphi \leqslant \dfrac{\pi}{2}, 0 \leqslant \theta \leqslant 2\pi.$

$$\therefore \iiint\limits_{\Omega} (x^2 + y^2) dv$$

$$= \int_0^{2\pi} d\theta \int_0^{\frac{\pi}{2}} d\varphi \int_a^A r^2 \sin^2\varphi \cdot r^2 \sin\varphi dr$$

$$= 2\pi \int_0^{\frac{\pi}{2}} \sin^3\varphi d\varphi \cdot \int_a^A r^4 dr$$

$$= 2\pi \cdot \frac{2}{3} \cdot \frac{1}{5}(A^5 - a^5)$$

$$= \frac{4\pi}{15}(A^5 - a^5).$$

12. 利用三重积分计算下列由曲面所围成的立体的体积:

(1) $z = 6 - x^2 - y^2$ 及 $z = \sqrt{x^2 + y^2}$;

(2) $x^2 + y^2 + z^2 = 2az(a > 0)$ 及 $x^2 + y^2 = z^2$(含有 z 轴的部分);

(3) $z = \sqrt{x^2 + y^2}$ 及 $z = x^2 + y^2$;

(4) $z = \sqrt{5 - x^2 - y^2}$ 及 $x^2 + y^2 = 4z$.

解　(1) 令 $\begin{cases} x = r\cos\theta \\ y = r\sin\theta \\ z = z \end{cases}$ 则 $\begin{cases} z = 6 - r^2 \\ z = r \end{cases} \Rightarrow r = 2,$

$\therefore \Omega$ 可表示为 $0 \leqslant r \leqslant 2, 0 \leqslant \theta \leqslant 2\pi, r \leqslant z \leqslant 6 - r^2$.

$$\therefore \iiint\limits_{\Omega} dv = \int_0^{2\pi} d\theta \int_0^2 r dr \int_r^{6-r^2} dz$$

$$= 2\pi \int_0^2 r(6 - r^2 - r) dr$$

$$= 2\pi \cdot \left[3r^2 - \frac{1}{4}r^4 - \frac{1}{3} \right]_0^2$$

$$= \frac{32}{3}\pi$$

即所围立体的体积为 $\dfrac{32}{3}\pi$.

(2) 令 $\begin{cases} x = r\sin\varphi\cos\theta \\ y = r\sin\varphi\sin\theta \\ z = r\cos\varphi \end{cases}$

则 $\begin{cases} x^2 + y^2 + z^2 = 2az \\ x^2 + y^2 = z^2 \end{cases} \Rightarrow \begin{cases} r^2 = 2ar\cos\varphi \\ r^2\sin^2\varphi = r^2\cos^2\varphi \end{cases}$

$\therefore r = 2a\cos\varphi, \varphi = \dfrac{\pi}{4}.$

$\therefore \Omega$ 可表示为 $0 \leqslant r \leqslant 2a\cos\varphi, 0 \leqslant \varphi \leqslant \dfrac{\pi}{4}$

$0 \leqslant \theta \leqslant 2\pi,$

$$\therefore \iiint\limits_{\Omega} \mathrm{d}v = \int_0^{2\pi} \mathrm{d}\theta \int_0^{\frac{\pi}{4}} \mathrm{d}\varphi \int_0^{2a\cos\varphi} r^2 \sin\varphi \mathrm{d}r$$

$$= 2\pi \int_0^{\frac{\pi}{4}} \sin\varphi \cdot \frac{1}{3} (2a\cos\varphi)^3 \mathrm{d}\varphi$$

$$= \frac{16\pi}{3} a^3 \cdot \left(-\frac{1}{4} \cos^4\varphi \right) \Big|_0^{\frac{\pi}{4}}$$

$$= \pi a^3.$$

(3) 令 $\begin{cases} x = r\cos\theta \\ y = r\sin\theta \\ z = z \end{cases}$ 则 $\begin{cases} z = \sqrt{x^2 + y^2} \\ z = x^2 + y^2 \end{cases} \Rightarrow \begin{cases} z = r \\ z = r^2 \end{cases}$

$\therefore r = 1$

$\therefore \Omega$ 可表示为 $0 \leqslant \theta \leqslant 2\pi, 0 \leqslant r \leqslant 1, r^2 \leqslant z \leqslant r$

$$\therefore \iiint\limits_{\Omega} \mathrm{d}v = \int_0^{2\pi} \mathrm{d}\theta \int_0^1 r \mathrm{d}r \int_{r^2}^r \mathrm{d}z$$

$$= 2\pi \cdot \int_0^1 r(r - r^2) \mathrm{d}r$$

$$= 2\pi \cdot \left[\frac{1}{3} r^3 - \frac{1}{4} r^4 \right]_0^1$$

$$= \frac{\pi}{6}.$$

(4) 令 $\begin{cases} x = r\cos\theta \\ y = r\sin\theta \\ z = z \end{cases}$ 则 $\begin{cases} z = \sqrt{5 - x^2 - y^2} \\ x^2 + y^2 = 4z \end{cases} \Rightarrow \begin{cases} z = \sqrt{5 - r^2} \\ r^2 = 4z \end{cases}$

$\therefore r^4 = 16(5 - r^2) \Rightarrow r^2 = 4 \Rightarrow r = 2$

$\therefore \Omega$ 可表示为 $0 \leqslant r \leqslant 2, 0 \leqslant \theta \leqslant 2\pi$

$\dfrac{r^2}{4} \leqslant z \leqslant \sqrt{5 - r^2}$

$\therefore$ 所求体积 $\iiint\limits_{\Omega} \mathrm{d}v$

$$= \int_0^{2\pi} \mathrm{d}\theta \int_0^2 r \mathrm{d}r \int_{\frac{r^2}{4}}^{\sqrt{5-r^2}} \mathrm{d}z$$

$$= 2\pi \int_0^2 r \left(\sqrt{5 - r^2} - \frac{r^2}{4} \right) \mathrm{d}r$$

$$= 2\pi \cdot \left[-\frac{1}{3} (5 - r^2)^{\frac{3}{2}} - \frac{r^4}{16} \right]_0^2$$

$$= \frac{2\pi}{3}(5\sqrt{5}-4).$$

13. 球心在原点、半径为 R 的球体,在其上任意一点的密度的大小与这点到球心的距离成正比,求这球体的质量.

解　设球体上任一点到球距离为 r,

以球心为原点,建立球面坐标系.

由题意设任一点密度 $\rho = kr$,(k 为比例系数)

则质量微元 $\mathrm{d}M = \rho \cdot \mathrm{d}v$

$$= kr \cdot r^2 \sin\varphi \mathrm{d}r \mathrm{d}\theta \mathrm{d}\varphi.$$

$\therefore$ 该球体的总质量

$$M = \iiint_{\Omega} \mathrm{d}M$$

$$= \int_0^{2\pi} \mathrm{d}\theta \int_0^{\pi} \mathrm{d}\varphi \int_0^R kr^3 \sin\varphi \mathrm{d}r$$

$$= 2\pi \cdot \int_0^{\pi} \sin\varphi \mathrm{d}\varphi \cdot \frac{k}{4} R^4$$

$$= \pi k R^4.$$

习题 9-4

1. 求球面 $x^2+y^2+z^2=a^2$ 含在圆柱面 $x^2+y^2=ax$ 内部的那部分面积.

解　所求曲面关于 xOy 面对称

$$x^2+y^2+z^2=a^2 \Rightarrow z = \sqrt{a^2-x^2-y^2}\ (不妨令\ z \geqslant 0)$$

$$\therefore \frac{\partial z}{\partial x} = -\frac{x}{z}, \frac{\partial z}{\partial y} = -\frac{y}{z},$$

$$D_{xy}\{(x,y) \mid x^2+y^2 \leqslant ax\},$$

D_{xy} 用极坐标表示为 $0 \leqslant r \leqslant a\cos\theta, -\frac{\pi}{2} \leqslant \theta \leqslant \frac{\pi}{2}.$

$\therefore$ 所求面积

$$A = 2\iint_{D_{xy}} \sqrt{1+\left(\frac{\partial z}{\partial x}\right)^2+\left(\frac{\partial z}{\partial y}\right)^2}\mathrm{d}\sigma$$

$$= 2\iint_{D_{xy}} \sqrt{1+\frac{x^2}{z^2}+\frac{y^2}{z^2}}\mathrm{d}\sigma$$

$$= 2\iint_{D_{xy}} \sqrt{1+\frac{x^2+y^2}{a^2-x^2-y^2}}\mathrm{d}\sigma$$

$$= 2 \iint\limits_{D_{xy}} \sqrt{\frac{a^2}{a^2 - x^2 - y^2}} \, dx dy$$

$$= 2 \int_{-\frac{\pi}{2}}^{\frac{\pi}{2}} d\theta \int_0^{a\cos\theta} \frac{a}{\sqrt{a^2 - r^2}} r dr$$

$$= -2a \int_{-\frac{\pi}{2}}^{\frac{\pi}{2}} \sqrt{a^2 - r^2} \Big|_0^{a\cos\theta} d\theta$$

$$= 2a^2 \int_{-\frac{\pi}{2}}^{\frac{\pi}{2}} (1 - |\sin\theta|) d\theta$$

$$= (2\pi - 4)a^2.$$

2. 求锥面 $z = \sqrt{x^2 + y^2}$ 被柱面 $z^2 = 2x$ 所割下部分的曲面面积.

解　$\begin{cases} z = \sqrt{x^2 + y^2} \\ z^2 = 2x \end{cases} \Rightarrow x^2 + y^2 = 2x$

$\therefore D_{xy} = \{(x,y) \mid x^2 + y^2 \leqslant 2x\}$

D_{xy} 又可表示为 $0 \leqslant r \leqslant 2\cos\theta, -\dfrac{\pi}{2} \leqslant \theta \leqslant \dfrac{\pi}{2}$,

其中 $\begin{cases} x = r\cos\theta \\ y = r\sin\theta. \end{cases}$

$\dfrac{\partial z}{\partial x} = \dfrac{x}{z}, \dfrac{\partial z}{\partial y} = \dfrac{y}{z}$

$$\sqrt{1 + \left(\frac{\partial z}{\partial x}\right)^2 + \left(\frac{\partial z}{\partial y}\right)^2} = \sqrt{1 + \frac{x^2 + y^2}{z^2}} = \sqrt{2}.$$

$\therefore$ 所求曲面面积

$$A = \iint\limits_{D_{xy}} \sqrt{1 + \left(\frac{\partial z}{\partial x}\right)^2 + \left(\frac{\partial z}{\partial y}\right)^2} = \sqrt{1 + \frac{x^2 + y^2}{z^2}} = \sqrt{2};$$

$\therefore$ 所求曲面面积

$$A = \iint\limits_{D_{xy}} \sqrt{1 + \left(\frac{\partial z}{\partial x}\right)^2 + \left(\frac{\partial z}{\partial y}\right)^2} \, d\sigma$$

$$= \int_{-\frac{\pi}{2}}^{\frac{\pi}{2}} d\theta \int_0^{2\cos\theta} \sqrt{2} \cdot r dr$$

$$= \frac{\sqrt{2}}{2} \int_{-\frac{\pi}{2}}^{\frac{\pi}{2}} 4\cos^2\theta d\theta$$

$$= \sqrt{2}\pi.$$

3. 求底圆半径相等的两个直交圆柱面 $x^2 + y^2 = R^2$ 及 $x^2 + z^2 = R^2$ 所围立体的表面积.

解 $\begin{cases} x^2 + {}^2 = R^2 \\ x^2 + z^2 = R^2 \end{cases} \Rightarrow z = \sqrt{R^2 - x^2}$(不妨令 $z \geqslant 0$)

易知所围立体由四个面积相等的曲面围成.

又 $\dfrac{\partial z}{\partial x} = -\dfrac{x}{z}$, $\dfrac{\partial z}{\partial y} = 0$

$$\sqrt{1 - \left(\dfrac{\partial z}{\partial x}\right)^2 + \left(\dfrac{\partial z}{\partial y}\right)^2} = \sqrt{1 + \dfrac{x^2}{z^2}} = \sqrt{1 - \dfrac{x^2}{R^2 - x^2}} = \dfrac{R}{\sqrt{R^2 - x^2}}$$

$D_{xy} = \{(x, y) \mid x^2 + y^2 \leqslant R^2\}$.

∴ 所求面积

$$A = 4\iint\limits_{D_{xy}} \sqrt{1 + \left(\dfrac{\partial z}{\partial x}\right)^2 + \left(\dfrac{\partial z}{\partial y}\right)^2}\,\mathrm{d}\sigma$$

$$= 4\iint\limits_{D_{xy}} \dfrac{R}{\sqrt{R^2 - x^2}}\,\mathrm{d}x\mathrm{d}y$$

$$= 4 \cdot 4\int_0^R \mathrm{d}x \int_0^{\sqrt{R^2 - x^2}} \dfrac{R}{\sqrt{R^2 - x^2}}\,\mathrm{d}y(被积函数对称性)$$

$$= 16\int_0^R R\,\mathrm{d}x$$

$$= 16R^2.$$

4. 设薄片所占的闭区域 D 如下，求均匀薄片的质心：

(1) D 由 $y = \sqrt{2px}$, $x = x_0$, $y = 0$ 所围成；

(2) D 是半椭圆形闭区域 $\left\{(x, y) \mid \dfrac{x^2}{a^2} + \dfrac{y^2}{b^2} \leqslant 1, y \geqslant 0\right\}$；

(3) D 是介于两个圆 $\rho = a\cos\theta$, $\rho = b\cos\theta (0 < a < b)$ 之间的闭区域.

解 (1) 闭区域 D 的面积

$$A = \iint\limits_D \mathrm{d}\sigma = \int_0^{x_0} \mathrm{d}x \int_0^{\sqrt{2px}} \mathrm{d}y$$

$$= \int_0^{x_0} \sqrt{2px}\,\mathrm{d}x = \dfrac{2\sqrt{2p}}{3}x_0^{\frac{3}{2}} = \dfrac{2x_0\sqrt{2px_0}}{3}$$

对 y 轴的静矩，

$$M_y = \iint\limits_D \mu x\,\mathrm{d}\sigma = \mu\int_0^{x_0} \mathrm{d}x \int_0^{\sqrt{2px}} x\,\mathrm{d}y$$

$$= \mu\int_0^{x_0} x\sqrt{2px}\,\mathrm{d}x = \dfrac{2\mu x_0^2\sqrt{2px_0}}{5}.$$

对 x 轴静矩，

$$M_x = \iint\limits_D \mu y\,\mathrm{d}\sigma = \mu\int_0^{x_0} \mathrm{d}x \int_0^{\sqrt{2px}} y\,\mathrm{d}y$$

$$= \frac{1}{2}\mu \int_0^{x_0} 2\rho x \mathrm{d}x = \frac{\mu\rho x_0^2}{2}.$$

$$\therefore \bar{x} = \frac{M_y}{A\mu} = \frac{\dfrac{2\mu x_0^2 \sqrt{2\rho x_0}}{5}}{\dfrac{2x_0 \sqrt{2\rho x_0}}{3}\cdot \mu} = \frac{3}{5}x_0,$$

$$\bar{y} = \frac{M_x}{A\mu} = \frac{\dfrac{\mu\rho x_0^2}{2}}{\dfrac{2x_0 \sqrt{2\rho x_0}}{3}\cdot \mu} = \frac{3\sqrt{2\rho x_0}}{8},$$

其中 μ 为均匀薄片的面密度.

$\therefore$ 质心坐标为 $\left(\dfrac{3}{5}x_0, \dfrac{3\sqrt{2\rho x_0}}{8}\right)$ 即 $\left(\dfrac{3}{5}x_0, \dfrac{3}{8}y_0\right)$.

(2) 因为 D 关于 y 轴是对称的,所以 $\bar{x} = 0$

易知面积 $A = \dfrac{\pi}{2}ab.$

$$\iint\limits_{D} y\mathrm{d}\sigma = \int_0^b \mathrm{d}y \int_{-a\sqrt{1-\frac{y^2}{b^2}}}^{a\sqrt{1-\frac{y^2}{b^2}}} y\mathrm{d}x$$

$$= 2\int_0^b ay\sqrt{1-\frac{y^2}{b^2}}\,\mathrm{d}y$$

$$= 2a\int_0^{\frac{\pi}{2}} b\sin\theta \cdot \cos\theta \cdot b\cos\theta \mathrm{d}\theta$$

（其中令 $y = b\sin\theta$）

$$= 2ab^2 \int_0^{\frac{\pi}{2}} \sin\theta\cos^2\theta \mathrm{d}\theta$$

$$= \frac{2ab^2}{3}$$

$$\therefore \bar{y} = \frac{\iint\limits_{D} y\mathrm{d}\sigma}{A} = \frac{\dfrac{2}{3}ab^2}{\dfrac{\pi}{2}ab} = \frac{4b}{3\pi},$$

$\therefore$ 质心坐标为 $\left(0, \dfrac{4b}{3\pi}\right)$.

(3) 如图 $9-20$,易知 D 关于 x 轴对称,所以 $\bar{y} = 0$.

$$A = \iint\limits_{D} \mathrm{d}\sigma = -\pi\left(\frac{a}{2}\right)^2 + \pi\left(\frac{b}{2}\right)^2$$

$$= \frac{\pi(b^2-a^2)}{4}.$$

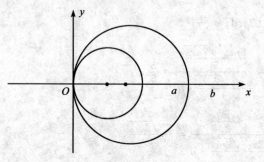

图 9 — 20

$$\iint\limits_{D} x \mathrm{d}x\mathrm{d}y = \int_{-\frac{\pi}{2}}^{\frac{\pi}{2}} \mathrm{d}\theta \int_{a\cos\theta}^{b\cos\theta} r\cos\theta \cdot r\mathrm{d}r$$

$$= \int_{-\frac{\pi}{2}}^{\frac{\pi}{2}} \frac{1}{3} \cos\theta (b^3\cos^3\theta - a^3\cos^3\theta)\mathrm{d}\theta$$

$$= \frac{b^3 - a^3}{3} \int_{-\frac{\pi}{2}}^{\frac{\pi}{2}} \cos^4\theta\mathrm{d}\theta$$

$$= \frac{2(b^3 - a^3)}{3} \int_{0}^{\frac{\pi}{2}} \left(\frac{1+\cos2\theta}{2}\right)^2 \mathrm{d}\theta$$

$$= \frac{2(b^3 - a^3)}{3} \int_{0}^{\frac{\pi}{2}} \left(\frac{1}{4} + \frac{\cos2\theta}{2} + \frac{1+\cos4\theta}{8}\right)\mathrm{d}\theta$$

$$= \frac{\pi(b^3 - a^3)}{8}$$

$$\therefore \bar{x} = \frac{\iint\limits_{D} x\mathrm{d}x\mathrm{d}y}{A} = \frac{\dfrac{\pi(b^3 - a^3)}{8}}{\dfrac{\pi(b^2 - a^2)}{4}} = \frac{a^2 + ab + b^2}{2(a+b)};$$

$$\therefore 质心坐标为 \left(\frac{a^2 + ab + b^2}{2(a+b)}, 0\right).$$

5. 设平面薄片所占的闭区域 D 由抛物线 $y = x^2$ 及直线 $y = x$ 所围成,它在点 (x,y) 处的面密度 $\mu(x,y) = x^2 y$,求该薄片的质心.

解 $\begin{cases} y = x^2 \\ y = x \end{cases} \Rightarrow \begin{cases} x = 0 \\ y = 0 \end{cases}$ 或 $\begin{cases} x = 1 \\ y = 1 \end{cases}$

$\therefore D = \{(x,y) \mid 0 \leqslant x \leqslant 1, x^2 \leqslant y \leqslant x\}$.

$$A = \iint\limits_{D} \mathrm{d}x\mathrm{d}y = \int_{0}^{1} \mathrm{d}x \int_{x^2}^{x} \mathrm{d}y$$

$$= \int_{0}^{1} (x - x^2)\mathrm{d}x = \frac{1}{2} - \frac{1}{3} = \frac{1}{6},$$

$$M_y = \iint\limits_D \mu(x,y) \cdot x\mathrm{d}x\mathrm{d}y = \int_0^1 \mathrm{d}x \int_{x^2}^x x^2 y \cdot x\mathrm{d}y$$

$$= \int_0^1 x^3 \cdot \frac{1}{2}(x^2 - x^4)\mathrm{d}x$$

$$= \frac{1}{2} \cdot \left[\frac{1}{6}x^6 - \frac{1}{8}x^8 \right]_0^1 = \frac{1}{48},$$

$$M_x = \iint\limits_D \mu(x,y) \cdot y\mathrm{d}x\mathrm{d}y = \int_0^1 \mathrm{d}x \int_{x^2}^x x^2 y \cdot y\mathrm{d}y$$

$$= \frac{1}{3}\int_0^1 x^2(x^3 - x^6)\mathrm{d}x$$

$$= \frac{1}{3}\left[\frac{1}{6}x^6 - \frac{1}{9}x^9 \right]_0^1 = \frac{1}{54},$$

$$M = \iint\limits_D \mu(x,y)\mathrm{d}\sigma = \int_0^1 \mathrm{d}x \int_{x^2}^x x^2 y\mathrm{d}y$$

$$= \frac{1}{2}\int_0^1 x^2(x^2 - x^4)\mathrm{d}x$$

$$= \frac{1}{2}\left[\frac{1}{5}x^5 - \frac{1}{7}x^7 \right]_0^1 = \frac{1}{35},$$

$$\therefore \bar{x} = \frac{M_y}{M} = \frac{\dfrac{1}{48}}{\dfrac{1}{35}} = \frac{35}{48},$$

$$\bar{y} = \frac{M_x}{M} = \frac{\dfrac{1}{54}}{\dfrac{1}{35}} = \frac{35}{54}.$$

即该薄片质心坐标为 $\left(\dfrac{35}{48}, \dfrac{35}{54} \right)$.

6. 设有一等腰直角三角形薄片,腰长为 a,各点处的面密度等于该点到直角顶点的距离的平方,求这薄片的质心.

解　建立如图 $9-21$ 坐标系,则面密度
$$\mu(x,y) = x^2 + y^2.$$

$$M = \iint\limits_D \mu(x,y)\mathrm{d}\sigma = \int_0^a \mathrm{d}x \int_0^{a-x} (x^2 + y^2)\mathrm{d}y$$

$$= \int_0^a \left[x^2(a-x) + \frac{1}{3}(a-x)^3 \right]\mathrm{d}x$$

$$= \left[\frac{1}{3}ax^3 - \frac{1}{4}x^4 - \frac{1}{12(a-x)^4} \right]_0^a$$

$$= \frac{1}{6}a^4$$

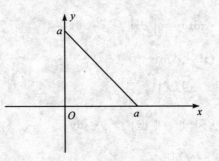

图 9—21

$$M_x = \iint\limits_{D} \mu(x,y) \cdot y\mathrm{d}\sigma = \int_0^a \mathrm{d}x \int_0^{a-x} y(x^2 + y^2)\mathrm{d}y$$

$$= \int_0^a \left[\frac{1}{2}x^2(a-x)^2 + \frac{1}{4}(a-x)^4 \right]\mathrm{d}x$$

$$= \left[\frac{1}{6}a^2 x^3 - \frac{1}{4}ax^4 + \frac{1}{10}x^5 - \frac{1}{20}(a-x)^5 \right]_0^a$$

$$= \frac{1}{15}a^5$$

$$\therefore \bar{y} = \frac{M_x}{M} = \frac{\frac{1}{15}a^5}{\frac{1}{6}a^4} = \frac{2}{5}a.$$

因为薄片关于 $y = x$ 是对称的,所以 $\bar{x} = \bar{y}$

$\therefore$ 薄片质心坐标为 $\left(\frac{2}{5}a, \frac{2}{5}a \right)$.

7. 利用三重积分计算下列由曲面所围立体的质心(设密度 $\rho = 1$):

(1) $z^2 = x^2 + y^2, z = 1$;

(2) $z = \sqrt{A^2 - x^2 - y^2}, z = \sqrt{a^2 - x^2 - y^2}(A > a > 0), z \geqslant 0$;

(3) $z = x^2 + y^2, x + y = a, x = 0, y = 0, z = 0$.

解　(1) 所围立体是锥体,

由对称性可知 $\bar{x} = \bar{y} = 0$,

$$M = \iiint\limits_{\Omega} \rho \mathrm{d}v = \iint\limits_{x^2+y^2 \leqslant 1} \mathrm{d}x\mathrm{d}y \int_{\sqrt{x^2+y^2}}^1 1 \cdot \mathrm{d}z$$

$$= \iint\limits_{x^2+y^2 \leqslant 1} (1 - \sqrt{x^2 + y^2})\mathrm{d}x\mathrm{d}y$$

$$= \int_0^{2\pi} \mathrm{d}\theta \int_0^1 (1 - r) \cdot r\mathrm{d}r$$

$$= 2\pi \cdot \left(\frac{1}{2} - \frac{1}{3} \right) = \frac{\pi}{3}.$$

静矩 $M_{xy} = \iiint\limits_{\Omega} \rho \cdot z \mathrm{d}v$

$\qquad = \iint\limits_{x^2+y^2\leqslant 1} \mathrm{d}x\mathrm{d}y \int_{\sqrt{x^2+y^2}}^{1} 1 \cdot z \mathrm{d}z$

$\qquad = \dfrac{1}{2} \iint\limits_{x^2+y^2\leqslant 1} [1-(x^2+y^2)]\mathrm{d}x\mathrm{d}y$

$\qquad = \dfrac{1}{2} \int_{0}^{2\pi} \mathrm{d}\theta \int_{0}^{1} (1-r^2) \cdot r\mathrm{d}r$

$\qquad = \dfrac{1}{2} \cdot 2\pi \cdot \left(\dfrac{1}{2} - \dfrac{1}{4} \right) = \dfrac{\pi}{4}$

$\therefore \bar{z} = \dfrac{M_{xy}}{M} = \dfrac{\dfrac{\pi}{4}}{\dfrac{\pi}{3}} = \dfrac{3}{4}$

$\therefore$ 质心为点 $\left(0,0,\dfrac{3}{4}\right)$.

(2) 所围立体为球壳的上半部分

$M = \dfrac{1}{2} \left(\dfrac{4}{3}\pi A^3 - \dfrac{4}{3}\pi a^3 \right) \cdot 1$

$\quad = \dfrac{2\pi}{3}(A^3 - a^3)$

由其对称性知,$\bar{x} = \bar{y} = 0$

Ω 可表示为 $\sqrt{a^2-x^2-y^2} \leqslant z \leqslant \sqrt{A^2-x^2-y^2}$

用球面坐标表示为

$0 \leqslant \theta \leqslant 2\pi, 0 \leqslant \varphi \leqslant \dfrac{\pi}{2}, a \leqslant r \leqslant A$

$\therefore M_{xy} = \iiint\limits_{\Omega} \rho \cdot z \mathrm{d}v$

$\qquad = \iiint\limits_{\Omega} 1 \cdot z \mathrm{d}v$

$\qquad = \int_{0}^{2\pi} \mathrm{d}\theta \int_{0}^{\frac{\pi}{2}} \mathrm{d}\varphi \int_{a}^{A} r\cos\varphi \cdot r^2 \sin\varphi \mathrm{d}r$

$\qquad = 2\pi \int_{0}^{\frac{\pi}{2}} \sin\varphi\cos\varphi \mathrm{d}\varphi \int_{a}^{A} r^3 \mathrm{d}r$

$\qquad = 2\pi \cdot \dfrac{1}{2} \sin^2\varphi \Big|_{0}^{\frac{\pi}{2}} \cdot \dfrac{1}{4} r^4 \Big|_{a}^{A}$

$\qquad = \dfrac{\pi}{4}(A^4 - a^4)$

$$\therefore \bar{z} = \frac{M_{xy}}{M} = \frac{\dfrac{\pi}{4}(A^4 - a^4)}{\dfrac{2\pi}{3}(A^3 - a^3)} = \frac{3(A+a)(A^2 + a^2)}{8(A^2 + Aa + a^2)}$$

$\therefore$ 质心坐标为$\left(0, 0, \dfrac{3(A+a)(A^2 + a^2)}{8(A^2 + Aa + a^2)}\right)$.

(3)$D_{xy} = \{(x,y) \mid x \geqslant 0, y \geqslant 0, x+y \leqslant a\}$

$0 \leqslant z \leqslant x^2 + y^2$

$$M = \iiint_{\Omega} \rho dv = \iint_{D_{xy}} dxdy \int_0^{x^2+y^2} 1 \cdot dz$$

$$= \iint_{D_{xy}} (x^2 + y^2) dxdy$$

$$= \int_0^a dx \int_0^{a-x} (x^2 + y^2) dy$$

$$= \int_0^a \left[x^2(a-x) + \frac{1}{3}(a-x)^3 \right] dx$$

$$= \left[\frac{1}{3} ax^3 - \frac{1}{4} x^4 - \frac{1}{12}(a-x)^4 \right]_0^a$$

$$= \frac{1}{6} a^4$$

$$M_{xy} = \iiint_{\Omega} \rho \cdot zdv = \iint_{D_{xy}} dxdy \int_0^{x^2+y^2} 1 \cdot zdz$$

$$= \frac{1}{2} \int_0^a dx \int_0^{a-x} (x^2 + y^2)^2 dy$$

$$= \frac{1}{2} \int_0^a \left[x^4(a-x) + \frac{2}{3} x^2(a-x)^3 + \frac{1}{5}(a-x)^5 \right] dx$$

$$= \frac{1}{2} \left[\frac{1}{5} ax^5 - \frac{1}{6} x^6 - \frac{1}{30}(a-x)^6 \right]_0^a$$

$$+ \frac{1}{3} \int_0^a (a^3 x^2 - 3a^2 x^3 + 3ax^4 - x^5) dx$$

$$= \frac{1}{2} \cdot \left(\frac{1}{5} - \frac{1}{6} + \frac{1}{30} \right) a^6 + \frac{1}{3} \cdot \left(\frac{1}{3} - \frac{3}{4} + \frac{3}{5} - \frac{1}{6} \right) a^6$$

$$= \frac{7}{180} a^6$$

$$M_{yz} = \iiint_{\Omega} \rho \cdot xdv = \iint_{D_{xy}} dxdy \int_0^{x^2+y^2} 1 \cdot xdz$$

$$= \int_0^a dx \int_0^{a-x} x(x^2 + y^2) dy$$

$$= \int_0^a \left[x^3(a-x) + \frac{1}{3} x(a-x)^3 \right] \mathrm{d}x$$

$$= \left[\frac{1}{4} ax^4 - \frac{1}{5} x^5 + \frac{1}{6} x^2 a^3 - \frac{1}{3} a^2 x^3 + \frac{9}{4} x^4 - \frac{1}{15} x^5 \right]_0^a$$

$$= \left(\frac{1}{4} - \frac{1}{5} + \frac{1}{6} - \frac{1}{3} + \frac{1}{4} - \frac{1}{15} \right) a^5$$

$$= \frac{1}{15} a^5$$

$$\therefore \bar{z} = \frac{M_{xy}}{M} = \frac{\frac{7}{180} a^6}{\frac{1}{6} a^4} = \frac{7}{30} a^2$$

$$\bar{x} = \frac{M_{yz}}{M} = \frac{\frac{1}{15} a^5}{\frac{1}{6} a^4} = \frac{2}{5} a$$

$\because$ 所围立体关于 $y = x$ 面对称 $\therefore \bar{y} = \bar{x}$

$\therefore$ 质心坐标为 $\left(\frac{2}{5} a, \frac{2}{5} a, \frac{7}{30} a^2 \right)$.

8. 设球体占有闭区域 $\Omega = \{(x,y,z) \mid x^2+y^2+z^2 \leqslant 2Rz\}$,它在内部各点处的密度的大小等于该点到坐标原点的距离的平方. 试求这球体的质心.

解 由题意,各点处密度

$\mu(x,y,z) = x^2 + y^2 + z^2$.

Ω 为以 $(0,0,R)$ 为球心,R 为半径的球体.

Ω 用球坐标表示为

$0 \leqslant \theta \leqslant 2\pi, 0 \leqslant \varphi \leqslant \frac{\pi}{2}, 0 \leqslant r \leqslant 2R\cos\varphi.$

由对称性可知 $\bar{x} = \bar{y} = 0$,

$$M = \iiint\limits_{\Omega} \mu(x,y,z) \mathrm{d}x\mathrm{d}y\mathrm{d}z$$

$$= \int_0^{2\pi} \mathrm{d}\theta \int_0^{\frac{\pi}{2}} \mathrm{d}\varphi \int_0^{2R\cos\varphi} r^4 \sin\varphi \mathrm{d}r$$

$$= 2\pi \int_0^{\frac{\pi}{2}} \sin\varphi \cdot \frac{1}{5} (2R\cos\varphi)^5 \mathrm{d}\varphi$$

$$= \frac{64\pi}{5} R^5 \int_0^{\frac{\pi}{2}} \sin\varphi\cos^5\varphi \mathrm{d}\varphi$$

$$= \frac{32\pi}{15} R^5$$

$$M_{xy} = \iiint\limits_{\Omega} \mu(x,y,z) \cdot z \mathrm{d}x \mathrm{d}y \mathrm{d}z$$

$$= \int_0^{2\pi} \mathrm{d}\theta \int_0^{\frac{\pi}{2}} \mathrm{d}\varphi \int_0^{2R\cos\varphi} r^2 \cdot r\cos\varphi \cdot r^2 \sin\varphi \mathrm{d}r$$

$$= 2\pi \int_0^{\frac{\pi}{2}} \sin\varphi\cos\varphi \cdot \frac{1}{6} (2R\cos\varphi)^6 \mathrm{d}\varphi$$

$$= \frac{64\pi}{3} R^6 \int_0^{\frac{\pi}{2}} \sin\varphi\cos^7\varphi \mathrm{d}\varphi.$$

$$= \frac{8\pi}{3} R^6$$

$$\therefore \bar{z} = \frac{M_{xy}}{M} = \frac{\dfrac{8\pi}{3} R^6}{\dfrac{32\pi}{15} R^5} = \frac{5}{4} R$$

$\therefore$ 该球体质心坐标为$(0, 0, \dfrac{5}{4} R)$.

9. 设均匀薄片(面密度为常数 1)所占闭区域 D 如下,求指定的转动惯量:

(1)$D = \left\{ (x,y) \mid \dfrac{x^2}{a^2} + \dfrac{y^2}{b^2} \leqslant 1 \right\}$,求 I_y;

(2)D 由抛物线 $y^2 = \dfrac{9}{2} x$ 与直线 $x = 2$ 所围成,求 I_x 和 I_y;

(3)D 为矩形闭区域$\{ (x,y) \mid 0 \leqslant x \leqslant a, 0 \leqslant y \leqslant b \}$,求 I_x 和 I_y.

解 (1)$I_y = \iint\limits_{D} \mu(x,y) \cdot x^2 \mathrm{d}\sigma$

$$= \iint\limits_{D} 1 \cdot x^2 \mathrm{d}x \mathrm{d}y$$

$$= 4 \int_0^a \mathrm{d}x \int_0^{b\sqrt{1-\frac{x^2}{a^2}}} x^2 \mathrm{d}y \text{(对称性)}$$

$$= 4 \int_0^a bx^2 \sqrt{1 - \frac{x^2}{a^2}} \mathrm{d}x$$

$$= 4 \int_0^{\frac{\pi}{2}} b \cdot a^2 \sin^2\theta \cdot \cos\theta \cdot a\cos\theta \mathrm{d}\theta \text{(令 } x = a\sin\theta)$$

$$= 4a^3 b \int_0^{\frac{\pi}{2}} \sin^2\theta\cos^2\theta \mathrm{d}\theta$$

$$= 4a^3 b \int_0^{\frac{\pi}{2}} \frac{1 - \cos2\theta}{2} \cdot \frac{1 + \cos2\theta}{2} \mathrm{d}\theta$$

$$= a^3 b \int_0^{\frac{\pi}{2}} \left(1 - \frac{1 + \cos4\theta}{2} \right) \mathrm{d}\theta$$

$$= a^3 b \left(\frac{\pi}{4} - 0 \right) = \frac{\pi}{4} a^3 b.$$

(2)D 关于 x 轴对称

$$\therefore I_x = \iint\limits_D y^2 \cdot 1 \cdot \mathrm{d}\sigma$$

$$= 2 \int_0^2 \mathrm{d}x \int_0^{\sqrt{\frac{9}{2}x}} y^2 \mathrm{d}y$$

$$= \frac{2}{3} \int_0^2 \left(\sqrt{\frac{9}{2}x} \right)^3 \mathrm{d}x$$

$$= \frac{9}{\sqrt{2}} \cdot \frac{2}{5} x^{\frac{5}{2}} \Big|_0^2$$

$$= \frac{72}{5}$$

$$I_y = \iint\limits_D x^2 \cdot 1 \cdot \mathrm{d}x\mathrm{d}y$$

$$= 2 \int_0^2 \mathrm{d}x \int_0^{\sqrt{\frac{9}{2}x}} x^2 \mathrm{d}y$$

$$= 2 \int_0^2 \sqrt{\frac{9}{2}} \cdot x^{\frac{5}{2}} \mathrm{d}x$$

$$= 3\sqrt{2} \cdot \frac{2}{7} x^{\frac{7}{2}} \Big|_0^2$$

$$= \frac{96}{7}.$$

(3)$I_x = \iint\limits_D 1 \cdot y^2 \mathrm{d}x\mathrm{d}y$

$$= \int_0^a \mathrm{d}x \int_0^b y^2 \mathrm{d}y$$

$$= \frac{1}{3} ab^3$$

$$I_y = \iint\limits_D 1 \cdot x^2 \mathrm{d}x\mathrm{d}y$$

$$= \int_0^a x^2 \mathrm{d}x \int_0^b \mathrm{d}y$$

$$= \frac{1}{3} a^3 b.$$

10. 已知均匀矩形板(面密度为常量 μ) 的长和宽分别为 b 和 h, 计算此矩形板对于通过其形心且分别与一边平行的两轴的转动惯量.

解　以形心为原点, 建立如图 $9-22$ 坐标系.

则 I_x、I_y 即为所求.

由对称性,

$$I_x = \iint\limits_{D} dxdy \cdot \mu \cdot y^2$$

$$= 4\mu \int_0^{\frac{h}{2}} dy \int_0^{\frac{b}{2}} y^2 dx$$

$$= 2\mu b \int_0^{\frac{h}{2}} y^2 dy$$

$$= \frac{\mu bh^3}{12} = \frac{M}{12} h^2$$

$$I_y = \iint\limits_{D} \mu \cdot x^2 dxdy$$

$$= 4\mu \int_0^{\frac{h}{2}} dy \int_0^{\frac{b}{2}} x^2 dx$$

$$= \frac{\mu b^3 h}{12} = \frac{M}{12} b^2$$

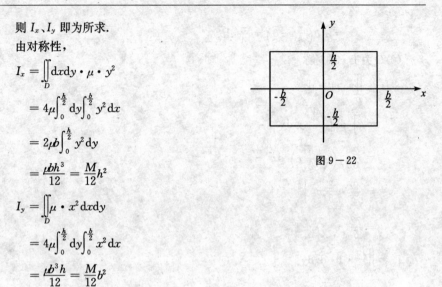

图 9-22

其中 M 为矩形板的质量.

11. 一均匀物体(密度 ρ 为常量)占有的闭区域 Ω 由曲面 $z = x^2 + y^2$ 和平面 $z = 0$, $|x| = a$, $|y| = a$ 所围成,

(1) 求物体的体积;

(2) 求物体的质心;

(3) 求物体关于 z 轴的转动惯量.

解 (1) 由对称性,(Ω 关于 xOz,yOz 面均对称)

$$V = \iint\limits_{D_{xy}} (x^2 + y^2) dxdy$$

$$= 4 \int_0^a dx \int_0^a (x^2 + y^2) dy$$

$$= 4 \int_0^a (ax^2 + \frac{1}{3} a^3) dx$$

$$= \frac{8}{3} a^4$$

$\therefore$ 物体的体积为 $\frac{8}{3} a^4$.

(2) $M_{xy} = \iint\limits_{\Omega} \rho \cdot z dxdydz$

$$= \rho \iint\limits_{D_{xy}} dxdy \int_0^{x^2+y^2} z dz$$

$$= \frac{\rho}{2} \cdot 4 \int_0^a \mathrm{d}x \int_0^a (x^2 + y^2)^2 \mathrm{d}y$$

$$= \frac{\rho}{2} \cdot 4 \int_0^a \left(ax^4 + \frac{2}{3} a^3 x^2 + \frac{1}{5} a^5 \right) \mathrm{d}x$$

$$= 2\rho \cdot \left(\frac{1}{5} + \frac{2}{9} + \frac{1}{5} \right) a^6$$

$$= \frac{56}{45} \rho a^6$$

$$\therefore \bar{z} = \frac{M_{xy}}{M} = \frac{M_{xy}}{\rho V} = \frac{\frac{56}{45} \rho a^6}{\rho \cdot \frac{8}{3} a^4} = \frac{7}{15} a^2$$

由对称性知 $\bar{x} = \bar{y} = 0$

$\therefore$ 物体的质心坐标为 $(0, 0, \frac{7}{15} a^2)$.

(3) 由对称性得

$$I_z = \iiint_\Omega \rho \cdot (x^2 + y^2) \mathrm{d}x\mathrm{d}y\mathrm{d}z$$

$$= \rho \iint_{D_{xy}} \mathrm{d}x\mathrm{d}y \int_0^{x^2+y^2} (x^2 + y^2) \mathrm{d}z$$

$$= 4\rho \int_0^a \mathrm{d}x \int_0^a (x^2 + y^2)^2 \mathrm{d}y$$

$$= 4\rho \int_0^a \left(ax^4 + \frac{2}{3} a^3 x^2 + \frac{1}{5} a^5 \right) \mathrm{d}x$$

$$= 4\rho \cdot \left(\frac{1}{5} + \frac{2}{9} + \frac{1}{5} \right) a^6$$

$$= \frac{112}{45} \rho a^6.$$

12. 求半径为 a、高为 h 的均匀圆柱体对于过中心而平行于母线的轴的转动惯量(设密设 $\rho = 1$).

解　$I_z = \iiint_\Omega 1 \cdot r^2 \mathrm{d}v$

$$= \int_0^{2\pi} \mathrm{d}\theta \int_0^a r^2 \cdot r \mathrm{d}r \cdot \int_0^h \mathrm{d}z$$

$$= 2\pi h \cdot \frac{1}{4} r^4 \Big|_0^a = \frac{\pi h a^4}{2} = \frac{M}{2} a^2$$

其中 $M = \pi a^2 h$ 为柱体质量.

$\therefore$ 所求转动惯量为 $\frac{M}{2} a^2$.

13. 设面密度为常量 μ 的匀质半圆环形薄片占有闭区域 $D = \{(x,y,0) \mid R_1 \leqslant \sqrt{x^2+y^2} \leqslant R_2, x \geqslant 0\}$，求它对位于 z 轴上点 $M_0(0,0,a)(a>0)$ 处单位质量的质点的引力 F.

解　如图 $9-23$，由对称性(D 关于 x 轴对称)知，

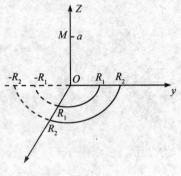

图 $9-23$

$Fy = 0$.

D 用极坐标表示为 $R_1 \leqslant r \leqslant R_2, -\dfrac{\pi}{2} \leqslant \theta \leqslant \dfrac{\pi}{2}$.

$\mathrm{d}M = \mu \mathrm{d}x\mathrm{d}y$

$\therefore \mathrm{d}F = G\dfrac{\mathrm{d}M \cdot 1}{x^2+y^2+a^2} = \dfrac{\mu G}{x^2+y^2+a^2}\mathrm{d}x\mathrm{d}y$.

$\mathrm{d}F_x = \mathrm{d}F \cdot \dfrac{x-0}{\sqrt{x^2+y^2+a^2}} = \dfrac{\mu Gx}{(x^2+y^2+a^2)^{\frac{3}{2}}}\mathrm{d}x\mathrm{d}y$.

$\mathrm{d}F_z = \dfrac{-\mu Ga}{(x^2+y^2+a^2)^{\frac{3}{2}}}\mathrm{d}x\mathrm{d}y$.

$\therefore Fx = \iint\limits_{D}\mathrm{d}F_x = \iint\limits_{D}\dfrac{\mu Gx}{(x^2+y^2+a^2)^{\frac{3}{2}}}\mathrm{d}x\mathrm{d}y$

$= \mu G\displaystyle\int_{-\frac{\pi}{2}}^{\frac{\pi}{2}}\mathrm{d}\theta\int_{R_1}^{R_2}\dfrac{r\cos\theta}{(r^2+a^2)^{\frac{3}{2}}} \cdot r\mathrm{d}r$

$= \mu G\displaystyle\int_{-\frac{\pi}{2}}^{\frac{\pi}{2}}\cos\theta\mathrm{d}\theta\int_{R_1}^{R_2}\dfrac{r^2}{(r^2+a^2)^{\frac{3}{2}}}\mathrm{d}r$

$= 2\mu G\displaystyle\int_{\arctan\frac{R_1}{a}}^{\arctan\frac{R_2}{a}}\dfrac{a^2\tan^2\alpha}{a^3\sec^3\alpha} \cdot a\dfrac{1}{\cos^2\alpha}\mathrm{d}\alpha$

($\diamondsuit\ r = a\tan\alpha$)

$= 2\mu G\displaystyle\int_{\arctan\frac{R_1}{a}}^{\arctan\frac{R_2}{a}}\dfrac{\sin^2\alpha}{\cos\alpha}\mathrm{d}\alpha$.

$$= 2\mu G \int_{\arctan\frac{R_1}{a}}^{\arctan\frac{R_2}{a}} (\sec\alpha - \cos\alpha) \mathrm{d}\alpha$$

$$= 2\mu G \left[\ln(\sec\alpha + \tan\alpha) - \sin\alpha \right]_{\arctan\frac{R_1}{a}}^{\arctan\frac{R_2}{a}}$$

$$= 2\mu G \left[\ln \frac{\sqrt{1+\dfrac{R_2^2}{a^2}} + \dfrac{R_2}{a}}{\sqrt{1+\dfrac{R_1^2}{a^2}} + \dfrac{R_1}{a}} - \frac{R_2}{\sqrt{R_2^2 + a^2}} + \frac{R_1}{\sqrt{R_1^2 + R^2}} \right]$$

$$= 2\mu G \left(\ln \frac{\sqrt{a^2 + R_2^2} + R_2}{\sqrt{a^2 + R_1^2} + R_1} - \frac{R_2}{\sqrt{a^2 + R_2^2}} + \frac{R_1}{\sqrt{a^2 + R_1^2}} \right).$$

$$F_z = \iint\limits_{D} - \frac{\mu Ga}{(x^2 + y^2 + a^2)^{\frac{3}{2}}} \mathrm{d}x\mathrm{d}y$$

$$= -\mu Ga \int_{-\frac{\pi}{2}}^{\frac{\pi}{2}} \mathrm{d}\theta \int_{R_1}^{R_2} \frac{1}{(r^2 + a^2)^{\frac{3}{2}}} \cdot r\mathrm{d}r$$

$$= -\pi\mu Ga \cdot \left(-\frac{1}{(r^2 + a^2)^{\frac{1}{2}}} \right) \Big|_{R_1}^{R_2}$$

$$= \pi\mu Ga \left(\frac{1}{\sqrt{a^2 + R_2^2}} - \frac{1}{\sqrt{a^2 + R_1^2}} \right)$$

∴ 所求引力 $\boldsymbol{F} = \{F_x, 0, F_z\}$.

14. 设均匀柱体密度为 ρ, 占有闭区域 $\Omega = \{(x,y,z) \mid x^2 + y^2 \leqslant R^2, 0 \leqslant z \leqslant h\}$, 求它对于位于点 $M_0(0,0,a)(a > h)$ 处的单位质量的质点的引力.

解　由柱体的对称性知 $F_x = F_y = 0$.

Ω 用柱面坐标表示为

$$0 \leqslant \theta \leqslant 2\pi, 0 \leqslant r \leqslant R, 0 \leqslant z \leqslant h$$

$$\mathrm{d}F_z = \frac{G\rho \cdot 1 \cdot (z-a)}{[x^2 + y^2 + (z-a)^2]^{\frac{3}{2}}} \mathrm{d}v$$

$$F_z = \iiint\limits_{\Omega} \mathrm{d}F_z$$

$$= G\rho \int_0^{2\pi} \mathrm{d}\theta \int_0^R r\mathrm{d}r \int_0^h \frac{z-a}{[r^2 + (z-a)^2]^{\frac{3}{2}}} \mathrm{d}z$$

$$= 2\pi G\rho \int_0^R r\mathrm{d}r \int_{-a}^{h-a} \frac{t}{(r^2 + t^2)^{\frac{3}{2}}} \mathrm{d}t (t = z-a)$$

$$= 2\pi G\rho \int_0^R r \cdot \left[-\frac{1}{\sqrt{r^2 + t^2}} \right]_{-a}^{h-a} \mathrm{d}r$$

$$= 2\pi G\rho \int_0^R \left(\frac{r}{\sqrt{a^2 + r^2}} - \frac{r}{\sqrt{r^2 + (h-a)^2}} \right) \mathrm{d}r$$

$$= 2\pi G\rho \left[\sqrt{a^2+r^2} - \sqrt{r^2+(h-a)^2} \right]_0^R$$

$$= 2\pi G\rho \left(\sqrt{a^2+R^2} - a - \sqrt{R^2+(h-a)^2} + a - h \right)$$

$$= 2\pi G\rho \left(\sqrt{a^2+R^2} - \sqrt{R^2+(h-a)^2} - h \right)$$

$$\therefore \boldsymbol{F} = \{0, 0, F_z\}$$

即为所求引力.

习题 9—5

1. 求下列含参变量的积分所确定的函数的极限:

(1) $\lim\limits_{x \to 0} \int_x^{1+x} \dfrac{\mathrm{d}x}{1+x^2+y^2}$;　　　　　(2) $\lim\limits_{x \to 0} \int_{-1}^1 \sqrt{x^2+y^2}\,\mathrm{d}y$;

(3) $\lim\limits_{x \to 0} \int_0^2 y^2 \cos(xy)\,\mathrm{d}y$.

解　(1) $f(x,y) = \dfrac{1}{1+x^2+y^2}$ 及 $\dfrac{\partial f(x,y)}{\partial x}$ 在平面空间 R^2 上连续, $y=x$ 和 $y=1+x$ 均在 R 上可微.

$\therefore \varphi(x) = \displaystyle\int_x^{1+x} \dfrac{\mathrm{d}y}{1+x^2+y^2}$ 在 R 上连续

$\therefore \lim\limits_{x \to 0} \displaystyle\int_x^{1+x} \dfrac{\mathrm{d}y}{1+x^2+y^2} = \int_0^1 \dfrac{\mathrm{d}y}{1+0+y^2} = \arctan 1 = \dfrac{\pi}{4}$.

(2) $\because f(x,y) = \sqrt{x^2+y^2}$ 在 R^2 上连续

$\therefore \varphi(x) = \displaystyle\int_{-1}^1 \sqrt{x^2+y^2}\,\mathrm{d}y = \int_{-1}^1 \sqrt{0+y^2}\,\mathrm{d}y$

$\qquad = \displaystyle\int_0^1 y\,\mathrm{d}y + \int_{-1}^0 (-y)\,\mathrm{d}y$

$\qquad = \dfrac{1}{2} + \dfrac{1}{2} = 1.$

(3) $\because f(x,y) = y^2 \cos(xy)$ 在 R^2 上连续

$\therefore \varphi(x) = \displaystyle\int_0^2 y^2 \cos(xy)\,\mathrm{d}y$ 在 R 上连续

$\therefore \lim\limits_{x \to 0} \displaystyle\int_0^2 y^2 \cos(xy)\,\mathrm{d}y$

$= \displaystyle\int_0^2 y^2 \cos 0\,\mathrm{d}y$

$= \dfrac{1}{3} y^3 \Big|_0^2 = \dfrac{8}{3}.$

2. 求下列函数的导数:

$(1)\varphi(x)=\int_{\sin x}^{\cos x}(y^2\sin x-y^3)\mathrm{d}y;$　　　$(2)\varphi(x)=\int_0^x\dfrac{\ln(1+xy)}{y}\mathrm{d}y;$

$(3)\varphi(x)=\int_{x^2}^{x^3}\arctan\dfrac{y}{x}\mathrm{d}y;$　　　$(4)\varphi(x)=\int_x^{x^2}\mathrm{e}^{-xy^2}\mathrm{d}y.$

解　$(1)f(x,y)=y^2\sin x-y^3$ 及 $\dfrac{\partial f(x,y)}{\partial x}$ 在 R^2 上连续, $\alpha(x)=\sin x,\beta(x)=\cos x$
均在 R 上可微.

∴根据莱布尼次公式,

$$\varphi'(x)=\int_{\sin x}^{\cos x}\frac{\partial f(x,y)}{\partial x}\mathrm{d}y+f(x,\cos x)\cdot\beta'(x)-f(x,\sin x)\cdot\alpha'(x)$$

$$=\int_{\sin x}^{\cos x}y^2\cos x\mathrm{d}y-f(x,\cos x)\cdot\sin x-f(x,\sin x)\cdot\cos x$$

$$=\frac{\cos x}{3}(\cos^3x-\sin^3x)-(\sin x\cdot\cos^2x-\cos^3x)\cdot\sin x-(\sin^3x-\sin^3x)\cos x$$

$$=\frac{\cos x}{3}(\cos^3x-3\sin^2x\cos x-\sin^3x+3\cos^3x\sin x)$$

$$=\frac{\cos x}{3}\big[\cos x(1-4\sin^2x)-\sin x(1-4\cos^2x)\big]$$

$$=\frac{\cos x}{3}(\cos x-\sin x)(1+2\sin2x).$$

$$(2)\varphi'(x)=\int_0^x\frac{y}{(1+xy)\cdot y}\mathrm{d}y+\frac{\ln(1+x^2)}{x}\cdot1-0$$

$$=\int_0^x\frac{1}{1+xy}\mathrm{d}y+\frac{\ln(1+x^2)}{x}$$

$$=\Big[\frac{1}{x}\ln(1+xy)\Big]_0^x+\frac{\ln(1+x^2)}{x}$$

$$=\frac{2\ln(1+x^2)}{x}.$$

$$(3)\varphi'(x)=\int_{x^2}^{x^3}\frac{-\dfrac{y}{x^2}}{1+\Big(\dfrac{y}{x}\Big)^2}\mathrm{d}y+3x^2\cdot\arctan\frac{x^3}{x}-2x\arctan\frac{x^2}{x}$$

$$=\int_{x^2}^{x^3}\frac{-y}{x^2+y^2}\mathrm{d}y+3x^2\arctan x^2-2x\arctan x$$

$$=-\frac{1}{2}\ln(x^2+y^2)\Big|_{x^2}^{x^3}+3x^2\arctan x^2-2x\arctan x$$

$$=\frac{1}{2}\ln\frac{x^2+x^4}{x^2+x^6}+x(3x\arctan x^2-2\arctan x)$$

$$=\frac{1}{2}\ln\frac{x^2+1}{x^4+1}+x(3x\arctan x^2-2\arctan x).$$

$(4)\varphi'(x) = \int_x^{x^2} -y^2 e^{-xy^2}\,dy + 2x \cdot e^{-x \cdot x^4} - e^{-x \cdot x^2}$

$= -\int_x^{x^2} y^2 e^{-xy^2}\,dy + 2xe^{-x^5} - e^{-x^3}.$

3. 设 $F(x) = \int_0^x (x+y)f(y)dy$,其中 $f(y)$ 为可微分的函数,求 $F''(x)$.

解　$F'(x) = \int_0^x f(y)dy + 2xf(x) - 0$

$= \int_0^x f(y)dy + 2xf(x)$

$\therefore F''(x) = 0 + f(x) - 0 + 2f(x) + 2xf'(x)$

$= 3f(x) + 2xf'(x).$

4. 应用对参数的微分法,计算下列积分:

$(1)I = \int_0^{\frac{\pi}{2}} \ln\frac{1+a\cos x}{1-a\cos x} \cdot \frac{dx}{\cos x} (|a| < 1);$

$(2)I = \int_0^{\frac{\pi}{2}} \ln(\cos^2 x + a^2 \sin^2 x)dx \quad (a > 0).$

解　(1) 设 $f(a) = \int_0^{\frac{\pi}{2}} \ln\frac{1+a\cos x}{1-a\cos x} \cdot \frac{dx}{\cos x},$

则 $f(0) = \int_0^{\frac{\pi}{2}} \ln\frac{1+0}{1-0} \cdot \frac{dx}{\cos x} = 0$

$f'(a) = \int_0^{\frac{\pi}{2}} \dfrac{\dfrac{-2(-\cos x)}{(1-a\cos x)^2}}{\dfrac{1+a\cos x}{1-a\cos x}} \cdot \frac{dx}{\cos x}$

$= \int_0^{\frac{\pi}{2}} \frac{2\cos x}{1-a^2\cos^2 x} \cdot \frac{dx}{\cos x}$

$= 2\int_0^{\frac{\pi}{2}} \frac{d\tan x}{1-a^2+\tan^2 x}$

$= \frac{2}{\sqrt{1-a^2}} \int_0^{\frac{\pi}{2}} \frac{d\left(\dfrac{\tan x}{\sqrt{1-a^2}}\right)}{1+\left(\dfrac{\tan x}{\sqrt{1-a^2}}\right)^2}$

$= \frac{2}{\sqrt{1-a^2}} \cdot \arctan\left(\frac{\tan x}{\sqrt{1-a^2}}\right)\Big|_0^{\frac{\pi}{2}}$

$= \frac{2}{\sqrt{1-a^2}} \cdot \frac{\pi}{2} = \frac{\pi}{\sqrt{1-a^2}}.$

$\therefore I = f(a) = f(a) - f(0)$

$$= \int_0^a \frac{\pi}{\sqrt{1-a^2}} da$$

$$= \pi \arcsin a.$$

（2）设 $f(a) = \int_0^{\frac{\pi}{2}} \ln(\cos^2 x + a^2 \sin^2 x) dx$

则 $f(1) = \int_0^{\frac{\pi}{2}} \ln(\cos^2 x + 1 \cdot \sin^2 x) dx = 0$

$$f'(a) = \int_0^{\frac{\pi}{2}} \frac{2a \sin^2 x}{\cos^2 x + a^2 \sin^2 x} dx$$

$$= \int_0^{\frac{\pi}{2}} \frac{2a \tan^2 x}{1 + a^2 \tan^2 x} dx$$

$$= 2a \int_0^{+\infty} \frac{t^2}{1 + a^2 t^2} \cdot \frac{1}{1 + t^2} dt$$

$$= \frac{2}{a} \int_0^{+\infty} \left(\frac{t^2}{t^2 + \frac{1}{a^2}} \cdot \frac{1}{t^2 + 1} \right) dt \, (t = \tan x)$$

$$= \frac{2}{a} \int_0^{+\infty} \left(\frac{-\frac{1}{a^2}}{1 - \frac{1}{a^2}} + \frac{\frac{1}{1 - \frac{1}{a^2}}}{t^2 + 1} \right) dt$$

$$= \frac{2}{a} \int_0^{+\infty} \left(\frac{1}{a^2 - 1} \cdot \frac{1}{t^2 + \frac{1}{a^2}} + \frac{a^2}{a^2 - 1} \cdot \frac{1}{t^2 + 1} \right) dt$$

$$= \frac{2}{a} \left[\frac{-a}{a^2 - 1} \arctan at + \frac{a^2}{a^2 - 1} \arctan t \right]_0^{+\infty}$$

$$= \frac{2}{a} \left[\frac{-a}{a^2 - 1} \cdot \frac{\pi}{2} + \frac{a^2}{a^2 - 1} \cdot \frac{\pi}{2} \right]$$

$$= \frac{\pi}{a + 1} (a \neq 1)$$

$$\therefore I = f(a) = f(a) - f(1)$$

$$= \int_1^a \frac{\pi}{x + 1} dx$$

$$= \pi \cdot \ln(x + 1) \Big|_1^a = \pi \ln \frac{a + 1}{2}.$$

5. 计算下列积分：

（1）$\int_0^1 \frac{\arctan x}{x} \frac{dx}{\sqrt{1 - x^2}}$；

$(2) \int_0^1 \sin(\ln \frac{1}{x}) \frac{x^b - x^a}{\ln x} dx (0 < a < b).$

解 (1) $\because \int_0^1 \frac{1}{1+x^2 y^2} dy = \frac{\arctan x}{x}$

$\therefore \int_0^1 \frac{\arctan x}{x} \frac{dx}{\sqrt{1-x^2}} = \int_0^1 \frac{dx}{\sqrt{1-x^2}} \int_0^1 \frac{1}{1+x^2 y^2} dy$

$$= \int_0^1 dy \int_0^1 \frac{1}{(1+x^2 y^2)\sqrt{1-x^2}} dx$$

$$= \int_0^1 dy \int_0^{\frac{\pi}{2}} \frac{1}{(1+y^2 \sin^2\theta)\cos\theta} \cdot \cos\theta d\theta (x = \sin\theta)$$

$$= \int_0^1 dy \int_0^{\frac{\pi}{2}} \frac{1}{\frac{1}{\cos^2\theta} + y^2 \tan^2\theta} d\tan\theta$$

$$= \int_0^1 dy \int_0^{\frac{\pi}{2}} \frac{1}{1+(y^2+1)\tan^2\theta} d\tan\theta$$

$$= \int_0^1 \frac{1}{\sqrt{y^2+1}} \left[\arctan(\sqrt{y^2+1}\tan\theta) \right]_0^{\frac{\pi}{2}} dy$$

$$= \int_0^1 \frac{\frac{\pi}{2}}{\sqrt{y^2+1}} dy$$

$$= \frac{\pi}{2} \left[\ln(y + \sqrt{y^2+1}) \right]_0^1$$

$$= \frac{\pi}{2} \ln(\sqrt{2}+1).$$

$(2) \because \int_a^b x^y dy = \frac{x^b - x^a}{\ln x}$

$\therefore \int_0^1 \sin\left(\ln \frac{1}{x}\right) \frac{x^b - x^a}{\ln x} dx = \int_0^1 \sin\left(\ln \frac{1}{x}\right) dx \int_a^b x^y dy$

$\because \lim_{x \to 0} \sin\left(\ln \frac{1}{x}\right) \cdot x^y = 0$

$\therefore$ 定义 $f(x,y) = \sin\left(\ln \frac{1}{x}\right) \cdot x^y$ 在 $x = 0$ 时等于 0

则 $f(x,y)$ 在 $R = [0,1] \times [a,b]$ 上连续.

$\therefore$ 原式 $= \int_a^b dy \int_0^1 \sin\left(\ln \frac{1}{x}\right) x^y dx.$

令 $x = e^{-t}$ 则

$$\int_0^1 \sin\left(\ln\frac{1}{x}\right)x^y \mathrm{d}x$$

$$= \int_{+\infty}^0 \sin t \cdot x^{-yt} \cdot \mathrm{e}^{-t} \cdot (-1)\mathrm{d}t$$

$$= \int_0^{+\infty} \mathrm{e}^{-(y+1)t}\sin t \mathrm{d}t.$$

$$\because \int_0^{+\infty} \mathrm{e}^{mt}\sin t \mathrm{d}t (\text{设 } m = -(y+1) < 0)$$

$$= \left[\frac{\sin t}{m}\mathrm{e}^{mt}\right]_0^{+\infty} - \int_0^{+\infty}\frac{\cos t}{m}\mathrm{e}^{mt}\mathrm{d}t$$

$$= \left[\frac{\sin t}{m}\mathrm{e}^{mt}\right]_0^{+\infty} - \left[\frac{1}{m^2}\cos t \mathrm{e}^{mt}\right]_0^{+\infty} - \int_0^{+\infty}\frac{1}{m^2}\sin t \mathrm{e}^{mt}\mathrm{d}t$$

$$\therefore \left(1 + \frac{1}{m^2}\right)\int_0^{+\infty}\sin t \mathrm{e}^{mt}\mathrm{d}t = \left[\frac{\sin t}{m}\mathrm{e}^{mt} - \frac{1}{m^2}\cos t \mathrm{e}^{mt}\right]_0^{+\infty}$$

$$= (0-0) - \left(0 - \frac{1}{m^2}\right)(m < 0)$$

$$= \frac{1}{m^2}$$

$$\therefore \int_0^{+\infty}\sin t \mathrm{e}^{mt}\mathrm{d}t = \frac{1}{m^2+1}$$

$$\therefore \int_0^{+\infty}\mathrm{e}^{-(y+1)t}\sin t \mathrm{d}t = \frac{1}{1+(y+1)^2}$$

$$\therefore 原式 = \int_a^b \frac{1}{1+(y+1)^2}\mathrm{d}y$$

$$= \arctan(y+1)\,|_a^b$$

$$= \arctan(b+1) - \arctan(a+1).$$

总习题九

1. 选择以下各题中给出的四个结论中一个正确的结论：

(1) 设有空间闭区域 $\Omega_2 = \{(x,y,z) \mid x^2+y^2+z^2 \leqslant R^2, z \geqslant 0\}, \Omega_2 = \{(x,y,z) \mid x^2+y^2+z^2 \leqslant R^2, x \geqslant 0, y \geqslant 0, z \geqslant 0\}$，则有_____.

(A) $\iiint\limits_{\Omega_1} x\mathrm{d}v = 4\iiint\limits_{\Omega_2} x\mathrm{d}v$ 　　　　(B) $\iiint\limits_{\Omega_1} y\mathrm{d}v = 4\iiint\limits_{\Omega_2} y\mathrm{d}v$

(C) $\iiint\limits_{\Omega_1} z\mathrm{d}v = 4\iiint\limits_{\Omega_2} z\mathrm{d}v$ 　　　　(D) $\iiint\limits_{\Omega_1} xyz\mathrm{d}v = 4\iiint\limits_{\Omega_2} xyz\mathrm{d}v$

(2) 设有平面闭区域 $D = \{(x,y) \mid -a \leqslant x \leqslant a, x \leqslant y \leqslant a\}, D_1 = \{(x,y) \mid 0 \leqslant$

$x \leqslant a, x \leqslant y \leqslant a\}$. 则 $\iint\limits_{D}(xy + \cos x \sin y)\mathrm{d}x\mathrm{d}y = $ _____.

(A)$2\iint\limits_{D_1}\cos x \sin y \mathrm{d}x\mathrm{d}y$　　　　　　(B)$2\iint\limits_{D_1}xy\mathrm{d}x\mathrm{d}y$

(C)$4\iint\limits_{D_1}(xy + \cos x \sin y)\mathrm{d}x\mathrm{d}y$　　(D)0

解　(1) 选(C).

Ω_1 为球体上一半，Ω_2 为球体在第一卦限内部分，又因为 Ω_1 关于 yOz，xOz 面均对称

所以 $\iiint\limits_{\Omega_1}x\mathrm{d}v = \iiint\limits_{\Omega_1}y\mathrm{d}v\iiint\limits_{\Omega_1}xyz\mathrm{d}v = 0.$

而 $\iiint\limits_{\Omega_2}x\mathrm{d}v, \iiint\limits_{\Omega_2}y\mathrm{d}v, \iiint\limits_{\Omega_2}xyz\mathrm{d}v$，均大于 0，

$\iiint\limits_{\Omega_1}z\mathrm{d}v = 4\iiint\limits_{\Omega_2}z\mathrm{d}v$ 正确.

(2) 选(A).

如图 $9-24$，有 $D = D_1 \cup D_2 \cup D_3 \cup D_4$

且 D_1, D_2, D_3, D_4 之间均无公共内点.

D_1、D_2 关于 y 轴对称，D_3、D_4 关于 x 轴对称

$\therefore \iint\limits_{D_1+D_2}xy\mathrm{d}x\mathrm{d}y = 0, \iint\limits_{D_3+D_4}xy\mathrm{d}x\mathrm{d}y = 0$

$\therefore \iint\limits_{D}xy\mathrm{d}x\mathrm{d}y = 0$

$\therefore \iint\limits_{D_1+D_2}\cos x \sin y \mathrm{d}x\mathrm{d}y = 2\iint\limits_{D_1}\cos x \sin y \mathrm{d}x\mathrm{d}y$

$\iint\limits_{D_3+D_4}\cos x \sin y \mathrm{d}x\mathrm{d}y = 0$

$\therefore \iint\limits_{D}(xy + \cos x \sin y)\mathrm{d}x\mathrm{d}y = 2\iint\limits_{D_1}\cos x \sin y \mathrm{d}x\mathrm{d}y.$

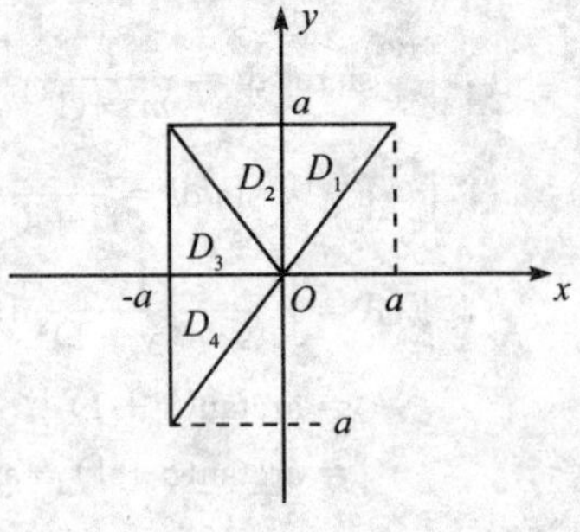

图 $9-24$

2. 计算下列二重积分:

(1)$\iint\limits_{D}(1+x)\sin y \mathrm{d}\sigma$，其中 D 是顶点分别为$(0,0)$,$(1,0)$,$(1,2)$ 和$(0,1)$ 的梯形闭区域;

(2)$\iint\limits_{D}(x^2 - y^2)\mathrm{d}\sigma$，其中 $D = \{(x,y) \mid 0 \leqslant y \leqslant \sin x, 0 \leqslant x \leqslant \pi\}$;

(3) $\iint\limits_D \sqrt{R^2-x^2-y^2}\,\mathrm{d}\sigma$,其中 D 是圆周 $x^2+y^2=Rx$ 所围成的闭区域;

(4) $\iint\limits_D (y^2+3x-6y+9)\,\mathrm{d}\sigma$,其中 $D=\{(x,y)\mid x^2+y^2\leqslant R^2\}$.

解　(1) $D=\{(x,y)\mid 0\leqslant x\leqslant 1,0\leqslant y\leqslant x+1\}$

$\therefore \iint\limits_D (1+x)\sin y\,\mathrm{d}\sigma=\int_0^1\mathrm{d}x\int_0^{x+1}(1+x)\sin y\,\mathrm{d}y$

$$=\int_0^1(x+1)[1-\cos(x+1)]\,\mathrm{d}x$$

$$=\int_0^1(x+1)\,\mathrm{d}x-\int_0^1(x+1)\cos(x+1)\,\mathrm{d}x$$

$$=\frac{1}{2}+1-\int_1^2 t\cos t\,\mathrm{d}t\,(t=x+1)$$

$$=\frac{3}{2}-[t\sin t+\cos t]_1^2$$

$$=\frac{3}{2}-2\sin2-\cos2+\sin1+\cos1.$$

(2) $\iint\limits_D (x^2-y^2)\,\mathrm{d}\sigma=\int_0^{\pi}\mathrm{d}x\int_0^{\sin x}(x^2-y^2)\,\mathrm{d}y$

$$=\int_0^{\pi}\left[x^2y-\frac{1}{3}y^2\right]_0^{\sin x}\mathrm{d}x$$

$$=\int_0^{\pi}\left(x^2\sin x-\frac{1}{3}\sin^3 x\right)\mathrm{d}x$$

$$=\int_0^{\pi}x^2\sin x\,\mathrm{d}x-\frac{1}{3}\int_0^{\pi}\sin x(1-\cos^2 x)\,\mathrm{d}x$$

$$=\left[-x^2\cos x+2x\sin x+2\cos x\right]_0^{\pi}-\frac{1}{3}\left[\frac{1}{3}\cos^3 x-\cos x\right]_0^{\pi}$$

$$=\pi-2-2-\frac{1}{3}\cdot\left[-\frac{1}{3}+1-\frac{1}{3}+1\right]$$

$$=\pi^2-\frac{40}{9}.$$

(3) $D=\{(x,y)\mid x^2+y^2\leqslant Rx\}$

用极坐标表示为

$$0\leqslant r\leqslant R\cos\theta,-\frac{\pi}{2}\leqslant\theta\leqslant\frac{\pi}{2}.$$

$\therefore \iint\limits_D \sqrt{R^2-x^2-y^2}\,\mathrm{d}\sigma=\iint\limits_D \sqrt{R^2-r^2}\cdot r\,\mathrm{d}r\mathrm{d}\theta$

$$=2\int_0^{\frac{\pi}{2}}\mathrm{d}\theta\int_0^{R\cos\theta}r\sqrt{R^2-r^2}\,\mathrm{d}r(对称性)$$

$$= 2\int_0^{\frac{\pi}{2}} -\frac{1}{3}(R^2 - r^2)^{\frac{3}{2}} \Big|_0^{R\cos\theta} \mathrm{d}\theta$$

$$= -\frac{2}{3}\int_0^{\frac{\pi}{2}} R^3(\sin^3\theta - 1)\mathrm{d}\theta$$

$$= \frac{2R^3}{3}\int_0^{\frac{\pi}{2}} [1 - \sin\theta(1 - \cos^2\theta)]\mathrm{d}\theta$$

$$= \frac{2R^3}{3}\left[\theta + \cos\theta - \frac{1}{3}\cos^3\theta\right]_0^{\frac{\pi}{2}}$$

$$= \frac{2R^3}{3} \cdot \left[\frac{\pi}{2} + (-1) + \frac{1}{3}\right]$$

$$= \frac{R^3(3\pi - 4)}{9}.$$

(4) $D = \{(x,y) \,|-R \leqslant x \leqslant R, -\sqrt{R^2 - x^2} \leqslant y \leqslant \sqrt{R^2 - x^2}\}.$

$$\therefore \iint\limits_D (y^2 + 3x - 6y - 9)\mathrm{d}\sigma$$

$$= \int_{-R}^{R} \mathrm{d}x \int_{-\sqrt{R^2-x^2}}^{\sqrt{R^2-x^2}} [(y-3)^2 + 3x]\mathrm{d}y$$

$$= \int_{-R}^{R} \left[\frac{1}{3}(y-3)^3 + 3xy\right]_{-\sqrt{R^2-x^2}}^{\sqrt{R^2-x^2}} \mathrm{d}x$$

$$= \frac{2}{3}\int_{-R}^{R} (\sqrt{R^2 - x^2} \cdot (R^2 - x^2 + 27) \cdot \mathrm{d}x + \int_{-R}^{R} 6x\sqrt{R^2 - x^2}\mathrm{d}x$$

由对称性,$\int_{-R}^{R} 6x\sqrt{R^2 - x^2}\mathrm{d}x = 0.$

$$\int_{-R}^{R} \sqrt{R^2 - x^2}(R^2 - x^2 + 27)\mathrm{d}x$$

$$= 2\int_0^{R} \sqrt{R^2 - x^2}(R^2 - x^2 + 27)\mathrm{d}x$$

$$= 2\int_0^{\frac{\pi}{2}} R\cos\theta(R^2\cos^2\theta + 27) \cdot R\cos\theta\mathrm{d}\theta$$

(令 $x = R\sin\theta$)

$$= 2R^2\int_0^{\frac{\pi}{2}} \cos^2\theta(R^2\cos^2\theta + 27)\mathrm{d}\theta$$

$$= 2R^2\int_0^{\frac{\pi}{2}} \left[\frac{27(1 + \cos2\theta)}{2} + R^2\left(\frac{1 + \cos2\theta}{2}\right)^2\right]\mathrm{d}\theta$$

$$= \frac{3}{8}\pi R^4 + \frac{27}{2}\pi R^2$$

$$\therefore 原式 = \frac{2}{3}\left(\frac{3}{8}\pi R^4 + \frac{27}{2}\pi R^2\right)$$

$$= \frac{\pi}{4}R^4 + 9\pi R^2.$$

3. 交换下列二次积分的次序：

$(1) \int_0^4 \mathrm{d}y \int_{-\sqrt{4-y}}^{\frac{1}{2}(y-4)} f(x,y)\mathrm{d}x;$

$(2) \int_0^1 \mathrm{d}y \int_0^{2y} f(x,y)\mathrm{d}x + \int_1^3 \mathrm{d}y \int_0^{3-y} f(x,y)\mathrm{d}x;$

$(3) \int_0^1 \mathrm{d}x \int_{\sqrt{x}}^{1+\sqrt{1-x^2}} f(x,y)\mathrm{d}y.$

解　$(1) D = \{(x,y) \mid 0 \leqslant y \leqslant 4, -\sqrt{4-y} \leqslant x \leqslant \frac{1}{2}(y-4)\}.$

$$\begin{cases} -\sqrt{4-y} = x \\ x = \frac{1}{2}(y-4) \end{cases} \Rightarrow \begin{cases} x=0 \\ y=4 \end{cases} \text{或} \begin{cases} x=-2 \\ y=0 \end{cases}$$

同时 $4-y=x^2 \Rightarrow y=4-x^2$

$x = \frac{1}{2}(y-4) \Rightarrow y = 2x+4$

$\therefore D = \{(x,y) \mid -2 \leqslant x \leqslant 0, 2x+4 \leqslant y \leqslant 4-x^2\}.$

$$\int_0^4 \mathrm{d}y \int_{-\sqrt{4-y}}^{\frac{1}{2}(y-4)} f(x,y)\mathrm{d}x$$

$$= \int_{-2}^0 \mathrm{d}x \int_{2x+4}^{4-x^2} f(x,y)\mathrm{d}y.$$

$(2) D$ 的范围如图 $9-25$ 阴影部分，

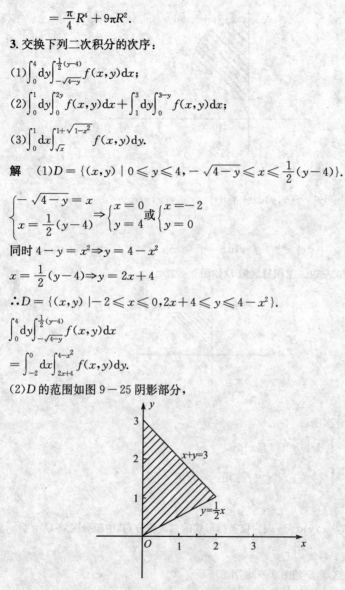

图 $9-25$

$\therefore$ 原式 $= \int_0^2 \mathrm{d}x \int_{\frac{1}{2}x}^{3-x} f(x,y)\mathrm{d}y.$

$(3) D$ 如图 $9-26$ 阴影所示。

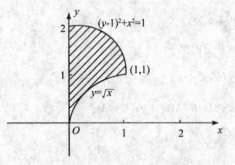

图 9－26

$$\therefore 原式 = \int_0^1 \mathrm{d}y \int_0^{y^2} f(x,y)\mathrm{d}x + \int_1^2 \mathrm{d}y \int_0^{\sqrt{2y-y^2}} f(x,y)\mathrm{d}x.$$

4. 证明：

$$\int_0^a \mathrm{d}y \int_0^y e^{m(a-x)} f(x)\mathrm{d}x = \int_0^a (a-x)e^{m(a-x)} f(x)\mathrm{d}x.$$

证明　等式左边二重积分区域 D 如图 9－27

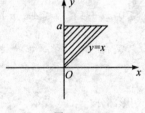

图 9－27

$\therefore$ 改变积分次序后

等式左边 $= \int_0^a \mathrm{d}x \int_x^a e^{m(a-x)} f(x)\mathrm{d}y$

$\quad = \int_0^a (a-x)e^{m(a-x)} f(x)\mathrm{d}x = 右边$

$\therefore$ 命题得证.

5. 把积分 $\iint\limits_D f(x,y)\mathrm{d}x\mathrm{d}y$ 表为极坐标形式的二次积分,其中积分区域 $D = \{(x,y) \mid x^2 \leqslant y \leqslant 1, -1 \leqslant x \leqslant 1\}$.

解　积分区域 D 如图 9－28 阴影所示.

将 D 用极坐标表示时,

$0 \leqslant \theta \leqslant \dfrac{\pi}{4}$ 时,$r\sin\theta = (r\cos\theta)^2 \Rightarrow r = \dfrac{\sin\theta}{\cos^2\theta}$

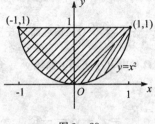

图 9—28

$\therefore 0 \leqslant r \leqslant \dfrac{\sin\theta}{\cos^2\theta} = \tan\theta\sec\theta.$

$\dfrac{\pi}{4} \leqslant \theta \leqslant \dfrac{3}{4}\pi$ 时,$r\sin\theta = 1, r = \dfrac{1}{\sin\theta} = \csc\theta$

$\therefore 0 \leqslant r \leqslant \csc\theta.$

$\dfrac{3}{4}\pi \leqslant \theta \leqslant \pi$ 时,$0 \leqslant r \leqslant \tan\theta\sec\theta$

$\therefore \iint\limits_{D} f(x,y)\mathrm{d}x\mathrm{d}y$

$= \int_{0}^{\frac{\pi}{4}} \mathrm{d}\theta \int_{0}^{\tan\theta\sec\theta} f(r\cos\theta, r\sin\theta)r\mathrm{d}r$

$+ \int_{\frac{\pi}{4}}^{\frac{3}{4}\pi} \mathrm{d}\theta \int_{0}^{\csc\theta} f(r\cos\theta, r\sin\theta)r\mathrm{d}r$

$+ \int_{\frac{3}{4}\pi}^{\pi} \mathrm{d}\theta \int_{0}^{\tan\theta\sec\theta} f(r\cos\theta, r\sin\theta)r\mathrm{d}r.$

6. 把积分 $\iiint\limits_{\Omega} f(x,y,z)\mathrm{d}z\mathrm{d}y\mathrm{d}z$ 化为三次积分,其中积分区域 Ω 是由曲面 $z = x^2 + y^2, y = x^2$ 及平面 $y = 1, z = 0$ 所围成的闭区域.

解 $D_{xy} = \{(x,y) \mid x^2 \leqslant y \leqslant 1\}$,

$\therefore \Omega$ 可表示为 $x^2 \leqslant y \leqslant 1, 0 \leqslant z \leqslant x^2 + y^2$

$\therefore \iiint\limits_{\Omega} f(x,y,z)\mathrm{d}x\mathrm{d}y\mathrm{d}z$

$= \iint\limits_{D_{xy}} \mathrm{d}x\mathrm{d}y \int_{0}^{x^2+y^2} f(x,y,z)\mathrm{d}z$

$= \int_{-1}^{1} \mathrm{d}x \int_{x^2}^{1} \mathrm{d}y \int_{0}^{x^2+y^2} f(x,y,z)\mathrm{d}z.$

7. 计算下列三重积分:

(1) $\iiint\limits_{\Omega} z^2 \mathrm{d}x\mathrm{d}y\mathrm{d}z$,其中 Ω 是两个球:$x^2 + y^2 + z^2 \leqslant R^2$ 和 $x^2 + y^2 + z^2 \leqslant 2Rz (R > 0)$

的公共部分;

(2) $\iiint\limits_{\Omega} \dfrac{z\ln(x^2+y^2+z^2+1)}{x^2+y^2+z^2+1}\mathrm{d}v$,其中 Ω 是由球面 $x^2+y^2+z^2=1$ 所围成的闭区域;

(3) $\iiint\limits_{\Omega} (y^2+z^2)\mathrm{d}v$,其中 Ω 是由 xOy 平面上曲线 $y^2=2x$ 绕 x 轴旋转而成的曲面与平面 $x=5$ 所围成的闭区域.

解 (1) $\begin{cases} x^2+y^2+z^2=R^2 \\ x^2+y^2+z^2=2Rz \end{cases} \Rightarrow x^2+y^2=\dfrac{3}{4}R^2$

$\therefore D_{xy}=\{(x,y)\mid x^2+y^2\leqslant\dfrac{3}{4}R^2\}.$

D_{xy} 用极坐标表示为

$0\leqslant\theta\leqslant 2\pi,0\leqslant r\leqslant\dfrac{\sqrt{3}}{2}R.$

$\therefore\Omega$ 用柱面坐标表示为

$0\leqslant\theta\leqslant 2\pi,0\leqslant r\leqslant\dfrac{\sqrt{3}}{2}R,R-\sqrt{R^2-r^2}\leqslant z\leqslant\sqrt{R^2-r^2}.$

$\therefore\iiint\limits_{\Omega} z^2\mathrm{d}x\mathrm{d}y\mathrm{d}z$

$=\displaystyle\int_0^{2\pi}\mathrm{d}\theta\int_0^{\frac{\sqrt{3}}{2}R}r\mathrm{d}r\int_{R-\sqrt{R^2-r^2}}^{\sqrt{R^2-r^2}}z^2\mathrm{d}z$

$=2\pi\displaystyle\int_0^{\frac{\sqrt{3}}{2}R}r\cdot\dfrac{1}{3}\big[(R^2-r^2)^{\frac{3}{2}}-(R-\sqrt{R^2-r^2})^3\big]\mathrm{d}r$

$=\dfrac{2\pi}{3}\cdot\Big[-\dfrac{2}{5}(R^2-r^2)^{\frac{5}{2}}-2R^3r^3+\dfrac{3}{4}Rr^4-R^2(R^2-r^2)^{\frac{3}{2}}\Big]_0^{\frac{\sqrt{3}}{2}R}$

$=\dfrac{2\pi}{3}\cdot R^5\cdot\Big(\dfrac{31}{80}-\dfrac{3}{2}+\dfrac{27}{64}+\dfrac{7}{8}\Big)$

$=\dfrac{59}{480}\pi R^5.$

(2) Ω 用球面坐标表示为

$0\leqslant\varphi\leqslant\pi,0\leqslant\theta\leqslant 2\pi,0\leqslant r\leqslant 1.$

$x^2+y^2+z^2=r^2,z=r\cos\varphi$

$\therefore\iiint\limits_{\Omega} \dfrac{z\ln(x^2+y^2+z^2+1)}{x^2+y^2+z^2+1}\mathrm{d}v$

$=\iiint\limits_{\Omega} \dfrac{r\cos\varphi\ln(r^2+1)}{r^2+1}r^2\sin\varphi\mathrm{d}r\mathrm{d}\theta\mathrm{d}\varphi.$

$=\displaystyle\int_0^{2\pi}\mathrm{d}\theta\int_0^{\pi}\sin\varphi\cos\varphi\mathrm{d}\varphi\int_0^1\dfrac{r^3\ln(r^2+1)}{r^2+1}\mathrm{d}r$

$$= 2\pi \cdot \left[\frac{1}{2}\sin^2\varphi\right]_0^\pi \cdot \int_0^1 \left[r\ln(r^2+1) - \frac{r\ln(r^2+1)}{r^2+1}\right]dr$$

$$= 0.$$

(3) 设 $\begin{cases} x = x \\ y = r\cos\theta \\ z = r\sin\theta \end{cases}$ 则 $y^2 + z^2 = r^2$

Ω 是由 $y^2 + z^2 = 2x$ 与 $x = 5$ 所围成的闭区域,

$\therefore \Omega$ 也可表示为 $0 \leqslant x \leqslant 5.$

$0 \leqslant \theta \leqslant 2\pi, 0 \leqslant r \leqslant \sqrt{2x}$

$\therefore \iiint\limits_{\Omega}(y^2+z^2)dv$

$$= \int_0^{2\pi}d\theta\int_0^5 dx\int_0^{\sqrt{2x}} r^2 \cdot rdr$$

$$= 2\pi\int_0^5 \frac{1}{4} \cdot 4x^2 dx$$

$$= 2\pi \cdot \frac{1}{3}x^3\bigg|_0^5 = \frac{250\pi}{3}.$$

8. 求平面 $\dfrac{x}{a} + \dfrac{y}{b} + \dfrac{z}{c} = 1$ 被三坐标面所割出的有限部分的面积.

解   令 $z = 0$ 得 $\dfrac{x}{a} + \dfrac{y}{b} = 1$

$\therefore$ 所割出的有限部分在 xOy 面上投影

$D_{xy} = \left\{(x,y) \mid x \geqslant 0, y \geqslant 0, \dfrac{x}{a} + \dfrac{y}{b} \leqslant 1\right\}$

$z = c\left(1 - \dfrac{x}{a} - \dfrac{y}{b}\right)$

$\therefore \dfrac{\partial z}{\partial x} = -\dfrac{c}{a}, \dfrac{\partial z}{\partial y} = -\dfrac{c}{b}$

$\therefore$ 所求面积 $A = \iint\limits_{D_{xy}} \sqrt{1 + \left(\dfrac{\partial z}{\partial x}\right)^2 + \left(\dfrac{\partial z}{\partial y}\right)^2}\, dxdy$

$$= \iint\limits_{D_{xy}} \sqrt{1 + \dfrac{c^2}{a^2} + \dfrac{c^2}{b^2}}\, dxdy$$

$$= \sqrt{\dfrac{a^2b^2 + b^2c^2 + a^2c^2}{a^2b^2}} \iint\limits_{D_{xy}} dxdy$$

$$= \dfrac{\sqrt{a^2b^2 + b^2c^2 + a^2c^2}}{|ab|} \cdot \dfrac{1}{2}\,|ab|$$

$$= \frac{\sqrt{a^2 b^2 + b^2 c^2 + a^2 c^2}}{2}.$$

9. 在均匀的半径为 R 的半圆形薄片的直径上,要接上一个一边与直径等长的同样材料的均匀矩形薄片,为了使整个均匀薄片的质心恰好落在圆心上,问接上去的均匀矩形薄片另一边的长度应是多少?

解　　以圆心为原点直径为 y 轴建立坐标系如图 $9-29$.

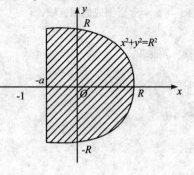

图 $9-29$

设另一边的长度为 a,

要使质心落在原点,

由对称性,只须 $\iint\limits_{D} x \mathrm{d}x \mathrm{d}y = 0$ 即可(薄片均匀) 其中 D 为图中阴影部分.

$$\therefore \iint\limits_{D} x \mathrm{d}x \mathrm{d}y = \int_{-R}^{R} \mathrm{d}y \int_{-a}^{\sqrt{R^2-y^2}} x \mathrm{d}x$$

$$= \frac{1}{2} \int_{-R}^{R} (R^2 - y^2 - a^2) \mathrm{d}y$$

$$= \frac{1}{2} \left[(R^2 - a^2)y - \frac{1}{3} y^3 \right]_{-R}^{R}$$

$$= (R^2 - a^2)R - \frac{1}{3} R^3$$

令 $(R^2 - a^2)R - \frac{1}{3} R^3 = 0 \Rightarrow a = \sqrt{\frac{2}{3}} R = \frac{\sqrt{6}}{3} R$,

$\therefore$ 另一边长度应为 $\frac{\sqrt{6}}{3} R$.

10. 求由抛物线 $y = x^2$ 及直线 $y = 1$ 所围成的均匀薄片(面密度为常数 μ)对于直线 $y = -1$ 的转动惯量.

解　　$D = \{ (x, y) \mid x^2 \leqslant y \leqslant 1 \}$,

在 D 取一积分微元 $\mathrm{d}x \mathrm{d}y$. 其质量为 $\mu \mathrm{d}x \mathrm{d}y$. 对直线 $y = -1$,转动惯量 $\mathrm{d}I = (y +$

$1)^2\mu\mathrm{d}x\mathrm{d}y$,其中$(x,y)$是积分微元内一点.

$$\therefore I_{y=-1} = \iint\limits_{D}\mathrm{d}I$$

$$= \iint\limits_{D}(y+1)^2\mu\mathrm{d}x\mathrm{d}y$$

$$= \mu\int_{-1}^{1}\mathrm{d}x\int_{x^2}^{1}(y+1)^2\mathrm{d}y$$

$$= \mu\int_{-1}^{1}\frac{1}{3}(y+1)^3\Big|_{x^2}^{1}\mathrm{d}x$$

$$= \frac{\mu}{3}\int_{-1}^{1}\big[8-(x^2+1)^3\big]\mathrm{d}x$$

$$= \frac{2\mu}{3}\int_{0}^{1}(7-x^6-3x^4-3x^2)\mathrm{d}x$$

$$= \frac{2\mu}{3}\Big[7x-\frac{1}{7}x^7-\frac{3}{5}-x^3\Big]_{0}^{1}$$

$$= \frac{2\mu}{3}\Big(7-\frac{1}{7}-\frac{3}{5}-1\Big) = \frac{368}{105}\mu.$$

11. 设在 xOy 面上有一质量为 M 的匀质半圆形薄片,占有平面闭区域 $D=\{x,y\mid x^2+y^2\leqslant R^2, y\geqslant 0\}$,过圆心 O 垂直于薄片的直线上有一质量为 m 的质点 P,$OP=a$. 求半圆形薄片对质点 P 的引力.

解　如图 $9-30$,设薄片的面密度 μ,则 $M=\dfrac{\mu}{2}\pi R^2$.

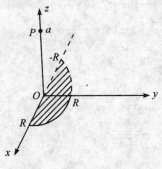

图 $9-30$

设薄片对 p 引力 $\boldsymbol{F}=\{F_x,F_y,F_z\}$

由对称性知 $F_x=0$,

$\mathrm{d}F=G\cdot\dfrac{m\cdot\mu\mathrm{d}x\mathrm{d}y}{r^2}$($G$ 为引力常数,r 为微元 $\mathrm{d}x\mathrm{d}y$ 到 P 点距离,

$r=\sqrt{x^2+y^2+a^2}$.

$$dF_y = dF \cdot \frac{y}{r} = Gm\mu \frac{y\,dx\,dy}{r^3}$$

$$dF_z = dF \cdot \frac{-a}{r} = -Gm\mu \frac{a\,dx\,dy}{r^3}$$

$$\therefore F_y = \iint\limits_D dF_y = \iint\limits_D Gm\mu \frac{y\,dx\,dy}{r^3}.$$

将 D 用极坐标表示为

$$0 \leqslant \theta \leqslant \pi, 0 \leqslant \rho \leqslant R.$$

则 $r = \sqrt{\rho^2 + a^2}$，$dx\,dy = \rho\,d\theta\,d\rho$.

$$\therefore F_y = Gm\mu \iint\limits_D \frac{y\,dx\,dy}{r^3}$$

$$= G\mu m \int_0^\pi d\theta \int_0^R \frac{\rho\sin\theta}{(\rho^2 + a^2)^{\frac{3}{2}}} \cdot \rho\,d\rho.$$

$$= G\mu m \int_0^\pi \sin\theta\,d\theta \int_0^R \frac{\rho^2}{(\rho^2 + a^2)^{\frac{3}{2}}}\,d\rho$$

$$= 2G\mu m \int_0^{\arctan\frac{R}{a}} \frac{a^2\tan^2 t}{(a^2\tan^2 t + a^2)^{\frac{3}{2}}} \cdot a\,\frac{1}{\cos^2 t}\,dt$$

（其中令 $\rho = a\tan t$）

$$= 2G\mu m \int_0^{\arctan\frac{R}{a}} \sin t\tan t\,dt$$

$$= 2G\mu m \left[\ln(\sec t + \tan t) - \sin t\right]_0^{\arctan\frac{R}{a}}$$

$$= 2G\mu m \left(\ln(\sqrt{R^2 + a^2} + R) - \ln a - \frac{R}{\sqrt{R^2 + a^2}}\right)$$

$$F_z = \iint\limits_D dF_z \iint\limits_D -Gm\mu \frac{a\,dx\,dy}{r^3}$$

$$= -Gm\mu a \int_0^\pi d\theta \int_0^R \frac{\rho}{(\rho^2 + a^2)^{\frac{3}{2}}}\,d\rho$$

$$= -Gm\mu a \cdot \pi \cdot \left[-\frac{1}{\sqrt{\rho^2 + a^2}}\right]_0^R$$

$$= GM\mu a \cdot \pi \left(\frac{1}{\sqrt{R^2 + a^2}} - \frac{1}{a}\right)$$

$$= \frac{2GMma}{R^2} \left(\frac{1}{\sqrt{R^2 + a^2}} - \frac{1}{a}\right) \left(\mu = \frac{2\mu}{\pi\rho^2}\right)$$

$\therefore$ 所求引力 $\boldsymbol{F} = \{0, F_y, F_z\}$.

同步自测题及解析

一、单项选择

1. Ω 为球体；$x^2 + y^2 + z^2 \leqslant 1$，则 $\iiint\limits_{\Omega} \sqrt{x^2+y^2+z^2}\,\mathrm{d}v = $ ___B___.

(A) $\iiint\limits_{\Omega} \mathrm{d}x\mathrm{d}y\mathrm{d}z$ (B) $\int_0^{\pi}\mathrm{d}\theta\int_0^{2\pi}\mathrm{d}\varphi\int_0^1 \rho^3\sin\varphi\mathrm{d}\rho$

(C) $\int_0^{2\pi}\mathrm{d}\theta\int_0^{\frac{\pi}{2}}\mathrm{d}\varphi\int_0^1 \rho^3\sin\theta\mathrm{d}\rho$ (D) $\int_0^{2\pi}\mathrm{d}\theta\int_0^{2\pi}\mathrm{d}\varphi\int_0^1 \rho^3\sin\varphi\mathrm{d}\rho$

解　用球面坐标积分 $\sqrt{x^2+y^2+z^2} = \rho$.

2. $I = \int_0^{\frac{\pi}{2}}\mathrm{d}\theta\int_0^{\sin\theta} f(r\cos\theta, r\sin\theta)r\mathrm{d}r$ 化为在直角坐标系下的二次积分的正确结果为

___A___.

(A) $\int_0^1 \mathrm{d}y\int_0^{\sqrt{y-y^2}} f(x,y)\mathrm{d}x$ (B) $\int_0^1 \mathrm{d}y\int_0^{\sqrt{1-y^2}} f(x,y)\mathrm{d}x$

(C) $\int_0^1 \mathrm{d}x\int_0^1 f(x,y)\mathrm{d}x$ (D) $\int_0^1 \mathrm{d}y\int_0^{\sqrt{x-x^2}} f(x,y)\mathrm{d}x$

解　因为 $r = \sin\theta$ 对应的图形为圆心为 $(0, \frac{1}{2})$，半径为 $\frac{1}{2}$

的圆，如图 9-31 所示. 所以 $r\cos\theta = x, r\sin\theta = y, x = \sqrt{y-y^2}$.

则 $I = \int_0^1 \mathrm{d}y\int_0^{\sqrt{y-y^2}} f(x,y)\mathrm{d}x$.

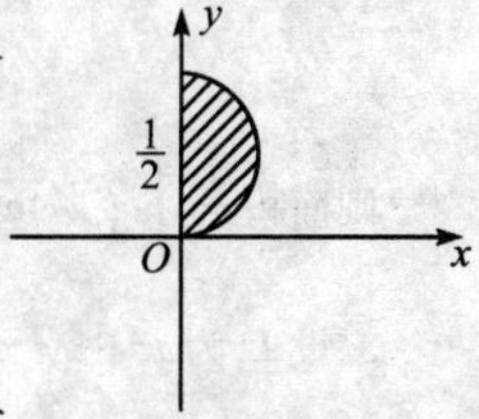

图 9-31

3. 设 $f(x)$ 为连续函数，$F(t) = \int_1^t \mathrm{d}y\int_y^1 f(x)\mathrm{d}x$，则 $F''(5)$ 等

于 ___B___.

(A) $2f(5)$ (B) $-f(5)$

(C) 0 (D) $f(5)$

4. 设 D 是由 $y = -x^2 + 9$ 和 $y = 0$ 围成的平面区域，则 $z = \iint (ax+y)\mathrm{d}x\mathrm{d}y$ ___C___.

(A) $I = 0$ (B) $I < 0$

(C) $I > 0$ (D) I 的符号与参数 a 有关.

解 如图 $9-32$,

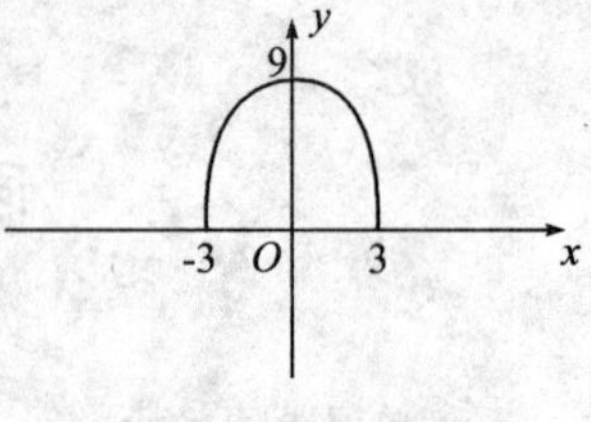

$$\because I = \iint\limits_{S} ax \mathrm{d}x\mathrm{d}y + \iint\limits_{S} y\mathrm{d}x\mathrm{d}y = 0 + \iint\limits_{S} y\mathrm{d}x\mathrm{d}y > 0$$

其中 S 为关于 y 轴的对称区间,且 ax 为奇函数.

$$\therefore \iint\limits_{S} ax\mathrm{d}x\mathrm{d}y = 0. \ y > 0, 所以 \iint\limits_{S} y\mathrm{d}x\mathrm{d}y > 0$$

图 $9-32$

二、填空题

1. 根据二重积分的几何意义 $\iint\limits_{S} \sqrt{1-x^2-y^2}\mathrm{d}\sigma = \underline{\dfrac{2}{3}\pi}$(其中 D 为 $x^2+y^2=1$).

解 $I = \int_0^{2\pi}\mathrm{d}\theta\int_0^1\sqrt{1-r^2}r\mathrm{d}r = -\pi\int_0^1\sqrt{1-r^2}\mathrm{d}(1-r^2) = \dfrac{2}{3}\pi.$

2. 求曲线 $y^2 = 4ax, x^2 = \dfrac{ay}{2}$ 所围成图形的面积为 $\underline{\dfrac{2}{3}a^2}(a>0)$.

解 如图 $9-33$,

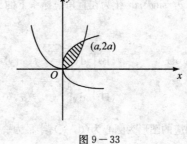

图 $9-33$

则面积 $= \int_0^a\left(\sqrt{4ax} - \dfrac{2x^2}{a}\right)\mathrm{d}x = \dfrac{2}{3}a^2.$

3. 设 D 为 $x^2+y^2 \leqslant a^2(a>0), y \geqslant 0$ 围成闭区间,则 $\iint\limits_{D} x^2\mathrm{d}x\mathrm{d}y$ 化为极坐标下的二

次积分的表达式为 $\underline{\int_0^{\pi}\mathrm{d}\theta\int_0^a\cos^2\theta r^3\mathrm{d}r}.$

解 如图 $9-34$

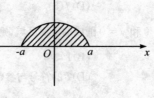

图 $9-34$

由该图很容易得到极坐标的表达式.

4. 设函数 $f(x,y)$ 连续,则交换积分次序

$$\int_{\frac{\pi}{2}}^{\pi}dx\int_{\sin x}^{1}f(x,y)dy = \int_{0}^{1}dy\int_{\frac{\pi}{2}+\arcsin y}^{\pi}f(x,y)dx.$$

解 如图 $9-35$.

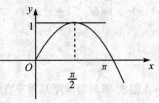

图 $9-35$

三、设 D 是 $(0,0)$、$(1,0)$、$(1,1)$、$\left(0,\frac{1}{2}\right)$ 为顶点的四边形,计算 $\iint\limits_{D}(1+x)yd\sigma$.

解 如图 $9-36$ 所示,点 $(1,1)$ 和 $\left(0,\frac{1}{2}\right)$ 所在直线为

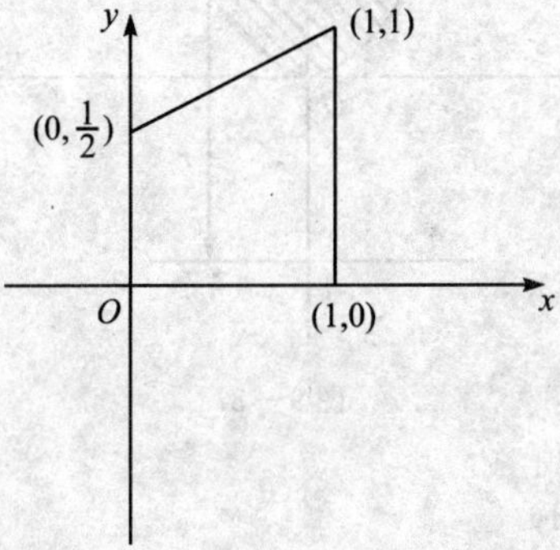

图 $9-36$

$$y = \frac{1-\frac{1}{2}}{1-0}(x-0)+\frac{1}{2} = \frac{1}{2}(x+1)$$

$$\therefore 原式 = \int_{0}^{1}dx\int_{0}^{\frac{1}{2}(x+1)}(1+x)ydy$$

$$= \frac{1}{8}\int_{0}^{1}(1+x)^{3}d(x+1)$$

$$= \frac{15}{36}.$$

四、计算 $\iint\limits_{D} |x^2 + y^2 - 1| \, \mathrm{d}x\mathrm{d}y$,其中 $D: x^2 + y^2 \leqslant 4.$

解　令 $x^2 + y^2 = r^2$,则

原式 $= \iint\limits_{D} |r^2 - 1| \, r\mathrm{d}r\mathrm{d}\theta$

$\qquad = \int_0^{2\pi} \mathrm{d}\theta \int_1^2 (r^2 - 1) r\mathrm{d}r + \int_0^{2\pi} \mathrm{d}\theta \int_0^1 (1 - r^2) r\mathrm{d}r$

$\qquad = \dfrac{9}{5}\pi + \dfrac{\pi}{2}$

$\qquad = 5\pi.$

五、D 为 $y = x^2$ 和 $y = 1$ 围成,求均匀薄片 D 对于直线 $y = -1$ 的转动惯量.

解　如图 9 − 37 设薄片面密度为 ρ.

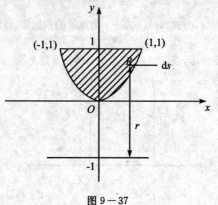

图 9 − 37

$\because \Delta J = \rho \mathrm{d}\sigma \cdot (y+1)^2$

$\qquad = \rho (y+1)^2 \mathrm{d}x\mathrm{d}y$

$\therefore J = \iint\limits_{S} \rho (y+1)^2 \mathrm{d}x\mathrm{d}y$

$\qquad = \int_{-1}^1 \mathrm{d}x \int_{x^2}^1 \rho (y+1)^2 \mathrm{d}y$

$\qquad = \dfrac{368}{105}\rho.$

六、计算三重积分 $\iiint\limits_{\Omega} z^2 \mathrm{d}\Omega$,其中 $\Omega: x^2 + y^2 + z^2 \leqslant 3^2.$

解　$\iiint\limits_{\Omega} z^2 \mathrm{d}\Omega = \int_0^{2\pi} \mathrm{d}\theta \int_0^{\pi} \mathrm{d}\varphi \int_0^3 (r\cos\varphi)^2 \cdot r^2 \sin\varphi \mathrm{d}r$

$\qquad\qquad\qquad = 2\pi \int_0^{\pi} \cos^2\varphi \sin\varphi \mathrm{d}\varphi \int_0^3 r^4 \mathrm{d}r$

$$= \frac{324}{5}\pi.$$

七、曲面 $x^2 + y^2 + 2z = 16$ 将球体 $x^2 + y^2 + z^2 \leqslant 8z$ 分成两部分,求这两部分的体积比.

解   如图 $9-38$,利用柱坐标

$\because$ 两曲面交线为 $\begin{cases} x^2 + y^2 = 12 \\ z = 2 \end{cases}$

球下部的体积为 V_1

$$\because V_1 = \iiint\limits_{\Omega} \mathrm{d}\Omega = \int_0^2 \mathrm{d}z \iint\limits_{x^2+y^2 \leqslant 8z-z^2} 1 \cdot \mathrm{d}x\mathrm{d}y$$

$$+ \int_2^8 \mathrm{d}z \iint\limits_{x^2+y^2 \leqslant 16-2z} 1 \cdot \mathrm{d}x\mathrm{d}y$$

$$= \frac{40}{3}\pi + 36\pi$$

$$= \frac{148}{3}\pi$$

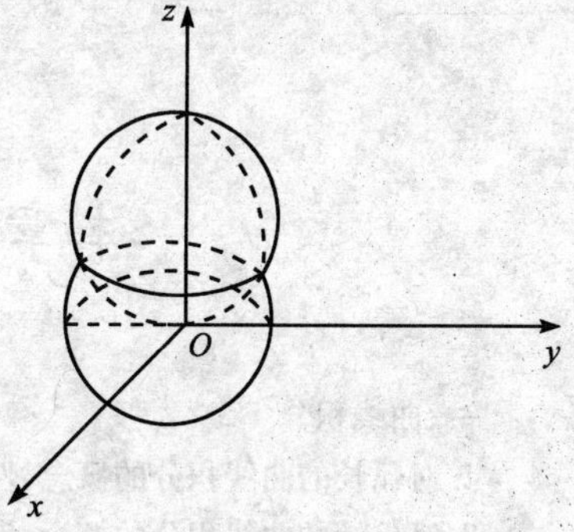

又 $\because V_{球} = \frac{4}{3}\pi \cdot 4^3 = \frac{256}{3}\pi$

$$\therefore \frac{V_1}{V_2} = \frac{\dfrac{148}{3}\pi}{\dfrac{256}{3}\pi - \dfrac{148}{3}\pi} = \frac{37}{27}.$$

图 $9-38$

第十章　曲线积分与曲面积分

本章重点内容导学

一、曲线积分

1. 对弧长的曲线积分的概念、性质、计算方法及应用

2. 对坐标的曲线积分的概念、性质、计算方法及应用

3. 格林公式及其应用

4. 二元函数的全微分的原函数的求法

二、曲面积分

1. 对面积的曲面积分的概念、性质、计算方法

2. 对坐标的曲面积分的概念、性质、计算方法

3. 两类曲面积分的关系

4. 高斯公式及其应用

5. 斯托克斯公式及其应用

6. 散度与旋度

典型例题讲解

例 1 $\displaystyle\int_L (x+y+1)\mathrm{d}s$，其中 L 是半圆周 $x = \sqrt{4-y^2}$ 上由点 $A(0,2)$ 到点 $B(0,-2)$ 之间的一段弧.

解　设 $x = 2\cos t, y = 2\sin t$，则对于半圆周 $x = \sqrt{4-y^2}$ 上由点 $A(0,2)$ 到点 $B(0,-2)$ 之间的一段弧而言，有 $-\dfrac{\pi}{2} \leqslant t \leqslant \dfrac{\pi}{2}$.

$$\frac{\mathrm{d}x}{\mathrm{d}t} = -2\sin t, \frac{\mathrm{d}y}{\mathrm{d}t} = 2\cos t$$

则 $\mathrm{d}s = \sqrt{\left(\frac{\mathrm{d}x}{\mathrm{d}t}\right)^2 + \left(\frac{\mathrm{d}y}{\mathrm{d}t}\right)^2}\mathrm{d}t = 2\mathrm{d}t$

$$\int_L (x+y+1)\mathrm{d}s = \int_{-\frac{\pi}{2}}^{\frac{\pi}{2}} (2\cos t + 2\sin t + 1) \cdot 2\mathrm{d}t$$

$$= (4\sin t - 4\cos t + 2t)\Big|_{-\frac{\pi}{2}}^{\frac{\pi}{2}} = 2\pi + 8.$$

例 2 $\int_L \frac{1}{y}\mathrm{d}x + (2y + \ln x)\mathrm{d}y$，其中 L 是从 $A(1,1)$ 沿抛物线 $y = x^2$ 到 $B(2,4)$.

解 由 $y = x^2$，可得 $\frac{\mathrm{d}y}{\mathrm{d}x} = 2x$，则 $\mathrm{d}y = 2x\mathrm{d}x$.

$$\int_L \frac{1}{y}\mathrm{d}x + (2y + \ln x)\mathrm{d}y$$

$$= \int_1^2 \left[\frac{\mathrm{d}x}{x^2} + (2x^2 + \ln x)2x\mathrm{d}x\right]$$

$$= \int_1^2 \left(\frac{1}{x^2} + 4x^3 + 2x\ln x\right)\mathrm{d}x$$

$$= \left(-\frac{1}{x} + x^4 + x^2\ln x - \frac{x^2}{2}\right)\Big|_1^2$$

$$= 14 + 4\ln 2.$$

例 3 计算 $\int_C (e^x\sin y + y + 1)\mathrm{d}x + (e^x\cos y - x)\mathrm{d}y$，其中曲线 C 是以 $A(1,0)$ 为起点，$B(5,0)$ 为终点，以 AB 为直径的圆的下半周.

解 $\frac{\partial P}{\partial y} = \frac{\partial}{\partial y}(e^x\sin y + y + 1) = e^x\cos y + 1$

$\frac{\partial Q}{\partial x} = \frac{\partial}{\partial x}(e^x\cos y - x) = e^x\cos y - 1$

连结 $\overline{BA}$，使其与 C 构成一闭曲线，所围的区域为 D

则由格林公式得

$$\oint_{C+\overline{BA}} (e^x\sin y + y + 1)\mathrm{d}x + (e^x\cos y - x)\mathrm{d}y = \iint_D \left(\frac{\partial Q}{\partial x} - \frac{\partial P}{\partial y}\right)\mathrm{d}x\mathrm{d}y$$

即 $\oint_{C+\overline{BA}} = \iint_D (-2)\mathrm{d}x\mathrm{d}y = -4\pi.$

又因为 $\int_{\overline{BA}} (e^x\sin y + y + 1)\mathrm{d}x + (e^x\cos y - x)\mathrm{d}y = \int_5^1 \mathrm{d}x = -4$

故 $\int_C [e^x\sin y + y + 1]\mathrm{d}x + (e^x\cos y - x)\mathrm{d}y = 4 - 4\pi.$

例 4　利用曲线积分与路径无关的条件计算曲线积分 $\int_L (1+x\mathrm{e}^{2y})\mathrm{d}x+(x^2\mathrm{e}^{2y}-1)\mathrm{d}y$,其中 L 为 $(x-2)^2+y^2=4$,在第一象限的半圆弧的正向.

解　$\dfrac{\partial P}{\partial y}=\dfrac{\partial}{\partial y}(1+x\mathrm{e}^{2y})=2x\mathrm{e}^{2y}$

$\dfrac{\partial Q}{\partial x}=\dfrac{\partial}{\partial x}(x^2\mathrm{e}^{2y}-1)=2x\mathrm{e}^{2y}$

因为 $\dfrac{\partial Q}{\partial x}-\dfrac{\partial P}{\partial y}=0$,故该曲线积分与路径无关

则 $\displaystyle\int_L (1+x\mathrm{e}^{2y})\mathrm{d}x+(x^2\mathrm{e}^{2y}-1)\mathrm{d}y$

$=\displaystyle\int_{BA}(1+x\mathrm{e}^{2y})\mathrm{d}x+(x^2\mathrm{e}^{2y}-1)\mathrm{d}y$

$=\displaystyle\int_4^0 (1+x)\mathrm{d}x=x+\dfrac{x^2}{2}\bigg|_4^0=-12.$

例 5　设曲线积分 $\int_L yf(x)\mathrm{d}x+[2xf(x)-x^2]\mathrm{d}y$ 在右半平面 $(x>0)$ 内与路径无关,其中 $f(x)$ 在 $x>0$ 时有连续导数,且 $f(1)=1$,求 $f(x)$.

解　$\dfrac{\partial P}{\partial y}=\dfrac{\partial}{\partial y}[yf(x)]=f(x)$

$\dfrac{\partial Q}{\partial x}=\dfrac{\partial}{\partial x}[2xf(x)-x^2]=2f(x)+2xf'(x)-2x$

因为该曲线积分与路径无关,故有 $\dfrac{\partial P}{\partial y}=\dfrac{\partial Q}{\partial x}$,即

$$f(x)=2f(x)+2xf'(x)-2x,$$

即　$f'(x)+\dfrac{f(x)}{2x}-1=0.$

解该微分方程可得

$$f(x)=\frac{2\left(x-\dfrac{C}{x^{\frac{1}{2}}}\right)}{3},$$

又由 $f(1)=1$,可得 $C=-\dfrac{1}{2}$,

则 $f(x)=\dfrac{2x+x^{-\frac{1}{2}}}{3}=\dfrac{2}{3}x+\dfrac{1}{3\sqrt{x}}.$

例 6　计算曲面 $z=xy$ 被围在柱面 $x^2+y^2=a^2$ 内的部分面积.

解　面积微元 $\mathrm{d}S=\sqrt{1+x^2+y^2}\,\mathrm{d}x\mathrm{d}y$

$$\iint\limits_{\Sigma} dS = \iint\limits_{\Sigma} \sqrt{1+x^2+y^2}\, dxdy$$

$$= \iint\limits_{D_{xy}} \sqrt{1+x^2+y^2}\, dxdy, \text{其中 } D_{xy} \text{ 为 } \Sigma \text{ 在 } xOy \text{ 坐标面上的投影,即}$$

$$D_{xy}: x^2+y^2 \leqslant a^2$$

$$\iint\limits_{\Sigma} dS = \iint\limits_{x^2+y^2 \leqslant a^2} \sqrt{1+x^2+y^2}\, dxdy$$

$$= \int_0^a dr \int_0^{2\pi} \sqrt{1+r^2} \cdot rd\theta$$

$$= 2\pi \int_0^a \sqrt{1+r^2} \cdot rdr$$

$$= \frac{2\pi}{3}(1+a^2)^{\frac{3}{2}} - \frac{2\pi}{3}.$$

例 7 计算曲面积分 $\iint\limits_{\Sigma} \dfrac{xdydz+ydzdx+zdxdy}{\sqrt{(x^2+y^2+z^2)^3}}$,其中 Σ 为曲面 $1-\dfrac{z}{5} = \dfrac{(x-2)^2}{16}$

$+ \dfrac{(y-1)^2}{9} (z \geqslant 0)$ 的上侧.

解 当 $(x,y,z) \neq (0,0,0)$ 时,$\dfrac{\partial P}{\partial x} + \dfrac{\partial Q}{\partial y} + \dfrac{\partial R}{\partial z} = 0$. 故补上曲面

$$\Sigma_1: z=0 \Big(\frac{(x-2)^2}{16} + \frac{(y-1)^2}{9} \leqslant 1, x^2+y^2 \geqslant a^2\Big) \text{上侧}.$$

以及球面 $\Sigma_2: x^2+y^2+z^2 = a^2 (z \geqslant 0)$ 上侧

设由 Σ_1, Σ_2 及 Σ 所围区域为 Ω,则

$$\iint\limits_{\Sigma} \frac{xdydz+ydzdx+zdxdy}{\sqrt{(x^2+y^2+z^2)^3}} = \iint\limits_{\Sigma-\Sigma_1-\Sigma_2} + \iint\limits_{\Sigma_1} + \iint\limits_{\Sigma_2}$$

由高斯公式得

$$\iint\limits_{\Sigma-\Sigma_1-\Sigma_2} \frac{xdydz+ydzdx+zdxdy}{\sqrt{(x^2+y^2+z^2)^3}} = \iiint\limits_{\Omega} 0dv = 0$$

注意到 Σ_1 在 yOz, zOx 面上的投影为零,且 Σ_1 的方程 $z=0$,得

$$\iint\limits_{\Sigma_1} \frac{xdydz+ydzdx+zdxdy}{\sqrt{(x^2+y^2+z^2)^3}} = 0$$

而 $\iint\limits_{\Sigma_2} \dfrac{xdydz+ydzdx+zdxdy}{\sqrt{(x^2+y^2+z^2)^3}} = 2\pi$

综上得,原式 $= 0+0+2\pi = 2\pi.$

例 8 计算 $\iint\limits_{\Sigma} z(1-x^2)dydz + 8xydzdx - 4xzdxdy$,其中 Σ 是曲 $x=e^y (0 \leqslant y \leqslant$

a),绕 x 轴旋转而成的旋转曲面的外侧.

解 $\dfrac{\partial P}{\partial x} + \dfrac{\partial Q}{\partial y} + \dfrac{\partial R}{\partial z} = \dfrac{\partial}{\partial x}[2(1-x^2)] + \dfrac{\partial}{\partial y}(8xy) + \dfrac{\partial}{\partial z}(-4xz)$

$$= -4x + 8x - 4x$$
$$= 0$$

补上曲面 $\sum_1 : x = e^a, y^2 + z^2 \leqslant a^2$,前侧

设 $\sum$ 及 $\sum_1$ 所围区域为 Ω,则有

$$\iint\limits_{\sum} 2(x-1^2)\mathrm{d}y\mathrm{d}z + 8xy\mathrm{d}z\mathrm{d}x - 4xz\mathrm{d}x\mathrm{d}y = \iint\limits_{\sum+\sum_1} - \iint\limits_{\sum_1}$$

由高斯公式,得

$$\iint\limits_{\sum+\sum_1} 2(1-x^2)\mathrm{d}y\mathrm{d}z + 8xy\mathrm{d}z\mathrm{d}x - 4xz\mathrm{d}x\mathrm{d}y = \iiint\limits_{\Omega} 0\mathrm{d}v = 0$$

而 $\displaystyle\iint\limits_{\sum_1} 2(1-x^2)\mathrm{d}y\mathrm{d}z + 8xy\mathrm{d}z\mathrm{d}x - 4xz\mathrm{d}x\mathrm{d}y$

$$= \iint\limits_{\sum_1} 2(1-e^{2a})\mathrm{d}y\mathrm{d}z + 0$$

$$= 2\pi a^2 (1-e^{2a})$$

则 $\displaystyle\iint\limits_{\sum} 2(1-x^2)\mathrm{d}y\mathrm{d}z + 8xy\mathrm{d}z\mathrm{d}x - 4xz\mathrm{d}x\mathrm{d}y$

$$= -2\pi a^2 (1-e^{2a})$$

$$= 2\pi a^2 (e^{2a}-1).$$

例 9 设曲面方程为 $F(z-ax, z-by) = 0$,其中 $F(u,v)$ 具有一阶连续偏导数,且 $F_u + F_v \neq 0$,试证:曲面上任一点处法线恒与一常向量垂直.

证明 $F_x = -aF_1, F_y = -bF_z, F_z = F_1 + F_2$

则曲面上点 (x,y,z) 处的法线向量为

$\{F_x, F_y, F_z\} = \{-aF_1, -bF_2, F_1+F_2\}$.

而容易看出

$\{-aF_1, -bF_2, F_1+F_2\}, \{b,a,ab\} = 0$,

即向量 $\{-aF_1, -bF_2, F_1+F_2\}$ 与向量 $\{b,a,ab\}$ 垂直.

由此可知曲面上任一点处的法线恒与常向量 $\{b,a,ab\}$ 垂直.

例 10 设圆锥面底半径为 a,高为 h,质量均匀分布,求它的质心位置(不包括底面).

解 选取坐标系,使得锥面方程为 $z = \dfrac{h}{a}\sqrt{x^2+y^2}(x^2+y^2 \leqslant a^2)$

由对称性易知质心坐标为 $(0,0,z)$,

$$\iint\limits_{\Sigma} z\mathrm{d}S = \iint\limits_{\Omega} z\sqrt{1+\left(\frac{\partial z}{\partial x}\right)^2+\left(\frac{\partial z}{\partial y}\right)^2}\,\mathrm{d}x\mathrm{d}y$$

$$= \iint\limits_{\Omega} z\sqrt{1+\frac{h^2}{a^2}\cdot\frac{x^2}{x^2+y^2}+\frac{h^2}{a^2}\cdot\frac{y^2}{x^2+y^2}}\,\mathrm{d}x\mathrm{d}y$$

$$= \iint\limits_{\Omega} z\sqrt{1+\frac{h^2}{a^2}}\,\mathrm{d}x\mathrm{d}y$$

$$= \frac{\sqrt{a^2+h^2}}{a}\iint\limits_{x^2+y^2\leqslant a^2}\frac{h}{a}\sqrt{x^2+y^2}\,\mathrm{d}x\mathrm{d}y$$

$$= \frac{\sqrt{a^2+h^2}}{a}\int_0^{2\pi}\mathrm{d}\theta\int_0^a\frac{h}{a}\cdot r^2\mathrm{d}r$$

$$= \frac{2\pi\sqrt{a^2+h^2}}{a}\cdot\frac{hr^3}{3a}\Big|_0^a$$

$$= \frac{2\pi}{3}\sqrt{a^2+h^2}\cdot ah$$

$$\iint\limits_{\Sigma}\mathrm{d}S = \iint\limits_{\Omega}\sqrt{1+\frac{h^2}{a^2}}\,\mathrm{d}x\mathrm{d}y$$

$$= \frac{\sqrt{a^2+h^2}}{a}\iint\limits_{x^2+y^2\leqslant a^2}\mathrm{d}x\mathrm{d}y$$

$$= \pi a^2\cdot\frac{\sqrt{a^2+h^2}}{a}$$

$$= \pi a\cdot\sqrt{a^2+h^2}$$

则 $\bar{z} = \dfrac{\iint\limits_{\Sigma} z\mathrm{d}S}{\iint\limits_{\Sigma}\mathrm{d}S} = \dfrac{2h}{3}.$

习题全解

习题 10—1

1. 设在 xOy 面内有一分布着质量的曲线弧 L,在点 (x,y) 处它的线密度为 $\mu(x,y)$.

用对弧长的曲线积分分别表达:

(1)这曲线弧对 x 轴、对 y 轴的转动惯量 I_x、I_y;

(2)这曲线弧的质心坐标 $\overline{x}$、$\overline{y}$.

解 (1)$dm = \mu(x,y)ds$

$dI_x = y^2 \cdot dm = \mu(x,y) \cdot y^2 ds$

$dI_y = x^2 \cdot dm = \mu(x,y) \cdot x^2 ds$

$$\therefore I_x = \int_L dI_x = \int_L \mu(x,y)y^2 ds,$$

$$I_y = \int_L dI_y = \int_L \mu(x,y)x^2 ds.$$

$$(2)M = \int_L dm = \int_L \mu(x,y)ds$$

$$M_x = \int_L y dm = \int_L \mu(x,y)y ds$$

$$M_y = \int_L x dm = \int_L \mu(x,y)x ds$$

$$\therefore \overline{x} = \frac{M_y}{M} = \frac{\int_L \mu(x,y)x ds}{\int_L \mu(x,y)ds},$$

$$\overline{y} = \frac{M_x}{M} = \frac{\int_L y\mu(x,y)ds}{\int_L \mu(x,y)ds}.$$

2. 利用对弧长的曲线积分的定义证明性质 2.

证明 性质 2 即若积分弧段 L 可分成两段光滑曲线 L_1 和 L_2 则

$$\int_L f(x,y)ds = \int_{L_1} f(x,y)ds + \int_{L_2} f(x,y)ds.$$

在 L_1 上任意插入一点列 $M_1, M_2 \cdots, M_{n-1}$

将 L_1 分成 M 个小段,则

$$\int_{L_1} f(x,y)ds = \lim_{\lambda_m \to 0} \sum_{i=1}^{m} f(\xi_i, \eta_i)\Delta s_i$$

其中 λ_m 为 m 个小弧段中长度的最大值在 L_2 上任意插入一点列 $N_1, N_2, \cdots, N_{n-1}$ 将 L_2 分成 n 个小段则

$$\int_L f(x,y)ds = \lim_{\lambda_n \to 0} \sum_{i=1}^{n} f(\xi_i, \eta_i)\Delta s_i.$$

又有 $\lim\limits_{\lambda_m \to 0}\sum\limits_{i=1}^{m} f(\xi_i,\eta_k)\Delta s_i + \lim\limits_{\lambda_n \to 0}\sum\limits_{i=1}^{n} f(\xi_i,\eta_k)\Delta s_i$

$$= \lim\limits_{\max(\lambda_m,\lambda_n) \to 0}\sum\limits_{i=1}^{m+n} f(\xi_i,\eta_k)\Delta s_i$$

$$= \int_{L} f(x,y)\mathrm{d}s (对弧长的曲线积分定义)$$

$$= \int_{L} f(x,y)\mathrm{d}s = \int_{L_1} f(x,y)\mathrm{d}s + \int_{L_2} f(x,y)\mathrm{d}s$$

$$\therefore \int_{L} f(x,y)\mathrm{d}s = \int_{L_1} f(x,y)\mathrm{d}s + \int_{L_2} f(x,y)\mathrm{d}s.$$

3. 计算下列对弧长的曲线积分：

(1)$\oint_{L} (x^2+y^2)^n \mathrm{d}s$，其中 L 为圆周 $x=a\cos t, y=a\sin t (0 \leqslant t \leqslant 2\pi)$；

(2)$\int_{L} (x+y)\mathrm{d}s$，其中 L 为连接 $(1,0)$ 及 $(0,1)$ 两点的直线段；

(3)$\oint_{L} x \mathrm{d}s$，其中 L 为由直线 $y=x$ 及抛物线 $y=x^2$ 所围成的区域的整个边界；

(4)$\oint_{L} e^{\sqrt{x^2+y^2}} \mathrm{d}s$，其中 L 为圆周 $x^2+y^2=a^2$，直线 $y=x$ 及 x 轴在第一象限内所围成的扇形的整个边界；

(5)$\int_{\Gamma} \dfrac{1}{x^2+y^2+z^2} \mathrm{d}s$，其中 Γ 为曲线 $x=e^t\cos t, y=e^t\sin t, z=e^t$ 上相应于 t 从 0 变到 2 的这段弧；

(6)$\int_{\Gamma} x^2 yz \mathrm{d}s$，其中 Γ 为折线 $ABCD$，这里 A、B、C、D 依次为点 $(0,0,0)$、$(0,0,2)$、$(1,0,2)$、$(1,3,2)$；

(7)$\int_{\Gamma} y^2 \mathrm{d}s$，其中 L 为摆线的一拱 $x=a(t-\sin t), y=a(1-\cos t)(0 \leqslant t \leqslant 2\pi)$；

(8)$\int_{L} (x^2+y^2)\mathrm{d}s$，其中 L 为曲线 $x=a(\cos t+t\sin t), y=a(\sin t-t\cos t)(0 \leqslant t \leqslant 2\pi)$.

解　(1)$x^2+y^2=(a\cos t)^2+(a\sin t)^2=a^2$

$$\sqrt{x'^2+y'^2}=\sqrt{(-a\sin t)^2+(a\cos t)^2}=a(a>0)$$

$$\therefore \oint_{L} (x^2+y^2)^n \mathrm{d}s = \int_{0}^{2\pi} a^{2n}a \mathrm{d}t$$

$$= 2\pi a^{2n+1}.$$

(2)L 表示为 $\begin{cases} 0 \leqslant x \leqslant 1 \\ y=1-x \end{cases}$

$$\therefore \int_L (x+y)\,\mathrm{d}s = \int_0^1 (x+1-x)\,\sqrt{1^2+(-1)^2}\,\mathrm{d}x == \int_0^1 \sqrt{2}\,\mathrm{d}x = \sqrt{2}.$$

(3) $\begin{cases} y=x \\ y=x^2 \end{cases} \Rightarrow \begin{cases} x=0 \\ y=0 \end{cases}$ 或 $\begin{cases} x=1 \\ y=1 \end{cases}$

L 可分成 L_1 和 L_2 两段光滑曲线弧,

其中 L_1 为 $0 \leqslant x \leqslant 1, y=x$

　　L_2 为 $0 \leqslant x \leqslant 1, y=x^2$.

$$\therefore \oint_L x\,\mathrm{d}s = \int_{L_1} x\,\mathrm{d}s + \int_{L_2} x\,\mathrm{d}s$$

$$= \int_0^1 x\sqrt{2}\,\mathrm{d}x + \int_0^1 x\,\sqrt{1+4x^2}\,\mathrm{d}x$$

$$= \frac{\sqrt{2}}{2} + \frac{1}{12}(1+4x^2)^{\frac{3}{2}} \Big|_0^1$$

$$= \frac{\sqrt{2}}{2} + \frac{5\sqrt{5}}{12} - \frac{1}{12}$$

$$= \frac{6\sqrt{2}+5\sqrt{5}-1}{12}.$$

(4) 如图 $10-1$,可得

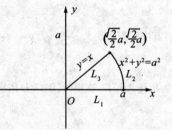

图 $10-1$

$$\oint_L e^{\sqrt{x^2+y^2}}\,\mathrm{d}s = \int_{L_1} e^{\sqrt{x^2+y^2}}\,\mathrm{d}s + \int_{L_2} e^{\sqrt{x^2+y^2}}\,\mathrm{d}s + \int_{L_3} e^{\sqrt{x^2+y^2}}\,\mathrm{d}s$$

$$= \int_0^a e^x\,\mathrm{d}x + \frac{\pi}{4}ae^a + \int_0^{\frac{\sqrt{2}}{2}a} e^{\sqrt{2}x}\,\sqrt{2}\,\mathrm{d}x$$

$$= e^a - 1 + \frac{\pi a}{4}e^a + e^a - 1$$

$$= \frac{\pi a+8}{4}e^a - 2.$$

(5) $x^2+y^2+z^2 = (e^t)^2 + (e^t)^2 = 2e^{2t}$

$x'^2+y'^2+z'^2 = (e^t\cos t - e^t\sin t)^2 + (e^t\cos t + e^t\sin t)^2 + e^{2t}$

$$= 3e^{2t}$$

$$\therefore \int_\Gamma \frac{1}{x^2 + y^2 + z^2} ds = \int_0^2 \frac{1}{2e^{2t}} \cdot \sqrt{3e^{2t}} \, dt$$

$$= \frac{\sqrt{3}}{2} \int_0^2 e^{-t} \, dt$$

$$= \frac{\sqrt{3}}{2} (1 - e^{-2}).$$

(6) Γ 可分成 $\Gamma_1, \Gamma_2, \Gamma_3$ 三段光滑直线其中

$\Gamma_1 : x = 0, y = 0, 0 \leqslant z \leqslant 2$

$\Gamma_2 : 0 \leqslant x \leqslant 1, y = 0, z = 2$

$\Gamma_3 : x = 1, 0 \leqslant y \leqslant 3, z = 2$

$$\therefore \int_\Gamma x^2 yz \, ds = \int_{\Gamma_1} x^2 yz \, ds + \int_{\Gamma_2} x^2 yz \, ds + \int_{\Gamma_3} x^2 yz \, ds$$

$$= \int_0^2 0 \cdot 1 dz + \int_0^1 0 dx + \int_0^3 2y \cdot 1 dy$$

$$= 9.$$

(7) $x'^2 + y'^2 = a^2(1 - \cos t)^2 + a^2 \sin^2 t$

$$= 2a^2 - 2a^2 \cos t$$

$$= 2a^2(1 - \cos t)$$

$$= 4a^2 \sin^2 \frac{t}{2}$$

$$\therefore \int_L y^2 ds = \int_0^{2\pi} a^2 (1 - \cos t)^2 \cdot \sqrt{4a^2 \sin \frac{t}{2}} \, dt$$

$$= 2a^3 \int_0^{2\pi} (1 - \cos t)^2 \cdot |\sin \frac{t}{2}| \, dt$$

$$= 8a^3 \int_0^{2\pi} \sin^5 \frac{t}{2} \, dt$$

$$= 16a^3 \int_0^\pi \sin 5\theta d\theta (\theta = \frac{t}{2})$$

$$= 16a^3 \int_0^\pi -(1 - \cos^2 \theta)^2 \, d\cos\theta$$

$$= -16a^3 [\cos\theta - \frac{2}{3} \cos^3 \theta + \frac{1}{5} \cos^5 \theta]_0^\pi$$

$$= 16a^3 (2 - \frac{4}{3} + \frac{2}{5})$$

$$= \frac{256}{15} a^3.$$

(8) $\sqrt{x'^2 + y'^2} = \sqrt{a^2(t\cos t + \sin t - \sin t)^2 + a^2(\cos t - \cos t + t\sin t)^2}$

$\qquad\qquad = \sqrt{a^2 t^2 \cos^2 t + a^2 t^2 \sin^2 t}$

$\qquad\qquad = |at|$

$x^2 + y^2 = a^2[(\cos t + t\sin t)^2 + (\sin t - t\cos t)^2]$

$\qquad\qquad = a^2(1 + t^2)$

$\therefore \int_L (x^2 + y^2) \mathrm{d}s = \int_0^{2\pi} a^2 + (1+t)^2 \cdot |at| \, \mathrm{d}t$

$\qquad\qquad = a^3 - \dfrac{1}{4}(1+t^2)^2 \Big|_0^{2\pi}$

$\qquad\qquad = \dfrac{(4\pi^2+1)^2 - 1}{4} a^3$

$\qquad\qquad = 2\pi^2 a^3 (2\pi^2 + 1).$

4. 求半径为 a、中心角为 2φ 的均匀圆弧(线密度 $\mu = 1$)的质心.

解　如图 $10-2$.

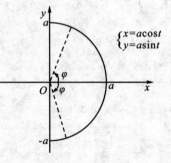

图 $10-2$

$M = \displaystyle\int_L 1\mathrm{d}S = \int_{-\varphi}^{\varphi} 1 \, \sqrt{a^2}\, \mathrm{d}t = 2a\varphi$

$M_x = \displaystyle\int_L 1y\mathrm{d}S = \int_{-\varphi}^{\varphi} a\sin t \sqrt{a^2}\, \mathrm{d}t$

$\qquad = a^2 \displaystyle\int_{-\varphi}^{\varphi} \sin t \mathrm{d}t = 0$

$\therefore \bar{y} = \dfrac{M_x}{M} = 0$

$M_y = \displaystyle\int_L 1x\mathrm{d}S$

$\qquad = \displaystyle\int_{-\varphi}^{\varphi} a\cos t \cdot \sqrt{a^2}\, \mathrm{d}t$

$\qquad = a^2 \sin t \, |_{-\varphi}^{\varphi}$

$$= 2a^2 \sin\varphi$$

$$\therefore \overline{x} = \frac{M_y}{M} = \frac{2a^2 \sin\varphi}{2a\varphi} = \frac{a\sin\varphi}{\varphi}$$

$\therefore$ 质心在 $\left(\dfrac{a\sin\varphi}{\varphi}, 0\right)$ 处.

5. 设螺旋形弹簧一圈的方程为 $x = a\cos t, y = a\sin t, z = kt$,其中 $0 \leqslant t \leqslant 2\pi$,它的线密度 $\rho(x, y, z) = x^2 + y^2 + z^2$.求:

(1) 它关于 z 轴的转动惯量 I_z;

(2) 它的质心.

解 (1)$I_z = \displaystyle\int_\Gamma \rho(x, y, z)(x^2 + y^2)\mathrm{d}S$

$x^2 + y^2 = a^2$

$\rho(x, y, z) = x^2 + y^2 + z^2 = a^2 + k^2 t^2$

$\mathrm{d}S = \sqrt{x'^2 + y'^2 + z'^2}\,\mathrm{d}t = \sqrt{a^2 + k^2}\,\mathrm{d}t$

$\begin{aligned}
\therefore I_z &= \int_0^{2\pi} a^2(a^2 + k^2 t^2) \cdot \sqrt{a^2 + k^2}\,\mathrm{d}t \\
&= a^2 \sqrt{a^2 + k^2}\left[a^2 t + \frac{k^2}{3}t^3\right]_0^{2\pi} \\
&= a^2 \sqrt{a^2 + k^2}\left(2\pi a^2 + \frac{8\pi^3}{3}k^2\right) \\
&= 2\pi a^2 \sqrt{a^2 + k^2}\left(a^2 + \frac{4\pi^2}{3}k^2\right).
\end{aligned}$

$\begin{aligned}
(2)M &= \int_\Gamma \rho(x, y, z)\mathrm{d}S \\
&= \int_0^{2\pi}(a^2 + k^2 t^2) \cdot \sqrt{a^2 + k^2}\,\mathrm{d}t \\
&= 2\pi \sqrt{a^2 + k^2}\left(a^2 + \frac{4\pi^2}{3}k^2\right)
\end{aligned}$

$\begin{aligned}
M_{yz} &= \int_\Gamma x\rho(x, y, z)\mathrm{d}S \\
&= \int_0^{2\pi} a\cos t(a^2 + k^2 t)\sqrt{a^2 + k^2}\,\mathrm{d}t \\
&= a\sqrt{a^2 + k^2}\left[(a^2 + k^2 t^2)\sin t + 2k^2 t\cos t + 2k^2 \sin t\right]_0^{2\pi} \\
&= 4\pi k^2 a \sqrt{a^2 + k^2}
\end{aligned}$

$\begin{aligned}
M_{xy} &= \int_\Gamma z\rho(x, y, z)\mathrm{d}S \\
&= \int_0^{2\pi} kt(a^2 + k^2 t^2)\sqrt{a^2 + k^2}\,\mathrm{d}t
\end{aligned}$

$$= k \sqrt{a^2 + k^2} \left[\frac{a^2}{2} t^2 + \frac{k^2}{4} t^4 \right]_0^{2\pi}$$

$$= 2\pi^2 k \sqrt{a^2 + k^2} (a^2 + 2\pi^2 k^2)$$

$$M_{xx} = \int_\Gamma y \rho(x,y,z) \mathrm{d}S$$

$$= \int_0^{2\pi} a\sin t (a^2 + k^2 t^2) \sqrt{a^2 + k^2} \mathrm{d}t$$

$$= a \sqrt{a^2 + k^2} [-\cos t (a^2 + k^2 t^2) + \sin t \cdot 2k^2 t + 2k^2 \cos t]_0^{2\pi}$$

$$= -4\pi^2 k^2 a \sqrt{a^2 + k^2}$$

$$\therefore \overline{x} = \frac{M_{yz}}{M} = \frac{4\pi k^2 a \sqrt{a^2 + k^2}}{2\pi \sqrt{a^2 + k^2} (a^2 + \frac{4}{3}\pi^2 k^2)} = \frac{6ak^2}{3a^2 + 4\pi^2 k^2},$$

$$\overline{y} = \frac{M_{xx}}{M} = -\frac{6\pi k^2 a}{3a^2 + 4\pi^2 k^2},$$

$$\overline{z} = \frac{M_{xy}}{M} = \frac{3\pi k (a^2 + 2\pi^2 k^2)}{3a^2 + 4\pi^2 k^2}.$$

$\therefore$ 质心坐标为 $(\overline{x}, \overline{y}, \overline{z})$.

习题 $10-2$

1. 设 L 为 xOy 面内直线 $x = a$ 上的一段, 证明:

$$\int_L P(x,y) \mathrm{d}x = 0.$$

证明 由定义 $\displaystyle\int_L P(x,y) \mathrm{d}x = \lim_{\lambda \to 0} \sum_{i=1}^n P(\xi_i, \eta_i) \Delta x_i$

$\because \Delta x_i = x_i - x_{i-1} = a - a = 0$

$\therefore \displaystyle\lim_{\lambda \to 0} \sum_{i=1}^n P(\xi_i, \eta_i) \Delta x_i$

$\therefore \displaystyle\int_L P(x,y) \mathrm{d}x = 0.$

2. 设 L 为 xOy 面内 x 轴上从点 $(a,0)$ 到点 $(b,0)$ 的一段直线, 证明:

$$\int_L P(x,y) \mathrm{d}x = \int_a^b P(x,0) \mathrm{d}x.$$

证明 $L: y = 0$, x 从 a 变到 b, 化为对 x 定积分,

$\therefore \displaystyle\int_L P(x,y) \mathrm{d}x = \int_a^b P(x,0) \mathrm{d}x.$

3. 计算下列对坐标的曲线积分:

(1)$\int_L (x^2 - y^2)\mathrm{d}x$，其中 L 是抛物线 $y = x^2$ 上从点$(0,0)$到点$(2,4)$的一段弧；

(2)$\oint_L xy\mathrm{d}x$，其中 L 为圆周$(x - a)^2 + y^2 = a^2 (a > 0)$及 x 轴所围成的在第一象限内的区域的整个边界(按逆时针方向绕行)；

(3)$\int_L y\mathrm{d}x + x\mathrm{d}y$，其中 L 为圆周 $x = R\cos t, y = R\sin t$ 上对应 t 从 0 到 $\frac{\pi}{2}$ 的一段弧；

(4)$\oint_L \dfrac{(x + y)\mathrm{d}x - (x - y)\mathrm{d}y}{x^2 + y^2}$，其中 L 为圆周 $x^2 + y^2 = a^2$(按逆时针方向绕行)；

(5)$\int_\Gamma x^2\mathrm{d}x + z\mathrm{d}y - y\mathrm{d}z$，其中 Γ 为曲线 $x = k\theta, y = a\cos\theta, z = a\sin\theta$ 上对应 θ 对应从 0 到 π 的一段弧；

(6)$\int_\Gamma x\mathrm{d}x + y\mathrm{d}y + (x + y - 1)\mathrm{d}z$，其中 Γ 是从点$(1,1,1)$到点$(2,3,4)$的一段直线；

(7)$\oint_\Gamma \mathrm{d}x - \mathrm{d}y + y\mathrm{d}z$，其中 Γ 为有向闭折线 $ABCA$，这里的 A、B、C 依次为点$(1,0,0)$、$(0,1,0)$、$(0,0,1)$；

(8)$\int_L (x^2 - 2xy)\mathrm{d}x + (y^2 - 2xy)\mathrm{d}y$，其中 L 是抛物线 $y = x^2$ 上从点$(-1,1)$到点$(1,1)$的一段弧.

解　(1)$L: y = x^2, x$ 从 0 变到 2 化为对 x 的定积分，得

$$\int_L (x^2 - y^2)\mathrm{d}x = \int_0^2 (x^2 - x^4)\mathrm{d}x$$

$$= \left[\frac{1}{3}x^3 - \frac{1}{5}x^5\right]_0^2 = -\frac{56}{15}.$$

(2) 有向曲线弧 L 可分成两段光滑的有向曲线弧 L_1 和 L_2，如图 $10-3$.

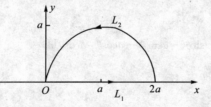

图 $10-3$

其中 $L_1: y = 0, x$ 从 0 变到 $2a$，

$L_2: x = 2a\cos^2\theta, y = 2a\cos\theta\sin\theta$，

θ 从 0 变到 $\frac{\pi}{2}$.

$$\therefore \oint_L xy\mathrm{d}x = \int_{L_1} xy\mathrm{d}x + \int_{L_2} xy\mathrm{d}x$$

$$= \int_0^{2a} x \cdot 0\mathrm{d}x + \int_0^{\frac{\pi}{2}} 2a\cos^2\theta 2a\sin\cos\theta \cdot 4a\cos\theta(-\sin\theta)\mathrm{d}\theta$$

$$= 0 + (-16a^3)\int_0^{\frac{\pi}{2}} \sin^2\theta\cos^4\theta\mathrm{d}\theta$$

$$= -16a^3\left(\frac{3}{4} \cdot \frac{1}{2} \cdot \frac{\pi}{2} - \frac{5\times3\times1}{6\times4\times2} \cdot \frac{\pi}{2}\right)$$

$$= -\frac{\pi}{2}a^3.$$

(3) $\displaystyle\int_L y\mathrm{d}x + x\mathrm{d}y$

$$= \int_0^{\frac{\pi}{2}} \left[R\sin t \cdot R(-\sin t) + R\cos t \cdot R\cos t\right]\mathrm{d}t$$

$$= R^2\int_0^{\frac{\pi}{2}} \cos 2t\mathrm{d}t$$

$$= R^2 \cdot \frac{1}{2}\sin 2t\Big|_0^{\frac{\pi}{2}} = 0.$$

(4) $L: x = a\cos\theta, y = a\sin\theta, \theta$ 从 0 变到 2π.

$$\oint_L \frac{(x+y)\mathrm{d}x - (x-y)\mathrm{d}y}{x^2+y^2}$$

$$= \int_0^{\frac{\pi}{2}} \frac{a(\cos\theta+\sin\theta)(-a\sin\theta) - a(\cos\theta-\sin\theta) \cdot a\cos\theta}{a^2}\mathrm{d}\theta$$

$$= -\int_0^{2\pi} 1\mathrm{d}\theta = -2\pi.$$

(5) $\displaystyle\int_\Gamma x^2\mathrm{d}x + z\mathrm{d}y - y\mathrm{d}z$

$$= \int_0^\pi \left[k^2\theta^2 \cdot k + a\sin\theta(-a\sin\theta) - a\cos\theta \cdot a\cos\theta\right]\mathrm{d}\theta$$

$$= \int_0^\pi (k^3\theta^2 - a^2)\mathrm{d}\theta$$

$$= \frac{\pi^3}{3}k^3 - a^2\pi.$$

(6) 直线方程为 $x - 1 = \dfrac{y-1}{2} = \dfrac{z-1}{3}$,

则 $\Gamma: x = t+1, y = 2t+1, z = 3t+1, t$ 从 0 到 1

$$\therefore \int_\Gamma x\mathrm{d}x + y\mathrm{d}y + (x+y-1)\mathrm{d}z$$

$$= \int_0^1 \left[(t+1) \cdot 1 + (2t+1) \cdot 2 + (3t+1) \cdot 3 \right] \mathrm{d}t$$

$$= \int_0^1 (14t+6) \mathrm{d}t$$

$$= 7 + 6 = 13.$$

(7) 如图 10—4 所示.

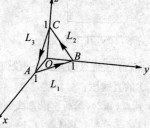

图 10—4

有向闭折线 $ABCA$ 可分成光滑有向线段 AB、BC、CA.

其中 AB：$z=0$，$x+y=1$，x 从 1 到 0

$\quad\quad BC$：$x=0$，$y+z=1$，y 从 1 到 0

$\quad\quad CA$：$y=0$，$x+z=1$，z 从 1 到 0

$$\int_{AB} \mathrm{d}x - \mathrm{d}y + y\mathrm{d}z = \int_1^0 (1+1)\mathrm{d}x + 0$$

$$= -2$$

$$\int_{BC} \mathrm{d}x - \mathrm{d}y + y\mathrm{d}z = \int_1^0 (0-1-y)\mathrm{d}y$$

$$= \int_0^1 (y+1)\mathrm{d}y$$

$$= \frac{3}{2}$$

$$\int_{CA} \mathrm{d}x - \mathrm{d}y + y\mathrm{d}z = \int_1^0 (-1-0+0)\mathrm{d}z$$

$$= -\int_1^0 1\mathrm{d}z = 1$$

$$\therefore \oint_\Gamma \mathrm{d}x - \mathrm{d}y + y\mathrm{d}z = -2 + \frac{3}{2} + 1 = \frac{1}{2}.$$

(8) L：$y=x^2$，x 从 -1 到 1

$$\int_L (x^2 - 2xy)\mathrm{d}x + (y^2 - 2xy)\mathrm{d}y$$

$$= \int_{-1}^{1} \left[(x^2 - 2x \cdot x^2) + 2x(x^4 - 2x \cdot x^2) \right] \mathrm{d}x$$

$$= \int_{-1}^{1} (2x^5 - 4x^4 - 2x^3 + x^2) \mathrm{d}x$$

$$= 2 \cdot \left(-\frac{4}{5} + \frac{1}{3} \right)$$

$$= -\frac{14}{15}.$$

4. 计算 $\int_{L} (x+y)\mathrm{d}x + (y-x)\mathrm{d}y$,其中 L 是：

(1) 抛物线 $y^2 = x$ 上从点$(1,1)$ 到点$(4,2)$ 的一段弧；

(2) 从点$(1,1)$ 到点$(4,2)$ 的直线段；

(3) 先沿直线从点$(1,1)$ 到点$(1,2)$,然后再沿直线到$(4,2)$ 的折线；

(4) 曲线 $x = 2t^2 + t + 1, y = t^2 + 1$ 上从点$(1,1)$ 到点$(4,2)$ 的一段弧.

解　$(1) L: x = y^2, y$ 从 1 到 2

$$原式 = \int_{1}^{2} \left[(y^2 + y) \cdot 2y + y - y^2 \right] \mathrm{d}y$$

$$= \int_{1}^{2} (2y^3 + y^2 + y) \mathrm{d}y$$

$$= \left[\frac{1}{2} y^4 + \frac{1}{3} y^3 + \frac{1}{2} y^2 \right]_{1}^{2}$$

$$= \frac{34}{3}.$$

$(2) L: x = 3y - 2, y$ 从 1 到 2

$$原式 = \int_{1}^{2} \left[(3y - 2 + y) \cdot 3 + (y - 3y + 2) \right] \mathrm{d}y$$

$$= \int_{1}^{2} (10y - 4) \mathrm{d}y$$

$$= \left[5y^2 - 4y \right]_{1}^{2}$$

$$= 11.$$

$(3) L$ 可分成 L_1 和 L_2,其中

$L_1: x = 1, y$ 从 1 到 2,

$L_2: y = 2, x$ 从 1 到 4.

$$\therefore 原式 = \int_{L_1} (x+y)\mathrm{d}x + (y-x)\mathrm{d}y + \int_{L_2} (x+y)\mathrm{d}x + (y-x)\mathrm{d}y$$

$$= \int_{1}^{2} \left[(1+y) \cdot 0 + y - 1 \right] \mathrm{d}y + \int_{1}^{4} \left[(x+2) + 0 \right] \mathrm{d}x$$

$$= \int_1^2 (y-1)\mathrm{d}y + \int_1^4 (x+2)\mathrm{d}x$$

$$= \frac{1}{2}\left(14 - \frac{1}{2}\right)$$

$$= 14.$$

(4) $L: x = 2t^2 + t + 1, y = t^2 + 1, t$ 从 0 到 1

$$原式 = \int_0^1 \left[(2t^2 + t + 1 + t^2 + 1) \cdot (4t+1) + (t^2 + 1 - 2t^2 - t - 1) \cdot 2t \right] \mathrm{d}t$$

$$= \int_0^1 (10t^3 + 5t^2 + 9t + 2)\mathrm{d}t$$

$$= \frac{10}{4} + \frac{5}{3} + \frac{9}{2} + 2$$

$$= \frac{32}{3}.$$

5. 一力场由沿横轴正方向的常力 $\boldsymbol{F}$ 所构成,试求当一质量为 m 的质点沿圆周 $x^2 + y^2 = R^2$ 按逆时针方向移过位于第一象限的那一段弧时场力所作用的功.

解　$L: x = R\cos\theta, y = R\sin\theta, \theta$ 从 0 到 $\dfrac{\pi}{2}$.

$$W = \int_L \boldsymbol{F} \cdot \mathrm{d}\boldsymbol{r} = \int_L F\mathrm{d}x (\boldsymbol{F} 沿横轴正向)$$

$$= \int_0^{\frac{\pi}{2}} F \cdot R(-\sin\theta)\mathrm{d}\theta$$

$$= FR \int_0^{\frac{\pi}{2}} -\sin\theta\mathrm{d}\theta = -FR (F = |\boldsymbol{F}|)$$

即所作的功为 $-FR$.

6. 设 z 轴与重力的方向一致,求质量为 m 的质点从位置 (x_1, y_1, z_1) 沿直线移到 (x_2, y_2, z_2) 时重力所作的功.

解　$\boldsymbol{F} = \{0, 0, mg\}, g$ 为重力加速度.

$$\therefore W = \int_\Gamma \boldsymbol{F} \cdot \mathrm{d}\boldsymbol{r} = \int_\Gamma mg\mathrm{d}z$$

$$= mg \int_{z_1}^{z_2} \mathrm{d}z = mg(z_2 - z_1)$$

即重力所做的功是 $mg(z_2 - z_1)$.

7. 把对坐标的曲线积分 $\displaystyle\int_L P(x,y)\mathrm{d}x + Q(x,y)\mathrm{d}y$ 化成对弧长的曲线积分,其中 L 为:

(1) 在 xOy 面内沿直线从点 $(0,0)$ 到点 $(1,1)$;

(2) 沿抛物线 $y = x^2$ 从点$(0,0)$ 到点$(1,1)$;

(3) 沿上半圆周 $x^2 + y^2 = 2x$ 从点$(0,0)$ 到$(1,1)$.

解　(1)L: $y = x$, x 从 0 到 1

$$\therefore \cos\alpha = \cos\beta = \frac{\sqrt{2}}{2}$$

(有向曲线弧 L 的切向量的方向余弦)

$$\therefore \int_L P(x,y)\mathrm{d}x + Q(x,y)\mathrm{d}y$$

$$= \int_L \left[P(x,y) \cdot \frac{\sqrt{2}}{2} + Q(x,y) \cdot \frac{\sqrt{2}}{2} \right]\mathrm{d}s$$

$$= \frac{\sqrt{2}}{2} \int_L (P(x,y) + Q(x,y))\mathrm{d}s.$$

(2) 切向量为$\{1, 2x\}$,

$$\therefore \text{方向余弦为} \cos x = \frac{1}{\sqrt{1+4x^2}}$$

$$\cos\beta = \frac{2x}{\sqrt{1+4x^2}}$$

$$\therefore \text{原式} = \int_L \left(P(x,y) \cdot \frac{1}{\sqrt{1+4x^2}} + Q(x,y) \cdot \frac{2x}{\sqrt{1+4x^2}} \right)\mathrm{d}s$$

$$= \int_L \frac{1}{\sqrt{1+4x^2}} (P(x,y) + 2xQ(x,y))\mathrm{d}s.$$

(3)L: $y = \sqrt{2x - x^2}$, x 从 0 到 1

$$\therefore \text{切向量为} \left\{ 1, \frac{\mathrm{d}y}{\mathrm{d}x} \right\} \text{即} \left\{ 1, \frac{1-x}{\sqrt{2x-x^2}} \right\} (x \neq 0)$$

当 $x = 0$ 时, $\cos\alpha = 0$, $\cos\beta = 1$;

当 $x \neq 0$ 时,

$$\cos\alpha = \frac{1}{\sqrt{1 + \frac{(1-x^2)}{2x-x^2}}}$$

$$= \sqrt{2x - x^2},$$

$$\cos\beta = \frac{(1-x)/\sqrt{2x-x^2}}{\sqrt{1 + \frac{(1-x)^2}{2x-x^2}}} = 1 - x.$$

($x = 0$ 时亦适合两式)

$$\therefore \text{原式} = \int_L \left[P(x,y) \cdot \sqrt{2x-x^2} + Q(x,y)(1-x) \right]\mathrm{d}s.$$

8. 设 Γ 为曲线 $x=t, y=t^2, z=t^3$ 上相应于 t 从 0 变到 1 的曲线弧. 把对坐标的曲线积分 $\int_{\Gamma} P\mathrm{d}x + Q\mathrm{d}y + R\mathrm{d}z$ 化成对弧长的曲线积分.

解　切向量为 $\{1, 2t, 3t^2\}$,

方向余弦为 $\cos\alpha = \dfrac{1}{\sqrt{1+4t^2+9t^4}} = \dfrac{1}{\sqrt{1+4x^2+9y^2}}$

$$\cos\beta = \dfrac{2t}{\sqrt{1+4t^2+9t^4}} = \dfrac{2x}{\sqrt{1+4x^2+9y^2}}$$

$$\cos\gamma = \dfrac{3t^2}{\sqrt{1+4t^2+9t^4}} = \dfrac{3y}{\sqrt{1+4x^2+9y^2}}$$

$$\therefore \int_{\Gamma} P\mathrm{d}x + Q\mathrm{d}y + R\mathrm{d}z$$

$$= \int_{\Gamma} \dfrac{1}{\sqrt{1+4x^2+9y^2}}(P + 2xQ + 3yR)\mathrm{d}s.$$

习题 $10-3$

1. 计算下列曲线积分, 并验证格林公的正确性:

(1) $\oint_{L} (2xy - x^2)\mathrm{d}x + (x + y^2)\mathrm{d}y$, 其中 L 是由抛物线 $y=x^2$ 和 $y^2=x$ 所围成的区域的正向边界曲线;

(2) $\oint_{L} (x^2 - xy^3)\mathrm{d}x + (y^2 - 2xy)\mathrm{d}y$, 其中 L 是四个顶点分别为 $(0,0)$、$(2,0)$、$(2,2)$、$(0,2)$ 的正方形区域的正向边界.

解　(1) L 可分成 L_1 和 L_2, 其中

$L_1: y=x^2, x$ 从 0 到 1,

$L_2: x=y^2, y$ 从 1 到 0.

$$\therefore \oint_{L} (2xy - x^2)\mathrm{d}x + (x + y^2)\mathrm{d}y$$

$$= \int_{L_1} (2xy - x^2)\mathrm{d}x + (x + y^2)\mathrm{d}y + \int_{L_2} (2xy - x^2)\mathrm{d}x + (x + y^2)\mathrm{d}y$$

$$= \int_0^1 [(2x \cdot x^2 - x^2) + (x + x^4) \cdot 2x]\mathrm{d}x + \int_0^1 [(2y^2 \cdot y - y^4) \cdot 2y + (y^2 + y^2)]\mathrm{d}y$$

$$= \int_0^1 (2x^5 + 2x^3 + x^2)\mathrm{d}x + \int_0^1 (-2y^5 + 4y^4 + 2y^2)\mathrm{d}y$$

$$= \frac{1}{3} + \frac{1}{2} + \frac{1}{3} - \left(-\frac{1}{3} + \frac{4}{5} + \frac{2}{3}\right)$$

$$= \frac{1}{30}.$$

令 $P = 2xy - x^2, Q = x + y^2,$

$$\frac{\partial P}{\partial y} = 2x, \frac{\partial Q}{\partial x} = 1$$

D 是由 $y = x^2$ 与 $x = y^2$ 围成闭区域.

$$\therefore \iint\limits_{D} \left(\frac{\partial Q}{\partial x} - \frac{\partial P}{\partial y} \right) dxdy$$

$$= \iint\limits_{D} (1 - 2x) dxdy$$

$$= \int_0^1 (1 - 2x) dx \int_{x^2}^{\sqrt{x}} dy$$

$$= \int_0^1 (1 - 2x)(\sqrt{x} - x^2) dx$$

$$= \left[\frac{2}{3} x^{\frac{3}{2}} - \frac{4}{5} x^{\frac{5}{2}} - \frac{1}{3} x^3 + \frac{1}{2} x^4 \right]_0^1$$

$$= \frac{2}{3} - \frac{4}{5} - \frac{1}{3} + \frac{1}{2}$$

$$= \frac{1}{30}$$

由此可见格林公式是正确的.

(2)L 可分为 L_1, L_2, L_3 和 L_4,其中

$L_1 : y = 0, x$ 从 0 到 2

$L_2 : x = 2, y$ 从 0 到 2

$L_3 : y = 2, x$ 从 2 到 0

$L_4 : x = 0, y$ 从 2 到 0

$$\therefore 原式 = \oint_{L_1 + L_2 + L_3 + L_4} (x^2 - xy^3) dx + (y^2 - 2xy) dy$$

$$= \int_0^2 x^2 dx + \int_0^2 (y^2 - 4y) dy + \int_2^0 (x^2 - 8x) dx + \int_2^0 y^2 dy$$

$$= \frac{8}{3} + \left(\frac{8}{3} - 8 \right) + \left(-\frac{8}{3} + 16 \right) + \left(-\frac{8}{3} \right) = 8.$$

令 $P = x^2 - xy^3, Q = y^2 - 2xy$

$$\therefore \frac{\partial P}{\partial y} = -3xy^2, \frac{\partial Q}{\partial x} = -2y$$

$D : 0 \leqslant x \leqslant 2, 0 \leqslant y \leqslant 2.$

故题中线积分满足闭区域 D 由分段光滑曲线 L 围成,函数 $P(x,y)$ 及 $Q(x,y)$ 在 D

上有一阶连续偏导数,应用格林公式,

$$\oint_L (x^2 - xy^3)dx + (y^2 - 2xy)dy$$

$$= \iint_D \left(\frac{\partial Q}{\partial x} - \frac{\partial P}{\partial y}\right)dxdy$$

$$= \iint_D (-2y + 3xy^2)dxdy$$

$$= \int_0^2 dx \int_0^2 (-2y + 3xy^2)dy$$

$$= \int_0^2 (8x - 4)dx$$

$$= 8.$$

2. 利用曲线积分,求下列曲线所围成的图形的面积:

(1) 星形线 $x = a\cos^3 t, y = a\sin^3 t$;

(2) 椭圆 $9x^2 + 16y^2 = 144$;

(3) 圆 $x^2 + y^2 = 2ax$.

解　(1)$A = \frac{1}{2}\oint_L x dy - y dx$

$$= \frac{1}{2}\int_0^{2\pi} [a\cos^3 t \cdot a\sin^2 t \cdot 3\cos t - a\sin^3 t \cdot (-3a\cos^2 t\sin t)]dt$$

$$= \frac{3a^2}{2}\int_0^{2\pi} \sin^2 t\cos^2 t dt$$

$$= \frac{3a^2}{2}\int_0^{2\pi} \frac{1 - \cos 4t}{8}dt$$

$$= \frac{3\pi a^2}{8}.$$

(2) 椭圆方程化为$\frac{x^2}{16} + \frac{y^2}{9} = 1$,

$\therefore L: x = 4\cos\theta, y = 3\sin\theta, \theta$ 从 0 到 2π.

$$A = \frac{1}{2}\oint_L x dy - y dx$$

$$= \frac{1}{2}\int_0^{2\pi} [4\cos\theta \cdot 3\cos\theta - 3\sin\theta \cdot (-4\sin\theta)]d\theta$$

$$= \frac{1}{2}\int_0^{2\pi} \cdot 12 \cdot d\theta$$

$$= 12\pi.$$

(3)$L: x = 2a\cos^2\theta, y = 2a\cos\theta\sin\theta, \theta$ 从 $-\frac{\pi}{2}$ 到 $\frac{\pi}{2}$.

$$A = \frac{1}{2}\oint_L x\mathrm{d}y - y\mathrm{d}x$$

$$= \frac{1}{2}\int_{-\frac{\pi}{2}}^{\frac{\pi}{2}} \left[2a\cos^2\theta \cdot 2a\cos2\theta - a\sin2\theta(-2a\sin2\theta)\right]\mathrm{d}\theta$$

$$= a^2\int_{-\frac{\pi}{2}}^{\frac{\pi}{2}} \left[\cos2\theta \cdot (\cos2\theta+1) + \sin2\theta\right]\mathrm{d}\theta$$

$$= a^2\int_{-\frac{\pi}{2}}^{\frac{\pi}{2}} (1+\cos2\theta)\mathrm{d}\theta$$

$$= \pi a^2.$$

3. 计算曲线积分 $\oint_L \dfrac{y\mathrm{d}x - x\mathrm{d}y}{2(x^2+y^2)}$,其中 L 为圆周 $(x-1)^2+y^2=2$,L 的方向为逆时针方向.

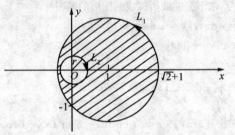

图 $10-5$

解 如图 $10-5$,令 $P = \dfrac{y}{x^2+y^2}$,$Q = -\dfrac{x}{x^2+y^2}$

则 $\dfrac{\partial P}{\partial y} = \dfrac{\partial Q}{\partial x} = \dfrac{x^2-y^2}{(x^2+y^2)^2}$,$(x^2+y^2 \neq 0)$

则 $\displaystyle\iint_D \left(\dfrac{\partial Q}{\partial x} - \dfrac{\partial P}{\partial y}\right)\mathrm{d}x\mathrm{d}y = \oint_{L_1+L_2} P\mathrm{d}x + Q\mathrm{d}y = 0,$

$\therefore \displaystyle\int_{L_1} P\mathrm{d}x + Q\mathrm{d}y = -\int_{L_2} P\mathrm{d}x + Q\mathrm{d}y.$

原式 $= \dfrac{1}{2}\displaystyle\int_{L_1} P\mathrm{d}x + Q\mathrm{d}y$

$$= -\frac{1}{2}\int_{L_2} P\mathrm{d}x + Q\mathrm{d}y$$

$$= -\frac{1}{2}\int_0^{2\pi} \frac{r\sin\theta(-r\sin\theta) - r\cos\theta \cdot r\cos\theta}{r^2}\mathrm{d}\theta$$

$$= -\frac{1}{2}\int_0^{-2\pi} -1 \cdot \mathrm{d}\theta$$

$$= -\pi$$

其中 $L_2: x = r\cos\theta, y = r\sin\theta, \theta$ 从 0 到 -2π.

4. 证明下列曲线积分在整个 xOy 面内与路径无关,并计算积分值.

(1) $\displaystyle\int_{(1,1)}^{(2,3)} (x+y)\mathrm{d}x + (x-y)\mathrm{d}y$;

(2) $\displaystyle\int_{(1,2)}^{(3,4)} (6xy^2 - y^2)\mathrm{d}x + (6x^2 - y - 3xy^2)\mathrm{d}y$;

(3) $\displaystyle\int_{(1,0)}^{(2,1)} (2xy - y^4 + 3)\mathrm{d}x + (x^2 - 4xy^3)\mathrm{d}y$.

证明 (1) 令 $P = x+y, Q = x-y$

$\therefore \dfrac{\partial P}{\partial y} = 1 = \dfrac{\partial Q}{\partial x}$,

$\therefore$ 原曲线积分与积分路径无关,

$\therefore$ 原式 $= \displaystyle\int_{(1,1)}^{(2,1)} (x+y)\mathrm{d}x + (x-y)\mathrm{d}y + \int_{(2,1)}^{(2,3)} (x+y)\mathrm{d}x + (x-y)\mathrm{d}y$

$\qquad = \displaystyle\int_1^2 (x+1)\mathrm{d}x + \int_1^3 (2-y)\mathrm{d}y$

$\qquad = \dfrac{5}{2}$.

(2) 令 $P = 6xy^2 - y^3, Q = 6x^2 y - 3xy^2$

$\dfrac{\partial P}{\partial y} = 12xy - 3y^2 = \dfrac{\partial Q}{\partial x}$.

显然整个 xOy 面是单连通域,且 P 和 Q 在其内有一阶连续偏导数,

$\therefore$ 原曲线积分在 xOy 面内与路径无关.

取路径 $L_1 y = x+1, x$ 从 1 到 3,

则原式 $= \displaystyle\int_1^3 \left[6x(x+1)(x+x+1) - (x+1)^2(x+1+3x) \right]\mathrm{d}x$

$\qquad = \displaystyle\int_1^3 (8x^3 + 9x^2 - 1)\mathrm{d}x$

$\qquad = [2x^4 + 3x^3 - x]_1^3$

$\qquad = 236$.

(3) 令 $P = 2xy - y^4 + 3, Q = x^2 - 4xy^3$

$\therefore \dfrac{\partial P}{\partial y} = 2x - 4y^3 = \dfrac{\partial Q}{\partial x}$.

显然 xOy 面为单连通域,且 P、Q 在其内有一阶连续偏导数.

$\therefore$ 原曲线积分在整个 xOy 面内与路径无关,

$\therefore$ 取路径 $L: y = x-1, x$ 从 1 到 2,

$\therefore$ 原式 $= \displaystyle\int_1^2 \left[2x(x-1) - (x-1)^4 + 3 + x^2 - 4x(x-1)^3 \right]\mathrm{d}x$

$$= \int_1^2 [3x^2 - 2x + 3 - 5(x-1)^4 - 4(x-1)^3] dx$$
$$= [x^3 - x^2 + 3x - (x-1)^5 - (x-1)^4]_1^2$$
$$= 5.$$

5. 利用格林公式,计算下列曲线积分:

(1) $\oint_L (2x - y + 4)dx + (5y + 3x - 6)dy$,其中 L 为三顶点分别为 $(0,0)$、$(3,0)$ 和 $(3,2)$ 的三角形正向边界;

(2) $\oint_L (x^2 y\cos x + 2xy\sin x - y^2 e^x)dx + (x^2 \sin x - 2ye^x)dy$,其中 L 为正向星形线 $x^{\frac{2}{3}} + y^{\frac{2}{3}} = a^{\frac{2}{3}}$ $(a > 0)$;

(3) $\int_L (2xy^3 - y^2 \cos x)dx + (1 - 2y\sin x + 3x^2 y^2)dy$,其中 L 为在抛物线 $2x = \pi y^2$ 上由点 $(0,0)$ 到 $\left(\frac{\pi}{2}, 1\right)$ 的一段弧;

(4) $\int_L (x^2 - y)dx - (x + \sin^2 y)dy$,其中 L 是在圆周 $y = \sqrt{2x - x^2}$ 上由点 $(0,0)$ 到点 $(1,1)$ 的一段弧.

解 (1) 设 D 为由分段光滑曲线 L 围成,令
$$P = 2x - y + 4, Q = 5y + 3x - 6$$
显然,P、Q 在 D 上具有一阶连续偏导数,L 取向为 D 的正向边界曲线.

$$\therefore 原式 = \iint_D \left(\frac{\partial Q}{\partial x} - \frac{\partial P}{\partial y}\right) dx dy$$
$$= \iint_D [3 - (-1)] dx dy$$
$$= 4 \times 3 \times 2 \times \frac{1}{2}$$
$$= 12.$$

(2) 原式 $= \iint_D \left(\frac{\partial Q}{\partial x} - \frac{\partial P}{\partial y}\right) dx dy$

其中 D 为 L 围成的闭区域.
$$P = x^2 y\cos x + 2xy\sin x - y^2 e^x$$
$$Q = x^2 \sin x - 2ye^x$$
$$\frac{\partial P}{\partial y} = x^2 \cos x + 2x\sin x - 2ye^x$$
$$\frac{\partial Q}{\partial x} = x^2 \cos x + 2x\sin x - 2ye^x$$

$\therefore \dfrac{\partial Q}{\partial x} - \dfrac{\partial P}{\partial y} = 0$

$\therefore$ 原式 $= \iint\limits_{D} 0 \cdot \mathrm{d}x\mathrm{d}y = 0.$

(3) 令 $P = 2xy^3 - y^2\cos x$

$\qquad Q = 1 - 2y\sin x + 3x^2y^2$

则 $\dfrac{\partial P}{\partial y} = 6xy^2 - 2y\cos x = \dfrac{\partial Q}{\partial x}$

$\therefore$ 原曲线积分与积分路径无关.

$\therefore$ 原式 $= \displaystyle\int_{(0,0)}^{(\frac{\pi}{2},0)} P\mathrm{d}x + Q\mathrm{d}y + \int_{(\frac{\pi}{2},0)}^{(\frac{\pi}{2},1)} P\mathrm{d}x + Q\mathrm{d}y$

$\qquad = \displaystyle\int_0^{\frac{\pi}{2}} 0 \cdot \mathrm{d}x + \int_0^1 \left(1 - 2y + \dfrac{3\pi^2}{4}y^2\right)\mathrm{d}y$

$\qquad = \dfrac{\pi^2}{4} + 1 - 1$

$\qquad = \dfrac{\pi^2}{4}.$

(4) 令 $P = x^2 - y, Q = -(x + \sin^2 y)$

则 $\dfrac{\partial P}{\partial y} = -1 = \dfrac{\partial Q}{\partial x}$

$\therefore$ 原曲线积分与路径无关.

取 $L': y = x, x$ 从 0 到 1

则原式 $= \displaystyle\int_{L'} P\mathrm{d}x + Q\mathrm{d}y$

$\qquad = \displaystyle\int_0^1 (x^2 - 2x - \sin^2 x)\mathrm{d}x$

$\qquad = \dfrac{1}{3} - 1 - \dfrac{1}{2} + \dfrac{\sin 2}{4}$

$\qquad = \dfrac{\sin 2}{4} - \dfrac{7}{6}.$

6. 验证下列 $P(x,y)\mathrm{d}x + Q(x,y)\mathrm{d}y$ 在整个 xOy 平面内是某一函数 $u(x,y)$ 的全微分,并求这样的一个 $u(x,y)$:

(1) $(x + 2y)\mathrm{d}x + (2x + y)\mathrm{d}y$;

(2) $2xy\mathrm{d}x + x^2\mathrm{d}y$;

(3) $4\sin x\sin 3y\cos x\mathrm{d}x - 3\cos 3y\cos 2x\mathrm{d}y$;

(4) $(3x^2y + 8xy^2)\mathrm{d}x + (x^3 + 8x^2y + 12ye^y)\mathrm{d}y$;

(5) $(2x\cos y + y^2\cos x)\mathrm{d}x + (2y\sin x - x^2\sin y)\mathrm{d}y$.

解 (1) 令 $P = x + 2y, Q = 2x + y$

则 $\dfrac{\partial P}{\partial y} = 2 = \dfrac{\partial Q}{\partial x}$.

因为整个 xOy 平面是单连通域, P、Q 在其内具有一阶连续偏导数,

所以 $P\mathrm{d}x + Q\mathrm{d}y$ 在 xOy 平面内为某一函数 $u(x,y)$ 的全微分.

$$\therefore u(x,y) = \int_{(0,0)}^{(x,y)} P\mathrm{d}x + Q\mathrm{d}y$$
$$= \int_0^x x\mathrm{d}x + \int_0^y (2x + y)\mathrm{d}y$$
$$= \frac{1}{2}x^2 + 2xy + \frac{1}{2}y^2$$
$$= \frac{x^2 + y^2}{2} + 2xy.$$

(2) 令 $P = 2xy, Q = x^2$, 则 $\dfrac{\partial P}{\partial y} = 2x = \dfrac{\partial Q}{\partial x}$

$\therefore P\mathrm{d}x + Q\mathrm{d}y$ 是某一函数 $u(x,y)$ 的全微分

$$\therefore u(x,y) = \int_{(0,0)}^{(x,y)} P\mathrm{d}x + Q\mathrm{d}y$$
$$= \int_0^x 0 \cdot \mathrm{d}x + \int_0^y x^2\mathrm{d}y$$
$$= x^2 y.$$

(3) 令 $P = 4\sin x\sin 3y\cos x$

$\qquad Q = -3\cos 3y\cos 2x$

$$\therefore \frac{\partial P}{\partial y} = 12\sin x\cos 3y\cos x = 6\sin 2x\cos 3y$$

$$\frac{\partial Q}{\partial x} = 3\cos 3y(-2\sin 2x) = 6\cos 3y\sin 2x$$

$$\therefore \frac{\partial P}{\partial y} = \frac{\partial Q}{\partial x}$$

$\therefore P\mathrm{d}x + Q\mathrm{d}y$ 在 xOy 面内为某函数 $u(x,y)$ 的全微分

$$\therefore u(x,y) = \int_{(0,0)}^{(x,y)} P\mathrm{d}x + Q\mathrm{d}y$$
$$= \int_0^x 0 \cdot \mathrm{d}x - 3\int_0^y \cos 2x\cos 3y\mathrm{d}y$$
$$= -\cos 2x\sin 3y.$$

(4) 令 $P = 3x^2 y + 8xy^2, Q = x^3 + 8x^2 y + 12ye^y$

$$\therefore \frac{\partial P}{\partial y} = 3x^2 + 16xy = \frac{\partial Q}{\partial x},$$

$\therefore P\mathrm{d}x+Q\mathrm{d}y$ 为某一函数 $u(x,y)$ 的全微分.

$\because \dfrac{\partial u}{\partial x}=P=3x^2y+8xy^2$,

$\therefore u=x^3y+4x^2y^2+f(y)$,

$\therefore \dfrac{\partial u}{\partial y}=x^3+8x^2y+f'(y)$.

又 $\dfrac{\partial u}{\partial y}=x^3+8x^2y+12ye^y$,

$\therefore f'(y)=12ye^y$

$\therefore f(y)=12ye^y-12e^y+C$

$\qquad =12e^y(y-1)+C(C\text{ 为常数})$

$\therefore u=x^3y+4x^2y^2+12e^y(y-1)+C$.

(5) 令 $P=2x\cos y+y^2\cos x$

$\qquad Q=2y\sin x-x^2\sin y$

$\therefore \dfrac{\partial P}{\partial y}=-2x\sin y+2y\cos x=\dfrac{\partial Q}{\partial x}$

$\therefore P\mathrm{d}x+Q\mathrm{d}y$ 为某一函数 $u(x,y)$ 的全微分

$\therefore u(x,y)=\displaystyle\int_{(0,0)}^{(x,y)}P\mathrm{d}x+Q\mathrm{d}y$

$\qquad =\displaystyle\int_0^x 2x\mathrm{d}x+\int_0^y(2y\sin x-x^2\sin y)\mathrm{d}y$

$\qquad =x^2+y^2\sin x+x^2\cos y-x^2$

$\qquad =y^2\sin x+x^2\cos y$.

7. 设有一变力在坐标轴上的投影为 $X=x+y^2,Y=2xy-8$,这变力确定了一个力场,证明质点在此场内移动时,场力所作的功与路径无关.

证明 设该变力为 $\boldsymbol{F}$ 则

$\boldsymbol{F}=\{X,Y\}$.

设质点从一点沿任意路径 L 移动到另一点,

则其 $\boldsymbol{F}$ 做功

$W=\displaystyle\int_L\boldsymbol{F}\cdot\mathrm{d}\boldsymbol{r}=\int_L X\mathrm{d}x+Y\mathrm{d}y$.

$\therefore \dfrac{\partial X}{\partial y}=2y=\dfrac{\partial Y}{\partial x}$,

$\therefore W$ 与积分路径无关,

即质点在此场内移动时,场力所作的功与路径无关.

习题 10 — 4

1. 设有一分布着质量的曲面 $\sum$，在点 (x,y,z) 处它的面密度为 $\mu(x,y,z)$，用对面积的曲面积分表示这曲面对于 x 轴的转动惯量.

解　设面微元的面积为 $\mathrm{d}S$，则质量微元 $\mathrm{d}M = \mu(x,y,z)\mathrm{d}S$，其对 x 轴的转动惯量

$$\mathrm{d}I_x = (y^2 + z^2)\mathrm{d}M$$
$$= (y^2 + z^2)\mu(x,y,z)\mathrm{d}S$$

∴ 总转动惯量

$$I_x = \iint\limits_{\sum}\mathrm{d}I_x = \iint\limits_{\sum}(y^2 + z^2)\mu(x,y,z)\mathrm{d}S.$$

2. 按对面积的曲面积分的定义证明公式

$$\iint\limits_{\sum}f(x,y,z)\mathrm{d}S = \iint\limits_{\sum_1}f(x,y,z)\mathrm{d}S + \iint\limits_{\sum_2}f(x,y,z)\mathrm{d}S,$$

其中 $\sum$ 是由 $\sum_1$ 和 $\sum_2$ 组成的.

证明　先将 $\sum$ 分成 $\sum_1$ 和 $\sum_2$，再分别将 $\sum_1$、$\sum_2$ 任意分成 n_1 和 n_2 块

则 $$\iint\limits_{\sum}f(x,y,z)\mathrm{d}S = \lim_{\lambda \to 0}\sum_{i=1}^{n_1+n_2}f(\xi_i,\eta_i,\zeta_i)\Delta S_i$$

$$= \lim_{\lambda_1 \to 0}\sum_{i=1}^{n_1}f(\xi_i,\eta_i,\zeta_i)\Delta S_i + \lim_{\lambda_2 \to 0}\sum_{i=1}^{n_2}f(\xi_i,\eta_i,\zeta_i)\Delta S_i$$

$$= \iint\limits_{\sum_1}f(x,y,z)\mathrm{d}S + \iint\limits_{\sum_2}f(x,y,z)\mathrm{d}S$$

其中 λ_1,λ_2 分别为 $\sum_1\sum_2$ 每一小块中直径最大值，$\lambda = \max\{\lambda_1,\lambda_2\}$.

∴ 命题得证.

3. 当 $\sum$ 是 xOy 面内的一个闭区域时，曲面积分 $\iint\limits_{\sum}f(x,y,z)\mathrm{d}S$ 与二重积分有什么关系?

解　设 $\sum$ 是 xOy 面内的一个闭区域 D，则

此时 $z = 0$，即 $\sqrt{1 + z_x^2 + z_y^2} = 1$

$$\therefore \iint\limits_{\sum}f(x,y,z)\mathrm{d}S = \iint\limits_{D}f(x,y,0)\mathrm{d}x\mathrm{d}y.$$

4. 计算曲面积分 $\iint\limits_{\sum}f(x,y,z)\mathrm{d}S$，其中 $\sum$ 为抛物面 $z = 2 - (x^2 + y^2)$ 在 xOy 面上方的部分，$f(x,y,z)$ 分别如下:

$(1) f(x,y,z) = 1;$

$(2) f(x,y,z) = x^2 + y^2;$

$(3) f(x,y,z) = 3z.$

解 $z_x = -2x, z_y = -2y$

$\sum$ 在 xOy 面上投影,

$D_{xy} = \{(x,y) \mid x^2 + y^2 \leqslant 2\},$

D_{xy} 又可表示为 $0 \leqslant \theta \leqslant 2\pi, 0 \leqslant r \leqslant \sqrt{2}.$

$\therefore \sqrt{1 + z_x^2 + z_y^2} = \sqrt{1 + 4(x^2 + y^2)} = \sqrt{1 + 4r^2},$

$z = 2 - (x^2 + y^2) = 2 - r^2.$

$(1) f(x,y,z) = 1$ 时,

$$\iint\limits_{\Sigma} 1 \cdot \mathrm{d}S = \iint\limits_{D_{xy}} \sqrt{1 + z_x^2 + z_y^2}\,\mathrm{d}x\mathrm{d}y$$

$$= \int_0^{2\pi} \mathrm{d}\theta \int_0^{\sqrt{2}} \sqrt{1 + 4r^2}\,r\mathrm{d}r$$

$$= 2\pi \cdot \frac{1}{12}(1 + 4r^2)^{\frac{3}{2}}\Big|_0^{\sqrt{2}}$$

$$= \frac{13\pi}{3}.$$

$(2) f(x,y,z) = x^2 + y^2 = r^2$ 时,

$$\iint\limits_{\Sigma} (x^2 + y^2)\mathrm{d}S = \iint\limits_{D_{xy}} (x^2 + y^2)\sqrt{1 + z_x^2 + z_y^2}\,\mathrm{d}x\mathrm{d}y$$

$$= \int_0^{2\pi} \mathrm{d}\theta \int_0^{2\pi} r^2 \cdot r \cdot \sqrt{1 + 4r^2}\,\mathrm{d}r$$

$$= 2\pi \cdot \frac{1}{2}\int_0^2 t \cdot \sqrt{1 + 4t}\,\mathrm{d}t\,(\diamondsuit\ t = r^2)$$

$$= \pi \cdot \left[\frac{1}{6}t \cdot (1 + 4t)^{\frac{3}{2}} - \frac{1}{60}(1 + 4t)^{\frac{5}{2}}\right]_0^2$$

$$= \frac{149}{30}\pi.$$

$(3) f(x,y,z) = 3z = 3(2 - r^2)$ 时,

$$\iint\limits_{\Sigma} = \iint\limits_{D_{xy}} 3(2 - x^2 - y^2)\sqrt{1 + z_x^2 + z_y^2}\,\mathrm{d}x\mathrm{d}y$$

$$= 3\int_0^{2\pi} \mathrm{d}\theta \int_0^{\sqrt{2}} (2 - r^2) \cdot \sqrt{1 + 4r^2}\,r\mathrm{d}r$$

$$= 3\int_0^{2\pi} \mathrm{d}\theta \int_0^{\sqrt{2}} 2r\sqrt{1 + 4r^2}\,\mathrm{d}r - 3\int_0^{2\pi} \mathrm{d}\theta \int_0^{\sqrt{2}} r^2 \cdot r\sqrt{1 + 4r^2}\,\mathrm{d}r$$

$$= 6 \times \frac{13\pi}{3} - 3 \times \frac{149}{30}\pi \text{[根据(1),(2)]}$$

$$= \frac{111}{30}\pi.$$

5. 计算 $\iint\limits_{\Sigma} (x^2 + y^2)\mathrm{d}S$,其中 Σ 是:

(1) 锥面 $z = \sqrt{x^2 + y^2}$ 及平面 $z = 1$ 所围成的区域的整个边界曲面;

(2) 锥面 $z^2 = 3(x^2 + y^2)$ 被平面 $z = 0$ 和 $z = 3$ 所截得的部分.

解 (1) $z = \sqrt{x^2 + y^2} = 1 \Rightarrow x^2 + y^2 = 1$

$\therefore \Sigma$ 可分成 Σ_1 和 Σ_2.

其中 $\Sigma_1 : z = \sqrt{x^2 + y^2}, 0 \leqslant z \leqslant 1$

$\qquad \Sigma_2 : x^2 + y^2 = 1, z = 1$

$$\iint\limits_{\Sigma_1} = \iint\limits_{D_{xy1}} (x^2 + y^2)\sqrt{1 + z_x^2 + z_y^2}\,\mathrm{d}x\mathrm{d}y$$

$$= \iint\limits_{D_{xy1}} (x^2 + y^2)\sqrt{1 + \frac{x^2 + y^2}{x^2 + y^2}}\,\mathrm{d}x\mathrm{d}y$$

$$= \int_0^{2\pi}\mathrm{d}\theta \int_0^1 r^2 \cdot \sqrt{2}\,r\mathrm{d}r$$

$$= 2\sqrt{2}\pi \cdot \frac{1}{4}r^4 \Big|_0^1$$

$$= \frac{\sqrt{2}\pi}{2}$$

其中 $D_{xy1} : x^2 + y^2 \leqslant 1$,即 $0 \leqslant \theta \leqslant 2\pi, 0 \leqslant r \leqslant 1$

$$\iint\limits_{\Sigma_2} (x^2 + y^2)\mathrm{d}S = \iint\limits_{D_{xy2}} (x^2 + y^2)\sqrt{1 + z_x^2 + z_y^2}\,\mathrm{d}x\mathrm{d}y$$

$$= \iint\limits_{D_{xy2}} (x^2 + y^2)\sqrt{1 + 0}\,\mathrm{d}x\mathrm{d}y$$

$$= \frac{\pi}{2}(\text{由 } \Sigma_1 \text{ 计算易得})$$

$$\therefore \iint\limits_{\Sigma} (x^2 + y^2)\mathrm{d}S = \iint\limits_{\Sigma_1} (x^2 + y^2)\mathrm{d}S + \iint\limits_{\Sigma_2} (x^2 + y^2)\mathrm{d}S$$

$$= \frac{\sqrt{2}\pi}{2} + \frac{\pi}{2}$$

$$= \frac{\sqrt{2} + 1}{2}\pi.$$

(2) $\sum : 0 \leqslant z \leqslant 3, z^2 = 3(x^2 + y^2)$

$\therefore z = \sqrt{3(x^2 + y^2)}$

$z_x = \dfrac{3x}{\sqrt{3(x^2 + y^2)}} ; z_y = \dfrac{3y}{\sqrt{3(x^2 + y^2)}}$

$\therefore \sqrt{1 + z_x^2 + z_y^2} = \sqrt{1 + \dfrac{9(x^2 + y^2)}{3(x^2 + y^2)}} = 2.$

$\sum$ 在 xOy 面上投影为

$D_{xy} : x^2 + y^2 \leqslant 3,$ 即 $0 \leqslant \theta \leqslant 2\pi, 0 \leqslant r \leqslant \sqrt{3}.$

$$\therefore \iint\limits_{\sum} (x^2 + y^2) \mathrm{d}S = \iint\limits_{D_{xy}} \sqrt{1 + z_x^2 + z_y^2} \mathrm{d}x\mathrm{d}y$$

$$= 2 \int_0^{2\pi} \mathrm{d}\theta \int_0^{\sqrt{3}} r^2 \cdot r \mathrm{d}r$$

$$= 2 \cdot 2\pi \cdot \frac{1}{4} r^4 \Big|_0^{\sqrt{3}}$$

$$= 9\pi.$$

6. 计算下列对面积的曲面积分:

(1) $\iint\limits_{\sum} \left(z + 2x + \dfrac{4}{3} y\right) \mathrm{d}S,$ 其中 $\sum$ 为平面 $\dfrac{x}{2} + \dfrac{y}{3} + \dfrac{z}{4} = 1$ 在第一卦限中的部分;

(2) $\iint\limits_{\sum} (2xy - 2x^2 - x + z) \mathrm{d}S,$ 其中 $\sum$ 为平面 $2x + 2y + z = 6$ 在第一卦限中的部分;

(3) $\iint\limits_{\sum} (x + y + z) \mathrm{d}S,$ 其中 $\sum$ 为球面 $x^2 + y^2 + z^2 = a^2$ 上 $z \geqslant h (0 < h < a)$ 的部分;

(4) $\iint\limits_{\sum} (xy + yz + zx) \mathrm{d}S,$ 其中 $\sum$ 为锥面 $z = \sqrt{x^2 + y^2}$ 被柱面 $x^2 + y^2 = 2ax$ 所截得的有限部分.

解 (1) $z = 4\left(1 - \dfrac{x}{2} - \dfrac{y}{3}\right)$

$z_x = -2, z_y = -\dfrac{4}{3}$

$\therefore \sqrt{1 + z_x^2 + z_y^2} = \sqrt{1 + 4 + \dfrac{16}{9}} = \dfrac{\sqrt{61}}{3}.$

令 $z = 0 \Rightarrow \dfrac{x}{2} + \dfrac{y}{3} = 1,$

$\therefore D_{xy} = \left\{ (x, y) \mid x \geqslant 0, y \geqslant 0, \dfrac{x}{2} + \dfrac{y}{3} \leqslant 1 \right\}.$

即 $0 \leqslant x \leqslant 2, 0 \leqslant y \leqslant 3\left(1 - \dfrac{x}{2}\right).$

$$\therefore \iint\limits_{\Sigma}(z+2x+\frac{4}{3}y)\mathrm{d}S$$

$$=\iint\limits_{D_{xy}}\left[4\left(1-\frac{x}{2}-\frac{y}{3}\right)+2x+\frac{4}{3}y\right]\sqrt{1+z_x^2+z_y^2}\,\mathrm{d}x\mathrm{d}y$$

$$=4\cdot\frac{\sqrt{61}}{3}\iint\limits_{D_{xy}}\mathrm{d}x\mathrm{d}y$$

$$=4\cdot\frac{\sqrt{61}}{3}\cdot\frac{1}{2}\cdot\times3$$

$$=4\sqrt{61}.$$

$(2)z=6-2x-2y,$

$$\therefore z_x=z_y=-2,$$

$$\therefore \sqrt{1+z_x^2+z_y^2}=3.$$

Σ 在 xOy 面内投影为

$D_{xy}:x\geqslant0,y\geqslant0,x+y\leqslant3.$

$$\therefore \iint\limits_{\Sigma}(2xy-2x^2-x+z)\mathrm{d}S$$

$$=\iint\limits_{D_{xy}}(2xy-x^2-x+6-2x-2y)\cdot\sqrt{1+z_x^2+z_y^2}\,\mathrm{d}x\mathrm{d}y$$

$$=3\int_0^3\mathrm{d}x\int_0^{3-x}(2xy-x^2-3x-2y+6)\mathrm{d}y$$

$$=3\int_0^3(3-x)(-2x^2+x+3)\mathrm{d}x$$

$$=3\int_0^3(2x^3-7x^2+9)\mathrm{d}x$$

$$=3\cdot\frac{9}{2}$$

$$=\frac{27}{2}.$$

$(3)D_{xy}$ 为 $\{(x,y)\mid x^2+y^2\leqslant a^2-h^2\},$

$$z=\sqrt{a^2-x^2-y^2},$$

$$z_x=-\frac{x}{z},z_y=-\frac{y}{z}.$$

D_{xy} 又可表示为 $0\leqslant\theta\leqslant2\pi,0\leqslant r\leqslant\sqrt{a^2-h^2},$

$$\therefore \sqrt{1+z_x^2+z_y^2}=\sqrt{1+\frac{x^2+y^2}{z^2}}$$

$$= \sqrt{1 + \frac{x^2 + y^2}{a^2 - x^2 - y^2}}$$

$$= \sqrt{\frac{a^2}{a^2 - x^2 - y^2}}$$

$$= \frac{a}{\sqrt{a^2 - r^2}}$$

$$\therefore \iint\limits_{\Sigma} (x + y + z)\mathrm{d}S = \iint\limits_{D_{xy}} (x + y + \sqrt{a^2 - x^2 - y^2}) \cdot \sqrt{1 + z_x^2 + x_y^2}\,\mathrm{d}x\mathrm{d}y$$

$$= \int_0^{2\pi} \mathrm{d}\theta \int_0^{\sqrt{a^2 - h^2}} r \cdot (r\cos\theta + r\sin\theta + \sqrt{a^2 - r^2}) \cdot \frac{a}{\sqrt{a^2 - r^2}}\mathrm{d}r$$

$$= \int_0^{2\pi} \mathrm{d}\theta \int_0^{\sqrt{a^2 - h^2}} \frac{r^2(\cos\theta + \sin\theta)}{\sqrt{a^2 - r^2}}\mathrm{d}r + 2\pi \int_0^{\sqrt{a^2 - h^2}} ra\,\mathrm{d}r$$

$$= \int_0^{2\pi} (\sin\theta + \cos\theta)\mathrm{d}\theta \int_0^{\sqrt{a^2 - h^2}} \frac{ar^2}{\sqrt{a^2 - r^2}}\mathrm{d}r + \pi a(a^2 - h^2)$$

$$= \pi a(a^2 - h^2).$$

(4) D_{xy} 即 $\{(x, y) \mid x^2 + y^2 \leqslant 2ax\}$,

即 $0 \leqslant r \leqslant 2a\cos\theta, -\dfrac{\pi}{2} \leqslant \theta \leqslant \dfrac{\pi}{2}$,

$$z_x = \frac{x}{\sqrt{x^2 + y^2}}, z_y = \frac{y}{\sqrt{x^2 + y^2}}$$

$$\therefore \sqrt{1 + z_x^2 + z_y^2} = \sqrt{1 + \frac{x^2 + y^2}{x^2 + y^2}} = \sqrt{2}.$$

$$z = \sqrt{x^2 + y^2} = r,$$

$$\therefore \iint\limits_{\Sigma} (xy + yz + zx)\mathrm{d}S$$

$$= \iint\limits_{D_{xy}} (xy + y\sqrt{x^2 + y^2} + x\sqrt{x^2 + y^2}) \cdot \sqrt{1 + z_x^2 + y_y^2}\,\mathrm{d}x\mathrm{d}y$$

$$= \int_{-\frac{\pi}{2}}^{\frac{\pi}{2}} \mathrm{d}\theta \int_0^{2a\cos\theta} \sqrt{2}\,[r^2\cos\theta\sin\theta + r^2(\cos\theta + \sin\theta)]r\mathrm{d}r$$

$$= \sqrt{2} \int_{-\frac{\pi}{2}}^{\frac{\pi}{2}} (\cos\theta\sin\theta + \cos\theta + \sin\theta) \cdot \frac{1}{4}(2a\cos\theta)^4\,\mathrm{d}\theta$$

$$= 4\sqrt{2}a^4 \int_{-\frac{\pi}{2}}^{\frac{\pi}{2}} (\cos\theta\sin\theta + \cos^5\theta + \sin\theta\cos^4\theta)\mathrm{d}\theta$$

$$= 4\sqrt{2}a^4 \cdot 2\int_0^{\frac{\pi}{2}} (1 - \sin^2\theta)^2\,\mathrm{d}\sin\theta$$

$$= 8\sqrt{2}a^4 \left(1 - \frac{2}{3} + \frac{1}{5}\right)$$

$$= \frac{64\sqrt{2}}{15}a^4.$$

7. 求抛物面壳 $z = \frac{1}{2}(x^2 + y^2)(0 \leqslant z \leqslant 1)$ 的质量, 此壳的面密度为 $\mu = z$.

解　$z_x = x, z_y = y$

$D_{xy} = \{(x,y) \mid x^2 + y^2 \leqslant 2\}$,

即 $0 \leqslant \theta \leqslant 2\pi, 0 \leqslant r \leqslant \sqrt{2}$,

$\therefore \sqrt{1 + z_x^2 + z_y^2} = \sqrt{1 + x^2 + y^2} = \sqrt{1 + r^2}$

$\mu = z = \frac{1}{2}(x^2 + y^2) = \frac{1}{2}r^2$

$$\therefore \iint\limits_{\Sigma} \mu \mathrm{d}S = \iint\limits_{D_{xy}} z \sqrt{1 + z_x^2 + z_y^2} \mathrm{d}x\mathrm{d}y$$

$$= \int_0^{2\pi} \mathrm{d}\theta \int_0^{\sqrt{2}} \frac{1}{2}r^2 \cdot \sqrt{1 + r^2} \cdot r\mathrm{d}r$$

$$= \pi \int_0^{\sqrt{2}} r^3 \sqrt{1 + r^2} \mathrm{d}r$$

$$= \frac{1}{2}\pi \left[\frac{2}{3}r^2(1 + r^2)^{\frac{3}{2}} - \frac{4}{15}(1 + r^2)^{\frac{5}{2}}\right]_0^{\sqrt{2}}$$

$$= \frac{1}{2}\pi \left(\frac{8}{5}\sqrt{3} + \frac{4}{15}\right)$$

$$= \frac{4\sqrt{3}}{5}\pi + \frac{2\pi}{15}$$

即所求抛物面壳质量为 $\frac{4\sqrt{3}}{5}\pi + \frac{2\pi}{15}$.

8. 求面密度为 μ_0 的均匀半球壳 $x^2 + y^2 + z^2 = a^2 (z \geqslant 0)$ 对于 z 轴的转动惯量.

解　$z = \sqrt{a^2 - x^2 - y^2}$,

$D_{xy} : x^2 + y^2 \leqslant a^2$,

即 $0 \leqslant \theta \leqslant 2\pi, 0 \leqslant r \leqslant a$.

$z_x = -\dfrac{x}{z}, z_y = -\dfrac{y}{z}$

$$\therefore \sqrt{1 + z_x + z_y^2} = \sqrt{1 + \frac{x^2 + y^2}{z^2}} = \frac{a}{z}$$

$$\therefore I_z = \iint\limits_{\Sigma} (x^2 + y^2) \cdot \mu_0 \mathrm{d}S$$

$$= \mu_0 \iint\limits_{D_{xy}} (x^2 + y^2) \cdot \frac{a}{z} \mathrm{d}x\mathrm{d}y$$

$$= \mu_0 \int_0^{2\pi} \mathrm{d}\theta \int_0^a r^2 \cdot \frac{a}{\sqrt{a^2 - r^2}} \cdot r\mathrm{d}r$$

$$= 2\pi a\mu_0 \int_0^{\frac{\pi}{2}} a^3 \sin^3\alpha \cdot \frac{1}{a\cos\alpha} a\cos\alpha \mathrm{d}\alpha (\diamondsuit\, r = a\sin\alpha)$$

$$= \frac{4}{3} \pi a^4 \mu_0$$

即均匀半球壳对于 z 轴转动惯量为 $\frac{4}{3}\pi a^4 \mu_0$.

习题 10—5

1. 按对坐标的曲面积分的定义证明公式

$$\iint\limits_{\Sigma} [P_1(x,y,z) \pm P_2(x,y,z)]\mathrm{d}y\mathrm{d}z$$
$$= \iint\limits_{\Sigma} P_1(x,y,z)\mathrm{d}y\mathrm{d}z \pm \iint\limits_{\Sigma} P_2(x,y,z)\mathrm{d}y\mathrm{d}z.$$

证明 把 Σ 任意分成 n 块小曲面 ΔS_i,
则

$$\iint\limits_{\Sigma} [P_1(x,y,z) \pm P_2(x,y,z)]\mathrm{d}y\mathrm{d}z$$

$$= \lim_{\lambda \to 0} \sum_{i=1}^n [P_1(x_i,y_i,z_i) \pm P_2(x_i,y_i,z_i)](\Delta S_i)_{yz}$$

$$= \lim_{\lambda \to 0} \sum_{i=1}^n P_1(x_i,y_i,z_i)(\Delta S_i)_{yz} \pm \lim_{\lambda \to 0} \sum_{i=1}^n P_2(x_i,y_i,z_i)(\Delta S_i)_{yz}$$

$$= \iint\limits_{\Sigma} P_1(x,y,z)\mathrm{d}y\mathrm{d}z \pm \iint\limits_{\Sigma} P_2(x,y,z)\mathrm{d}y\mathrm{d}z$$

其中 λ 为 ΔS_i 中直径最大值

(x_i, y_i, z_i) 为 ΔS_i 中任一点坐标

$\therefore$ 原命题得证.

2. 当 Σ 为 xOy 面内的一个闭区域时,曲面积分 $\iint\limits_{\Sigma} R(x,y,z)\mathrm{d}x\mathrm{d}y$ 与二重积分有什么

关系?

解 设 Σ 为 xOy 面内闭区域 D,
Σ 即为 $z = 0, (x,y) \in D$,

$$\therefore \iint_{\Sigma} R(x,y,z)\mathrm{d}x\mathrm{d}y =\pm \iint_{D} R(x,y,0)\mathrm{d}x\mathrm{d}y.$$

当 Σ 取上侧时上式中"$\pm$"取正;

当 Σ 取下侧时上式中"$\pm$"取负.

3. 计算下列对坐标的曲面积分:

(1) $\iint_{\Sigma} x^2 y^2 z\mathrm{d}x\mathrm{d}y$,其中 Σ 是球面 $x^2 + y^2 + z^2 = R^2$ 的下半部分的下侧;

(2) $\iint_{\Sigma} z\mathrm{d}x\mathrm{d}y + x\mathrm{d}y\mathrm{d}z + y\mathrm{d}z\mathrm{d}x$,其中 Σ 是柱面 $x^2 + y^2 = 1$ 被平面 $z = 0$ 及 $z = 3$ 所截得的在第一卦限内的部分的前侧;

(3) $\iint_{\Sigma} [f(x,y,z) + x]\mathrm{d}y\mathrm{d}z + [2f(x,y,z) + y]\mathrm{d}z\mathrm{d}x + [f(x,y,z) + z]\mathrm{d}x\mathrm{d}y$,其中 $f(x,y,z)$ 为连续函数,Σ 是平面 $x - y + z = 1$ 在第四卦限部分的上侧;

(4) $\oiint_{\Sigma} xz\mathrm{d}x\mathrm{d}y + xy\mathrm{d}y\mathrm{d}z + yz\mathrm{d}z\mathrm{d}x$,其中 Σ 是平面 $x = 0, y = 0, z = 0, x + y + z = 1$ 所围成的空间区域的整个边界曲面的外侧.

解 (1) $z = -\sqrt{R^2 - x^2 - y^2}$,

$D_{xy} = \{(x,y) \mid x^2 + y^2 \leqslant R^2\}$,

即 $0 \leqslant \theta \leqslant 2\pi, 0 \leqslant r \leqslant R.$

$$\therefore \iint_{\Sigma} x^2 y^2 z\mathrm{d}x\mathrm{d}y$$

$$= -\iint_{D_{xy}} x^2 y^2 \cdot (-\sqrt{R^2 - x^2 - y^2})\mathrm{d}x\mathrm{d}y$$

$$= \int_0^{2\pi}\mathrm{d}\theta \int_0^R r^4 \sin^2\theta\cos^2\theta \cdot \sqrt{R^2 - r^2} \cdot r\mathrm{d}r$$

$$= R^7 \int_0^{2\pi} \sin^2\theta\cos^2\theta\mathrm{d}\theta \int_0^{\frac{\pi}{2}} \sin^5\alpha\cos^2\alpha\mathrm{d}\alpha (r = R\sin\alpha)$$

$$= \frac{\pi}{4}R^7 \left(\frac{4\times 2}{5\times 3} - \frac{6\times 4\times 2}{7\times 5\times 3}\right)$$

$$= \frac{2\pi}{105}R^7.$$

(2) $\because \Sigma$ 在 xOy 面上投影为零,

$$\therefore \iint_{\Sigma} z\mathrm{d}x\mathrm{d}y = 0.$$

$D_{yz} = \{(y,z) \mid 0 \leqslant y \leqslant 1, 0 \leqslant z \leqslant 3\}$,

$x = \sqrt{1 - y^2};$

$$D_{zx} = \{(y,z) \mid 0 \leqslant x \leqslant 1, 0 \leqslant z \leqslant 3\},$$

$$y = \sqrt{1-y^2};$$

$$\therefore \iint\limits_{\Sigma} x\mathrm{d}y\mathrm{d}z = \iint\limits_{D_{yz}} \sqrt{1-y^2}\,\mathrm{d}y\mathrm{d}z$$

$$= \int_0^3 \mathrm{d}z \int_0^1 \sqrt{1-y^2}\,\mathrm{d}y$$

$$= 3 \cdot \frac{\pi}{4}$$

$$= \frac{3}{4}\pi.$$

$$D_{zx} = \{(x,z) \mid 0 \leqslant x \leqslant 1, 0 \leqslant z \leqslant 3\},$$

$$y = \sqrt{1-x^2},$$

$$\therefore \iint\limits_{\Sigma} y\mathrm{d}z\mathrm{d}x = \iint\limits_{\Sigma} x\mathrm{d}y\mathrm{d}z = \frac{3\pi}{4}$$

$$\therefore \iint\limits_{\Sigma} z\mathrm{d}x\mathrm{d}y + x\mathrm{d}y\mathrm{d}z + y\mathrm{d}z\mathrm{d}x = \frac{3\pi}{2}.$$

$$(3)\cos\alpha = \cos\gamma = \frac{1}{\sqrt{3}}, \cos\beta = -\frac{1}{\sqrt{3}}$$

$$\therefore \iint\limits_{\Sigma} [f(x,y,z)+x]\mathrm{d}y\mathrm{d}z + [2f(x,y,z)+y]\mathrm{d}z\mathrm{d}x + [f(x,y,z)+z]\mathrm{d}x\mathrm{d}y$$

$$= \frac{1}{\sqrt{3}}\iint\limits_{\Sigma} [f(x,y,z)+x-(2f(x,y,z)+y)+f(x,y,z)+z]\mathrm{d}S$$

$$= \frac{1}{\sqrt{3}}\iint\limits_{\Sigma} (x-y+z)\mathrm{d}S$$

$$= \frac{1}{\sqrt{3}}\iint\limits_{\Sigma} 1 \cdot \mathrm{d}S$$

$$= \frac{1}{\sqrt{3}}\iint\limits_{D_{xy}} \sqrt{3}\,\mathrm{d}x\mathrm{d}y$$

$$= \iint\limits_{D_{xy}} \mathrm{d}x\mathrm{d}y = \frac{1}{2}.$$

(4) 有向曲面 Σ 可分成

$\sum_1 : x = 0 (y \geqslant 0, z \geqslant 0, y+z \leqslant 1)$ 后侧

$\sum_2 : y = 0 (x \geqslant 0, z \geqslant 0, x+z \leqslant 1)$ 左侧

$\sum_3 : z = 0 (x \geqslant 0, y \geqslant 0, x+y \leqslant 1)$ 下侧

$\sum_4 : x+y+z = 1 (0 \leqslant x \leqslant 1, 0 \leqslant y \leqslant 1, 0 \leqslant z \leqslant 1)$ 上侧

$$\therefore \iint\limits_{\Sigma_1} xz\,dxdy + xy\,dydz + yz\,dzdx$$

$$= 0 + \iint\limits_{\Sigma_1} xy\,dydz + 0$$

$$= 0$$

同理可求得对 $\Sigma_2 \Sigma_3$ 的坐标积分均为零

对 $\Sigma_4 : \cos\alpha = \cos\beta = \cos\gamma = \dfrac{1}{\sqrt{3}}$

$$\therefore \oiint\limits_{\Sigma} xz\,dxdy + xy\,dydz + yz\,dzdx$$

$$= \iint\limits_{\Sigma_4} dzdxdy + xy\,dydz + yz\,dzdx$$

$$= \frac{1}{\sqrt{3}}\iint\limits_{\Sigma_4}(xy + xz + yz)\,dS$$

$$= \frac{1}{\sqrt{3}}\iint\limits_{D_{xy4}} \left[xy + (x+y)(1-x-y) \right] \cdot \sqrt{3}\,dxdy$$

$$= \int_0^1 dx \int_0^{1-x}(x + y - xy - x^2 - y^2)\,dy$$

$$= \int_0^1 \left[x(1-x^2) + \frac{1}{6}(1-x)^3 \right]dx$$

$$= \frac{1}{2} - \frac{2}{3} + \frac{1}{4} + \frac{1}{24}$$

$$= \frac{1}{8}$$

其中 $D_{xy4} : x \geqslant 0, y \geqslant 0, x + y \leqslant 1$.

4. 把对坐标的曲面积分

$$\iint\limits_{\Sigma} P(x,y,z)\,dydz + Q(x,y,z)\,dzdx + R(x,y,z)\,dxdy$$

化成对面积的曲面积分,其中:

(1) Σ 是平面 $3x + 2y + 2\sqrt{3}z = 6$ 在第一卦限的部分的上侧;

(2) Σ 是抛物面 $z = 8 - (x^2 + y^2)$ 在 xOy 面上方的部分的上侧.

解 $\boldsymbol{n} = \{3, 2, 2\sqrt{3}\}$ 是 Σ 的法向量,

$$\therefore \cos\alpha = \frac{3}{\sqrt{3^2 + 2^2 + 4 \cdot 3}} = \frac{3}{5},$$

$$\cos\beta = \frac{2}{5},\ \cos\gamma = \frac{2\sqrt{3}}{5}.$$

$$\therefore 原式 = \iint\limits_{\Sigma} \left[\frac{3}{5}P(x,y,z) + \frac{2}{5}Q(x,y,z) + \frac{2\sqrt{3}}{5}R(x,y,z) \right] \mathrm{d}S$$

$$= \frac{1}{5} \iint\limits_{\Sigma} (3P + 2Q + 2\sqrt{3}R) \mathrm{d}S.$$

(2) Σ 的法向量 $\boldsymbol{n} = \{-z_x, -z_y, 1\} = \{2x, 2y, 1\}$,

$$\therefore \cos\alpha = \frac{2x}{\sqrt{4(x^2 + y^2) + 1}}$$

$$\cos\beta = \frac{2y}{\sqrt{4(x^2 + y^2) + 1}}$$

$$\cos\gamma = \frac{1}{\sqrt{4(x^2 + y^2) + 1}}$$

$$\therefore \iint\limits_{\Sigma} P\mathrm{d}y\mathrm{d}z + Q\mathrm{d}z\mathrm{d}x + R\mathrm{d}x\mathrm{d}y$$

$$= \iint\limits_{\Sigma} \frac{2xP + 2yQ + R}{\sqrt{4(x^2 + y^2) + 1}} \mathrm{d}S.$$

习题 10－6

1. 利用高斯公式计算曲面积分:

(1) $\oiint\limits_{\Sigma} x^2\mathrm{d}y\mathrm{d}z + y^2\mathrm{d}z\mathrm{d}x + z^2\mathrm{d}x\mathrm{d}y$, 其中 Σ 为平面 $x=0, y=0, z=0, x=a, y=a, z=a$ 所围成的立体的表面的外侧;

(2) $\oiint\limits_{\Sigma} x^3\mathrm{d}y\mathrm{d}z + y^3\mathrm{d}z\mathrm{d}x + z^3\mathrm{d}x\mathrm{d}y$, 其中 Σ 为球面 $x^2 + y^2 + z^2 = a^2$ 的外侧;

(3) $\oiint\limits_{\Sigma} xz^2\mathrm{d}y\mathrm{d}z + (x^2y - z^3)\mathrm{d}z\mathrm{d}x + (2xy + y^2z)\mathrm{d}x\mathrm{d}y$, 其中 Σ 为上半球体 $x^2 + y^2 \leqslant a^2, 0 \leqslant z \leqslant \sqrt{a^2 - x^2 - y^2}$ 的表面外侧;

(4) $\oiint\limits_{\Sigma} x\mathrm{d}y\mathrm{d}z + y\mathrm{d}z\mathrm{d}x + z\mathrm{d}x\mathrm{d}y$, 其中 Σ 是界于 $z=0$ 和 $z=3$ 之间的圆柱体 $x^2 + y^2 \leqslant 9$ 的整个表面的外侧;

(5) $\oiint\limits_{\Sigma} 4xz\mathrm{d}y\mathrm{d}z - y^2\mathrm{d}z\mathrm{d}x + yz\mathrm{d}x\mathrm{d}y$, 其中 Σ 是平面 $x=0, y=0, z=0, x=1, y=1, z=1$ 所围成的立方体的全表面的外侧.

解 (1) $\oiint\limits_{\Sigma} x^2\mathrm{d}y\mathrm{d}z + y^2\mathrm{d}z\mathrm{d}x + z^2\mathrm{d}x\mathrm{d}y$

$$= 2\iiint\limits_{\Omega} (x+y+z)\mathrm{d}v$$

$$= 2\int_0^a \mathrm{d}x \int_0^a \mathrm{d}y \int_0^a (x+y+z)\mathrm{d}z$$

$$= 2\int_0^a (a^2 + x + \frac{a^3}{2} + \frac{a^3}{2})\mathrm{d}y$$

$$= 3a^4.$$

(2) $\oiint\limits_{\Sigma} x^3\mathrm{d}y\mathrm{d}z + y^3\mathrm{d}z\mathrm{d}x + z^3\mathrm{d}x\mathrm{d}y$

$$= \iiint\limits_{\Omega} (3x^2 + 3y^2 + 3z^2)\mathrm{d}v$$

$$= 3\int_0^{2\pi} \mathrm{d}\theta \int_0^{\pi} \mathrm{d}\varphi \int_0^R r^2 \cdot r^2 \sin\varphi \mathrm{d}r$$

$$= 6\pi \cdot 2 \cdot \frac{1}{5} R^5$$

$$= \frac{12\pi}{5} R^5.$$

(3) 设空间闭区域 Ω 由分片光滑的闭曲面 Σ 围成,显然 P、Q、R 在 Ω 上有一阶连续偏导数,所以应用高斯公式.

$$\oiint\limits_{\Sigma} xz^2\mathrm{d}y\mathrm{d}z + (x^2 y - z^3)\mathrm{d}z\mathrm{d}x + (2xy + y^2 z)\mathrm{d}x\mathrm{d}y$$

$$= \iiint\limits_{\Omega} (z^2 + x^2 + y^2)\mathrm{d}v$$

$$= \int_0^{2\pi} \mathrm{d}\theta \int_0^{\frac{\pi}{2}} \mathrm{d}\varphi \int_0^a r^2 \cdot r^2 \sin\varphi \mathrm{d}r \text{(应用球面坐标)}$$

$$= 2\pi \int_0^{\pi} \sin\varphi \mathrm{d}\varphi \int_0^a r^4 \mathrm{d}r$$

$$= \frac{2\pi}{5} a^5.$$

(4) $\oiint\limits_{\Sigma} x\mathrm{d}y\mathrm{d}z + y\mathrm{d}z\mathrm{d}x + z\mathrm{d}x\mathrm{d}y$

$$= \iiint\limits_{\Omega} (1+1+1)\mathrm{d}v$$

$$= 3\iiint\limits_{\Omega} \mathrm{d}v$$

$$= 3 \cdot \pi \cdot 3^2 \cdot 3$$

$$= 81\pi.$$

(5) $\oiint\limits_{\Sigma} 4xz\,\mathrm{d}y\mathrm{d}z - y^2\,\mathrm{d}z\mathrm{d}x + yz\,\mathrm{d}x\mathrm{d}y$

$= \iiint\limits_{\Omega} (4z - 2y + y)\mathrm{d}v$

$= \int_0^a \mathrm{d}x \int_0^a \mathrm{d}y \int_0^a 4z\mathrm{d}z - \int_0^a \mathrm{d}x \int_0^a y\mathrm{d}y \int_0^a \mathrm{d}z$

$= 2a^4 - \dfrac{a^4}{2}$

$= \dfrac{3}{2}a^4$

这里 a 为立方体边长即 $a = 1$

$\therefore$ 原式 $= \dfrac{3}{2}$.

2. 求下列向量 **A** 穿过曲面 $\sum$ 流向指定侧的通量：

(1)$A = yz\boldsymbol{i} + xz\boldsymbol{j} + xy\boldsymbol{k}$，$\sum$ 为圆柱 $x^2 + y^2 \leqslant a^2 (0 \leqslant z \leqslant h)$ 的表面,流向外侧；

(2)$A = (2x - z)\boldsymbol{i} + x^2 y\boldsymbol{j} - xz^2\boldsymbol{k}$，$\sum$ 为立方体 $0 \leqslant x \leqslant a, 0 \leqslant y \leqslant a, 0 \leqslant z \leqslant a$ 的全表面,流向外侧；

(3)$A = (2x + 3z)\boldsymbol{i} - (xz + y)\boldsymbol{j} + (y^2 + 2z)\boldsymbol{k}$，$\sum$ 是以点$(-3, -1, 2)$ 为球心,半径 $R = 3$ 的球面,流向外侧.

解 (1) 设 $\boldsymbol{n} = \cos\alpha\boldsymbol{i} + \cos\beta\boldsymbol{j} + \cos\gamma\boldsymbol{k}$ 是 $\sum$ 在点(x, y, z) 处的单位法向量[点(x, y, z) 不在 $\sum$ 中间的交界上].

$\therefore$ 所求通量 $\varPhi = \oiint\limits_{\Sigma} A \cdot \boldsymbol{n}\mathrm{d}S$

$= \iiint\limits_{\Omega} \left(\dfrac{\partial P}{\partial x} + \dfrac{\partial Q}{\partial y} + \dfrac{\partial R}{\partial z} \right)\mathrm{d}v$

$= \iiint\limits_{\Omega} (0 + 0 + 0)\mathrm{d}v$

$= 0.$

(2) $\oiint\limits_{\Sigma} A \cdot \boldsymbol{n}\mathrm{d}S$

$= \iiint\limits_{\Omega} \left(\dfrac{\partial P}{\partial x} + \dfrac{\partial Q}{\partial y} + \dfrac{\partial R}{\partial z} \right)\mathrm{d}v$

$= \iiint\limits_{\Omega} (2 + x^2 - 2xz)\mathrm{d}v$

$= \int_0^a \mathrm{d}x \int_0^a \mathrm{d}y \int_0^a (2 + x^2 - 2xz)\mathrm{d}z$

$$= a\int_0^a [a(2+x^2)-xa^2]\mathrm{d}x$$

$$= a^2\left(2a+\frac{1}{3}a^3-\frac{a^3}{2}\right)$$

$$= 2a^3-\frac{1}{6}a^5.$$

(3) $\oiint\limits_{\Sigma} \boldsymbol{A}\cdot\boldsymbol{n}\mathrm{d}S$

$$= \oiint\limits_{\Sigma}(2x+3z)\mathrm{d}y\mathrm{d}z-(xz+y)\mathrm{d}z\mathrm{d}x+(y^2+2z)\mathrm{d}x\mathrm{d}y$$

$$= \iiint\limits_{\Omega}(2-1+2)\mathrm{d}v$$

$$= 3\iiint\limits_{\Omega}\mathrm{d}v$$

$$= 3\cdot\frac{4}{3}\pi 3^3$$

$$= 108\pi.$$

3. 求下列向量场 $\boldsymbol{A}$ 的散度:

(1) $\boldsymbol{A}=(x^2+yz)\boldsymbol{i}+(y^2+xz)\boldsymbol{j}+(z^2+xy)\boldsymbol{k}$;

(2) $\boldsymbol{A}=\mathrm{e}^{xy}\boldsymbol{i}+\cos(xy)\boldsymbol{j}+\cos(xz^2)\boldsymbol{k}$;

(3) $\boldsymbol{A}=y^2\boldsymbol{i}+xy\boldsymbol{j}+xz\boldsymbol{k}$.

解 (1) 令 $P=x^2+yz, Q=y^2+xz, R=z^2+xy$

则向量场 $\boldsymbol{A}$ 的散度

$$\mathrm{div}\boldsymbol{A}=\frac{\partial P}{\partial x}+\frac{\partial Q}{\partial y}+\frac{\partial R}{\partial z}$$

$$= 2x+2y+2z$$

$$= 2(x+y+z).$$

(2) $\mathrm{div}\boldsymbol{A}=\dfrac{\partial}{\partial x}(\mathrm{e}^{xy})+\dfrac{\partial}{\partial y}[\cos(xy)]+\dfrac{\partial}{\partial z}[\cos(xz^2)]$

$$= y\mathrm{e}^{xy}+[-\sin(xy)\cdot x]+[-\sin(xz^2)\cdot 2xz]$$

$$= y\mathrm{e}^{xy}-x\sin(xy)-2xz\sin(xz^2).$$

(3) $\mathrm{div}\boldsymbol{A}=\dfrac{\partial}{\partial x}(y^2)+\dfrac{\partial}{\partial y}(xy)+\dfrac{\partial}{\partial z}(xz)$

$$= x+x$$

$$= 2x.$$

4. 设 $u(x,y,z)$、$v(x,y,z)$ 是两个定义在闭区域 Ω 上的具有二阶连续偏导数的函数，$\dfrac{\partial u}{\partial n}$、$\dfrac{\partial v}{\partial n}$ 依次表示 $u(x,y,z)$、$v(x,y,z)$ 沿 $\sum$ 的外法线方向的方向导数. 证明

$$\iiint_{\Omega}(u\Delta v-v\Delta u)\mathrm{d}x\mathrm{d}y\mathrm{d}z=\oiint_{\Sigma}\left(u\dfrac{\partial v}{\partial n}-v\dfrac{\partial u}{\partial n}\right)\mathrm{d}S,$$

其中 $\sum$ 是空间闭区域 Ω 的整个边界曲面. 这个公式叫做格林第二公式.

证明 ∵ 方向导数

$$\dfrac{\partial u}{\partial n}=\dfrac{\partial u}{\partial x}\cos\alpha+\dfrac{\partial u}{\partial y}\cos\beta+\dfrac{\partial u}{\partial z}\cos\gamma$$

其中 $\cos\alpha,\cos\beta,\cos\gamma$ 为 $\sum$ 在点 (x,y,z) 处外法线向量的方向余弦

$$\therefore\oiint_{\Sigma}\left(-v\dfrac{\partial u}{\partial n}\right)\mathrm{d}S$$

$$=-\oiint_{\Sigma}v\left(\dfrac{\partial u}{\partial x}\cos\alpha+\dfrac{\partial u}{\partial y}\cos\beta+\dfrac{\partial u}{\partial z}\cos\gamma\right)\mathrm{d}S$$

$$=-\oiint_{\Sigma}\left[\left(v\dfrac{\partial u}{\partial x}\right)\cos\alpha+\left(v\dfrac{\partial u}{\partial y}\right)\cos\beta+\left(v\dfrac{\partial u}{\partial z}\right)\cos\gamma\right]\mathrm{d}S$$

$$=-\iiint_{\Omega}\left[\left(\dfrac{\partial v}{\partial x}\cdot\dfrac{\partial u}{\partial x}+\dfrac{\partial v}{\partial y}\cdot\dfrac{\partial u}{\partial y}+\dfrac{\partial v}{\partial z}\cdot\dfrac{\partial u}{\partial z}\right)+v\Delta u\right]\mathrm{d}V$$

由格林第一公式变形

$$\oiint_{\Sigma}u\dfrac{\partial v}{\partial n}\mathrm{d}S=\iiint_{\Omega}\left(u\Delta v+\dfrac{\partial u}{\partial x}\cdot\dfrac{\partial u}{\partial x}\cdot\dfrac{\partial v}{\partial y}+\dfrac{\partial u}{\partial y}\cdot\dfrac{\partial v}{\partial z}\cdot\dfrac{\partial u}{\partial z}\cdot\dfrac{\partial v}{\partial z}\right)\mathrm{d}V$$

两者相加得

$$\oiint_{\Sigma}\left(u\dfrac{\partial v}{\partial n}-v\dfrac{\partial u}{\partial n}\right)\mathrm{d}S$$

$$=\iiint_{\Omega}(u\Delta v-v\Delta u)\mathrm{d}V$$

∴ 原命题得证.

5. 利用高斯公式推证阿基米德原理：浸没在液体中的物体所受液体的压力的合力（即浮力）的方向铅直向上，其大小等于这物体所排开的液体的重力.

证明 设液面为 xOy 平面，竖直向上为 z 轴正方向，物体表面表示为曲面 $\sum$，所占闭区域为 Ω.

任取 $\sum$ 上一点 (x,y,z)，则其压强为 $P=-\rho gz$（$z<0$，ρ 为液体，g 为重力加速度）该处取面积微元 $\mathrm{d}S$ 则其受力

$$\mathrm{d}\boldsymbol{F}=P\cdot\mathrm{d}S\cdot\boldsymbol{n}$$

$$=\{\rho gz\cos\alpha,\rho gz\cos\beta,\rho gz\cos\gamma\}\mathrm{d}S$$

其中 $\boldsymbol{n}$ 为 $\sum$ 上点 (x,y,z) 处单位法向量的反向向量.

$$\therefore F_x = \oiint_{\Sigma} \rho g \cos\alpha \mathrm{d}S = \iiint_{\Omega} \frac{\partial}{\partial x}(\rho g z)\mathrm{d}v = 0.$$

同理 $F_y = 0$

$$F_z = \oiint_{\Sigma} \rho g z \cos\gamma \mathrm{d}S = \rho g \iiint_{\Omega} 1 \cdot \mathrm{d}v$$

$$= \rho g V = G_{液}$$

其中 V 为物体体积,即排开液体体积.

$$\therefore \boldsymbol{F} = \{0, 0, G_{液}\},$$

即浸没在液体中物体所受液体压力的合力方向竖直向上,大小为推开液体重力.

习题 $10-7$

1. 利用斯托克斯公式,计算下列曲线积分:

(1) $\oint_{\Gamma} y\mathrm{d}x + z\mathrm{d}y + x\mathrm{d}z$,其中 Γ 为圆周 $x^2 + y^2 + z^2 = a^2, x + y + z = 0$,若从 x 轴的正向看去,这圆周是取逆时针方向;

(2) $\oint_{\Gamma} (y-z)\mathrm{d}x + (z-x)\mathrm{d}y + (x-y)\mathrm{d}z$,其中 Γ 为椭圆 $x^2 + y^2 = a^2, \frac{x}{a} + \frac{z}{b} = 1 (a > 0, b > 0)$,若从 x 轴正向看去,这椭圆是取逆时针方向;

(3) $\oint_{\Gamma} 3y\mathrm{d}x - xz\mathrm{d}y + yz^2\mathrm{d}z$,其中 Γ 是圆周 $x^2 + y^2 = 2z, z = 2$,若从 z 轴正向看去,这圆周是取逆时针方向;

(4) $\oint_{\Gamma} 2y\mathrm{d}x + 3x\mathrm{d}y - z^2\mathrm{d}z$,其中 Γ 是圆周 $x^2 + y^2 + z^2 = 9, z = 0$,若从 z 轴正向看去,这圆周是取逆时针方向.

解 (1) $\oint_{L} y\mathrm{d}x + z\mathrm{d}y + x\mathrm{d}z$

$$= \iint_{\Sigma} \begin{vmatrix} \mathrm{d}y\mathrm{d}z & \mathrm{d}z\mathrm{d}x & \mathrm{d}x\mathrm{d}y \\ \dfrac{\partial}{\partial x} & \dfrac{\partial}{\partial y} & \dfrac{\partial}{\partial z} \\ y & z & x \end{vmatrix}$$

$$= -\iint_{\Sigma} \mathrm{d}x\mathrm{d}y + \mathrm{d}y\mathrm{d}z + \mathrm{d}z\mathrm{d}x$$

其中 $\sum$ 为被 Γ 所围平面的上侧,

$\sum$ 的单位法向量 $\boldsymbol{n} = \dfrac{1}{\sqrt{3}}\{1, 1, 1\}$.

$\therefore$ 原式 $=-\displaystyle\iint_{\Sigma}\frac{3}{\sqrt{3}}dS$

$\qquad =-\dfrac{3}{\sqrt{3}}\cdot\pi a^2$

$\qquad =-\sqrt{3}\pi a^2.$

(2) Σ 为被 Γ 所围椭圆面，方向取上侧，Σ 的单位法向量为 $\boldsymbol{n}_0=\left\{\dfrac{b}{\sqrt{a^2+b^2}},0,\dfrac{a}{\sqrt{a^2+b^2}}\right\}.$

$\therefore\displaystyle\oint_{\Gamma}(y-z)dx+(z-x)dy+(x-y)dz$

$=\displaystyle\iint_{\Sigma}\begin{vmatrix}\dfrac{b}{\sqrt{a^2+b^2}}&0&\dfrac{a}{\sqrt{a^2+b^2}}\\[2mm]\dfrac{\partial}{\partial x}&\dfrac{\partial}{\partial y}&\dfrac{\partial}{\partial z}\\[2mm]y-z&z-x&x-y\end{vmatrix}dS$

$=-2\displaystyle\iint_{\Sigma}\frac{a+b}{\sqrt{a^2+b^2}}dS$

$=-2\cdot\dfrac{a+b}{\sqrt{a^2+b^2}}\displaystyle\iint_{D_{xy}}\dfrac{dxdy}{\dfrac{a}{\sqrt{a^2+b^2}}}$

$=-2\dfrac{a+b}{a}\cdot\pi a^2$

$=-2\pi a(a+b).$

(3) Σ 的方向取 Γ 所围圆面上侧，Σ 的单位法向量为 $\{0,0,1\}$

$\therefore\displaystyle\oint_{\Gamma}3ydx-xzdy+yz^2dz$

$=\displaystyle\iint_{\Sigma}\begin{vmatrix}0&0&1\\[2mm]\dfrac{\partial}{\partial x}&\dfrac{\partial}{\partial y}&\dfrac{\partial}{\partial z}\\[2mm]3y&-xz&yz^2\end{vmatrix}dS$

$=-\displaystyle\iint_{\Sigma}(z+3)dS$

$=-\displaystyle\iint_{D_{xy}}(2+3)\cdot|dxdy$

$=-5\cdot\pi\cdot2^2$

$=-20\pi$

其中 $D_{xy}=\{(x,y)\mid x^2+y^2\leqslant4\}.$

(4) $\sum$ 为 Γ 所围圆面，$\sum$ 方向为上侧

$$\oint_\Gamma 2y\mathrm{d}x + 3x\mathrm{d}y - z^2\mathrm{d}z$$

$$= \iint_\Sigma \begin{vmatrix} \mathrm{d}y\mathrm{d}z & \mathrm{d}z\mathrm{d}x & \mathrm{d}x\mathrm{d}y \\ \dfrac{\partial}{\partial x} & \dfrac{\partial}{\partial y} & \dfrac{\partial}{\partial z} \\ 2y & 3x & -z^2 \end{vmatrix}$$

$$= \iint_\Sigma (3-2)\mathrm{d}x\mathrm{d}y$$

$$= \iint_{D_{xy}} \mathrm{d}x\mathrm{d}y$$

$$= 9\pi.$$

2. 求下列向量场 A 的旋度：

(1) $A = (2z - 3y)\boldsymbol{i} + (3x - z)\boldsymbol{j} + (y - 2x)\boldsymbol{k}$；

(2) $A = (z + \sin y)\boldsymbol{i} - (z - x\cos y)\boldsymbol{j}$；

(3) $A = x^2\sin y\boldsymbol{i} + y^2\sin(xz)\boldsymbol{j} + xy\sin(\cos z)\boldsymbol{k}$.

解　(1) $\mathbf{rot}A = \begin{vmatrix} \boldsymbol{i} & \boldsymbol{j} & \boldsymbol{k} \\ \dfrac{\partial}{\partial x} & \dfrac{\partial}{\partial y} & \dfrac{\partial}{\partial z} \\ P & Q & R \end{vmatrix}$

$$= \begin{vmatrix} \boldsymbol{i} & \boldsymbol{j} & \boldsymbol{k} \\ \dfrac{\partial}{\partial x} & \dfrac{\partial}{\partial y} & \dfrac{\partial}{\partial z} \\ 2z-3y & 3x-z & y-2x \end{vmatrix}$$

$$= 2\boldsymbol{i} + 4\boldsymbol{j} + 6\boldsymbol{k}.$$

(2) $\mathbf{rot}A = \begin{vmatrix} \boldsymbol{i} & \boldsymbol{j} & \boldsymbol{k} \\ \dfrac{\partial}{\partial x} & \dfrac{\partial}{\partial y} & \dfrac{\partial}{\partial z} \\ z+\sin y & -(z-x\cos y) & 0 \end{vmatrix}$

$$= \boldsymbol{i} + \boldsymbol{j}.$$

(3) $\mathbf{rot}A = \begin{vmatrix} \boldsymbol{i} & \boldsymbol{j} & \boldsymbol{k} \\ \dfrac{\partial}{\partial x} & \dfrac{\partial}{\partial y} & \dfrac{\partial}{\partial z} \\ x^2\sin y & y^2\sin(xz) & xy\sin(\cos z) \end{vmatrix}$

$$= [x\sin(\cos z) - xy^2\cos(xz)]\boldsymbol{i} - y\sin(\cos z)\boldsymbol{j} + [y^2 z\cos(xz) - x^2\cos y]\boldsymbol{k}.$$

3. 利用斯托克斯公式把曲面积分 $\iint\limits_{\Sigma} \text{rotA} \cdot \boldsymbol{n} \mathrm{d}S$ 化为曲线积分,并计算积分值,其中 $\boldsymbol{A}$、$\sum$ 及 $\boldsymbol{n}$ 分别如下:

(1)$\boldsymbol{A} = y^2\boldsymbol{i} + xy\boldsymbol{j} + xz\boldsymbol{k}$,$\sum$ 为上半球面 $z = \sqrt{1-x^2-y^2}$ 的上侧,$\boldsymbol{n}$ 是 $\sum$ 的单位法向量;

(2)$\boldsymbol{A} = (y-z)\boldsymbol{i} + yz\boldsymbol{j} - xz\boldsymbol{k}$,$\sum$ 为立方体$\{(x,y,z) \mid 0 \leqslant x \leqslant 2, 0 \leqslant y \leqslant 2, 0 \leqslant z \leqslant 2\}$ 的表面外侧去掉 xOy 布的那个底面,$\boldsymbol{n}$ 是 $\sum$ 的单位法向量.

解　(1)$\text{rotA} = \begin{vmatrix} \boldsymbol{i} & \boldsymbol{j} & \boldsymbol{k} \\ \dfrac{\partial}{\partial x} & \dfrac{\partial}{\partial y} & \dfrac{\partial}{\partial z} \\ y^2 & xy & xz \end{vmatrix}$

$\qquad\qquad = -z\boldsymbol{j} - y\boldsymbol{k}$

Γ 取圆周 $x^2 + y^2 = 1(z=0)$,方向从 z 轴正向看为逆时针.

$\therefore \iint\limits_{\Sigma} \text{rotA} \cdot \boldsymbol{n}\mathrm{d}S = \oint_{\Gamma} P\mathrm{d}x + Q\mathrm{d}y + R\mathrm{d}z$

$\qquad\qquad\qquad = \oint_{\Gamma} y^2\mathrm{d}x + xy\mathrm{d}y + 0$

$\qquad\qquad\qquad = \iint\limits_{D}\left[\dfrac{\partial}{\partial x}(xy) - \dfrac{\partial}{\partial y}(y^2)\right]\mathrm{d}x\mathrm{d}y$

$\qquad\qquad\qquad = \iint\limits_{D} -y\mathrm{d}x\mathrm{d}y$

$\qquad\qquad\qquad = -\int_0^{2\pi}\mathrm{d}\theta\int_0^1 \cdot r\sin\theta \cdot r\mathrm{d}r$

$\qquad\qquad\qquad = -\dfrac{1}{3} \cdot 0$

$\qquad\qquad\qquad = 0$

其中 $D = \{(x,y) \mid x^2 + y^2 \leqslant 1\}$.

(2)Γ 取正方形的周边,从 z 轴正向看逆时针

$\therefore \iint\limits_{\Sigma} \text{rotA} \cdot \boldsymbol{n}\mathrm{d}S$

$= \oint_{\Gamma} (y-z)\mathrm{d}x + yz\mathrm{d}y - xz\mathrm{d}z$

$= \oint_{\Gamma} y\mathrm{d}x + 0 + 0$

$= \int_2^0 2\mathrm{d}x$

$= -4.$

4. 求下列向量场 **A** 沿闭曲线 Γ(从 z 轴正向看 Γ 依逆时针方向) 的环流量:

(1)$\boldsymbol{A} = -y\boldsymbol{i} + x\boldsymbol{j} + c\boldsymbol{k}(c$ 为常量$)$,Γ 为圆周 $x^2 + y^2 = 1, z = 0$;

(2)$\boldsymbol{A} = (x-z)\boldsymbol{i} + (x^3 + yz)\boldsymbol{j} - 3xy^2\boldsymbol{k}$,其中 Γ 为圆周 $z = 2 - \sqrt{x^2 + y^2}, z = 0$.

解 (1) 向量场 **A** 沿闭曲线 Γ 环流量

$$\oint_{\Gamma} P\mathrm{d}x + Q\mathrm{d}y + R\mathrm{d}z$$

$$= \oint_{\Gamma} -y\mathrm{d}x + x\mathrm{d}y + c\mathrm{d}z$$

$$= \iint_{\Sigma} \begin{vmatrix} \mathrm{d}y\mathrm{d}z & \mathrm{d}z\mathrm{d}x & \mathrm{d}x\mathrm{d}y \\ \dfrac{\partial}{\partial x} & \dfrac{\partial}{\partial y} & \dfrac{\partial}{\partial z} \\ -y & x & c \end{vmatrix}$$

$$= 2\iint_{\Sigma} \mathrm{d}x\mathrm{d}y$$

$$= 2\iint_{D_{xy}} \mathrm{d}x\mathrm{d}y$$

$$= 2 \cdot \pi \cdot 1^2$$

$$= 2\pi$$

其中 $\sum$ 为 Γ 围成平面,上侧

$D_{xy} = \{(x,y) \mid x^2 + y^2 \leqslant 1\}$.

(2) $\oint_{\Gamma} (x-z)\mathrm{d}x + (x^3 + yz)\mathrm{d}y - 3xy^2\mathrm{d}z$

$$= \int_0^{2\pi} \left[(2\cos\theta - 0)(-2\sin\theta) + (8\cos^3\theta + 0) \cdot 2\cos\theta - 0 \right]\mathrm{d}\theta$$

$$= \int_0^{2\pi} (-2\sin2\theta + 16\cos^4\theta)\mathrm{d}\theta$$

$$= 16\int_0^{2\pi} \left(\frac{1 + \cos2\theta}{2} \right)^2 \mathrm{d}\theta$$

$$= 4\int_0^{2\pi} \left(1 + 2\cos2\theta + \frac{1 + \cos4\theta}{2} \right)\mathrm{d}\theta$$

$$= 4 \cdot (2\pi + \pi)$$

$$= 12\pi$$

其中 Γ 可表示 为 $x = 2\cos\theta, y = 2\sin\theta, \theta$ 从 0 到 $2\pi, z = 0$.

5. 证明 $\mathbf{rot}(\boldsymbol{a} + \boldsymbol{b}) = \mathbf{rot}a + \mathbf{rot}b$.

证明 设 $\boldsymbol{a} = \{a_x, a_y, a_z\}, \boldsymbol{b} = \{b_x, b_y, b_z\}$,

$$\text{则 } \mathbf{rot}(\boldsymbol{a}+\boldsymbol{b}) = \begin{vmatrix} \boldsymbol{i} & \boldsymbol{j} & \boldsymbol{k} \\ \dfrac{\partial}{\partial x} & \dfrac{\partial}{\partial y} & \dfrac{\partial}{\partial z} \\ a_x+b_x & a_y+b_y & a_z+b_z \end{vmatrix}$$

$$= \begin{vmatrix} \boldsymbol{i} & \boldsymbol{j} & \boldsymbol{k} \\ \dfrac{\partial}{\partial x} & \dfrac{\partial}{\partial y} & \dfrac{\partial}{\partial z} \\ a_x & a_y & a_z \end{vmatrix} + \begin{vmatrix} \boldsymbol{i} & \boldsymbol{j} & \boldsymbol{k} \\ \dfrac{\partial}{\partial x} & \dfrac{\partial}{\partial y} & \dfrac{\partial}{\partial z} \\ b_x & b_y & b_z \end{vmatrix}$$

$$= \mathbf{rot}\,a + \mathbf{rot}\,b$$

$\therefore$ 命题得证.

6. 设 $u=a(x,y,z)$ 具有二阶连续偏导数,求 $\mathbf{rot}(\mathbf{grad}u)$.

解 $\mathbf{grad}u = \left\{ \dfrac{\partial u}{\partial x}, \dfrac{\partial u}{\partial y}, \dfrac{\partial u}{\partial z} \right\}$

$$\mathbf{rot}(\mathbf{grad}u) = \begin{vmatrix} \boldsymbol{i} & \boldsymbol{j} & \boldsymbol{k} \\ \dfrac{\partial}{\partial x} & \dfrac{\partial}{\partial y} & \dfrac{\partial}{\partial z} \\ \dfrac{\partial u}{\partial x} & \dfrac{\partial u}{\partial y} & \dfrac{\partial u}{\partial z} \end{vmatrix}$$

$$= \left(\dfrac{\partial^2 u}{\partial z \partial y} - \dfrac{\partial^2 u}{\partial y \partial z} \right)\boldsymbol{i} + \left(\dfrac{\partial^2 u}{\partial x \partial z} - \dfrac{\partial^2 u}{\partial z \partial x} \right)\boldsymbol{j} + \left(\dfrac{\partial^2 u}{\partial y \partial x} - \dfrac{\partial^2 u}{\partial x \partial y} \right)\boldsymbol{k}$$

$$= \{0,0,0\}.$$

7. 证明:

(1) $\nabla(uv) = u\nabla v + v\nabla u$;

(2) $\Delta(uv) = u\Delta v + v\Delta u + 2\nabla u \cdot \nabla v$;

(3) $\nabla \cdot (\boldsymbol{A} \times \boldsymbol{B}) = \boldsymbol{B} \cdot (\nabla \times \boldsymbol{A}) - \boldsymbol{A} \cdot (\nabla \times \boldsymbol{B})$;

(4) $\nabla \times (\nabla \times \boldsymbol{A}) = \nabla(\nabla \cdot \boldsymbol{A}) - \nabla^2 \boldsymbol{A}$.

证明 (1) $\nabla(uv) = \dfrac{\partial}{\partial x}(uv)\boldsymbol{i} + \dfrac{\partial}{\partial y}(uv)\boldsymbol{j} + \dfrac{\partial}{\partial z}(uv)\boldsymbol{k}$

$$= \left(u\dfrac{\partial v}{\partial x} + v\dfrac{\partial u}{\partial x} \right)\boldsymbol{i} + \left(u\dfrac{\partial v}{\partial y} + v\dfrac{\partial u}{\partial y} \right)\boldsymbol{j} + \left(u\dfrac{\partial v}{\partial z} + v\dfrac{\partial u}{\partial z} \right)\boldsymbol{k}$$

$$= u\nabla v + v\nabla u.$$

(2) $\Delta = \dfrac{\partial}{\partial x^2} + \dfrac{\partial}{\partial y^2} + \dfrac{\partial}{\partial z^2}$

$$\dfrac{\partial^2(uv)}{\partial x^2} = \dfrac{\partial}{\partial x}\left(\dfrac{\partial(uv)}{\partial x} \right)$$

$$= \dfrac{\partial}{\partial x}\left(u\dfrac{\partial v}{\partial x} + v\dfrac{\partial u}{\partial x} \right)$$

$$= \frac{\partial u}{\partial x} \cdot \frac{\partial v}{\partial x} + \frac{\partial^2 v}{\partial x^2} u + \frac{\partial v}{\partial x} \cdot \frac{\partial u}{\partial x} + v \frac{\partial^2 u}{\partial x^2}$$

$$= u \frac{\partial^2 v}{\partial x^2} + v \frac{\partial^2 u}{\partial x^2} + 2 \frac{\partial u}{\partial x} \cdot \frac{\partial v}{\partial x}$$

$$\therefore \Delta(uv) = \frac{\partial}{\partial x^2}(uv) + \frac{\partial}{\partial y^2}(uv) + \frac{\partial}{\partial z^2}(uv)$$

$$= \left(u \frac{\partial^2 v}{\partial x^2} + v \frac{\partial^2 u}{\partial x^2} + 2 \frac{\partial u}{\partial x} \cdot \frac{\partial v}{\partial x} \right) + \left(u \frac{\partial^2 v}{\partial y^2} + v \frac{\partial^2 u}{\partial y^2} + 2 \frac{\partial u}{\partial y} \cdot \frac{\partial v}{\partial y} \right)$$

$$+ \left(u \frac{\partial^2 v}{\partial z^2} + v \frac{\partial^2 u}{\partial z^2} + 2 \frac{\partial u}{\partial z} \cdot \frac{\partial v}{\partial z} \right)$$

$$= u \Delta v + v \Delta u + 2 \nabla u \cdot \nabla v$$

其中 $\nabla u \cdot \nabla v = \left\{ \frac{\partial u}{\partial x}, \frac{\partial u}{\partial y}, \frac{\partial u}{\partial z} \right\} \cdot \left\{ \frac{\partial v}{\partial x}, \frac{\partial v}{\partial y}, \frac{\partial v}{\partial z} \right\}$

$$= \frac{\partial u}{\partial x} \cdot \frac{\partial v}{\partial x} + \frac{\partial u}{\partial y} \cdot \frac{\partial v}{\partial y} + \frac{\partial u}{\partial z} \cdot \frac{\partial v}{\partial z}.$$

(3) 设 $\boldsymbol{A} = \{P_1, Q_1, R_1\}, \boldsymbol{R} = \{P_2, Q_2, R_2\}$

$$\boldsymbol{A} \times \boldsymbol{B} = \begin{vmatrix} \boldsymbol{i} & \boldsymbol{j} & \boldsymbol{k} \\ P_1 & Q_1 & R_1 \\ P_2 & Q_2 & R_2 \end{vmatrix} = \{Q_1 R_2 - Q_2 R_1, R_1 P_2 - P_1 R_2, P_1 Q_2 - P_2 Q_1\}$$

$$\nabla \times \boldsymbol{A} = \begin{vmatrix} \boldsymbol{i} & \boldsymbol{j} & \boldsymbol{k} \\ \frac{\partial}{\partial x} & \frac{\partial}{\partial y} & \frac{\partial}{\partial z} \\ P_1 & Q_1 & R_1 \end{vmatrix} = \left\{ \frac{\partial R_1}{\partial y} - \frac{\partial Q_1}{\partial z}, \frac{\partial P_1}{\partial z} - \frac{\partial R_1}{\partial x}, \frac{\partial Q_1}{\partial x} - \frac{\partial P_1}{\partial y} \right\}$$

$$\boldsymbol{B} \cdot (\nabla \times \boldsymbol{A}) = P_2 \left(\frac{\partial R_1}{\partial y} - \frac{\partial Q_1}{\partial z} \right) + Q_2 \left(\frac{\partial P_1}{\partial z} - \frac{\partial R_1}{\partial x} \right) + R_2 \left(\frac{\partial Q_1}{\partial x} - \frac{\partial P_1}{\partial y} \right)$$

$$\therefore \nabla \cdot (\boldsymbol{A} \times \boldsymbol{B}) = \frac{\partial}{\partial x}(Q_1 R_2 - Q_2 R_1) + \frac{\partial}{\partial y}(R_1 P_2 - P_1 R_2) + \frac{\partial}{\partial z}(P_1 Q_2 - P_2 Q_1)$$

$$= Q_1 \frac{\partial R_2}{\partial x} + R_2 \frac{\partial Q_1}{\partial x} - R_1 \frac{\partial Q_2}{\partial x} - Q_2 \frac{\partial R_1}{\partial x} + P_2 \frac{\partial R_1}{\partial y} - R_2 \frac{\partial P_1}{\partial y} + R_1 \frac{\partial P_2}{\partial y}$$

$$- P_1 \frac{\partial R_2}{\partial y} + P_1 \frac{\partial Q_2}{\partial z} + Q_2 \frac{\partial P_1}{\partial z} - P_2 \frac{\partial Q_1}{\partial z} - Q_1 \frac{\partial P_2}{\partial z}$$

$$= P_2 \left(\frac{\partial R_1}{\partial y} - \frac{\partial Q_1}{\partial z} \right) + Q_2 \left(\frac{\partial P_1}{\partial z} - \frac{\partial R_1}{\partial x} \right) + R_2 \left(\frac{\partial Q_1}{\partial x} - \frac{\partial P_1}{\partial y} \right)$$

$$+ Q_1 \left(\frac{\partial R_2}{\partial x} - \frac{\partial P_2}{\partial z} \right) + P_1 \left(\frac{\partial Q_2}{\partial z} - \frac{\partial R_2}{\partial y} \right) + R_1 \left(\frac{\partial P_2}{\partial y} - \frac{\partial Q_2}{\partial x} \right)$$

$$= \boldsymbol{B}(\nabla \times \boldsymbol{A}) - \boldsymbol{A}(\nabla \times \boldsymbol{B}).$$

(4) $\nabla \times \boldsymbol{A} = \begin{vmatrix} \boldsymbol{i} & \boldsymbol{j} & \boldsymbol{k} \\ \frac{\partial}{\partial x} & \frac{\partial}{\partial y} & \frac{\partial}{\partial z} \\ P & Q & R \end{vmatrix} = \{R_y - Q_z, P_z - R_x, Q_x - P_y\}$

这里设 $\boldsymbol{A} = \{P, Q, R\}$

$$\nabla \times (\nabla \times \boldsymbol{A}) = \begin{vmatrix} \boldsymbol{i} & \boldsymbol{j} & \boldsymbol{k} \\ \dfrac{\partial}{\partial x} & \dfrac{\partial}{\partial y} & \dfrac{\partial}{\partial z} \\ R_y - Q_z & P_z - R_x & Q_x - P_y \end{vmatrix}$$

$$= (Q_{xy} - P_{yy} - P_{zz} + R_{zx})\boldsymbol{i} + (R_{yz} - Q_{zz} - Q_{xx} + P_{xy})\boldsymbol{j} + (P_{zx}$$
$$- R_{xx} - R_{yy} + Q_{zy})\boldsymbol{k}$$

$$= -(P_{xx} + P_{yy} + P_{zz})\boldsymbol{i} - (Q_{xx} + Q_{yy} + Q_{zz})\boldsymbol{j} - (R_{xx} + R_{yy} + R_{zz})\boldsymbol{k}$$
$$+ (P_{xx} + Q_{yx} + R_{zx})\boldsymbol{i} + (P_{xy} + Q_{yy} + R_{zy})\boldsymbol{j} + (P_{xz} + Q_{yz} + R_{zz})\boldsymbol{k}$$

$$= \nabla(\nabla \cdot \boldsymbol{A}) - \nabla^2 \boldsymbol{A}$$

这里 $\nabla(\nabla \cdot \boldsymbol{A}) = \nabla(P_x + Q_y + R_z) = \{P_{xx} + Q_{yx} + R_{zx}, P_{xy} + Q_{yy} + R_{zy}, P_{xz} + Q_{yz} + R_{zz}\}$

$$\nabla^2 \boldsymbol{A} = \left(\frac{\partial^2}{\partial x^2} + \frac{\partial^2}{\partial y^2} + \frac{\partial^2}{\partial z^2}\right)\boldsymbol{A}$$
$$= \{P_{xx} + P_{yy} + P_{zz}, Q_{xx} + Q_{yy} + Q_{zz}, R_{xx} + R_{yy} + R_{zz}\}.$$

总习题十

1. 填空

(1) 第二类曲线积分 $\displaystyle\int_{\varGamma} P\mathrm{d}x + Q\mathrm{d}y + R\mathrm{d}z$ 化成第一类曲线积分是_____，其中 α、β、γ 为有向曲线弧 $\varGamma$ 在点 (x, y, z) 处的_____ 的方向角；

(2) 第二类曲线积分 $\displaystyle\iint_{\varSigma} P\mathrm{d}y\mathrm{d}z + Q\mathrm{d}z\mathrm{d}x + R\mathrm{d}x\mathrm{d}y$ 化成第一类曲面积分是_____，其中 α、β、γ 为有向曲面 $\varSigma$ 在点 (x, y, z) 处的_____ 的方向角.

解 (1) $\displaystyle\int_{\varGamma} (P\cos\alpha + Q\cos\beta + R\cos\gamma)\mathrm{d}S$, 切向量.

(2) $\displaystyle\iint_{\varSigma} (P\cos\alpha + Q\cos\beta + R\cos\gamma)\mathrm{d}S$, 法向量.

2. 选择下述题中给出的四个结论中一个正确的结论：

设曲面 $\varSigma$ 是上半球面：$x^2 + y^2 + z^2 = R^2 (z \geqslant 0)$，曲面 $\varSigma_1$ 是曲面 $\varSigma$ 在第一卦限中的部分，则有_____.

(A) $\displaystyle\iint_{\varSigma} x\mathrm{d}S = 4\iint_{\varSigma_1} x\mathrm{d}S.$　　　　　(B) $\displaystyle\iint_{\varSigma} y\mathrm{d}S = 4\iint_{\varSigma_1} x\mathrm{d}S.$

(C) $\displaystyle\iint_{\varSigma} z\mathrm{d}S = 4\iint_{\varSigma_1} x\mathrm{d}S.$　　　　　(D) $\displaystyle\iint_{\varSigma} xyz\mathrm{d}S = 4\iint_{\varSigma_1} xyz\mathrm{d}S.$

解 选(C).

利用对称性知，

$$\iint_{\Sigma} x\mathrm{d}S = \iint_{\Sigma} y\mathrm{d}S = \iint_{\Sigma} xyz\mathrm{d}S = 0,$$

$$\iint_{\Sigma} z\mathrm{d}S = 4\iint_{\Sigma_1} z\mathrm{d}S \neq 0,$$

由轮换对称性知，

$$\iint_{\Sigma_1} z\mathrm{d}S = \iint_{\Sigma_1} y\mathrm{d}S = \iint_{\Sigma_1} x\mathrm{d}S.$$

3. 计算下列曲线积分：

(1) $\oint_L \sqrt{x^2+y^2}\mathrm{d}s$，其中 L 为圆周 $x^2+y^2=ax$；

(2) $\int_{\Gamma} z\mathrm{d}s$，其中 Γ 为曲线 $x=t\cos t, y=t\sin t, z=t(0\leqslant t\leqslant t_0)$；

(3) $\int_L (2a-y)\mathrm{d}x+x\mathrm{d}y$，其中 L 为摆线 $x=a(t-\sin t), y=a(1-\cos t)$ 上对应 t 从 0 到 2π 的一段弧；

(4) $\int_{\Gamma} (y^2-z^2)\mathrm{d}x+2yz\mathrm{d}y-x^2\mathrm{d}z$，其中 Γ 是曲线 $x=t, y=t^2, z=t^3$ 上由 $t_1=0$ 到 $t_2=1$ 的一段弧；

(5) $\int_L (e^x\sin y-2y)\mathrm{d}x+(e^x\cos y-2)\mathrm{d}y$，其中 L 为上半圆周 $(x-a)^2+y^2=a^2, y\geqslant 0$，沿逆时针方向；

(6) $\oint_{\Gamma} xyz\mathrm{d}z$，其中 Γ 是用平面 $y=z$ 截球面 $x^2+y^2+z^2=1$ 所得的截痕，从 z 轴的正向看去，沿逆时针方向.

解 (1) $L: -\dfrac{\pi}{2}\leqslant\theta\leqslant\dfrac{\pi}{2}, r=a\cos\theta$

其中 $x=r\cos\theta, y=r\sin\theta$

$$\therefore \oint_L \sqrt{x^2+y^2}\mathrm{d}s = \int_{-\frac{\pi}{2}}^{\frac{\pi}{2}} r\cdot\sqrt{(-2a\cos\theta\sin\theta)^2+a\cos^2 2\theta}\mathrm{d}\theta$$

$$= \int_{-\frac{\pi}{2}}^{\frac{\pi}{2}} a^2\cos\theta\mathrm{d}\theta$$

$$= 2a^2$$

其中 $\mathrm{d}s = \sqrt{x'^2+y'^2}\mathrm{d}\theta$

$$= \sqrt{(a\cos^2\theta)'^2+(a\cos\theta\sin\theta)'^2}\mathrm{d}\theta$$

$$= a\mathrm{d}\theta.$$

(2)$ds = \sqrt{x'^2 + y'^2 + z'^2}\,dt$

$\qquad = \sqrt{(\cos t - t\sin t)^2 + (\sin t + t\cos t)^2 + 1}\,dt$

$\qquad = \sqrt{2 + t^2}\,dt$

$\therefore \int_{\Gamma} z\,ds$

$= \int_0^{t_0} t\,\sqrt{2 + t^2}\,dt$

$= \frac{1}{3}(2 + t^2)^{\frac{3}{2}}\Big|_0^{t_0}$

$= \frac{(2 + t_0^2)^{\frac{3}{2}} - 2\sqrt{2}}{3}.$

(3) $\dfrac{dx}{dt} = a(1 - \cos t), \dfrac{dy}{dt} = a\sin t$

$\therefore \int_L (2a - y)dx + x\,dy$

$= \int_0^{2\pi} \{[2a - a(1 - \cos t)]a(1 - \cos t) + a(t - \sin t)a\sin t\}\,dt$

$= \int_0^{2\pi} a^2 t\sin t\,dt$

$= a^2 [\sin t - t\cos t]_0^{2\pi}$

$= -2\pi a^2.$

(4)$dx = dt, dy = 2t\,dt, dz = 3t^2\,dt$

$\therefore \int_{\Gamma} (y^2 - z^2)dx + 2yz\,dy - x^2\,dz$

$= \int_0^1 [(t^4 - t^6) \cdot 1 + 2t^2 \cdot t^3 \cdot 2t - t^2 \cdot 3t^2]\,dt$

$= \int_0^1 (3t^6 - 2t^4)\,dt$

$= \frac{3}{7} - \frac{2}{5}$

$= \frac{1}{35}.$

(5) 令 L_1 为 $y = 0, x$ 从 0 到 $2a$,则 L_1 与 L 共同围成闭区域 D,由格林公式得

$\oint_{L + L_1} (e^x \sin y - 2y)dx + (e^x \cos y - 2)dy$

$= \iint_D [e^x \cos y - (e^x \cos y - 2)]dx\,dy$

$= \iint_D 2dx\,dy$

$$= 2 \cdot \frac{\pi}{2} a^2$$

$$= \pi a^2$$

$$\int_{L_1} (e^x \sin y - 2y) dx + (e^x \cos y - 2) dy$$

$$= \int_0^{2a} 0 \cdot dx + 0 = 0$$

$$\therefore \int_L (e^x \sin y - 2y) dx + (e^x \cos y - 2) dy$$

$$= \pi a^2.$$

(6) 设 $\sum$ 是由 Γ 围成的曲面,方向为上侧,则

$$\oint_\Gamma xyz \, dz$$

$$= \iint_{\sum} \begin{vmatrix} dydz & dzdx & dxdy \\ \dfrac{\partial}{\partial x} & \dfrac{\partial}{\partial y} & \dfrac{\partial}{\partial z} \\ 0 & 0 & xyz \end{vmatrix}$$

$$= \iint_{\sum} xz \, dydz - yz \, dzdx.$$

$\because \sum$ 的单位法量是 $\boldsymbol{n}_0 = \left\{ 0, -\dfrac{1}{\sqrt{2}}, \dfrac{1}{\sqrt{2}} \right\}$,

$$\therefore \oint_\Gamma xyz \, dz$$

$$= \iint_{\sum} \frac{1}{\sqrt{2}} yz \, dS$$

$$= \frac{1}{\sqrt{2}} \iint_{\sum} yz \, dS$$

$$= \iint_{D_{xz}} yz \, dzdx.$$

$\because \sum$ 在 xOz 面投影, $D_{xz} = \{(x,z) \mid x^2 + 2z^2 \leqslant 1\}$.

令 $z = \dfrac{1}{\sqrt{2}} r \cos\theta, x = r \sin\theta (0 \leqslant r \leqslant 1, 0 \leqslant \theta \leqslant 2\pi)$

$$J = \frac{\partial(z,x)}{\partial(r,\theta)} = \begin{vmatrix} \dfrac{1}{\sqrt{2}} \cos\theta & -\dfrac{1}{\sqrt{2}} r \sin\theta \\ \sin\theta & r \cos\theta \end{vmatrix} = \frac{1}{\sqrt{2}} r$$

$$\therefore \iint_{D_{xy}} yz \, dxdz$$

$$= \int_0^{2\pi} \mathrm{d}\theta \int_0^1 \frac{1}{2} r^2 \cos^2\theta \cdot \frac{1}{\sqrt{2}} r \mathrm{d}r$$

$$= \frac{1}{2\sqrt{2}} \int_0^{2\pi} \cos^2\theta \mathrm{d}\theta \int_0^1 r^3 \mathrm{d}r$$

$$= \frac{1}{2\sqrt{2}} \cdot \frac{1}{4} \cdot \pi$$

$$= \frac{\sqrt{2}}{16} \pi.$$

4. 计算下列曲面积分:

(1) $\iint\limits_{\Sigma} \dfrac{\mathrm{d}S}{x^2+y^2+z^2}$,其中 Σ 是界于平面 $z=0$ 及 $z=H$ 之间的圆柱面 $x^2+y^2=R^2$;

(2) $\iint\limits_{\Sigma} (y^2-z)\mathrm{d}y\mathrm{d}z+(z^2-x)\mathrm{d}z\mathrm{d}x+(x^2-y)\mathrm{d}x\mathrm{d}y$,其中 Σ 为锥面 $z=\sqrt{x^2+y^2}$ $(0$ $\leqslant z \leqslant h)$ 的外侧;

(3) $\iint\limits_{\Sigma} x\mathrm{d}y\mathrm{d}z+y\mathrm{d}z\mathrm{d}x+z\mathrm{d}x\mathrm{d}y$,其中 Σ 为半球面 $z=\sqrt{R^2-x^2-y^2}$ 的上侧;

(4) $\iint\limits_{\Sigma} \dfrac{x\mathrm{d}y\mathrm{d}z+y\mathrm{d}z\mathrm{d}x+z\mathrm{d}x\mathrm{d}y}{\sqrt{(x^2+y^2+z^2)^3}}$,其中 Σ 为曲面 $1-\dfrac{z}{5}=\dfrac{(x-2)^2}{16}+\dfrac{(y-1)^2}{9}$ $(z\geqslant$ $0)$ 的上侧;

(5) $\iint\limits_{\Sigma} xyz\mathrm{d}x\mathrm{d}y$,其中 Σ 为球面 $x^2+y^2+z^2=1(x\geqslant 0,y\geqslant 0)$ 的外侧.

解　(1) Σ 在 xOz 面上投影

$D_{xx}:0\leqslant z\leqslant H,-R\leqslant x\leqslant R$

$y=\pm\sqrt{R^2-x^2}$,

$y_x=\mp\dfrac{x}{\sqrt{R^2-x^2}}, y_z=0.$

Σ 可分成 Σ_1 和 Σ_2,

其中 $\Sigma_1: y=\sqrt{R^2-x^2}, 0\leqslant z\leqslant H,$

$\qquad \Sigma_2: y=-\sqrt{R^2-x^2}, 0\leqslant z\leqslant H,$

$\sqrt{1+y_x^2+y_z^2}=\sqrt{1+\dfrac{x^2}{R^2-x^2}+0}=\dfrac{R}{\sqrt{R^2-x^2}}.$

$\therefore \iint\limits_{\Sigma} \dfrac{\mathrm{d}S}{x^2+y^2+z^2}=\iint\limits_{\Sigma_1+\Sigma_2} \dfrac{\mathrm{d}S}{x^2+y^2+z^2}$

$$= \iint\limits_{D_{xx}} \dfrac{1}{x^2+(-\sqrt{R^2-x^2})^2+z^2} \cdot \dfrac{R}{\sqrt{R^2-x^2}}\mathrm{d}y\mathrm{d}z$$

$$+ \iint\limits_{D_{xz}} \frac{1}{x^2 + (-\sqrt{R^2-x^2})^2 + z^2} \cdot \frac{R}{(R^2-x^2)} \mathrm{d}x\mathrm{d}z$$

$$= 2 \iint\limits_{D_{xz}} \frac{R}{(R^2+z^2)\sqrt{R^2-x^2}} \mathrm{d}x\mathrm{d}z$$

$$= 2R \int_0^H \frac{1}{R^2+z^2} \mathrm{d}z \int_{-R}^R \frac{1}{\sqrt{R^2-x^2}} \mathrm{d}x$$

$$= 2R \cdot \pi \cdot \frac{1}{R} \arctan \frac{H}{R}$$

$$= 2\pi \arctan \frac{H}{R}.$$

(2) 设 Σ_1 为 $z = h(x^2+y^2 \leqslant h^2)$，方向取上侧

$$\therefore \oiint\limits_{\Sigma+\Sigma_1} (y^2-z)\mathrm{d}y\mathrm{d}z + (z^2-x)\mathrm{d}z\mathrm{d}x + (x^2-y)\mathrm{d}x\mathrm{d}y$$

$$= \iiint\limits_{\Omega} (0+0+0)\mathrm{d}v = 0$$

其中 Ω 为 Σ_1 和 Σ 所围成闭区域.

$$\therefore 原式 = -\iint\limits_{\Sigma_1} (y^2-z)\mathrm{d}y\mathrm{d}z + (z^2-x)\mathrm{d}z\mathrm{d}x + (x^2-y)\mathrm{d}x\mathrm{d}y$$

$$= -\iint\limits_{\Sigma_1} (x^2-y)\mathrm{d}x\mathrm{d}y$$

$$= -\iint\limits_{D_{xy}} (x^2-y)\mathrm{d}x\mathrm{d}y$$

$$= -\int_0^{2\pi} \mathrm{d}\theta \int_0^h (r^2\cos^2\theta - r\sin\theta)r\mathrm{d}r$$

$$= -\frac{\pi}{4} h^4.$$

(3) 设 Σ_1 为 $z = 0(x^2+y^2 \leqslant R^2)$，方向取下侧,则

$$\iint\limits_{\Sigma_1} x\mathrm{d}y\mathrm{d}z + y\mathrm{d}z\mathrm{d}x + z\mathrm{d}x\mathrm{d}y$$

$$= \iint\limits_{\Sigma_1} z\mathrm{d}x\mathrm{d}y$$

$$= 0$$

$$\therefore \iint\limits_{\Sigma} x\mathrm{d}y\mathrm{d}z + y\mathrm{d}z\mathrm{d}x + z\mathrm{d}x\mathrm{d}y$$

$$= \oiint\limits_{\Sigma+\Sigma_1} x\mathrm{d}y\mathrm{d}z + y\mathrm{d}z\mathrm{d}x + z\mathrm{d}x\mathrm{d}y$$

$$= \iiint\limits_{\Omega}(1+1+1)\mathrm{d}V = 3 \cdot \frac{2}{3}\pi R^3 = 2\pi R^3$$

其中 Ω 为 $\sum$ 和 $\sum_1$ 围成闭区域.

(4) 设 $\sum_1: z = 0, \left(\dfrac{(x-2)^2}{16} + \dfrac{(y-1)^2}{9} \leqslant 1\right)$ 方向取下侧,

$$\therefore \iint\limits_{\sum_1} \frac{x\mathrm{d}y\mathrm{d}z + y\mathrm{d}z\mathrm{d}x + z\mathrm{d}x\mathrm{d}y}{\sqrt{(x^2+y^2+z^2)^3}}$$

$$= \iint\limits_{\sum_1} \frac{z\mathrm{d}x\mathrm{d}y}{\sqrt{(x^2+y^2+z^2)^3}} = 0$$

令 $P = \dfrac{x}{\sqrt{(x^2+y^2+z^2)^3}}$

$$\frac{\partial P}{\partial x} = \frac{(x^2+y^2+z^2)^{\frac{3}{2}} - x \cdot \frac{3}{2}(x^2+y^2+z^2)^{\frac{1}{2}} \cdot 2x}{(x^2+y^2+z^2)^3}$$

$$= \frac{y^2+z^2-2x^2}{(x^2+y^2+z^2)^{\frac{5}{2}}}$$

$\therefore$ 由轮换对称性,

$$\frac{\partial Q}{\partial y} = \frac{x^2+z^2-2y^2}{(x^2+y^2+z^2)^{\frac{5}{2}}}, \frac{\partial R}{\partial z} = \frac{x^2+y^2-2z^2}{(x^2+y^2+z^2)^{\frac{5}{2}}}$$

$$\iint\limits_{\sum} \frac{x\mathrm{d}y\mathrm{d}z + y\mathrm{d}z\mathrm{d}x + z\mathrm{d}x\mathrm{d}y}{\sqrt{(x^2+y^2+z^2)^3}}$$

$$= \oiint\limits_{\sum+\sum_1} \frac{x\mathrm{d}y\mathrm{d}z + y\mathrm{d}z\mathrm{d}x + z\mathrm{d}x\mathrm{d}y}{\sqrt{(x^2+y^2+z^2)^3}}$$

$$= \iiint\limits_{\Omega} \frac{y^2+z^2-2x^2+z^2+x^2-2y^2+x^2+y^2-2z^2}{(x^2+y^2+z^2)^{\frac{5}{2}}}\mathrm{d}x\mathrm{d}y\mathrm{d}z$$

$$= 0.$$

(5) $\sum$ 可分成 $\sum_1(z \geqslant 0)$ 和 $\sum_2(z \leqslant 0)$

$$Dxy = \{(x,y) \mid x \geqslant 0, y \geqslant 0, x^2+y^2 \leqslant 1\}$$

即 $0 \leqslant r \leqslant 1, 0 \leqslant \theta \leqslant \dfrac{\pi}{2}$

$$\therefore \iint\limits_{\sum} xyz\mathrm{d}x\mathrm{d}y = \iint\limits_{\sum_1+\sum_2} xyz\mathrm{d}x\mathrm{d}y$$

$$= \iint\limits_{D_{xy}} xy \sqrt{1-x^2-y^2}\mathrm{d}x\mathrm{d}y - \iint\limits_{D_{xy}} xy(-\sqrt{1-x^2-y^2})\mathrm{d}x\mathrm{d}y$$

$$= 2\int_0^{\frac{\pi}{2}} \mathrm{d}\theta \int_0^1 r^2 \sin\theta\cos\theta \sqrt{1-r^2}\, r\mathrm{d}r$$

$$= 2\int_0^{\frac{\pi}{2}} \sin\theta\cos\theta d\theta \int_0^1 r^3 \sqrt{1-r^2} dr$$

$$= 2 \cdot \frac{1}{2}\int_0^{\frac{\pi}{2}} \sin^3 t\cos^2 t dt$$

$$= \int_0^{\frac{\pi}{2}} (\sin^3 t - \sin^5 t) dt$$

$$= \frac{2}{3} - \frac{4 \cdot 2}{5 \cdot 3}$$

$$= \frac{2}{15}.$$

5. 证明:$\dfrac{x dx + y dy}{x^2 + y^2}$ 在整个 xOy 平面除去 y 的负半轴及原点的区域 G 内是某个二元函数的全微分,并求出一个这样的二元函数.

证明　令 $P = \dfrac{x}{x^2+y^2}$,$Q = \dfrac{y}{x^2+y^2}$

在 xOy 平面除去 y 的负半轴及原点区域 G 内

$x^2 + y^2 \neq 0$

$\therefore \dfrac{\partial P}{\partial y} = \dfrac{-2xy}{(x^2+y^2)^2} = \dfrac{\partial Q}{\partial x}$,

$\therefore \dfrac{x dx + y dy}{x^2+y^2}$ 在 G 内是某个三元函数 $u(x,y)$ 的全微分,

$\therefore u(x,y) = \displaystyle\int_{(1,0)}^{(x,y)} \frac{x dx + y dy}{x^2+y^2}$

$$= \int_1^x \frac{x dx}{x^2+0} + \int_0^y \frac{y dy}{x^2+y^2}$$

$$= \ln x + \frac{1}{2}\ln(x^2+y^2) \Big|_0^y$$

$$= \ln x + \frac{1}{2}[\ln(x^2+y^2) - \ln x^2]$$

$$= \frac{1}{2}\ln(x^2+y^2).$$

6. 设在半平面 $x > 0$ 内有力 $\boldsymbol{F} = -\dfrac{k}{\rho^3}(x\boldsymbol{i} + y\boldsymbol{j})$ 构成力场,其中 k 为常数,$\rho = \sqrt{x^2+y^2}$. 证明在此力场中场力所作的功与所取的路径无关.

证明　令 $P = -\dfrac{k}{\rho^3}x$,$Q = -\dfrac{k}{\rho^3}y$.

$\because x > 0$,$\therefore \rho > 0$.

设场力所做的功为 W,

取路径 L,则 $\mathrm{d}W = P\mathrm{d}x + Q\mathrm{d}y$

$\therefore W = \displaystyle\int_L P\mathrm{d}x + Q\mathrm{d}y.$

$\because \dfrac{\partial P}{\partial y} = \dfrac{-(-kx)\cdot 3\rho^2 \cdot \rho'_y}{\rho^6} = \dfrac{3kx\cdot\dfrac{y}{\rho}}{\rho^4} = \dfrac{3kxy}{\rho^5},$

$\dfrac{\partial Q}{\partial x} = \dfrac{-(-ky)\cdot 3\rho^2 \cdot \rho'_x}{\rho^6} = \dfrac{3kxy}{\rho^5}$

$\therefore \dfrac{\partial P}{\partial y} = \dfrac{\partial Q}{\partial x},$

$\therefore W$ 与所取路径 L 无关,

$\therefore$ 原命题得证.

7. 求均匀曲面 $z = \sqrt{a^2 - x^2 - y^2}$ 的质心的坐标.

解　设质心坐标为 $(\bar{x}, \bar{y}, \bar{z})$,面密度为 μ,由对称性均知 $\bar{x} = \bar{y} = 0$,

$M = \displaystyle\iint\limits_{\Sigma} \mu \mathrm{d}S = \mu \iint\limits_{D_{xy}} \sqrt{1 + z_x^2 + z_y^2}\,\mathrm{d}x\mathrm{d}y.$

$\because \sqrt{1 + z_x^2 + z_y^2} = \sqrt{1 + \dfrac{x^2 + y^2 + z^2}{a^2 - (x^2 + y^2)}} = \dfrac{a}{\sqrt{a^2 - (x^2 + y^2)}}$

D_{xy} 即 $x^2 + y^2 \leqslant a^2$,

亦即 $0 \leqslant r \leqslant a, 0 \leqslant \theta \leqslant 2\pi.$

$\begin{aligned}
\therefore M &= \mu \int_0^{2\pi}\mathrm{d}\theta \int_0^a \dfrac{a\cdot r}{\sqrt{a^2 - r^2}}\mathrm{d}r \\
&= 2\pi\mu \cdot (-a)(a^2 - r^2)^{\frac{1}{2}}\Big|_0^a \\
&= 2\pi\mu a^2
\end{aligned}$

$\begin{aligned}
\bar{z} &= \dfrac{1}{M}\iint\limits_{\Sigma} \mu z \mathrm{d}S \\
&= \dfrac{1}{M}\iint\limits_{D_{xy}} \mu \dfrac{\sqrt{a^2 - x^2 - y^2}\cdot a}{\sqrt{a^2 - (x^2 + y^2)}}\mathrm{d}x\mathrm{d}y \\
&= \dfrac{\mu a}{M}\iint\limits_{D_{xy}} \mathrm{d}x\mathrm{d}y \\
&= \dfrac{\mu a \cdot \pi a^2}{2\pi\mu a^2} \\
&= \dfrac{a}{2}
\end{aligned}$

$\therefore$ 质心坐标为 $(0, 0, \dfrac{a}{2}).$

8. 设 $u(x,y,)$、$v(x,y)$ 在闭区域 D 上都具有二阶连续偏导数,分段光滑的曲线 L 为 D 的正向边界曲线. 证明:

(1) $\iint\limits_{D} v\Delta u \mathrm{d}x\mathrm{d}y = -\iint\limits_{D}(\mathbf{grad}u \cdot \mathbf{grad}v)\mathrm{d}x\mathrm{d}y + \oint_{L} v\dfrac{\partial u}{\partial n}\mathrm{d}s$;

(2) $\iint\limits_{D}(u\Delta v - v\Delta u)\mathrm{d}x\mathrm{d}y = \oint_{L}\left(u\dfrac{\partial v}{\partial n} - v\dfrac{\partial u}{\partial n}\right)\mathrm{d}s$,

其中 $\dfrac{\partial u}{\partial n}$、$\dfrac{\partial v}{\partial n}$ 分别是 u、v 沿 L 的外法线向量 $\boldsymbol{n}$ 的方向导数,符号 $\Delta = \dfrac{\partial^2}{\partial x^2} + \dfrac{\partial^2}{\partial y^2}$ 称二维拉普拉斯算子.

证明 (1) 设 L 切向量方向角为 α、β,外法向量 $\boldsymbol{n}$,方向角为 θ、γ,

则 $\cos\theta = \sin\alpha$,

$\quad \cos\gamma = \sin\beta = -\cos\alpha.$

$\therefore \cos\theta \cdot \mathrm{d}s = \sin\alpha \mathrm{d}s = \mathrm{d}y$

$\quad \cos\gamma \cdot \mathrm{d}s = \sin\beta \mathrm{d}s = -\cos\alpha \mathrm{d}s = -\mathrm{d}x$

$\therefore \oint_{L} v\dfrac{\partial u}{\partial n}\mathrm{d}s$

$= \oint_{L} vu_x\mathrm{d}y - vu_y\mathrm{d}x$

$= \oint_{L} vu_x\mathrm{d}y - vu_y\mathrm{d}x$

$= \iint\limits_{D}\left[\dfrac{\partial}{\partial x}(vu_x) - \dfrac{\partial}{\partial y}(vu_y)\right]\mathrm{d}x\mathrm{d}y$

$= \iint\limits_{D}(v_x u_x + vu_{xx} + v_y u_y + vu_{yy})\mathrm{d}x\mathrm{d}y$

$\because \mathbf{grad}u \cdot \mathbf{grad}v = u_x v_x + u_y v_y$

$v\Delta u = vu_{xx} + vu_{yy}$

$\therefore \iint\limits_{D}(v\Delta u + \mathbf{grad}u \cdot \mathbf{grad}v)\mathrm{d}x\mathrm{d}y$

$= \oint_{L} v\dfrac{\partial u}{\partial n}\mathrm{d}s$

$\therefore \iint\limits_{D} v\Delta u \mathrm{d}x\mathrm{d}y$

$= -\iint\limits_{D}(\mathbf{grad}u \cdot \mathbf{grad}v)\mathrm{d}x\mathrm{d}y + \oint_{L} v\dfrac{\partial u}{\partial n}\mathrm{d}s.$

(2) 由(1)结论可得

$\iint\limits_{D} u\Delta v \mathrm{d}x\mathrm{d}y$

$$=-\iint\limits_{D}(\mathbf{grad}u\cdot\mathbf{grad}v)\mathrm{d}x\mathrm{d}y+\oint_{L}u\,\frac{\partial v}{\partial n}\mathrm{d}s$$

$$\therefore\iint\limits_{D}(u\Delta v-v\Delta u)\mathrm{d}x\mathrm{d}y$$

$$=\oint_{L}\left(u\,\frac{\partial v}{\partial n}-v\,\frac{\partial u}{\partial n}\right)\mathrm{d}s.$$

9. 求向量 $\boldsymbol{A}=x\boldsymbol{i}+y\boldsymbol{j}+z\boldsymbol{k}$ 通过闭区域 $\Omega=\{(x,y,z)\mid 0\leqslant x\leqslant 1,0\leqslant y\leqslant 1,0\leqslant z\leqslant 1\}$ 的边界曲面流向外侧的通量.

解　设 Ω 边界曲面为 $\sum$,

则通量

$$\oiint\limits_{\sum}A_{n}\mathrm{d}S$$

$$=\iiint\limits_{\Omega}\mathrm{div}\boldsymbol{A}v$$

$$=\iiint\limits_{\Omega}(1+1+1)\mathrm{d}x\mathrm{d}y\mathrm{d}z$$

$$=3.$$

10. 求力 $\boldsymbol{F}=y\boldsymbol{i}+z\boldsymbol{j}+x\boldsymbol{k}$ 沿有向闭曲线 Γ 所作的功,其中 Γ 为平面 $x+y+z=1$ 被三个坐标面所截成的三角形的整个边界,从 z 轴正向看去,沿顺时针方向.

解　设 $\sum$ 为 Γ 包围曲面,取向为向下,

$\therefore$ 所做的功为

$$\oint_{\Gamma}y\mathrm{d}x+z\mathrm{d}y+x\mathrm{d}z$$

$$=\iint\limits_{\sum}\begin{vmatrix}\mathrm{d}y\mathrm{d}z&\mathrm{d}z\mathrm{d}x&\mathrm{d}x\mathrm{d}y\\\dfrac{\partial}{\partial x}&\dfrac{\partial}{\partial y}&\dfrac{\partial}{\partial z}\\y&z&x\end{vmatrix}$$

$$=\iint\limits_{\sum}-\mathrm{d}y\mathrm{d}z-\mathrm{d}z\mathrm{d}x-\mathrm{d}x\mathrm{d}y$$

$$=-\iint\limits_{\sum}\mathrm{d}y\mathrm{d}z+\mathrm{d}z\mathrm{d}x+\mathrm{d}x\mathrm{d}y$$

$$=-\left(-\iint\limits_{D_{yz}}\mathrm{d}y\mathrm{d}z-\iint\limits_{D_{zx}}\mathrm{d}z\mathrm{d}x-\iint\limits_{D_{xy}}\mathrm{d}x\mathrm{d}y\right)$$

$$=3\iint\limits_{D_{xy}}\mathrm{d}x\mathrm{d}y(\text{对称性})$$

$$=3\cdot\frac{1}{2}$$

$$= \frac{3}{2}$$

其中 D_{yz}, D_{zx}, D_{xy} 分别为 $\sum$ 在 yOz, zOx 和 xOy 面上投影

$D_{xy}: x \geqslant 0, y \geqslant 0, x+y \leqslant 1.$

同步自测题及解析

一、单项选择题

1. 已民知 $\dfrac{(x+ay)\mathrm{d}x + y\mathrm{d}y}{(x+y)^2}$ 为某个函数的全微分,则 a 等于　　D　　.

(A)-1　　　(B)0　　　(C)1　　　(D)2

解　令 $P = \dfrac{x+ay}{(x+y)^2}$, $Q = \dfrac{y}{(x^2+y^2)}$ 因为原式是全微分需满足 $\dfrac{\partial P}{\partial y} = \dfrac{\partial Q}{\partial x}$,可求得

$a = 2.$

2. 设 $\sum$ 是球面 $x^2 + y^2 + z^2 = a^2$ 的外侧,则 $\displaystyle\iint_{\sum} z\mathrm{d}z\mathrm{d}y = $　　A　　.

(A)0　　　(B)$\dfrac{4}{3}\pi a^3$　　(C)$4\pi a^3$　　(D)$\dfrac{1}{2}\pi a^3$

解　分 $\sum$ 为前后两部分 $\sum_1$ 和 $\sum_2$

$$\therefore \iint_{\sum} z\mathrm{d}z\mathrm{d}y = \iint_{\sum_1} z\mathrm{d}z\mathrm{d}y + \iint_{\sum_2} z\mathrm{d}z\mathrm{d}y$$

$$= \iint_{D} z\mathrm{d}z\mathrm{d}y - \iint_{D} z\mathrm{d}z\mathrm{d}y$$

$$= 0.$$

3. L 是从 $(0,0,0)$ 至 $(1,2,3)$ 的直线段,则 $\displaystyle\int_{L} y\mathrm{d}x + x\mathrm{d}y + (x-y)\mathrm{d}z = $　　C　　.

(A)$\dfrac{1}{4}$　　　(B)2　　　(C)$\dfrac{1}{2}$　　　(D)4

解　原式 $= \displaystyle\int_0^1 2x\mathrm{d}x + \int_0^2 \frac{1}{2}y\mathrm{d}y + \int_0^3 \left(\frac{1}{3}z - \frac{2}{3}z\right)\mathrm{d}z = \frac{1}{2}.$

4. 设 L 为 $2x^2 + 3y^2 = 1$ 沿顺时针方向的一周,则 $\displaystyle\oint_{L} \frac{\mathrm{d}x + \mathrm{d}y}{x^2 + y^2} = $　　C　　.

(A)2　　　(B)1　　　(C)　　　(D)$\dfrac{1}{2}$

解　取小圆周 $L_1:x^2+y^2=\varepsilon^2(\varepsilon>0)$，方向为逆时针方向，则

$$\oint_{L_1}\frac{\mathrm{d}x+\mathrm{d}y}{x^2+y^2}=\frac{1}{\varepsilon^2}\oint_{L_1}\mathrm{d}x+\mathrm{d}y=\frac{1}{\varepsilon^2}\iint_{D_1}o\mathrm{d}x\mathrm{d}y=0.$$

其中 D_1 为 L_1 围成区域.

$$\text{原式}=\oint_{L+L_1}\frac{\mathrm{d}x+\mathrm{d}y}{x^2+y^2}-\oint_{L_1}\frac{\mathrm{d}x+\mathrm{d}y}{x^2+y^2}$$

$$=\iint_D\frac{-2(x+y)}{(x^2+y^2)^2}\mathrm{d}x\mathrm{d}y-0=-2\iint_D\frac{x+y}{(x^2+y^2)^2}\mathrm{d}x\mathrm{d}y$$

其中 D 为 L 与 L_1 所围成的平面区域.

因为区域为对称区域,函数都是奇函数,则原式 $=0$.

二、填空题

1.曲线积分 $\oint_L\frac{\mathrm{d}x+\mathrm{d}y}{x^2+y^2}$ 的值为___0___,其中 $L:2x^2+3y^2=1$ 沿顺时针方向的一周.

解　解法与上题相同.

2.$\sum$ 是曲面 $z=\sqrt{1-x^2-y^2}$ 的上侧,则曲面积分 $\iint_{\sum}y^2\mathrm{d}z\mathrm{d}x+z\mathrm{d}x\mathrm{d}y=$ ___$\frac{2}{3}\pi$___.

解　$\text{原式}=\iint_{\sum}y^2\mathrm{d}z\mathrm{d}x+\iint_{\sum}z\mathrm{d}x\mathrm{d}y$

$$=0+\iint_{x^2+y^2\leqslant1}\sqrt{1-x^2-y^2}\mathrm{d}x\mathrm{d}y$$

$$=\int_0^{2\pi}\mathrm{d}\theta\int_0^1\sqrt{1-r^2}r\mathrm{d}r$$

$$=\frac{2}{3}\pi.$$

3.设 $u(x,y,z)=x^3+y^3+z^3-3xyz$,则 $\mathbf{div}(\mathbf{grad}u)=$ ___$6(x+y+z)$___.

解　$\because\mathbf{grad}u=(3x^2-3yz)\vec{i}+(3y^2-3xz)\vec{j}+(3z^2-3xy)\vec{k}$,

$\therefore\mathbf{div}(\mathbf{grad}u)=6x+6y+6z.$

4.计算 $\int_L\sqrt{x^2+y^2}\mathrm{d}s=$ ___8___,其中 $L:x^2+y^2=-2y.$

解　令 $x=\cos\theta,y=\sin\theta-1$

$$\text{原式}=\int_0^{2\pi}\sqrt{\cos^2\theta+(\sin\theta-1)^2}\cdot\sqrt{(-\sin\theta)^2+\cos^2\theta}\mathrm{d}\theta$$

$$=\sqrt{2}\int_0^{2\pi}\left|\sin\frac{\theta}{2}-\cos\frac{\theta}{2}\right|\mathrm{d}\theta$$

$$=8.$$

三、设函数 $f(x)$ 在 $(-\infty,+\infty)$ 内具有一阶连续导数,L 是 $y>0$ 的有向分段光滑

曲线,起点 $A(1,2)$,终点 $(4,\frac{1}{2})$,记

$$I = \int_L \frac{1}{y}[1+y^2[f(xy)]]dx + \frac{x}{y^2}[y^2f(xy)-1]dy.$$

(1) 求证:曲线积分与 I 的路径无关;(2) 计算 I 的值.

解　(1) 令 $P = \frac{1}{y}\{1+y^2[f(xy)]\}, Q = \frac{x}{y^2}[y^2f(xy)-1]$.

$\because \dfrac{\partial P}{\partial y} = \dfrac{-1}{y^2} + f(xy) + xyf'(xy) = \dfrac{\partial Q}{\partial x},$

$\therefore$ 曲线积分与积分路径无关.

(2) $I = \int_2^{\frac{1}{2}} \frac{1}{y^2}[y^2f(y)-1]dy + \int_1^4 2[1+\frac{1}{4}f(\frac{x}{2})]dx$

$\quad = \int_2^{\frac{1}{2}} f(y)dy - \int_2^{\frac{1}{2}} \frac{1}{y^2}dy + \int_1^4 2dx + \int_1^4 \frac{1}{2}f(\frac{x}{2})dx$

$\quad = \dfrac{15}{2}.$

四、设 S 是半球面 $x^2+y^2+z^2 = a^2 (z \geqslant 0, a \geqslant 0)$ 外侧,求 $I = \iint\limits_{S} yzdzdx + dxdy.$

解　$I = \iint\limits_{\substack{x^2+z^2 \leqslant a^2 \\ \geqslant 0}} \sqrt{a^2-x^2-z^2}\,zdxdz - \iint\limits_{\substack{x^2+z^2 \leqslant a^2 \\ \geqslant 0}} -\sqrt{a^2-x^2-z^2}\,dxdz + \iint\limits_{x^2+y^2 \leqslant a^2} 1dxdy$

$\quad = 2\int_0^{\pi}\int_0^a \sqrt{a^2-r^2} \cdot r^2\sin\theta drd\theta + \pi a^2$

$\quad = 4\int_0^a \sqrt{a^2-r^2}\,r^2 dr + \pi a^2$

$\xlongequal{r=a\cos\alpha} 4\int_{\frac{\pi}{2}}^0 -a^3\sin\alpha\cos^2\alpha \cdot a\sin\alpha d\alpha + \pi a^2$

$\quad = a^4\int_0^{\frac{\pi}{2}} \sin^2 2\alpha d\alpha + \pi a^2$

$\quad = a^4\int_0^{\frac{\pi}{2}} \frac{1-\cos 4\alpha}{2}d\alpha + \pi a^2$

$\quad = \dfrac{a^4}{4}\pi + a^2\pi.$

五、计算面积分 $\iint\limits_{\Sigma} |xy|zdxdy$,其中 Σ 是由 $z = x^2+y^2$ 与 $z=1$ 所围立体的外侧表面.

解　记 Σ_1 为 $z = x^2+y^2 (x^2+y^2 \leqslant 1)$,取下侧,

$\qquad \Sigma_2$ 为 $z = 1(x^2+y^2 \leqslant 1)$,取上侧,

Σ_1 和 Σ_2 在 xy 下面上的投影区域为 $D:x^2+y^2 \leqslant 1, z = 0.$

则 $\displaystyle\iint_\Sigma |xy| z\mathrm{d}x\mathrm{d}y = \iint_{\Sigma_1} |xy| z\mathrm{d}x\mathrm{d}y + \iint_{\Sigma_2} |xy| z\mathrm{d}x\mathrm{d}y$

$\displaystyle = -\iint_D |xy| (x^2+y^2)\mathrm{d}x\mathrm{d}y + \iint_D |xy| \mathrm{d}x\mathrm{d}y$

$\displaystyle = \iint_D |xy| (1-x^2-y^2)\mathrm{d}x\mathrm{d}y$

$\displaystyle = 4\int_0^{\frac{\pi}{2}} \mathrm{d}\theta \int_0^1 \rho^2 \cos\theta\sin\theta(1-\rho^2)\rho\mathrm{d}\rho = \frac{1}{2}.$

六、计算 $\displaystyle\oint_L xyz\mathrm{d}z$,其中 L 为圆周 $x^2+y^2+z^2=1$,$z=y$,面对 z 轴的正向看去,L 的方向依逆时针方向.

解 $\displaystyle\oint_L xyz\mathrm{d}z = \iint_\Sigma \begin{bmatrix} \mathrm{d}y\mathrm{d}z & \mathrm{d}x\mathrm{d}z & \mathrm{d}x\mathrm{d}y \\ \dfrac{\partial}{\partial x} & \dfrac{\partial}{\partial y} & \dfrac{\partial}{\partial z} \\ 0 & 0 & xyz \end{bmatrix}$

$\displaystyle = \iint_\Sigma -yz\mathrm{d}x\mathrm{d}z$

$\displaystyle = -\iint_{x^2+2z^2\leqslant 1} z^2\mathrm{d}x\mathrm{d}z$

$\displaystyle = -\int_0^{2\pi}\int_0^1 \frac{1}{2} r^2\sin^2\theta r\mathrm{d}r\mathrm{d}\theta$

$\displaystyle = -\frac{\pi}{8}.$

七、计算 $\displaystyle\int_L (x+y)\mathrm{d}x + (x-y)\mathrm{d}y$,其中 L 是沿高斯曲线 $y=\mathrm{e}^{-x^2}$ 从点 $A(0,1)$ 到 $B(1,\frac{1}{\mathrm{e}})$ 的一段.

解 令 $P=x+y$,$Q=x-y$,

$\because \dfrac{\partial P}{\partial y} = 1 = \dfrac{\partial Q}{\partial x}$,

$\therefore$ 曲线积分与积分路径无关.

$\therefore$ 原式 $\displaystyle = \int_0^1 (x+1)\mathrm{d}x + \int_1^{\frac{1}{\mathrm{e}}} (1-y)\mathrm{d}y$

$\displaystyle = \frac{3}{2} + \frac{1}{\mathrm{e}} - \frac{1}{2\mathrm{e}^2} - \frac{1}{2}$

$\displaystyle = 1 + \frac{1}{\mathrm{e}} - \frac{1}{2\mathrm{e}^2}.$

第十一章 无穷级数

本章重点内容导学

一、常数项级数及其收剑性

1. 常数项级数的概念及基本性质

2. 收敛级数的必要条件

3. 常数项级数及其审敛法

(1) 比较审敛法

(2) 比值审敛法

(3) 根值审敛法

(4) 极值审敛法

4. 交错级数及其审敛法

5. 绝对收敛与条件收敛的概念

二、幂级数

1. 函数项级数的概念

2. 幂级数及其收敛性

(1) 阿贝尔定理

(2) 收敛半径的概念及其计算方法

(3) 和函数及其性质

3. 函数展开成泰勒级数、幂级数的计算方法

三、傅里叶级数

1. 周期为 2π 的函数展开成傅里叶级数

2. 定义在 $[0,\pi]$ 上的函数展开成正弦级数或余弦级数

3. 周期的 $2l$ 的周期函数的傅里叶级数

典型例题讲解

例 1　用定义判别级数

$$\frac{1}{1\times 8}+\frac{1}{8\times 15}+\cdots\cdots+\frac{1}{(7n-6)(7n+1)}+\cdots\cdots 是否收敛.$$

解　$a_n=\dfrac{1}{(7n-6)(7n+1)}=\dfrac{1}{7}\left(\dfrac{1}{7n-6}-\dfrac{1}{7n+1}\right)$

该级数的前 n 项和:

$$S_n=\frac{1}{1\times 8}+\frac{1}{8\times 15}+\cdots\cdots+\frac{1}{(7n-6)(7n+1)}$$

$$=\frac{1}{7}\left(1-\frac{1}{8}\right)+\frac{1}{7}\left(\frac{1}{8}-\frac{1}{15}\right)+\cdots\cdots+\frac{1}{7}\left(\frac{1}{7n-6}-\frac{1}{7n+1}\right)$$

$$=\frac{1}{7}\left(1-\frac{1}{7n+1}\right)=\frac{1}{7}-\frac{1}{7(7n+1)}$$

$$\lim_{n\to\infty}S_n=\frac{1}{7}$$

根据定义可知该级数收敛.

例 2　设级数 $\displaystyle\sum_{n=1}^{\alpha}a_n$ 的前 n 项和为 $1-\dfrac{1}{(n+1)!}$,求级数的一般项 a_n 及和 S.

解　$a_n=S_n-S_{n-1}=\left(1-\dfrac{1}{(n+1)!}\right)-\left(1-\dfrac{1}{n!}\right)$

$$=\frac{1}{n!}-\frac{1}{(n+1)!}=\frac{n+1-1}{(n+1)!}=\frac{n}{(n+1)!}$$

$$\therefore a_n=\frac{n}{(n+1)!}$$

$$S=\lim_{n\to\infty}S_n=\lim_{n\to\infty}\left(1-\frac{1}{(n+1)!}\right)=1.$$

例 3　利用比值审敛法判别级数 $\displaystyle\sum_{n=1}^{\infty}\dfrac{n^3}{3^n}$ 的敛散性.

解　$V_n=\dfrac{n^3}{3^n}$,

$$\lim_{n\to\infty}\frac{V_{n+1}}{V_n}=\lim_{n\to\infty}\frac{\dfrac{(n+1)^3}{3^{n+1}}}{\dfrac{n^3}{3^n}}=\lim_{n\to\infty}\frac{1}{3}\left(\frac{n+1}{n}\right)^3=\frac{1}{3}<1,$$

所以级数 $\sum\limits_{n=1}^{\infty} \dfrac{n^3}{3^n}$ 收敛.

例 4 讨论级数 $\dfrac{1}{\pi^4}\sin\dfrac{\pi}{4} - \dfrac{1}{\pi^6}\sin\dfrac{\pi}{8} + \dfrac{1}{\pi^8}\sin\dfrac{\pi}{16} - \cdots$ 的敛散性.

解 $a_n = (-1)^n \dfrac{1}{\pi^{2n}}\sin\dfrac{\pi}{2^n}$,

$$\lim_{n\to\infty}\sqrt[n]{|a_n|} = \lim_{n\to\infty}\sqrt[n]{\dfrac{1}{\pi^{2n}}\sin\dfrac{\pi}{2^n}} = \dfrac{1}{\pi^2}\lim_{n\to\infty}\sqrt[n]{\sin\dfrac{\pi}{2^n}} = \dfrac{1}{\pi} < 1.$$

由柯西判别法知 $\sum\limits_{n=1}^{\infty} |a_n|$ 收敛,

所以 $\sum\limits_{n=1}^{\infty}(-1)^n \dfrac{1}{\pi^{2n}}\sin\dfrac{\pi}{2^n}$ 绝对收敛.

例 5 求下列幂级数的收敛半径和收敛区间.

(1) $\sum\limits_{n=1}^{\infty} \dfrac{2^n+(-1)^n}{n}x^n$; (2) $\sum\limits_{n=1}^{\infty} \dfrac{e^n(x+1)^n}{n!}$.

解 $(1) a_n = \dfrac{2^n+(-1)^n}{n}$,

$$\lim_{n\to\infty}\left|\dfrac{a_{n+1}}{a_n}\right| = \lim_{n\to\infty}\left|\dfrac{\dfrac{2^{n+1}+(-1)^{n+1}}{n+1}}{\dfrac{2^n+(-1)^n}{n}}\right|$$

$$= \lim_{n\to\infty}\dfrac{n}{n+1}\cdot\dfrac{2^{n+1}+(-1)^{n+1}}{2^n+(-1)^n} = 2,$$

所以收敛半径 $R = \dfrac{1}{2}$.

当 $x = \dfrac{1}{2}$ 时,级数为

$$\sum_{n=1}^{\infty}\dfrac{2^n+(-1)^n}{n}\cdot\left(\dfrac{1}{2}\right)^n = \sum_{n=1}^{\infty}\left[\dfrac{1}{n}+\dfrac{(-1)^n}{n\cdot 2^n}\right]$$

因为级数 $\sum\limits_{n=1}^{\infty}\dfrac{1}{n}$ 发散,级数 $\sum\limits_{n=1}^{\infty}\dfrac{(-1)^n}{n\cdot 2^n}$ 绝对收敛,

所以级数 $\sum\limits_{n=1}^{\infty}\dfrac{2^n+(-1)^n}{n}\cdot\left(\dfrac{1}{2}\right)^n$ 发散;

当 $x = -\dfrac{1}{2}$ 时,级数为

$$\sum_{n=1}^{\infty}\dfrac{2^n+(-1)^n}{n}\cdot\left(-\dfrac{1}{2}\right) = \sum_{n=1}^{\infty}\left[\dfrac{(-1)^n}{n}+\dfrac{1}{n\cdot 2^n}\right]$$

因为级数 $\sum\limits_{n=1}^{\infty}\dfrac{(-1)^n}{n}$ 和 $\sum\limits_{n=1}^{\infty}\dfrac{1}{n\cdot 3^n}$ 都收敛,

所以级数 $\sum\limits_{n=1}^{\infty} \dfrac{3^n+(-1)^n}{n} \cdot \left(-\dfrac{1}{2}\right)^n$ 收敛,

所以原级数的收敛区间为 $\left[-\dfrac{1}{2}, \dfrac{1}{2}\right)$.

(2) 令 $t = e(x+1)$,

原级数变为 $\sum\limits_{n=1}^{\infty} \dfrac{t^n}{n!}$,

$$\lim_{n\to\infty}\left|\frac{a_{n+1}}{a_n}\right| = \lim_{n\to\infty}\left|\frac{\dfrac{1}{(n+1)!}}{\dfrac{1}{n!}}\right| = \lim_{n\to\infty}\frac{1}{n+1} = 0.$$

所以收敛半径为 $R = +\infty$,

收敛区间为 $(-\infty, +\infty)$.

例 6　求幂级数 $\sum\limits_{n=1}^{\infty} \dfrac{n+2}{2n} x^n$ 的收敛域及和函数.

解　$a_n = \dfrac{n+2}{2n}$,

$$\lim_{n\to\infty}\left|\frac{a_{n+1}}{a_n}\right| = \lim_{n\to\infty}\left|\frac{\dfrac{n+1+2}{2(n+1)}}{\dfrac{n+2}{2n}}\right| = 1,$$

所以所给级数收敛半径为 $R = 1$.

当 $x = 1$ 时, $\sum\limits_{n=1}^{\infty} \dfrac{n+1}{2n} = \sum\limits_{n=1}^{\infty}\left(\dfrac{1}{2} + \dfrac{1}{2n}\right)$ 发散;

当 $x = -1$ 时, $\sum\limits_{n=1}^{\infty} \dfrac{n+1}{2n}(-1)^n$ 发散.

所以所给级数收敛域为 $(-1,1)$.

设和函数为 $s(x)$, 即 $s(x) = \sum\limits_{n=1}^{\infty} \dfrac{n+1}{2n} x^n, x \in (-1,1)$.

当 $x = 0$ 时, $s(0) = 0$;

当 $x \neq 0$ 时, 对 $s(x) = \sum\limits_{n=1}^{\infty} \dfrac{n+1}{2n} x^n$ 两边积分得

$$\int_0^x s(x)\mathrm{d}x = \sum_{n=1}^{\infty} \frac{1}{2n} \cdot x^{n+1}$$

$$\frac{1}{x}\int_0^x s(x)\mathrm{d}x = \sum_{n=1}^{\infty} \frac{1}{2n} x^n.$$

因此 $\left(\dfrac{1}{x}\displaystyle\int_0^x s(x)\mathrm{d}x\right)' = \left(\displaystyle\sum_{n=1}^{\infty} \dfrac{1}{2n} x^n\right)' = \dfrac{1}{2}\displaystyle\sum_{n=1}^{\infty} x^{n-1} = \dfrac{1}{2(1-x)}$

$$\frac{1}{x}\int_0^x s(x)\,\mathrm{d}x = \int \frac{1}{2(1-x)}\mathrm{d}x = c - \frac{\ln(1-x)}{2}$$

$$s(x) = \left[x\left(c - \frac{\ln(1-x)}{2}\right) \right]' = c + \frac{x}{2(1-x)} - \frac{\ln(1-x)}{2}$$

由于 $s(x)$ 在 $(-1,1)$ 上连续，所以 $\lim\limits_{x\to\infty} s(x) = s(0)$.

又 $s(0) = 0$,所以 $c = 0$.

代入上式得 $s(x) = \dfrac{x}{2(1-x)} - \dfrac{\ln(1-x)}{2}$,

所以 $s(x) = \dfrac{x}{2(1-x)} - \dfrac{\ln(1-x)}{2}, x \in (-1,1)$.

例 7　把函数 $f(x) = \dfrac{1}{(x+2)(x-3)}$ 在 $x = 1$ 处展开泰勒级数.

解　$f(x) = \dfrac{1}{(x+2)(x-3)} = \left[\dfrac{1}{x-3} - \dfrac{1}{x+2} \right] \cdot \dfrac{1}{5}$

$$= \frac{1}{5}\left[\frac{1}{(x-1)-2} - \frac{1}{(x-1)+3} \right]$$

$$= \frac{1}{5}\left[-\frac{1}{2}\left(\frac{1}{1 - \frac{x-1}{2}} \right) - \frac{1}{3}\left(\frac{1}{1 + \frac{x-1}{3}} \right) \right]$$

根据 $\dfrac{1}{1-x} = \sum\limits_{n=0}^{+\infty} x^n$, $|x| < 1$,

$$\frac{1}{1+x} = \sum_{n=0}^{+\infty}(-1)^n x^n, \ |x| < 1,$$

可得

$$f(x) = -\frac{1}{5}\left[\frac{1}{2}\sum_{n=0}^{+\infty}\left(\frac{x-1}{2} \right)^n + \frac{1}{3}\sum_{n=0}^{+\infty}(-1)^n\left(\frac{x-1}{3} \right)^n \right]$$

$$= -\frac{1}{5}\sum_{n=0}^{+\infty}\left[\frac{(x-1)^n}{2^{n+1}} + \frac{(-1)^n(x-1)^n}{3^{n+1}} \right], \ |x-1| < 1.$$

例 8　求函数 $f(x) = x^3 + 4x^2 + 5x + 3$ 在 $x = -1$ 处的幂级数.

解　$f'(x) = 3x^2 + 8x + 5$　　　　　$f'(-1) = 0$

　　　　$f''(x) = 6x + 8$　　　　　　　　$f''(-1) = 2$

　　　　$f'''(x) = 6$　　　　　　　　　　$f'''(-1) = 6$

所以 $f(x) = x^3 + 4x^2 + 5x + 3$ 在 $x = -1$ 处幂级数为

$$x^3 + 4x^2 + 5x + 3 = f(-1) + f'(-1)(x+1) + \frac{f''(-1)}{2!}(x+1)^2 + \frac{f'''(-1)}{3!}(x+1)^3$$

$$= 1 + (x+1)^2 + (x+1)^3.$$

例9　求函数 $f(x) = \begin{cases} 2x & -\pi \leqslant x < 0 \\ 1 & x = 0 \\ -3x & 0 \leqslant x \leqslant \pi \end{cases}$　展开为傅里叶级数.

解　$a_0 = \dfrac{1}{\pi}\displaystyle\int_{-\pi}^{\pi} f(x)\mathrm{d}x = \dfrac{1}{\pi}\left[\int_{-\pi}^{0} 2x \cdot \mathrm{d}x + \int_{0}^{\pi}(-3x)\mathrm{d}x\right]$

$\qquad = \dfrac{1}{\pi} \cdot x^2 \Big|_{-\pi}^{0} - \dfrac{1}{\pi} \cdot \dfrac{3}{2} x^2 \Big|_{0}^{\pi}$

$\qquad = -\pi - \dfrac{3}{2}\pi = -\dfrac{5}{2}\pi$

$a_n = \dfrac{1}{\pi}\displaystyle\int_{-\pi}^{\pi} f(x)\cos nx\,\mathrm{d}x$

$\quad = \dfrac{1}{\pi}\left[\displaystyle\int_{-\pi}^{0} 2x \cdot \cos nx\,\mathrm{d}x + \int_{0}^{\pi}(-3x)\cos nx\,\mathrm{d}x\right]$

$\quad = \dfrac{1}{\pi}\left[2x \cdot \dfrac{\sin nx}{n}\Big|_{-\pi}^{0} - \dfrac{2}{n}\displaystyle\int_{-\pi}^{0}\sin nx\,\mathrm{d}x\right] + \dfrac{1}{\pi}\left[-3x \cdot \dfrac{\sin nx}{n}\Big|_{0}^{\pi} + \dfrac{3}{n}\displaystyle\int_{0}^{\pi}\sin nx\,\mathrm{d}x\right]$

$\quad = \dfrac{1}{\pi}\left[\dfrac{2}{n^2}\cos nx\Big|_{-\pi}^{0} - \dfrac{3}{n^2}\cos nx\Big|_{0}^{\pi}\right]$

$\quad = \dfrac{1}{\pi}\left[\dfrac{5}{n^2} - \dfrac{5}{n^2}\cos n\pi\right] = \dfrac{5}{n^2\pi}\left[1-(-1)^n\right]$

$b_n = \dfrac{1}{\pi}\displaystyle\int_{-\pi}^{\pi} f(x)\sin nx\,\mathrm{d}x$

$\quad = \dfrac{1}{\pi}\left[\displaystyle\int_{-\pi}^{0} 2x \cdot \sin nx\,\mathrm{d}x + \int_{0}^{\pi}(-3x)\sin nx\,\mathrm{d}x\right]$

$\quad = \dfrac{1+(-1)^n}{n\pi}$

所以 $f(x) = -\dfrac{5}{4}\pi + \displaystyle\sum_{n=1}^{+\infty}\dfrac{1}{n^2\pi}\left[1-(-1)^n\right] \cdot \cos nx + \sum_{n=1}^{+\infty}\dfrac{1+(-1)^n}{n\pi}\sin nx, x \in (-\pi,\pi)\,x \neq 0$.

当 n 为奇数时，$f(x) = -\dfrac{5}{4}\pi + \displaystyle\sum_{n=1}^{+\infty}\dfrac{2}{n^2\pi}\cos nx$；

当 n 为偶数时，$f(x) = -\dfrac{5}{4}\pi + \displaystyle\sum_{n=1}^{+\infty}\dfrac{2}{n\pi}\sin nx$.

例10　将函数 $f(x) = -x(0 \leqslant x \leqslant \pi)$ 展开成正弦级数和余弦级数.

解　(1) 将函数 $f(x)$ 进行奇式周期延拓，则

$a_n = 0$

$b_n = \dfrac{2}{\pi}\displaystyle\int_{0}^{\pi} f(x)\sin nx\,\mathrm{d}x$

$$= \frac{2}{\pi} \int_0^{\pi} (-x\sin nx)\mathrm{d}x$$

$$= \frac{-2}{\pi}\left[-\frac{x\cos nx}{n} + \frac{\sin nx}{n^2} \right]\bigg|_0^{\pi}$$

$$= \frac{1+(-1)^n}{n} \cdot 2 \quad = \begin{cases} 0 & \text{当 } n \text{ 为奇数} \\ \dfrac{4}{n} & \text{当 } n \text{ 为偶数} \end{cases}$$

所以 $f(x) \sim \displaystyle\sum_{n=1}^{\infty}\left(\frac{2}{n}\sin 2nx \right)$,其中 $x \in [0,\pi]$

因这 $f(x)$ 在 $0 \leqslant x \leqslant \pi$ 上连续,所以 $f(x) = \displaystyle\sum_{k=1}^{\infty}\left(\frac{2}{k}\sin 2kx \right)$.

(2)将函数 $f(x)$ 进行偶式周期延拓,其傅里叶系数为

$$a_0 = \frac{2}{\pi}\int_0^{\pi} f(x)\mathrm{d}x = \frac{2}{\pi}\int_0^{\pi}(-x)\mathrm{d}x = -\pi$$

$$a_n = \frac{2}{\pi}\int_0^{\pi}(-x)\cos nx\,\mathrm{d}x$$

$$= \frac{2}{\pi}\left[-\left(\frac{x\sin nx}{n} + \frac{\cos nx}{n^2} \right) \right]\bigg|_0^{\pi}$$

$$= \frac{1-(-1)^n}{n^2} \cdot \frac{2}{\pi}$$

$$= \begin{cases} 0, & \text{当 } n \text{ 为偶数} \\ \dfrac{4}{n^2\pi} & \text{当 } n \text{ 为奇数} \end{cases}$$

$b_n = 0, (n = 1,2,3,\cdots\cdots)$

所以 $f(x) \sim \displaystyle\sum_{k=1}^{\infty}\left[\frac{4}{\pi(2k-1)^2}\cos(2k-1)x \right]$,其中 $x \in [0,\pi]$

因为 $f(x) = -x$ 在 $0 \leqslant x \leqslant \pi$ 上连续,所以

$$f(x) = \sum_{k=1}^{\infty}\left[\frac{4}{\pi(2k-1)^2}\cos(2k-1)x \right],\text{其中 } x \in [0,\pi].$$

习题全解

习题 $11-1$

1. 写出下列各级数的前五项:

(1) $\sum\limits_{n=1}^{\infty} \dfrac{1+n}{1+n^2}$;　　　　(2) $\sum\limits_{n=1}^{\infty} \dfrac{1 \cdot 3 \cdots \cdots (2n-1)}{2 \cdot 4 \cdots \cdots 2n}$;

(3) $\sum\limits_{n=1}^{\infty} \dfrac{(-1)^{n-1}}{5^n}$;　　　(4) $\sum\limits_{n=1}^{\infty} \dfrac{n!}{n^n}$.

解　(1) $\sum\limits_{n=1}^{\infty} \dfrac{1+n}{1+n^2} = \dfrac{1+1}{1+1^2} + \dfrac{1+2}{1+2^2} + \dfrac{1+3}{1+3^2} + \dfrac{1+4}{1+4^2} + \dfrac{1+5}{1+5^2} + \cdots\cdots$

$$= \dfrac{1}{2} + \dfrac{3}{5} + \dfrac{2}{5} + \dfrac{5}{17} + \dfrac{3}{13} + \cdots\cdots.$$

(2) $\sum\limits_{n=1}^{\infty} \dfrac{1 \cdot 3 \cdots \cdots (2m-1)}{2 \cdot 4 \cdots \cdots 2n} = \dfrac{1}{2} + \dfrac{1 \cdot 3}{2 \cdot 4} + \dfrac{1 \cdot 3 \cdot 5}{2 \cdot 4 \cdot 6} + \dfrac{1 \cdot 3 \cdot 5 \cdot 7}{2 \cdot 4 \cdot 6 \cdot 8}$

$$+ \dfrac{1 \cdot 3 \cdot 5 \cdot 7 \cdot 9}{2 \cdot 4 \cdot 6 \cdot 8 \cdot 10} + \cdots\cdots$$

$$= \dfrac{1}{2} + \dfrac{3}{8} + \dfrac{5}{16} + \dfrac{105}{384} + \dfrac{945}{3840} + \cdots\cdots.$$

(3) $\sum\limits_{n=1}^{\infty} \dfrac{(-1)^{n-1}}{5^n} = \dfrac{(-1)^{1-1}}{5^1} + \dfrac{(-1)^{2-1}}{5^2} + \dfrac{(-1)^{3-1}}{5^3} + \dfrac{(-1)^{4-1}}{5^4} + \dfrac{(-1)^{5-1}}{5^5} \cdots\cdots$

$$= \dfrac{1}{5} - \dfrac{1}{5^2} + \dfrac{1}{5^3} - \dfrac{1}{5^4} + \dfrac{1}{5^5} + \cdots\cdots.$$

(4) $\sum\limits_{n=1}^{\infty} \dfrac{n!}{n^n} = \dfrac{1!}{1^1} + \dfrac{2!}{2^2} + \dfrac{3!}{3^3} + \dfrac{4!}{4^4} + \dfrac{5!}{5^5} \cdots\cdots$

$$= 1 + \dfrac{2!}{2^2} + \dfrac{3!}{3^3} + \dfrac{4!}{4^4} + \dfrac{5!}{5^5} + \cdots\cdots.$$

2. 写出下列级数的一般项：

(1) $1 + \dfrac{1}{3} + \dfrac{1}{5} + \dfrac{1}{7} + \cdots$;

(2) $\dfrac{2}{1} - \dfrac{3}{2} + \dfrac{4}{3} - \dfrac{5}{4} + \dfrac{6}{5} - \cdots$;

(3) $\dfrac{\sqrt{x}}{2} + \dfrac{x}{2 \cdot 4} + \dfrac{x\sqrt{x}}{2 \cdot 4 \cdot 6} + \dfrac{x^2}{2 \cdot 4 \cdot 6 \cdot 8} + \cdots$;

(4) $\dfrac{a^2}{3} - \dfrac{a^3}{5} + \dfrac{a^4}{7} - \dfrac{a^5}{9} + \cdots$.

解　(1) $u_n = \dfrac{1}{2n-1}$.

(2) $u_n = (-1)^{n+1} \dfrac{n+1}{n}$.

(3) $u_n = \dfrac{x^{\frac{n}{2}}}{(1 \cdot 2)(2 \cdot 2)(2 \cdot 3) \cdots (2n)} = \dfrac{x^{\frac{n}{2}}}{(2n)!!}$.

(4) $u_n = (-1)^{n+1} \dfrac{a^{n+1}}{2n+1}$.

3. 根据级数收敛与发散的定义判定下列级数的收敛性：

(1) $\sum\limits_{n=1}^{\infty}(\sqrt{n+1}-\sqrt{n})$；

(2) $\dfrac{1}{1\cdot3}+\dfrac{1}{3\cdot5}+\dfrac{1}{5\cdot7}+\cdots+\dfrac{1}{(2n-1)(2n+1)}+\cdots$；

(3) $\sin\dfrac{\pi}{6}+\sin\dfrac{2\pi}{6}+\cdots+\sin\dfrac{n\pi}{6}+\cdots$.

解 (1) $S_n=(\sqrt{2}-\sqrt{1})+(\sqrt{3}-\sqrt{2})+\cdots+(\sqrt{n+1}-\sqrt{n})$

$\qquad\quad=\sqrt{n+1}-1$

故 $\lim\limits_{n\to\infty}S_n=+\infty$，$\therefore$ 级数发散.

(2) $S_n=\dfrac{1}{2}\left(1-\dfrac{1}{3}\right)+\dfrac{1}{2}\left(\dfrac{1}{3}-\dfrac{1}{5}\right)+\cdots+\dfrac{1}{2}\left(\dfrac{1}{2n-1}-\dfrac{1}{2n+1}\right)$

$\qquad\quad=\dfrac{1}{2}\left(1-\dfrac{1}{2n+1}\right)$

故 $\lim\limits_{n\to\infty}S_n=\lim\limits_{n\to\infty}\dfrac{1}{2}\left(1-\dfrac{1}{2n+1}\right)=\dfrac{1}{2}$

$\therefore$ 该级数收敛，它的和是 $\dfrac{1}{2}$.

(3) $S_n=\sin\dfrac{\pi}{6}+\sin\dfrac{2\pi}{6}+\cdots+\sin\dfrac{n\pi}{6}$

而 $\sin\dfrac{k\pi}{6}=\dfrac{1}{2\sin\dfrac{\pi}{12}}\left[\cos(2k-1)\dfrac{\pi}{12}-\cos(2k+1)\dfrac{\pi}{12}\right]$，$(k=1,2,\cdots n)$

$\therefore S_n=\dfrac{1}{2\sin\dfrac{\pi}{12}}\left[\left(\cos\dfrac{\pi}{12}-\cos\dfrac{3\pi}{12}\right)+\left(\cos\dfrac{3\pi}{12}-\cos\dfrac{5\pi}{12}\right)+\cdots\right.$

$\qquad\quad\left.+\left(\cos(2n-1)\dfrac{\pi}{12}-\cos(2n+1)\dfrac{\pi}{12}\right)\right]$

$\qquad=\dfrac{1}{2\sin\dfrac{\pi}{12}}\left[\cos\dfrac{\pi}{12}-\cos\dfrac{3\pi}{12}+\cos\dfrac{3\pi}{12}-\cos\dfrac{5\pi}{12}+\cdots+\cos(2n-1)\dfrac{\pi}{12}-\cos(2n+\right.$

$\qquad\quad\left.1)\dfrac{\pi}{12}\right]$

$\qquad=\dfrac{1}{2\sin\dfrac{\pi}{12}}\left[\cos\dfrac{\pi}{12}-\cos(2n+1)\dfrac{\pi}{12}\right]$

当 $n\to\infty$ 时，$\cos(2n+1)\dfrac{\pi}{12}$ 是振荡的，其极限不存在.

$\therefore \lim\limits_{n \to \infty} S_n$ 不存在,故该级数发散.

4. 判定下列级数的收敛性:

(1) $-\dfrac{8}{9} + \dfrac{8^2}{9^2} - \dfrac{8^3}{9^3} + \cdots + (-1)^n \dfrac{8^n}{9^n} + \cdots$;

(2) $\dfrac{1}{3} + \dfrac{1}{6} + \dfrac{1}{9} + \cdots + \dfrac{1}{3n} + \cdots$;

(3) $\dfrac{1}{3} + \dfrac{1}{\sqrt{3}} + \dfrac{1}{\sqrt[3]{3}} + \cdots + \dfrac{1}{\sqrt[n]{3}} + \cdots$;

(4) $\dfrac{3}{2} + \dfrac{3^2}{2^2} + \dfrac{3^3}{2^3} + \cdots + \dfrac{3^n}{2^n} + \cdots$;

(5) $\left(\dfrac{1}{2} + \dfrac{1}{3}\right) + \left(\dfrac{1}{2^2} + \dfrac{1}{3^2}\right) + \left(\dfrac{1}{2^3} + \dfrac{1}{3^3}\right) + \left(\dfrac{1}{2^n} + \dfrac{1}{3^n}\right) + \cdots$.

解 (1) 此级数为等比数,其公比 $q = -\dfrac{8}{9}$,且 $|q| < 1$,

$\therefore$ 此级数收敛于 $\dfrac{-\dfrac{8}{9}}{1 - q} = \dfrac{-\dfrac{8}{9}}{1 - \left(-\dfrac{8}{9}\right)} = -\dfrac{8}{17}$.

(2) 此级数的一般项可写为

$u_n = \dfrac{1}{3n}$,调和级数 $\sum\limits_{n=1}^{\infty} \dfrac{1}{n}$ 发散,可知该级数发散.

(3) 此级数的一般项为

$u_n = \dfrac{1}{\sqrt[n]{3}}$,而 $\lim\limits_{n \to \infty} u_n = \lim\limits_{n \to \infty} \dfrac{1}{\sqrt[n]{3}} = 1 \neq 0$,不满足性质 5,

故该级数发散.

(4) 此级数为等比级数,其公比 $q = \dfrac{3}{2} > 1$,

$\therefore$ 此级数发散.

(5) 此级数的一般项为

$u_n = \dfrac{1}{2^n} + \dfrac{1}{3^n}$. 令 $u_n' = \dfrac{1}{2^n}$, $u_n'' = \dfrac{1}{3^n}$

$\therefore u_n = u_n' + u_n''$.

而 u_n' 为公比 $q_1 = \dfrac{1}{2}$, u_n'' 为公比 $q_2 = \dfrac{1}{3}$ 的几何级数,

且 $|q_1| < 1$, $|q_2| < 1$,所以这两个几何级数收敛,故该级数也收敛.

$\therefore S = S_1 + S_2 = \dfrac{\dfrac{1}{2}}{1 - \dfrac{1}{2}} + \dfrac{\dfrac{1}{3}}{1 - \dfrac{1}{3}} = \dfrac{3}{2}$

即该级数收敛于 $\frac{3}{2}$.

5. 利用柯西审敛原理判定下列级数的收敛性:

(1) $\sum_{n=1}^{\infty} \frac{(-1)^{n+1}}{n}$;

(2) $1 + \frac{1}{2} - \frac{1}{3} + \frac{1}{4} + \frac{1}{5} - \frac{1}{6} + \cdots$;

(3) $\sum_{n=1}^{\infty} \frac{\sin nx}{2^n}$;

(4) $\sum_{n=1}^{\infty} \left(\frac{1}{3n+1} + \frac{1}{3n+2} - \frac{1}{3n+3} \right)$.

解 (1) 因为对任何自然数 p.

$$|u_{n+1} + u_{n+2} + \cdots + u_{n+p}| = \left| \frac{(-1)^{(n+1)+1}}{n+1} + \frac{(-1)^{(n+2)+1}}{n+2} + \cdots + \frac{(-1)^{(n+p)+1}}{n+p} \right|$$

$$= \left| \frac{1}{n+1} - \frac{1}{n+2} + \cdots + \frac{(-1)^{p-1}}{n+p} \right|$$

① 当 $p = 2k$ 时,$(k = 1, 2, \cdots)$

$$\left| \frac{1}{n+1} - \frac{1}{n+2} + \cdots + \frac{(-1)^{p-1}}{n+p} \right| \leqslant \frac{1}{n+1} - \left(\frac{1}{n+2} - \frac{1}{n+3} \right) - \left(\frac{1}{n+4} - \frac{1}{n+5} \right)$$

$$- \cdots - \frac{1}{n+p};$$

② 当 $p = 2k+1$ 时,$(k = 1, 2, \cdots)$

$$\left| \frac{1}{n+1} - \frac{1}{n+2} + \cdots + \frac{(-1)^{p-1}}{n+p} \right| \leqslant \frac{1}{n+1} - \left(\frac{1}{n+2} - \frac{1}{n+3} \right) - \cdots -$$

$$\left(\frac{1}{n+p-1} - \frac{1}{n+p} \right)$$

而 $\frac{1}{n+1} - \left(\frac{1}{n+2} - \frac{1}{n+3} \right) - \left(\frac{1}{n+4} - \frac{1}{n+5} \right) - \cdots - \frac{1}{n+p} < \frac{1}{n+1}$($p = 2k$ 时,$k = 1, 2, \cdots$)

$$\frac{1}{n+1} - \left(\frac{1}{n+2} - \frac{1}{n+3} \right) - \cdots - \left(\frac{1}{n+p-1} - \frac{1}{n+p} \right) < \frac{1}{n+1}$$($p = 2k+1$ 时,$k = 1, 2, \cdots$)

$$\left| \frac{1}{n+1} - \frac{1}{n+2} + \cdots + (-1)^{p-1} \frac{1}{n+p} \right| < \frac{1}{n+1} < \frac{1}{n}$$

所以对于任意给定的正数 ε,取自然数 $N = \frac{1}{\varepsilon}$,则当 $n > N$ 时,对任意自然数 p,都有

$$|u_{n+1} + u_{n+2} + \cdots + u_{n+p}| < \varepsilon$$

成立,由柯西审敛原理,该级数收敛.

(2) 因为对任何自然数 p,特别当 $p = 3n$ 时,

$$|u_{n+1} + u_{n+2} + \cdots + u_{n+p}| = \left| \left(\frac{1}{n+1} + \frac{1}{n+2} - \frac{1}{n+3} \right) + \left(\frac{1}{n+4} + \frac{1}{n+5} - \frac{1}{n+6} \right) \right.$$

$$+ \cdots + \left. \left(\frac{1}{4n-2} + \frac{1}{4n-1} - \frac{1}{4n} \right) \right|$$

又 $\frac{1}{n+2} - \frac{1}{n+3} > 0, \frac{1}{n+5} - \frac{1}{n+6} > 0, \cdots, \frac{1}{4n-1} - \frac{1}{4n} > 0.$

$\therefore$ 上式 $> \left| \frac{1}{n+1} + \frac{1}{n+4} + \cdots + \frac{1}{4n-2} \right|$ ($\because p = 3n$ 时,此式刚好有 n 项)

$$> \frac{1}{4n} + \frac{1}{4n} + \cdots + \frac{1}{4n} = \frac{1}{4}$$

$\therefore$ 取 $\varepsilon' = \frac{1}{4}$,对于任意 $n \in N$,存在 $p = 3n$,都有

$$|u_{n+1} + u_{n+2} + \cdots + u_{n+p}| > \varepsilon'$$

成立,不满足柯西审敛原理,该级数发散.

(3) 因为对任何自然数 p

$$|u_{n+1} + u_{n+2} + \cdots + u_{n+p}|$$

$$= \left| \frac{\sin(n+1)x}{2^{n+1}} + \frac{\sin(n+2)x}{2^{n+2}} + \cdots + \frac{\sin(n+p)x}{2^{n+p}} \right|$$

$\because |\sin(n+1)x| \leqslant 1 \quad |\sin(n+2)x| \leqslant 1 \cdots |\sin(n+p)x| \leqslant 1$

$\therefore$ 上式 $\leqslant \frac{1}{2^{n+1}} + \frac{1}{2^{n+2}} + \cdots + \frac{1}{2^{n+p}}$

$$= \frac{1}{2^n} \cdot \frac{1}{2} + \frac{1}{2^n} \cdot \frac{1}{2^2} + \cdots + \frac{1}{2^n} \cdot \frac{1}{2^p}$$

$$= \frac{1}{2^n} \left(\frac{1}{2} + \frac{1}{2^2} + \cdots + \frac{1}{2^p} \right)$$

$$= \frac{1}{2^n} \frac{\frac{1}{2} \left(1 - \frac{1}{2^p} \right)}{1 - \frac{1}{2}}$$

$$= \frac{1}{2^n} \left(1 - \frac{1}{2^p} \right) < \frac{1}{2^n}$$

所以对于任意给定的正数 ε,取自然数 $N \geqslant \dfrac{\ln \frac{1}{\varepsilon}}{\ln 2}$,则当 $n > N$ 时,对任何自然数 p,

都有

$$| u_{n+1} + u_{n+2} + \cdots + u_{n+p} | < \varepsilon$$

成立,按柯西审敛原理,该级数收敛.

(4) 对任何自然数 p,特别当 $p = 3n$ 时,

$$| u_{n+1} + u_{n+2} + \cdots + u_{n+p} |$$

$$= \left| \left(\frac{1}{3n+4} + \frac{1}{3n+5} - \frac{1}{3n+6} \right) + \left(\frac{1}{3n+7} + \frac{1}{3n+8} - \frac{1}{3n+9} \right) + \cdots \right.$$

$$\left. + \left(\frac{1}{3n+3p+1} + \frac{1}{3n+3p+2} - \frac{1}{3n+3p+3} \right) \right|$$

又因为 $\dfrac{1}{3n+5} - \dfrac{1}{3n+6} > 0, \dfrac{1}{3n+8} - \dfrac{1}{3n+9} > 0, \cdots, \dfrac{1}{3n+3p+2} - \dfrac{1}{3n+3p+3} > 0$

$\therefore$ 上式 $> \dfrac{1}{3n+4} + \dfrac{1}{3n+7} + \cdots + \dfrac{1}{3n+3p+1}$ ($\because$ 当 $p = 3n$ 时,此式正好有 n 项)

$$> \frac{n}{3n+3 \cdot (3n)+1} = \frac{n}{12n+1} > \frac{n}{12n+n} = \frac{1}{13}$$

$\therefore$ 取 $\varepsilon' = \dfrac{1}{13}$,对于任意的 $n \in N$,存在 $p = 3n$,使得

$$| u_{n+1} + u_{n+2} + \cdots + u_{n+p} | > \varepsilon'$$

成立,不满足柯西审敛原理,故该级数发散.

习题 $11-2$

1. 用比较审敛法或极限形式的比较审敛法判定下列级数的收敛性:

(1) $1 + \dfrac{1}{3} + \dfrac{1}{5} + \cdots + \dfrac{1}{(2n-1)} + \cdots$;

(2) $1 + \dfrac{1+2}{1+2^2} + \dfrac{1+3}{1+3^2} + \cdots + \dfrac{1+n}{1+n^2} + \cdots$;

(3) $\dfrac{1}{2 \cdot 5} + \dfrac{1}{3 \cdot 6} + \cdots + \dfrac{1}{(n+1)(n+4)} + \cdots$;

(4) $\sin \dfrac{\pi}{2} + \sin \dfrac{\pi}{2^2} + \sin \dfrac{\pi}{2^3} + \cdots + \sin \dfrac{\pi}{2^n} + \cdots$;

(5) $\displaystyle\sum_{n=1}^{\infty} \dfrac{1}{1+a^n}$ $(a > 0)$.

解 (1) 因为 $\displaystyle\lim_{n \to \infty} \dfrac{\dfrac{1}{2n-1}}{\dfrac{1}{n}} = \dfrac{1}{2}$,

而级数 $\displaystyle\sum_{n=1}^{\infty} \dfrac{1}{n}$ 发散,所以该级数发散.

(2) 因为 $\dfrac{1+n}{1+n^2} > \dfrac{1+n}{n+n^2} = \dfrac{1+n}{n(1+n)} = \dfrac{1}{n}$,

而级数 $\displaystyle\sum_{n=1}^{\infty}$ 发散,由比较法可知该级数发散.

(3) 因为 $\displaystyle\lim_{n\to\infty} \dfrac{\dfrac{1}{(n+1)(n+4)}}{\dfrac{1}{n^2}} = \lim_{n\to\infty} \dfrac{n^2}{n^2+5n+4} = \lim_{n\to\infty} \dfrac{1}{1+\dfrac{5}{n}+\dfrac{4}{n^2}} = 1$,

而级数 $\displaystyle\sum_{n=1}^{\infty} \dfrac{1}{n^2}$ 收敛,所以该级数收敛.

(4) 因为 $\displaystyle\lim_{n\to\infty} \dfrac{\sin\dfrac{\pi}{2^n}}{\dfrac{1}{2^n}} = \lim_{n\to\infty} \dfrac{\dfrac{\pi}{2^n}}{\dfrac{1}{2^n}} = \pi$,

而级数 $\displaystyle\sum_{n=1}^{\infty} \dfrac{1}{2^n}$ 收敛,所以该级数收敛.

(5)① 当 $a>1$ 时,$\dfrac{1}{a}<1$,

因为 $\dfrac{1}{1+a^n} < \dfrac{1}{a^n}$,

而 $\displaystyle\sum_{n=1}^{\infty} \dfrac{1}{a^n}$ 收敛,所以该级数收敛.

② 当 $a\leqslant 1$ 时,

因为 $\dfrac{1}{1+a^n} \geqslant \dfrac{1}{1+1} = \dfrac{1}{2}$,

$\therefore \displaystyle\lim_{n\to\infty} \dfrac{1}{1+a^n} \neq 0$　故该级数发散.

2. 用比值审敛法判定下列级数的收敛性:

(1) $\dfrac{3}{1\cdot 2} + \dfrac{3^2}{2\cdot 2^2} + \dfrac{3^3}{3\cdot 2^3} + + \cdots + \dfrac{3^n}{n\cdot 2^n} + \cdots$;

(2) $\displaystyle\sum_{n=1}^{\infty} \dfrac{n^2}{3^n}$;

(3) $\displaystyle\sum_{n=1}^{\infty} \dfrac{2^n \cdot n!}{n^n}$;

(4) $\displaystyle\sum_{n=1}^{\infty} n\tan\dfrac{\pi}{2^{n+1}}$.

解　(1) $\displaystyle\lim_{n\to\infty} \dfrac{u_{n+1}}{u_n} = \lim_{n\to\infty} \dfrac{3^{n+1}}{(n+1)2^{n+1}} \bigg/ \dfrac{3^n}{n2^n} = \lim_{n\to\infty} \dfrac{3}{2}\cdot\dfrac{n}{n+1}$

$$= \frac{3}{2} \lim_{n \to \infty} \frac{n}{n+1} = \frac{3}{2} > 1$$

根据比值审敛法可知该级数发散.

(2) $\dfrac{u_{n+1}}{u_n} = \dfrac{(n+1)^2}{3^{n+1}} \cdot \dfrac{3^n}{n^2} = \dfrac{1}{3} \cdot \left(\dfrac{n+1}{n}\right)^2$,

$$\lim_{n \to \infty} \frac{u_{n+1}}{u_n} = \lim_{n \to \infty} \frac{1}{3} \cdot \left(\frac{n+1}{n}\right)^2 = \frac{1}{3} < 1$$

根据比值审敛法可知该级数收敛.

(3) $\displaystyle\lim_{n \to \infty} \frac{u_{n+1}}{u_n} = \lim_{n \to \infty} \frac{2^{n+1} \cdot (n+1)!}{(n+1)^{n+1}} \cdot \frac{n^n}{2^n \cdot n!}$

$$= 2 \lim_{n \to \infty} \frac{1}{\left(1 + \dfrac{1}{n}\right)^n}$$

$$= \frac{2}{e} < 1,$$

根据比值审敛法可知该级数收敛.

(4) $\dfrac{U_{n+1}}{U_n} = \dfrac{n+1}{n} \cdot \dfrac{\tan \dfrac{\pi}{2^{n+2}}}{\tan \dfrac{\pi}{2^{n+1}}}$

$$\lim_{n \to \infty} \frac{u_{n+1}}{u_n} = \frac{1}{2} < 1$$

根据比值审敛法可知该级数收敛.

3. 用根值审敛法判定下列级数的收敛性:

(1) $\displaystyle\sum_{n=1}^{\infty} \left(\frac{n}{2n+1}\right)^n$;

(2) $\displaystyle\sum_{n=1}^{\infty} \frac{1}{[\ln(n+1)]^n}$;

(3) $\displaystyle\sum_{n=1}^{\infty} \left(\frac{n}{3n-1}\right)^{2n-1}$;

(4) $\displaystyle\sum_{n=1}^{\infty} \left(\frac{b}{a_n}\right)^n$,其中 $a_n \to a(n \to \infty)$,a_n, b, a 均为正数.

解 (1) 因为 $\displaystyle\lim_{n \to \infty} \sqrt[n]{u_n} = \lim_{n \to \infty} \sqrt[n]{\left(\frac{n}{2n+1}\right)^n} = \lim_{n \to \infty} \frac{n}{2n+1} = \frac{1}{2} < 1$,

所以,根据根值审敛法知该级数收敛.

(2) 因为 $\displaystyle\lim_{n \to \infty} \sqrt[n]{u_n} = \lim_{n \to \infty} \sqrt[n]{\frac{1}{[\ln(n+1)]^n}} = \lim_{n \to \infty} \frac{1}{\ln(n+1)} = 0 < 1$,

所以,根据根值审敛法知该级数收敛.

(3) 因为 $\lim\limits_{n\to\infty}\sqrt[n]{u_n}=\lim\limits_{n\to\infty}\sqrt[n]{\left(\dfrac{n}{3n-1}\right)^{2n-1}}$

$$=\lim_{n\to\infty}\left(\frac{n}{3n-1}\right)^{\frac{2n-1}{n}}=\lim_{n\to\infty}\left(\frac{n}{3n-1}\right)^{2-\frac{1}{n}}$$

$$=\lim_{n\to\infty}\left(\frac{n}{3n-1}\right)^{\lim\limits_{n\to\infty}\left(2-\frac{1}{n}\right)}$$

$$=e^{2\ln\frac{1}{3}}=\frac{1}{9}<1$$

所以,根据根值审敛法知该级数收敛.

(4) 因为 $\lim\limits_{n\to\infty}\sqrt[n]{u_n}=\lim\limits_{n\to\infty}\sqrt[n]{\left(\dfrac{b}{a_n}\right)^n}=\lim\limits_{n\to\infty}\dfrac{b}{a_n}=\dfrac{b}{a}(\because \text{当}\ n\to\infty,a_n\to a)$

① 当 $b>a$,即 $b/a>1$ 时,根据根值审敛法知该级数发散;

② 当 $b<\dfrac{b}{a}$,即 $\dfrac{b}{a}<1$ 时,根据根值审敛法知该级数收敛;

③ 当 $b=a$,即 $\dfrac{b}{a}=1$ 时,不能用根值审敛法审敛.

4. 判定下列级数的收敛性:

(1) $\dfrac{3}{4}+2\left(\dfrac{3}{4}\right)^2+3\left(\dfrac{3}{4}\right)^3+\cdots+n\left(\dfrac{3}{4}\right)^n+\cdots$;

(2) $\dfrac{1^4}{1!}+\dfrac{2^4}{2!}+\dfrac{3^4}{3!}+\cdots+\dfrac{n^4}{n!}+\cdots$;

(3) $\sum\limits_{n=1}^{\infty}\dfrac{n+1}{n(n+2)}$;

(4) $\sum\limits_{n=1}^{\infty}2^n\sin\dfrac{\pi}{3^n}$;

(5) $\sqrt{2}+\sqrt{\dfrac{3}{2}}+\cdots+\sqrt{\dfrac{n+1}{n}}+\cdots$;

(6) $\dfrac{1}{a+b}+\dfrac{1}{2a+b}+\cdots+\dfrac{1}{na+b}+\cdots(a>0,b>0)$.

解 (1) 因为 $\lim\limits_{n\to\infty}\dfrac{u_{n+1}}{u_n}=\lim\limits_{n\to\infty}\dfrac{(n+1)\left(\dfrac{3}{4}\right)^{n+1}}{n\left(\dfrac{3}{4}\right)^n}=\dfrac{3}{4}<1$,

根据比值审敛法可知该级数收敛.

(2) 因为 $\lim\limits_{n\to\infty}\dfrac{u_{n+1}}{u_n}=\lim\limits_{n\to\infty}\dfrac{(n+1)^4}{(n+1)!}\cdot\dfrac{n!}{n^4}=\lim\limits_{n\to\infty}\dfrac{(n+1)^3}{n^4}=0<1$,

根据比值审敛法可知该级数发散.

(3) 因为 $\lim\limits_{n\to\infty}\dfrac{n+1}{n(n+2)}\Big/\dfrac{1}{n}=\lim\limits_{n\to\infty}\dfrac{n+1}{n+2}=1$,

而级数 $\sum\limits_{n=1}^{\infty}\dfrac{1}{n}$ 发散,由比较审敛法可知该级数发散.

(4) 因为 $\lim\limits_{n\to\infty}2^n\sin\dfrac{\pi}{3^n}\Big/\left(\dfrac{2}{3}\right)^n=\lim\limits_{n\to\infty}\dfrac{2^n\cdot\dfrac{\pi}{3^n}}{\left(\dfrac{2}{3}\right)^n}=\pi$,

而级数 $\sum\limits_{n=1}^{\infty}\left(\dfrac{2}{3}\right)^n$ 收敛,由比较审敛法可知该级数收敛.

(5) 因为 $\lim\limits_{n\to\infty}u_n=\lim\limits_{n\to\infty}\sqrt{\dfrac{n+1}{n}}=\lim\limits_{n\to\infty}\sqrt{1+\dfrac{1}{n}}=1\neq0$,

所以该级数不满足收敛的必要条件,故该级数发散.

(6) 因为 $\lim\limits_{n\to\infty}\dfrac{1}{na+b}\Big/\dfrac{1}{n}=\lim\limits_{n\to\infty}\dfrac{n}{na+b}=\lim\limits_{n\to\infty}\dfrac{1}{a+\dfrac{b}{n}}=\dfrac{1}{a}>0,(\because a>0,b>0)$

而级数 $\sum\limits_{n=1}^{\infty}\dfrac{1}{n}$ 发散. 根据比值审敛法可知该级数发散.

5. 判定下列级数是否收敛?如果是收敛的,是绝对收敛还是条件收敛?

(1) $1-\dfrac{1}{\sqrt{2}}+\dfrac{1}{\sqrt{3}}-\dfrac{1}{\sqrt{4}}+\cdots$;

(2) $\sum\limits_{n=1}^{\infty}(-1)^{n-1}\dfrac{n}{3^{n-1}}$;

(3) $\dfrac{1}{3}\cdot\dfrac{1}{2}-\dfrac{1}{3}\cdot\dfrac{1}{2^2}+\dfrac{1}{3}\cdot\dfrac{1}{2^3}-\dfrac{1}{3}\cdot\dfrac{1}{2^4}+\cdots$;

(4) $\dfrac{1}{\ln 2}-\dfrac{1}{\ln 3}+\dfrac{1}{\ln 4}-\dfrac{1}{\ln 5}+\cdots$;

(5) $\sum\limits_{n=1}^{\infty}(-1)^{n+1}\dfrac{2^{n^2}}{n!}$.

解 (1) 因为 $\left|(-1)^{n-1}u_n\right|=\left|\dfrac{(-1)^{n-1}}{\sqrt{n}}\right|=\dfrac{1}{\sqrt{n}}$,而级数 $\sum\limits_{n=1}^{\infty}\dfrac{1}{\sqrt{n}}$ 发散,

所以 $\sum\limits_{n=1}^{\infty}\left|(-1)^{n-1}u_n\right|$ 发散.

但 $u_n=\dfrac{1}{\sqrt{n}}>\dfrac{1}{\sqrt{n+1}}=u_{n+1}$,且 $\lim\limits_{n\to\infty}u_n=\lim\limits_{n\to\infty}\dfrac{1}{\sqrt{n}}=0$,

所以该级数收敛,是条件收敛.

(2) 因为 $|u_n| = \left| (-1)^{n-1} \dfrac{n}{3^{n-1}} \right| = \dfrac{n}{3^{n-1}}$,

$\therefore \lim\limits_{n \to \infty} \left| \dfrac{u_{n+1}}{u_n} \right| = \lim\limits_{n \to \infty} \dfrac{n+1}{3^n} \cdot \dfrac{3^{n-1}}{n} = \lim\limits_{n \to \infty} \dfrac{n+1}{3n} = \dfrac{1}{3} < 1$

故绝对值级数 $\sum\limits_{n=1}^{\infty} |u_n|$ 收敛,所以该级数绝对收敛.

(3) 因为 $u_n = \dfrac{1}{3} \cdot (-1)^{n-1} \cdot \dfrac{1}{2^n}$,

$\therefore \sum\limits_{n=1}^{\infty} u_n = \dfrac{1}{3} \sum\limits_{n=1}^{\infty} (-1)^{n-1} \dfrac{1}{2^n}$

而 $\sum\limits_{n=1}^{\infty} \left| (-1)^{n-1} \dfrac{1}{2^n} \right| = \sum\limits_{n=1}^{\infty} \dfrac{1}{2^n}$ 收敛,所以此级数绝对收敛,乘 $\dfrac{1}{3}$ 也绝对收敛,故该级数绝对收敛.

(4) 该交错级数 $\sum\limits_{n=1}^{\infty} (-1)^{n-1} u_n = \sum\limits_{n=1}^{\infty} (-1)^{n-1} \dfrac{1}{\ln(n+1)}$,

且(1) $u_n = \dfrac{1}{\ln(n+1)} > \dfrac{1}{\ln(n+2)} = u_{n+1}$

及(2) $\lim\limits_{n \to \infty} u_n = \lim\limits_{n \to \infty} \dfrac{1}{\ln(n+1)} = 0$,

由莱布尼茨定理可知该级数收敛.

又对于绝对值级数 $\sum\limits_{n=1}^{\infty} \dfrac{1}{\ln(1+n)} > \dfrac{1}{\ln(1+n)} > \dfrac{1}{n+1}$,

而级数 $\sum\limits_{n=1}^{\infty} \dfrac{1}{n+1}$ 发散,故 $\sum\limits_{n=1}^{\infty} \dfrac{1}{\ln(1+n)}$ 发散.

从而该级数条件收敛.

(5) 该交错级数 $\sum\limits_{n=1}^{\infty} (-1)^{n+1} u_n = \sum\limits_{n=1}^{\infty} (-1)^{n+1} \dfrac{2^{n^2}}{n!}$

$\because u_n = \dfrac{2^{n^2}}{n!} = \dfrac{[(1+1)^n]^n}{n!} > \dfrac{(1+n)^n}{n!} = \dfrac{(1+n)\cdots(1+n)}{n(n-1)\cdots 1} > 1$

$\therefore \lim\limits_{n \to \infty} u_n \neq 0$,

不满足莱布尼茨定理,故该级数发散.

习题 $11-3$

1. 求下列幂级数的收敛域:

(1) $x + 2x^2 + 3x^3 + \cdots + nx^n + \cdots$;

(2) $1-x+\dfrac{x^2}{2^2}+\cdots+(-1)^n\dfrac{x^n}{n^2}+\cdots$;

(3) $\dfrac{x}{2}+\dfrac{x^2}{2\cdot 4}+\dfrac{x^3}{2\cdot 4\cdot 6}+\cdots+\dfrac{x^n}{2\cdot 4\cdot\cdots\cdot(2n)}+\cdots$;

(4) $\dfrac{x}{1\cdot 3}+\dfrac{x^2}{2\cdot 3^2}+\dfrac{x^3}{3\cdot 3^3}+\cdots+\dfrac{x^n}{n\cdot 3^n}+\cdots$;

(5) $\dfrac{2}{2}x+\dfrac{2^2}{5}x^2+\dfrac{2^3}{10}x^3+\cdots+\dfrac{2^n}{n^2+1}x^n+\cdots$;

(6) $\displaystyle\sum_{n=1}^{\infty}(-1)^n\dfrac{x^{2n+1}}{2n+1}$;

(7) $\displaystyle\sum_{n=1}^{\infty}\dfrac{2n-1}{2^n}x^{2n-2}$;

(8) $\displaystyle\sum_{n=1}^{\infty}\dfrac{(x-5)^n}{\sqrt{n}}$.

解　(1) 因为 $\rho=\lim\limits_{n\to\infty}\left|\dfrac{a_{n+1}}{a_n}\right|=\lim\limits_{n\to\infty}\left|\dfrac{n+1}{n}\right|=1$,

所以收敛半径 $R=1$,收敛区间为 $|x|<1$,即 $-1<x<1$.

当 $x=1$ 时,级数成为 $\displaystyle\sum_{n=1}^{\infty}n$,这级数也发散;当 $x=-1$ 时,级数成为 $\displaystyle\sum_{n=1}^{\infty}(-1)^n n$,这级数也发散,因此原级数的收敛域为 $(-1,1)$.

(2) 因为 $\rho=\lim\limits_{n\to\infty}\left|\dfrac{a_{n+1}}{a_n}\right|=\lim\limits_{n\to\infty}\left|\dfrac{1}{(n+1)^2}\cdot n^2\right|=1$,

所以收敛半径 $R=1$,收敛区间为 $|x|<1$,即 $-1<x<1$.

当 $x=1$ 时,级数成为 $1+\displaystyle\sum_{n=1}^{\infty}(-1)^n\dfrac{1}{n^2}$ 这级数收敛;当 $x=-1$ 时,级数成为 $1+$

$\displaystyle\sum_{n=1}^{\infty}\dfrac{1}{n^2}$,这级数也收敛,因此原级数的收敛域为 $[-1,1]$.

(3) 因为 $\rho=\lim\limits_{n\to\infty}\left|\dfrac{a_{n+1}}{a_n}\right|=\lim\limits_{n\to\infty}\left|\dfrac{2^n n!}{2^{n+1}(n+1)!}\right|=\lim\limits_{n\to\infty}\left|\dfrac{1}{2(n+1)}\right|=0$,

所以收敛半径 $R=+\infty$,故收敛区间为 $(+\infty,-\infty)$.

(4) 因为 $\rho=\lim\limits_{n\to\infty}\left|\dfrac{a_{n+1}}{a_n}\right|=\lim\limits_{n\to\infty}\left|\dfrac{n\cdot 3^n}{(n+1)3^{n+1}}\right|=\lim\limits_{n\to\infty}\left|\dfrac{n}{3(n+1)}\right|=\dfrac{1}{3}$,

所以收敛半径 $R=3$,收敛区间为 $|x|<3$,即 $-3<x<3$.

当 $x=3$ 时,级数成为 $\displaystyle\sum_{n=1}^{\infty}\dfrac{1}{n}$,这级数发散;当 $x=-3$ 时,级数成为 $\displaystyle\sum_{n=1}^{\infty}\dfrac{(-1)^n}{n}$,这级数收敛.因此原级数的收敛域为 $[-3,3)$.

(5) 因为 $\rho = \lim\limits_{n\to\infty}\left|\dfrac{a_{n+1}}{a_n}\right| = \lim\limits_{n\to\infty}\left|\dfrac{2^{n+1}}{(n+1)^2+1}\cdot\dfrac{n^2+1}{2^n}\right| = 2$,

所以收敛半径 $R = \dfrac{1}{2}$, 收敛区间为 $|x| < \dfrac{1}{2}$, 即 $-\dfrac{1}{2} < x < \dfrac{1}{2}$.

当 $x = \dfrac{1}{2}$ 时, 级数成为 $\sum\limits_{n=1}^{\infty}\dfrac{1}{n^2+1}$, 这级数收敛; 当 $x = -\dfrac{1}{2}$ 时, 级数成为 $\sum\limits_{n=1}^{\infty}$ $\dfrac{(-1)^n}{n^2+1}$, 这级数也收敛. 因此原级数的收敛域为 $\left[-\dfrac{1}{2},\dfrac{1}{2}\right]$.

(6) 该幂级数缺少偶次项, 不能直接使用上述公式, 故可用比值法讨论求解本题的收敛半径.

因为 $\lim\limits_{n\to\infty}\left|\dfrac{u_{n+1}}{u_n}\right| = \lim\limits_{n\to\infty}\left|\dfrac{x^{2n+3}}{2n+3}\cdot\dfrac{2n+1}{x^{2n+1}}\right|$

$\qquad = \lim\limits_{n\to\infty}\dfrac{2n+1}{2n+3}\cdot x^2 = x^2$,

当 $x^2 < 1$ 即 $|x| < 1$ 时, 级数绝对收敛; 当 $x^2 > 1$ 即 $|x| > 1$ 时, 级数发散.

当 $|x| = 1$ 时, 即 $x = \pm 1$ 时, 级数分别为 $\sum\limits_{n=1}^{\infty}\dfrac{(-1)^n}{2n+1}$ 和 $\sum\limits_{n=1}^{\infty}\dfrac{(-1)^{n+1}}{2n+1}$, 这两个级数都收敛, 因此原级数的收敛域为 $[-1,1]$.

(7) 此幂级数缺少奇次项, 同(6)可用上述解法, 但也可用另一种方法求之.

令 $t = x^2$, 原级数变为

$$\sum_{n=1}^{\infty}\dfrac{2n-1}{2^n}t^{n-1}.$$

因为

$\rho = \lim\limits_{n\to\infty}\left|\dfrac{a_{n+1}}{a_n}\right| = \lim\limits_{n\to\infty}\left|\dfrac{2n+1}{2^{n+1}}\cdot\dfrac{2^n}{2n-1}\right| = \lim\limits_{n\to\infty}\left|\dfrac{2n+1}{2(2n-1)}\right| = \dfrac{1}{2}$,

所以收敛半径 $R = 2$, 收敛区间为 $|t| < 2$, 即 $x^2 < 2$.

$\therefore -\sqrt{2} < x < \sqrt{2}$.

当 $x = \pm\sqrt{2}$ 时, 级数成为 $\sum\limits_{n=1}^{\infty}\dfrac{2n-1}{2}$, 这级数发散. 因此原级数的收敛域为 $(-\sqrt{2},\sqrt{2})$.

(8) 令 $t = x - 5$, 原级数变为

$$\sum_{n=1}^{\infty}\dfrac{1}{\sqrt{n}}t^n.$$

因为

$\rho = \lim\limits_{n\to\infty}\left|\dfrac{a_{n+1}}{a_n}\right| = \lim\limits_{n\to\infty}\left|\dfrac{\sqrt{n}}{\sqrt{n+1}}\right| = 1$,

所以收敛半径 $R=1$, 收敛区间为 $|t|<1$, 即 $4<x<6$.

当 $x=6$ 时, 级数成为 $\sum\limits_{n=1}^{\infty}\dfrac{1}{\sqrt{n}}$, 这级数发散; 当 $x=4$ 时, 级数成为 $\sum\limits_{n=1}^{\infty}\dfrac{(-1)^n}{\sqrt{n}}$, 这级数收敛. 因此原级数的收敛域为 $[4,6)$.

2. 利用逐项求导或逐项积分, 求下列级数的和函数.

(1) $\sum\limits_{n=1}^{\infty}nx^{n-1}$;　　　　　　　　(2) $\sum\limits_{n=1}^{\infty}\dfrac{x^{4n+1}}{4n+1}$;

(3) $x+\dfrac{x^3}{3}+\dfrac{x^5}{5}+\cdots+\dfrac{x^{2n-1}}{2n-1}+\cdots$.

解 (1) 先求收敛域, 由

$$\lim_{n\to\infty}\left|\frac{a_{n+1}}{a_n}\right|=\lim_{n\to\infty}\left|\frac{n+1}{n}\right|=1$$

得收敛半径 $R=1$.

在端点 $x=-1$ 处, 幂级数成为 $\sum\limits_{n=1}^{\infty}(-1)^{n-1}n$, 是发散的;

在端点 $x=1$ 处, 幂级数成为 $\sum\limits_{n=1}^{\infty}n$, 也是发散的, 因此收敛域为 $I=(-1,1)$.

设和函数为 $s(x)$, 即

$$s(x)=\sum_{n=1}^{\infty}nx^{n-1}, x\in(-1,1)$$

于是利用性质 2, 逐项积分, 并由

$$\frac{1}{1-x}=1+x+x^2+\cdots+x^n+\cdots(-1<x<1)$$

得　$\displaystyle\int_0^x s(x)\mathrm{d}x=\int_0^x\sum_{n=1}^{\infty}nx^{n-1}\mathrm{d}x$

$$=\sum_{n=1}^{\infty}\int_0^x nx^{n-1}\mathrm{d}x$$

$$=\sum_{n=1}^{\infty}x^n=\frac{x}{1-x}(|x|<1)$$

对上式求导, 得

$$s(x)=\left(\frac{x}{1-x}\right)'=\frac{1}{(1-x)^2}\quad(-1<x<1).$$

(2) 先求收敛域, 由

$$\lim_{n\to\infty}\left|\frac{a_{n+1}x^{4n+5}}{a_nx^{4n+1}}\right|=\lim_{n\to\infty}\left|\frac{4(n+1)+1}{4n+1}\right|x^4=x^4$$

得收敛半径 $R=1$.

在端点 $x=-1$ 处，幂级数成为 $\displaystyle\sum_{n=1}^{\infty}\frac{(-1)^{4n+1}}{4n+1}$，是发散的；

在端点 $x=1$ 处，幂级数成为 $\displaystyle\sum_{n=1}^{\infty}\frac{1}{4n+1}$，是发散的. 因此收敛域为 $I=(-1,1)$

设和函数为 $s(x)$，即

$$s(x)=\sum_{n=1}^{\infty}\frac{x^{4n+1}}{4n+1},x\in(-1,1)$$

利用性质 3，逐项求导，并由

$$\frac{1}{1-x}=1+x+x^{2}+\cdots+x^{n}+\cdots\quad(-1<x<1)$$

得 $\displaystyle[s(x)]'=\sum_{n=1}^{\infty}\Big(\frac{x^{4n+1}}{4n+1}\Big)'=\sum_{n=1}^{\infty}x^{4n}=\frac{x^{4}}{1-x^{4}}\quad(\mid x\mid<1).$

对上式从 0 到 x 积分，得

$$
\begin{aligned}
s(x)&=\int_{0}^{x}\frac{x^{4}}{1-x^{4}}\mathrm{d}x\\
&=\int_{0}^{x}\frac{-(1-x^{4})+1}{1-x^{4}}\mathrm{d}x\\
&=\int_{0}^{x}\Big(-1+\frac{1}{(1-x^{2})(1+x^{2})}\Big)\mathrm{d}x\\
&=\int_{0}^{x}\Big[-1+\frac{1}{2}\Big(\frac{1}{1+x^{2}}+\frac{1}{1-x^{2}}\Big)\Big]\mathrm{d}x\\
&=\frac{1}{2}\arctan x-x+\frac{1}{4}\ln\frac{1+x}{1-x}(-1<x<1).
\end{aligned}
$$

(3) 先求收敛域，由

$$\lim_{n\to\infty}\left|\frac{a_{n+1}x^{2n+1}}{a_{n}x^{2n-1}}\right|=\lim_{n\to\infty}\left|\frac{2n-1}{2(n+1)-1}\right|x^{2}=x^{2}$$

得收敛半径 $R=1$.

在端点 $x=-1$ 处，幂级数成为 $\displaystyle\sum_{n=1}^{\infty}\frac{(-1)^{2n-1}}{2n-1}$，是发散的；

在端点 $x=1$ 处，幂级数成为 $\displaystyle\sum_{n=1}^{\infty}\frac{1}{2n-1}$，是发散的. 因此收敛域 $I=(-1,1)$.

设和函数为 $s(x)$，即

$$s(x)=\sum_{n=1}^{\infty}\frac{x^{2n-1}}{2n-1},\quad x\in(-1,1)$$

利用性质 3 逐项求导，得

$$[s(x)]'=\sum_{n=1}^{\infty}\Big(\frac{x^{2n-1}}{2n-1}\Big)'=\sum_{n=1}^{\infty}x^{2(n-1)}=\frac{1}{1-x^{2}}\quad(\mid x\mid<1)$$

对上式从 0 到 x 积分,得

$$s(x) = \int_0^x \frac{\mathrm{d}x}{1-x^2} = \frac{1}{2}\ln\left|\frac{1+x}{1-x}\right| \quad (|x|<1).$$

习题 11 — 4

1. 求函数 $f(x) = \cos x$ 的泰勒级数,并验证它在整个数轴上收敛于这函数.

解　因为所给函数的各阶导数为

$$f^{(n)}(x_0) = \cos\left(x_0 + \frac{n\pi}{2}\right) \quad (n=1,2,\cdots),$$

故 $\cos x$ 的泰勒级数为

$$\cos x = \cos x_0 + \cos\left(x_0 + \frac{\pi}{2}\right)(x-x_0) + \frac{\cos(x_0+\pi)}{2!}(x-x_0)^2 + \cdots$$

$$+ \frac{\cos\left(x_0 + \frac{n\pi}{2}\right)}{n!}(x-x_0)^n + \cdots$$

而 $|R_n(x)| = \left|\frac{\cos\left[x_0 + \zeta(x-x_0) + \frac{n+1}{2}\pi\right]}{(n+1)!}(x-x_0)^{n+1}\right|$

$$\leqslant \frac{|x-x_0|^{n+1}}{(n+1)!} \quad (0<\zeta<1)$$

对于任意的 $x \in R$,因为级数 $\sum\limits_{n=1}^{\infty} \frac{|x-x_0|^{n+1}}{(n+1)!}$,

$$\rho = \lim_{n\to\infty}\left|\frac{a_{n+1}}{a_n}\right| = \lim_{n\to\infty}\frac{(n+1)!}{(n+2)!} = \lim_{n\to\infty}\frac{1}{n+2} = 0.$$

所以以收敛半径 $R = +\infty$,故级数 $\sum\limits_{n=1}^{\infty} \frac{|x-x_0|^{n+1}}{(n+1)!}$ 收敛.

由级数收敛的必要条件可得

$$\lim_{n\to\infty} u_n = \lim_{n\to\infty} \frac{|x-x_0|^{n+1}}{(n+1)!} = 0,$$

因此由夹逼准则可得

$$\lim_{n\to\infty} |R_n(x)| = 0, \quad \lim_{n\to\infty} R_n(x) = 0,$$

$$\therefore \cos x = \cos x_0 + \cos\left(x_0 + \frac{\pi}{2}\right)(x-x_0) + \frac{\cos(x+\pi)}{2!}(x-x_0)^2 + \cdots$$

$$+ \frac{\cos\left(x_0 + \frac{n\pi}{2}\right)}{n!}(x-x_0)^n + \cdots \quad (x \in (-\infty, \infty)).$$

2. 将下列函数展开成 x 的幂级数,并求展开式成立的区间:

(1)$\mathrm{sh}x = \dfrac{\mathrm{e}^x - \mathrm{e}^{-x}}{2}$;　　　　(2)$\ln(a+x)$　$(a>0)$;

(3)a^x;　　　　　　　(4)$\sin^2 x$;

(5)$(1+x)\ln(1+x)$;　　(6)$\dfrac{x}{\sqrt{1+x^2}}$.

解　(1)$\mathrm{sh}x = \dfrac{1}{2}\left[\mathrm{e}^x - \mathrm{e}^{-x}\right]$

$$= \frac{1}{2}\left[\sum_{n=0}^{\infty}\frac{x^n}{n!} - \sum_{n=0}^{\infty}\frac{(-x)^n}{n!}\right]$$

$$= \frac{1}{2}\sum_{n=0}^{\infty}\left[1-(-1)^n\right]\frac{x^n}{n!}$$

$$= \sum_{n=0}^{\infty}\frac{x^{2n+1}}{(2n+1)!}.\ (x\in R)$$

(2)$\ln(a+x) = \ln\left[a\cdot\left(1+\dfrac{x}{a}\right)\right]$

$$= \ln a + \ln\left(1+\frac{x}{a}\right)$$

$$= \ln a + \sum_{n=0}^{\infty}(-1)^n\frac{x^{n+1}}{(n+1)a^{n+1}}.\ (-a<x\leqslant a)$$

(3)$a^x = \mathrm{e}^{x\ln a} = \displaystyle\sum_{n=0}^{\infty}\frac{\ln^n a}{n!}x^n.\ (-\infty<x<+\infty)$

(4)$\sin^2 x = \dfrac{1}{2} - \dfrac{1}{2}\cos 2x$

$$= \frac{1}{2} - \frac{1}{2}\sum_{n=0}^{\infty}(-1)^n\frac{2^{2n}x^{2n}}{(2n)!}$$

$$= \sum_{n=1}^{\infty}(-1)^{n-1}\frac{2^{2n-1}x^{2n}}{(2n)!}.\ (x\in R)$$

(5)$(1+x)\ln(1+x) = \ln(1+x) + x\ln(1+x)$

$$= \sum_{n=0}^{\infty}(-1)^n\frac{x^{n+1}}{n+1} + x\sum_{n=0}^{\infty}(-1)^n\frac{x^{n+1}}{n+1}$$

$$= x + \sum_{n=1}^{\infty}(-1)^n\frac{x^{n+1}}{n+1} + \sum_{n=1}^{\infty}(-1)^{n-1}\frac{x^{n+1}}{n}$$

$$= x + \sum_{n=1}^{\infty}\left[(-1)^n\frac{1}{n+1} + (-1)^{n-1}\frac{1}{n}\right]x^{n+1}$$

$$= x + \sum_{n=1}^{\infty}\left[\frac{(-1)^n n + (-1)^{n-1}(n+1)}{n(n+1)}\right]x^{n+1}$$

$$= x + \sum_{n=1}^{\infty} \frac{(-1)^{n-1}}{n(n+1)} x^{n+1}. \quad (-1 < x \leqslant 1)$$

(6) $\dfrac{x}{\sqrt{1+x^2}} = x(1+x^2)^{-\frac{1}{2}}$

$$= x\left[1 - \frac{1}{2}x^2 + \frac{\left(-\frac{1}{2}\right)\cdot\left(-\frac{3}{2}\right)}{2!}x^4 + \cdots\right.$$

$$\left. + \frac{\left(-\frac{1}{2}\right)\cdot\left(-\frac{3}{2}\right)\cdots\left(-\frac{1}{2}-n+1\right)}{n!}x^{2n} + \cdots\right]$$

$$= x - \frac{x^3}{2} + \frac{1\cdot 3}{2^2\cdot 2!}x^5 + \cdots + (-1)^n \frac{1\cdot 3\cdots(2n-1)}{2^n\cdot n!}x^{2n+1} + \cdots$$

$$= x + \sum_{n=1}^{\infty} (-1)^n \frac{(2n-1)!!}{(2n)!!}x^{2n+1}. \quad (-1 < x < 1)$$

3. 将下列函数展开成$(x-1)$的幂级数,并求展式成立的区间:

(1) $\sqrt{x^3}$;　　　　　　　(2) $\lg x$.

解 (1) $\sqrt{x^3} = \left[1+(x-1)\right]^{\frac{3}{2}}$

$$= 1 + \frac{3}{2}(x-1) + \frac{\frac{3}{2}\left(\frac{3}{2}-1\right)}{2!}(x-1)^2 + \cdots$$

$$+ \frac{1}{n!}\frac{3}{2}\left(\frac{3}{2}-1\right)\cdots\left(\frac{3}{2}-n+1\right)(x-1)^n + \cdots$$

$$= 1 + \frac{3}{2}(x-1) + \sum_{n=0}^{\infty} \frac{3(-1)^n\cdot 1\cdot 3\cdot(2n-1)}{2^{n+2}\cdot(n+2)!}\cdot(x-1)^{n+2}$$

$$= \frac{1+3}{2}(x-1) + \sum_{n=0}^{\infty} (-1)^n \frac{(2n)!}{(n!)^2}\cdot\frac{3}{(n+1)(n+2)2^n}\left(\frac{x-1}{2}\right)^{n+2}.$$

$$(其中 -1 < x-1 < 1,即\ 0 < x < 2)$$

(2) $\lg x = \dfrac{\ln x}{\ln 10} = \dfrac{\ln[1+(x-1)]}{\ln 10}$

$$= \frac{1}{\ln 10}\sum_{n=0}^{\infty} (-1)^n \frac{(x-1)^{n+1}}{n+1}.$$

$$(其中 -1 < x-1 \leqslant 1,即\ 0 < x \leqslant 2)$$

4. 将函数 $f(x) = \cos x$ 展开成 $\left(x+\dfrac{\pi}{3}\right)$ 的幂级数.

解 $f(x) = \cos x = \cos\left[\left(x+\dfrac{\pi}{3}\right) - \dfrac{\pi}{3}\right]$

$$= \cos\left(x+\frac{\pi}{3}\right)\cos\frac{\pi}{3} + \sin\left(x+\frac{\pi}{3}\right)\sin\frac{\pi}{3}$$

$$= \frac{1}{2} \cos \left(x + \frac{\pi}{3} \right) + \frac{\sqrt{3}}{2} \sin \left(x + \frac{\pi}{3} \right)$$

$$= \frac{1}{2} \left[\sum_{n=0}^{\infty} \frac{(-1)^n}{(2n)!} \left(x + \frac{\pi}{3} \right)^{2n} + \sqrt{3} \sum_{n=0}^{\infty} \frac{(-1)^n}{(2n+1)!} \left(x + \frac{\pi}{3} \right)^{2n+1} \right]$$

$$= \frac{1}{2} \sum_{n=0}^{\infty} (-1)^n \left[\frac{1}{(2n)!} \left(x + \frac{\pi}{3} \right)^{2n} + \frac{\sqrt{3}}{(2n+1)!} \left(x + \frac{\pi}{3} \right)^{2n+1} \right].$$

$$(-\infty < x < +\infty)$$

5. 将函数 $f(x) = \frac{1}{x}$ 展开成 $(x-3)$ 的幂级数.

解　$f(x) = \frac{1}{x} = \frac{1}{3+(x-3)} = \frac{1}{3} \frac{1}{1 - \left(-\frac{x-3}{3} \right)}$

$$= \frac{1}{3} \sum_{n=0}^{\infty} (-1)^n \left(\frac{x-3}{3} \right)^n.$$

$$\left(-1 < \frac{x-3}{3} < 1, \text{即} \, 0 < x < 6 \right)$$

6. 将函数 $f(x) = \frac{1}{x^2 + 3x + 2}$ 展开成 $(x+4)$ 的幂级数.

解　因为 $f(x) = \frac{1}{x^2 + 3x + 2} = \frac{1}{(x+1)(x+2)} = \frac{1}{x+1} - \frac{1}{x+2}$

$$= \frac{1}{2 \left(1 - \frac{x+4}{2} \right)} - \frac{1}{3 \left(1 - \frac{x+4}{3} \right)}$$

而 $\dfrac{1}{2 \left(1 - \frac{x+4}{2} \right)} = \dfrac{1}{2} \sum_{n=0}^{\infty} \left(\dfrac{x+4}{2} \right)^n$ 　$(-6 < x < -2)$

$\dfrac{1}{3 \left(1 - \frac{x+4}{3} \right)} = \dfrac{1}{3} \sum_{n=0}^{\infty} \left(\dfrac{x+4}{3} \right)^n$ 　$(-7 < x < -1)$

所以

$$f(x) = \frac{1}{x^2 + 3x + 2} = \sum_{n=0}^{\infty} \left(\frac{1}{2^{n+1}} - \frac{1}{3^{n+1}} \right)(x+4)^n. \, (-6 < x < -2)$$

习题 11−5

1. 利用函数的幂级数展环节式求下列各数的近似值：

(1) ln 3(误差不超过 0.000 1)；

(2) $\sqrt{e}$(误差不超过 0.001)；

(3) $\sqrt[9]{522}$(误差不超过 0.000 01)；

(4)$\cos 2°$(误差不超过 0.000 1).

解　(1) 由 $\ln(1+x)=x-\dfrac{x^2}{2}+\dfrac{x^3}{3}-\dfrac{x^4}{4}+\cdots+(-1)^{n-1}\dfrac{x^n}{n}+\cdots\cdots$

$$(x\in(-1,1])$$

$$\ln(1-x)=-x-\dfrac{x^2}{2}-\dfrac{x^3}{3}-\dfrac{x^4}{4}-\cdots-\dfrac{x^n}{n}-\cdots\quad(x\in[-1,1))$$

得 $\ln(1+x)-\ln(1-x)=\ln\dfrac{1+x}{1-x}$

$$=2\left(x+\dfrac{x^3}{3}+\dfrac{x^5}{5}+\dfrac{x^7}{7}+\cdots++\dfrac{x^{2n-1}}{2n-1}+\cdots\right)\quad[x\in(-1,1)]$$

令 $\dfrac{1+x}{1-x}=3$,可得 $x=\dfrac{1}{2}\in(-1,1)$.

$$\therefore \ln3=\ln\dfrac{1+\dfrac{1}{2}}{1-\dfrac{1}{2}}$$

$$=2\left(\dfrac{1}{2}+\dfrac{1}{3\cdot2^3}+\dfrac{1}{5\cdot2^5}+\dfrac{1}{7\cdot2^7}+\cdots+\dfrac{1}{(2n-1)2^{2n-1}}+\cdots\right)$$

又 $\because |r_n|=2\left[\dfrac{1}{(2n+1)2^{2n+1}}+\dfrac{1}{(2n+3)2^{2n+3}}+\cdots\right]$

$$=\dfrac{2}{(2n+1)2^{2n+1}}\left[1+\dfrac{2n+1}{2n+3}\cdot\dfrac{1}{2^2}+\cdots\right]$$

$$<\dfrac{1}{(2n+1)2^{2n}}\left(1+\dfrac{1}{2^2}+\cdots\right)=\dfrac{1}{(2n+1)2^{2n}}\cdot\dfrac{1}{1-\dfrac{1}{2^2}}$$

$$=\dfrac{1}{3(2n+1)2^{2n-2}}$$

试算 $|r_6|<\dfrac{1}{3\cdot12\cdot2^{10}}\approx0.000\ 025$

故取 $n=6$,$\because$ 误差 $|r_n|<0.000\ 1$,从而

$$\ln3\approx2\left(\dfrac{1}{2}+\dfrac{1}{3\cdot2}+\dfrac{1}{5\cdot2^5}+\dfrac{1}{7\cdot2^7}+\dfrac{1}{9\cdot2^9}+\dfrac{1}{11\cdot2^{11}}\right)$$

$$=1.098\ 58\approx1.098\ 6.$$

(2) 由 $e^x=1+x+\dfrac{1}{2!}x^2+\dfrac{1}{3!}x^3+\cdots+\dfrac{1}{n!}x^n+\cdots(x\in R)$

得 $\sqrt{e}=e^{\frac{1}{2}}=1+\dfrac{1}{2}+\dfrac{1}{2!}\cdot\dfrac{1}{2^2}+\dfrac{1}{3!}\cdot\dfrac{1}{2^3}+\cdots+\dfrac{1}{n!}\cdot\dfrac{1}{2^n}+\cdots$

$$r_n = \frac{1}{(n+1)!2^{n+1}} + \frac{1}{(n+2)!2^{n+2}} + \cdots$$

$$= \frac{1}{(n+1)!2^{n+1}}\left[1 + \frac{1}{n+2}\cdot\frac{1}{2} + \frac{1}{(n+3)(n+2)}\cdot\frac{1}{2^2} + \cdots\right]$$

$$< \frac{1}{(n+1)!2^{n+1}}\left(1 + \frac{1}{2^2} + \frac{1}{2^4} + \cdots\right)$$

$$= \frac{1}{(n+1)!2^{n+1}}\cdot\frac{1}{1-\frac{1}{2^2}}$$

$$= \frac{1}{3(n+1)!2^{n-1}}$$

试取 $n = 4$,得

$$r_4 < \frac{1}{3(4+1)!\cdot 2^{4-1}} = \frac{1}{3\cdot 5!\cdot 2^3} \approx 0.000\,3 < 0.001$$

满足误差不超过 0.001. 故 $\sqrt{e} \approx 1 + \frac{1}{2} + \frac{1}{2!\cdot 2^2} + \frac{1}{3!\cdot 2^3} + \frac{1}{4!\cdot 2^4} = 1.648\,4 \approx 1.648$.

(3) $\sqrt[9]{522} = \sqrt[9]{2^9 + 10} = 2\left(1 + \frac{10}{2^9}\right)^{\frac{1}{9}}$

$$= 2\left[1 + \frac{1}{9}\cdot\frac{10}{2^9} + \frac{\frac{1}{9}\left(\frac{1}{9}-1\right)}{2!}\cdot\left(\frac{10}{2^9}\right)^2 + \cdots\right.$$

$$\left. + \frac{\frac{1}{9}\cdot\left(\frac{1}{9}-1\right)\cdots\left(\frac{1}{9}-n+1\right)}{n!}\cdot\frac{10^n}{2^{9n}} + \cdots\right]$$

可见这是交错级数,试算 $|r_n| < u_{n+1}$,

而 $\frac{1}{3!}\cdot\frac{1}{9}\cdot\frac{8}{9}\cdot\frac{17}{9}\cdot\left(\frac{10}{2^9}\right)^3 = 0.000\,000\,23$

$\therefore |r_3| < 0.000\,001$,满足要求

$\therefore \sqrt[9]{522} \approx 2(1 + 0.002\,170 - 0.000\,019)$

$$= 2.004\,302 \approx 2.004\,30.$$

(4) $\because 2° = \frac{\pi}{180}\times 2 = \frac{\pi}{90}$

$\therefore \cos 2° = \cos\frac{\pi}{90} = 1 - \frac{1}{2!}\left(\frac{\pi}{90}\right)^2 + \frac{1}{4!}\left(\frac{\pi}{90}\right)^4 - \cdots + \frac{(-1)^n}{(2n)!}\left(\frac{\pi}{90}\right)^n + \cdots$

这是交错级数,试算 $|r_n| < u_{n+1}$

而 $\frac{1}{4!}\left(\frac{\pi}{90}\right)^4 \approx 6.186\times 10^{-8}$,

$\therefore |r_2| < 10^{-7}$,满足要求

$\therefore \cos 2° = 1 - \dfrac{1}{2!}\left(\dfrac{\pi}{90}\right)^2 \approx 0.999\ 4.$

2. 利用被积函数的幂级数展开式求下列定积分的近似值:

(1) $\displaystyle\int_0^{0.5} \dfrac{1}{1+x^4}\mathrm{d}x$(误差不超过 $0.000\ 1$);

(2) $\displaystyle\int_0^{0.5} \dfrac{\arctan x}{x}\mathrm{d}x$(误差不超过 0.001).

解 (1) 展开被积函数,有

$$\dfrac{1}{1+x^4} = 1 - x^4 + x^8 - \cdots + (-1)^n x^{4n} + \cdots$$

在区间 $[0, 0.5]$ 上逐项积分,得

$$\int_0^{0.5} \dfrac{1}{1+x^4}\mathrm{d}x = \dfrac{1}{2} - \dfrac{1}{5}\left(\dfrac{1}{2}\right)^5 + \dfrac{1}{9}\left(\dfrac{1}{2}\right)^9 - \dfrac{1}{13}\left(\dfrac{1}{2}\right)^{13} + \cdots$$

试算 $|r_n| < u_{n+1}$,

而 $\dfrac{1}{13} \times \left(\dfrac{1}{3}\right)^{13} \approx 0.000\ 009.$

$\therefore$ 取前三项的和作为积分的近似值

$$\int_0^{0.5} \dfrac{1}{1+x^4}\mathrm{d}x \approx \dfrac{1}{2} - \dfrac{1}{5}\left(\dfrac{1}{2}\right)^5 + \dfrac{1}{9}\left(\dfrac{1}{2}\right)^9$$

算得 $\displaystyle\int_0^{0.5} \dfrac{1}{1+x^4}\mathrm{d}x \approx 0.494\ 03.$

(2) 展开被积函数,有

$\because (\arctan x)' = \dfrac{1}{1+x^2} = 1 - x^2 + x^4 - x^6 + \cdots$

$\therefore \arctan x = \displaystyle\int_0^x \dfrac{1}{1+x^2}\mathrm{d}x = x - \dfrac{x^3}{3} + \dfrac{x^5}{5} - \dfrac{x^7}{7} + \cdots$

$\therefore \dfrac{\arctan x}{x} = 1 - \dfrac{x^2}{3} + \dfrac{x^4}{5} - \dfrac{x^6}{7} + \cdots$

在区间 $[0, 0.5]$ 上逐项积分,得

$$\int_0^{0.5} \dfrac{\arctan x}{x}\mathrm{d}x = \dfrac{1}{2} - \dfrac{1}{9}\cdot\dfrac{1}{2^3} + \dfrac{1}{25}\cdot\dfrac{1}{2^5} - \dfrac{1}{49}\cdot\dfrac{1}{2^7} + \cdots$$

试算 $|r_n| < u_{n+1}$,

而 $\dfrac{1}{49} \times \dfrac{1}{2^7} \approx 0.000\ 2$

$\therefore$ 取前三项的和作为积分的近似值

$$\int_0^{0.5} \dfrac{\arctan x}{x}\mathrm{d}x \approx \dfrac{1}{2} - \dfrac{1}{9}\cdot\dfrac{1}{2^3} + \dfrac{1}{25}\cdot\dfrac{1}{2^5}$$

算得 $\int_0^{0.5} \dfrac{\arctan x}{x} \approx 0.487.$

3. 将函数 $e^x \cos x$ 展开成 x 的幂级数

解　由 $e^x = 1 + x + \dfrac{x^2}{2!} + \dfrac{x^3}{3!} + \cdots$　　$(x \in R)$

$\cos x = 1 - \dfrac{x^2}{2!} + \dfrac{x^4}{4!} - \dfrac{x^6}{6!} + \cdots$　　$(x \in R)$

得 $e^x \cos x = \left(1 + x + \dfrac{x^2}{2!} + \dfrac{x^3}{3!} + \cdots\right)\left(1 - \dfrac{x^2}{2!} + \dfrac{x^4}{4!} - \dfrac{x^6}{6!} + \cdots\right)$

$\qquad\qquad = 1 + x + \left(\dfrac{1}{3!} - \dfrac{1}{2!}\right)x^3 + \left(\dfrac{2}{4!} - \dfrac{1}{2!2!}\right)x^4 + \cdots$　$(x \in R).$

习题 11－6

1. 已知函数序列 $s_n(x) = \sin \dfrac{x}{n}(n = 1, 2, 3, \cdots)$ 在 $(-\infty, +\infty)$ 上收敛于 0,

(1) 问 $N(\varepsilon, x)$ 取多大,能使当 $n > N$ 时,$s_n(x)$ 与其极限之差的绝对值小于正数 ε;

(2) 证明 $s_n(x)$ 在任一有限区间 $[a, b]$ 上一致收敛.

解　(1)∵ $|r_n(x)| = |s(x) - s_n(x)|$

$\qquad\qquad = \left|0 - \sin \dfrac{x}{n}\right| \leqslant \dfrac{|x|}{n}$

要使 $\dfrac{|x|}{n} < \varepsilon$,只要 $n > \dfrac{|x|}{\varepsilon} \overset{\Delta}{=\!=\!=} N(\varepsilon, x).$

∴ 对于任意给定的正数 ε,取 $N(\varepsilon, x) = \dfrac{|x|}{\varepsilon}.$

当 $n > N$ 时,有 $|r_n(x)| = |0 - s_n(x)| < \varepsilon.$

(2) 令 $M = \max\{|a|, |b|\}.$

∴ 当 $x \in [a, b]$ 时,则有 $|x| \leqslant M,$

∴ $|r_n(x)| = |0 - s_n(x)| \leqslant \dfrac{|x|}{n} \leqslant \dfrac{M}{n},$

∴ 对于任意给定的正数 ε,存在 $N = \left[\dfrac{M}{\varepsilon}\right] + 1,$

当 $n > N$ 时,有

$$|r_n(n)| = |0 - s_n(x)| \leqslant \dfrac{M}{n} < \varepsilon.$$

∴ $s_n(x)$ 在任一有限区间 $[a, b]$ 上一致收敛.

2. 已知级数 $x^2 + \dfrac{x^2}{1+x^2} + \dfrac{x^2}{(1+x^2)^2} + \cdots$ 在 $(-\infty, +\infty)$ 上收敛.

(1) 求出该级数的和;

(2) 问 $N(\varepsilon, x)$ 取多大,能使当 $n > N$ 时,级数的余项 r_n 的绝对值小于正数 ε;

(3) 分别讨论级数在区间 $[0,1]$, $\left[\dfrac{1}{2}, 1\right]$ 上的一致收敛性.

解　(1)① 当 $x = 0$ 时,级数的和 $s(x) = 0$;

② 当 $x \neq 0$ 时,该级数是以公比为 $q = \dfrac{1}{1+x^2}$ 的等比数列,因为该级数在 $(-\infty, +\infty)$ 上收敛,故 $|q| < 1$,即 $\dfrac{1}{1+x^2} < 1$.

$$\therefore s(x) = x^2\left[1 + \frac{1}{1+x^2} + \frac{1}{(1+x^2)^2} + \cdots\right]$$

$$= x^2 \cdot \frac{1}{1 - \dfrac{1}{1+x^2}}$$

$$= 1 + x^2$$

故 $s(x) = \begin{cases} 0, & x = 0 \\ 1+x^2, & x \neq 0 \end{cases}$

(2) 因为 $|r_n| = |s(x) - s_n(x)| = \dfrac{x^2}{(1+x^2)^n} + \dfrac{x^2}{(1+x^2)^{n+1}} + \dfrac{x^2}{(1+x^2)^{n+2}} + \cdots$

① 明显当 $x = 0$ 时,有 $|r_n| = 0 < \varepsilon$ 对自然数 $N = N(\varepsilon, x)$,当 $n > N$ 时,有 $|r_n| < \varepsilon$;

② 当 $x \neq 0$ 时,

$$|r_n| = \frac{x^2}{(1+x^2)^n} + \frac{x^2}{(1+x^2)^{n+1}} + \frac{x^2}{(1+x^2)^{n+2}} + \cdots$$

$$= \frac{x^2}{(1+x^2)^n}\left[1 + \frac{1}{1+x^2} + \frac{1}{(1+x^2)^2} + \cdots\right]$$

$$= \frac{x^2}{(1+x^2)^n} \cdot \frac{1}{1 - \dfrac{1}{1+x^2}}$$

$$= \frac{1}{(1+x^2)^{n-1}} \quad \left(\text{其中}\left|\frac{1}{1+x^2}\right| < 1, \text{即} x > 0 \text{或} x < 0\right)$$

要使 $|r_n| < \varepsilon$,就是要使

$$\frac{1}{(1+x^2)^{n-1}} < \varepsilon$$

上式两边分别取对数并化简得

$$n > 1 + \frac{\ln\left(\dfrac{1}{\varepsilon}\right)}{\ln(1+x^2)}$$

$\therefore$ 只要取 $N(\varepsilon,x)=\left[1+\dfrac{\ln\left(\dfrac{1}{\varepsilon}\right)}{\ln(1+x^2)}\right]$，当 $n>N$ 时，有 $\mid r_n\mid<\varepsilon.$

(3) 由于级数 $\displaystyle\sum_{n=1}^{\infty}u_n(x)$ 的各项 $u_n(x)=\dfrac{x^2}{(1+x^2)^{n-1}}$ 在区间 $[0,1]$ 上都连续. 若假设此级数在 $[0,1]$ 上一致收敛于 $s(x)$，则由定理 1 可得 $s(x)$ 在 $[0,1]$ 上也连续.

而由(1)可得 $s(x)$ 在 $[0,1]$ 上不连续，这与假设相矛盾，故假设不成立，所以此级数在 $[0,1]$ 上不一致收敛.

在区间 $\left[\dfrac{1}{2},1\right]$ 上，因为

$$\mid r_n(x)\mid=\dfrac{1}{(1+x^2)^{n-1}}\leqslant\dfrac{1}{\left[1+\left(\dfrac{1}{2}\right)^2\right]^{n-1}}=\left(\dfrac{4}{5}\right)^{n-1},$$

要使 $\mid r_n(x)\mid<\varepsilon$，只要 $\left(\dfrac{4}{5}\right)^{n-1}<\varepsilon$，即 $n>\dfrac{\ln\varepsilon}{\ln\dfrac{4}{5}},$

所以对于任意的正数 ε（设 $\varepsilon<1$），

存在 $N=\left[\dfrac{\ln\varepsilon}{\ln\dfrac{4}{5}}\right]+1$，当 $n>N$ 时，有

$$\mid r_n(x)\mid=\mid s(x)-s_n(x)\mid<\varepsilon,$$

$\therefore$ 该级数在 $\left[\dfrac{1}{2},1\right]$ 上是一致收敛的.

3. 按定义讨论下列级数在所给区间上的一致收敛性：

(1) $\displaystyle\sum_{n=1}^{\infty}(-1)^{n-1}\dfrac{x^2}{(1+x^2)^n}$，$-\infty<x<+\infty$；

(2) $\displaystyle\sum_{n=0}^{\infty}(1-x)x^n$，$0<x<1$.

解　(1) 此级数是交错级数，故有

$$\mid r_n(x)\mid\leqslant\mid u_{n+1}(x)\mid=\dfrac{x^2}{(1+x^2)^{n+1}}\leqslant\dfrac{x^2}{(1+x^2)^n}<\dfrac{x^2}{nx^2}=\dfrac{1}{n}$$

$\therefore$ 对任意的正数 ε，有在 $N=\left[\dfrac{1}{\varepsilon}\right]$，当 $n>N$ 时，都有 $\mid r_n(x)\mid<\varepsilon.$

$\therefore$ 该级数在区间 $(-\infty,+\infty)$ 一致收敛.

(2) 此级数的前 n 项和 $s_n(x)=1-x^{n+1}$，因此级数的和

$$s(x)=\lim_{n\to\infty}s_n(x)=\lim_{n\to\infty}1-x^{n+1}=1\quad(0<x<1)$$

于是，余项的绝对值

$$| r_n(x) | = | s(x) - s_n(x) | = x^{n+1} \quad (0 < x < 1)$$

对于任意自然数 n,取 $x_n = \left(\dfrac{1}{3}\right)^{\frac{1}{n+1}} = \dfrac{1}{\sqrt[n+1]{3}} \in (0,1)$,

$$\therefore | r_n(x_n) | = \left(\frac{1}{3}\right)^{\frac{n+1}{n+1}} = \frac{1}{3}.$$

因此有点 $\varepsilon' = \dfrac{1}{4}$,不管 n 取多大,有在 $x_n = \left(\dfrac{1}{3}\right)^{\frac{1}{n+1}}$,使得

$$| r_n(x_n) | = \frac{1}{3} > \frac{1}{4} = \varepsilon'$$

$\therefore$ 对所有 $n > N$,不可能都有 $| r_n(x) | < \varepsilon$ 成立,由定义可知该级数在 $(0,1)$ 上不一致收敛.

4. 利用魏尔斯特拉斯判别法证明下列级数在所给区间上的一致收敛性:

(1) $\displaystyle\sum_{n=1}^{\infty} \frac{\cos nx}{2^n}, -\infty < x < +\infty$;

(2) $\displaystyle\sum_{n=1}^{\infty} \frac{\sin nx}{\sqrt[3]{n^4 + x^4}}, -\infty < x < +\infty$;

(3) $\displaystyle\sum_{n=1}^{\infty} x^2 e^{-nx}, 0 \leqslant x < +\infty$;

(4) $\displaystyle\sum_{n=1}^{\infty} \frac{e^{-nx}}{n!}, | x | < 10$;

(5) $\displaystyle\sum_{n=1}^{\infty} \frac{(-1)^n (1 - e^{-nx})}{n^2 + x^2}, 0 \leqslant x < +\infty$.

解 (1) 因为在 $(-\infty, +\infty)$ 内

$$\left| \frac{\cos nx}{2^n} \right| \leqslant \frac{1}{2^n} \quad (n = 1, 2, 3, \cdots),$$

而 $\displaystyle\sum_{n=1}^{\infty} \frac{1}{2^n}$ 收敛,故由魏尔斯特拉斯判别法,所给级数在 $(-\infty, +\infty)$ 内一致收敛.

(2) 因为在 $(-\infty, +\infty)$ 内

$$\left| \frac{\sin nx}{\sqrt[3]{n^4 + x^4}} \right| \leqslant \frac{1}{\sqrt[3]{n^4}} = \frac{1}{n^{\frac{4}{3}}} (n = 1, 2, 3, \cdots),$$

而 $\displaystyle\sum_{n=1}^{\infty} \frac{1}{n^{\frac{4}{3}}}$ 收敛,故由魏尔斯特拉斯判别法,所给级数在 $(-\infty, +\infty)$ 内一致收敛.

(3) 令 $t = nx$,因为

$$e^t = 1 + t + \frac{t^2}{2!} + \cdots \geqslant \frac{t^2}{2} \quad (t \geqslant 0)$$

即 $e^{nx} \geqslant \dfrac{(nx)^2}{2} \Rightarrow e^{-nx} \leqslant \dfrac{2}{(nx)^2} \quad (x \geqslant 0)$

$\therefore |x^2 e^{-nx}| \leqslant \left| \dfrac{2 \cdot x^2}{(nx)^2} \right| = \dfrac{2}{n^2}$

而 $\displaystyle\sum_{n=1}^{\infty} \dfrac{2}{n^2}$ 收敛,故由魏尔斯特拉斯判别法,所给级数在 $[0,+\infty]$ 上一致收敛.

(4) 由 $|x|<10$,可得 $\dfrac{e^{-nx}}{n!} \leqslant \dfrac{e^{10n}}{n!}$,令 $b>e$,设另一个正项级数为 $\displaystyle\sum_{n=1}^{\infty} \dfrac{a^n}{n!}$,$(a>0)$,由比值法可得

$$\lim_{n\to\infty} \frac{u_{n+1}}{u_n} = \lim_{n\to\infty} \frac{a^{n+1}}{(n+1)!} \cdot \frac{n!}{a^n} = \lim_{n\to\infty} \frac{a}{n+1} = 0 < 1.$$

所以级数 $\displaystyle\sum_{n=1}^{\infty} \dfrac{a^n}{n!}$ 收敛,由级数收敛的必要条件可得

$$\lim_{n\to\infty} \frac{a^n}{n!} = 0.$$

因此取 $\varepsilon = 1$,存在自然数 N,当 $n>N$ 时,有

$$\left| \frac{a^n}{n!} - 0 \right| < 1, \text{即} \frac{a^n}{n!} < 1$$

$\therefore n! > a^n$

$\therefore \dfrac{e^{10n}}{n!} < \left(\dfrac{e^{10}}{a} \right)^n = \left(\dfrac{e^{10}}{b^{10}} \right)^n (b>e, \text{取} \ a=b^{10})$

$\therefore \dfrac{e^{-nx}}{n!} < \left(\dfrac{e^{10}}{b^{10}} \right)^n$

而 $\displaystyle\sum_{n=1}^{\infty} \left(\dfrac{e^{10}}{b^{10}} \right)^n = \sum_{n=1}^{\infty} \left(\dfrac{e}{b} \right)^{10n}$ 收敛,故由魏尔斯特拉斯判别法,所以给级数在 $(-10, 10)$ 上一致收敛.

(5) 因为在 $[0,+\infty)$ 内

$$\left| \frac{(-1)^n (1-e^{-nx})}{n^2+x^2} \right| < \frac{1}{n^2}, (n=1,2,3\cdots).$$

而 $\displaystyle\sum_{n=1}^{\infty} \dfrac{1}{n^2}$ 收敛,故由魏尔斯特拉斯判别法,所给级数在 $[0,+\infty]$ 上一致收敛.

习题 $11-7$

1. 下列周期函数 $f(x)$ 的周期为 2π,试将 $f(x)$ 展开成傅里叶级数,如果 $f(x)$ 在 $[-\pi, \pi)$ 上的表达式为:

(1) $f(x) = 3x^2 + 1 \quad (-\pi \leqslant x < \pi)$;

(2) $f(x) = e^{2x}$ $(-\pi \leqslant x < \pi)$;

(3) $f(x) = \begin{cases} bx, -\pi \leqslant x < 0 \\ ax, 0 \leqslant x < \pi \end{cases}$ $(a,b$ 为常数,且 $a > b > 0)$.

解 (1) $a_0 = \dfrac{1}{\pi} \displaystyle\int_{-\pi}^{\pi} (3x^2 + 1) \mathrm{d}x$

$= \dfrac{2}{\pi} \displaystyle\int_0^{\pi} (3x^2 + 1) \mathrm{d}x$

$= \dfrac{2}{\pi} (x^3 + x) \Big|_0^{\pi}$

$= 2(\pi^2 + 1)$

$a_n = \dfrac{1}{2} \displaystyle\int_{-\pi}^{\pi} (3x^2 + 1) \cos nx \mathrm{d}x$

$= \dfrac{2}{\pi} \displaystyle\int_0^{\pi} (3x^2 + 1) \cos nx \mathrm{d}x$

$= \dfrac{2}{n\pi} \displaystyle\int_0^{\pi} (3x^2 + 1) \mathrm{d}\sin nx$

$= \dfrac{2}{n\pi} \left\{ \left[(3x^2 + 1) \sin nx \right] \Big|_0^{\pi} - 6 \displaystyle\int_0^{\pi} \cos nx \mathrm{d}x \right\}$

$= \dfrac{12}{n^2 \pi} \left[(x \cos nx) \Big|_0^{\pi} - \displaystyle\int_0^{\pi} \cos nx \mathrm{d}x \right]$

$= \dfrac{12}{n^2 \pi} (-1)^n \pi$

$= (-1)^n \dfrac{12}{n^2}$

$b_n = \dfrac{1}{\pi} \displaystyle\int_{-\pi}^{\pi} (3x^2 + 1) \sin nx \mathrm{d}x = 0$.

又 $\because f(x) = (3x^2 + 1)$ 在区间 $[-\pi, \pi)$ 上连续,且 $f(-\pi + 0) = f(\pi - 0) = 3\pi^2 + 1$,

$\therefore f(x) = \pi^2 + 1 + 12 \displaystyle\sum_{n=1}^{\infty} \dfrac{(-1)^n}{n^2} \cos nx$ $(-\infty < x < +\infty)$.

(2) $a_0 = \dfrac{1}{\pi} \displaystyle\int_{-\pi}^{\pi} e^{2x} \mathrm{d}x$

$= \dfrac{2}{\pi} \displaystyle\int_0^{\pi} e^{2x} \mathrm{d}x$

$= \dfrac{e^{2\pi} - e^{-2\pi}}{2\pi}$

$a_n = \dfrac{1}{\pi} \displaystyle\int_{-\pi}^{\pi} e^{2x} \cos x \mathrm{d}x = \dfrac{1}{2\pi} \displaystyle\int_{-\pi}^{\pi} \cos x \mathrm{d}e^{2x}$

$$= \frac{1}{2\pi}\left[e^{2x}\cos n\pi \Big|_{-\pi}^{\pi} + n\int_{-\pi}^{\pi} e^{2x}\sin nx\,dx \right]$$

$$= \frac{(-1)^n(e^{2\pi}-e^{-2\pi})}{2\pi} + \frac{n}{4\pi}\left[(e^{2x}\sin nx)\Big|_{-\pi}^{\pi} - n\int_{-\pi}^{\pi} e^{2x}\cos nx\,dx \right]$$

移项得

$$a_n = \frac{2(-1)^n}{n^2+4}\,\frac{(e^{2\pi}-e^{-2\pi})}{\pi} \quad (n\in N);$$

$$b_n = \frac{1}{\pi}\int_{-\pi}^{\pi} e^{2\pi}\sin nx\,dx$$

$$= \frac{n(-1)^{n+1}}{n^2+4}\,\frac{(e^{2\pi}-e^{-2\pi})}{\pi} \quad (n\in N)$$

又 $\because f(x)=e^{2x}$ 在区间$[-\pi,\pi)$上连续,而 $f(-\pi+0)=e^{-2\pi}, f(\pi-0)=e^{2\pi},$

$$\therefore f(x) = \frac{e^{2\pi}-e^{-2\pi}}{\pi}\left[\frac{1}{4} + \sum_{n=1}^{\infty} \frac{(-1)^n}{n^2+4}(2\cos nx - n\sin nx) \right]$$

$(x\neq(2n+1)\pi, n=0,\pm1,\pm2,\cdots);$

在上述间断点,级数收敛于$\frac{1}{2}(e^{2\pi}+e^{-2\pi}).$

$(3) a_0 = \frac{1}{\pi}\left(\int_{-\pi}^{0} bx\,dx + \int_{0}^{\pi} ax\,dx \right)$

$$= \frac{\pi}{2}(a-b)$$

$a_n = \frac{1}{\pi}\left(\int_{-\pi}^{0} bx\cos nx\,dx + \int_{0}^{\pi} ax\cos nx\,dx \right)$

$$= \frac{b}{\pi}\left[\frac{x}{n}\sin nx + \frac{1}{n^2}\cos nx \right]_{-\pi}^{0} + \frac{a}{\pi}\left[\frac{x}{n}\sin nx + \frac{\cos nx}{n^2} \right]_{0}^{\pi}$$

$$= \frac{1}{n^2\pi}(b-a)(1-\cos n\pi)$$

$$= \frac{b-a}{n^2\pi}[1-(-1)^n] \quad (n\in N)$$

$b_n = \frac{1}{\pi}\left(\int_{-\pi}^{0} bx\sin nx\,dx + \int_{0}^{\pi} ax\sin nx\,dx \right)$

$$= \frac{b}{\pi}\left[-\frac{x}{n}\cos nx + \frac{1}{n^2}\sin nx \right]_{-\pi}^{0} + \frac{a}{\pi}\left[-\frac{x}{n}\cos nx + \frac{1}{n^2}\sin nx \right]_{0}^{\pi}$$

$$= (-1)^{n+1}\frac{a+b}{n}$$

又 $\because f(x)$ 在$[-\pi,\pi)$上连续,而 $f(-\pi+0)=-b\pi \neq f(\pi-0)=a\pi,$

$$\therefore f(x) = \frac{\pi}{4}(a-b) + \sum_{n=1}^{\infty}\left\{ \frac{[1-(-1)^n](b-a)}{n^2\pi}\cos nx + (-1)^{n+1}\frac{a+b}{n}\sin nx \right\}$$

$(x \neq (2n+1)\pi, n = 0, \pm 1, \pm 2, \cdots)$

在这些间断点处,级数收敛于 $\frac{\pi}{2}(a-b)$.

2. 将下列函数 $f(x)$ 展开成傅里叶级数:

$(1) f(x) = 2\sin \frac{x}{3} \quad (-\pi \leqslant x \leqslant \pi)$;

$(2) f(x) = \begin{cases} e^x, -\pi \leqslant < 0, \\ 1, 0 \leqslant x \leqslant \pi. \end{cases}$

解 将上述函数拓成周期为 2π 的函数,延拓后的函数在 $(-\pi, \pi)$ 还记为 $f(x)$.

(1) 因为 $f(x)$ 为奇函数,故

$$a_n = 0 \quad (n = 0, 1, 2, \cdots)$$

$$b_n = \frac{1}{\pi} \int_{-\pi}^{\pi} 2\sin \frac{x}{3} \sin nx \, dx$$

$$= \frac{2}{\pi} \int_0^{\pi} \left[\cos \left(\frac{1}{3} - n \right) x - \cos \left(\frac{1}{3} + n \right) x \right] dx$$

$$= \frac{2}{\pi} \left[\int_0^{\pi} \cos \left(\frac{1}{3} - n \right) x \, dx - \int_0^{\pi} \cos \left(\frac{1}{3} + n \right) x \, dx \right]$$

$$= \frac{2}{\pi} \left[\frac{-\cos n\pi \cdot \frac{\sqrt{3}}{2}}{3n-1} - \frac{\cos \pi \cdot \frac{\sqrt{3}}{2}}{3n+1} \right]$$

$$= (-1)^{n+1} \frac{18\sqrt{3}}{\pi} \cdot \frac{n}{9n^2 - 1}$$

$f(x)$ 满足收敛定理条件,且 $f(x)$ 在 $(-\pi, \pi)$ 内连续,所以

$$f(x) = \frac{18\sqrt{3}}{\pi} \sum_{n=1}^{\infty} (-1) \frac{n\sin nx}{9n^2 - 1} \quad (-\pi < x < \pi)$$

当 $x = \pm \pi$ 时,级数收敛于 0.

$(2) a_0 = \frac{1}{\pi} \left(\int_{-\pi}^0 e^x \, dx + \int_0^{\pi} dx \right)$

$$= 1 + \frac{1}{\pi} (1 - e^{-\pi})$$

$a_n = \frac{1}{\pi} \left(\int_{-\pi}^0 e^x \cos nx \, dx + \int_0^{\pi} \cos nx \, dx \right)$

$$= \frac{1 - (-1)^n e^{-\pi}}{\pi(1 + n^2)}$$

$b_n = \frac{1}{x} \left(\int_{-\pi}^0 e^x \sin x \, dx + \int_0^{\pi} \cos nx \, dx \right)$

$$= \frac{1}{\pi} \left[\frac{-n + (-1)^n n e^{-\pi}}{1 + n^2} + \frac{1 - (-1)^n}{n} \right]$$

$f(x)$ 满足收敛定理条件,且 $f(x)$ 在 $(-\pi,\pi)$ 内连续,所以

$$f(x) = \frac{1+\pi-\mathrm{e}^{-\pi}}{2\pi} + \frac{1}{\pi}\sum_{n=1}^{\infty}\left\{\frac{1-(-1)^n\mathrm{e}^{-\pi}}{1+n^2}\cos nx + [1-(-1)^n]\left(\frac{1}{n} - \frac{n}{1+n^2}\mathrm{e}^{-\pi}\right)\sin nx\right\}$$

$(x \in (-\pi,\pi))$

当 $x = \pm\pi$ 时,级数收敛于 $\dfrac{1}{2}(\mathrm{e}^{-\pi}+1)$.

3. 设周期函数 $f(x)$ 的周期为 2π,证明 $f(x)$ 的傅里叶系数为

$$a_n = \frac{1}{\pi}\int_0^{2\pi} f(x)\cos nx\,\mathrm{d}x \quad (n=0,1,2,\cdots),$$

$$b_n = \frac{1}{\pi}\int_0^{2\pi} f(x)\sin nx\,\mathrm{d}x \quad (n=1,2,\cdots).$$

证明 由以 T 为周期的周期函数可得 $\int_a^{a+T}\phi(x)\mathrm{d}x = \int_0^T\phi(x)\mathrm{d}x$,若 $\phi(x)$ 以 2π 为周期,则

$$\int_{-\pi}^{\pi}\phi(x)\mathrm{d}x = \int_{-\pi+\pi}^{\pi+\pi}\phi(x)\mathrm{d}x = \int_0^{2\pi}\varphi(x)\mathrm{d}x$$

而题中的 $f(x)$,$\sin nx$,$\cos nx$ 都以 2π 为周期,则 $f(x)$,$f(x)\cos nx$,$f(x)\sin nx$ 也以 2π 为周期,由上式可得

$$a_n = \frac{1}{\pi}\int_{-\pi}^{\pi} f(x)\cos nx\,\mathrm{d}x$$

$$= \frac{1}{\pi}\int_0^{2\pi} f(x)\cos nx\,\mathrm{d}x \quad (n=0,1,2,\cdots)$$

$$b_n = \frac{1}{\pi}\int_{-\pi}^{\pi} f(x)\sin nx\,\mathrm{d}x$$

$$= \frac{1}{\pi}\int_0^{2\pi} f(x)\sin nx\,\mathrm{d}x \quad (n=,1,2,\cdots).$$

4. 将函数 $f(x) = \cos\dfrac{x}{2}\,(-\pi \leqslant x \leqslant \pi)$ 展开成傅里叶级数.

解 因为 $f(x)$ 为偶函数,故 $b_n = 0$ $(n \in N)$

$$a_n = \int_{-\pi}^{\pi}\cos\frac{x}{2}\cos nx\,\mathrm{d}x$$

$$= \frac{2}{\pi}\int_0^{\pi}\cos\frac{x}{2}\cos nx\,\mathrm{d}x$$

$$= \frac{1}{\pi}\int_0^{\pi}\left[\cos\left(\frac{1}{2}+n\right)x + \cos\left(\frac{1}{2}-n\right)x\right]\mathrm{d}x$$

$$= \frac{2}{\pi}\left[\frac{\cos\pi}{2n+1} - \frac{\cos n\pi}{2n-1}\right]$$

$$= (-1)^n \frac{2}{n} \left(\frac{1}{2n+1} - \frac{1}{2n-1} \right)$$

$$= (-1)^{n+1} \frac{4}{\pi} \frac{1}{4n^2-1} \qquad (n = 0,1,2,\cdots)$$

取 $n=0$ 时，得 $a_0 = \frac{4}{\pi}$. 又因为 $f(x)$ 在区间 $[-\pi,\pi]$ 上连续，

$$\therefore \cos \frac{x}{2} = \frac{2}{\pi} + \frac{4}{\pi} \sum_{n=1}^{\infty} (-1)^{n-1} \frac{\cos nx}{4n^2-1}. \ (x \in [-\pi,\pi])$$

5. 设 $f(x)$ 是周期为 2π 的周期函数，它在 $[-\pi,\pi)$ 上的表达式为

$$f(x) = \begin{cases} -\dfrac{\pi}{2}, & -\pi \leqslant x < -\dfrac{\pi}{2}, \\[2mm] x, & -\dfrac{\pi}{2} \leqslant x < \dfrac{\pi}{2}, \\[2mm] \dfrac{\pi}{2}, & \dfrac{\pi}{2} \leqslant x < \pi, \end{cases}$$

将 $f(x)$ 展开成傅里叶级数.

解　因为 $f(x)$ 为奇函数，故 $a_n = 0 \quad (n = 0,1,2,\cdots)$

$$b_n = \frac{1}{\pi} \int_{-\pi}^{\pi} f(x) \sin nx \, dx$$

$$= \frac{2}{\pi} \int_{0}^{\pi} f(x) \sin nx \, dx$$

$$= \frac{2}{\pi} \left(\int_{0}^{\frac{\pi}{2}} x \sin nx \, dx + \int_{\frac{\pi}{2}}^{\pi} \frac{\pi}{2} \sin nx \, dx \right)$$

$$= \frac{2}{n^2 \pi} \sin \frac{n\pi}{2} - \frac{(-1)^n}{n}.$$

又因为 $f(x)$ 在区间 $(-\pi,\pi)$ 上连续，在 $x = \pm\pi$ 处间断，

$$\therefore f(x) = \frac{2}{\pi} \sum_{n=1}^{\infty} \left[\frac{1}{n^2} \sin \frac{n\pi}{2} + (-1)^{n+1} \frac{\pi}{2n} \right] \sin nx$$

$(x \neq (2n+1)\pi, n = 0, \pm 1, \pm 2, \cdots)$

当 $x = \pm\pi$ 时，级数收敛于 0.

6. 将函数 $f(x) = \dfrac{\pi-x}{2} (0 \leqslant x \leqslant \pi)$ 展开成正弦级数.

解　将此函数延拓成 $[-\pi,\pi]$ 上的奇函数，则

$$a_n = 0 \quad (n = 0,1,2,\cdots)$$

$$b_n = \frac{1}{\pi} \int_{-\pi}^{\pi} \frac{\pi-x}{2} \sin nx \, dx$$

$$= \frac{2}{\pi} \int_{0}^{\pi} \frac{\pi-x}{2} \sin nx \, dx$$

$$= \frac{1}{n} \quad (n \in N)$$

又因为延拓后的函数在 $x = 0$ 处间断,在区间$(0, \pi]$ 上连续.

$$\therefore \frac{\pi - x}{2} = \sum_{n=1}^{\infty} \frac{\sin nx}{n}, \quad (x \in (0, \pi])$$

当 $x = 0$ 时,级数收敛于 $\frac{1}{2}[f(0+0) + f(0-0)] = 0$

$f(0-0)$ 为延拓后函数的左极限,由奇函数的性质可得

$$f(0-0) = -f(0+0) = -\frac{\pi}{2}.$$

7. 将函数 $f(x) = 2x^2 (0 \leqslant x \leqslant \pi)$ 分别展开成正弦级数和余弦级数.

解　(1) 将此函数延拓成$[-\pi, \pi]$ 上的奇函数,则

$$a_n = 0 \quad (n = 0, 1, 2, \cdots)$$

$$b_n = \frac{1}{\pi} \int_{-\pi}^{\pi} 2x^2 \sin nx \, dx$$

$$= \frac{2}{\pi} \int_0^{\pi} 2x^2 \sin nx \, dx$$

$$= -\frac{4}{\pi} \int_0^{\pi} \frac{x^2}{n} d\cos nx$$

$$= -\frac{4}{\pi} \left[\left(\frac{x^2}{n} \cos nx \right) \Big|_0^{\pi} - 2 \cdot \frac{1}{n} \int_0^{\pi} x \cos nx \, dx \right]$$

$$= (-1)^{n+1} \frac{4\pi}{n} + \frac{8}{n^3 \pi} [(-1)^n - 1]$$

$$= \frac{4}{\pi} \left[-\frac{2}{n^3} - (-1)^n \left(\frac{2}{n^3} - \frac{\pi^2}{n} \right) \right]$$

又因为 $f(x)$ 延拓后在 $x = \pi$ 处间断,而在$[0, \pi)$ 上连续,

$$\therefore 2x^2 = \frac{4}{\pi} \sum_{n=1}^{\infty} \left[-\frac{2}{n^3} + (-1)^n \left(\frac{2}{n^3} - \frac{\pi^2}{n} \right) \right] \sin nx, (x \in [0, \pi))$$

当 $x = \pi$ 时,级数收敛于算术中值 π^2.

(2) 将此函数进行偶延拓,则

$$b_n = 0 \quad (n \in N)$$

$$a_n = \frac{2}{\pi} \int_0^{\pi} 2x^2 \cos nx \, dx$$

$$= \frac{4}{\pi} \left[\left(\frac{x^2}{n} \sin nx \right) \Big|_0^{\pi} - \frac{2}{\pi} \int_0^{\pi} x \sin nx \, dx \right]$$

$$= (-1)^n \frac{8}{n^2} \quad (n \neq 0, n \in N).$$

$$a_0 = \frac{2}{\pi} \int_0^\pi 2x^2 \mathrm{d}x = \frac{2}{\pi} \left[\frac{2}{3} x^3 \right]_0^\pi = \frac{4}{3} \pi^2.$$

又因为 $f(x)$ 偶延拓后在 $[0, \pi]$ 上连续

$$\therefore 2x^2 = \frac{2}{3} \pi^2 + 8 \sum_{n=1}^\infty \frac{(-1)^n}{n^2} \cos nx. \ (x \in [0, \pi])$$

8. 设周期函数 $f(x)$ 的周期为 2π，证明：

(1) 如果 $f(x - \pi) = -f(x)$，则 $f(x)$ 的傅里叶系数 $a_0 = 0, a_{2k} = 0, b_{2k} = 0 (k = 1, 2, \cdots)$；

(2) 如果 $f(x - \pi) = f(x)$，则 $f(x)$ 的傅里叶系数 $a_{2k+1} = 0, b_{2k+1} = 0, (k = 0, 1, 2, \cdots)$.

证明　$(1) a_0 = \frac{1}{\pi} \int_{-\pi}^\pi f(x) \mathrm{d}x$

$$= \frac{1}{\pi} \left[\int_{-\pi}^0 f(x) \mathrm{d}x + \int_0^\pi f(x) \mathrm{d}x \right]$$

$$= \frac{1}{\pi} \left[\int_{-\pi}^0 f(x) \mathrm{d}x - \int_0^\pi f(x - \pi) \mathrm{d}x \right].$$

令 $t = x - \pi$，则

$$上式 = \frac{1}{\pi} \left[\int_{-\pi}^0 f(x) \mathrm{d}x - \int_{-\pi}^0 f(t) \mathrm{d}t \right]$$

$$= 0$$

$$a_{2k} = \frac{1}{\pi} \int_{-\pi}^\pi f(x) \cos 2kx \mathrm{d}x$$

$$= \frac{1}{\pi} \left[\int_{-\pi}^0 f(x) \cos 2kx \mathrm{d}x + \int_0^\pi f(x) \cos 2kx \mathrm{d}x \right]$$

$$= \frac{1}{\pi} \left[\int_{-\pi}^0 f(x) \cos 2kx \mathrm{d}x - \int_0^\pi f(x - \pi) \cos 2kx \mathrm{d}x \right]$$

同理令 $t = x - \pi$，则

$$上式 = \frac{1}{\pi} \left[\int_{-\pi}^0 f(x) \cos 2kx \mathrm{d}x - \int_{-\pi}^0 f(t) \cos(2k\pi + 2kt) \mathrm{d}t \right]$$

$$= \frac{1}{\pi} \left[\int_{-\pi}^0 f(x) \cos 2kx \mathrm{d}x - \int_{-\pi}^0 f(t) \cos 2kt \mathrm{d}t \right]$$

$$= 0$$

$$b_{2k} = \frac{1}{\pi} \int_{-\pi}^\pi f(x) \sin 2kx \mathrm{d}x$$

$$= \frac{1}{\pi} \left[\int_{-\pi}^0 f(x) \sin 2kx \mathrm{d}x + \int_0^\pi f(x) \sin 2kx \mathrm{d}x \right]$$

$$= \frac{1}{\pi} \left[\int_{-\pi}^0 f(x) \sin 2kx \mathrm{d}x - \int_0^\pi f(x - \pi) \sin 2kx \mathrm{d}x \right]$$

同样令 $t = x - \pi$,则

上式 $= \dfrac{1}{\pi}\left[\displaystyle\int_{-\pi}^{0} f(x)\sin 2kx\,\mathrm{d}x - \int_{-\pi}^{0} f(t)\sin 2kt\,\mathrm{d}t\right]$

　　　$= 0.$

$(2)\, a_{2k+1} = \dfrac{1}{\pi}\displaystyle\int_{-\pi}^{\pi} f(x)\cos(2k+1)x\,\mathrm{d}x$

　　　　　$= \dfrac{1}{\pi}\displaystyle\int_{-\pi}^{0} f(x)\cos(2k+1)x\,\mathrm{d}x + \int_{0}^{\pi} f(x)\cos(2k+1)x\,\mathrm{d}x$

　　　　　$= \dfrac{1}{\pi}\displaystyle\int_{-\pi}^{0} f(x)\cos(2+k+1)x\,\mathrm{d}x + \int_{0}^{\pi} f(x-\pi)\cos(2k+1)x\,\mathrm{d}x$

同样令 $t = x - \pi$,则

上式 $= \dfrac{1}{\pi}\left\{\displaystyle\int_{-\pi}^{0} f(x)\cos(2k+1)x\,\mathrm{d}x + \int_{-\pi}^{0} f(t)\cos[(2k+1)\pi + (2k+1)t]\,\mathrm{d}t\right\}$

　　　$= \dfrac{1}{\pi}\left[\displaystyle\int_{-\pi}^{0} f(x)\cos(2k+1)x\,\mathrm{d}x - \int_{-\pi}^{0} f(t)\cos(2k+1)t\,\mathrm{d}t\right]$

　　　$= 0$

$b_{2k+1} = \dfrac{1}{\pi}\displaystyle\int_{-\pi}^{\pi} f(x)\sin(2k+1)x\,\mathrm{d}x$

　　　$= \dfrac{1}{\pi}\left[\displaystyle\int_{-\pi}^{0} f(x)\sin(2k+1)x\,\mathrm{d}x + \int_{0}^{\pi} f(x)\sin(2k+1)x\,\mathrm{d}x\right]$

　　　$= \dfrac{1}{\pi}\left[\displaystyle\int_{-\pi}^{0} f(x)\sin(2k+1)x\,\mathrm{d}x + \int_{0}^{\pi} f(x-\pi)\sin(2k+1)x\,\mathrm{d}x\right]$

同样令 $t = x - \pi$,则

上式 $= \dfrac{1}{\pi}\left\{\displaystyle\int_{-\pi}^{0} f(x)\sin(2k+1)x\,\mathrm{d}x + \int_{-\pi}^{0} f(t)\sin[(2k+1)\pi + (2k+1)t]\,\mathrm{d}t\right\}$

　　　$= \dfrac{1}{\pi}\left[\displaystyle\int_{-\pi}^{0} f(x)\sin(2k+1)x\,\mathrm{d}x - \int_{-\pi}^{0} f(t)\sin(2k+1)t\,\mathrm{d}t\right]$

　　　$= 0.$

习题 $11-8$

1. 将下列各周期函数展开成傅里叶级数(下面给出函数在一个周期内的表达式):

$(1)\, f(x) = 1 - x^2 \left(-\dfrac{1}{2} \leqslant x < \dfrac{1}{2}\right);$

$(2)\begin{cases} x, & -1 \leqslant x < 0, \\ 1, & 0 \leqslant x < \dfrac{1}{2}, \\ -1 & \dfrac{1}{2} \leqslant x < 1; \end{cases}$

$(3) f(x) = \begin{cases} 2x+1, & -3 \leqslant x < 0, \\ 1, & 0 \leqslant x < 3. \end{cases}$

解 (1) 因为 $l = \dfrac{1}{2}$,则有

$a_n = \dfrac{1}{\frac{1}{2}} \displaystyle\int_{-\frac{1}{2}}^{\frac{1}{2}} (1-x^2)\cos2n\pi x \mathrm{d}x$

$= 4\displaystyle\int_{0}^{\frac{1}{2}} (1-x^2)\cos2n\pi x \mathrm{d}x$

$= 4\left[\left(\dfrac{1-x^2}{2n\pi}\sin2n\pi x \right)\Big|_0^{\frac{1}{2}} - \dfrac{2}{4n^2\pi^2}\displaystyle\int_0^{\frac{1}{2}} x\mathrm{d}\cos2n\pi x \right]$

$= -\dfrac{2}{n^2\pi^2}\left[(x\cos2n\pi x)\Big|_0^{\frac{1}{2}} + \dfrac{1}{2n\pi}\sin2n\pi x\Big|_0^{\frac{1}{2}} \right]$

$= \dfrac{(-1)^{n+1}}{n^2\pi^2} \quad (n = 1,2,3,\cdots)$

$a_0 = \dfrac{1}{\frac{1}{2}} \displaystyle\int_{-\frac{1}{2}}^{\frac{1}{2}} (1-x^2)\mathrm{d}x = \dfrac{11}{6}.$

又 $f(x)$ 是偶函数,故 $b_n = 0.$ 而 $f(x)$ 也满足收敛条件,

$\therefore f(x) = \dfrac{11}{12} + \dfrac{1}{\pi^2}\displaystyle\sum_{n=1}^{\infty} \dfrac{(-1)^{n+1}}{n^2}\cos2n\pi x \quad [x \in (-\infty, +\infty)].$

(2) 因为 $l = 1$,则有

$a_n = \dfrac{1}{1}\displaystyle\int_{-1}^{1} f(x)\cos n\pi x \mathrm{d}x$

$= \displaystyle\int_{-1}^{0} x\cos n\pi x \mathrm{d}x + \displaystyle\int_{0}^{\frac{1}{2}} \cos n\pi x \mathrm{d}x - \displaystyle\int_{\frac{1}{2}}^{1} \cos n\pi x \mathrm{d}x$

$= \dfrac{1}{n^2\pi^2}[1-(-1)^n] + \dfrac{2}{n\pi}\sin\dfrac{n\pi}{2} \quad (n = 1,2,3,\cdots)$

$a_0 = \dfrac{1}{1}\left[\displaystyle\int_{-1}^{0} x\mathrm{d}x + \displaystyle\int_{0}^{\frac{1}{2}} 1\cdot\mathrm{d}x + \displaystyle\int_{\frac{1}{2}}^{1} (-1)\mathrm{d}x \right]$

$= -\dfrac{1}{2}$

$b_n = \dfrac{1}{1}\displaystyle\int_{-1}^{1} f(x)\sin n\pi x \mathrm{d}x$

$= \displaystyle\int_{-1}^{0} x\sin n\pi x \mathrm{d}x + \displaystyle\int_{0}^{\frac{1}{2}} \sin n\pi x \mathrm{d}x - \displaystyle\int_{\frac{1}{2}}^{1} \sin n\pi x \mathrm{d}x$

$= -\dfrac{2}{n\pi}\cos\dfrac{n\pi}{2} + \dfrac{1}{n\pi}$

$$= \frac{1 - 2\cos\frac{n\pi}{2}}{n\pi} \quad (n \in N).$$

$$\therefore f(x) = -\frac{1}{4} + \sum_{n=1}^{\infty} \left\{ \left[\frac{1-(-1)^n}{n^2\pi^2} + \frac{2}{n\pi}\sin\frac{n\pi}{2} \right]\cos n\pi x + \frac{1-2\cos\frac{n\pi}{2}}{n\pi} \cdot \sin n\pi x \right\}$$

$(x \neq 2k,$ 且 $x \neq 2k + \frac{1}{2} ; k = 0, \pm 1, \pm 2 \cdots)$

在间断点 $x = 2k$ 处，级数收敛于 $\frac{1}{2}$，在 $x = 2k + \frac{1}{2}$ 处，级数收敛于 0。

(3) 因为 $l = 3$，则

$$a_n = \frac{1}{3}\int_{-3}^{3} f(x)\cos\frac{n\pi x}{3}\mathrm{d}x$$

$$= \frac{1}{3}\int_{-3}^{0}(2x+1)\cos\frac{n\pi x}{3}\mathrm{d}x + \frac{1}{3}\int_{0}^{3}\cos\frac{n\pi x}{3}\mathrm{d}x$$

$$= \frac{6}{n^2\pi^2}[1-(-1)^n] \quad (n = 1, 2, \cdots)$$

$$a_0 = \frac{1}{3}\int_{-3}^{3} f(x)\mathrm{d}x$$

$$= \frac{1}{3}\left[\int_{-3}^{0}(2x+1)\mathrm{d}x + \int_{0}^{3}\mathrm{d}x\right]$$

$$= -1$$

$$b_n = \frac{1}{3}\int_{-3}^{3} f(x)\sin\frac{n\pi x}{3}\mathrm{d}x$$

$$= \frac{1}{3}\int_{-3}^{0}(2x+1)\sin\frac{n\pi x}{3}\mathrm{d}x + \frac{1}{3}\int_{0}^{3}\sin\frac{n\pi x}{3}\mathrm{d}x$$

$$= (-1)^{n+1}\frac{6}{n\pi}$$

$$\therefore f(x) = -\frac{1}{2} + \sum_{n=1}^{\infty}\left\{\frac{6}{n^2\pi^2}[1-(-1)^n]\cos\frac{n\pi x}{3} + (-1)^{n+1}\frac{6}{n\pi}\sin\frac{n\pi x}{3}\right\},$$

$(x \neq 3(2k+1) ; k = 0, \pm 1, \pm 2, \cdots)$

在 $x = 3(2k+1)$ 处，级数收敛于 -2。

2. 将下列函数分别展开成正弦级数和余弦级数：

(1) $f(x) = \begin{cases} x, & 0 \leqslant x < \frac{l}{2} \\ l-x, & \frac{l}{2} \leqslant x \leqslant l; \end{cases}$

(2) $f(x) = x^2 \quad (0 \leqslant x \leqslant 2).$

解 （1）将 $f(x)$ 进行奇延拓，则 $a_n = 0.\ (n = 0,1,2,\cdots)$

$$b_n = \frac{2}{l}\int_0^l f(x)\sin\frac{n\pi x}{l}\mathrm{d}x$$

$$= \frac{2}{l}\left[\int_0^{\frac{l}{2}} x\sin\frac{n\pi x}{l}\mathrm{d}x + \int_{\frac{l}{2}}^l (l-x)\sin\frac{n\pi x}{l}\mathrm{d}x\right]$$

$$= \frac{4l}{n^2\pi^2}\sin\frac{n\pi}{2}\quad (n = 1,2,\cdots)$$

$$\therefore f(x) = \sum_{n=1}^{\infty} \frac{4l}{n^2\pi^2}\sin\frac{n\pi}{2}\sin\frac{n\pi x}{l}\quad (x\in[0,l])$$

再将 $f(x)$ 进行偶延拓，则 $b_n = 0.\ (n = 1,2,3,\cdots)$

$$a_n = \frac{2}{l}\int_0^l f(x)\cos\frac{n\pi x}{l}\mathrm{d}x$$

$$= \frac{2}{l}\left[\int_0^{\frac{l}{2}} x\cos\frac{n\pi x}{l}\mathrm{d}x + \int_{\frac{l}{2}}^l (l-x)\cos\frac{n\pi x}{l}\mathrm{d}x\right]$$

$$= \frac{2l}{n^2\pi^2}\left[2\cos\frac{n\pi}{2} - 1 - (-1)^n\right]$$

$$a_0 = \frac{2}{l}\int_0^l f(x)\mathrm{d}x$$

$$= \frac{2}{l}\left[\int_0^{\frac{l}{2}} x\mathrm{d}x + \int_{\frac{l}{2}}^l (l-x)\mathrm{d}x\right]$$

$$= \frac{l}{2}$$

$$\therefore f(x) = \frac{l}{4} + \frac{2l}{\pi^2}\sum_{n=1}^{\infty}\frac{1}{n^2}\left[2\cos\frac{n\pi}{2} - 1 - (-1)^n\right]\cos\frac{n\pi x}{l}\quad (x\in[0,l]).$$

（2）将 $f(x)$ 进行奇延拓，则 $a_n = 0.\quad (n = 0,1,2,\cdots)$

$$b_n = \frac{2}{2}\int_0^2 f(x)\sin\frac{n\pi x}{2}\mathrm{d}x$$

$$= \int_0^2 x^2\sin\frac{n\pi x}{2}\mathrm{d}x$$

$$= (-1)^{n+1}\frac{8}{n\pi} + \frac{16}{n^3\pi^3}\left[(-1)^n - 1\right]\quad (n = 1,2,3,\cdots)$$

$$\therefore x^2 = \frac{8}{\pi}\sum_{n=1}^{\infty}\left\{\frac{(-1)^{n+1}}{n} + \frac{2}{n^3\pi^2}\left[(-1)^n - 1\right]\right\}\sin\frac{n\pi x}{2}\quad (x\in[0,2])$$

在 $x = 2$ 处，级数收敛于 0.

再将 $f(x)$ 进行偶延拓，则 $b_n = 0\quad (n = 1,2,3,\cdots)$

$$a_n = \frac{2}{2}\int_0^2 f(x)\cos\frac{n\pi x}{2}\mathrm{d}x$$

$$= \int_0^2 x^2\cos\frac{n\pi x}{2}\mathrm{d}x$$

$$= \frac{(-1)^n 16}{n^2 \pi^2} \quad (n = 1, 2, 3, \cdots)$$

$$a_0 = \frac{2}{2} \int_0^2 f(x) \mathrm{d}x = \int_0^2 x^2 \mathrm{d}x = \frac{8}{3}$$

$$\therefore f(x) = \frac{4}{3} + \frac{16}{\pi^2} \sum_{n=1}^{\infty} \frac{(-1)^n}{n^2} \cos \frac{n\pi x}{2} \quad (x \in [0,2]).$$

3. 设 $f(x)$ 是周期为 2 的周期函数,它在$[-1,1)$上的表达式为 $f(x) = \mathrm{e}^{-x}$. 试将 $f(x)$ 展开成复数形式的傅里叶级数.

解　因为 $l = 1$,则

$$C_n = \frac{1}{2 \cdot 1} \int_{-1}^{1} f(x) \mathrm{e}^{-i\frac{n\pi x}{1}} \mathrm{d}x$$

$$= \frac{1}{2} \int_{-1}^{1} \mathrm{e}^{-x} \mathrm{e}^{-in\pi x} \mathrm{d}x$$

$$= \frac{1}{2} \int_{-1}^{1} \mathrm{e}^{-(1+n\pi i)x} \mathrm{d}x$$

$$= -\frac{(1 - n\pi i)(\mathrm{e}^{-1} \cos n\pi - \mathrm{e} \cos n\pi)}{2(1 + n^2 \pi^2)}$$

$$= (-1)^n \frac{(1 - n\pi i) \mathrm{sh}1}{1 + (n\pi)^2}$$

$$\therefore f(x) = \sum_{n=-\infty}^{+\infty} (-1)^n \frac{(1 - n\pi i) \cdot \mathrm{sh}1 \cdot \mathrm{e}^{in\pi x}}{1 + (n\pi)^2}$$

$$(x \neq 2k+1, k = 0, \pm 1, \pm 2, \cdots).$$

4. 设 $u(t)$ 是周期为 T 的周期函数.已知它的傅里叶级数的复数形式为(参阅教材第八节例题)

$$u(t) = \frac{h\tau}{T} + \frac{h}{\pi} \sum_{\substack{n=-\infty \\ n\neq 0}}^{\infty} \frac{1}{n} \sin \frac{n\pi\tau}{T} \mathrm{e}^{i\frac{2n\pi t}{T}} \qquad (-\infty < t < +\infty),$$

试写出 $u(t)$ 的傅里叶级数的实数形式(即三角形式).

解　由题意可得

$$C_n = \frac{h}{n\pi} \sin \frac{n\pi t}{T}. \ (n = \pm 1, \pm 2, \cdots)$$

$$\text{又} \because C_n = \frac{a_n - ib_n}{2}, C_{-n} = \frac{a_n + ib_n}{2}, (n = 1, 2, 3, \cdots)$$

$$\therefore a_n = C_n + C_{-n} = \frac{2h}{n\pi} \sin \frac{n\pi t}{T} \quad (n = 1, 2, 3, \cdots)$$

$$b_n = (C_n - C_{-n})i = 0 \quad (n = 1, 2, 3, \cdots)$$

故

$$u(t) = \frac{h\tau}{T} + \frac{2h}{\pi}\sum_{n=1}^{\infty}\frac{1}{n}\sin\frac{n\pi t}{T}\cos\frac{2n\pi t}{T} \quad (-\infty < t < +\infty).$$

总习题十一

1. 填空

(1) 对级数 $\sum\limits_{n=1}^{\infty}u_n$，$\lim\limits_{n\to\infty}u_n=0$ 是它收敛的_____条件，不是它收敛的_____条件;

(2) 部分和数列 $\{s_n\}$ 有界是正项级数 $\sum\limits_{n=1}^{\infty}u_n$ 收敛的_____条件;

(3) 若级数 $\sum\limits_{n=1}^{\infty}u_n$ 绝对收敛，则级数 $\sum\limits_{n=1}^{\infty}u_n$ 必定_____;若级数 $\sum\limits_{n=1}^{\infty}u_n$ 条件收敛，则级数 $\sum\limits_{n=1}^{\infty}|u_n|$ 必定_____.

解 (1) 必要,充分.(2) 充分必要.(3) 收敛,发散.

2. 判定下列级数的收敛性:

(1) $\sum\limits_{n=1}^{\infty}\frac{1}{n\sqrt[n]{n}}$; (2) $\sum\limits_{n=1}^{\infty}\frac{(n!)^2}{2^{n^2}}$; (3) $\sum\limits_{n=1}^{\infty}\frac{n\cos^2\frac{n\pi}{3}}{2^n}$;

(4) $\sum\limits_{n=2}^{\infty}\frac{1}{\ln^{10}n}$; (5) $\sum\limits_{n=1}^{\infty}\frac{a^n}{n^s}$ $(a>0, s>0)$.

解 (1) 因为 $\lim\limits_{n\to\infty}\frac{1}{n\sqrt[n]{n}}\Big/\frac{1}{n}=\lim\limits_{n\to\infty}\frac{1}{\sqrt[n]{n}}=e^{\lim\frac{\ln n}{n}}=1>0$,

而级数 $\sum\limits_{n=1}^{\infty}\frac{1}{n}$ 发散,由比较审敛法可知此级数发散.

(2) 因为 $\lim\limits_{n\to\infty}u_n=\lim\limits_{n\to\infty}\frac{(n!)^2}{2n^2}=\lim\limits_{n\to\infty}\frac{1}{2}\left(\frac{n!}{n}\right)^2=\lim\limits_{n\to\infty}\frac{1}{2}[(n-1)!]^2=+\infty$,

所以此级数发散.

(3) 因为 $0<\frac{n\cos^2 n\pi}{2^n}\leqslant\frac{n}{2^n}$,而级数 $\sum\limits_{n=1}^{\infty}\frac{n}{2^n}$ 是收敛的,

根据比较审敛法可知所给级数也是收敛的.

(4) 因为 $\lim\limits_{n\to\infty}\frac{1}{\ln^{10}n}\Big/\frac{1}{n}=\lim\limits_{n\to\infty}\frac{n}{\ln^{10}n}$,

连续利用洛必达法则,则

上式 $=\lim\limits_{n\to\infty}\frac{n}{10\ln^9 n}=\lim\limits_{n\to\infty}\frac{n}{10\times9\ln^8 n}=\cdots=\lim\limits_{n\to\infty}\frac{n}{10!}=+\infty$.

而级数 $\sum\limits_{n=1}^{\infty} \dfrac{1}{n}$ 发散,由比较审敛法可知,此级数发散.

(5)① 当 $0 < a < 1$ 时,$\dfrac{a^n}{n^s} \leqslant a^n$,

而级数 $\sum\limits_{n=1}^{\infty} a^n$ 是收敛的,根据比较审敛法可知所给级数也收敛;

② 当 $a = 1$ 时,原级数成为 $\sum\limits_{n=1}^{\infty} \dfrac{1}{n^s}$;当 $s > 1$ 时,级数 $\sum\limits_{n=1}^{\infty} \dfrac{1}{n^s}$ 收敛;当 $s \leqslant 1$ 时 $\sum\limits_{n=1}^{\infty} \dfrac{1}{n^s}$

发散;

③ 当 $a > 1$ 时,对于任意的正数 s,有在正整数 N,使 $N \geqslant s$ 时

$$\frac{a^n}{n^s} \geqslant \frac{a^n}{n^N}.$$

又 $\because \lim\limits_{n\to\infty} \dfrac{a^n}{n^N} = \lim\limits_{n\to\infty} \dfrac{a^n \ln a}{N n^{N-1}} = \lim\limits_{n\to\infty} \dfrac{a^n (\ln a)^2}{N(N-1) n^{N-2}}$

$$= \cdots = \lim\limits_{n\to\infty} \dfrac{a^n (\ln a)^N}{N!} = +\infty,$$

$\therefore \sum\limits_{n=1}^{\infty} \dfrac{a^n}{n^N}$ 发散,由比较审敛法可知 $\sum\limits_{n=1}^{\infty} \dfrac{a^n}{n^s}$ 发散.

3. 设正项级数 $\sum\limits_{n=1}^{\infty} u_n$ 和 $\sum\limits_{n=1}^{\infty} v_n$ 都收敛,证明级数 $\sum\limits_{n=1}^{\infty} (u_n + v_n)^2$ 也收敛.

证明 $\because \sum\limits_{n=1}^{\infty} u_n, \sum\limits_{n=1}^{\infty} v_n$ 都收敛,

而 $\sum\limits_{n=1}^{\infty} (u_n + v_n) = \sum\limits_{n=1}^{\infty} u_n + \sum\limits_{n=1}^{\infty} v_n$

$\therefore \sum\limits_{n=1}^{\infty} (u_n + v_n)$ 也收敛.

$\therefore \lim\limits_{n\to\infty} (u_n + v_n) = 0$

$\therefore$ 有在自然数 N,使得当 $n > N$ 时,

$(u_n + v_n)^2 \leqslant u_n + v_n$

$\therefore \sum\limits_{n=N}^{\infty} (u_n + v_n)^2$ 收敛,因此 $\sum\limits_{n=1}^{\infty} (u_n + v_n)^2$ 收敛.

4. 设级数 $\sum\limits_{n=1}^{\infty} u_n$ 收敛,且 $\lim\limits_{n\to\infty} \dfrac{v_n}{u_n} = 1$.问级数 $\sum\limits_{n=1}^{\infty} v_n$ 是否也收敛?试说明理由.

解 不一定收敛,若 $u_n \geqslant 0, v_n \geqslant 0$,则级数 $\sum\limits_{n=1}^{\infty} v_n$ 是收敛的.而对一般项级数来说,

可能不一定,比如

$$u_n = (-1)^n \frac{1}{n^{\frac{1}{3}}}, v_n = (-1)^n \frac{1}{n^{\frac{1}{3}}} + \frac{1}{n}$$

明显级数 $\displaystyle\sum_{n=1}^{\infty} v_n$ 发散,然而却有

$$\lim_{n\to\infty} \frac{v_n}{u_n} = \frac{(-1)^n \dfrac{1}{n^{\frac{1}{3}}} + \dfrac{1}{n}}{(-1)^n \dfrac{1}{n^{\frac{1}{3}}}} = 1.$$

5. 讨论下列级数的绝对收敛性与条件收敛性:

(1) $\displaystyle\sum_{n=1}^{\infty} (-1)^n \frac{1}{n^p}$;　　　　　　(2) $\displaystyle\sum_{n=1}^{\infty} (-1)^{n+1} \frac{\sin\dfrac{\pi}{n+1}}{\pi^{n+1}}$;

(3) $\displaystyle\sum_{n=1}^{\infty} (-1)^n \ln\frac{n+1}{n}$;　　　　　　(4) $\displaystyle\sum_{n=1}^{\infty} (-1)^n \frac{(n+1)!}{n^{n+1}}$.

解　(1)① 当 $p \leqslant 0$ 时,$\because \lim\limits_{n\to\infty} \dfrac{1}{n^p} \neq 0$,所以原级数发散;

② 当 $0 < p \leqslant 1$ 时,由莱布尼兹定理可得 $\displaystyle\sum_{n=1}^{\infty} (-1)^n \frac{1}{n^p}$ 收敛,而 $\displaystyle\sum_{n=1}^{\infty} \frac{1}{n^p}$ 发散,故

$\displaystyle\sum_{n=1}^{\infty} (-1)^n \frac{1}{n^p}$ 条件收敛;

③ 当 $p > 1$ 时,$\because \displaystyle\sum_{n=1}^{\infty} \frac{1}{n^p}$ 收敛,所以级数 $\displaystyle\sum_{n=1}^{\infty} (-1)^n \frac{1}{n^p}$ 绝对收敛.

(2) 因为 $|u_n| = \dfrac{\sin\dfrac{\pi}{n+1}}{\pi^{n+1}}$,而

$$\frac{\sin\dfrac{\pi}{n+1}}{\pi^{n+1}} \leqslant \frac{1}{\pi^{n+1}} \qquad (0 < \frac{1}{\pi} < 1)$$

且级数 $\displaystyle\sum_{n=1}^{\infty} (\frac{1}{\pi})^{n+1}$ 收敛,所以原级数绝对收敛.

(3) $\because |u_n| = \ln\dfrac{n+1}{n} = \ln(n+1) - \ln n$,

$\therefore \displaystyle\sum_{n=1}^{\infty} |u_n|$ 的前 n 项的部分和 $S_n = \ln(n+1)$

从而 $\lim\limits_{n\to\infty} S_n = \lim\limits_{n\to\infty} \ln(n+1) = +\infty$

$\therefore \displaystyle\sum_{n=1}^{\infty} |u_n|$ 发散.

令 $f(x) = \ln \dfrac{x+1}{x} (x > 0)$，有

$$f'(x) = \frac{1}{x+1} - \frac{1}{x} = -\frac{1}{x(x+1)} < 0.$$

又 $\because x > 0$，所以 $f(x)$ 单调递减，

$$\therefore u_{n+1} = \ln \frac{(n+1)+1}{(n+1)} < \ln \frac{n+1}{n} = u_n.$$

又 $\because \lim\limits_{n \to \infty} \ln \dfrac{n+1}{n} = \lim\limits_{n \to \infty}\left(1 + \dfrac{1}{n}\right) = 0,$

由莱布尼兹定理可得

$\sum\limits_{n=1}^{\infty} (-1)^n \ln \dfrac{n+1}{n}$ 收敛，因而

交错级数 $\sum\limits_{n=1}^{\infty} (-1)^n \ln \dfrac{n+1}{n}$ 条件收敛.

(4) 由 $|u_n| = \dfrac{(n+1)!}{n^{n+1}}$，有

$$\frac{|u_{n+1}|}{|u_n|} = \frac{(n+2)!}{(n+1)^{n+2}} \cdot \frac{n^{n+1}}{(n+1)!}$$

$$= (n+2) \cdot \frac{1}{n+1} \cdot \left(\frac{n}{n+1}\right)^{n+1}$$

$$= \frac{n+2}{n+1} \cdot \frac{1}{(1+\frac{1}{n})^n} \cdot \frac{1}{1+\frac{1}{n}},$$

$$\therefore \lim_{n \to \infty} \frac{|u_{n+1}|}{|u_n|} = \lim_{n \to \infty} \frac{n+2}{n+1} \cdot \frac{1}{(1+\frac{1}{n})^n} \cdot \frac{1}{1+\frac{1}{n}} = \frac{1}{e} < 1$$

由比值审敛法可知 $\sum\limits_{n=1}^{\infty} \dfrac{(n+1)!}{n^{n+1}}$ 收敛，所以原级数绝对收敛.

6. 求下列极限：

(1) $\lim\limits_{n \to \infty} \dfrac{1}{n} \sum\limits_{k=1}^{n} \dfrac{1}{3^k}\left(1 + \dfrac{1}{k}\right)^{k^2}$；

(2) $\lim\limits_{n \to \infty}\left[2^{\frac{1}{3}} \cdot 4^{\frac{1}{9}} \cdot 8^{\frac{1}{27}} \cdot \cdots \cdot (2^n)^{\frac{1}{3^n}}\right]$.

解　(1) 由题意可得，$\sum\limits_{k=1}^{n} \dfrac{1}{3^k}\left(1 + \dfrac{1}{k}\right)^{k^2}$ 可以看成是 $\sum\limits_{n=1}^{\infty} \dfrac{1}{3^n}\left(1 + \dfrac{1}{n}\right)^{n^2}$ 的前 n 项部分和 S_n

设 $x_n = \left(1 + \dfrac{1}{n}\right)^n$，则数列 $\{x_n\}$ 单调增加有界，且有

$$\left(1+\frac{1}{n}\right)^n < e$$

$$\therefore \frac{1}{3^n}\left(1+\frac{1}{n}\right)^{n^2} < \frac{e^n}{3^n}.$$

又 $\because \frac{e}{3} < 1$,所以级数 $\sum\limits_{n=1}^{\infty}\left(\frac{e}{3}\right)^n$ 收敛,由比较法可知

$\sum\limits_{n=1}^{\infty}\frac{1}{3^n}\left(1+\frac{1}{n}\right)^{n^2}$ 收敛,

$\therefore \lim\limits_{n\to\infty}S_n$ 存在,则 $\lim\limits_{n\to\infty}\frac{S_n}{n} = 0$,

即 $\lim\limits_{n\to\infty}\frac{1}{n}\sum\limits_{k=1}^{n}\frac{1}{3^k}\left(1+\frac{1}{k}\right)^{k^2} = 0.$

(2) 由题意,得 $2^{\frac{1}{2}} \cdot 4^{\frac{1}{9}} \cdot 8^{\frac{1}{27}}\cdots\cdots(2^n)^{\frac{1}{3^n}} = \prod\limits_{k=1}^{n}(2^k)^{\frac{1}{3^k}} = 2^{\sum\limits_{k=1}^{n}\frac{k}{3^k}}.$

$\because \sum\limits_{n=0}^{\infty}\frac{x^n}{3^n} = \frac{3}{3-x}, (-3 < x < 3)$

$\therefore \left(\sum\limits_{n=0}^{\infty}\frac{x^n}{3^n}\right)' = \sum\limits_{n=1}^{\infty}\frac{nx^{n-1}}{3^n} = \left(\frac{x}{3-x}\right)' = \frac{3}{(3-x)^2}. (-3 < x < 3)$

令 $x = 1$,得

$\sum\limits_{n=1}^{\infty}\frac{n}{3^n} = \frac{3}{(3-1)^2} = \frac{3}{4}$,

$\therefore \lim\limits_{n\to\infty}\left[2^{\frac{1}{3}} \cdot 4^{\frac{1}{9}} \cdot 8^{\frac{1}{27}}\cdots\cdots(2^n)^{\frac{1}{3n}}\right] = 2^{\lim\limits_{n\to\infty}\sum\limits_{n=1}^{\infty}\frac{k}{3^k}} = 2^{\sum\limits_{n=1}^{\infty}\frac{n}{3^k}} = 2^{\frac{3}{4}}.$

7. 求下列幂级数的收敛域:

(1) $\sum\limits_{n=1}^{\infty}\frac{3^n+5^n}{n}x^n$;　　　　　　(2) $\sum\limits_{n=1}^{\infty}\left(1+\frac{1}{n}\right)^{n^2}x^n$;

(3) $\sum\limits_{n=1}^{\infty}n(x+1)^n$;　　　　　　　(4) $\sum\limits_{n=1}^{\infty}\frac{n}{2^n}x^{2n}$.

解 (1) 因为 $\rho = \lim\limits_{n\to\infty}\left|\frac{a_{n+1}}{a_n}\right| = \lim\limits_{n\to\infty}\frac{3^{n+1}+5^{n+1}}{n+1} \cdot \frac{n}{3^n+5^n} = 5$,

所以收敛半径 $R = \frac{1}{5}$,收敛区间为 $|x| < \frac{1}{5}$,即 $-\frac{1}{5} < x < \frac{1}{5}$.

当 $x = -\frac{1}{5}$ 时,级数成为 $\sum\limits_{n=1}^{\infty}(-1)^n\frac{\left(\frac{3}{5}\right)^n+1}{n}$,这级数收敛;

当 $x = \frac{1}{5}$ 时,级数成为 $\sum\limits_{n=1}^{\infty}\left[\frac{1}{n}\left(\frac{3}{5}\right)^n+\frac{1}{n}\right]$,这级数发散,因此原级数的收敛区

间为$\left[-\dfrac{1}{5},\dfrac{1}{5}\right)$.

(2) 因为 $\displaystyle\sum_{n=1}^{\infty}\lim_{n\to\infty}\sqrt[n]{\left|\left(1+\dfrac{1}{n}\right)^{n^2}\cdot x^n\right|}=\lim_{n\to\infty}\left(1+\dfrac{1}{n}\right)^n\cdot|x|=e|x|$,

① 当 $e|x|<1$ 时,即 $|x|<\dfrac{1}{e}$,原级数绝对收敛;

② 当 $|x|\geqslant\dfrac{1}{e}$ 时,因为

$$\lim_{n\to\infty}\left(1+\dfrac{1}{n}\right)^{n^2}x^n=\lim_{n\to\infty}\left[\left(1+\dfrac{1}{n}\right)^n x\right]^n,$$

而　$\displaystyle\lim_{n\to\infty}\left(1+\dfrac{1}{n}\right)^n x=ex,\ |x|\geqslant\dfrac{1}{e}$,即 $|ex|\geqslant 1$.

$\therefore\displaystyle\lim_{n\to\infty}\left[\left(1+\dfrac{1}{n}\right)^n x\right]^n\neq 0$,

$\therefore$ 级数 $\displaystyle\sum_{n=1}^{\infty}\left(1+\dfrac{1}{n}\right)^{n^2}x^n$ 发散

因此原级数的收敛区间为 $\left(-\dfrac{1}{e},\dfrac{1}{e}\right)$.

(3) 令 $t=x+1$,原级数变为 $\displaystyle\sum_{n=1}^{\infty}nt^n$
因为

$$\rho=\lim_{n\to\infty}\left|\dfrac{a_{n+1}}{a_n}\right|=\lim_{n\to\infty}\dfrac{n+1}{n}=1,$$

所以收敛半径 $R=1$,收敛区间 $|t|<1$,即 $-2<x<0$.

当 $x=-2$ 时,级数成为 $\displaystyle\sum_{n=1}^{\infty}(-1)^n n$,这级数发散;

当 $x=0$ 时,级数成为 $\displaystyle\sum_{n=1}^{\infty}n$,这级数也发散,因此原级数的收敛区间为 $(-2,0)$.

(4) 令 $t=x^2$,原级数变为 $\displaystyle\sum_{n=1}^{\infty}\dfrac{n}{2^n}t^n$,

因为　$\rho=\displaystyle\lim_{n\to\infty}\left|\dfrac{a_n}{a_n}\right|=\lim_{n\to\infty}\left|\dfrac{n+1}{2^{n+1}}\cdot\dfrac{2^n}{n}\right|=\dfrac{1}{2}$,

所以收敛半径 $R=2$,收敛区间 $|t|<2$,即 $0<x^2<2\Rightarrow-\sqrt{2}<2<\sqrt{2}$.

当 $x=-\sqrt{2}$ 时,级数成为 $\displaystyle\sum_{n=2}^{\infty}n$,这级数发散;

当 $x=\sqrt{2}$ 时,级数成为 $\displaystyle\sum_{n=1}^{\infty}n$,这级数也发散.

因此原级数的收敛区间为$(-\sqrt{2},\sqrt{2})$.

8. 求下列幂级数的和函数:

(1) $\sum\limits_{n=1}^{\infty}\dfrac{2n-1}{2^n}x^{2(n-1)}$;　　　　　(2) $\sum\limits_{n=1}^{\infty}\dfrac{(-1)^{n-1}}{2n-1}x^{2n-1}$;

(3) $\sum\limits_{n=1}^{\infty}n(x-1)^n$;　　　　　(4) $\sum\limits_{n=1}^{\infty}\dfrac{x^n}{n(n+1)}$.

解 (1) 先求收敛域,令 $t=x^2$,原级数变为 $\sum\limits_{n=1}^{\infty}\dfrac{2n-1}{2^n}t^{n-1}$,由

$$\lim_{n\to\infty}\left|\dfrac{a_{n+1}}{a_n}\right|=\lim_{n\to\infty}\left|\dfrac{2(n+1)-1}{2^{n+1}}\cdot\dfrac{2^n}{2n-1}\right|=\dfrac{1}{2},$$

得收敛半径 $R=2$,则 $|x|<\sqrt{2}$.

当 $x=\pm\sqrt{2}$ 时,级数都成为 $\sum\limits_{n=1}^{\infty}\left(n-\dfrac{1}{2}\right)$,这级数是发散的,因此收敛域为

$I=(-\sqrt{2},\sqrt{2})$.

设和函数为 $s(x)$,即

$$s(x)=\sum_{n=1}^{\infty}\dfrac{2n-1}{2^n}x^{2(n-1)}.$$

逐项积分,得

$$\int_0^x s(x)\mathrm{d}x=\sum_{n=1}^{\infty}\int_0^x\dfrac{2n-1}{2^n}x^{2(n-1)}\mathrm{d}x$$

$$=\dfrac{1}{x}\sum_{n=1}^{\infty}\left(\dfrac{x^2}{2}\right)^n$$

$$=\dfrac{1}{x}\cdot\dfrac{\dfrac{x^2}{2}}{1-\dfrac{x^2}{2}}$$

$$=\dfrac{x}{2-x^2}$$

$$\therefore s(x)=\left(\dfrac{x}{2-x^2}\right)'=\dfrac{2+x^2}{(2-x^2)^2},x\in(-\sqrt{2},\sqrt{2}).$$

(2) 因为 $\lim\limits_{n\to\infty}\left|\dfrac{u_{n+1}}{u_n}\right|=\lim\limits_{n\to\infty}\left|\dfrac{(-1)^n x^{2(n+1)-1}}{2(n+1)-1}\cdot\dfrac{2n-1}{(-1)^{n-1}x^{2n-1}}\right|$

$$=\lim_{n\to\infty}\dfrac{2n-1}{2n+1}x^2$$

$$=x^2,$$

$\therefore$ 当 $x^2<1$ 时,即 $|x|<1$,级数绝对收敛;当 $|x|>1$ 时,级数发散.

而 $x=-1$ 时，级数成为 $\sum\limits_{n=1}^{\infty} \dfrac{(-1)^{3n-2}}{2n-1}$，这级数收敛；当 $x=1$ 时，级数成为 $\sum\limits_{n=1}^{\infty}$

$\dfrac{(-1)^{n-1}}{2n-1}$，这级数也收敛，故收敛区间为 $I=[-1,1]$.

设和函数为 $s(x)$，即

$$s(x)=\sum_{n=1}^{\infty}\frac{(-1)^{n-1}}{2n-1}x^{2n-1}，则 s(0)=0$$

逐项求导，得

$$s'(x)=\sum_{n=1}^{\infty}\Big[\frac{(-1)^{n-1}}{2n-1}x^{2n-1}\Big]'$$

$$=\sum_{n=1}^{\infty}(-x^2)^{n-1}=\frac{1}{1+x^2}\quad x\in[-1,1].$$

$$\therefore s(x)=\int_0^x\frac{1}{1+x^2}\mathrm{d}x=\arctan x, x\in(-1,1).$$

又因为 $s(1)$ 与 $s(-1)$ 均有意义，且 $s(1)=\lim\limits_{x\to 1^-}\arctan x=\dfrac{\pi}{4}$，

$$s(-1)=\lim_{x\to -1^+}\arctan x=-\frac{\pi}{4}，$$

$$\therefore s(x)=\arctan x, x\in[-1,1].$$

(3) 先求收敛域，令 $t=x-1$，原级数变为 $\sum\limits_{n=1}^{\infty}nt^n$.

由 $\lim\limits_{n\to\infty}\Big|\dfrac{a_{n+1}}{a_n}\Big|=\lim\limits_{n\to\infty}\dfrac{n+1}{n}=1$，

得收敛半径 $R=1$，则 $|t|<1$，即 $0<x<2$.

当 $x=0$ 时，级数成为 $\sum\limits_{n=1}^{\infty}(-1)^n n$；当 $x=2$ 时，似数成为 $\sum\limits_{n=1}^{\infty}n$，它们都发散，故收敛

区间为 $I=(0,2)$

设和函数为 $s(x)$，即

$$s(x)=\sum_{n=1}^{\infty}n(x-1)^n=(x-1)\sum_{n=1}^{\infty}n(x-1)^{n-1}\quad x\in(0,2)$$

对 $\forall x\in(0,2)$，对 $\sum\limits_{n=1}^{\infty}n(x-1)^{n-1}$ 逐项积分，得

$$\sum_{n=1}^{\infty}\int_1^x n(x-1)^{n-1}\mathrm{d}x=\sum_{n=1}^{\infty}(x-1)^n=\frac{x-1}{2-x}，$$

$$\therefore \sum_{n=1}^{\infty}n(x-1)^{n-1}=\Big(\frac{x-1}{2-x}\Big)'=\frac{1}{(2-x)^2}\quad x\in(0,2)，$$

$$\therefore s(x) = (x-1)\sum_{n=1}^{\infty} n(x-1)^{n-1} = \frac{x-1}{(2-x)^2} \quad x \in (0,2).$$

(4) 先求收敛域,由

$$\lim_{n \to \infty}\left|\frac{a_{n+1}}{a_n}\right| = \lim_{n \to \infty}\left|\frac{1}{n(n+1)}\bigg/\frac{1}{(n+1)(n+2)}\right| = 1$$

得收敛半径 $R=1$.

在 $x = \pm 1$ 处,原级数均收敛,故收敛区间为 $I = [-1,1]$.

设和函数为 $s(x)$,即

$$s(x) = \sum_{n=1}^{\infty} \frac{x^n}{n(n+1)} \quad x \in [-1,1]$$

于是 $xs(x) = \sum_{n=1}^{\infty} \frac{x^{n+1}}{n(n+1)}$.

逐项求得,得

$$[xs(x)]' = \sum_{n=1}^{\infty}\left(\frac{x^{n+1}}{n(n+1)}\right)' = \sum_{n=1}^{\infty}\frac{x^n}{n}, x \in (-1,1),$$

$$[xs(x)]'' = \sum_{n=1}^{\infty}\left(\frac{x^n}{n}\right)' = \sum_{n=1}^{\infty} x^{n-1} = \frac{1}{1-x}, x \in (-1,1),$$

$$\therefore [xs(x)]' = \int_0^x \frac{1}{1-x}dx = -\ln(1-x).$$

$$xs(x) = \int_0^x -\ln(1-x)dx$$

$$= (1-x)\ln(1-x) + x \quad x \in (-1,1).$$

$\therefore$ 当 $x \neq 0$ 时,有

$$s(x) = 1 + \frac{(1-x)\ln(1-x)}{x} \quad x \in (-1,1),$$

$$\therefore s(x) = \begin{cases} 1 + \dfrac{(1-x)\ln(1-x)}{x} & x \in [-1,1],\text{且}\ x \neq 0 \\ 0 & x = 0. \end{cases}$$

9. 求下列数项级数的和:

(1) $\displaystyle\sum_{n=1}^{\infty} \frac{n^2}{n!}$;　　　　　　　(2) $\displaystyle\sum_{n=0}^{\infty} (-1)^n \frac{n+1}{(2n+1)!}$.

解　(1) $\displaystyle\sum_{n=1}^{\infty} \frac{n^2}{n!} = \sum_{n=1}^{\infty} \frac{n}{(n-1)!}$

$$= \sum_{n=1}^{\infty} \frac{n-1}{(n-1)!} + \sum_{n=1}^{\infty} \frac{1}{(n-1)!}$$

$$= \sum_{n=2}^{\infty} \frac{1}{(n-2)!} + \sum_{n=1}^{\infty} \frac{1}{(n-1)!}$$

$$= \sum_{n=0}^{\infty} \frac{1}{n!} + \sum_{n=0}^{\infty} \frac{1}{n!}$$

$$= 2 \sum_{n=0}^{\infty} \frac{1}{n!}$$

又 $\because e^x = 1 + x + \frac{x^2}{2!} + \cdots = \sum_{n=1}^{\infty} \frac{1}{n!} x^n$, 得 $e = \sum_{n=1}^{\infty} \frac{1}{n!}$

$\therefore$ 此数项级数的和为 $2e$.

(2) $\sum_{n=0}^{\infty} (-1)^n \frac{n+1}{(2n+1)!} = \sum_{n=0}^{\infty} (-1)^n \cdot \frac{2n+1+1}{2(2n+1)!}$

$$= \frac{1}{2} \left[\sum_{n=0}^{\infty} (-1)^n \frac{1}{(2n)!} + \sum_{n=0}^{\infty} (-1)^n \frac{1}{(2n+1)!} \right]$$

又 $\because$ $\sin x = \sum_{n=0}^{\infty} (-1)^n \frac{x}{(2n+1)!}$, $\cos x = \sum_{n=0}^{\infty} (-1)^n \frac{x}{(2n)!}$

令 $x = 1$, 则

$\sin 1 = \sum_{n=0}^{\infty} (-1)^n \frac{1}{(2n+1)!}$, $\cos 1 = \sum_{n=0}^{\infty} (-1)^n \frac{1}{(2n)!}$

$\therefore \sum_{n=0}^{\infty} (-1)^n \frac{n+1}{(2n+1)!} = \frac{1}{2} (\cos 1 + \sin 1)$.

10. 将下列函数展开成 x 的幂级数:

(1) $\ln(x + \sqrt{x^2 + 1})$; 　　　　(2) $\frac{1}{(2-x)^2}$.

解　(1) $\because$ $\left[\ln(x + \sqrt{x^2+1}) \right]' = (1+x^2)^{-\frac{1}{2}}$

$$= 1 + \sum_{n=1}^{\infty} \frac{(-\frac{1}{2})(-\frac{1}{2}-1)\cdots(-\frac{1}{2}-n+1)}{n!} (x^2)^n$$

$$= 1 + \sum_{n=1}^{\infty} (-1)^n \frac{1 \cdot 3 \cdot \cdots (2n-1)}{2^n \cdot n!} x^{2n}$$

$$= 1 + \sum_{n=1}^{\infty} (-1)^n \frac{(2n-1)!!}{(2n)!!} x^{2n}, x \in [-1, 1]$$

$\therefore \ln(x + \sqrt{x^2+1}) = \int_0^x (1+x^2)^{-\frac{1}{2}} dx$

$$= \int_0^x 1 + \sum_{n=1}^{\infty} (-1)^n \frac{(2n-1)!!}{(2n)!!} x^{2n} dx$$

$$= x + \sum_{n=1}^{\infty} (-1)^n \frac{(2n-1)!!}{(2n)!!} \cdot \frac{1}{2n+1} x^{2n+1}, x \in [-1, 1].$$

(2) $\because \int_1^x \frac{1}{(2-x)^2} dx = \frac{1}{2-x} - 1$

$$= \frac{1}{2} \cdot \frac{1}{1-\frac{x}{2}} - 1 = \frac{1}{2} \sum_{n=0}^{\infty} (\frac{x}{2})^n - 1, x \in (-2,2)$$

$$\therefore \frac{1}{(2-x)^2} = \Big[\frac{1}{2} \sum_{n=0}^{\infty} (\frac{x}{2})^n - 1\Big]'$$

$$= \frac{1}{2} \sum_{n=1}^{\infty} \frac{nx^{n-1}}{2^n}$$

$$= \sum_{n=1}^{\infty} \frac{nx^{n-1}}{2^{n+1}}, x \in (-2,2).$$

11. 设 $f(x)$ 是周期为 2π 的函数,它在 $[-\pi,\pi]$ 上的表达式为

$$f(x) = \begin{cases} 0, & x \in [-\pi,0) \\ e^x, & x \in [0,\pi). \end{cases}$$

将 $f(x)$ 展开成傅里叶级数.

解 $\because a_0 = \frac{1}{x} \int_{-\pi}^{\pi} f(x) \mathrm{d}x = \frac{1}{\pi} \int_0^{\pi} e^x \mathrm{d}x = \frac{e^{\pi}-1}{\pi},$

$a_n = \frac{1}{\pi} \int_{-\pi}^{\pi} f(x) \cos nx \, \mathrm{d}x$

$= \frac{1}{\pi} \int_0^{\pi} e^x \cos nx \, \mathrm{d}x$

$= \frac{1}{n^2\pi} [(-1)^n e^{\pi} - 1] - \frac{1}{n^2} a_n,$

移项整理,得

$a_n = \frac{(-1)^n e^{\pi} - 1}{(n^2+1)\pi} \quad (n=1,2,\cdots)$

$b_n = \frac{1}{\pi} \int_{-\pi}^{\pi} f(x) \sin nx \, \mathrm{d}x$

$= \frac{1}{\pi} \int_0^{\pi} e^x \sin nx \, \mathrm{d}x$

$= \frac{1}{n\pi} [1 - (-1)^n e^{\pi}] - \frac{1}{n^2} b_n,$

移项整理,得

$b_n = \frac{n[1 - (-1)^n e^{\pi}]}{(n^2+1)\pi} \quad (n=1,2,\cdots)$

$\therefore f(x) = \frac{e^{\pi}-1}{2\pi} + \frac{1}{\pi} \sum_{n=1}^{\infty} \Big\{ \frac{(-1)^n e^{\pi} - 1}{n^2+1} \cos nx + \frac{n[1-(-1)^n e^{\pi}]}{n^2+1} \sin x \Big\}.$

$(-\infty < x < +\infty, \text{且} \ x \neq k\pi, k=0,\pm1,\pm2\cdots)$

当 $x = 2k\pi$ 时,级数收敛于

$$\frac{1}{2}[f(0-0)+f(0+0)]=\frac{1}{2};$$

当 $x=(2k+1)\pi$ 时,级数收敛于 $\frac{1}{2}[f(-\pi+0)+f(\pi-0)]=\frac{1}{2}e^{\pi}.$

12. 将函数

$$f(x)=\begin{cases}1, & 0\leqslant x\leqslant h,\\ 0, & h<x\leqslant\pi\end{cases}$$

分别展开成正弦级数和余弦级数.

解 (1) 为求正弦级数,对 $f(x)$ 在 $[-\pi,\pi]$ 上进行奇延拓,则 $a_n=0,(n=0,1,2\cdots)$

$$b_n=\frac{2}{\pi}\int_0^{\pi}f(x)\sin nx\mathrm{d}x$$

$$=\frac{2}{\pi}\Big[\int_0^h\sin nx\mathrm{d}x+\int_h^{\pi}0\cdot\sin nx\mathrm{d}x\Big]$$

$$=\frac{2}{n\pi}-\frac{2\cos nh}{n\pi}(n=1,2\cdots)$$

$$\therefore f(x)=\frac{2}{\pi}\sum_{n=1}^{\infty}\frac{1-\cos nh}{n}\sin nx, x\in(0,h)\bigcup(h,\pi)$$

当 $x=0$ 及 $x=h$ 时,级数分别收敛于 0 及 $\frac{1}{2}$;当 $x=\pi$ 时,级数收敛于 0.

(2) 为求余弦级数,对 $f(x)$ 在 $[-\pi,\pi]$ 上进行偶延拓,于是 $b_n=0(n=1,2,3\cdots)$

$$a_0=\frac{2}{\pi}\int_0^h f(x)\mathrm{d}x=\frac{2}{\pi}\int_0^h\mathrm{d}x=\frac{2h}{\pi}$$

$$a_n=\frac{2}{\pi}\int_0^h f(x)\cos nx\mathrm{d}x=\frac{2}{\pi}\int_0^h\cos nx\mathrm{d}x=\frac{2}{n\pi}\sin nh \quad(n=1,2,3\cdots)$$

$$\therefore f(x)=\frac{h}{\pi}+\frac{2}{\pi}\sum_{n=1}^{\infty}\frac{\sin nh}{n}\cos nx, x\in[0,h)\bigcup(h,\pi]$$

当 $x=h$ 时,级数收敛于 $\frac{1}{2}.$

同步自测题及解析

一、单项选择题

1. 下列级数中收敛的是 __C__ .

(A) $\sum_{n=1}^{\infty} \dfrac{2^n + 6^n}{6^n}$ 　　　　　　　(B) $\sum_{n=1}^{\infty} \dfrac{6^n - 4^n}{6^n}$

(C) $\sum_{n=1}^{\infty} \dfrac{2^n + 3^n}{6^n}$ 　　　　　　　(D) $\sum_{n=1}^{\infty} \dfrac{2^n 3^n}{6^n}$

解　$\sum_{n=1}^{\infty} \dfrac{2^n + 3^n}{6^n} = \sum_{n=1}^{\infty} \left(\dfrac{1}{3}\right)^n + \sum_{n=1}^{\infty} \left(\dfrac{1}{2}\right)^n$，故 C 正确.

2. 当 $\sum_{n=1}^{\infty}(a_n + b_n)$ 收敛时，$\sum_{n=1}^{\infty} a_n$ 与 $\sum_{n=1}^{\infty} b_n =$ ___C___.

(A) 必同时收敛 　　　　　　　(B) 必同时发散

(C) 可能不同时收敛 　　　　　　(D) 不可能同时收敛

解　例如当 $a_n = \dfrac{1}{2n-1}$ 　$b_n = \dfrac{(-1)^n}{2n}$ 时，可排除 A；当 $a_n = \dfrac{1}{2^n}, b_n = \dfrac{1}{3^n}$，则可排

除 B.

3. 级数 $\sum_{n=1}^{\infty}(-1)^n\left(1 - \cos\dfrac{b}{\sqrt{n}}\right)^2$ 　$(b \neq 0$，常数$)$ 为 ___A___.

(A) 绝对收敛 　　　　　　　(B) 发散

(C) 条件收敛 　　　　　　　(D) 收敛性与 b 的取值有关

解　由于 $|u_n| = \left(1 - \cos\dfrac{b}{\sqrt{n}}\right)^2 \sim \left[\dfrac{1}{2}\left(\dfrac{b}{\sqrt{n}}\right)^2\right]^2$，而 $\sum_{n=1}^{\infty} \dfrac{1}{4}\left(\dfrac{b^2}{n}\right)^2$ 收敛，故 $\sum_{n=1}^{\infty} u_n$

绝对收敛.

4. 设幂级数 $\sum_{n=1}^{\infty} \dfrac{(x-a)^n}{n}$ 在点 $x = 3$ 收敛，则实数 a 的取值范围是 ___D___.

(A)$2 \leqslant a < 4$ 　　　　　　　(B)$2 < a < 4$

(C)$2 \leqslant a \leqslant 4$ 　　　　　　　(D)$2 < a \leqslant 4$

解　$R = \lim_{n \to \infty}\left|\dfrac{a_n}{a_{n+1}}\right| = \lim_{n \to \infty}\dfrac{n}{n+1} = 1$，则 $|x - a| < 1$　即 $a - 1 < x < a + 1$.

$x - a = -1$ 时，级数收敛.

∴ 收敛域为 $a - 1 \leqslant x < a + 1$.

∴ $a - 1 \leqslant 3 < a + 1$　即 $2 < a \leqslant 4$.

二、填空题

1. 函数 $f(x) = \begin{cases} bx, & -\pi \leqslant x \leqslant 0 \\ ax, & 0 \leqslant x \leqslant \pi \end{cases}$ $(a, b$ 为常数，且 $a > b > 0)$ 的傅里叶级数为

$f(x) = \dfrac{\pi^2(a-b)}{4} + \sum_{n=1}^{\infty}\left(\dfrac{2(b-a)}{\pi n^2}\cos nx + \dfrac{2(a-b)}{\pi n}\sin nx\right)$.

解　∵ $a_n = \dfrac{1}{\pi}\int_{-\pi}^{\pi} f(x)\cos nx \, dx = \dfrac{2(b-a)}{\pi n^2}$

$$b_n = \frac{1}{\pi}\int_{-\pi}^{\pi} f(x)\sin nx\,\mathrm{d}x = \frac{2(a-b)}{\pi n}$$

$$a_0 = \frac{1}{\pi}\int_{-\pi}^{\pi} f(x)\,\mathrm{d}x = \frac{1}{2}\pi^2(a-b)$$

$$\therefore f(x) = \frac{\pi^2(a-b)}{4} + \sum_{n=1}^{\infty}\left(\frac{2(b-a)}{\pi n^2}\cos nx + \frac{2(a-b)}{\pi n}\sin nx\right).$$

2. 函数 $f(x) = \dfrac{1}{x(x-2)}$ 在 $x=1$ 展开为泰勒级数为：

$$-\sum_{n=1}^{\infty}(x-1)^{2n},\ |x-1|<1.$$

解　$f(x) = \dfrac{1}{x(x-2)} = \dfrac{1}{2}\left(\dfrac{1}{x-2} - \dfrac{1}{x}\right)$

$$= \frac{1}{2}\left(\frac{1}{(-1)+(x-1)} - \frac{1}{(x-1)+1}\right)$$

$$\frac{1}{1+(x-1)} = \sum_{n=0}^{+\infty}(-1)^n(x-1)^n\left(\text{利用}\sum_{n=0}^{+\infty}y^n = \frac{1}{1-y},\ |y|<1\right)$$

$$\frac{1}{(-1)+(x-1)} = -\sum_{n=0}^{+\infty}(x-1)^n.$$

3. $f(x) = \dfrac{\pi-x}{2}(0\leqslant x\leqslant\pi)$ 展成正弦级数为 $\sin x + \dfrac{1}{2}\sin 2x + \dfrac{1}{3}\sin 3x + \cdots$.

解　对函数 $f(x)$ 进行奇延拓,则

$$b_n = \frac{2}{\pi}f(x)\sin nx\,\mathrm{d}x$$

$$= \frac{2}{\pi}\int_0^{\pi}\frac{\pi-x}{2}\sin nx\,\mathrm{d}x = -\frac{1}{\pi}\left[\frac{\pi-x}{n}\cos nx + \frac{\sin nx}{n^2}\right]_0^{\pi} = \frac{1}{n}$$

$$\therefore f(x) = \sin x + \frac{1}{2}\sin 2x + \frac{1}{3}\sin x + \cdots.$$

4. $\displaystyle\sum_{n=1}^{\infty}\frac{6^n-4^n}{2n}(2x-1)^n$ 的收敛半径为 ___6___ ,收敛区间为 $\left[\dfrac{5}{2},\dfrac{7}{2}\right)$.

解　$R = \lim\limits_{n\to\infty}\left|\dfrac{a_n}{a_{n+1}}\right| = \dfrac{1}{6}$,收敛区间 $|2x-1|<\dfrac{1}{6}$,$\therefore$ 收敛区间为 $\left(\dfrac{5}{12},\dfrac{7}{12}\right)$.

当 $2x-1 = \dfrac{1}{6}$ 时,级数发散;

当 $2x-1 = -\dfrac{1}{6}$ 时,级数收敛;

$\therefore$ 收敛区间为 $\left[\dfrac{5}{12},\dfrac{7}{12}\right)$.

三、 判别级数 $\displaystyle\sum_{n=1}^{\infty}\left(\dfrac{1}{n} - \ln\dfrac{n+1}{n}\right)$ 的敛散性.

解 已知 $\ln(1+x) < x$ $(x \neq 0, -1 < x < +\infty)$

$\therefore \ln \dfrac{n+1}{n} = \ln(1+\dfrac{1}{n}) < \dfrac{1}{n}$

$\ln \dfrac{n+1}{n} = -\ln \dfrac{n}{n+1} = -\ln(1-\dfrac{1}{n+1}) > \dfrac{1}{n+1}$

$\therefore 0 < \dfrac{1}{n} - \ln \dfrac{n+1}{n} < \dfrac{1}{n} - \dfrac{1}{n+1} = \dfrac{1}{n(n+1)}$

$\because \displaystyle\sum_{n=1}^{\infty} \dfrac{1}{n(n+1)}$ 收敛

$\therefore \displaystyle\sum_{n=1}^{\infty} \left(\dfrac{1}{n} - \ln \dfrac{n+1}{n} \right)$ 收敛.

四、设幂级数为 $\displaystyle\sum_{n=1}^{\infty} \dfrac{2n+1}{n!} x^{2n}$.

求：(1) 收敛区间；(2) 和函数.

解 (1) $\displaystyle\lim_{n\to\infty} \left| \dfrac{u_{n+1}}{u_n} \right| = \lim_{n\to\infty} \dfrac{(2n+3)}{(n+1)!} \cdot \dfrac{n!}{(2n+1)} |x|^2 = 0$

$\therefore$ 收敛半径 $R = +\infty$

$\therefore$ 收敛区间为 $(-\infty, +\infty)$.

(2) $f(x) = \displaystyle\sum_{n=1}^{\infty} \dfrac{2n+1}{n!} x^{2n}$ $-\infty < x < +\infty$

$\displaystyle\int_0^x f(x) \mathrm{d}x = \sum_{n=1}^{\infty} \dfrac{2n+1}{n!} \int_0^x x^{2n} \cdot \mathrm{d}x = \sum_{n=1}^{\infty} \dfrac{1}{n!} x^{2n+1}$

$\qquad = x \displaystyle\sum_{n=1}^{\infty} \dfrac{1}{n!} x^{2n} = x \left(\sum_{n=1}^{\infty} \dfrac{x^{2n}}{n!} + 1 \right) - x = x(\mathrm{e}^{x^2} - 1)$

两边求导得

$f(x) = [x(\mathrm{e}^{x^2} - 1)]' = (2x^2+1)\mathrm{e}^{x^2} - 1$ $-\infty < x < +\infty$

即 $\displaystyle\sum_{n=1}^{\infty} \dfrac{2n+1}{n!} x^{2n} = (2x^2+1)\mathrm{e}^{x^2} - 1, -\infty < x < \infty$.

五、求函数 $f(x) = x^2 + 2x + 1$ 在 $x = 1$ 处的幂级数.

解 $f(x) = (x+1)^2 = [2+(x-1)]^2 = 4 + 4(x-1) + (x-1)^2$.

六、求数项收数 $\displaystyle\sum_{n=1}^{\infty} \arctan \dfrac{1}{2n^2}$ 的和.

解 $S_n = \displaystyle\sum_{k=1}^{n} \arctan \dfrac{1}{2k^2}$

$\qquad = \displaystyle\sum_{k=1}^{n} \arctan \dfrac{(2k+1)-(2k-1)}{1+(2k+1)(2k-1)}$

$$= \sum_{k=1}^{n}\left[\arctan(2k+1)-\arctan(2k-1)\right]$$

$$= \arctan(2n+1)-\arctan 1$$

$$= \arctan(2n+1)-\frac{\pi}{4}$$

$$\lim_{n\to\infty}S_n=\frac{\pi}{4}$$

$$\therefore \sum_{n=1}^{\infty}\arctan\frac{1}{2n^2}=\frac{\pi}{4}.$$

七、设 $f(x)$ 是周期为 2 的周期函数,且

$$f(x)=\begin{cases} x & 0\leqslant x\leqslant 1 \\ 0 & 1<x<2 \end{cases}$$

(1) 写出 $f(x)$ 的傅里叶级数;

(2) 求 $\displaystyle\sum_{n=0}^{\infty}\frac{1}{(2n+1)^2}$ 的和.

解　(1) 根据傅里叶系数的计算公式,得

$$a_n=\int_0^2 f(x)\cos n\pi x\,\mathrm{d}x=\int_0^1 x\cos n\pi x\,\mathrm{d}x$$

$$=\frac{(-1)^n-1}{n^2\pi^2} \quad (n=1,2,3\cdots\cdots)$$

$$a_0=\int_0^2 f(x)\cdot\mathrm{d}x=\int_0^1 x\cdot\mathrm{d}x=\frac{1}{2}$$

$$b_n=\int_0^2 f(x)\sin n\pi x\cdot\mathrm{d}x=\int_0^1 x\sin n\pi x\cdot\mathrm{d}x$$

$$=\frac{(-1)^{n-1}}{n\pi}(n=1,2,3)$$

$\therefore f(x)$ 的傅里叶级数为

$$\frac{1}{4}+\sum_{n=1}^{\infty}\frac{1}{n\pi}\left[\frac{(-1)^n-1}{n\pi}\cos n\pi x+(-1)^{n-1}\sin n\pi x\right].$$

(2) 由于函数 $f(x)$ 在 $x=0$ 处连续,根据狄利克雷收敛定理得

$$\frac{1}{4}+\sum_{n=1}^{\infty}\frac{(-1)^n-1}{n^2\pi^2}=\frac{1}{4}-\sum_{n=0}^{\infty}\frac{2}{(2n+1)^2\pi^2}=f(0)=0,$$

$$\therefore \sum_{n=0}^{\infty}\frac{1}{(2n+1)^2}=\frac{\pi^2}{8}.$$

第十二章　微分方程

本章重点内容导学

一、微分方程及其一些相关问题的基本概念

二、一阶微分方程的类型与积分解法

1. 可分离变量微分方程与分离变量法

2. 齐次微分方程与变量替换法

3. 一阶级性微分方程与常数变易法

4. 伯努利方程

5. 全微分方程与积分因子法

三、可降阶的高阶微分方程的类型与降低解法

1. 可直接积分型

2. 不显含未知函数 y 型

3. 不显含自变量 x 型

四、高阶线性微分方程及代数解法

1. 线性微分方程的通解

2. 二阶常系数齐次线性微分方程的通解的求法

3. n 阶常系数非齐次线性微分方程的通解

五、二阶常系数非齐次线性微分方程的通解

1. 通解形式

2. 待定系数法求非齐次方程的两种形式特解

六、其他形式方程及解法

典型例题讲解

例1 用分离变量法求解微分方程

$(1)\, y\dfrac{\mathrm{d}y}{\mathrm{d}x} = 1 + x^2 + y^2 + x^2 y^2$

解
$$y\frac{\mathrm{d}y}{\mathrm{d}x} = 1 + x^2 + y^2 + x^2 y^2$$
$$= (1+x^2) + (1+x^2)y^2$$
$$= (1+x^2)(1+y^2)$$

则 $\dfrac{\mathrm{d}y}{\mathrm{d}x} = (1+x^2)\dfrac{1+y^2}{y}$

$\dfrac{y\mathrm{d}y}{1+y^2} = (1+x^2)\mathrm{d}x$

两边同时积分可得 $\dfrac{1}{2}\ln(1+y^2) = x + \dfrac{x^3}{3} + C_1$

即 $y^2 = Ce^{2x+\frac{2}{3}x^3} - 1$.

$(2)\, \cos y\,\mathrm{d}x + (1+e^{-x})\sin y\,\mathrm{d}y = 0$

解 原式可变形为 $(1+e^{-x})\sin y\,\mathrm{d}y = -\cos y\,\mathrm{d}x$,

则 $\tan y\,\mathrm{d}y = \dfrac{-\mathrm{d}x}{1+e^{-x}} = \dfrac{-e^x\,\mathrm{d}x}{e^x+1} = -\dfrac{\mathrm{d}(e^x+1)}{e^x+1}$.

两边同时积分可得

$-\ln|\cos y| = -\ln|e^x+1| + C_1$

即 $\cos y = C(e^x+1)$.

例2 求微分方程 $y\cos\dfrac{x}{y} + (y - x\cos\dfrac{x}{y})\cdot y' = 0$ 的通解.

解 设 $\dfrac{x}{y} = u$, 则 $x = uy$. 代入原微分方程, 同时方程两边同除以 y, 可得

$\cos\dfrac{x}{y} + \left(1 - \dfrac{x}{y}\cos\dfrac{x}{y}\right)\cdot y' = 0$,

即 $\cos u + (1 - u\cos u)\cdot y' = 0$.

而 $y' = \dfrac{\mathrm{d}y}{\mathrm{d}x} = \dfrac{u - x\frac{\mathrm{d}u}{\mathrm{d}x}}{u^2}$, 则 $\cos u + (1 - u\cos u)\dfrac{u - x\frac{\mathrm{d}u}{\mathrm{d}x}}{u^2} = 0$,

即 $u - (1 - u\cos u)x\dfrac{\mathrm{d}u}{\mathrm{d}x} = 0$,可得$\dfrac{\mathrm{d}x}{x} = \dfrac{1 - u\cos u}{u}\mathrm{d}u$.

两边同时积分可得 $\ln|x| = \ln|u| - \sin u + C$

将 $u = \dfrac{x}{y}$ 代入 $\ln|x| = \ln\left|\dfrac{x}{y}\right| - \sin\dfrac{x}{y} + C$,即 $\ln|y| + \sin\dfrac{x}{y} = C.$

例3 求解线性微分方程 $y\mathrm{d}x - x\mathrm{d}y + x^3\mathrm{e}^{-x^2}\mathrm{d}x = 0.$

解 $y\mathrm{d}x - x\mathrm{d}y + x^3\mathrm{e}^{-x^2}\mathrm{d}x = 0$,则$\dfrac{\mathrm{d}y}{\mathrm{d}x} - \dfrac{y}{x} = x^2\mathrm{e}^{-x^2}$

则该线性微分方程的通解为

$$y = \left[\int \phi(x)\mathrm{e}^{\int p(x)\mathrm{d}x}\mathrm{d}x + C\right]\mathrm{e}^{-\int p(x)\mathrm{d}x},$$

其中 $p(x) = -\dfrac{1}{x}$,$\phi(x) = x^3\mathrm{e}^{-x^2}$,

则$\displaystyle\int p(x)\mathrm{d}x = \int -\dfrac{\mathrm{d}x}{x} = -\ln x$,$\mathrm{e}^{\int p(x)\mathrm{d}x} = \dfrac{1}{x}$,$\mathrm{e}^{-\int p(x)\mathrm{d}x} = x$

$\displaystyle\int \phi(x)\mathrm{e}^{\int p(x)\mathrm{d}x}\mathrm{d}x = \int x^2\mathrm{e}^{-x^2}\cdot\dfrac{1}{x}\mathrm{d}x = \int x\mathrm{e}^{-x^2}\mathrm{d}x = -\dfrac{1}{2}\mathrm{e}^{-x^2}$

则该线性微分方程的通解为

$$y = \left(c - \dfrac{1}{2}\mathrm{e}^{-x^2}\right)\cdot x = cx - \dfrac{x}{2}\mathrm{e}^{-x^2}.$$

例4 求微分方程 $y'\cos x + 3y\sin x - \sqrt[3]{y^2}\sin 2x = 0$,满足$y|_{x=0} = 8$ 的特解.

解 $y'\cos x + 3y\sin x - y^{\frac{2}{3}}\sin 2x = 0$,即 $y' + 3\tan x\cdot y = 2y^{\frac{2}{3}}\sin x$.

令 $z = y^{\frac{1}{3}}$,则原方程变为

$$\dfrac{\mathrm{d}z}{\mathrm{d}x} + \dfrac{1}{3}\cdot 3\tan x\cdot z = \dfrac{1}{3}\cdot 2\sin x,$$

则 $\dfrac{\mathrm{d}z}{\mathrm{d}x} + \tan x\cdot z = \dfrac{2}{3}\sin x$

$$z = \mathrm{e}^{-\int \tan x\mathrm{d}x}\left(\int \dfrac{2}{3}\sin x\cdot \mathrm{e}^{\int \tan x\mathrm{d}x}\mathrm{d}x + C\right).$$

又$\displaystyle\int \tan x\mathrm{d}x = -\ln|\cos x|$,$\mathrm{e}^{\int \tan x\mathrm{d}x} = \dfrac{1}{\cos x}$,

$-\displaystyle\int \tan x\mathrm{d}x = \ln|\cos x|$,$\mathrm{e}^{-\int \tan x\mathrm{d}x} = \cos x$,

$z = \cos x\cdot(\displaystyle\int \dfrac{2}{3}\sin x\cdot\dfrac{1}{\cos x}\mathrm{d}x + c)$

$= \cos x(\displaystyle\int \dfrac{2}{3}\tan x\mathrm{d}x + c)$,

$$= \cos x \left(c - \frac{2}{3}\ln|\cos x| \right)$$

则该微分的通解为

$$y^{\frac{1}{3}} = \cos x \left(c - \frac{2}{3}\ln|\cos x| \right)$$

将 $x=0, y=8$ 代入该通解可得 $c=2$,

则该微分方程的特解为

$$y^{\frac{1}{3}} = \cos x \left(2 - \frac{2}{3}\ln|\cos x| \right).$$

例 5 求微分方程 $y'' + 2y' - 3y = e^{-3x}$ 的通解.

解 设该微分方程的通解

$$y(x) = F(x) \cdot e^{-3x},$$

则 $y' = F'(x)e^{-3x} - 3F(x)e^{-3x},$

$$y'' = F''(x)e^{-3x} - 3F'(x)e^{-3x} - 3F'(x)e^{-3x} + 9F(x)e^{-3x}$$

$$= [F''(x) - 6F'(x) + 9F(x)]e^{-3x}.$$

因此 $[F''(x) - 6F'(x) + 9F(x)]e^{-3x} + 2[F'(x) - 3F(x)]e^{-3x} - 3F(x)e^{-3x} = e^{-3x}$

即 $F''(x) - 6F'(x) + 9F(x) + 2F'(x) - 6F(x) - 3F(x) = 1,$

$$F''(x) - 4F'(x) = 1.$$

令 $p = F'(x)$,则 $F''(x) = \frac{\mathrm{d}p}{\mathrm{d}x}$

有 $\frac{\mathrm{d}p}{\mathrm{d}x} - 4p = 1$,即 $\frac{\mathrm{d}p}{4p+1} = \mathrm{d}x$

两边同时积分可得 $\frac{1}{4}\ln(4p+1) = x + C_1$

$$4p+1 = C_2'e^{4x}, \quad p = C_3'e^{4x} - \frac{1}{4}$$

$$F(x) = \int p\,\mathrm{d}x = \int \left(C_3'e^{4x} - \frac{1}{4} \right)\mathrm{d}x = C_1e^{4x} - \frac{x}{4} + C_2.$$

则该微分方程的通解为 $y(x) = \left(C_1e^{4x} - \frac{x}{4} + C_2 \right)e^{-3x}.$

例 6 设微分方程 $y'' + ay' + by = ce^x$ 的一个特解 $y = e^{2x} + (1+x)e^x$,求 a,b,c 的值以及该方程的通解.

解 将 $y = e^{2x} + (1+x)e^x$ 代入方程 $y'' + ay' + by = ce^x$ 可得

$$4e^{2x} + (3+x)e^x + a[2e^{2x} + (2+x)e^x] + b[e^{2x} + (1+x)e^x] = Ce^x$$

$$(4+2a+b)e^{2x} + [(3+x) + (2+x)a + (1+x)b]e^x = Ce^x$$

$$\begin{cases} 4+2a+b=0 \\ 3+2a+b=C\text{可解} \\ 1+a+b=0 \end{cases} \begin{cases} a=-3 \\ b=2 \\ c=-1 \end{cases}$$

由此可知微分方程为 $y''-3y'+2y=-\mathrm{e}^x$.

设 $y(x)=F(x)\mathrm{e}^x$,则

$y'=F'(x)\mathrm{e}^x+F(x)\mathrm{e}^x$,$y''=F''(x)\mathrm{e}^x+2F'(x)\mathrm{e}^x+F(x)\mathrm{e}^x$,

则 $[F''(x)+2F'(x)+F(x)-3F'(x)-3F(x)+2F(x)]\mathrm{e}^x=-\mathrm{e}^x$,

即 $F''(x)-F'(x)=-1$.

令 $F'(x)=p$,则

$$\frac{\mathrm{d}p}{\mathrm{d}x}=p-1, \frac{\mathrm{d}p}{p-1}=\mathrm{d}x,$$

两边同时积分可得 $\ln|p-1|=x$,即 $p=C_1\mathrm{e}^x+1$.

$$F(x)=\int p\mathrm{d}x=\int(C_1\mathrm{e}^x+1)\mathrm{d}x=C_1\mathrm{e}^x+x+C_2,$$

由此可知该微分方程的通解

$$y(x)=(C_1\mathrm{e}^x+x+C_2)\mathrm{e}^x.$$

例 7　求微分方程 $yy''-(y')^2=y^2\ln y$ 的通解.

解　设 $\ln y=u$,则 $u'=\dfrac{\mathrm{d}u}{\mathrm{d}x}=\dfrac{y'}{y}$

$$u''=\frac{\mathrm{d}u'}{\mathrm{d}x}=\frac{yy''-(y')^2}{y^2},$$

则　由 $yy''-(y')^2=y^2\ln y$ 可得 $u''-u=0$.

又令 $u'=p$,则有 $p\dfrac{\mathrm{d}p}{\mathrm{d}u}=u$,即 $p\mathrm{d}p=u\mathrm{d}u$,

两边同时积分可得 $p=\dfrac{\mathrm{d}u}{\mathrm{d}x}=\pm\sqrt{u^2+C}$,

则 $\dfrac{\mathrm{d}u}{\pm\sqrt{u^2+C}}=\mathrm{d}x$.

积分化简可得 $u=C_1\mathrm{e}^x+C_2\mathrm{e}^{-x}$,

则原微分方程的通解为 $\ln y=C_1\mathrm{e}^x+C_2\mathrm{e}^{-x}$.

例 8　函数 $y=f(x)$ 满足微分方程 $y''-3y'+2y=2\mathrm{e}^x$,其图形在点 $(0,1)$ 处的切线与曲线 $y=x^2-x+1$ 在该点处的切线重合,求 y 的解析表达式.

解　由 $y=x^2-x+1$,可得

$$\frac{\mathrm{d}y}{\mathrm{d}x}\Big|_{(0,1)}=(2x-1)\big|_{x=0}=-1,$$

则微分方程 $y''-3y'+2y=2\mathrm{e}^x$ 的解满足条件 $y'\big|_{\substack{x=0\\y=1}}=-1$.

设该微分方程的通解为 $y(x)=F(x)\cdot\mathrm{e}^x$,则

$$y''-3y'+2y=\big[F''(x)+2F'(x)+F(x)-3F'(x)-3F(x)+2F(x)\big]\mathrm{e}^x=2\mathrm{e}^x$$

则有 $F''(x)-F'(x)=2$,$F''(x)=F'(x)+2$

$\dfrac{\mathrm{d}F'(x)}{F'(x)+2}=\mathrm{d}x$,积分可得 $\ln[F'(x)+2]=x+C_1$,

则有 $F'(x)=C_2\mathrm{e}^x-2$.

于是 $F(x)=\displaystyle\int F'(x)\mathrm{d}x=\int(C_2\mathrm{e}^x-2)\mathrm{d}x=C_2\mathrm{e}^x-2x+C_3$,

则 $y(x)=(C_2\mathrm{e}^x-2x+C_3)\mathrm{e}^x=C_2\mathrm{e}^{2x}-2x\mathrm{e}^x+C_3\mathrm{e}^x$.

由条件 $\begin{cases}y\big|_{x=0}=1\\y'\big|_{x=0}=-1\end{cases}$,

可得 $\begin{cases}C_2=0\\C_3=1\end{cases}$

则原微分方程的解析表达式为 $y(x)=\mathrm{e}^x-2x\mathrm{e}^x$.

例 9 一曲线通过点 $(3,4)$. 它在两坐标轴间的任一切线线段均被切点所平分. 求这曲线方程.

解 设曲线方程为 $y=y(x)$,曲线上一点 (x,y) 的切线方程为

$$\frac{Y-y}{Z-x}=y'.$$

由假设,当 $Y=0$ 时,$Z=2x$,代入上式即得曲线所满足的微分方程的初值问题

$\dfrac{\mathrm{d}y}{\mathrm{d}x}=-\dfrac{y}{x}$ 且 $y(3)=4$.

由 $\dfrac{\mathrm{d}y}{\mathrm{d}x}=-\dfrac{y}{x}$,可得 $\dfrac{\mathrm{d}y}{y}=-\dfrac{\mathrm{d}x}{x}$

两边同时积分可得 $xy=C$.

而由 $y(3)=4$,可得 $C=12$,

所以所求的曲线为 $xy=12$.

例 10 一质点的加速度为 $a=5\cos 2t-9s$,

(1) 若该质点在原点处由静止出发,求其运动方程及此质点远离原点时,所达到的最大距离;

(2) 若该质点由原点出发时,其速度为 $v=6$,求其运动方程.

解 由 $a=5\cos 2t-9s$,可得 $s''+9s=5\cos 2t$,

很容易得知 $s=\cos 2t$ 为该方程的一个特解.

对于齐次方程 $s''+9s=0$,

其特征方程为 $\lambda^2 + 9 = 0$,有 $\lambda = \pm 3i$

由此可知齐次方程 $s'' + 9s = 0$ 的通解为

$s(t) = C_1 \cos 3t + C_2 \sin 3t$,

则微分方程的通解

$s(t) = C_1 \cos 3t + C_2 \sin 3t + \cos 2t$.

(1) 由 $s(t)\big|_{t=0} = 0$,可得 $C_1 + 1 = 0$,则 $C_1 = -1$

$s'(t)\big|_{t=0} = 0$,可得 $C_2 = 0$

则其运动方程为 $s(t) = \cos 2t - \cos 3t$.

令 $s'(t) = 0$,即 $2\sin 2t - 3\sin 3t = 0$,解得 $t = \pi$

此时有极大值 $s(\pi) = 2$.

(2) 由 $s(t)\big|_{t=0} = 0$,可得 $C_1 = -1$

$s'(t)\big|_{t=0} = 6$,可得 $3C_2 = 6$,则 $C_2 = 2$

则其运动方程为 $s(t) = \cos 2t + 2\sin 3t - \cos 3t$.

习题全解

习题 12－1

1. 试说出下列各微分方程的阶数:

(1) $x(y')^2 - 2yy' + x = 0$;

(2) $x^2 y'' - xy' + y = 0$;

(3) $xy''' + 2y'' + x^2 y = 0$;

(4) $(7x - 6y)dx + (x + y)dy = 0$;

(5) $L\dfrac{d^2 Q}{dt^2} + R\dfrac{dQ}{dt} + \dfrac{Q}{C} = 0$;

(6) $\dfrac{d\rho}{d\theta} + \rho = \sin^2 \theta$.

解 (1) 一阶;(2) 二阶;(3) 三阶;(4) 一阶;(5) 二阶;(6) 一阶.

2. 指出下列各题中的函数是否为所给微分方程的解:

(1) $xy' = 2y, y = 5x^2$;

(2) $y'' + y = 0, y = 3\sin x - 4\cos x$;

(3) $y'' - 2y' + y = 0, y = x^2 e^x$;

(4) $y'' - (\lambda_1 + \lambda_2)y' + \lambda_1 \lambda_2 y = 0, y = C_1 e^{\lambda_1 x} + C_2 e^{\lambda_2 x}$.

解 (1) 由 $y = 5x^2$,得 $y' = 10x$,代入方程,得

$$x \cdot (10x) = 2 \cdot (5x^2)$$
$$\Rightarrow 10x^2 = 10x^2$$

$\therefore y = 5x^2$ 是方程 $xy' = 2y$ 的解.

(2) 由 $y = 3\sin x - 4\cos x$, 得 $y' = 3\cos x + 4\sin x$, $y'' = -3\sin x + 4\cos x$ 代入方程得

$$(-3\sin x + 4\cos x) + (3\sin x - 4\cos x) = 0$$
$$\Rightarrow 0 = 0$$

$\therefore y = 3\sin x - 4\cos x$ 是方程 $y'' + y' = 0$ 的解.

(3) 由 $y = x^2 e^x$, 得 $y' = e^x(x^2 + 2x)$,

$y'' = e^x(x^2 + 4x + 2)$, 代入方程, 得

$$e^x(x^2 + 4x + 2) - 2e^x(x^2 + 2x) + x^2 e^x = 0$$
$$\Rightarrow 2e^x \neq 0$$

$\therefore y = x^2 e^x$ 不是方程 $y'' - 2y' + y = 0$ 的解.

(4) 由 $y = C_1 e^{\lambda_1 x} + C_2 e^{\lambda_2 x}$, 得 $y' = C_1 \lambda_1 e^{\lambda_1 x} + C_2 \lambda_2 e^{\lambda_2 x}$, $y'' = C_1 \lambda_1^2 e^{\lambda_1 x} + C_2 \lambda_2^2 e^{\lambda_2 x}$ 代入方程, 得

$$(C_1 \lambda_1^2 e^{\lambda_1 x} + C_2 \lambda_2^2 e^{\lambda_2 x}) - (\lambda_1 + \lambda_2)(C_1 \lambda_1 e^{\lambda_1 x} + C_2 \lambda_2 e^{\lambda_2 x})$$
$$+ \lambda_1 \lambda_2 (C_1 e^{\lambda_1 x} + C_2 e^{\lambda_2 x}) = 0$$
$$\Rightarrow 0 = 0$$

$\therefore y = C_1 e^{\lambda_1 x} + C_2 e^{\lambda_2 x}$ 是方程 $y'' - (\lambda_1 + \lambda_2)y' + \lambda_1 \lambda_2 y = 0$ 的解.

3. 在下列各题中, 验证所给二元方程所确定的函数为所给微分方程的解:

(1) $(x - 2y)y' = 2x - y$, $x^2 - xy + y^2 = C$;

(2) $(xy - x)y'' + xy'^2 + yy' - 2y' = 0$, $y = \ln(xy)$.

证明　(1) 对等式 $x^2 - xy + y^2 = C$ 两边关于 x 求导, 得

$$2x - y - xy' + 2yy' = 0$$

即 $(x - 2y)y' = 2x - y$

$\therefore x^2 - xy + y^2 = C$ 所确定的函数是所给微分方程的解.

(2) 对等式 $y = \ln(xy)$ 两边关于 x 求导, 得

$y' = \dfrac{y + xy'}{xy}$, 即 $xyy' = y + xy'$.

再对 $xyy' = y + xy'$ 两边关于 x 求导, 得

$$yy' + xy'^2 + xyy'' = y' + y' + xy''$$

即 $(xy - x)y'' + xy'^2 + yy' - 2y' = 0$.

$\therefore y = \ln(xy)$ 所确定的函数是所给微分方程的解.

4. 在下列各题中, 确定函数关系式中所含的参数, 使函数满足所给的初始条件:

(1)$x^2 - y^2 = C, y|_{x=0} = 5$;

(2)$y = (C_1 + C_2 x)e^{2x}, y|_{x=0} = 0, y'|_{x=0} = 1$;

(3)$y = C_1 \sin(x - C_2), y|_{x=\pi} = 1, y'|_{x=\pi} = 0$.

解　(1) 由$y|_{x=0} = 5$,得$0 - 5^2 = C, \Rightarrow C = -25$.

(2) 由$y = (C_1 + C_2 x)e^{2x}$,得$y' = e^{2x}(2C_1 + C_2 + 2C_2 x)$.

又 $\because y|_{x=0} = 0, y'|_{x=0} = 1$,

$\therefore \begin{cases} 0 = C_1 \\ 1 = 2C_1 + C_2 \end{cases}$

$\therefore C_1 = 0, C_2 = 1$.

(3) 由$y = C_1 \sin(x - C_2)$,得

$y' = C_1 \cos(x - C_2)$.

又 $\because y|_{x=\pi} = 1, y'|_{x=\pi} = 0$,

$\therefore \begin{cases} 1 = C_1 \sin(\pi - C_2) \\ 0 = C_1 \cos(\pi - C_2) \end{cases}$

$\therefore C_1 = 1, C_2 = \dfrac{\pi}{2}$.

5. 写出由下列条件确定的曲线所满足的微分方程:

(1) 曲线在点(x, y)处的切线的斜率等于该点横坐标的平方;

(2) 曲线上点$P(x, y)$处的法线与x轴的交点为Q,且线段PQ被y轴平分.

解　(1) 由题论条件可得所求方程为

$y' = x^2$.

(2) 由图$12-1$及题设条件知Q点的坐标为$(-x, 0)$,它在法线上,则法线斜率

$$-\frac{1}{y'} = \frac{y - 0}{x - (-x)}$$

$\therefore$ 所求方程为

$yy' + 2x = 0$.

6. 用微分方程表示一物理命题:某种气体的气压P对于温度T的变化率与气压成正比,与温度的平分成反比.

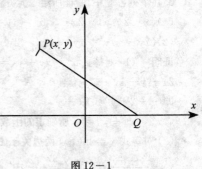

图$12-1$

解　记比例系数为k,又气压P对于温度T的变化率为$\dfrac{\mathrm{d}P}{\mathrm{d}T}$,由题意,所求微分方程为

$$\frac{\mathrm{d}P}{\mathrm{d}T} = k \cdot \frac{P}{T^2}.$$

习题 $12-2$

1. 求下列微分方程的通解：

(1) $xy' - y\ln y = 0$；

(2) $3x^2 + 5x - 5y' = 0$；

(3) $\sqrt{1-x^2}\,y' = \sqrt{1-y^2}$；

(4) $y' - xy' = a(y^2 + y')$；

(5) $\sec^2 x \tan y\,\mathrm{d}x + \sec^2 y \tan x\,\mathrm{d}y = 0$；

(6) $\dfrac{\mathrm{d}y}{\mathrm{d}x} = 10^{x+y}$；

(7) $(e^{x+y} - e^x)\mathrm{d}x + (e^{x+y} + e^y)\mathrm{d}y = 0$；

(8) $\cos x \sin y\,\mathrm{d}x + \sin x \cos y\,\mathrm{d}y = 0$；

(9) $(y+1)^2 \dfrac{\mathrm{d}y}{\mathrm{d}x} + x^3 = 0$；

(10) $y\mathrm{d}x + (x^2 - 4x)\mathrm{d}y = 0$.

解 (1) 分离变量，得

$$\frac{\mathrm{d}y}{y\ln y} = \frac{\mathrm{d}x}{x}$$

两端积分

$$\int \frac{\mathrm{d}y}{y\ln y} = \int \frac{\mathrm{d}x}{x}$$

得 $\ln\ln y = \ln x + \ln C$.

从而　$y = e^{Cx}$

∴ 方程的通解为 $y = e^{Cx}$.

(2) 分离变量，得

$$\mathrm{d}y = \left(\frac{3}{5}x^2 + x\right)\mathrm{d}x$$

两端积分

$$\int \mathrm{d}y = \int \left(\frac{3}{5}x^2 + x\right)\mathrm{d}x$$

得 $y = \dfrac{x^3}{5} + \dfrac{x^2}{2} + C$

∴ 该微分方程的通解为 $y = \dfrac{x^3}{5} + \dfrac{x^2}{2} + C$.

(3) 分离变量，得

$$\frac{\mathrm{d}y}{\sqrt{1-y^2}} = \frac{\mathrm{d}x}{\sqrt{1-x^2}}$$

两端积分

$$\int \frac{\mathrm{d}y}{\sqrt{1-y^2}} = \int \frac{\mathrm{d}x}{\sqrt{1-x^2}}$$

得 $\arcsin y = \arcsin x + C$

∴ 该微分方程的通解为 $\arcsin y = \arcsin x + C.$

（4）分离变量，得

$$\frac{\mathrm{d}y}{y^2} = -\frac{a}{x+a-1}\mathrm{d}x$$

两端积分

$$\int \frac{\mathrm{d}y}{y^2} = \int -\frac{a}{x+a-1}\mathrm{d}x$$

得 $\dfrac{1}{y} = a\ln|x+a-1| + C$

∴ 该微分方程的通解为 $y = \dfrac{1}{a\ln|x+a-1|+C}.$

（5）分离变量，得

$$\frac{\sec^2 y}{\tan y}\mathrm{d}y = -\frac{\sec^2 x}{\tan x}\mathrm{d}y$$

两端积分

$$\int \frac{\sec^2 y}{\tan y}\mathrm{d}y = \int -\frac{\sec^2 x}{\tan y}\mathrm{d}y$$

得 $\ln\tan y = -\ln\tan x + \ln C$

∴ 该微分方程的通解为 $\tan x \tan y = C.$

（6）分离变量，得

$$\frac{\mathrm{d}y}{10^y} = 10^x\,\mathrm{d}x$$

两端积分

$$\int \frac{\mathrm{d}y}{10^y} = \int 10^x\,\mathrm{d}x$$

得 $-\dfrac{1}{10^y \cdot \ln 10} = \dfrac{10^x}{\ln 10} - \dfrac{C}{\ln 10}$

∴ 该微分方程的通解为 $\quad 10^{-y} + 10^x = C.$

（7）分离变量，得

$$-\frac{e^y}{e^y-1}\mathrm{d}y = \frac{e^x}{e^x+1}\mathrm{d}x$$

两端积分

$$\int -\frac{e^y}{e^y-1}\mathrm{d}y = \int \frac{e^x}{e^x+1}\mathrm{d}x$$

得 $\ln[(e^y-1)(e^x+1)] = \ln C$

∴ 该微分方程的通解为$(e^y-1)(e^x+1)=C$.

(8) 分离变量,得

$$\frac{\cos y}{\sin y}dy=-\frac{\cos x}{\sin x}dx$$

两端积分

$$\int\frac{\cos y}{\sin y}dy=\int-\frac{\cos x}{\sin x}dx$$

得 $\ln\sin y=-\ln\sin x+\ln C$

∴ 该微分方程的通解为 $\sin y\sin x=C$.

(9) 分离变量,得

$$(y+1)^2dy=-x^3dx$$

两端积分

$$\int(y+1)^2dy=\int-x^3dx$$

得$\dfrac{(y+1)^3}{3}=-\dfrac{x^4}{4}+C_1$

∴ 该微分方程的通解为 $4(y+1)^3+3x^4=C$ $(C=12C_1)$.

(10) 分离变量,得

$$\frac{dy}{y}=\frac{dx}{4x-x^2}$$

两端积分

$$\int\frac{dy}{y}=\int\frac{dx}{4x-x^2}$$

得 $\ln y=\dfrac{1}{4}\big[\ln x-\ln(x-4)\big]+\ln C_1$

∴ 该微分方程的通解为 $y^4(4-x)=Cx(C=C_1^4)$.

2.求下列微分方程满足所给初始条件的特解:

(1)$y'=e^{2x-y},y\big|_{x=0}=0$;

(2)$\cos x\sin ydy=\cos y\sin xdx,y\big|_{x=0}=\dfrac{\pi}{4}$;

(3)$y'\sin x=y\ln y,y\big|_{x=\frac{\pi}{2}}=e$;

(4)$\cos ydx+(1+e^{-x})\sin ydy=0,y\big|_{x=0}=\dfrac{\pi}{4}$;

(5)$xdy+2ydx=0,y\big|_{x=2}=1$.

解 (1)分离变量,得

$$e^ydy=e^{2x}dx$$

两端积分

$$\int e^y dy = \int e^{2x} dx$$

得通解为

$$e^y = \frac{e^{2x}}{2} + C$$

由 $y|_{x=0} = 0$,得 $C = \frac{1}{2}$.

$\therefore e^y = \frac{1}{2}(e^{2x} + 1)$.

(2)分离变量,得

$$\tan y dy = \tan x dx$$

两端积分

$$\int \tan y dy = \int \tan x dx$$

得 $-\ln\cos y = -\ln\cos x - \ln C$

$\therefore$ 通解为 $\cos y = C\cos x$

由 $y|_{x=0} = \frac{\pi}{4}$,得 $C = \frac{1}{\sqrt{2}}$.

$\therefore \cos y = \frac{1}{\sqrt{2}}\cos x$.

(3)分离变量,得

$$\frac{dy}{y\ln y} = \frac{dx}{\sin x}$$

两端积分

$$\int \frac{dy}{y\ln y} = \int \frac{dx}{\sin x}$$

得 $\ln\ln y = \ln|\csc x - \cot x| + \ln C$

即通解 $\ln y = C(\csc x - \cot x)$

由 $y|_{x=\frac{\pi}{2}} = e$,得 $C = 1$

$\therefore \ln y = \csc x - \cot x$.

(4)分离变量,得

$$\tan y dy = -\frac{e^x}{e^x + 1}dx$$

两端积分

$$\int \tan y dy = \int -\frac{e^x}{e^x + 1}dx$$

得 $\ln\cos y = \ln(\mathrm{e}^x + 1) + \ln C$

即通解 $\cos y = C(\mathrm{e}^x + 1)$

由 $y|_{x=0} = \dfrac{\pi}{4}$,得 $C = \dfrac{\sqrt{2}}{2}$

$\therefore \cos y = \dfrac{\sqrt{2}}{4}(\mathrm{e}^x + 1)$.

(5) 分离变量,得

$$\frac{\mathrm{d}y}{y} = -\frac{2\mathrm{d}x}{x}$$

两端积分

$$\int \frac{\mathrm{d}y}{y} = \int -\frac{2\mathrm{d}x}{x}$$

得 $\ln y = -2\ln x + \ln C$

即通解 $x^2 y = C$

由 $y|_{x=2} = 1$,得 $C = 4$

$\therefore x^2 y = 4$.

3. 有一盛满了水的圆锥形漏斗,高为 $10\mathrm{cm}$,顶角为 $60°$,漏斗下面有面积为 $0.5\mathrm{cm}^2$ 的孔,求水面高度变化的规律及流完所需的时间.

解 由重力学可知,水从孔口流出的流量(即通过孔口横截面的水的体积 V 对时间 t 的变化率)Q 可用下列公式计算.

$$Q = \frac{\mathrm{d}V}{\mathrm{d}t} = 0.62S\sqrt{2gh},$$

其中 0.62 为流量系数,S 为孔口横截面面积,g 为重力加速度,h 为水面高度,则

$$\mathrm{d}V = 0.62S\sqrt{2gh}\,\mathrm{d}t.$$

由图 $12-2$ 可知,在时间间隔 $[t, t+\mathrm{d}t]$ 上,水面高度由 h 变为 $h+\mathrm{d}h$,$(\mathrm{d}h < 0)$,得

$$\mathrm{d}V = -\pi r^2 \mathrm{d}h.$$

又 $\because \dfrac{r}{h} = \dfrac{R}{10} = \dfrac{10 - \tan 30°}{10} = \dfrac{\sqrt{3}}{3}, r = \dfrac{\sqrt{3}}{3}h.$

$\therefore \mathrm{d}V = -\dfrac{\pi h^2}{3}\mathrm{d}h$

$\therefore 0.62S\sqrt{2gh}\,\mathrm{d}t = -\dfrac{\pi h^2}{3}\mathrm{d}h$

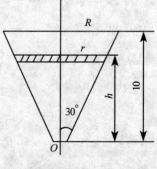

图 $12-2$

$$\therefore dt = - \frac{\pi h^{\frac{3}{2}}}{0.62 \times 3S \sqrt{2g}} dh.$$

两端积分得

$$t = - \frac{2\pi h^{\frac{5}{2}}}{0.62 \times 15S \sqrt{2g}} + C,$$

由开始时容器内水是满得，即由 $h\big|_{t=0} = 10$,得

$$C = \frac{2\pi \cdot 10^{\frac{5}{2}}}{0.62 \times 15S \sqrt{2g}}$$

则所求变化规律为

$$t = \frac{2\pi (10^{\frac{5}{2}} - h^{\frac{5}{2}})}{0.62 \times 15S \sqrt{2g}}.$$

∵ 将 $S = 0.5, g = 980$ 代入上式，得

$$\therefore t = \frac{2\pi (10^{\frac{5}{2}} - h^{\frac{5}{2}})}{4.65 \sqrt{1960}}$$

当 $h = 0$ 时，得水流完所需时间为

$$t \approx 0.0305 \times 10^{\frac{5}{2}} \approx 10s.$$

4. 质量为 1g(克) 的质点受外力作用作直线运动，这外力和时间成正比，和质点运动的速度成反比. 在 $t = 10s$ 时，速度等于 50cm/s，外力为 $4g \cdot cm/s^2$，问从运动开始经过了一分钟后的速度是多少？

解 由题意得，外力 $F = k \cdot \dfrac{t}{v}$.

又 ∵ 当 $t = 10$ 时，$v = 50, F = 4$,代入上式，得 $k = 20$,

$$\therefore F = \frac{20t}{v}.$$

又 ∵ $F = m \dfrac{dv}{dt} = 1 \cdot \dfrac{dv}{dt}$,

$$\therefore \frac{dv}{dt} = \frac{20t}{v}.$$

分离变量并积分，得

$$\int v dv = \int 20t dt$$

$$\therefore \frac{1}{2}v^2 = 10t^2 + C$$

将初始条件 $v\big|_{t=10} = 50$ 代入上式，得 $C = 250$

$$\therefore v^2 = 20t^2 + 500, 即 v = \sqrt{20t^2 + 500}.$$

∴ 当 $t = 60$ 时，即 1 分钟后的速度为

$$v = \sqrt{20 \times 60^2 + 500} \approx 269.3 \text{ cm/s}.$$

5. 镭的衰变有如下的规律:镭的衰变速度与它的现存量 R 成正比,由经验材料得知,镭经过 1 600 年后,只余原始量 R_0 的一半,试求镭的量 R 与时间 t 函数关系.

解　由题意可得

$$\frac{dR}{dt} = -kR(k \text{ 为比例系数,且 } k > 0),$$

分离变量并积分可得

$$\int \frac{dR}{R} = \int -k dt,$$

$$\therefore \ln R = -kt + \ln C, \text{ 即 } R = Ce^{-kt}.$$

由 $R|_{t=0} = R_0$,得 $C = R_0$.

$$\therefore R = R_0 e^{-kt}.$$

又由 $R|_{t=1600} = \dfrac{R_0}{2}$,得 $k = \dfrac{\ln 2}{1600} \approx 0.000433.$

$\therefore R$ 随时间 t 的变化规律为

$$R = R_0 e^{-0.000433t}.$$

6. 一曲线通过点 $(2,3)$,它在两坐标轴间的任一切线线段均被切点所平分,求这曲线方程.

解　设曲线上的切点为 $Q(x,y)$,如图 $12-3$ 所示. 依题意切线在 x 轴与 y 轴的截距分别为 $2x, 2y$. 切线的斜率为

$$k = -\frac{2y}{2x} = -\frac{y}{x}, \text{ 即 } \frac{dy}{dx} = -\frac{y}{x}.$$

分离变量并积分可得

$$\int \frac{dy}{y} = \int -\frac{dx}{x}$$

$$\therefore \ln y = -\ln x + \ln C. \text{ 即 } xy = C.$$

由 $y|_{x=2} = 3$,得 $C = 6$

$\therefore$ 所求曲线为 $xy = 6.$

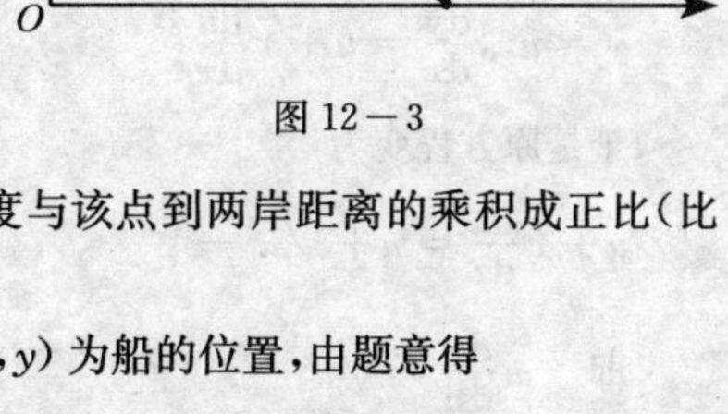

7. 小船从河边点 O 处出发驶向对岸(两岸为平行直线). 设船速为 a,船行方向始终与河岸垂直,又设河宽为 h,河中任一点处的水流速度与该点到两岸距离的乘积成正比(比例系数为 k),求小船的航行路线.

解　如图 $12-4$ 所示建立坐标系,点 $Q(x,y)$ 为船的位置,由题意得

$$y = at, \frac{dx}{dt} = ky(h-y)$$

图 $12-3$

$\therefore \mathrm{d}x = kat(h-at)\mathrm{d}t.$

两端积分

$$\int \mathrm{d}x = \int kat(h-at)\mathrm{d}t$$

得 $x = \dfrac{kaht^2}{2} - \dfrac{ka^2t^3}{3} + C$

由 $x\big|_{t=0} = 0$,得 $C = 0$.

$\therefore x = \dfrac{1}{2}kaht^2 - \dfrac{1}{3}ka^2t^3$

将 $t = y/a$,代入上式,得小船的航行路线为

$$x = \dfrac{k}{a}\left(\dfrac{h}{2}y^2 - \dfrac{1}{3}y^3\right).$$

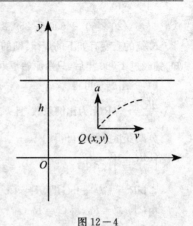

图 12－4

习题 12－3

1. 求下列齐次方程的通解：

(1) $xy' - y - \sqrt{y^2 - x^2} = 0$;

(2) $x\dfrac{\mathrm{d}y}{\mathrm{d}x} = y\ln\dfrac{y}{x}$;

(3) $(x^2 + y^2)\mathrm{d}x - xy\mathrm{d}y = 0$;

(4) $(x^3 + y^3)\mathrm{d}x - 3xy^2\mathrm{d}y = 0$;

(5) $\left(2x\mathrm{sh}\dfrac{y}{x} + 3y\mathrm{ch}\dfrac{y}{x}\right)\mathrm{d}x - 3x\mathrm{ch}\dfrac{y}{x}\mathrm{d}y = 0$;

(6) $(1 + 2\mathrm{e}^{\frac{x}{y}})\mathrm{d}x + 2\mathrm{e}^{\frac{x}{y}}\left(1 - \dfrac{x}{y}\right)\mathrm{d}y = 0$.

解 (1) 原方程可写成

$$\dfrac{\mathrm{d}y}{\mathrm{d}x} = \dfrac{y}{x} + \sqrt{\left(\dfrac{y}{x}\right)^2 - 1}$$

因此是齐次方程. 令 $\dfrac{y}{x} = u$,则

$$y = ux, \dfrac{\mathrm{d}y}{\mathrm{d}x} = u + x\dfrac{\mathrm{d}u}{\mathrm{d}x}$$

于是原方程变为

$$u + x\dfrac{\mathrm{d}u}{\mathrm{d}x} = u + \sqrt{u^2 - 1}$$

即 $x\dfrac{\mathrm{d}u}{\mathrm{d}x} = \sqrt{u^2 - 1}$

分离变量,得

$$\frac{\mathrm{d}u}{\sqrt{u^2-1}}=\frac{\mathrm{d}x}{x}$$

两端积分,得

$$\ln(u+\sqrt{u^2-1})=\ln x+\ln C$$

即 $u+\sqrt{u^2-1}=Cx.$

以 $\dfrac{y}{x}$ 代上式中的 u,得方程的通解为

$$\frac{y}{x}+\sqrt{\left(\frac{y}{x}\right)^2-1}=Cx.$$

(2) 原方程可写成

$$\frac{\mathrm{d}y}{\mathrm{d}x}=\frac{y}{x}\ln\frac{y}{x}$$

因此是齐次方程,令 $\dfrac{y}{x}=u$,则

$$y=ux,\frac{\mathrm{d}y}{\mathrm{d}x}=u+x\frac{\mathrm{d}u}{\mathrm{d}x}.$$

于是原方程变为

$$u+x\frac{\mathrm{d}u}{\mathrm{d}x}=u\ln u$$

分离变量,得

$$\frac{\mathrm{d}u}{u(\ln u-1)}=\frac{\mathrm{d}x}{x}.$$

两端积分,得

$$\ln(\ln u-1)=\ln x+\ln C$$

即 $u=\mathrm{e}^{cx+1}$

以 $\dfrac{y}{x}$ 代上式中的 u,得方程的通解为

$$\frac{y}{x}=\mathrm{e}^{cx+1},即\ y=x\mathrm{e}^{cx+1}.$$

(3) 原方程可变为

$$\frac{\mathrm{d}y}{\mathrm{d}x}=\frac{x^2+y^2}{xy}=\frac{1+\left(\dfrac{y}{x}\right)^2}{\dfrac{y}{x}}$$

因此是齐次方程,令 $\dfrac{y}{x}=u$,则

$y = ux, \dfrac{\mathrm{d}y}{\mathrm{d}x} = u + x\dfrac{\mathrm{d}u}{\mathrm{d}x}.$

$\therefore u + x\dfrac{\mathrm{d}u}{\mathrm{d}x} = \dfrac{1+u^2}{u}$

即 $x\dfrac{\mathrm{d}u}{\mathrm{d}x} = \dfrac{1}{u}.$

分量变量得 $u\mathrm{d}u = \dfrac{\mathrm{d}x}{x}$

两端积分得 $\dfrac{1}{2}u^2 = \ln x + C_1$

以 $\dfrac{y}{x}$ 代上式中的 u 并化简,得方程的通解为

$y^2 = x^2(2\ln x + C) \quad (C = 2C_1).$

(4) 原方程可变为

$$\dfrac{\mathrm{d}y}{\mathrm{d}x} = \dfrac{x^3 + y^3}{3xy^2} = \dfrac{1 + \left(\dfrac{y}{x}\right)^3}{3\left(\dfrac{y}{x}\right)^2}$$

令 $\dfrac{y}{x} = u$,则

$y = ux, \dfrac{\mathrm{d}y}{\mathrm{d}x} = u + x\dfrac{\mathrm{d}u}{\mathrm{d}x}$

$\therefore u + x\dfrac{\mathrm{d}u}{\mathrm{d}x} = \dfrac{1 + u^3}{3u^2}$

即 $x\dfrac{\mathrm{d}u}{\mathrm{d}x} = \dfrac{1 - 2u^3}{3u^2}$

分离变量得

$\dfrac{3u^2}{1 - 2u^3}\mathrm{d}u = \dfrac{\mathrm{d}x}{x}$

两端积分得 $-\dfrac{1}{2}\ln(1 - 2u^3) = \ln x - \dfrac{1}{2}\ln C,$

即 $x^2(1 - 2u^3) = C.$

以 $\dfrac{y}{x}$ 代上式中的 u 并化简,得方程的通解为

$x^3 - 2y^3 = Cx.$

(5) 原方程可变为

$\dfrac{\mathrm{d}y}{\mathrm{d}x} = \dfrac{2}{3}\,\mathrm{th}\,\dfrac{y}{x} + \dfrac{y}{x}$

令 $\dfrac{y}{x} = u$，则

$$y = ux, \dfrac{\mathrm{d}y}{\mathrm{d}x} = u + x\dfrac{\mathrm{d}u}{\mathrm{d}x}$$

$$\therefore u + x\dfrac{\mathrm{d}u}{\mathrm{d}x} = \dfrac{2}{3}\mathrm{th}u + u,$$

即 $x\dfrac{\mathrm{d}u}{\mathrm{d}x} = \dfrac{2}{3}\mathrm{th}u.$

分离变量，得

$$\dfrac{\mathrm{d}u}{\mathrm{th}u} = \dfrac{2}{3}\dfrac{\mathrm{d}x}{x}.$$

两端积分，得

$$\dfrac{3}{2}\ln\mathrm{sh}u = \ln x + \dfrac{1}{2}\ln C$$

即 $\mathrm{sh}^3 u = Cx^2.$

以 $\dfrac{y}{x}$ 代入式中的 u 并化简，得方程的通解为

$$\mathrm{sh}^3\left(\dfrac{y}{x}\right) = Cx^2.$$

(6) 原方程可变为

$$\dfrac{\mathrm{d}x}{\mathrm{d}y} = -\dfrac{2\mathrm{e}^{\frac{y}{x}}\left(1 - \dfrac{y}{x}\right)}{1 + 2\mathrm{e}^{\frac{y}{x}}}$$

令 $u = \dfrac{x}{y}$，则

$$x = uy, \quad \dfrac{\mathrm{d}x}{\mathrm{d}y} = u + y\dfrac{\mathrm{d}u}{\mathrm{d}y}.$$

$$\therefore u + y\dfrac{\mathrm{d}u}{\mathrm{d}y} = \dfrac{2\mathrm{e}^u(u-1)}{2\mathrm{e}^u + 1}$$

即 $y\dfrac{\mathrm{d}u}{\mathrm{d}y} = -\dfrac{2\mathrm{e}^u + u}{2\mathrm{e}^u + 1}$

分离变量，得

$$\dfrac{2\mathrm{e}^u + 1}{2\mathrm{e}^u + u}\mathrm{d}u = -\dfrac{\mathrm{d}y}{y}.$$

两端积分得

$$\ln(2\mathrm{e}^u + u) = -\ln y + \ln C$$

即 $2\mathrm{e}^u + u = \dfrac{c}{y}$

以 $\dfrac{x}{y}$ 代上式中的 u 并化简,得方程的通解为

$2y\mathrm{e}^{\frac{x}{y}} + x = C.$

2. 求下列齐次方程满足所给初始条件的特解:

(1)$(y^2 - 3x^2)\mathrm{d}y + 2xy\mathrm{d}x = 0, y\big|_{x=0} = 1$;

(2)$y' = \dfrac{x}{y} + \dfrac{y}{x}, y\big|_{x=1} = 2$;

(3)$(x^2 + 2xy - y^2)\mathrm{d}x + (y^2 + 2xy - x^2)\mathrm{d}y = 0, y\big|_{x=1} = 1.$

解　(1) 原方程可变为

$$\frac{\mathrm{d}y}{\mathrm{d}x} = \frac{2\dfrac{y}{x}}{3 - \left(\dfrac{y}{x}\right)^2}$$

令 $u = \dfrac{y}{x}$,则

$$y = xu, \frac{\mathrm{d}y}{\mathrm{d}x} = u + x\frac{\mathrm{d}u}{\mathrm{d}x}$$

$$\therefore u + x\frac{\mathrm{d}u}{\mathrm{d}x} = \frac{2u}{3 - u^2}$$

即 $x\dfrac{\mathrm{d}u}{\mathrm{d}x} = \dfrac{-u + u^3}{3 - u^2}.$

分离变量,得

$$\frac{u^2 - 3}{u^3 - u}\mathrm{d}u = -\frac{\mathrm{d}x}{x}$$

两端积分,得

$-3\ln u + \ln(u-1) + \ln(u+1) = \ln x + \ln C$

即 $\dfrac{u^2 - 1}{u^3} = Cx$

$\therefore y^2 - x^2 = Cy^3$

由 $y\big|_{x=0} = 1$,得 $C = 1$

$\therefore y^2(1 - y) = x^2.$

(2) 令 $u = \dfrac{y}{x}$,则

$$y = xu, \frac{\mathrm{d}y}{\mathrm{d}x} = u + x\frac{\mathrm{d}u}{\mathrm{d}x}$$

$$\therefore u + x\frac{\mathrm{d}u}{\mathrm{d}x} = \frac{1}{u} + u$$

即 $x\dfrac{\mathrm{d}u}{\mathrm{d}x}=\dfrac{1}{u}$.

分离变量,得

$$u\mathrm{d}u=\dfrac{\mathrm{d}x}{x}.$$

两端积分,得

$$\dfrac{1}{2}u^2=\ln x+\dfrac{1}{2}\ln C$$

即 $u^2=\ln Cx^2$

$\therefore y^2=x^2\ln Cx^2$.

由 $y\big|_{x=1}=2$,得 $C=\mathrm{e}^4$

$\therefore y^2=2x^2(\ln x+2)$.

(3) 原方程可变为

$$\dfrac{\mathrm{d}y}{\mathrm{d}x}=-\dfrac{x^2+2xy-y^2}{y^2+2xy-x^2}=-\dfrac{1+\dfrac{2y}{x}-\left(\dfrac{y}{x}\right)^2}{\left(\dfrac{y}{x}\right)^2+\dfrac{2y}{x}-1}$$

令 $u=\dfrac{y}{x}$,则

$$y=xu,\dfrac{\mathrm{d}y}{\mathrm{d}x}=u+x\dfrac{\mathrm{d}u}{\mathrm{d}x}.$$

$$\therefore u+x\dfrac{\mathrm{d}u}{\mathrm{d}x}=-\dfrac{1+2u-u^2}{u^2+2u-1}$$

即 $x\dfrac{\mathrm{d}u}{\mathrm{d}x}=-\dfrac{u^3+u^2+u+1}{u^2+2u-1}$.

分离变量,得

$$\dfrac{u^2+2u-1}{u^3+u^2+u+1}\mathrm{d}u=-\dfrac{\mathrm{d}x}{x}.$$

两端积分,得

$$-\ln(u+1)+\ln(u^2+1)=-\ln x+\ln C$$

即 $\dfrac{x(u^2+1)}{u+1}=C$.

以 $\dfrac{x}{y}$ 代上式中的 u 并化简,得方程的通解为

$$\dfrac{x^2+y^2}{x+y}=C$$

由 $y\big|_{x=1}=1$,得 $C=1$

$$\therefore \frac{x^2 + y^2}{x + y} = 1.$$

3. 设有连结点 $O(0,0)$ 和 $A(1,1)$ 的一段向上凸的曲线弧 $\overgroup{OA}$，对于 $\overgroup{OA}$ 上任一点 $P(x,y)$，曲线弧 $\overgroup{OP}$ 与直线 $\overline{OP}$ 所围图形的面积为 x^2，求曲线弧 $\overgroup{OA}$ 的方程.

解 设曲线弧 $\overgroup{OA}$ 的方程为 $y = f(x)$. 由题意及图 12—5，得

$$\int_0^x f(t)\mathrm{d}t - \frac{1}{2}xy = x^2.$$

两边关于 x 求导，得

$$f(x) - \frac{1}{2}(y + xy') = 2x$$

即 $y - xy' = 4x$.

$\therefore$ 上式可变为 $\dfrac{\mathrm{d}y}{\mathrm{d}x} = -4 + \dfrac{y}{x}$.

令 $u = \dfrac{y}{x}$，则

$$y = xu, \frac{\mathrm{d}y}{\mathrm{d}x} = u + x\frac{\mathrm{d}u}{\mathrm{d}x}$$

$$\therefore u + x\frac{\mathrm{d}u}{\mathrm{d}x} = -4 + u$$

即 $x\dfrac{\mathrm{d}u}{\mathrm{d}x} = -4$.

分离变量并积分，得

$$\int \mathrm{d}u = \int -4\frac{\mathrm{d}x}{x}$$

$$\therefore u = -4\ln x + C.$$

以 $\dfrac{y}{x}$ 代上式中的 u 并化简，得方程的通解为

$$y = -4x\ln x + Cx.$$

由 $y\big|_{x=1} = 1$，得 $C = 1$，则所求的 $\overgroup{OA}$ 的方程为

$$y = (1 - 4\ln x)x.$$

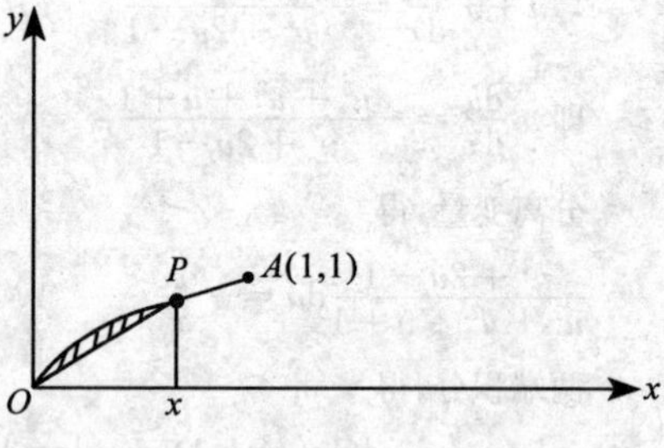

图 12—5

4. 化下列方程为齐次方程，并求出通解：

(1) $(2x - 5y + 3)\mathrm{d}x - (2x + 4y - 6)\mathrm{d}y = 0$；

(2) $(x - y - 1)\mathrm{d}x + (4y + x - 1)\mathrm{d}y = 0$；

(3) $(3y - 7x + 7)\mathrm{d}x + (7y - 3x + 3)\mathrm{d}y = 0$；

$(4)(x+y)\mathrm{d}x+(3x+3y-4)\mathrm{d}y=0.$

解 (1) 令 $x=X+h,y=Y+k$,则 $\mathrm{d}x=\mathrm{d}X,\mathrm{d}y=\mathrm{d}Y$,代入原方程得 $(2X-5Y+2h-5k+3)\mathrm{d}X-(2X+4Y+2h+4k-6)\mathrm{d}Y=0$

解方程组

$$\begin{cases}2h-5k+3=0\\2h+4k-6=0\end{cases}$$

得 $h=1,k=1.$ 令 $x=X+1,y=Y+1$,原方程成为

$(2X-5Y)\mathrm{d}X-(2X+4Y)\mathrm{d}Y=0$

即 $\dfrac{\mathrm{d}Y}{\mathrm{d}X}=\dfrac{2X-5Y}{2X+4Y}=\dfrac{2-5\dfrac{Y}{X}}{2+4\dfrac{Y}{X}}$

这是齐次方程.

令 $\dfrac{Y}{X}=u$,则 $Y=uX,\dfrac{\mathrm{d}Y}{\mathrm{d}X}=u+X\dfrac{\mathrm{d}u}{\mathrm{d}x}$,

$\therefore u+X\dfrac{\mathrm{d}u}{\mathrm{d}X}=\dfrac{2-5u}{2+4u}$,

即 $X\dfrac{\mathrm{d}u}{\mathrm{d}X}=-\dfrac{4u^2+7u-2}{2+4u}$.

分离变量,得

$-\dfrac{2+4u}{4u^2+7u-2}\mathrm{d}u=\dfrac{\mathrm{d}X}{X}$,

积分得

$-\dfrac{1}{3}\ln(4u-1)-\dfrac{2}{3}\ln(u+2)=\ln X-\dfrac{1}{3}\ln C_1$,

$\therefore X^3(4u-1)(u+2)^2=C_1$,

即 $(4Y-X)(Y+2X)^2=C_1$.

以 $X=x-1,Y=y-1$ 代入上式并化简,得

$(x-4y+3)(2x+y-3)^2=C \quad (C=-C_1)$.

(2) 令 $x=X+h,y=Y+k$,则 $\mathrm{d}x=\mathrm{d}X,\mathrm{d}y=\mathrm{d}Y$,代入原方程得

$(X-Y+h-k-1)\mathrm{d}X+(X+4Y+h+4k-1)\mathrm{d}Y=0$,

解方程组

$$\begin{cases}h-k-1=0\\h+4k-1=0\end{cases}$$

得 $h=1,k=0$,令 $x=X+1,y=Y$,原方程成为

$(X-Y)\mathrm{d}X+(X+4Y)\mathrm{d}Y=0$,

即 $\dfrac{dY}{dX} = -\dfrac{X-Y}{X+4Y} = -\dfrac{1-\dfrac{Y}{X}}{1+4\dfrac{Y}{X}}$,

这是齐次方程.

令 $\dfrac{Y}{X} = u$,则 $Y = uX, \dfrac{dY}{dX} = u + X\dfrac{du}{dX}$,

$\therefore u + X\dfrac{du}{dX} = -\dfrac{1-u}{1+4u}$,

即 $X\dfrac{du}{dX} = -\dfrac{4u^2+1}{4u+1}$.

分离变量,得

$\dfrac{4u+1}{4u^2+1}du = -\dfrac{dX}{X}$,

积分,得

$\dfrac{1}{2}\ln(4u^2+1) + \dfrac{1}{2}\arctan 2u = -\ln X + \dfrac{C}{2}$.

$\therefore \ln[X^2(4u^2+1)] + \arctan 2u = C$,

即 $\ln(X^2+4Y^2) + \arctan\dfrac{2Y}{X} = C$.

以 $X = x-1, Y = y$,代入上式并化简,得

$\ln[(x-1)^2+4y^2] + \arctan\dfrac{2y}{x-1} = C$.

(3) 令 $x = X+h, y = Y+k$,则 $dx = dX, dy = dY$,代入方程得

$(3Y-7X+3k-7h+7)dX + (7Y-3X+7k-3h+3)dY = 0$

解方程组

$\begin{cases} 3k-7h+7=0 \\ 7k-3h+3=0 \end{cases}$

得 $h = 1, k = 0$. 令 $x = X+1, y = Y$,原方程成为

$(3Y-7X)dX + (7Y-3X)dY = 0$,

即 $\dfrac{dY}{dX} = -\dfrac{7X-3Y}{3X-7Y} = -\dfrac{7-3\dfrac{Y}{X}}{3-7\dfrac{Y}{X}}$,

这是齐次方程.

令 $\dfrac{Y}{X} = u$,则 $Y = uX, \dfrac{dY}{dX} = u + X\dfrac{du}{dX}$,

$$\therefore u + X\frac{\mathrm{d}u}{\mathrm{d}X} = -\frac{7-3u}{3-7u},$$

即 $X\dfrac{\mathrm{d}u}{\mathrm{d}X} = \dfrac{7-7u^2}{7u-3}.$

分离变量,得

$$\frac{7u-3}{7(u^2-1)}\mathrm{d}u = -\frac{\mathrm{d}X}{X},$$

积分得

$$\frac{2}{7}\ln(u-1) + \frac{5}{7}\ln(u+1) = -\ln X + \frac{1}{7}\ln C,$$

$$\therefore X^7(u-1)^2(u+1)^5 = C,$$

即 $(Y-X)^2(Y+X)^5 = C.$

以 $X = x-1, Y = y$ 代入上式并化简,得

$(y-x+1)^2(y+x-1)^5 = C.$

(4) 令 $x = X+h, y = Y+k$,则 $\mathrm{d}x = \mathrm{d}X, \mathrm{d}y = \mathrm{d}Y$,代入方程,得

$(X+Y+h+k)\mathrm{d}X + (3X+3Y+3h+3k-4)\mathrm{d}Y = 0.$

解方程组

$$\begin{cases} h+k = 0 \\ 3h+3k-4 = 0 \end{cases}$$

得 h 与 k 无解,故用其他变量代换直接化原方程为可分离变量的方程.

由原方程可得

$$\frac{\mathrm{d}y}{\mathrm{d}x} = -\frac{x+y}{3(x+y)-4}.$$

令 $u = x+y$,则 $\dfrac{\mathrm{d}y}{\mathrm{d}x} = \dfrac{\mathrm{d}u}{\mathrm{d}x} - 1$,代入上式,得

$$\frac{\mathrm{d}u}{\mathrm{d}x} - 1 = -\frac{u}{3u-4},$$

即 $\dfrac{\mathrm{d}u}{\mathrm{d}x} = \dfrac{4-2u}{4-3u}.$

分离变量,得

$$\frac{3u-4}{2u-4}\mathrm{d}u = \mathrm{d}x,$$

积分得

$$\frac{3}{2}u + \ln|u-2| = x + C_1.$$

以 $u = x+y$ 代入上式并化简,得

$x + 3y + 2\ln|x+y-2| = C(C = 2C_1)$.

习题 $12-4$

1. 求下列微分方程的通解:

(1) $\dfrac{dy}{dx} + y = e^{-x}$;

(2) $xy' + y = x^2 + 3x + 2$;

(3) $y' + y\cos x = e^{-\sin x}$;

(4) $y' + y\tan x = \sin 2x$;

(5) $(x^2 - 1)y' + 2xy - \cos x = 0$;

(6) $\dfrac{d\rho}{d\theta} + 3\rho = 2$;

(7) $\dfrac{dy}{dx} + 2xy = 4x$;

(8) $y\ln y\, dx + (x - \ln y)dy = 0$;

(9) $(x-2)\dfrac{dy}{dx} = y + 2(x-2)^3$;

(10) $(y^2 - 6x)\dfrac{dy}{dx} + 2y = 0$.

解 $(1)\, y = e^{-\int dx}\left(\int e^{-x}e^{\int dx}dx + c\right)$

$\qquad = e^{-x}\left(\int e^{-x} \cdot e^x dx + c\right)$

$\qquad = ce^{-x} + xe^{-x}$.

(2) 原式可变为

$y' + \dfrac{y}{x} = x + 3 + \dfrac{2}{x}$

$\therefore y = e^{-\int \frac{dx}{x}}\left[\int (x + 3 + \dfrac{2}{x})e^{\int \frac{dx}{x}}dx + C\right]$

$\quad = e^{-\ln x}\left[\int (x + 3 + \dfrac{2}{x})e^{\ln x}dx + C\right]$

$\quad = \dfrac{1}{x}\left[\dfrac{x^2}{3} + \dfrac{3x^2}{2} + 2x + C\right]$

$\quad = \dfrac{x^2}{3} + \dfrac{3}{2}x + 2 + \dfrac{C}{x}$.

(3) $y = e^{-\int \cos x dx}\left(\int e^{-\sin x}e^{\int \cos x dx}dx + C\right)$

$\quad = e^{-\sin x}\left(\int e^{-\sin x} \cdot e^{\sin x}dx + C\right)$

$\quad = e^{-\sin x}(x + C)$

$\quad = Ce^{-\sin x} + xe^{-\sin x}$.

(4) $y = e^{-\int \tan x dx}\left(\int \sin 2x\, e^{\int \tan x dx}dx + C\right)$

$$= e^{\ln\cos x}\left(\int \sin 2x e^{-\ln\cos x}\,\mathrm{d}x + C\right)$$

$$= \cos x(-2\cos x + C)$$

$$= C\cos x - 2\cos^2 x.$$

(5) 原式可变为

$$y' + \frac{2x}{x^2-1}y = \frac{\cos x}{x^2-1}$$

$$\therefore y = e^{-\int \frac{2x}{x^2-1}\mathrm{d}x}\left(\int \frac{\cos x}{x^2-1}e^{\int \frac{2x}{x^2-1}\mathrm{d}x}\cdot \mathrm{d}x + c\right)$$

$$= e^{-\ln(x^2-1)}\left[\int \frac{\cos x}{x^2-1}\cdot e^{\ln(x^2-1)}\,\mathrm{d}x + c\right]$$

$$= \frac{c}{x^2-1} + \frac{\sin x}{x^2-1}.$$

(6) $y = e^{-\int 3\mathrm{d}\theta}\left(\int 2e^{\int 3\mathrm{d}\theta}\,\mathrm{d}\theta + C\right)$

$$= e^{-3\theta}\left(\int 2e^{3\theta}\,\mathrm{d}\theta + C\right)$$

$$= ce^{-3\theta} + \frac{2}{3}.$$

(7) $y = e^{-\int 2x\mathrm{d}x}\left(\int 4xe^{\int 2x\mathrm{d}x}\,\mathrm{d}x + C\right)$

$$= e^{-x^2}\left(\int 4xe^{x^2}\,\mathrm{d}x + C\right)$$

$$= ce^{-x^2} + 2.$$

(8) 原方程可变为

$$\frac{\mathrm{d}x}{\mathrm{d}y} + \frac{x}{y\ln y} = \frac{1}{y}$$

$$\therefore x = e^{-\int \frac{\mathrm{d}y}{y\ln y}}\left(\int \frac{1}{y}e^{\int \frac{\mathrm{d}y}{y\ln y}}\,\mathrm{d}y + C\right)$$

$$= e^{-\ln\ln y}\left(\int \frac{1}{y}e^{\ln\ln y}\,\mathrm{d}y + C\right)$$

$$= \frac{1}{\ln y}\left(\int \frac{\ln y}{y}\,\mathrm{d}y + C\right)$$

$$= \frac{c}{\ln y} + \frac{\ln y}{2}.$$

(9) 原方程可变为

$$\frac{\mathrm{d}y}{\mathrm{d}x} - \frac{y}{x-2} = 2(x-2)^2$$

$$\therefore y = e^{\int \frac{dx}{x-2}} \left[\int 2(x-2)^2 e^{-\int \frac{dx}{x-2}} dx + C \right]$$

$$= (x-2) \left[\int 2(x-2) dx + C \right]$$

$$= C(x-2) + (x-2)^3.$$

(10) 原方程可变为

$$\frac{dx}{dy} - \frac{3x}{y} = -\frac{y}{2}$$

$$\therefore x = e^{\int \frac{3}{y} dy} \left(\int -\frac{y}{2} e^{-\int \frac{3}{y} dy} dy + C \right)$$

$$= y^3 \left(\int -\frac{dy}{2y^2} + C \right)$$

$$= Cy^3 + \frac{y^2}{2}.$$

2. 求下列微分方程满足所给初始条件的特解：

(1) $\frac{dy}{dx} - y\tan x = \sec x, y\big|_{x=0} = 0$；

(2) $\frac{dy}{dx} + \frac{y}{x} = \frac{\sin x}{x}, y\big|_{x=\pi} = 1$；

(3) $\frac{dy}{dx} + y\cot x = 5e^{\cos x}, y\big|_{x=\frac{\pi}{2}} = -4$；

(4) $\frac{dy}{dx} + 3y = 8, y\big|_{x=0} = 2$；

(5) $\frac{dy}{dx} + \frac{2-3x^2}{x^3} y = 1, y\big|_{x=1} = 0.$

解　(1) $y = e^{\int \tan x dx} \left(\int \sec x e^{-\int \tan x dx} dx + C \right)$

$$= \frac{1}{\cos x} \left(\int \sec x \cdot \cos x dx + C \right)$$

$$= \frac{c}{\cos x} + \frac{x}{\cos x}$$

由 $y\big|_{x=0} = 0$，得 $c = 0$

$$\therefore y = \frac{x}{\cos x}.$$

(2) $y = e^{-\int \frac{dx}{x}} \left(\int \frac{\sin x}{x} e^{\int \frac{dx}{x}} dx + C \right)$

$$= \frac{1}{x} \left(\int \frac{\sin x}{x} \cdot x dx + C \right)$$

$$= \frac{C}{x} - \frac{\cos x}{x}$$

由 $y\big|_{x=\pi} = 1$，得 $C = \pi - 1$

$$\therefore y = \frac{\pi - 1 - \cos x}{x}.$$

$(3)\ y = e^{-\int \cot x\, dx}\left(\int 5e^{\cos x}e^{\int \cot x\, dx}\, dx + C\right)$

$\qquad = \dfrac{1}{\sin x}\left(\int 5e^{\cos x}\cdot\sin x\, dx + C\right)$

$\qquad = \dfrac{C}{\sin x} - \dfrac{5e^{\cos x}}{\sin x}$

由 $y\big|_{x=\frac{\pi}{2}} = -4$，得 $C = 1$

$\therefore y = \dfrac{1 - 5e^{\cos x}}{\sin x}$.

$(4)\ y = e^{-\int 3\, dx}\left(\int 8e^{\int 3\, dx}\, dx + C\right)$

$\qquad = e^{-3x}\left(\int 8e^{3x}\, dx + C\right)$

$\qquad = Ce^{-3x} + \dfrac{8}{3}$

由 $y\big|_{x=0} = 2$，得 $C = -\dfrac{2}{3}$

$\therefore y = \dfrac{8 - 2e^{-3x}}{3}$.

$(5)\ y = e^{-\int \frac{2-3x^2}{x^3}\, dx}\left(\int e^{\int \frac{2-3x^2}{x^3}\, dx}\, dx + C\right)$

$\qquad = e^{\frac{1}{x^2}+3\ln x}\left(\int e^{-\frac{1}{x^2}-3\ln x}\, dx + C\right)$

$\qquad = Cx^3 e^{x^{-2}} + \dfrac{x^3}{2}$

由 $y\big|_{x=1} = 0$，得 $C = -\dfrac{1}{2e}$

$\therefore y = \dfrac{1}{2}x^3\left(1 - e^{x^{-2}-1}\right)$.

3. 求一曲线的方程，这曲线通过原点，并且它在点 (x,y) 处的切线斜率等于 $2x+y$.

解　由题意，得

$\dfrac{dy}{dx} = 2x + y,$

即 $\dfrac{dy}{dx} - y = 2x.$

$\therefore y = e^{\int dx}\left(\int 2xe^{-\int dx}\, dx + C\right)$

$$= \mathrm{e}^x \left(\int 2x\mathrm{e}^{-x}\mathrm{d}x + C \right)$$

$$= C\mathrm{e}^x - 2(x+1)$$

又曲线过$(0,0)$点,得$C=2$,则所求曲线的方程为$y = 2(\mathrm{e}^x - x - 1)$.

4. 设有一质量为m的质点作直线运动,从速度等于零的时刻起,有一个与运动方向一致,大小与时间成正比(比例系数为k_1)的力作用于它,此处还受一与速度成正比(比例系数为k_2)的阻力作用,求质点运动的速度与时间的函数关系.

解　设原点的速度为$v = v(t)$,由牛顿第二定理,得

$$m\frac{\mathrm{d}v}{\mathrm{d}t} = k_1 t - k_2 v. \; 即 \frac{\mathrm{d}v}{\mathrm{d}t} + \frac{k_2}{m}v = \frac{k_1 t}{m}$$

$$\therefore v = \mathrm{e}^{-\int \frac{k_2}{m}\mathrm{d}t}\left(\int \frac{k_1}{m}t\mathrm{e}^{\int \frac{k_2}{m}\mathrm{d}t} + C \right)$$

$$= \mathrm{e}^{-\frac{k_2}{m}t}\left(\frac{k_1}{m}\int t\mathrm{e}^{\frac{k_2}{m}t}\mathrm{d}t + C \right)$$

$$= \mathrm{e}^{-\frac{k_2}{m}t}\left[\frac{k_1}{k_2}\left(t\mathrm{e}^{\frac{k_2}{m}t} - \int \mathrm{e}^{\frac{k_2}{m}t}\mathrm{d}t \right) \right]$$

$$= \mathrm{e}^{-\frac{k_2}{m}t}\left(\frac{k_1}{k_2}t\mathrm{e}^{\frac{k_2}{m}t} - \frac{k_1 m}{k_2^2}\mathrm{e}^{\frac{k_2}{m}t} + C \right)$$

由$v|_{t=0} = 0$,得$C = \frac{k_1 m}{k_2^2}$,故所示原点运动的速度与时间的函数关系为

$$v = \frac{k_1}{k_2}t - \frac{mk_1}{k_2^2}\left(1 - \mathrm{e}^{-\frac{k_2}{m}t} \right).$$

5. 设有一个由电阻$R=10\Omega$、电感$L=2\mathrm{H}$(亨)和电源电压$E=20\sin 5t \mathrm{V}$(伏)串联组成的电路,开关K合上后,电路中有电流通过,求电流i与时间t的函数关系.

解　由电学知,依题意得

$$20\sin 5t - 2\frac{\mathrm{d}i}{\mathrm{d}t} - 10i = 0$$

$$\therefore \frac{\mathrm{d}i}{\mathrm{d}t} + 5i = 10\sin 5t$$

$$\therefore i = \mathrm{e}^{-\int 5\mathrm{d}t}\left(\int 10\sin 5t \cdot \mathrm{e}^{\int 5\mathrm{d}t}\mathrm{d}t + C \right)$$

$$= \sin 5t - \cos 5t + C\mathrm{e}^{-5t}.$$

由$i|_{t=0} = 0$,得$C=1$,则所求函数关系为

$$i = \mathrm{e}^{-5t} + \sqrt{2}\sin\left(5t - \frac{\pi}{4} \right).$$

6. 设曲线积分$\int_L yf(x)\mathrm{d}x + [2xf(x) - x^2]\mathrm{d}y$在右半平面$(x>0)$内与路径无关,

其中 $f(x)$ 可导,且 $f(1) = 1$,求 $f(x)$.

解　由题意,得

$$\frac{\partial Q}{\partial x} = \frac{\partial P}{\partial y}$$

即 $[yf(x)]'_y = [2xf(x) - x^2]'_x$

$\therefore f(x) = 2f(x) + 2xf'(x) - 2x$

$\quad f'(x) + \dfrac{f(x)}{2x} = 1$

$$\therefore f(x) = e^{-\int \frac{dx}{2x}} \left(\int e^{\int \frac{dx}{2x}} dx + C \right)$$

$$= e^{-\frac{1}{2}\ln x} \left(\int x^{\frac{1}{2}} dx + C \right)$$

$$= Cx^{-\frac{1}{2}} + \frac{2}{3}x$$

由 $f(1) = 1$,得 $C = \dfrac{1}{3}$,所以

$$f(x) = \frac{2}{3}x + \frac{1}{3}x^{-\frac{1}{2}}.$$

7. 求下列伯努利方程的通解:

(1) $\dfrac{dy}{dx} + y = y^2(\cos x - \sin x)$;　　　　(2) $\dfrac{dy}{dx} - 3xy = xy^2$;

(3) $\dfrac{dy}{dx} + \dfrac{1}{3}y = \dfrac{1}{3}(1 - 2x)y^4$;　　(4) $\dfrac{dy}{dx} - y = xy^5$;

(5) $xdy - [y + xy^3(1 + \ln x)]dx = 0$.

解　(1) 以 y^2 除方程的两端,得

$$y^{-2}\frac{dy}{dx} + y^{-1} = \cos x - \sin x$$

即 $-\dfrac{d(y^{-1})}{dx} + y^{-1} = \cos x - \sin x$.

令 $z = y^{-1}$,则上述方程成为

$\dfrac{dz}{dx} - z = \sin x - \cos x$.

这是一个线性方程,它的通解为

$z = Ce^x - \sin x$

$\therefore y(Ce^x - \sin x) = 1$.

(2) 方程的两端除以 y^2,得

$$y^{-2}\frac{dy}{dx} - 3xy^{-1} = x$$

即 $-\dfrac{\mathrm{d}(y^{-1})}{\mathrm{d}x} - 3xy^{-1} = x.$

令 $z = y^{-1}$,则上述方程成为

$$\dfrac{\mathrm{d}z}{\mathrm{d}x} + 3xz = -x.$$

这是一个线性方程,它的通解为

$$z = ce^{-\frac{3}{2}x^2} - \dfrac{1}{3}$$

$$\therefore y(ce^{-\frac{3}{2}x^2} - \dfrac{1}{3}) = 1.$$

(3) 方程的两端分别除以 y^4,得

$$y^{-4}\dfrac{\mathrm{d}y}{\mathrm{d}x} + \dfrac{1}{3}y^{-3} = \dfrac{1}{3}(1 - 2x)$$

即 $-\dfrac{1}{3}\dfrac{\mathrm{d}(y^{-3})}{\mathrm{d}x} + \dfrac{1}{3}y^{-3} = \dfrac{1}{3}(1 - 2x).$

令 $z = y^{-3}$,则上述方程式为

$$\dfrac{\mathrm{d}z}{\mathrm{d}x} - z = 2x - 1.$$

这是一个线性方程,它的通解为

$$z = Ce^x - (2x + 1)$$

$$\therefore y^3 = \dfrac{1}{Ce^x - (2x+1)}.$$

(4) 方程的两端分别除以 y^5,得

$$y^{-5}\dfrac{\mathrm{d}y}{\mathrm{d}x} - y^{-4} = x$$

即 $-\dfrac{1}{4}\dfrac{\mathrm{d}(y^{-4})}{\mathrm{d}x} - y^{-4} = x.$

令 $z = y^{-4}$,则上述方程成为

$$\dfrac{\mathrm{d}z}{\mathrm{d}x} + 4z = -4x.$$

这是一个线性方程,它的通解为

$$z = Ce^{-4x} - x + \dfrac{1}{4}$$

$$\therefore y^4(Ce^{-4x} - x + \dfrac{1}{4}) = 1.$$

(5) 原方程可变为

$$\dfrac{\mathrm{d}y}{\mathrm{d}x} - \dfrac{y}{x} = (1 + \ln x)y^2$$

方程的两端分别除以 y^3，得

$$y^{-3}\frac{dy}{dx}-\frac{1}{x}y^{-2}=1+\ln x$$

即 $-\frac{1}{2}\frac{d(y^{-2})}{dx}-\frac{1}{x}y^{-2}=1+\ln x.$

令 $z=y^{-2}$，则上述方程成为

$$\frac{dz}{dx}+\frac{2z}{x}=-2(1+\ln x).$$

这是一个线性方程，它的通解为

$$z=\frac{C}{x^2}-\frac{2}{3}x\ln x-\frac{4}{9}x$$

$$\therefore y^2\left(\frac{C}{x^2}-\frac{2}{3}x\ln x-\frac{4}{9}x\right)=1.$$

8. 验证形如 $yf(xy)dx+xg(xy)dy=0$ 的微分方程，可经变量代换 $v=xy$ 化为可分离变量的方程，并求其通解.

证明 原方程可变为

$$\frac{dy}{dx}=-\frac{yf(xy)}{xg(xy)}$$

令 $v=xy$，则 $y=\frac{v}{x}$

$$\therefore \frac{dy}{dx}=\frac{1}{x}\frac{dv}{dx}-\frac{v}{x^2}$$

$$\therefore \frac{1}{x}\frac{dv}{dx}-\frac{1}{x^2}v=-\frac{vf(v)}{x^2g(v)}$$

分离变量，得

$$\frac{g(v)dv}{v[g(v)-f(v)]}=\frac{dx}{x}$$

$$\int\frac{g(v)dv}{v[f(v)-g(v)]}=-\ln x+C$$

$$\therefore \ln|x|+\int\frac{g(xy)}{xy[f(xy)-g(xy)]}d(xy)=C.$$

9. 用适当的变量代换将下列方程化为可分离变量的方程，然后求出通解：

(1) $\dfrac{dy}{dx}=(x+y)^2$；   (2) $\dfrac{dy}{dx}=\dfrac{1}{x-y}+1$；

(3) $xy'+y=y(\ln x+\ln y)$；

(4) $y'=y^2+2(\sin x-1)y+\sin^2 x-2\sin x-\cos x+1$；

(5) $y(xy+1)dx+x(1+xy+x^2y^2)dy=0.$

解 (1)令 $x+y=u$,则 $y=u-x$,$\dfrac{\mathrm{d}y}{\mathrm{d}x}=\dfrac{\mathrm{d}u}{\mathrm{d}x}-1$,代入方程,得

$$\frac{\mathrm{d}u}{\mathrm{d}x}-1=u^2,\frac{\mathrm{d}u}{\mathrm{d}x}=u^2+1.$$

分离变量得

$$\frac{\mathrm{d}u}{u^2+1}=\mathrm{d}x.$$

两端积分得

$$\mathrm{arctan}u=x+C$$

即 $u=\tan(x+C).$

以 $u=x+y$ 代入上式,得

$$y=\tan(x+C)-x.$$

(2)令 $x-y=u$,则 $y=x-u$,$\dfrac{\mathrm{d}y}{\mathrm{d}x}=1-\dfrac{\mathrm{d}u}{\mathrm{d}x}$,代入方程,得

$$1-\frac{\mathrm{d}u}{\mathrm{d}x}=\frac{1}{u}+1,$$

$$\therefore \frac{\mathrm{d}u}{\mathrm{d}x}=-\frac{1}{u}.$$

分离变量得 　 $u\mathrm{d}u=-\mathrm{d}x.$

两端积分得 $\dfrac{1}{2}u^2=-x+C_1$

即 $u^2=-2x+C.$

以 $u=x-y$ 代入上式得

$$(x-y)^2+2x=C(C=2C_1).$$

(3)原方程可变为

$$y'=\frac{y[\ln(xy)-1]}{x}$$

令 $xy=u$,则 $y=\dfrac{u}{x}$,$\dfrac{\mathrm{d}y}{\mathrm{d}x}=\dfrac{x\dfrac{\mathrm{d}u}{\mathrm{d}x}-u}{x^2}$,代入方程得

$$\frac{x\dfrac{\mathrm{d}u}{\mathrm{d}x}-u}{x^2}=\frac{u(\ln u-1)}{x^2}$$

即 $\dfrac{\mathrm{d}u}{\mathrm{d}x}=\dfrac{u\ln u}{x}.$

两端积分得 $\ln\ln u=\ln x+\ln C$

即 $u=\mathrm{e}^{cx}$

以 $u = xy$ 代入上式,得

$xy = \mathrm{e}^{cx}$.

(4) 原方程可变为

$$y' = (y + \sin x - 1)^2 - \cos x$$

令 $y + \sin x - 1 = u$,则 $y = u - \sin x + 1$, $\dfrac{\mathrm{d}y}{\mathrm{d}x} = \dfrac{\mathrm{d}u}{\mathrm{d}x} - \cos x$, 代入方程得 $\dfrac{\mathrm{d}u}{\mathrm{d}x} - \cos x = u^2 - \cos x$

即 $\dfrac{\mathrm{d}u}{\mathrm{d}x} = u^2$.

分离变量,得 $\dfrac{\mathrm{d}u}{u^2} = \mathrm{d}x$.

两端积分得 $-\dfrac{1}{u} = x + C$.

以 $u = y + \sin x - 1$ 代入上式并化简,得

$$y = 1 - \sin x - \frac{1}{x + C}.$$

(5) 原方程可化为

$$\frac{\mathrm{d}y}{\mathrm{d}x} = -\frac{y(xy + 1)}{x[1 + xy + (xy)^2]}$$

令 $u = xy$,则 $y = \dfrac{u}{x}$, $\dfrac{\mathrm{d}y}{\mathrm{d}x} = \dfrac{x\dfrac{\mathrm{d}u}{\mathrm{d}x} - u}{x^2}$, 代入上式,得 $\dfrac{x\dfrac{\mathrm{d}u}{\mathrm{d}x} - u}{x^2} = -\dfrac{u(u + 1)}{x^2(1 + u + u^2)}$

即 $x\dfrac{\mathrm{d}u}{\mathrm{d}x} = u - \dfrac{u^2 + u}{1 + u + u^2} = \dfrac{u^3}{1 + u + u^2}$.

分离变量,得

$$\left(\frac{1}{u^3} + \frac{1}{u^2} + \frac{1}{u} \right) \mathrm{d}u = \frac{\mathrm{d}x}{x}.$$

两端积分,得

$$\ln u - \frac{1}{u} - \frac{1}{2u^2} = \ln x + C$$

即 $\ln \dfrac{u}{x} - \dfrac{1}{u} - \dfrac{1}{2u^2} = C$.

以 $u = xy$ 代入上式,得

$$\ln|y| - \frac{1}{xy} - \frac{1}{2x^2 y^2} = C.$$

习题 12－5

1. 判别下列方程中哪些是全微分方程,并求全微分方程的通解:

(1)$(3x^2+6xy^2)dx+(6x^2y+4y^2)dy=0$；

(2)$(a^2-2xy-y^2)dx-(x+y)^2dy=0$；

(3)$e^ydx+(xe^y-2y)dy=0$；

(4)$(x\cos y+\cos x)y'-y\sin x+\sin y=0$；

(5)$(x^2-y)dx-xdy=0$；

(6)$y(x-2y)dx-x^2dy=0$；

(7)$(1+e^{2\theta})d\rho+2\rho e^{2\theta}d\theta=0$；

(8)$(x^2+y^2)dx+xydy=0$.

解　(1)$\because \dfrac{\partial P}{\partial y}=12xy=\dfrac{\partial Q}{\partial x}$,

$\therefore$ 此方程是全微分方程,取 $x_0=0,y_0=0$.

由 $u(x,y)=\displaystyle\int_{x_0}^x P(x,y)dx+\int_{y_0}^y Q(x_0,y)dy=C$,得

$\therefore u(x,y)=\displaystyle\int_0^x(3x^2+6xy^2)dx+\int_0^y 4y^2dy$

$\qquad\qquad =x^3+3x^2y^2+\dfrac{4}{3}y^3$

于是方程的通解为

$x^3+3x^2y^2+\dfrac{4}{3}y^3=C$.

(2)$\because \dfrac{\partial P}{\partial y}=-2(x+y)=\dfrac{\partial Q}{\partial x}$,

$\therefore$ 此方程是全微分方程.

同理,得

$u(x,y)=\displaystyle\int_0^x(a^2-2xy-y^2)dx+\int_0^y -y^2dy$

$\qquad\qquad =a^2x-x^2y-xy^2-\dfrac{1}{3}y^3$.

于是,方程的通解为

$a^2x-x^2y-xy^2-\dfrac{1}{3}y^3=C$.

(3)$\because \dfrac{\partial P}{\partial y}=e^y=\dfrac{\partial Q}{\partial x}$,

$\therefore$ 此方程是全微分方程.

同理,得

$u(x,y)=\displaystyle\int_0^x e^ydx+\int_0^y -2ydy$

$$= xe^y - y^2$$

于是方程的通解为

$$xe^y - y^2 = C.$$

(4) 方程可变为

$$(-y\sin x + \sin y)dx + (x\cos y + \cos x)dy = 0.$$

$$\because \frac{\partial P}{\partial y} = \cos y - \sin x = \frac{\partial Q}{\partial x}$$

∴ 此方程是全微分方程.

将变化后的方程分组成全微分

$$(x\cos y\,dy + \sin y\,dx) + (\cos x\,dy - y\sin x\,dx) = 0$$

$$d(x\sin y) + d(y\cos x) = 0$$

$$d(x\sin y + y\cos x) = 0$$

∴ 方程的通斜为

$$x\sin y + y\cos x = C.$$

(5) $\because \dfrac{\partial P}{\partial y} = -1 = \dfrac{\partial Q}{\partial x},$

∴ 此方程是全微分方程.

将原方程分解凑全微分

$$x^2\,dx - (y\,dx + x\,dy) = 0$$

$$\frac{1}{3}d(x^3) - d(xy) = 0$$

$$d\left(\frac{1}{3}x^3 - xy\right) = 0$$

∴ 方程的通解为

$$\frac{1}{3}x^3 - xy = C.$$

(6) $\because \dfrac{\partial P}{\partial y} = x - 4y, \dfrac{\partial Q}{\partial x} = -2x.$

$$\therefore \frac{\partial P}{\partial y} \neq \frac{\partial Q}{\partial x},$$

∴ 此方程不是全微分方程.

(7) $\because \dfrac{\partial P}{\partial \theta} = 2e^{2\theta} = \dfrac{\partial Q}{\partial \rho}$

∴ 此方程为全微分方程.

将原方程分解凑全微分

$$d\rho + (e^{2\theta}\,d\rho + 2\rho e^{2\theta}\,d\theta) = 0$$

$$d\rho + d(\rho e^{2\theta}) = 0$$

$$d(\rho + \rho e^{2\theta}) = 0$$

∴ 方程的通解为

$$\rho + \rho e^{2\theta} = C.$$

$(8)\because \dfrac{\partial P}{\partial y} = 2y, \dfrac{\partial Q}{\partial x} = y.$

$\therefore \dfrac{\partial P}{\partial y} \neq \dfrac{\partial Q}{\partial x}$

∴ 此方程不是全微分方程.

2. 利用观察法求出下列方程的积分因子,并求其通解:

$(1)(x+y)(dx-dy) = dx+dy;$

$(2)ydx - xdy + y^2xdx = 0;$

$(3)y^2(x-3y)dx + (1-3y^2x)dy = 0;$

$(4)xdx + ydy = (x^2+y^2)dx;$

$(5)(x-y^2)dx + 2xydy = 0;$

$(6)2ydx - 3xy^2dx - xdy = 0.$

解　(1) 方程两边乘以 $\dfrac{1}{x+y}$,得

$$dx - dy = \frac{dx+dy}{x+y}$$

即 $d(x-y) = \dfrac{d(x+y)}{x+y}.$

两端积分,得通解为

$$\ln(x+y) = x - y + C,$$

$\therefore$ 此方程的积分因子为 $u = \dfrac{1}{x+y}.$

(2) 方程两边乘以 $\dfrac{1}{y^2}$,得

$$\frac{ydx - xdy}{y^2} + xdx = 0$$

$$d\left(\frac{x}{y}\right) + d\left(\frac{x^2}{2}\right) = 0$$

$$d\left(\frac{x}{y} + \frac{x^2}{x}\right) = 0$$

$\therefore$ 此方程的通解为

$$\frac{x}{y} + \frac{x^2}{2} = C$$

其积分因子为 $u = \dfrac{1}{y^2}$.

(3) 方程两边乘以 $\dfrac{1}{y^2}$, 得

$$x\mathrm{d}x - 3y\mathrm{d}x + \frac{\mathrm{d}y}{y^2} - 3x\mathrm{d}y = 0.$$

将上式分组凑全微分

$$x\mathrm{d}x - (3y\mathrm{d}x + 3x\mathrm{d}y) + \frac{1}{y^2}\mathrm{d}y = 0$$

$$\mathrm{d}\left(\frac{1}{2}x^2\right) - 3\mathrm{d}(xy) - \mathrm{d}\left(\frac{1}{y}\right) = 0$$

$$\mathrm{d}\left(\frac{1}{2}x^2 - 3xy - \frac{1}{y}\right) = 0.$$

∴ 此方程的通解为

$$\frac{1}{2}x^2 - 3xy - \frac{1}{y} = C$$

其积分因子 $u = \dfrac{1}{y^2}$.

(4) 方程的两边乘以 $\dfrac{1}{x^2 + y^2}$, 得

$$\frac{x\mathrm{d}x + y\mathrm{d}y}{x^2 + y^2} = \mathrm{d}x$$

$$\frac{\mathrm{d}(x^2 + y^2)}{2(x^2 + y^2)} = \mathrm{d}x$$

两端积分, 得通解为

$$\ln(x^2 + y^2) = 2x + C$$

其积分因子 $u = \dfrac{1}{x^2 + y^2}$.

(5) 方程的两边同乘以 $\dfrac{1}{x^2}$, 得

$$\frac{\mathrm{d}x}{x} + \frac{x\mathrm{d}y^2 - y^2\mathrm{d}x}{x^2} = 0$$

$$\mathrm{d}\ln x + \mathrm{d}\left(\frac{y^2}{x}\right) = 0$$

$$\mathrm{d}\left(\ln x + \frac{y^2}{x}\right) = 0$$

∴ 此方程的通解为

$$\ln x + \frac{y^2}{x} = C$$

其积分因子 $u = \dfrac{1}{x^2}$.

(6) 方程的两边乘以 $\dfrac{x}{y^2}$,得

$$\frac{y\mathrm{d}x^2 - x^2\mathrm{d}y}{y^2} - \mathrm{d}x^3 = 0$$

$$\mathrm{d}\left(\frac{x^2}{y}\right) - \mathrm{d}(x^3) = 0$$

$$\mathrm{d}\left(\frac{x^2}{y} - x^3\right) = 0$$

∴ 此方程的通解为

$$\frac{x^2}{y} - x^3 = C$$

其积分因子 $u = \dfrac{x}{y^2}$.

3. 验证 $\dfrac{1}{xy[f(xy) - g(xy)]}$ 是微分方程 $yf(xy)\mathrm{d}x + xg(xy)\mathrm{d}y = 0$ 的积分因子,并求下列方程的通解:

(1) $y(x^2y^2 + 2)\mathrm{d}x + x(2 - 2x^2y^2)\mathrm{d}y = 0$;

(2) $y(2xy + 1)\mathrm{d}x + x(1 + 2xy - x^3y^3)\mathrm{d}y = 0$.

解 方程的两边同乘以 $u = \dfrac{1}{xy[f(xy) - g(xy)]}$,得

$$\frac{f(xy)}{x[f(xy) - g(xy)]}\mathrm{d}x + \frac{g(xy)}{y[f(xy) - g(xy)]}\mathrm{d}y = 0.$$

又 ∵ $\dfrac{\partial P}{\partial y} = \left[\dfrac{f(xy)}{x[f(xy) - g(xy)]}\right]_y'$

$$= \frac{f(xy)g'(xy) - g(xy)f'(xy)}{[f(xy) - g(xy)]^2}$$

$$\frac{\partial Q}{\partial x} = \left[\frac{g(xy)}{y[f(xy) - g(xy)]}\right]_x'$$

$$= \frac{f(xy)g'(xy) - g(xy)f'(xy)}{[f(xy) - g(xy)]^2},$$

∴ $\dfrac{\partial P}{\partial y} = \dfrac{\partial Q}{\partial x}$,

∴ $\dfrac{1}{xy[f(xy) - g(xy)]}$ 是此微分方程的积分因子.

(1) 由题意,得

$$f(xy) = x^2y^2 + 2, g(xy) = 2 - 2x^2y^2$$

$$\therefore u = \frac{1}{xy[f(xy) - g(xy)]}$$

$$= \frac{1}{xy(x^2 y^2 + 2 - 2 + 2x^2 y^2)}$$

$$= \frac{1}{3x^3 y^3}$$

方程两边同乘以 u，得

$$\frac{x^2 y^2 + 2}{3x^3 y^2} \mathrm{d}x + \frac{2 - 2x^2 y^2}{3x^2 y^3} \mathrm{d}y = 0$$

因为这是全微分方程，取 $x_0 = 1, y_0 = 1$.

$$\therefore U(x, y) = \int_1^x P(x, y) \mathrm{d}x + \int_1^y Q(x, y) \mathrm{d}y$$

$$= \int_1^x \frac{x^2 + 2}{3x^3} \mathrm{d}x + \int_1^y \frac{2 - 2x^2 y^2}{3x^2 y^3} \mathrm{d}y$$

$$= \frac{1}{3} \left(\ln x - \ln y^2 + 1 - \frac{1}{x^2 y^2} \right)$$

$\therefore$ 原方程的通解为

$$\ln \frac{x}{y^2} - \frac{1}{x^2 y^2} = C.$$

(2) 由题意，得

$$f(xy) = 2xy + 1, g(xy) = 1 + 2xy - x^3 y^3$$

$$\therefore u = \frac{1}{xy[f(xy) - g(xy)]}$$

$$= \frac{1}{xy[2xy + 1 - (1 + 2xy - x^3 y^3)]}$$

$$= \frac{1}{x^4 y^4}$$

方程的两边乘以 u，得

$$\frac{2xy + 1}{x^4 y^3} \mathrm{d}x + \frac{1 + 2xy - x^3 y^3}{x^3 y^4} \mathrm{d}y = 0$$

因为上式为全微分方程，取 $x_0 = 1, y_0 = 1$.

$$\therefore u(x, y) = \int_1^x P(x, y) \mathrm{d}x + \int_1^y Q(x_0, y) \mathrm{d}y$$

$$= \int_1^x \frac{2xy + 1}{x^4 y^3} \mathrm{d}x + \int_1^y \frac{1 + 2y - y^3}{y^4} \mathrm{d}y$$

$$= -\frac{1}{3} \left(\frac{1 + 3xy}{x^3 y^3} + 3\ln y \right) + \frac{4}{3}$$

$\therefore$ 此方程的通解为

$$\frac{1+3y}{x^3 y^3} + 3\ln y = C.$$

4. 用积分因子法解下列一阶线性方程：

(1) $xy' + 2y = 4\ln x$；

(2) $y' - \tan x \cdot y = x$.

解 (1) 原方程可变为

$$x\mathrm{d}y + 2y\mathrm{d}x = 4\ln x\mathrm{d}x$$

上式两边同乘以 x，得

$$x^2\mathrm{d}y + 2xy\mathrm{d}x = 4x\ln x\mathrm{d}x$$

$$\therefore \mathrm{d}(x^2 y) = \mathrm{d}\left(\int 4x\ln x\mathrm{d}x\right).$$

又 $\because \int 4x\ln x\mathrm{d}x = 2x^2\ln x - x^2 + C,$

$\therefore$ 原方程的通解为

$$x^2 y = 2x^2\ln x - x^2 + C.$$

(2) 原方程可变为

$$\mathrm{d}y - y\tan x\mathrm{d}x = x\mathrm{d}x$$

上式两边同乘以 $\cos x$，得

$$\cos x\mathrm{d}y - y\sin x\mathrm{d}x = x\cos x\mathrm{d}x$$

$$\therefore \mathrm{d}(y\cos x) = \mathrm{d}\left(\int x\cos x\mathrm{d}x\right).$$

又 $\because \int x\cos x\mathrm{d}x = x\sin x + \cos x + C,$

$\therefore$ 原方程的通解为

$$y\cos x = x\sin x + \cos x + C.$$

习题 $12-6$

1. 求下列各微分方程的通解：

(1) $y'' = x + \sin x$；

(2) $y'' = xe^x$；

(3) $y'' = \dfrac{1}{1+x^2}$；

(4) $y'' = 1 + y'^2$；

(5) $y'' = y' + x$；

(6) $xy'' + y' = 0$；

(7) $yy'' + 1 = y'^2$；

(8) $y^3 y'' - 1 = 0$；

(9) $y'' = \dfrac{1}{\sqrt{y}}$；

(10) $y'' = (y')^3 + y'$.

解　(1) 对所给方程接连积分二次,得

$$y' = \frac{1}{2}x^2 - \cos x + C$$

$$y = \frac{1}{6}x^3 - \sin x + Cx + C_1.$$

(2) $y'' = xe^x - e^x + C$

$$y' = xe^x - 2e^x + Cx + C_2$$

$$y = xe^x - 3e^x + Cx^2 + C_1x + C_2.$$

(3) $y' = \arctan x + C$

$$y = x\arctan x - \frac{1}{2}\ln(1+x^2) + Cx + C_1.$$

(4) 设 $y' = p$,则 $y'' = \dfrac{\mathrm{d}p}{\mathrm{d}x}$,代入方程,得

$$\frac{\mathrm{d}p}{\mathrm{d}x} = 1 + p^2.$$

分离变量并积分,得 $\displaystyle\int \frac{\mathrm{d}p}{1+p^2} = \int \mathrm{d}x.$

$\arctan p = x + C$

即 $y' = \tan(x+C).$

$\therefore y' = \tan(x+C)$

$\therefore y = -\ln|\cos(x+C)| + C_1.$

(5) 设 $y' = p$,则 $y'' = p'$,代入方程,得

$$p' - p = x.$$

$$\therefore p = e^{\int \mathrm{d}x}\left(\int xe^{-\int \mathrm{d}x}\mathrm{d}x + C\right)$$

$$= e^x\left(\int xe^{-x}\mathrm{d}x + C\right)$$

$$= Ce^x - x - 1$$

$$\therefore y = \int (ce^x - x - 1)\mathrm{d}x$$

$$= Ce^x - \frac{1}{2}x^2 - x + C_1.$$

(6) 设 $y' = p$,则 $y'' = \dfrac{\mathrm{d}p}{\mathrm{d}x}$,代入方程,得

$$x\frac{\mathrm{d}p}{\mathrm{d}x} + p = 0.$$

分离变量,并积分,得

$$\int \frac{\mathrm{d}p}{p} = \int -\frac{\mathrm{d}x}{x}.$$

$$\therefore \ln p = -\ln|x| + \ln C$$

即 $p = \frac{C}{x}$.

$$\therefore y = \int p\mathrm{d}x = \int \frac{c}{x}\mathrm{d}x = C\ln|x| + C_1.$$

(7) 设 $y' = p$, 则 $y'' = p\dfrac{\mathrm{d}p}{\mathrm{d}y}$. 代入方程, 得

$$yp\frac{\mathrm{d}p}{\mathrm{d}y} + 1 = p^2.$$

分离变量并积分, 得

$$\int \frac{p\mathrm{d}p}{p^2 - 1} = \int \frac{\mathrm{d}y}{y}.$$

① 当 $|p| > 1$ 时, 有

$$\frac{1}{2}\ln(p^2 - 1) = \ln y + \ln C$$

$$p^2 - 1 = C^2 y^2$$

$$\therefore p = \frac{\mathrm{d}y}{\mathrm{d}x} = \pm \sqrt{C^2 y^2 + 1}$$

$$\therefore arsh(cy) = \pm cx + C_1$$

$$\therefore y = \frac{1}{C_1}sh(C_1 \pm Cx);$$

② 当 $|p| < 1$ 时, 有

$$\frac{1}{2}\ln(1 - p^2) = \ln y + \ln C$$

$$1 - p^2 = C^2 y^2$$

$$\therefore p = \frac{\mathrm{d}y}{\mathrm{d}x} = \pm \sqrt{1 - C^2 y^2}$$

$$\therefore \arcsin(Cy) = Cx + C_1$$

$$\therefore y = \frac{1}{C}\sin(Cx + C_1).$$

(8) 设 $y' = p$, 则 $y'' = p\dfrac{\mathrm{d}p}{\mathrm{d}y}$, 代入方程, 得

$$y^3 p\frac{\mathrm{d}p}{\mathrm{d}y} - 1 = 0.$$

分离变量并积分, 得

$$\int p\,\mathrm{d}p = \int y^{-3}\,\mathrm{d}y$$

$$\therefore p^2 = C - y^{-2}$$

$$\therefore \frac{\mathrm{d}y}{\mathrm{d}x} = p = \pm \sqrt{C - y^{-2}}$$

分离变量并积分,得

$$\int \frac{\mathrm{d}y}{\pm \sqrt{C - y^{-2}}} = \int \mathrm{d}x.$$

$$\therefore \pm \sqrt{Cy^2 - 1} = Cx + C_1$$

即 $Cy^2 - 1 = (Cx + C_1)^2.$

(9) 设 $y' = p$,则 $y'' = p\dfrac{\mathrm{d}p}{\mathrm{d}y}$,代入方程,得

$$p\frac{\mathrm{d}p}{\mathrm{d}y} = \frac{1}{\sqrt{y}}.$$

分离变量并积分,得

$$\int p\,\mathrm{d}p = \int \frac{\mathrm{d}y}{\sqrt{y}}$$

$$\therefore \frac{1}{2}p^2 = 2\sqrt{y} + 2C.$$

即 $p = \pm 2\sqrt{\sqrt{y} + C}$

$$\therefore \frac{\mathrm{d}y}{\mathrm{d}x} = \pm 2\sqrt{\sqrt{y} + C}.$$

分离变量并积分,得

$$\pm \int \frac{\mathrm{d}y}{2\sqrt{\sqrt{y} + C}} = x + C_1.$$

又 $\because \displaystyle\int \frac{\mathrm{d}y}{2\sqrt{\sqrt{y} + C}} = \int \frac{(\sqrt{y} + C) - C}{2\sqrt{y}\sqrt{\sqrt{y} + C}}\,\mathrm{d}y$

$$= \int \frac{(\sqrt{y} + C) - C}{\sqrt{\sqrt{y} + C}}\mathrm{d}(\sqrt{y} + C)$$

$$= \frac{2}{3}(\sqrt{y} + C)^{\frac{3}{2}} - 2C(\sqrt{y} + C)^{\frac{1}{2}}$$

$\therefore$ 方程的通解为

$$x + C_1 = \pm \left[\frac{2}{3}(\sqrt{y} + C)^{\frac{2}{3}} - 2C(\sqrt{3} + C)^{\frac{1}{2}} \right].$$

(10) 设 $y' = p$,则 $y'' = p\dfrac{\mathrm{d}p}{\mathrm{d}y}$,代入方程,得

$$p\frac{\mathrm{d}p}{\mathrm{d}y} = p^3 + p.$$

分离变量并积分,得

$$\int\frac{\mathrm{d}p}{p^2+1} = \mathrm{d}y.$$

$$\therefore \arctan p = y - C$$

$$\therefore p = \frac{\mathrm{d}y}{\mathrm{d}x} = \tan(y-C)$$

分离变量并积分,得

$$\int\frac{\mathrm{d}y}{\tan(y-c)} = \mathrm{d}x.$$

$$\therefore \ln\sin(y-C) = x + C_1$$

∴ 方程的通解为

$$y = \arcsin(C_2\,\mathrm{e}^x) + C \quad (C_2 = \mathrm{e}^{C_1}).$$

2. 求下列各微分方程满足所给初始条件的特解:

(1) $y^3 y'' + 1 = 0.$ $y|_{x=1} = 1, y'|_{x=1} = 0;$

(2) $y'' - ay'^2 = 0, y|_{x=0} = 0, y'|_{x=0} = -1;$

(3) $y''' = \mathrm{e}^{ax}, y|_{x=1} = y'|_{x=1} = y''|_{x=1} = 0;$

(4) $y'' = \mathrm{e}^{2y}, y|_{x=0} = y'|_{x=0} = 0;$

(5) $y'' = 3\sqrt{y}, y|_{x=0} = 1, y'|_{x=0} = 2;$

(6) $y'' + (y')^2 = 1, y|_{x=0} = 0, y'|_{x=0} = 0.$

解 (1) 设 $y' = p$,则 $y'' = p\dfrac{\mathrm{d}p}{\mathrm{d}y}$,代入方程,得 $y^3 p\dfrac{\mathrm{d}p}{\mathrm{d}y} + 1 = 0.$

分离变量并积分,得

$$\int p\mathrm{d}p = \int -y^{-3}\mathrm{d}y$$

$$\therefore \frac{1}{2}p^2 = \frac{1}{2}y^{-2} + \frac{1}{2}C.$$

即 $p = \sqrt{y^{-2} + C}.$

当 $x = 1$ 时,$y = 1, p = y' = 0$,得 $C = -1.$

$$\therefore p = \frac{\mathrm{d}y}{\mathrm{d}x} = \pm\sqrt{y^{-2} - 1}.$$

分离变量并积分,得

$$\int\frac{\mathrm{d}y}{\pm\sqrt{y^{-2}-1}} = \mathrm{d}x.$$

$\therefore \pm x + C_1 = -\sqrt{1-y^2}$

由 $y|_{x=1} = 1$, 得 $C_1 = \mp 1$.

$\therefore \pm(x-1) = -\sqrt{1-y^2}$

即 $y = \sqrt{2x-x^2}$.

(2) 设 $y' = p$, 则 $y'' = \dfrac{\mathrm{d}p}{\mathrm{d}x}$, 代入方程, 得

$\dfrac{\mathrm{d}p}{\mathrm{d}x} - ap^2 = 0.$

分离变量并积分, 得

$\displaystyle\int \frac{\mathrm{d}p}{p^2} = \int a\,\mathrm{d}x$

$\therefore -\dfrac{1}{p} = ax + C.$

当 $x = 0$ 时, $p = y' = -1$, 得 $C = 1$

$\therefore p = \dfrac{\mathrm{d}y}{\mathrm{d}x} = -\dfrac{1}{ax+1}$

$\therefore y = -\dfrac{1}{a}\ln(ax+1) + C_1$

由 $y|_{x=0} = 0$, 得 $C_2 = 0$.

$\therefore y = -\dfrac{1}{a}\ln(ax+1).$

(3) $y'' = \dfrac{1}{a}\mathrm{e}^{ax} + C.$

由 $y''|_{x=1} = 0$, 得 $C = -\dfrac{\mathrm{e}^a}{a}.$

$\therefore y'' = \dfrac{\mathrm{e}^{ax}}{a} - \dfrac{\mathrm{e}^a}{a}$

$\therefore y' = \dfrac{\mathrm{e}^{ax}}{a^2} - \dfrac{\mathrm{e}^a}{a}x + C_1$

由 $y'|_{x=1} = 0$, 得 $C_2 = \dfrac{\mathrm{e}^a}{a}\left(1 - \dfrac{1}{a}\right)$

$\therefore y' = \dfrac{\mathrm{e}^{ax}}{a^2} - \dfrac{\mathrm{e}^a}{a}x + \dfrac{\mathrm{e}^a}{a}\left(1 - \dfrac{1}{a}\right)$

$\therefore y = \dfrac{\mathrm{e}^{ax}}{a^3} - \dfrac{\mathrm{e}^a}{2a}x^2 + \dfrac{\mathrm{e}^a}{a}\left(1 - \dfrac{1}{a}\right)x + C_2$

由 $y|_{x=1} = 0$, 得 $C_2 = \dfrac{\mathrm{e}^a}{2a^3}(2a - a^2 - 2)$

$$\therefore y = \frac{e^{ax}}{a^3} - \frac{e^a}{2a}x^2 + \frac{e^a}{a^2}(a-1)x + \frac{e^a}{2a^3}(2a-a^2-2).$$

(4) 设 $y' = p$，则 $y'' = p\dfrac{\mathrm{d}p}{\mathrm{d}y}$. 代入原方程，得

$$p\frac{\mathrm{d}p}{\mathrm{d}y} = e^{2y}$$

分离变量并积分，得

$$\int p\mathrm{d}p = \int e^{2y}\mathrm{d}y$$

$$\therefore p^2 = e^{2y} + C$$

即 $p = \pm\sqrt{e^{2y}+C}$

当 $x = 0$ 时，$y = 0, p = y' = 0$，得 $C = -1$.

$$\therefore p = \frac{\mathrm{d}y}{\mathrm{d}x} = \pm\sqrt{e^{2y}-1}$$

分离变量并积分，得

$$\pm\int\frac{\mathrm{d}y}{\sqrt{e^{2y}-1}} = \int\mathrm{d}x.$$

$$\therefore \arcsin e^{-y} = \mp x + C_1$$

由 $y\big|_{x=0} = 0$，得 $C_1 = \dfrac{\pi}{2}$.

$$\therefore e^{-y} = \sin(\frac{\pi}{2} \mp x) = \cos x$$

$$\therefore y = \ln|\sec x|.$$

(5) 设 $y' = p$，则 $y'' = p\dfrac{\mathrm{d}p}{\mathrm{d}y}$，代入方程得

$$p\frac{\mathrm{d}p}{\mathrm{d}y} = 3\sqrt{y}.$$

分离变量并积分，得

$$\int p\mathrm{d}p = \int 3\sqrt{y}\mathrm{d}y.$$

$$\therefore \frac{1}{2}p^2 = 2y^{\frac{3}{2}} + C$$

当 $x = 0$ 时，$y = 1, p = y' = 2$，得 $C = 0$.

$$\therefore p^2 = 4y^{\frac{3}{2}}, \text{即 } p = \pm 2y^{\frac{3}{4}}$$

又 $\because p\big|_{y=1} = y'\big|_{y=1} = 2$

$$\therefore \frac{\mathrm{d}y}{\mathrm{d}x} = p = 2y^{\frac{3}{4}}$$

$\therefore 4y^{\frac{1}{4}} = 2x + C_1$

由 $y|_{x=0} = 1$，得 $C_1 = 4$.

$\therefore y = \left(\dfrac{x}{2} + 1\right)^4$.

(6) 设 $y' = p$，则 $y'' = p\dfrac{\mathrm{d}p}{\mathrm{d}y}$，代入方程，得

$$p\dfrac{\mathrm{d}p}{\mathrm{d}y} + p^2 = 1.$$

分离变量并积分，得

$$\int \dfrac{p\,\mathrm{d}p}{1 - p^2} = \int \mathrm{d}y$$

$\therefore \ln(1 - p^2) = -2y + C$

当 $x = 0$ 时，$y = 0$. $p = y' = 0$，得 $C = 0$

$\therefore p = \dfrac{\mathrm{d}y}{\mathrm{d}x} = \pm\sqrt{1 - \mathrm{e}^{-2y}}$.

分离变量并积分，得

$$\int \dfrac{\mathrm{d}y}{\sqrt{1 - \mathrm{e}^{-2y}}} = \pm\int \mathrm{d}x.$$

$\therefore \ln(\mathrm{e}^y + \sqrt{\mathrm{e}^{2y} - 1}) = \pm x + C_1$

由 $y|_{x=0} = 0$，得 $C_1 = 0$.

$\therefore \mathrm{e}^{\pm x} = \mathrm{e}^y + \sqrt{\mathrm{e}^{2y} - 1}$，$\mathrm{e}^y = \dfrac{\mathrm{e}^{\pm x} + \mathrm{e}^{\mp x}}{2} = \mathrm{ch}x$.

$\therefore y = \ln\mathrm{ch}x$.

3. 试求 $y'' = x$ 的经过点 $M(0,1)$ 且在此点与直线 $y = \dfrac{x}{2} + 1$ 相切的积分曲线.

解　$\because y'' = x$

$\therefore y' = \dfrac{x^2}{2} + C$

又由题意，得 $y'|_{x=0} = \dfrac{1}{2}$，得 $C = \dfrac{1}{2}$.

$\therefore y' = \dfrac{1}{2}(x^2 + 1)$

$y = \dfrac{1}{2}\left(\dfrac{1}{3}x^3 + x\right) + C_1$

由 $y|_{x=0} = 1$，得 $C_1 = 1$，故所求曲线为

$y = \dfrac{1}{6}x^3 + \dfrac{1}{2}x + 1$.

4. 设有一质量为 m 的物体,在空中由静止开始下落,如果空气阻力为 $R = c^2 v^2$(其中 c 为常数,v 为物体运动的速度),试求物体下落的距离 s 与时间 t 的函数关系.

解 由题意,得

$$\begin{cases} \dfrac{m\mathrm{d}v}{\mathrm{d}t} = mg - c^2 v^2 \\ s\big|_{t=0} = 0, \ s'\big|_{t=0} = 0. \end{cases}$$

$$\therefore t + C_1 = \int \frac{m\mathrm{d}v}{mg - c^2 v^2}$$

$$= \frac{m}{2\sqrt{mg}} \int \left(\frac{1}{\sqrt{mg} + cv} + \frac{1}{\sqrt{my} - cv} \right) \mathrm{d}v$$

$$= \frac{\sqrt{m}}{2c\sqrt{g}} \ln \left(\frac{\sqrt{mg} + cv}{\sqrt{mg} - cv} \right)$$

当 $t = 0$ 时,$v = s' = 0$,得 $C_1 = 0$.

$$\therefore t = \frac{\sqrt{m}}{2c\sqrt{g}} \ln \left(\frac{\sqrt{mg} + cv}{\sqrt{mg} - cv} \right)$$

令 $p = \dfrac{c\sqrt{g}}{\sqrt{m}}$,则

$$e^{2p} = \frac{\sqrt{mg} + cv}{\sqrt{mg} - cv}$$

$$\therefore cv(1 + e^{2pt}) = -\sqrt{mg}(1 - e^{2pt})$$

$$\therefore v = \frac{\mathrm{d}s}{\mathrm{d}t} = -\frac{\sqrt{mg}}{c} \cdot \frac{1 - e^{2pt}}{1 + e^{2pt}}$$

$$= \frac{\sqrt{mg}}{c} \cdot \frac{e^{pt} - e^{-pt}}{e^{pt} + e^{-pt}}$$

$$= \frac{\sqrt{mg}}{c} \mathrm{th}(pt)$$

$$\therefore s = \frac{\sqrt{mg}}{c} \int \frac{\mathrm{sh}(pt)}{\mathrm{ch}(pt)} \mathrm{d}t$$

$$= \frac{\sqrt{mg}}{pc} \mathrm{lnch}(pt) + C_2$$

$$= \frac{m}{c^2} \mathrm{lnch} \left(\frac{c\sqrt{g}}{\sqrt{m}} t \right) + C_2$$

由 $s\big|_{t=0} = 0$,得 $C_2 = 0$.故所求的函数为

$$s = \frac{m}{c^2} \mathrm{lnch} \left(\sqrt{\frac{g}{m}} c \cdot t \right).$$

习题 $12-7$

1. 下列函数组在其定义区间内哪些是线性无关的?

(1) x, x^2;

(2) $x, 2x$;

(3) $e^{2x}, 3e^{2x}$;

(4) e^{-x}, e^x;

(5) $\cos 2x, \sin 2x$;

(6) e^{x^2}, xe^{x^2};

(7) $\sin 2x, \cos x \sin x$;

(8) $e^x \cos 2x, e^x \sin 2x$;

(9) $\ln x, x \ln x$;

(10) $e^{ax}, e^{bx} (a \neq b)$.

解 (1) $\because \dfrac{x}{x^2} = \dfrac{1}{x} \neq C$ （C 为常数）

$\therefore$ 该函数组线性无关.

(2) $\because \dfrac{x}{2x} = \dfrac{1}{2} \therefore$ 该函数组线性相关.

(3) $\because \dfrac{e^{2x}}{3e^{2x}} = \dfrac{1}{3} \therefore$ 线性相关.

(4) $\because \dfrac{e^{-x}}{e^x} = e^{-2x} \neq C \quad \therefore$ 线性无关.

(5) $\because \dfrac{\cos 2x}{\sin 2x} = \cot 2x \neq C \therefore$ 线性无关.

(6) $\because \dfrac{e^{x^2}}{xe^{x^2}} = \dfrac{1}{x} \neq C \therefore$ 线性无关.

(7) $\because \dfrac{\sin 2x}{\cos x \sin x} = 2 \therefore$ 线性相关.

(8) $\because \dfrac{e^x \cos 2x}{e^x \sin 2x} = \cot 2x \neq C \therefore$ 线性无关.

(9) $\because \dfrac{\ln x}{x \ln x} = \dfrac{1}{x} \neq C \quad \therefore$ 线性无关.

(10) $\because \dfrac{e^{ax}}{e^{bx}} = e^{(a-b)x} \neq C$ （因为 $a \neq b$） $\therefore$ 线性无关.

2. 验证 $y_1 = \cos \omega x$ 及 $y_2 = \sin \omega x$ 都是方程 $y'' + \omega^2 y = 0$ 的解, 并写出该方程的通解.

证明 由 $y_1 = \cos \omega x$, 得 $y''_1 = -\omega^2 \cos \omega x$, 代入方程, 得

$$y'' + \omega^2 y = -\omega^2 \cos \omega x + \omega^2 \cdot \cos \omega x = 0.$$

$\therefore y_1$ 是此方程的解.

由 $y_2 = \sin \omega x$, 得 $y''_2 = -\omega^2 \sin \omega x$, 代入方程, 得

$y'' + \omega^2 y = -\omega^2 \sin\omega x + \omega^2 \cdot \sin\omega x = 0.$

$\therefore y_2$ 也是此方程的解.

又 $\quad \because \dfrac{y_1}{y_2} = \dfrac{\cos\omega x}{\sin\omega x} = \cot\omega x \neq C, (C$ 为常数)

$\therefore$ y_1 和 y_2 线性无关,则该方程的通解为

$y = C_1 \cos\omega x + C_2 \sin\omega x.$

3. 验证 $y_1 = e^{x^2}$ 及 $y_2 = xe^{x^2}$ 都是方程 $y'' - 4xy' + (4x^2 - 2)y = 0$ 的解,并写出该方程的通解.

证明 由 $y_1 = e^{x^2}$,得 $y'_1 = 2xe^{x^2}$,$y''_1 = 4x^2 e^{x^2} + 2e^{x^2}$,代入方程,得

$y'' - 4xy' + (4x^2 - 2)y$

$= 4x^2 e^{x^2} + 2e^{x^2} - 4x \cdot 2xe^{x^2} + 4x^2 e^{x^2} - 2e^{x^2} = 0$

$\therefore y_1$ 是该方程的解.

由 $y_2 = xe^{x^2}$,得 $y'_2 = 2x^2 e^{x^2} + e^{x^2}$,$y''_2 = 4xe^{x^2} + 4x^3 e^{x^2} + 2xe^{x^2}$,代入方程,得

$y'' - 4xy' + (4x^2 - 2)y$

$= 4xe^{x^2} + 4x^3 e^{x^2} + 2xe^{x^2} - 4x(2x^2 e^{x^2}) + (4x^2 - 2)xe^{x^2} = 0$

$\therefore y_2$ 也是该方程的解.

又 $\quad \because \dfrac{y_1}{y_2} = \dfrac{e^{x^2}}{xe^{x^2}} = \dfrac{1}{x} \neq C,$

$\therefore y_1$ 与 y_2 线性无关,则该方程的通解为

$y = C_1 e^{x^2} + C_2 xe^{x^2}.$

4. 验证:

(1) $y = C_1 e^x + C_2 e^{2x} + \dfrac{1}{12} e^{5x}$ (C_1、C_2 是任意常数)是方程 $y'' - 3y' + 2y = e^{5x}$ 的通解;

(2) $y = C_1 \cos 3x + C_2 \sin 3x + \dfrac{1}{32}(4x\cos x + \sin x)$ (C_1、C_2 是任意常数)是方程 $y'' + 9y = x\cos x$ 的通解;

(3) $y = C_1 x^2 + C_2 x^2 \ln x$ (C_1、C_2 是任意常数)是方程 $x^2 y'' - 3xy' + 4y = 0$ 的通解;

(4) $y = C_1 x^5 + \dfrac{C_2}{x} - \dfrac{x^2}{9} \ln x$ (C_1、C_2 是任意常数)是方程 $x^2 y'' - 3xy' - 5y = x^2 \ln x$ 的通解;

(5) $y = \dfrac{1}{x}(C_1 e^x + C_2 e^{-x}) + \dfrac{e^x}{2}$ (C_1、C_2 是任意常数)是方程 $xy'' + 2y' - xy = e^x$ 的通解;

(6)$y = C_1 e^x + C_2 e^{-x} + C_3 \cos x + C_4 \sin x - x^2$ (C_1、C_2、C_3、C_4 是任意常数)是方程 $y^{(4)}$ $- y = x^2$ 的通解.

证明 (1)由题意,得该方程的齐次线性方程为

$$y'' - 3y' + 2y = 0. \qquad \qquad ①$$

设 $y_1 = e^x$,则 $y'_1 = e^x$,$y''_1 = e^x$,代入上式,得

左式 $= e^x - 3e^x + 2e^x = 0$

∴y_1 是方程 ① 的解.

设 $y_2 = e^{2x}$,则 $y'_2 = 2e^{2x}$,$y''_2 = 4e^{2x}$,代入 ①,得

左式 $= 4e^{2x} - 3 \cdot 2e^{2x} + 2e^{2x} = 0.$

∴y_2 也是方程 ① 的解,

又 ∵$\dfrac{y_1}{y_2} = \dfrac{e^x}{e^{2x}} = \dfrac{1}{e^x} \neq C,$

∴y_1 与 y_2 线性无关,则 ① 的通解为

$$Y = C_1 e^x + C_2 e^{2x}.$$

设 $y^* = \dfrac{1}{12} e^{5x}$,则 $y^{*'} = \dfrac{5}{12} e^{5x}$,$y^{*''} = \dfrac{25}{12} e^{5x}$ 代入原方程,得

左式 $= \dfrac{25}{12} e^{5x} - 3 \cdot \dfrac{5}{12} e^{5x} + 2 \cdot \dfrac{1}{12} e^{5x} = e^{5x} = $ 右式.

∴y^* 是非齐次方程的特解,

∴$y = C_1 e^x + C_2 e^{2x} + \dfrac{1}{12} e^{5x}.$

(2)由题意,该方程的齐次线性方程为

$$y'' + 9y = 0. \qquad \qquad ①$$

设 $y_1 = \cos 3x$,则 $y''_1 = -9\cos 3x$,代入 ①,得

左 $= -9\cos 3x + 9\cos 3x = 0.$

∴y_1 是方程 ① 的解.

设 $y_2 = \sin 3x$,则 $y''_2 = -9\sin 3x$,代入 ①,得

左 $= -9\sin 3x + 9\sin 3x = 0.$

∴y_2 也是 ① 的解.

又 ∵$\dfrac{y_1}{y_2} = \dfrac{\cos 3x}{\sin 3x} = \cot 3x \neq C,$

∴y_1 与 y_2 是线性无关的,则 ① 的通解为

$$Y = C_1 \cos 3x + C_2 \sin 3x.$$

设 $y^* = \dfrac{1}{32}(4x\cos x + \sin x)$ 则 $y^{*''} = \dfrac{1}{32}(-9\sin x - 4x\cos x)$ 代入原非齐次方程,得

左 $= \frac{1}{32}(-9\sin x - 4x\cos x) + \frac{9}{32}(4x\cos x + \sin x) = x\cos x =$ 右.

$\therefore y^*$ 是原非齐次方程的特解,则原方程的通解为

$$y = C_1\cos 3x + C_2\sin 3x + \frac{1}{32}(4x\cos x + \sin x).$$

(3) 设 $y_1 = x^2$ 则 $y'_1 = 2x$,$y''_1 = 2$,代入原方程,得

左 $= 2x^2 - 3x \cdot 2x + 4x^2 = 0.$

$\therefore y_1$ 是此方程的解.

设 $y_2 = x^2\ln x$,则 $y'_2 = 2x\ln x + x$,$y''_2 = 2\ln x + 3$ 代入原方程,得

左 $= x^2(2\ln x + 3) - 3x(2x\ln x + x) + 4x^2\ln x = 0$

$\therefore y_2$ 也是此方程的解.

又 $\because \dfrac{y_1}{y_2} = \dfrac{x^2}{x^2\ln x} = \dfrac{1}{\ln x} \neq C$,

$\therefore y_1$ 与 y_2 线性无关,则此方程的通解为

$$y = C_1 x^2 + C_2 x^2\ln x.$$

(4) 由题意,该方程的齐次线性方程为

$$x^2 y'' - 3xy' - 5y = 0. \qquad\qquad ①$$

设 $y_1 = x^5$,则 $y' = 5x^4$,$y'' = 20x^3$,代入①,得

左 $= 20x^3 \cdot x^2 - 3x \cdot 5x^4 - 5x^5 = 0$

$\therefore y_1$ 是①的解.

设 $y_2 = \dfrac{1}{x}$,则 $y' = -\dfrac{1}{x^2}$,$y'' = \dfrac{2}{x^3}$,代入①,得

左 $= x^2 \cdot \dfrac{2}{x^3} - 3x \cdot \left(-\dfrac{1}{x^2}\right) - 5 \cdot \dfrac{1}{x} = 0.$

$\therefore y_2$ 也是①的解.

又 $\because \dfrac{y_1}{y_2} = \dfrac{x^5}{\frac{1}{x}} = x^6 \neq C$

$\therefore y_1$ 与 y_2 线性无关,则①的通解为

$$Y = C_1 x^5 + \frac{C_2}{x}$$

设 $y^* = -\dfrac{x^2}{9}\ln x$,则 $y^{*'} = -\dfrac{2}{9}x\ln x - \dfrac{1}{9}x$,$y^{*''} = -\dfrac{2}{9}\ln x - \dfrac{1}{3}$,代入原非齐次线性分程,得

左 $= x^2\left(-\dfrac{2}{9}\ln x - \dfrac{1}{3}\right) - 3x^2\left(-\dfrac{2}{9}x\ln x - \dfrac{1}{9}x\right) - 5 \cdot \left(-\dfrac{x^2}{9}\ln x\right)$

$$= x^2 \ln x = 右$$

$\therefore y^*$ 是原方程的特解,则原方程的通解为

$$y = C_1 x^5 + \frac{C_2}{x} - \frac{x^2}{9} \ln x.$$

(5) 由题意,该方程的齐次线性方程为

$$xy'' + 2y' - xy = 0. \qquad\qquad ①$$

设 $y_1 = \dfrac{e^x}{x}$,则 $y'_1 = \dfrac{e^x}{x} - \dfrac{e^x}{x^2}$,$y''_1 = \dfrac{e^x}{x} - \dfrac{2e^x}{x^2} + \dfrac{2e^x}{x^3}$,代入 ①,得

$$左 = x\left(\frac{e^x}{x} - \frac{2e^x}{x^2} + \frac{2e^x}{x^3}\right) + 2\left(\frac{e^x}{x} - \frac{e^x}{x^2}\right) - x \cdot \frac{e^x}{x} = 0.$$

$\therefore y_1$ 是 ① 的解.

设 $y_2 = \dfrac{e^{-x}}{x}$,同理可理得 y_2 也是 ① 的解.

又 $\because \dfrac{y_1}{y_2} = \dfrac{\dfrac{e^x}{x}}{\dfrac{e^{-x}}{x}} = e^{2x} \neq C,$

$\therefore y_1$ 与 y_2 线性无关,则 ① 的通解为

$$Y = \frac{1}{x}(C_1 e^x + C_2 e^{-x}).$$

设 $y^* = \dfrac{e^x}{2}$,则 $y^{*'} = \dfrac{e^x}{2}$,$y^{*''} = \dfrac{e^x}{2}$,代入原方程,得

$$左 = x \cdot \frac{e^x}{2} + 2 \cdot \frac{e^x}{2} - x \cdot \frac{e^x}{2} = e^x = 右.$$

$\therefore y^*$ 是原方程的特解,则其通解为

$$y = \frac{1}{x}(C_1 e^x + C_2 e^{-x}) + \frac{e^x}{2}.$$

(6) 由题意,该方程的齐次线性方程为

$$y^{(4)} - y = 0. \qquad\qquad ①$$

设 $y_1 = e^x$,则 $y^{(4)} = e^x$. 代入 ①,得

$$左 = e^x - e^x = 0$$

$\therefore y_1$ 是 ① 的解.

设 $y_2 = e^{-x}$,$y_3 = \cos x$,$y_4 = \sin x$,同时可得 y_2,y_3,y_4 都是 ① 的解.

又可证 y_1,y_2,y_3,y_4 是线性无关的,则 ① 的通解为

$$Y = C_1 e^x + C_2 e^{-x} + C_3 \cos x + C_4 \sin x.$$

设 $y^* = -x^2$,则 $y^{*(4)} = 0$. 代入原方程,得

左 $= 0 - (-x^2) = x^2 = $ 右.

$\therefore y^*$ 是原方程的特解,则原方程的通解为

$y = C_1 e^x + C_2 e^{-x} + C_3 \cos x + C_4 \sin x - x^2$.

5. 已知 $y_1(x) = e^x$ 是齐次线性方程

$$(2x-1)y'' - (2x+1)y' + 2y = 0$$

的一个解,求此方程的通解.

解 令 $y = e^x u$,则 $y' = e^x(u' + u)$,$y'' = e^x(u'' + 2u' + u)$,代入齐次方程,得

$e^x(u'' + 2u' + u)(2x-1) - e^x(u' + u)(2x+1) + 2ue^x = 0$

即 $(2x-1)u'' + (2x-3)u' = 0$.

设 $u' = p$,则 $u'' = \dfrac{dp}{dx}$,代入上式,得

$$(2x-1)\frac{dp}{dx} + (2x-3)p = 0.$$

分离变量并积分得

$$\int \frac{dp}{p} = \int -\frac{2x-3}{2x-1} dx$$

$\therefore \ln p = -x + \ln(2x-1) + \ln C$

即 $p = C(2x-1)e^{-x}$

$\therefore u = \int C(2x-1)e^{-x} dx$

$\quad = -C(2xe^{-x} + e^{-x} + C_1)$

于是所求通解为

$y = C_2 e^x + C_3(2x+1) \quad (C_2 = -C \cdot C_1, C_3 = -C)$.

6. 已知 $y_1(x) = x$ 是齐次线性方程 $x^2 y'' - 2xy' + 2y = 0$ 的一个解,求非齐次线性方程 $x^2 y'' - 2xy' + 2y = 2x^3$ 的通解.

解 令 $y = xu$,则 $y' = u + xu'$,$y'' = 2u' + xu''$,代入非齐次方程,得

$x^2(2u' + xu'') - 2x(u + xu') + 2xu = 2x^3$

即 $u'' = 2$

$\therefore u' = 2x + C$,$u = x^2 + Cx + C_1$.

于是所求通解为

$y = C_1 x + Cx^2 + x^3$.

7. 已知齐次线性方程 $y'' + y = 0$ 的通解为 $Y(x) = C_1 \cos x + C_2 \sin x$,求非齐次线性方程 $y'' + y = \sec x$ 的通解.

解 令 $y = v_1\cos x + v_2\sin x$. 按照

$$\begin{cases} y_1 v_1 + y_2 v'_2 = 0 \\ y'_1 v'_1 + y'_2 v'_2 = f \end{cases} \quad 有 \begin{cases} v'_1\cos x + v_2\sin x = 0 \\ -v'_1\sin x + v'_2\cos x = \sec x \end{cases}$$

解得 $v'_1 = -\tan x, v'_2 = 1$

积分，得

$$v_1 = ln \mid \cos x \mid + C_1, v_2 = x + C_2$$

于是所求非齐次方程的通解为

$$y = C_1\cos x + C_2\sin x + \cos x ln \mid \cos x \mid + x\sin x.$$

8. 已知齐次线性方程 $x^2 y'' - xy' + y = 0$ 的通解为 $Y(x) = C_1 x + C_2 x \cdot ln \mid x \mid$，求非齐次线性方程 $x^2 y'' - xy' + y = x$ 的通解.

解 把所给方程写成标准形式

$$y'' - \frac{y'}{x} + \frac{y}{x^2} = 0.$$

令 $y = x v_1 + v_2 x \cdot ln \mid x \mid$ 按照

$$\begin{cases} y_1 v'_1 + y_2 v'_2 = 0 \\ y'_1 v'_1 + y'_2 v'_2 = f \end{cases} \quad 有 \begin{cases} x v'_1 + v'_2 x \cdot ln(x) = 0 \\ v'_1 + (ln \mid x \mid + 1)v'_2 = \frac{1}{x} \end{cases}$$

解得 $v'_1 = -\frac{ln \mid x \mid}{x}, v'_2 = \frac{1}{x}$

积分，得

$$v_1 = -\frac{1}{2}ln^2 \mid x \mid + C_1, v_2 = ln \mid x \mid + C_2$$

求所求非齐次方程的通解为

$$y = C_1 x + C_2 x ln \mid x \mid + \frac{1}{2}x ln^2 \mid x \mid.$$

习题 $12-8$

1. 求下列微分方程的通解：

(1) $y'' + y' - 2y = 0$；

(2) $y'' - 4y' = 0$；

(3) $y'' + y = 0$；

(4) $y'' + 6y' + 13y = 0$；

(5) $4\dfrac{d^2 x}{dt^2} - 20\dfrac{dx}{dt} + 25x = 0$；

(6) $y'' - 4y' + 5y = 0$；

(7) $y^{(4)} - y = 0$；

(8) $y^{(4)} + 2y'' + y = 0$；

(9) $y^{(4)} - 2y''' + y'' = 0$；

(10) $y^{(4)} + 5y'' - 36y = 0.$

解　（1）所给微分方程的特征方程为

$r^2 + r - 2 = 0$

其根 $r_1 = 1, r_2 = -2$，因此方程的通解为

$y = C_1 e^x + C_2 e^{-2x}$.

（2）特征方程为　$r^2 - 4r = 0$

解得　$r_1 = 0, r_2 = 4$

$\therefore y = C_1 + C_2 e^{4x}$.

（3）特征方程为　$r^2 + 1 = 0$

解得　$r_{1,2} = \pm i$

$\therefore y = C_1 \cos x + C_2 \sin x$.

（4）特征方程为　$r^2 + 6r + 13 = 0$

解得　$r_{1,2} = 3 \pm 2i$

$\therefore y = e^{-3x}(C_1 \cos 2x + C_2 \sin 2x)$.

（5）特征方程为 $4r^2 - 20r + 25 = 0$

解得　$r_{1,2} = \dfrac{5}{2}$

$\therefore x = (C_1 + C_2 x)e^{\frac{5}{2}}$.

（6）特征方程为　$r^2 - 4r + 5 = 0$

解得　$r_{1,2} = 2 \pm i$

$\therefore y = e^{2x}(C_1 \cos x + C_2 \sin x)$.

（7）特征方程为 $r^2 - 1 = 0$

解得　$r_{1,2} = \pm 1, y_{3,4} = \pm i$

$\therefore y = C_1 e^x + C_2 e^{-x} + C_3 \cos x + C_4 \sin x$.

（8）特征方程为 $r^4 - 2r^3 + r^2 = 0$

解得　$r_{1,2} = i, r_{3,4} = -i$

$\therefore y = (C_1 + C_2 x)\cos x + (C_3 + C_4 x)\sin x$.

（9）特征方程为 $r^4 - 2r^3 + r^2 = 0$

解得　$r_{1,2} = 0, r_{3,4} = 1$

$\therefore y = C_1 + C_2 x + (C_3 + C_4 x)e^x$.

（10）特征方程为 $r^4 + 5r^2 - 36 = 0$

解得　$r_{1,2} = \pm 2$.　$r_{3,4} = \pm 3i$

$\therefore y = C_1 e^{2x} + C_2 e^{-2x} + (C_3 \cos 3x + C_4 \sin 3x)$.

2.求下列微分方程满足所给初始条件的特解：

(1)$y'' - 4y' + 3y = 0, y\big|_{x=0} = 6, y'\big|_{x=0} = 10$;

(2)$4y'' + 4y' + y = 0, y\big|_{x=0} = 2, y'\big|_{x=0} = 0$;

(3)$y'' - 3y' - 4y = 0, y\big|_{x=0} = 0, y'\big|_{x=0} = -5$;

(4)$y'' + 4y' + 29y = 0, y\big|_{x=0} = 0, y'\big|_{x=0} = 15$;

(5)$y'' + 25y = 0, y\big|_{x=0} = 2, y'\big|_{x=0} = 5$;

(6)$y'' - 4y' + 13y = 0, y\big|_{x=0} = 0, y'\big|_{x=0} = 3$.

解　（1）特征方程为　$r^2 - 4r + 3 = 0$

解得　$r_1 = 1, r_2 = 3$

$\therefore y = C_1 e^x + C_2 e^{3x}$

$y' = C_1 e^x + 3C_2 e^{3x}$

由　$y\big|_{x=0} = 6, y'\big|_{x=0} = 10$, 得

$C_1 = 4, C_2 = 2$

$\therefore y = 4e^x + 2e^{3x}$.

（2）特征方程为　$4r^2 + 4r + 1 = 0$

解得　$r_{1,2} = -\dfrac{1}{2}$

$\therefore y = (C_1 + C_2 x) e^{-\frac{1}{2}x}$

$y' = (-\dfrac{1}{2}C_1 + C_2 - \dfrac{1}{2}C_2 x) e^{-\frac{1}{2}x}$

由 $y\big|_{x=0} = 2, y'\big|_{x=0} = 0$, 得

$C_1 = 2, C_2 = 1$

$\therefore y = (2 + x) e^{-\frac{1}{2}x}$.

（3）特征方程为　$r^2 - 3r - 4 = 0$.

解得　$r_1 = -1, r_2 = 4$

$\therefore y = C_1 e^{-x} + C_2 e^{4x}$

$y' = -C_1 e^{-x} + 4C_2 e^{4x}$

由　$y\big|_{x=0} = 0, y'\big|_{x=0} = -5$, 得

$C_1 = 1, C_2 = -1$

$\therefore y = e^{-x} - e^{4x}$.

（4）特征方程为　$r^2 + 4r + 29 = 0$

解得　$r_{1,2} = -2 \pm 5i$

$\therefore y = e^{-2x}(C_1 \cos 5x + C_2 \sin 5x)$

$$y' = \left[(5C_2 - 2C_1)\cos 5x - (5C_1 + 2C_2)\sin 5x \right] e^{-2x}$$

由 $y|_{x=0} = 0, y'|_{x=0} = 15$,得

$$C_1 = 0, C_2 = 3$$

$$\therefore y = 3e^{-2x}\sin 5x.$$

(5) 特征方程为 $r^2 + 25 = 0$

解得 $r_{1,2} = \pm 5i$

$$\therefore y = C_1\cos 5x + C_2\sin 5x$$

$$y' = -5C_1\sin 5x + 5C_2\cos 5x$$

由 $|_{x=0} = 2, y'|_{x=0} = 5$,得

$$C_1 = 2, C_2 = 1$$

$$\therefore y = 2\cos 5x + \sin 5x.$$

(6) 特征方程为 $r^2 - 42 + 13 = 0$

解得 $r = 2 \pm 3i$

$$y = e^{2x}(C_1\cos 3x + C_2\sin 3x)$$

$$y' = e^{2x}\left[(2C_1 + 3C_2)\cos 3x + (2C_2 - 3C_1)\sin 3x \right]$$

由 $y|_{x=0} = 0, y'|_{x=0} = 3$,得

$$C_1 = 0, C_2 = 1$$

$$\therefore y = e^{2x}\sin 3x.$$

3. 一个单位质量的质点在数轴上运动,开始时质点在原点 O 处且速度为 v_0,在运动过程中,它受到一个力的作用,这个力的大小与质点到原点的距离成正比(比例系数 $k_1 > 0$)而方向与初速一致. 又介质的阻力与速度成正比(比例系数 $k_2 > 0$). 求反映这质点的运动规律的函数.

解 设数轴为 x 轴,由题意得

$$\begin{cases} x'' = k_1 x - k_2 x' \\ x(0) = 0, x'(0) = v_0 \end{cases}$$

解特征方程 $r^2 + k_2 r - k_1 = 0$,得

$$r_{1,2} = \frac{-k_2 \pm \sqrt{k_2^2 + 4k_1}}{2}.$$

所以通解为

$$x = C_1 \exp\left(\frac{-k_2 + \sqrt{k_2^2 + 4k_1}}{2} t \right) + C_2 \exp\left(\frac{-k_2 - \sqrt{k_2^2 + 4k_1}}{2} t \right)$$

$$x' = \frac{-k_2 + \sqrt{k_2^2 + 4k_1}}{2} C_1 \exp\left(\frac{-k_2 + \sqrt{k_2^2 + 4k_1}}{2} t \right)$$

$$+ \frac{-k_2 - \sqrt{k_2^2 + 4k_1}}{2} C_2 \exp\left(\frac{-k_2 - \sqrt{k_2^2 + 4k_1}}{2}\right)t.$$

由　$x(0) = 0, x'(0) = v_0$，得

$$C_1 = -\frac{v_0}{\sqrt{k_2^2 + 4k_1}}, C_2 = \frac{v_0}{\sqrt{k_2^2 + 4k_1}},$$

∴ 这质点的运动规律函数为

$$x = \frac{v_0}{\sqrt{k_2^2 + 4k_1}}\left[\exp\left(\frac{-k_2 + \sqrt{k_2^2 + 4k_1}}{2}t\right) - \exp\left(\frac{-k_2 - \sqrt{k_2^2 + 4k_1}}{2}t\right)\right]$$

$$= \frac{v_0}{\sqrt{k_2^2 + 4k_1}}\left[1 - \exp\left(-\sqrt{k_2^2 + 4k_1}\,t\right)\right]\exp\left(\frac{-k_2 + \sqrt{k_2^2 + 4k_1}}{2} \cdot t\right)$$

$$= \frac{v_0}{\sqrt{k_2^2 + 4k_1}}\left(1 - e^{-\sqrt{k_2^2 + 4k_1}\,t}\right)e^{\left(-\frac{k_2}{2} + \frac{\sqrt{k_2^2 + 4k_1}}{2}\right)\cdot t}.$$

4. 在图 $12-6$ 所示的电路中先将开关 K 拨向 A，达到稳定状态后再将开关 K 拨向 B，求电压 $u_C(t)$ 及电流 $i(t)$. 已知 $E = 20 \text{ V}, C = 0.5 \times 10^{-6}\text{F(法)}, L = 0.1 \text{ H(亨)}, R = 2\,000 \text{ }\Omega$.

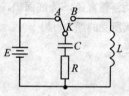

图 $12-6$

解　由电学知识，得

$$\begin{cases} -L\dfrac{\mathrm{d}i}{\mathrm{d}t} - Ri - \dfrac{q}{C} = 0 \\[2mm] u_C(0) = E = 20, \qquad \dfrac{\mathrm{d}u_C}{\mathrm{d}t} = 0 \end{cases}$$

又 $\because i = \dfrac{\mathrm{d}q}{\mathrm{d}t} = C\dfrac{\mathrm{d}u_C}{\mathrm{d}t}, u_C = \dfrac{q}{C}, \dfrac{\mathrm{d}i}{\mathrm{d}t} = C\dfrac{\mathrm{d}^2 u_C}{\mathrm{d}t^2}$，代入上式，得

$$LC\frac{\mathrm{d}^2 u_C}{\mathrm{d}t^2} + RC\frac{\mathrm{d}u_C}{\mathrm{d}t} + u_C = 0.$$

$$\therefore \frac{\mathrm{d}^2 u_C}{\mathrm{d}t^2} + \frac{R}{L}\frac{\mathrm{d}u_C}{\mathrm{d}t} + \frac{1}{LC}u_C = 0.$$

而　$\dfrac{R}{L} = \dfrac{2000}{0.1} = 2 \times 10^4$

$$\frac{1}{LC} = \frac{1}{0.1 \times 0.5 \times 10^{-6}} = 2 \times 10^7$$

$\therefore \dfrac{\mathrm{d}^2 u_C}{\mathrm{d}t^2} + 2 \times 10^4 \dfrac{\mathrm{d}u_C}{\mathrm{d}t} + 2 \times 10^7 u_C = 0.$

上式的特征方程为

$r^2 + 2 \times 10^4 r + 2 \times 10^7 = 0$

解得　$r_1 \approx -1.9 \times 10^4, r_2 \approx -10^3.$

$\therefore u_C = C_1 \mathrm{e}^{-1.9\times10^4 t} + C_2 \mathrm{e}^{-10^3 t}, u'_c = -1.9 \times 10^4 C_1 \mathrm{e}^{-1.9\times10^4 t} - 10^3 C_2 \mathrm{e}^{-10^3 t}.$

又 $\because$ 当 $t = 0$ 时，$u_C(0) = E = 20, \dfrac{\mathrm{d}u_C}{\mathrm{d}t} = 0$，得

$C_1 = -\dfrac{10}{9}, C_2 = \dfrac{190}{9}$

$\therefore u_C = \dfrac{10}{9}(19\mathrm{e}^{-10^3 t} - \mathrm{e}^{-1.9\times10^4 t}) \mathrm{V}.$

$i = C \dfrac{\mathrm{d}u_C}{\mathrm{d}t} = \dfrac{19}{18} \times 10^{-2} (\mathrm{e}^{-1.9\times10^4 t} - \mathrm{e}^{-10^3 t}) \mathrm{A}.$

5. 设圆柱形浮筒，直径为 0.5 m，铅直放在水中，当稍向下压后突然放开，浮筒在水中上下振动的周期为 2 s，求浮筒的质量.

解　设 ρ 为水的密度，D 为浮筒直径，S 为底面积，m 为质量. 如图 12-7 当浮筒下移 x 时，由牛顿第二定律及浮筒所受的浮力可得

$f = ma = m\dfrac{\mathrm{d}^2 x}{\mathrm{d}t^2} = -\rho g S \cdot x.$

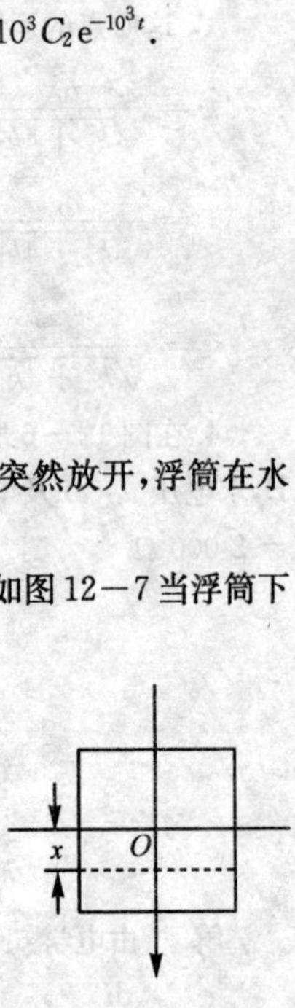

上式的特征方程为

$mr^2 + \rho g S = 0$

解得　$r_{1,2} = \pm i\sqrt{\dfrac{\rho g S}{m}}$

$\therefore x = C_1 \cos\sqrt{\dfrac{\rho g S}{m}}t + C_2 \sin\sqrt{\dfrac{\rho g s}{m}} \cdot t$

$= A\sin(\omega + \varphi).$

其中 $\omega = \sqrt{\dfrac{\rho g S}{m}}, \varphi = \arctan\dfrac{C_1}{C_2}, A = \sqrt{C_1^2 + C_2^2}$

图 12-7

$T = \dfrac{2\pi}{\omega} = 2\pi\sqrt{\dfrac{m}{\rho g S}}$，而 $T = 2$，解得

$m = \dfrac{\rho g S}{\pi^2}.$

又 $\because \rho = 1000$ kg/m^3，$g = 9.8$ m/s^2，$D = 0.5$ m，$S = \dfrac{\pi D^2}{4}.$

$\therefore m = \dfrac{\rho g S}{\pi^2} = \dfrac{\rho g D^2}{4\pi} = \dfrac{1000 \times 9.8 \times 0.5^2}{4\pi} = 195$ kg.

习题 12 − 9

1. 求下列各微分方程的通解：

(1) $2y'' + y' - y = 2e^x$；

(2) $y'' + a^2 y = e^x$；

(3) $2y'' + 5y' = 5x^2 - 2x - 1$；

(4) $y'' + 3y' + 2y = 3xe^{-x}$；

(5) $y'' - 2y' + 5y = e^x \sin 2x$；

(6) $y'' - 6y' + 9y = (x+1)e^{3x}$；

(7) $y'' + 5y' + 4y = 3 - 2x$；

(8) $y'' + 4y = x\cos x$；

(9) $y'' + y = e^x + \cos x$；

(10) $y'' - y = \sin^2 x$.

解　(1) 该方程对应的齐次方程的特征方程为

$$2r^2 + r - 1 = 0$$

解得　$r_1 = -1, r_2 = \dfrac{1}{2}$

$$\therefore Y = C_1 e^{-x} + C_2 e^{\frac{x}{2}}$$

这里 $\lambda = 1$ 不是特征根，所以应设 y^* 为

$$y^* = be^x$$

代入原方程得

$$2ae^x + ae^x - ae^x = 2e^x$$

解得　$a = 1$

$$\therefore y^* = e^x$$

则所求通解为

$$y = C_1 e^{-x} + C_2 e^{\frac{x}{2}} + e^x.$$

(2) 该方程对应的齐次方程的特征方程为

$$r^2 + a^2 = 0$$

解得　$r_{1,2} = \pm ai$

$$\therefore Y = C_1 \cos ax + C_2 \sin ax$$

这里 $\lambda = 1$ 不是特征根，所以应设 y^* 为

$$y^* = be^x$$

代入原方程得

$$be^x + a^2 be^x = e^x$$

解得　$b = \dfrac{1}{1+a^2}$

$$\therefore y^* = \dfrac{e^x}{1+a^2}$$

则所求通解为

$$y = C_1 \cos ax + C_2 \sin ax + \frac{e^x}{1+a^2}.$$

(3) 该方程对应的齐次方程的特征方程为

$$2r^2 + 5r = 0$$

解得 $\quad r_1 = 0, r_2 = -\dfrac{5}{2}$

$$\therefore Y = C_1 + C_2 e^{-\frac{5}{2}x}$$

由于 $\lambda = 0$ 是特征方程的单根,所以应设 y^* 为

$$y^* = x(b_0 x^2 + b_1 x + b_2)$$

代入原方程,得

$$15b_0 x^2 + (12b_0 + 10b_1)x + (4b_1 + 5b_2) = 5x^2 - 2x - 1$$

比较系数,得

$$\begin{cases} 15b_0 = 5 \\ 4 + 10b_1 = -2 \\ 4b_1 + 5b_2 = -2 \end{cases}$$

解得 $\quad b_0 = \dfrac{1}{3}, b_1 = -\dfrac{3}{5}, b_2 = \dfrac{7}{25}$

$$\therefore y^* = x\left(\frac{1}{3}x^2 - \frac{3}{5}x + \frac{7}{25}\right)$$

$$= \frac{1}{3}x^3 - \frac{3}{5}x^2 + \frac{7}{25}x$$

则所求通解为

$$y = C_1 + C_2 e^{-\frac{5}{2}x} + \frac{1}{3}x^3 - \frac{3}{5}x^2 + \frac{7}{25}x.$$

(4) 该方程对应的齐次方程的特征方程为

$$r^2 + 3r + 2 = 0$$

解得 $\quad r = -1, r_2 = -2$

$$\therefore Y = C_1 e^{-x} + C_2 e^{-2x}$$

由于 $\lambda = -1$ 是单特征根,所以应设 y^* 为

$$y^* = x(b_0 x + b_1)e^{-x}$$

代入原方程,得

$$[(2b_0 + b_1)x + 2b_0]xe^{-x} = 3xe^{-x}$$

比较系数,得

$$\begin{cases} 2b_0 + b_1 = 0 \\ 2b_0 = 3 \end{cases}$$

解得 $b_0 = \dfrac{3}{2}, b_1 = -3$

$\therefore y^* = \left(\dfrac{3}{2}x - 3\right)x\mathrm{e}^{-x}$

则所求的通解为

$$y = C_1 \mathrm{e}^{-x} + C_2 \mathrm{e}^{-2x} + 3\left(\dfrac{1}{2}x - 1\right)x\mathrm{e}^x.$$

(5) 该方程对应的齐次方程的特征方程为

$r^2 - 2r + 5 = 0$

解得 $r = 1 \pm 2i$

$\therefore Y = \mathrm{e}^x(C_1 \cos 2x + C_2 \sin 2x)$

由于 $\lambda \pm i\omega = 1 \pm 2i$ 是单特征根,所以应设 y^* 为

$y^* = x\mathrm{e}^x(a\cos 2x + b\sin 2x)$

代入原方程,得

$\mathrm{e}^x(4b\cos 2x - 4a\sin 2x) = \mathrm{e}^x \sin 2x$

比较系数,得

$$\begin{cases} -4a = 1 \\ 4b = 0 \end{cases}$$

解得 $a = -\dfrac{1}{4}, b = 0$

$\therefore y^* = -\dfrac{x}{4}\mathrm{e}^x \cos 2x$

则所求通解为

$$y = \mathrm{e}^x(C_1 \cos 2x + C_2 \sin 2x) - \dfrac{x}{4}\mathrm{e}^x \cos 2x.$$

(6) 该方程对应的齐次方程的特征方程为

$r^2 - 6r + 9 = 0$

解得 $r_1 = r_2 = 3$

$\therefore Y = (C_1 + C_2 x)\mathrm{e}^{3x}$

由于 $\lambda = 3$ 是二重特征根,所以应设 y^* 为

$y^* = x^2 \mathrm{e}^{3x}(b_0 x + b_1)$

代入原方程,得

$(6b_0 x + 2b_1)\mathrm{e}^{3x} = (x+1)\mathrm{e}^{3x}$

比较系数,得

$$b_0 = \frac{1}{6}, b_1 = \frac{1}{2}$$

$$\therefore y^* = \frac{x^2 e^{2x}}{6}(x+3)$$

则所求通解为

$$y = (C_1 + C_2 x)e^{3x} + \frac{x^2 e^{3x}}{6}(x+3).$$

(7) 该方程对应的齐次方程的特征方程为

$$r^2 + 5r + 4 = 0$$

解得　$r_1 = -4, r_2 = -1$

$$\therefore Y = C_1 e^{-4x} + C_2 e^{-x}$$

由于 $\lambda = 0$ 不是特征根,所以应设 y^* 为

$$y^* = b_0 x + b_1$$

代入原方程,得

$$4b_0 x + 5b_0 + 4b_1 = 3 - 2x$$

比较系数,得

$$\begin{cases} 4b_0 = -2 \\ 5b_0 + 4b_1 = 3 \end{cases}$$

解得　$b_0 = -\frac{1}{2}, b_1 = \frac{11}{8}$

$$\therefore y^* = -\frac{1}{2}x + \frac{11}{8}$$

则所求通解为

$$y = C_1 e^{-4x} + C_2 e^{-x} - \frac{1}{2}x + \frac{11}{8}.$$

(8) 该方程对应的齐次方程的特征方程为

$$r^2 + 4 = 0$$

解得　$r = \pm 2i$

$$\therefore \quad Y = C_1 \cos 2x + C_2 \sin 2x$$

由于　$\lambda \pm i\omega = i$ 不是特征根,所以应设 y^* 为

$$y^* = (ax + b)\cos x + (cx + d)\sin x$$

代入原方程,得

$$(3ax + 3b + 2c)\cos x + (3cx + 3d - 2a)\sin x = x\cos x$$

比较系数,得

$$\begin{cases} 3a = 1 \\ 3b + 2c = 0 \\ 3c = 0 \\ 3d - 2a = 0 \end{cases}$$

解得　$a = \dfrac{1}{3}, b = 0, c = 0, d = \dfrac{2}{9}$

$\therefore y^* = \dfrac{x}{3}\cos x + \dfrac{2}{9}\sin x$

则所求通解为

$$y = C_1\cos 2x + C_2\sin 2x + \frac{1}{3}x\cos x + \frac{2}{9}\sin x.$$

（9）该方程对应的齐次方程的特征方程为

$r^2 + 1 = 0$

解得　$r_{1,2} = \pm i$

$\therefore Y = C_1\cos x + C_2\sin x$

由于 $f(x) = f_1(x) + f_2(x) = e^x + \cos x$, 对于 $f_1(x) = e^x, \lambda = 1$ 不是特征根, 所以应设 y_1^* 为 $y_1^* = ae^x$, 对于 $f_2(x) = \cos x, \lambda \pm i\omega = i$ 是单特征根, 所以应设 $y_2^* = x(b\cos x + C\sin x)$

将 y_1^* 与 y_2^* 分别代入 $y'' + y = e^x$, 与 $y'' + y = \cos x$

比较系数解得 $a = \dfrac{1}{2}, b = 0, c = \dfrac{1}{2}$

$\therefore y^* = y_1^* + y_2^* = \dfrac{e^x}{2} + \dfrac{x}{2}\sin x$

则所求通解为

$$y = C_1\cos x + C_2\sin x + \frac{e^x}{2} + \frac{x}{2}\sin x.$$

（10）该方程所对应的齐次方程的特征方程为

$r^2 - 1 = 0$

解得　$r_{1,2} = \pm 1$

$\therefore \quad Y = C_1 e^{-x} + C_2 e^x$

由于 $f(x) = \sin^2 x = \dfrac{1}{2} - \dfrac{1}{2}\cos 2x$, 对 $f_1(x) = \dfrac{1}{2}, \lambda = 0$ 不是特征根, 所以应设 $y_1^* = a$; 对 $f_2(x) = -\dfrac{1}{2}\cos 2x, \omega i = 2i$ 也不是特征根, 所以应设 $y_2^* = b\cos 2x + C\sin 2x$.

将 y_1^*, y_2^* 分别代入 $y'' - y = \dfrac{1}{2}$ 与 $y'' - y = -\dfrac{1}{2}\cos 2x$, 并比较系数, 解得

$$a = -\frac{1}{2}, b = \frac{1}{10}, c = 0,$$

$$\therefore y^* = y_1^* + y_2^* = -\frac{1}{2} + \frac{1}{10}\cos 2x$$

则所求通解为

$$y = C_1 e^{-x} + C_2 e^x - \frac{1}{2} + \frac{1}{10}\cos 2x.$$

2. 求下列各微分方程满足已给初始条件的特解:

(1) $y'' + y + \sin 2x = 0, y|_{x=\pi} = 1, y'|_{x=\pi} = 1$;

(2) $y'' - 3y' + 2y = 5, y|_{x=0} = 1, y'|_{x=0} = 2$;

(3) $y'' - 10y' + 9y = e^{2x}, y|_{x=0} = \frac{6}{7}, y'|_{x=0} = \frac{33}{7}$;

(4) $y'' - y = 4xe^x, y|_{x=0} = 0, y'|_{x=0} = 1$;

(5) $y'' - 4y' = 5, y|_{x=0} = 1; y'|_{x=0} = 0.$

解 (1) 该方程对应的齐次方程的特征方程为

$$r^2 + 1 = 0,$$

解得 $r_{1,2} = \pm i$

$$\therefore Y = C_1 \cos x + C_2 \sin x$$

由于 $\lambda + i\omega = 2i$ 不是特征根,所以应设 y^* 为

$$y^* = a\cos 2x + b\sin 2x$$

代入原方程得

$$a = 0, b = \frac{1}{3}$$

$$\therefore y^* = \frac{1}{3}\sin 2x$$

则其通解为

$$y = C_1 \cos x + C_2 \sin x + \frac{1}{3}\sin 2x$$

由 $y|_{x=\pi} = 1, y'|_{x=\pi} = 1$,得 $C_1 = -1, C_2 = -\frac{1}{3}$

故所求特解为

$$y = -\cos x - \frac{1}{3}\sin x + \frac{1}{3}\sin 2x.$$

(2) 该方程对应的齐次方程的特征方程为

$$r^2 - 3r + 2 = 0$$

解得 $r_1 = 1, r_2 = 2$

$\therefore Y = C_1 e^x + C_2 e^{2x}$

由于 $\lambda = 0$ 不是特征根,所以应设 y^* 为

$y^* = b$

代入方程,得　　$b = \dfrac{5}{2}$

$\therefore y = C_1 e^x + C_2 e^{2x} + \dfrac{5}{2}$

由 $y|_{x=0} = 1, y'|_{x=0} = 2$,得

$C_1 = -5, C_2 = \dfrac{7}{2}$

故所求特解为

$y = -5e^x + \dfrac{7}{2} e^{2x} + \dfrac{5}{2}.$

(3) 该方程对应的齐次方程的特征方程为

$r^2 - 10r + 9 = 0.$

解得　　$r_1 = 1, r_2 = 9$

由于 $\lambda = 2$ 不是特征根,所以应设 y^* 为

$y^* = be^{2x}$

代入方程解得　　$b = -\dfrac{1}{7}$

$\therefore y^* = -\dfrac{1}{7} e^{2x}$

则其通解为

$y = C_1 e^x + C_2 e^{9x} - \dfrac{1}{7} e^{2x}$

由 $y|_{x=0} = \dfrac{6}{7}, y'|_{x=0} = \dfrac{33}{7}$,得

$C_1 = \dfrac{1}{2}, C_2 = \dfrac{1}{2}$

故所求特解为

$y = \dfrac{1}{2} e^x + \dfrac{1}{2} e^{9x} - \dfrac{1}{7} e^{2x}.$

(4) 该方程对应的齐次方程的特征方程为

$r^2 - 1 = 0$

解得　　$r_{1,2} = \pm 1,$

$\therefore Y = C_1 e^x + C_2 e^{-x}$

由于 $\lambda = 1$ 是单特征根,所以应设 y^* 为

$y^* = x(b_0 x + b_1)e^x$

代入原方程并比较系数,得

$b_0 = 1, b_1 = -1$

$\therefore y^* = (x^2 - x)e^x$

则其通解为

$y = C_1 e^x + C_2 e^{-x} + (x^2 - x)e^x$

由　$y\big|_{x=0} = 0, y'\big|_{x=0} = 1$,得

$C_1 = 1, C_2 = -1$

故所求特解为

$y = e^x - e^{-x} + (x^2 - x)e^x.$

(5) 该方程对应的齐次方程的特征方程为

$r^2 - 4r = 0$

解得　$r_1 = 4, r_2 = 0$

$\therefore Y = C_1 e^{4x} + C_2$

由于　$\lambda = 0$ 是特征根,所以应设 y^* 为

$y^* = bx$

代入方程,得　$b = -\dfrac{5}{4}$

$\therefore y^* = -\dfrac{5}{4}x$

则其通解为 $y = C_1 e^{4x} + C_2 - \dfrac{5}{4}x.$

由 $y\big|_{x=0} = 1, y'\big|_{x=0} = 0$,得

$C_1 = \dfrac{5}{16}, C_2 = \dfrac{11}{16}$

故所求特解为

$y = \dfrac{5}{16}e^{4x} + \dfrac{11}{16} - \dfrac{5}{4}x.$

3. 大炮以仰角 α、初速 v_0 发射炮弹,若不计空气阻力,求弹道曲线.

解　建立坐标系如图 $12 - 8$ 所示,设时刻 t 弹头的位置为 (x, y),由题意,得

$x = v_0 \cos\alpha \cdot t$　坐标 y 满足方程

$$\begin{cases} y''(t) = -g \\ y\big|_{t=0} = 0, \quad y'\big|_{t=0} = v_0 \sin\alpha \end{cases}$$

$$\therefore y' = -gt + C_1$$

$$y = -\frac{1}{2}gt^2 + C_1 t + C_2$$

由 $y|_{t=0} = 0, y'|_{t=0} = v_0 \sin\alpha$ 得

$$C_1 = v_0 \sin\alpha, C_2 = 0,$$

$$\therefore y = -\frac{1}{2}gt^2 + v_0 \sin\alpha \cdot t.$$

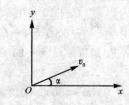

图 12-8

故所求弹道曲线为

$$\begin{cases} x = v_0 \cos\alpha \cdot t \\ y = -\frac{1}{2}gt^2 + v_0 \sin\alpha \cdot t \end{cases}$$

4. 在 R、L、C 含源串联电路中,电动势为 E 的电源对电容器 C 充电. 已知 $E = 20$ V,$C = 0.2\mu$F(微法),$L = 0.1$ H(亨),$R = 1\,000$ Ω,试求合上开关 K 后的电流 $i(t)$ 及电压 $u_C(t)$.

解 由电学知识,知

$$LC \frac{\mathrm{d}^2 u_C}{\mathrm{d}t^2} + RC \frac{\mathrm{d}u_C}{\mathrm{d}t} + u_C = E$$

即 $\dfrac{\mathrm{d}^2 u_C}{\mathrm{d}t^2} + \dfrac{R}{L} \dfrac{\mathrm{d}u_C}{\mathrm{d}t} + \dfrac{u_C}{LC} = \dfrac{E}{LC}$.

由题意,得

$$\frac{R}{L} = \frac{1000}{0.1} = 10^4$$

$$\frac{1}{LC} = \frac{1}{0.1 \times 0.2 \times 10^{-6}} = 5 \times 10^7$$

$$\frac{E}{LC} = 10^9$$

$$\therefore \frac{\mathrm{d}^2 u_C}{\mathrm{d}t^2} + 10^4 \frac{\mathrm{d}u_C}{\mathrm{d}t} + 5 \times 10^7 u_C = 10^9.$$

上式的特征方程为

$$r^2 + 10^4 r + 5 \times 10^7 = 0,$$

解得 $r_{1,2} = -5000 \pm 5000i$,

$$\therefore u_C(t) = \mathrm{e}^{-5000t}[C_1 \cos(5000t) + C_2 \sin(5000t)] + 20,$$

$$u'_C = 5000\mathrm{e}^{-5000t}[(C_2 - C_1)\cos(5000t) - (C_1 + C_2)\sin(5000t)],$$

$$\therefore i(t) = Cu'_C = 5000C\mathrm{e}^{-5000t}[(C_2 - C_1)\cos(5000t) - (C_1 + C_2)\sin(5000t)].$$

由 $u_C(0) = 0$ $i(0) = \dfrac{\mathrm{d}u_C}{\mathrm{d}t}\Big|_{t=0} = 0,$

得 $\begin{cases} C_1 + 20 = 0, \\ -5000^3(C_1 - C_2) = 0 \end{cases}$

解得 $C_1 = -20, C_2 = -20$

$\therefore u_C(t) = 20 - 20e^{-5000t}[\cos(5000t) + \sin(5000t)]\text{V}$

$i(t) = 5000 \times 0.2 \times 10^{-6} \times 40e^{-5000t}\sin(5000t)$

$\quad = 4 \times 10^{-2} e^{-5000t}\sin(5000t) \quad (\text{A})$

5. 一链条悬挂在一钉子上,起动时一端离开钉子 8 m 另一端离开钉子 12 m,分别在以下两种情况下求链条滑下来所需要的时间:

(1) 若不计钉子对链条所产生的摩擦力;

(2) 若摩擦力为 1 m 长的链条的重量.

解 (1) 设在 t 时刻,链条较长一段下垂 y m,且设链条密度均匀分布为 ρ,则链条受力为

$f = y\rho g - (20 - y)\rho g = 2(y - 10)\rho g.$

由牛顿第二定律

$\begin{cases} 20\rho \dfrac{\mathrm{d}^2 y}{\mathrm{d}t^2} = 2\rho g(y - 10) \\ y\big|_{t=0} = 12, y'\big|_{t=0} = 0 \end{cases}$

$\therefore \dfrac{\mathrm{d}^2 y}{\mathrm{d}t^2} - \dfrac{g}{10}y = -g \qquad\qquad ①$

上式的特征方程为

$r^2 - \dfrac{g}{10} = 0$

解得 $r_{1,2} = \pm\sqrt{\dfrac{g}{10}}$

$\therefore Y = C_1 e^{\sqrt{\frac{g}{10}}t} + C_2 e^{-\sqrt{\frac{g}{10}}t}.$

由 $\lambda = 0$ 不是特征根,则应设 y^* 为

$y^* = b,$

代入 ①,得 $b = 10$

$\therefore y = C_1 e^{\sqrt{\frac{g}{10}}t} + C_1 e^{-\sqrt{\frac{g}{10}}t} + 10.$

由 $y\big|_{t=0} = 12, y'\big|_{t=0} = 0$,得 $C_1 = 1, C_2 = 1$,

$\therefore y = e^{\sqrt{\frac{g}{10}}t} + e^{-\sqrt{\frac{g}{10}}t} + 10.$

当链条全部滑下,即当 $y = 20$ 时,由上式可解得

$e^{\sqrt{\frac{g}{10}}t} = 5 + 2\sqrt{6}$

$$\therefore t = \sqrt{\frac{10}{g}} \ln(5 + 2\sqrt{6}).$$

(2) $\because f = y\rho g - (20-y)\rho g - \rho g$

$$\therefore y'' - \frac{g}{10} y = -1.05 g$$

同理解得

$$y = C_1 e^{\sqrt{\frac{g}{10}} t} + C_2 e^{-\sqrt{\frac{g}{10}} t} + 10.5.$$

由　$y|_{t=0} = 12, y'|_{t=0} = 0$,得 $C_1 = \frac{3}{4}, C_2 = \frac{3}{4}$.

$$\therefore y = \frac{3}{4} e^{\sqrt{\frac{g}{10}} t} + \frac{3}{4} e^{\sqrt{\frac{g}{10}} t} + 10.5$$

当 $y = 20$ 时,由上式解得

$$e^{\sqrt{\frac{g}{10}} t} = \frac{19 + 4\sqrt{22}}{3}$$

$$\therefore t = \sqrt{\frac{10}{g}} \ln \frac{19 + 4\sqrt{22}}{3} S.$$

6. 设函数 $\varphi(x)$ 连续,且满足

$$\varphi(x) = e^x + \int_0^x t\varphi(t)\mathrm{d}t - x\int_0^x \varphi(t)\mathrm{d}t,$$

求 $\varphi(x)$.

解　对方程两边求导,得

$$\varphi'(x) = e^x - \int_0^x \varphi(t)\mathrm{d}t$$

则 $\varphi''(x) = e^x - \varphi(x)$

即 $\varphi''(x) + \varphi(x) = e^x$ 　　　　　　　　①

上式的特征方程为

$r^2 + 1 = 0$

解得　$r_{1,2} = \pm i$

$\therefore \overline{\varphi}(x) = C_1 \cos x + C_2 \sin x.$

由于 $\lambda = 1$ 不是特征根,则应设 $\varphi^*(x)$ 为

$\varphi^*(x) = b e^x,$

代入 ①,得　$b = \frac{1}{2}$

$$\therefore \varphi^* = \frac{1}{2} e^x$$

$$\therefore \varphi(x) = C_1 \cos x + C_2 \sin x + \frac{1}{2} e^x.$$

又当 $x = 0$ 时，$\varphi(0) = 1, \varphi'(0) = 1$，得 $C_1 = C_2 = \frac{1}{2}$，

$$\therefore \varphi(x) = \frac{1}{2}(\sin x + \cos x + e^x).$$

习题 $12 - 10$

求下列欧拉方程的通解：

1. $x^2 y'' + xy' - y = 0$；

2. $y'' - \dfrac{y'}{x} + \dfrac{y}{x^2} = \dfrac{2}{x}$；

3. $x^3 y''' + 3x^2 y'' - 2xy' + 2y = 0$；

4. $x^2 y'' - 2xy' + 2y = \ln^2 x - 2\ln x$；

5. $x^2 y'' + xy' - 4y = x^3$；

6. $x^2 y'' - xy' + 4y = x\sin(\ln x)$；

7. $x^2 y'' - 3xy' + 4y = x + x^2 \ln x$；

8. $x^3 y''' + 2xy' - 2y = x^2 \ln x + 3x$.

1. 解　设 $x = e^t$，原方程可化为

$$D(D-1)y + Dy - y = 0,$$

即 $D^2 y - y = 0$，

或 $\dfrac{d^2 y}{dt^2} - y = 0$.

上式的特征方程为

$$r^2 - 1 = 0,$$

解得 $r = \pm 1$

$$\therefore y = C_1 e^t + C_2 e^{-t}$$
$$= C_1 x + \frac{C_2}{x}.$$

2. 解　原方程可化为

$$x^2 y'' - xy' + y = 2x$$

设 $x = e^t$，则上式可化为

$$D(D-1)y - Dy + y = 2e^t,$$

即 $D^2 y - 2Dy + y = 2e^t$，

或　$\dfrac{d^2 y}{dt^2} - 2\dfrac{dy}{dt} + y = 2e^t$.　　　①

上式的齐次方程的特征方程为

$$r^2 - 2r + 1 = 0,$$

解得 $r_{1,2} = 1$

$\therefore Y = (C_1 + C_2 t)e^t$

由于 $\lambda = 1$ 是二重特征根,所以应设 y^* 为

$y^* = bt^2 e^t$,

代入 ① 式,解得 $b = 1$

$\therefore y^* = t^2 e^t$

$\therefore y = (C_1 + C_2 t)e^t + t^2 e^t$

$\quad = (C_1 + C_2 \ln |x|)x + x\ln^2 |x|.$

3. 解   设 $x = e^t$,则原方程可化为

$D(D-1)(D-2)y + 3D(D-1)y - 2Dy + 2y = 0,$

即 $D^3 y - 3Dy + 2y = 0,$

或 $\dfrac{\mathrm{d}^3 y}{\mathrm{d}t^3} - 3\dfrac{\mathrm{d}y}{\mathrm{d}t} + 2y = 0.$

上式的特征方程为

$r^3 - 3r + 2 = 0,$

解得 $r_{1,2} = 1, r_3 = -2.$

$\therefore y = (C_1 + C_2 t)e^t + C_3 e^{-2t}$

$\quad = (C_1 + C_2 \ln |x|)x + C_3 x^{-2}.$

4. 解   设 $x = e^t$,则原方程可化为

$D(D-1)y - 2Dy + 2y = t^2 - 2t,$

即 $\quad D^2 y - 3Dy + 2y = t^2 - 2t,$

或 $\quad \dfrac{\mathrm{d}^2 y}{\mathrm{d}t^2} - 3\dfrac{\mathrm{d}y}{\mathrm{d}t} + 2y = t^2 - 2t.$ ①

上式对应的齐次方程的特征方程为

$r^2 - 3r + 2 = 0,$

解得 $r_1 = 1, r_2 = 2.$

$\therefore Y = C_1 e^t + C_2 e^{2t}$

由于 $\lambda = 0$ 不是特征根,所以应设 y^* 为

$y^* = b_0 t^2 + b_1 t + b_2$

代入 ① 解得

$b_0 = \dfrac{1}{2}, b_1 = \dfrac{1}{2}, b_2 = \dfrac{1}{4}$

$\therefore y^* = \dfrac{1}{2}t^2 + \dfrac{1}{2}t + \dfrac{1}{4}$

$$\therefore y = C_1 e^t + C_2 e^{2t} + \frac{1}{2}(t^2 + t + \frac{1}{2})$$

$$= C_1 x + C_2 x^2 + \frac{1}{2}(\ln^2 x + \ln x + \frac{1}{2}).$$

5. 解　设 $x = e^t$,则原方程可化为

$$D(D-1)y + Dy - 4y = e^{3t},$$

即　$D^2 y - 4y = e^{3t},$

或　$\dfrac{d^2 y}{dt^2} - 4y = e^{3t}.$ ①

上式对应的齐次方程的特征方程为

$$r^2 - 4 = 0,$$

解得　$r_1 = 2, r_2 = -2.$

$$\therefore Y = C_1 e^{2t} + C_2 e^{-2t}$$

由于 $\lambda = 3$ 不是特征根,所以应设 y^* 为

$$y^* = b e^{3t}.$$

代入 ① 解得　$b = \dfrac{1}{5}$

$$\therefore y^* = \frac{1}{5} e^{3t}$$

$$\therefore y = C_1 e^{2t} + C_2 e^{-2t} + \frac{1}{5} e^{3t}$$

$$= C_1 x^2 + C_2 x^{-2} + \frac{1}{5} x^3.$$

6. 解　设 $x = e^t$,则原方程可化为

$$D(D-1)y - Dy + 4y = e^t \sin t,$$

即 $D^2 y - 2Dy + 4y = e^t \sin t,$

或　$\dfrac{d^2 y}{dt^2} - 2\dfrac{dy}{dt} + 4y = e^t \sin t.$ ①

上式所对应的齐次方程的特征方程为

$$r^2 - 2r + 4 = 0,$$

解得　$r_{1,2} = 1 \pm \sqrt{3} i.$

$$\therefore Y = e^t (C_1 \cos \sqrt{3} t + C_2 \sin \sqrt{3} t)$$

由于 $\alpha + \beta i = 1 + i$ 不是特征根,所以应设 y^* 为

$$y^* = (a\cos t + b\sin t) e^t.$$

代入 ①,解得

$$a = 0, b = \frac{1}{2}$$

$$\therefore y^* = \frac{1}{2} e^t \sin t$$

$$\therefore y = e^t (C_1 \cos \sqrt{3} t + C_2 \sin \sqrt{3} t + \frac{1}{2} \sin t)$$

$$= x[C_1 \cos(\sqrt{3} \ln x) + C_2 \sin(\sqrt{3} \ln x) + \frac{1}{2} \sin \ln x].$$

7. 解 设 $x = e^t$,则原方程可化为

$$D(D-1)y - 3Dy + 4y = e^t + t e^{2t},$$

即 $\quad D^2 y - 4Dy + 4y = e^t + t e^{2t},$

或 $\quad \dfrac{d^2 y}{dt^2} - 4 \dfrac{dy}{dt} + 4y = e^t + t e^{2t}.$

上式所对应的齐次方程的特征方程为

$$r^2 - 4r + 4 = 0.$$

解得 $r_{1,2} = 2$

$$\therefore Y = (C_1 + C_2 t) e^{2t}$$

由于 $f(t) = f_1(t) + f_2(t) = e^t + t e^{2t}$,对于 $f_1(t) = e^t, \lambda = 1$ 不是特征根,所以应设 $y_1^* = a e^t$;对于 $f_2(t) = t e^{2t}, \lambda = 2$ 是二重特征根,所以应设 $y_2^* = t^2 (bt + c) e^{2t}$

将 y_1^* 与 y_2^* 分别代入 $\dfrac{d^2 y}{dt^2} - 4 \dfrac{dy}{dt} + 4y = e^t$ 与 $\dfrac{d^2 y}{dt^2} - 4 \dfrac{dy}{dt} + 4y = t e^{2t}$,

解得 $\quad a = 1, b = \dfrac{1}{6}, c = 0$

$$\therefore y^* = y_1^* + y_2^* = e^t + \frac{1}{6} t^3 e^{2t}$$

$$\therefore y = (C_1 + C_2 t) e^{2t} + e^t + \frac{1}{6} t^3 e^{2t}$$

$$= x^2 (C_1 + C_2 \ln x) + x + \frac{1}{6} x^2 \ln^3 x.$$

8. 解 设 $x = e^t$,则原方程可化为

$$D(D-1)(D-2)y + 2Dy - 2y = t e^{2t} + 3 e^t,$$

即 $(D^3 - 3D^2 + 4D - 2)y = 3 e^t + t e^{2t},$

或 $\left(\dfrac{d^3 y}{dt^3} - 3 \dfrac{d^2 y}{dt^2} + 4 \dfrac{dy}{dt} - 2 \right) y = 3 e^t + t e^{2t}.$

上式所对应的齐次方程的特征方程为

$$r^3 - 3r^2 + 4r - 2 = 0.$$

解得 $r_1 = 1, r_{2,3} = 1 \pm i$

$\therefore Y = C_1 e^t + e^t (C_2 \cos t + C_3 \sin t)$

由于 $f(t) = f_1(t) + f_2(t) = 3e^t + te^{2t}$，对于 $f_1(t) = 3e^t$，$\lambda_1 = 1$ 是单特征根，所以应设 $y_1^* = ate^t$；对于 $f_2(t) = te^{2t}$，$\lambda_2 + i\omega = 2$ 不是特征根，所以应设 $y_2^* = (bt + c)e^{2t}$

将 y_1^* 与 y_2^* 分别代入 $\left(\dfrac{d^3 y}{dt^3} - 3 \dfrac{d^2 y}{dt^2} + 4 \dfrac{dy}{dt} - 2 \right) y = 3e^t$ 与 $\left(\dfrac{d^2 y}{dt^3} - \dfrac{d^2 y}{dt^2} + 4 \dfrac{dy}{dt} - 2 \right) y = te^{2t}$

解得 $a = 3, b = \dfrac{1}{2}, c = -1$

$\therefore y^* = y_1^* + y_2^* = 3te^t + \left(\dfrac{1}{2} t - 1 \right) e^{2t}$

$\therefore y = C_1 e^t + e^t (C_2 \cos t + C_3 \sin t) + 3te^t + \left(\dfrac{1}{2} t - 1 \right) e^{2t}$

$\quad = C_1 x + x(C_2 \cos\ln x + C_3 \sin\ln x) + 3x\ln x + \left(\dfrac{1}{2} \ln x - 1 \right) x^2.$

习题 $12-11$

1. 试用幂级数求下列各微分方程的解：

(1) $y' - xy - x = 1$；

(2) $y'' + xy' + y = 0$；

(3) $xy'' - (x+m)y' + my = 0$（m 为自然数）；

(4) $(1-x)y' = x^2 - y$；

(5) $(x+1)y' = x^2 - 2x + y$.

解   (1) 设 $y = \displaystyle\sum_{n=0}^{\infty} a_n x^n$

$\therefore y' = \displaystyle\sum_{n=1}^{\infty} n a_n x^{n-1}$

代入原方程，得

$\displaystyle\sum_{n=1}^{\infty} n a_n x^{n-1} - x\left(\sum_{n=0}^{\infty} a_n x^n \right) - x = 1$

即 $a_1 + (2a_2 - a_0 - 1)x + \displaystyle\sum_{n=1}^{\infty} [-a_n + (n+2)a_{n+2}] x^{n+1} = 1$

比较系数，得

$a_1 = 1, a_2 = \dfrac{1+a_0}{2}, a_3 = \dfrac{1}{1 \cdot 3}, a_4 = \dfrac{1+a_0}{2 \cdot 4}, \cdots\cdots, a_{2n+1} = \dfrac{1}{(2n+1)!!}, a_{2n} = \dfrac{1+a_0}{(2n)!!}$

$\therefore y = a_0 + x + \dfrac{1+a_0}{2}x^2 + \dfrac{1}{3}x^3 + \dfrac{1+a_0}{2\times 4}x^4 + \cdots\cdots$

$\quad = Ce^{\frac{x^2}{2}} + \left(-1 + x + \dfrac{1}{3}x^3 + \cdots + \dfrac{x^{2n+1}}{(2n+1)!!} + \cdots\right). \qquad (C = a_0 + 1)$

(2) 由于 $P(x) = x, Q(x) = 1$ 在整个数轴上满足定理的要件，

所以应设 $y = \displaystyle\sum_{n=0}^{\infty} a_n x^n$

$\therefore y' = \displaystyle\sum_{n=1}^{\infty} n a_n x^{n-1}$

$y'' = \displaystyle\sum_{n=2}^{\infty} n(n-1) a_n x^{n-2}$

代入原方程，得

$\displaystyle\sum_{n=2}^{\infty} n(n-1) a_n x^{n-2} + x\sum_{n=1}^{\infty} n a_n x^{n-1} + \sum_{n=0}^{\infty} a_n x^n = 0$

即 $(a_0 + 2a_2) + \displaystyle\sum_{n=1}^{\infty} [(n+2)(n+1)a_{n+2} + na_n + a_n]x^n = 0.$

于是有

$a_{n+1} = -\dfrac{a_n}{n+2}$

依次令 $n = 0, 1, 2\cdots$，得

$a_2 = -\dfrac{a_0}{2}, a_3 = -\dfrac{a_1}{3}$

$a_4 = \dfrac{a_0}{2 \cdot 4} \quad a_5 = \dfrac{a_1}{3 \cdot 5}$

$a_6 = -\dfrac{a_0}{2 \cdot 4 \cdot 6} \quad a_7 = -\dfrac{a_1}{3 \cdot 5 \cdot 7}$

$\cdots\cdots \qquad \cdots\cdots$

$\therefore y = a_0 \displaystyle\sum_{n=0}^{\infty} \dfrac{(-1)^n}{(2n)!!} x^{2n} + a_1 \sum_{n=0}^{\infty} \dfrac{(-1)^n}{(2n+1)!!} x^{2n+1}$

$\quad = a_0 \displaystyle\sum_{n=0}^{\infty} \dfrac{1}{n!}\left(-\dfrac{x^2}{2}\right)^n + a_1 \sum_{n=0}^{\infty} \dfrac{(-1)^n}{(2n+1)!!} x^{2n+1}$

$\quad = a_0 e^{\frac{x^2}{2}} + a_1 \left[x - \dfrac{x^3}{1 \cdot 3} + \dfrac{x^5}{1 \cdot 3 \cdot 5} - \cdots + (-1)^{n-1} \dfrac{x^{2n-1}}{1 \cdot 3 \cdot 5 \cdots (2n-1)} \cdots\right].$

(3) 由于 $p(x) = -\left(1 + \dfrac{m}{x}\right), Q(x) = \dfrac{m}{x}$ 满足定理条件，所以设 $y = \displaystyle\sum_{n=0}^{\infty} a_n x^n$

$$\therefore y' = \sum_{n=1}^{\infty} na_n x^{n-1}$$

$$y'' = \sum_{n=2}^{\infty} n(n-1)a_n x^{n-2}$$

代入原方程,得

$$\sum_{n=2}^{\infty} n(n-1)a_n x^{n-1} - \sum_{n=1}^{\infty} na_n x^n - m\sum_{n=1}^{\infty} na_n x^{n-1} + m\sum_{n=0}^{\infty} a_n x^n = 0$$

即 $m(a_0 - a_1) + \sum_{n=1}^{\infty} [ma_n - m(n+1)a_{n+1} + (n+1)na_{n+1} - na_n]x^n = 0$

$$m(a_0 - a_1) + \sum_{n=1}^{\infty} [(n+a)a_{n+1} - a_n](n-m)x^n = 0$$

$$\therefore m(a_0 - a_1) = 0$$

$$[(n+1)a_{n+1} - a_n](n-m) = 0$$

$$\therefore a_1 = a_0, a_{n+1} = \frac{a_n}{n+1}$$

$$a_{n+1} = \frac{a_{n-1}}{(n+1)n} = \frac{a_{n-2}}{(n+1)n(n-1)} = \cdots = \frac{a_1}{(n+1)n\cdots 2 \cdot 1} = \frac{a_0}{(n+1)!}$$

$$\therefore y = a_0 \sum_{n=0}^{\infty} \frac{x^n}{n!} = a_0 e^x$$

取 $a_0 = 1$,便得到一个特解 $y_1 = e^x$,下面利用常数变量法求一个与 y_1 线性无关的特解 y_2.

设 $y_2 = ue^x$,则 $y'_2 = (u'+u)e^x$, $y''_2 = (u''+2u'+u)e^x$

代入原方程,得

$$x(u''+2u'+u)e^x - (x+m)(u'+u)e^x + mue^x = 0$$

$$xu'' + (x-m)u' = 0$$

设 $u' = p$,则上式可变为

$$xp' + (x-m)p = 0$$

即 $\dfrac{\mathrm{d}p}{\mathrm{d}x} = \left(\dfrac{m}{x} - 1\right)p$

分离变量并积分,得

$$\int \frac{\mathrm{d}p}{p} = \int \left(\frac{m}{x} - 1\right)\mathrm{d}x$$

解得 $p = x^m e^{-x}$

$$\therefore \frac{\mathrm{d}u}{\mathrm{d}x} = x^m e^{-x}$$

$$\therefore u = \int x^m e^{-x}\mathrm{d}x \xlongequal{\text{设}} I_m$$

利用分步积分法,得

$$I_m = -x^m e^{-x} + m I_{m-1} \quad I_0 = \int e^{-x} dx = -e^{-x}$$

$$\therefore y_2 = e^x I_m = -x^m + m e^x I_{m-1}$$

$$= -x^m - m x^{m-1} - m(m-1)x^{m-2} - \cdots - m! x - m!$$

$$= -m! \left[\frac{x^m}{m!} + \frac{x^{m-1}}{(m-1)!} + \frac{x^{m-2}}{(m-2)!} + \cdots + x + 1 \right]$$

$$= -m! \sum_{k=0}^{m} \frac{x^k}{k!}$$

故所求通解为

$$y = C_1 y_1 + C_2 y_2$$

$$= C_1 e^x + C \sum_{k=0}^{m} \frac{x^k}{k!} \qquad (C = -m! C_2).$$

(4) 设 $y = \sum\limits_{n=0}^{\infty} a_n x^n$,则 $y' = \sum\limits_{n=1}^{\infty} n a_n x^{n-1}$

代入原方程,得

$$(1-x)\sum_{n=1}^{\infty} n a_n x^{n-1} = x^2 - \sum_{n=0}^{\infty} a_n x^n$$

即 $(a_1 + a_0) + 2a_2 x + (3a_3 - a_2)x^2 + \sum\limits_{n=3}^{\infty} \left[(n+1)a_{n+1} - (n-1)a_n \right] x^n = x^2$

比较系数,得

$$a_1 = -a_0, a_2 = 0, a_3 = \frac{1}{3}, \cdots, a_{n+1} = \frac{n-1}{n+1} a_n$$

则 $a_n = \dfrac{n-2}{n} a_{n-1} = \dfrac{(n-2)(n-3)}{n(n-1)} a_{n-2} = \cdots = \dfrac{2}{n(n-1)}$

故所求通解为

$$y = a_0 + a_1 x + a_2 x^2 + \sum_{n=3}^{\infty} a_n x^n$$

$$= a_0(1-x) + \sum_{n=3}^{\infty} \frac{2x^n}{n(n-1)}.$$

(5) 设 $y = \sum\limits_{n=0}^{\infty} a_n x^n$,则 $y' = \sum\limits_{n=1}^{\infty} n a_n x^{n-1}$,代入原方程,得

$$\sum_{n=1}^{\infty} n a_n x^n + \sum_{n=1}^{\infty} n a_n x^{n-1} - \sum_{n=0}^{\infty} a_n x^n = x^2 - 2x$$

即 $a_1 - a_0 + \sum\limits_{n=1}^{\infty} \left[n a_n + (n+1)a_{n+1} - a_n \right] x^n = -2x + x^2$

比较系数,得

$$a_1 - a_0 = 0, 2a_2 = -2, a_2 + 3a_3 = 1, (n-1)a_n + (n+1)a_{n+1} = 0$$

$$\therefore a_1 = a_0, a_2 = -1, a_3 = \frac{2}{3}, \cdots a_{n+1} = -\frac{n-1}{n+1}a_n$$

故所求通解为

$$y = a_0 + a_0 x - x^2 + \frac{2}{3}x^3 - \frac{1}{3}x^4 + \frac{1}{5}x^5 - \frac{2}{15}x^6 + \cdots$$

其中 a_0 为任意常数.

2. 试用幂级数求下列方程满足所给初始条件的特解:

(1) $y' = y^2 + x^3, y\big|_{x=0} = \frac{1}{2}$;

(2) $(1-x)y' + y = 1 + x, y\big|_{x=0} = 0$;

(3) $\dfrac{\mathrm{d}^2 x}{\mathrm{d}t^2} + x\cos t = 0, x\big|_{t=0} = a, \dfrac{\mathrm{d}x}{\mathrm{d}t}\bigg|_{t=0} = 0$.

解　(1) 由 $y\big|_{x=0} = \dfrac{1}{2}$,可设方程的解为 $y = \dfrac{1}{2} + \sum\limits_{n=1}^{\infty} a_n x^n$,则 $y' = \sum\limits_{n=1}^{\infty} n a_n x^{n-1}$,

代入原方程,得

$$\sum_{n=1}^{\infty} n a_n x^{n-1} - \left(\frac{1}{2} + \sum_{n=1}^{\infty} a_n x^n\right)^2 = x^3$$

即 $-\dfrac{1}{4} + \sum\limits_{n=1}^{\infty} n a_n x^{n-1} - \sum\limits_{n=1}^{\infty} a_n x^n - (a_1^2 x^2 + 2a_1 a_2 x^3) + (a_2^2 + 2a_1 a_3)x^4 + \cdots = x^3$

比较系数,得

$$a_1 = \frac{1}{4}, 2a_2 = a_1, 3a_3 = a_2 + a_1^2, 4a_4 = 1 + a_3 + 2a_1 a_2, \cdots \text{即 } a_1 = \frac{1}{4}, a_2 = \frac{1}{8},$$

$$a_3 = \frac{1}{16}, a_4 = \frac{9}{32}, \cdots$$

故所求特解为

$$y = \frac{1}{2} + \frac{1}{4}x + \frac{1}{8}x^2 + \frac{1}{16}x^3 + \frac{9}{32}x^4 + \cdots.$$

(2) 由 $y\big|_{x=0} = 0$,可设方程的解为 $y = \sum\limits_{n=1}^{\infty} a_n x^n$,则 $y' = \sum\limits_{n=1}^{\infty} n a_n x^{n-1}$,代入原方程,

得

$$(1-x)\sum_{n=1}^{\infty} n a_n x^{n-1} + \sum_{n=1}^{\infty} a_n x^n = 1 + x$$

即　$a_1 + \sum\limits_{n=1}^{\infty} [(n+1)a_{n+1} - (n-1)a_n]x^n = 1 + x$

比较系数,得

$$a_1 = 1, a_2 = \frac{1}{2}, \cdots a_{n+1} = \frac{n-1}{n+1}a_n$$

$$\therefore a_3 = \frac{1}{2 \cdot 3}, \cdots a_n = \frac{1}{(n-1)n}, \cdots$$

故所求特解为

$$y = x + \frac{1}{1 \cdot 2}x^2 + \frac{1}{2 \times 3}x^3 + \cdots + \frac{1}{n(n+1)}x^{n+1} + \cdots$$

$$= x + \sum_{n=2}^{\infty} \frac{1}{(n-1)n}x^n.$$

(3) 由 $x|_{t=0} = a$,可设方程的解为 $x = a + \sum_{n=1}^{\infty} a_n t^n$,

则 $x' = \sum_{n=1}^{\infty} n a_n t^{n-1}, x'' = \sum_{n=2}^{\infty} n(n-1) a_n t^{n-2}$

又由 $\frac{\mathrm{d}x}{\mathrm{d}t}\big|_{t=0} = 0$,知 $a_1 = 0$.

$$\therefore x = a + \sum_{n=2}^{\infty} a_n t^n$$

又 $\because \cos t = 1 - \frac{t^2}{2!} + \frac{t^4}{4!} - \cdots,$

代入原方程,得

$$\sum_{n=2}^{\infty} n(n-1) a_n t^{n-2} + \left(a + \sum_{n=2}^{\infty} a_n t^n\right) \cdot \left(1 - \frac{t^2}{2!} + \frac{t^4}{4!} - \cdots\right) = 0$$

化简并比较系数,得

$$a_2 = -\frac{a}{2!}, a_3 = 0, a_4 = \frac{2a}{4!}, a_5 = 0, a_6 = -\frac{9a}{6}, a_7 = 0, a_8 = \frac{55a}{8!}, \cdots$$

故所求特解为

$$x = a\left(1 - \frac{1}{2!}t^2 + \frac{2}{t!}t^4 - \frac{9}{6!}t^6 + \frac{55}{8!}t^8 - \cdots\right).$$

习题 12—12

1. 求下列微分方程组的通解：

(1) $\begin{cases} \dfrac{\mathrm{d}y}{\mathrm{d}x} = z \\ \dfrac{\mathrm{d}z}{\mathrm{d}x} = y; \end{cases}$

(2) $\begin{cases} \dfrac{\mathrm{d}^2 x}{\mathrm{d}t^2} = y, \\ \dfrac{\mathrm{d}^2 y}{\mathrm{d}t^2} = x; \end{cases}$

$(3) \begin{cases} \dfrac{dx}{dt} + \dfrac{dy}{dt} = -x + y + 3, \\[3mm] \dfrac{dx}{dt} - \dfrac{dy}{dt} = x + y - 3; \end{cases}$
$\qquad (4) \begin{cases} \dfrac{dx}{dt} + 5x + y = e^t, \\[3mm] \dfrac{dy}{dt} - x - 3y = e^{2t}; \end{cases}$

$(5) \begin{cases} \dfrac{dx}{dt} + 2x + \dfrac{dy}{dt} + y = t, \\[3mm] 5x + \dfrac{dy}{dt} + 3y = t^2; \end{cases}$
$\qquad (6) \begin{cases} \dfrac{dx}{dt} - 3x + 2\dfrac{dy}{dt} + 4y = 2\sin t, \\[3mm] 2\dfrac{dx}{dt} + 2x + \dfrac{dy}{dt} - y = \cos t. \end{cases}$

解 (1) 用 D 表示 $\dfrac{d}{dx}$，则原方程组可变为

$\begin{cases} Dy = z & ① \\ Dz = y & ② \end{cases}$

②$+$①$\times D$，得 $D^2 y = y$

即 $\quad y'' - y = 0$

上式的特征方程为 $\quad r^2 - 1 = 0$，解得 $r_{1,2} = \pm 1$.

$\therefore y = C_1 e^x + C_2 e^{-x} \qquad$ 代入 ① 式，得

$z = C_1 e^x - C_2 e^{-x}$

故所求通解为

$\begin{cases} y = C_1 e^x + C_2 e^{-x} \\ z = C_1 e^x + C_2 e^{-x} \end{cases}$

(2) 用 D 表示 $\dfrac{d}{dt}$，则原方程可变为

$\begin{cases} D^2 x = y & ① \\ D^2 y = x & ② \end{cases}$

②$+$①$\times D^2$，得 $D^4 x = x$

即 $\quad x^{(4)} - x = 0$

上式的特征方程为 $r^4 - 1 = 0$，解得 $r_{1,2} = \pm 1, r_{3,4} = \pm i$

$\therefore \begin{cases} x = C_1 e^t + C_2 e^{-t} + C_3 \cos t + C_4 \sin t \\ y = C_1 e^t + C_2 e^{-t} - C_3 \cos t - C_4 \sin t \end{cases}$

(3) 用 D 表示 $\dfrac{d}{dt}$，则原方程可变为

$\begin{cases} Dx + Dy = -x + y + 3 & ① \\ Dx - Dy = x + y - 3 & ② \end{cases}$

①$+$②，得 $Dx = y \qquad\qquad ③$

①$-$②，得 $Dy = -x + 3 \qquad ④$

④$+$③$\times D$,得 $D^2x+x=3$

即 $\dfrac{\mathrm{d}^2x}{\mathrm{d}t^2}+x=3$

上式的特征方程为

$r^2+1=0$,解得 $r=\pm i$.

$\therefore X=C_1\cos t+C_2\sin t$

由观察法可得 $x^*=3$

$\therefore\begin{cases}x=C_1\cos t+C_2\sin t+3\\y=-C_1\sin t+C_2\cos t\end{cases}$

(4) 用 D 表示 $\dfrac{\mathrm{d}}{\mathrm{d}t}$,则原方程组可变为

$\begin{cases}Dx+5x+y=\mathrm{e}^t\\Dy-x-3y=\mathrm{e}^{2t}\end{cases}$

即 $\begin{cases}(D+5)x+y=\mathrm{e}^t\\-x+(D-3)y=\mathrm{e}^{2t}\end{cases}$

利用行列式解方程组有

$\begin{vmatrix}D+5 & 1\\-1 & D-3\end{vmatrix}x=\begin{vmatrix}\mathrm{e}^t & 1\\\mathrm{e}^{2t} & D-3\end{vmatrix}$

即 $(D^2+2D-14)x=-2\mathrm{e}^t-\mathrm{e}^{2t}$

上式所对应的齐次方程的特征方程为

$r^2+2r-14=0$

解得 $r_{1,2}=-1\pm\sqrt{15}$

$\therefore X=C_1\mathrm{e}^{(-1+\sqrt{15})t}+C_2\mathrm{e}^{(-1-\sqrt{15})t}$

由于 $f(t)=f_1(t)+f_2(t)=-2\mathrm{e}^t-\mathrm{e}^{2t}$,对 $f_1(t)=-2\mathrm{e}^t$,$\lambda_1=1$ 不是方程的特征根,所以应设 $x_1^*=b\mathrm{e}^t$;对 $f_2(t)=-\mathrm{e}^{2t}$,$\lambda_2=2$ 也不是特征根,所以应设 $x_2^*=b_1\mathrm{e}^{2t}$. 将 x_1^*,x_2^* 分别代入 $(D^2+2D-14)x=-2\mathrm{e}^t$ 与 $(D^2+2D-14)x=-\mathrm{e}^{2t}$,并比较系数,解得

$b=\dfrac{2}{11}$,$b_1=\dfrac{1}{6}$

$\therefore x^*=x_1^*+x_2^*=\dfrac{2}{11}\mathrm{e}^t+\dfrac{1}{6}\mathrm{e}^{2t}$

$\therefore x=(C_1\mathrm{e}^{(-1+\sqrt{15})t}+C_2\mathrm{e}^{(-1-\sqrt{15})t})+\dfrac{2}{11}\mathrm{e}^t+\dfrac{1}{6}\mathrm{e}^{2t}$

把上式代入原方程组第一个方程,得

$$y = (-4-\sqrt{15})C_1 e^{(-1+\sqrt{15})t} - (4-\sqrt{15})C_2 e^{(-1-\sqrt{15})t} - \frac{1}{11}e^t - \frac{7}{6}e^{2t}$$

故方程组的通解为

$$\begin{cases} x = C_1 e^{(-1+\sqrt{15})t} + C_2 e^{(-1-\sqrt{15})t} + \frac{2}{11}e^t + \frac{1}{6}e^{2t} \\ y = (-4-\sqrt{15})C_1 e^{(-1+\sqrt{15})t} - (4-\sqrt{15})C_2 e^{(-1-\sqrt{15})t} - \frac{1}{11}e^t - \frac{7}{6}e^{2t} \end{cases}$$

(5) 用 D 表示 $\dfrac{\mathrm{d}}{\mathrm{d}t}$，则原方程组可变为

$$\begin{cases} Dx + 2x + Dy + y = t & ① \\ 5x + Dy + 3y = t^2 & ② \end{cases}$$

即 $\begin{cases} (D+2)x + (D+1)y = t \\ 5x + (D+3)y = t^2 \end{cases}$

利用行列式解方程组，有

$$\begin{vmatrix} D+2 & D+1 \\ 5 & D+3 \end{vmatrix} x = \begin{vmatrix} t & D+1 \\ t^2 & D+3 \end{vmatrix}$$

$$\therefore (D^2+1)x = 1 + t - t^2 \qquad ③$$

上式对应的齐次方程的特征方程为

$$r^2 + 1 = 0$$

解得 $r_{1,2} = \pm i$

$$\therefore X = C_1 \cos t + C_2 \sin t$$

设 $x^* = (b_0 t^2 + b_1 t + b_2)$，代入 ③，得

$$b_0 = -1, b_1 = 1, b_2 = 3$$

$$\therefore x^* = -t^2 + t + 3$$

$$\therefore x = C_1 \cos t + C_2 \sin t - t^2 + t + 3 \qquad ④$$

① － ②，得 $y = \dfrac{1}{2}(Dx - 3x + t^2 - t)$

把 ④ 代入上式，得

$$y = \frac{1}{2}(C_2 - 3C_1)\cos t - \frac{1}{2}(C_1 + 3C_2)\sin t - 4 - 3t + t^2$$

故原方程组的通解为

$$\begin{cases} x = C_1 \cos t + C_2 \sin t - t^2 + t + 3 \\ y = \frac{1}{2}(C_2 - 3C_1)\cos t - \frac{1}{2}(C_1 + 3C_2)\sin 4 - 3t + t^2 \end{cases}$$

(6) 用 D 表示 $\dfrac{\mathrm{d}}{\mathrm{d}t}$，则原方程组可变为

$$\begin{cases} Dx - 3x + 2Dy + 4y = 2\sin t \\ 2Dx + 2x + Dy - y = \cos t \end{cases}$$

即 $\begin{cases} (D-3)x + (2D+4)y = 2\sin t & \text{①} \\ (2D+2)x + (D-1)y = \cos t & \text{②} \end{cases}$

利用行列式解方程组,有

$$\begin{vmatrix} D-3 & 2D+4 \\ 2D+2 & D-1 \end{vmatrix} x = \begin{vmatrix} 2\sin t & 2D+4 \\ \cos t & D-1 \end{vmatrix}$$

即 $(3D^2 + 16D + 5)x = 2\cos t$ ③

上式的特征方程为

$$3r^2 + 16r + 5 = 0$$

解得 $r_1 = -5, r_2 = -\dfrac{1}{3}$

$$\therefore X = C_1 e^{-5t} + C_2 e^{-\frac{1}{3}t}$$

由于 $\lambda + i\omega = i$ 不是特征方程的根,所以应设特解为

$$x^* = a\cos t + b\sin t$$

代入 ③,得

$$(2a + 16b)\cos t + (2b - 16a)\sin t = 2\cos t$$

比较系数得 $a = \dfrac{1}{65}, b = \dfrac{8}{65}$

$$\therefore x^* = \dfrac{1}{65}\cos t + \dfrac{8}{65}\sin t$$

$$\therefore x = C_1 e^{-5t} + C_2 e^{-\frac{1}{3}t} + \dfrac{1}{65}\cos t + \dfrac{8}{65}\sin t \qquad \text{④}$$

$2 \times ② - ①$,得

$$(3D + 7)x - 6y = 2\cos t - 2\sin t$$

即 $y = \dfrac{1}{2}\dfrac{dx}{dt} + \dfrac{7}{6}x + 2\sin t - 2\cos t$

把 ④ 代入上式解得

$$y = -\dfrac{4}{3}C_1 e^{-5t} + C_2 e^{-\frac{t}{3}} + \dfrac{61}{130}\sin t - \dfrac{33}{130}\cos t$$

故所求方程组的通解为

$$\begin{cases} x = C_1 e^{-5t} + C_2 e^{-\frac{1}{3}t} + \dfrac{1}{65}\cos t + \dfrac{8}{65}\sin t \\ y = -\dfrac{4}{3}C_1 e^{-5t} + C_2 e^{-\frac{1}{3}t} + \dfrac{61}{130}\sin t - \dfrac{33}{130}\cos t \end{cases}$$

2. 求下列微分方程组满足所给初始条件的特解:

$(1)\begin{cases}\dfrac{\mathrm{d}x}{\mathrm{d}t}=y,x\big|_{t=0}=0,\\[3mm]\dfrac{\mathrm{d}y}{\mathrm{d}t}=-x,y\big|_{t=0}=1;\end{cases}$

$(2)\begin{cases}\dfrac{\mathrm{d}^2x}{\mathrm{d}t^2}+2\dfrac{\mathrm{d}y}{\mathrm{d}t}-x=0,x\big|_{t=0}=1,\\[3mm]\dfrac{\mathrm{d}x}{\mathrm{d}t}+y=0,y\big|_{t=0}=0;\end{cases}$

$(3)\begin{cases}\dfrac{\mathrm{d}x}{\mathrm{d}t}+3x-y=0,x\big|_{t=0}=1,\\[3mm]\dfrac{\mathrm{d}y}{\mathrm{d}t}-8x+y=0,y\big|_{t=0}=4;\end{cases}$

$(4)\begin{cases}2\dfrac{\mathrm{d}x}{\mathrm{d}t}-4x+\dfrac{\mathrm{d}y}{\mathrm{d}t}-y=e^t,x\big|_{t=0}=\dfrac{3}{2},\\[3mm]\dfrac{\mathrm{d}x}{\mathrm{d}t}+3x+y=0,y\big|_{t=0}=0;\end{cases}$

$(5)\begin{cases}\dfrac{\mathrm{d}x}{\mathrm{d}t}+2x-\dfrac{\mathrm{d}y}{\mathrm{d}t}=10\cos t,x\big|_{t=0}=2,\\[3mm]\dfrac{\mathrm{d}x}{\mathrm{d}t}+\dfrac{\mathrm{d}y}{\mathrm{d}t}+2y=4e^{-2t},y\big|_{t=0}=2;\end{cases}$

$(6)\begin{cases}\dfrac{\mathrm{d}x}{\mathrm{d}t}-x+\dfrac{\mathrm{d}y}{\mathrm{d}t}+3y=e^{-t}-1,x\big|_{t=0}=\dfrac{48}{49},\\[3mm]\dfrac{\mathrm{d}x}{\mathrm{d}t}+2x+\dfrac{\mathrm{d}y}{\mathrm{d}t}+y=e^{2t}+t,y\big|_{t=0}=\dfrac{95}{98}.\end{cases}$

解 (1)用 D 表示 $\dfrac{\mathrm{d}}{\mathrm{d}t}$,则原方程组可变为

$\begin{cases}Dx=y & ①\\ Dy=-x & ②\end{cases}$

①×D+②,得

$D^2x+x=0$

上式的特征方程为

$r^2+1=0$

解得 $r_{1,2}=\pm i$

$\therefore x=C_1\cos t+C_2\sin t$ ③

把③代入①,得

$y=-C_1\sin t+C_2\cos t$

由 $x\big|_{t=0}=0,y\big|_{t=0}=1$,得 $C_1=0,C_2=1$

故所求特解为 $\begin{cases} x = \sin t \\ y = \cos t \end{cases}$

(2) 用 D 表示 $\dfrac{\mathrm{d}}{\mathrm{d}t}$，则原方程可表示为

$\begin{cases} D^2 x + 2Dy - x = 0 \\ Dx + y = 0 \end{cases}$ 　　　　　①
　　　　　　　　　　　　　　　②

①$-$②$\times D$，得 $Dy = x$ 　　　　③

把 ③ 代入 ①，得

$D^2 x + x = 0$

上式的特征方程为

$r^2 + 1 = 0$

解得 $r_{1,2} = \pm i$

$\therefore x = C_1 \cos t + C_2 \sin t$ 　　　　④

把 ④ 代入 ②，得

$y = C_1 \sin t - c_2 \cos t$

由 $x\big|_{t=0} = 1, y\big|_{t=0} = 0$，得 $C_1 = 1, C_2 = 0$

故所求特解为

$\begin{cases} x = \cos t \\ y = \sin t \end{cases}$

(3) 用 D 表示 $\dfrac{\mathrm{d}}{\mathrm{d}t}$，则原方程可变为

$\begin{cases} (D+3)x - y = 0 \\ -8x + (D+1)y = 0 \end{cases}$ 　　　　①
　　　　　　　　　　　　　　　②

$(D+1)\times$①$+$②，得

$(D^2 + 4D - 5)x = 0$

上式的特征方程为

$r^2 + 4r - 5 = 0$

解得　$r_1 = 1, r_2 = -5$

$\therefore \quad x = C_1 e^t + C_2 e^{-5t}$ 　　　　③

把 ③ 代入 ①，得

$y = 4C_1 e^t - 2C_2 e^{-5t}$

由 $x\big|_{t=0=1}, y\big|_{t=0} = 4$ 　得 $C_1 = 1, C_2 = 0$

故所求特解为 $\begin{cases} x = e^t \\ y = 4e^t \end{cases}$

（4）用 D 表示 $\dfrac{\mathrm{d}}{\mathrm{d}t}$，则原方程可变为

$$\begin{cases} (2D-4)x+(D-1)y = e^t \\ (D+3)x+y = 0 \end{cases} \qquad ①$$

利用行列式解方程组，有

$$\begin{vmatrix} 2D-4 & D-1 \\ D+3 & 1 \end{vmatrix} x = \begin{vmatrix} e^t & D-1 \\ 0 & 1 \end{vmatrix}$$

即　$(D^2+1)x = e^t$

故上式的特征方程为

$r^2+1 = 0$

解得　$r_{1,2} = \pm i$

$\therefore X = C_1\cos t + C_2\sin t$

由观察法易得　$x^* = -\dfrac{1}{2}e^t$

$\therefore x = C_1\cos t + C_2\sin t - \dfrac{1}{2}e^t \qquad ②$

把 ② 代入 ①，得

$y = (C_1-3C_2)\sin t - (3C_1+C_2)\cos t + 2e^t$

由 $x\big|_{t=0} = \dfrac{3}{2}$，$y\big|_{t=0} = 0$，得 $C_1 = 2$，$C_2 = -4$，故所求特解为

$$\begin{cases} x = 2\cos t - 4\sin t - \dfrac{1}{2}e^t \\ y = -2\cos t + 14\sin t + 2e^t \end{cases}$$

（5）用 D 表示 $\dfrac{\mathrm{d}}{\mathrm{d}t}$，则原方程可变为

$$\begin{cases} (D+2)x-Dy = 10\cos t \\ Dx+(D+2)y = 4e^{-2t} \end{cases}$$

利用行利式解方程组，有

$$\begin{vmatrix} D+2 & -D \\ D & D+2 \end{vmatrix} y = \begin{vmatrix} D+2 & 10\cos t \\ D & 4e^{-2t} \end{vmatrix}$$

即　$(D^2+2D+2)y = 5\sin t \qquad ①$

上式的特征方程为

$r^2+2r+2 = 0$

解得　$r_{1,2} = -1 \pm i$

$\therefore Y = e^{-t}(C_1\cos t + C_2\sin t)$

由于 $x + \omega i = i$ 不是方程的特征根,则特解应设为

$$y^* = a\cos t + b\sin t \qquad \text{②}$$

把 ② 代入 ①,得

$$(a+b)\cos t + (6-2a)\sin t = 5\sin t$$

比较系数得 $\quad a = -2, b = 1.$

$$\therefore y^* = -2\cos t + \sin t$$

则 $y = \mathrm{e}^{-t}(C_1\cos t + C_2\sin t) - 2\cos t + \sin t \qquad \text{③}$

原方程组两式相减并整理,得

$$x = \frac{\mathrm{d}y}{\mathrm{d}t} + y + 5\cos t - 2\mathrm{e}^{-2t}$$

把 ③ 代入上式,得

$$x = \mathrm{e}^{-t}(C_2\cos t - C_1\sin t) + 4\cos t + 3\sin t - 2\mathrm{e}^{-2t}$$

由 $x\big|_{t=0} = 2, y\big|_{t=0} = 0$,得 $C_1 = 2, C_2 = 0$

故所求方程组的特解为

$$\begin{cases} x = 4\cos t + 3\sin t - 2\mathrm{e}^{-2t} - 2\mathrm{e}^{-t}\sin t \\ y = \sin t - 2\cos t + 2\mathrm{e}^{-t}\cos t \end{cases}$$

(6) 用 D 表示 $\dfrac{\mathrm{d}}{\mathrm{d}t}$,则原方程组可变为

$$\begin{cases} (D-1)x + (D+3)y = \mathrm{e}^{-t} - 1 \\ (D+2)x + (D+1)y = \mathrm{e}^{2t} + t \end{cases}$$

利用行列式解方程组,有

$$\begin{vmatrix} D-1 & D+3 \\ D+2 & D+1 \end{vmatrix} x = \begin{vmatrix} \mathrm{e}^{-t}-1 & D+3 \\ \mathrm{e}^{2t}+t & D+1 \end{vmatrix}$$

即 $5Dx + 7x = 5\mathrm{e}^{2t} + 3t + 2$

也即 $\dfrac{\mathrm{d}x}{\mathrm{d}t} + \dfrac{7}{5}x = \mathrm{e}^{2t} + \dfrac{3}{5}t + \dfrac{2}{5}$

$$\therefore x = \mathrm{e}^{-\int \frac{7}{5}\mathrm{d}t}\left[\int\left(\mathrm{e}^{2t} + \frac{3}{5}t + \frac{2}{5}\right)\mathrm{e}^{\int \frac{7}{5}\mathrm{d}t}\mathrm{d}t + C\right]$$

$$= \mathrm{e}^{-\frac{7}{5}t}\left[\int\left(\mathrm{e}^{2t} + \frac{3}{5}t + \frac{2}{5}\right)\mathrm{e}^{\frac{7}{5}t}\mathrm{d}t + C\right]$$

$$= C\mathrm{e}^{-\frac{7}{5}t} + \frac{3}{7}t + \frac{5}{17}\mathrm{e}^{2t} - \frac{1}{45}$$

由 $\quad x\big|_{t=0} = \dfrac{48}{49}$,得 $C = \dfrac{12}{17}$

$$\therefore x = \frac{12}{17}\mathrm{e}^{-\frac{7}{5}t} + \frac{5}{17}\mathrm{e}^{2t} + \frac{3}{7}t - \frac{1}{49} \qquad \text{①}$$

原方程组两式相减并整理,得

$$y = \frac{3}{2}x + \frac{1}{2}(e^{-t} - e^{2t} - t - 1)$$

把 ① 代入上式,得

$$y = \frac{18}{17}e^{-\frac{7}{5}t} - \frac{1}{17}e^{2t} + \frac{1}{2}e^{-t} + \frac{1}{7}t - \frac{26}{49}$$

故原方程组的特解为

$$\begin{cases} x = \frac{12}{17}e^{-\frac{7}{5}t} + \frac{5}{17}e^{2t} + \frac{3}{7}t - \frac{1}{49} \\ y = \frac{18}{17}e^{-\frac{7}{5}t} - \frac{1}{17}e^{2t} + \frac{1}{2}e^{-t} + \frac{1}{7}t - \frac{26}{49} \end{cases}$$

总习题十二

1.填空

(1)$xy''' + 2x^2 y'^2 + x^3 y = x^4 + 1$ 是 _____ 阶微分方程.

(2) 若 $M(x,y)\mathrm{d}x + N(x,y)\mathrm{d}y = 0$ 是全微分方程,则函数 M、N 应满足_____.

(3) 与积分方程 $y = \int_{x_0}^{x} f(x,y)\mathrm{d}x$ 等价的微分方程初值问题是_____.

(4)已知 $y = 1$、$y = x$、$y = x^2$ 是某二阶非齐次线性微分方程的三个解,则该方程的

　　　通解为_____.

解　　(1) 三.　　　　(2) $\dfrac{\partial M}{\partial y} = \dfrac{\partial N}{\partial x}$.　　　　(3)$y' = f(x,y), y\big|_{x=x_0} = 0$.

　　　　(4)$y = C_1(x-1) + C_2(x^2-1) + 1$.

2. 求以下列各式所表示的函数为通解的微分方程:

(1)$(x+C)^2 + y^2 = 1$(其中 C 为任意常数);

(2)$y = C_1 e^x + C_2 e^{2x}$(其中 C_1、C_2 为任意常数).

解　　(1) 方程的两边分别对 x 求导数,得

　　　　$2(x+C) + 2yy' = 0.$

　　　　$\therefore (x+C)^2 = y^2 y'^2$

　　　　又 $\because (x+C)^2 + y^2 = 1$

　　　　$\therefore y^2(1+y'^2) = 1$ 即为所求.

　　　　(2) 由题意,得

　　　　$y' = C_1 e^x + 2C_2 e^{2x}$

　　　　$y'' = C_1 e^x + 4C_2 e^{2x}$

$$\therefore \begin{cases} y' - y = C_2 e^{2x} \\ y'' - y' = 2C_2 e^2 x \end{cases}$$

消去 $C_2 e^{2x}$，得 $y'' - 3y' + 2y = 0$，即为所求.

3. 求下列微分方程的通解：

(1) $xy' + y = 2\sqrt{xy}$；

(2) $xy'\ln x + y = ax(\ln x + 1)$；

(3) $\dfrac{dy}{dx} = \dfrac{y}{2(\ln y - x)}$；

(4) $\dfrac{dy}{dx} + xy - x^3 y^3 = 0$；

(5) $xdx + ydy + \dfrac{ydx - xdy}{x^2 + y^2} = 0$；

(6) $yy'' - y'^2 - 1 = 0$；

(7) $y'' + 2y' + 5y = \sin 2x$；

(8) $y''' + y'' - 2y' = x(e^x + 4)$；

(9) $(y^4 - 3x^2)dy + xydy = 0$；

(10) $y' + x = \sqrt{x^2 + y}$.

解　(1) 原方程可变为

$$y' + \frac{y}{x} = 2\sqrt{\frac{y}{x}}$$

令 $\dfrac{y}{x} = u$，则 $y = ux, y' = u + xu'$

$\therefore$ 上式可变为

$$u + xu' + u = 2\sqrt{u}$$

即 $xu' = 2(\sqrt{u} - u)$

分离变量并积分，得

$$\int \frac{du}{2(\sqrt{u} - u)} = \int \frac{dx}{x}$$

$$\therefore -\ln(1 - \sqrt{u}) = \ln x + \ln C$$

$$\therefore x(1 - \sqrt{u}) = C_1, (C_1 = \frac{1}{C})$$

即 $x\left(1 - \sqrt{\dfrac{y}{x}}\right) = C_1$

故所求通解为 $x - \sqrt{xy} = C_1$.

(2) 原方程可变为

$$y' + \frac{1}{x\ln x}y = \frac{a(\ln x + 1)}{\ln x}$$

$$\therefore y = e^{-\int \frac{1}{x\ln x}dx}\left[\int \frac{a(\ln x + 1)}{\ln x} e^{\int \frac{1}{x\ln x}dx}dx + C\right]$$

$$= \frac{1}{\ln x}\left[\int a(1 + \ln x)dx + C\right]$$

$$= \frac{1}{\ln x}(ax\ln x + C)$$

故所求通解为 $y = ax + \frac{C}{\ln x}$.

(3) 原方程可变为

$$\frac{dx}{dy} = \frac{2\ln y - 2x}{y}$$

即 $\frac{dx}{dy} + \frac{2x}{y} = \frac{2\ln y}{y}$

$$\therefore x = e^{-\int \frac{2}{y}dy}\left[\int \frac{2\ln y}{y}e^{\int \frac{2}{y}dy}dy + C\right]$$

$$= \frac{1}{y^2}\left(\int 2y\ln y \, dy + C\right)$$

$$= \ln y - \frac{1}{2} + \frac{C}{y^2}$$

故所求通解为 $x = \ln y + \frac{C}{y^2} - \frac{1}{2}$.

(4) 方程的两边同除以 y^3, 得

$$y^{-3}\frac{dy}{dx} + xy^{-2} - x^3 = 0$$

即 $-\frac{1}{2}\frac{d(y^{-2})}{dx} + xy^{-2} = x^3$

令 $z = y^{-2}$, 则上式可化为

$$\frac{dz}{dx} - 2xz = -2x^3$$

$$\therefore z = e^{\int 2x dx}\left[\int(-2x^3)e^{\int -2x dx}dx + C\right]$$

$$= e^{x^2}\left[\int(-2x^3)e^{-x^2}dx + C\right]$$

$$= x^2 + 1 + Ce^{x^2}$$

即 $y^{-2} = x^2 + Ce^{x^2} + 1$

故所求通解为 $y^2(x^2 + Ce^{x^2} + 1) = 1$.

(5) 原方程可变为

$$xdx + ydy = \frac{xdy - ydx}{x^2} \cdot \frac{x^2}{x^2 + y^2}$$

$$\frac{1}{2}d(x^2 + y^2) = \frac{d\left(\frac{y}{x}\right)}{1 + \left(\frac{y}{x}\right)^2}$$

$\therefore \mathrm{d}(x^2 + y^2) = 2\mathrm{d}\left(\arctan \dfrac{y}{x}\right)$

即 $\mathrm{d}(x^2 + y^2 - 2\arctan \dfrac{y}{x}) = 0.$

故所求通解为 $x^2 + y^2 - 2\arctan \dfrac{y}{x} = C.$

(6) 设 $y' = p$，则 $y'' = p\dfrac{\mathrm{d}p}{\mathrm{d}y}$，代入方程,得

$yp\dfrac{\mathrm{d}p}{\mathrm{d}y} - p^2 - 1 = 0.$

分离变量并积分,得

$\int \dfrac{p\mathrm{d}p}{1+p^2} = \int \dfrac{\mathrm{d}y}{y}$

$\therefore \dfrac{1}{2}\ln(1+p^2) = \ln y + \ln C$

即 $p = \pm \sqrt{C^2 y^2 - 1}$

$\therefore \dfrac{\mathrm{d}y}{\mathrm{d}x} = \pm \sqrt{C^2 y^2 - 1}$

解得 $\dfrac{1}{C}\ln | Cy + \sqrt{C^2 y^2 - 1} | = \pm x + C_1$

即 $\operatorname{arch}(Cy) = \pm Cx + C \cdot C_1$

故所求通解为 $y = \dfrac{1}{C}\operatorname{ch}(Cx + C_2) \quad (C_2 = C \cdot C_1).$

(7) 该方程对应的齐次方程的特征方程为

$r^2 + 2r + 5 = 0$

解得 $r_{1,2} = -1 \pm 2i.$

$\therefore Y = \mathrm{e}^{-x}(C_1 \cos 2x + C_2 \sin 2x)$

由于 $0 + 2i$ 不是特征根,所以应设 y^* 为

$y^* = a\cos 2x + b\sin 2x$

代入原方程,得

$(4b+a)\cos 2x + (b-4a)\sin 2x = \sin 2x$

比较系数,得

$a = -\dfrac{4}{17}, b = \dfrac{1}{17}$

$\therefore y^* = -\dfrac{4}{17}\cos 2x + \dfrac{1}{17}\sin 2x$

故所求通解为

$$y = e^{-x}(C_1\cos 2x + C_2\sin 2x) - \frac{4}{17}\cos 2x + \frac{1}{17}\sin 2x.$$

(8) 该方程所对应的齐次方程的特征方程为

$$r^3 + r^2 - 2r = 0.$$

解得 $r_1 = 0, r_2 = 1, r_3 = 2.$

$$\therefore y = C_1 + C_2 e^x + C_3 e^{-2x}.$$

由于 $f(x) = f_1(x) + f_2(x) = xe^x + 4x.$ 对于 $f_1(x) = xe^x$, 由于 $\lambda = 1$ 是方程的特征单根, 所以应设 $y_1^* = x(b_0 x + b_1)e^x$; 对于 $f_2(x) = 4x,$

$\lambda = 0$ 是特征单根, 所以应设 $y_2^* = x(b_2 x + b_3)$. 把 y_1^*, y_2^* 分别代入 $y''' + y'' - 2y' = xe^x$ 与 $y''' + y'' - 2y' = 4x,$ 得

$$b_0 = \frac{1}{6}, b_1 = -\frac{9}{4}, b_2 = -1, b_3 = -1.$$

$$\therefore y^* = y_1^* + y_2^* = \left(\frac{1}{6}x^2 - \frac{4}{9}x\right)e^x - x^2 - x.$$

故所求通解为

$$y = C_1 + C_2 e^x + C_3 e^{-2x} + \left(\frac{1}{6}x^2 - \frac{4}{9}x\right)e^x - x^2 - x.$$

(9) 原方程可变为

$$\frac{dx}{dy} - \frac{3x}{y} = -\frac{y^3}{x}$$

上述方程两边同乘以 x, 得

$$x\frac{dx}{dy} - \frac{3x^2}{y} = -y^3$$

即 $\dfrac{1}{2}\dfrac{dx^2}{dy} - \dfrac{3x^2}{y} = -y^3$

设 $z = x^2$, 得

$$\frac{dz}{dy} - \frac{6z}{y} = -2y^3$$

$$\therefore z = e^{\int \frac{6}{y}dy}\left[\int -2y^3 e^{\int -\frac{y}{6}dy}dy + C\right]$$

$$= y^6\left[-2\int y^{-3}dy + C\right]$$

$$= y^6\left[y^{-2} + C\right]$$

$$= y^4 + Cy^6.$$

故所求通解为 $x^2 = y^4 + Cy^6.$

(10) 设 $u = \sqrt{x^2 + y}$, 则 $2u\dfrac{du}{dx} = 2x + \dfrac{dy}{dx}$. 代入原方程, 得

$$\frac{\mathrm{d}u}{\mathrm{d}x} = \frac{1}{2}\left(\frac{x}{u} + 1\right)$$

设 $z = \frac{u}{x}$，则 $u = zx$，$\frac{\mathrm{d}u}{\mathrm{d}x} = z + x\frac{\mathrm{d}z}{\mathrm{d}x}$，代入上述方程，得

$$z + x\frac{\mathrm{d}z}{\mathrm{d}x} = \frac{1}{2}\left(\frac{1}{z} + 1\right)$$

分离变量并积分，得

$$\int\frac{z\mathrm{d}z}{2z^2 - z - 1} = -\int\frac{1}{2x}\mathrm{d}x$$

$$\therefore \frac{1}{6}\ln(2z^3 - 3z^2 + 1) = -\frac{1}{2}\ln x + \ln C$$

即 $2z^3 - 3z^2 + 1 = C_1 x^{-3} \ (C_1 = C^6)$

将 $z = \frac{u}{x}$ 代入上式，得

$$2u^3 - 3xu^2 + x^3 = C_1$$

再将 $u = \sqrt{x^2 + y}$ 代入上式，得

$$2\sqrt{(x^2 + y)^3} - 2x^3 + 3xy = C.$$

4. 求下列微分方程满足所给初始条件的特解：

(1) $y^3\mathrm{d}x + 2(x^2 - xy^2)\mathrm{d}y = 0$，$x = 1$ 时 $y = 1$；

(2) $y'' - ay'^2 = 0$，$x = 0$ 时 $y = 0$，$y' = -1$；

(3) $2y'' - \sin 2y = 0$，$x = 0$ 时 $y = \frac{\pi}{2}$，$y' = 1$；

(4) $y'' + 2y' + y = \cos x$，$x = 0$ 时 $y = 0$，$y' = \frac{3}{2}$.

解 （1）原方程可变为

$$\frac{\mathrm{d}x}{\mathrm{d}y} - \frac{2x}{y} = -\frac{2x^2}{y^3}$$

上式两端同除以 x^2，得

$$x^{-2}\frac{\mathrm{d}x}{\mathrm{d}y} - \frac{2x^{-1}}{y} = -\frac{2}{y^3}$$

即 $-\frac{\mathrm{d}(x^{-1})}{\mathrm{d}y} - \frac{2x^{-1}}{y} = -\frac{2}{y^3}$

设 $z = x^{-1}$，则上式可变为

$$\frac{\mathrm{d}z}{\mathrm{d}y} + \frac{2z}{y} = \frac{2}{y^3}$$

$$\therefore z = \mathrm{e}^{-\int\frac{2}{y}\mathrm{d}y}\left(\int\frac{2}{y^3}\mathrm{e}^{\int\frac{2}{y}\mathrm{d}y}\mathrm{d}y + C\right)$$

$$= y^{-2} \left(\int \frac{2}{y} \, dy + C \right)$$

$$= y^{-2}(2\ln y + C)$$

即 $x^{-1} = y^{-2}(2\ln y + C)$

$\therefore x(2\ln y + C) - y^2 = 0.$

由 $x = 1$ 时, $y = 1$, 得 $c = 1$

故所求结解为 $x(2\ln y + 1) - y^2 = 0.$

(2) 设 $y' = p$, 则 $y'' = \dfrac{dp}{dx}$, 代入原方程, 得

$$\frac{dp}{dx} - ap^2 = 0.$$

分离变量并积分, 得

$$\int \frac{dp}{p^2} = \int a dx$$

$$\therefore p = -\frac{1}{ax + C_1}$$

即 $y' = -\dfrac{1}{ax + C_1}$

$$\therefore y = -\frac{1}{a}\ln(ax + C_1) + C_2$$

由 $x = 0$ 时, $y = 0$, $y' = -1$, 得 $C_1 = 1$, $C_2 = 0.$

故所求结解为　　$y = -\dfrac{1}{a}\ln(ax + 1).$

(3) 设 $y' = p$, 则 $y'' = p\dfrac{dp}{dy}$, 代入原方程, 得

$$2p \frac{dp}{dy} - \sin 2y = 0$$

分离变量并积分, 得

$$\int 2p dp = \int \sin 2y dy$$

$$\therefore p^2 = -\frac{\cos 2y}{2} + C_1$$

由 $x = 0$ 时, $p = y' = 1$, 得 $C_1 = \dfrac{1}{2}.$

$$\therefore p^2 = \sin^2 y$$

即 $\dfrac{dy}{dx} = \sin y$

$$\therefore \ln |\csc y - \cot y| = x + C_2$$

由 $x = 0$ 时,$y = \dfrac{\pi}{2}$,得 $C_2 = 0$.

$\therefore \ln |\csc y - \cot y| = \ln |\tan \dfrac{y}{2}| = x$.

故所求结解为 $y = 2\arctan \mathrm{e}^x$.

(4) 该方程对应的齐次方程的特征方程为

$r^2 + 2r + 1 = 0$

解得 $r_{1,2} = -1$

$\therefore Y = (C_1 + C_2 x)\mathrm{e}^{-x}$.

由于 $\lambda + i\omega = i$ 不是特征根,故应设 y^* 为

$y^* = a\cos x + b\sin x$

代入原方程,得

$(a + 2b - a)\cos x + (b - 2a - b)\sin x = \cos x$.

比较系数,得 $a = 0, b = \dfrac{1}{2}$.

$\therefore y^* = \dfrac{1}{2}\sin x$,

$\therefore y = (C_1 + C_2 x)\mathrm{e}^{-x} + \dfrac{1}{2}\sin x$

由 $x = 0$ 时,$y = 0, y' = \dfrac{3}{2}$,得 $C_1 = 0, C_2 = 1$.

故所求结解为 $y = x\mathrm{e}^{-x} + \dfrac{1}{2}\sin x$.

5. 已知某曲线经过点 $(1, 1)$,它的切线在纵轴上的截距等于切点的横坐标,求它的方程.

解 设 $P(x, y)$ 为曲线上任一点,则在该点的切线方程为

$Y - y = y'(X - x)$

当 $x = 0$ 时,得截距 $Y = -xy' + y$.

由题意,得

$-xy' + y = x$.

即 $y' - \dfrac{y}{x} = -1$

$\therefore y = \mathrm{e}^{\int \frac{\mathrm{d}x}{x}}\left(\int -\mathrm{e}^{\int -\frac{\mathrm{d}x}{x}}\,\mathrm{d}x + C\right)$

$\qquad = x(-\ln x + C)$

由曲线过点 $(1, 1)$,得 $C = 1$

故所求曲线方程为 $y = -x\ln x + x$.

6. 已知某车间的容积为 $30 \times 30 \times 6\ \mathrm{m}^3$,其中的空气含 0.12% 的 CO_2(以容积计算). 现以含 $CO_2 0.04\%$ 的新鲜空气输入,问每分钟应输入多少,才能在 $30\ \mathrm{min}$ 后使车间的空气中 CO_2 的含量不超过 0.06%?(假定输入的新鲜空气与原有空气很快混合均匀后,以相同的流量排出.)

解 设 $x(t)$ 为 t 时刻车间含 CO_2 的浓度,p 为每分钟输入含 $CO_2 0.04\%$ 的新鲜空气,则在 $\mathrm{d}t$ 时刻内 CO_2 含量的改变量为

$$30 \times 30 \times 6\mathrm{d}x = 0.0004 p\mathrm{d}t - px\mathrm{d}t$$

分离变量并积分,得

$$\int \frac{\mathrm{d}x}{0.0004 - x} = \int \frac{p\mathrm{d}t}{5400}$$

解得

$$\ln(0.0004 - x) = -\frac{pt}{5400} + \ln C$$

即 $x = 0.0004 - Ce^{-\frac{pt}{5400}}$.

当 $t = 0$ 时,$x = 0.0012$,得 $C = -0.0008$,

$\therefore x = 0.0004 + 0.0008e^{\frac{-pt}{5400}}$.

又当 $t = 30$ 时 ,$x = 0.0006$,得 $p \approx 250\ \mathrm{m}^3$.

$\therefore$ 当 $p \geqslant 250\ \mathrm{m}^3$ 时,即每分钟应输入约 $250\ \mathrm{m}^3$ 的新鲜空气才能符合题设要求.

7. 设可导函数 $\varphi(x)$ 满足

$$\varphi(x)\cos x + 2\int_0^x \varphi(t)\sin t\mathrm{d}t = x + 1,$$

求 $\varphi(x)$.

解 方程两边对 x 求导数,得

$\varphi'(x)\cos x - \varphi(x)\sin x + 2\varphi(x)\sin x = 1$

即 $\varphi'(x) + \tan x \cdot \varphi(x) = \sec x$.

$$\therefore \varphi(x) = e^{-\int \tan x\mathrm{d}x}\left(\int \sec x\, e^{\int \tan x\mathrm{d}x}\mathrm{d}x + C\right)$$

$$= \cos x\left(\int \sec^2 x\mathrm{d}x + C\right)$$

$$= \cos x(\tan x + C)$$

由题意,得 $\varphi(0) = 1$,则得 $C = 1$.

$\therefore \varphi(x) = \cos x(\tan x + 1) = \sin x + \cos x$.

8. 设函数 $u = f(r)$,$r = \sqrt{x^2 + y^2 + z^2}$,在 $r > 0$ 内满足拉普拉斯(Laplace) 方程

$$\frac{\partial^2 u}{\partial x^2} + \frac{\partial^2 u}{\partial y^2} + \frac{\partial^2 u}{\partial z^2} = 0.$$

其中 $f(r)$ 二阶可导,且 $f(1) = f'(1) = 1$. 试将拉普斯方程化为以 r 为自然量的常微分方程,并求 $f(r)$.

解　　$\dfrac{\partial u}{\partial x} = \dfrac{\partial f}{\partial r} \cdot \dfrac{\partial r}{\partial x} = f'(r) \dfrac{x}{r}$

$\dfrac{\partial^2 u}{\partial^2 x^2} = f''(r) \dfrac{x^2}{r^2} + f'(r) \dfrac{y^2 + z^2}{r^3}$

同理可得

$\dfrac{\partial^2 u}{\partial y^2} = f''(r) \dfrac{y^2}{r^2} + f'(r) \dfrac{x^2 + z^2}{r^3}$

$\dfrac{\partial^2 u}{\partial y^2} = f''(r) \dfrac{z^2}{r^2} + f'(r) \dfrac{x^2 + y^2}{r^3}$

$\therefore \dfrac{\partial^2 u}{\partial x^2} + \dfrac{\partial^2 u}{\partial y^2} + \dfrac{\partial^2 u}{\partial z^2} = f''(r) \dfrac{x^2 + y^2 + z^2}{r^2} + f'(r) \dfrac{2(x^2 + y^2 + z^2)}{r^3}$

$$= f''(r) + \dfrac{2}{r} f'(r) = 0.$$

故所求常微分方程为

$$f''(r) + \dfrac{2}{r} f'(r) = 0$$

设 $p = f'(r)$,则 $f''(r) = \dfrac{\mathrm{d}p}{\mathrm{d}r}$,代入上式,得

$$\dfrac{\mathrm{d}p}{\mathrm{d}r} + \dfrac{2}{r} p = 0.$$

分离变量并积分,得

$$\int \dfrac{\mathrm{d}p}{p} = \int -\dfrac{2}{r} \mathrm{d}r$$

$\therefore \ln p = -2 \ln r + \ln C$

$\therefore f'(r) = p = \dfrac{C}{r^2}$

由 $f'(1) = 1$,得 $C = 1$

$\therefore f'(r) = \dfrac{1}{r^2}$

$\therefore f(r) = -\dfrac{1}{r} + C_1$

又由 $f(1) = 1$,得 $C_1 = 2$

$\therefore f(r) = 2 - \dfrac{1}{r}$.

9. 设 $y_1(x)$、$y_2(x)$ 是二阶齐次线性方程 $y'' + p(x)y' + q(x)y = 0$ 的两个解,令

$$W(x) = \begin{vmatrix} y_1(x) & y_2(x) \\ y'_1(x) & y'_2(x) \end{vmatrix} = y_1(x)y'_2(x) - y'_1(x)y_2(x),$$

证明:(1)$W(x)$满足方程$W' + p(x)W = 0$;

(2)$W(x) = W(x_0)e^{-\int_{x_0}^{x} p(t)dt}$.

证明　(1) 由题意,得

$$W' = y_1 y''_2 - y''_1 y_2$$

$$\therefore W' + p(x)W = y_1 y''_2 - y''_1 y_2 + p(y_1 y'_2 - y'_1 y_2)$$
$$= y_1(y''_2 + py'_2) - y_2(y''_1 + py'_1)$$
$$= y_1(-qy_2) - y_2(-qy_1) = 0$$

$\therefore W(x)$满足方程$W' + p(x)W = 0$.

(2) 由$W' + p(x)W = 0$,得

$$\frac{dW}{W} = -p(x)dx.$$

$$\therefore \int_{x_0}^{x} \frac{dW}{W} = -\int_{x_0}^{x} p(t)dt$$

解得 $\ln W(x) - \ln W(x_0) = -\int_{x_0}^{x} p(t)dt$

即 $W(x) = W(x_0)e^{-\int_{x_0}^{x} p(t)dt}$.

10. 求下列欧拉方程的通解:

(1)$x^2 y'' + 3xy' + y = 0$;　　　(2)$x^2 y'' - 4xy' + 6y = x$.

解　(1) 设$x = e^t$,则原方程可化为

$$D(D-1)y + 3Dy + y = 0$$

即 $D^2 y + 2Dy + y = 0$

$$\therefore \frac{d^2 y}{dt^2} + 2\frac{dy}{dt} + y = 0.$$

上式的特征方程为

$$r^2 + 2r + 1 = 0.$$

能得 $r_{1,2} = -1$

则所求通解为

$$y = (C_1 + C_2 t)e^{-t}$$

$$= (C_1 + C_2 \ln x) \cdot \frac{1}{x}.$$

(2) 设$x = e^t$,则原方程可化为

$$D(D-1)y - 4Dy + 6y = e^t$$

即 $D^2 y - 5Dy + 6y = e^t$

$$\therefore \frac{d^2 y}{dt^2} - 5\frac{dy}{dt} + 6y = e^t \qquad \qquad ①$$

上式对应的齐次方程的特征方程为

$$r^2 - 5r + 6 = 0$$

解得 $r_1 = 2, r_2 = 3$

$$\therefore Y = C_1 e^{2-x} + C_2 e^{3-t}$$

由于 $x = 1$ 不是特征根，所以应设 y^* 为

$$y^* = be^t$$

代入 ① 式，得

$$(b - 5b + 6b)e^t = e^t$$

$$\therefore b = \frac{1}{2}$$

故所求通解为

$$y = C_1 e^{2t} + C_2 e^{3t} + \frac{1}{2}e^t$$

$$= C_1 x^2 + C_2 x^3 + \frac{1}{2}x.$$

11. 求下列常系数线性微分方程组的通解:

$$(1) \begin{cases} \dfrac{dx}{dt} + 2\dfrac{dy}{dt} + y = 0, \\[2mm] 3\dfrac{dx}{dt} + 2x + 4\dfrac{dy}{dt} + 3y = t; \end{cases}$$

$$(2) \begin{cases} \dfrac{d^2 x}{dt^2} + 2\dfrac{dx}{dt} + x + \dfrac{dy}{dt} + y = 0, \\[2mm] \dfrac{dx}{dt} + x + \dfrac{d^2 y}{dt^2} + 2\dfrac{dy}{dt} + y = e^t. \end{cases}$$

解　(1) 用 D 表示 $\dfrac{d}{dt}$，则原方程可写为

$$\begin{cases} Dx + 2Dy + y = 0 & ① \\ 3Dx + 2x + 4Dy + 3y = t & ② \end{cases}$$

① $\times 3 - ②$，得

$$2Dy - 2x = -t \qquad \qquad ③$$

③ $\times D$，得

$$2D^2 y - 2Dx = -1$$

由 ①，得

$$Dx = -2Dy - y \qquad \qquad ④$$

代入 ④,得

$$D^2 y + 2Dy + y = -\frac{1}{2}$$

即 $\dfrac{\mathrm{d}^2 y}{\mathrm{d}t^2} + 2\dfrac{\mathrm{d}y}{\mathrm{d}t} + y = -\dfrac{1}{2}$　　　　　　　　　　　　①

上式所对应的齐次方程的特征方程为

$$r^2 + 2r + 1 = 0$$

解得 $r_{1,2} = -1$

$\therefore Y = (C_1 + C_2 t)\mathrm{e}^{-t}$

由于 $\lambda = 0$ 不是特征根,所以应设 y^* 为

$$y^* = b$$

代入 ① 式,得 $b = -\dfrac{1}{2}$

$\therefore y^* = -\dfrac{1}{2}$

故 ① 的通解为 $y = (C_1 + C_2 t)\mathrm{e}^{-t} - \dfrac{1}{2}$.

由 ③ 得 $x = \dfrac{\mathrm{d}y}{\mathrm{d}t} + \dfrac{t}{2} = (-C_1 + C_2 - C_2 t)\mathrm{e}^{-t} + \dfrac{1}{2}t$

$\therefore$ 原方程的通解为

$$\begin{cases} x = (C - C_2 t)\mathrm{e}^{-t} + \dfrac{1}{2}t & (C = -C_1 + C_2) \\ y = (C_1 + C_2 t)\mathrm{e}^{-t} - \dfrac{1}{2} \end{cases}$$

(2) 用 D 表示 $\dfrac{\mathrm{d}}{\mathrm{d}t}$,则原方程可写为

$$\begin{cases} D^2 x + 2Dx + x + Dy + y = 0 \\ Dx + x + D^2 y + 2Dy + y = \mathrm{e}^t \end{cases}$$

即 $\begin{cases} (D+1)^2 x + (D+1)y = 0 \\ (D+1)x + (D+1)^2 y = \mathrm{e}^t \end{cases}$　　　　　　　①
　　　　　　　　　　　　　　　　　　　　　　　　　②

②×$(D+1)$ − ①,得

$$(D+1)^3 y - (D+1)y = 2\mathrm{e}^t$$

即 $\dfrac{\mathrm{d}^3 y}{\mathrm{d}t^3} + \dfrac{3\mathrm{d}^2 y}{\mathrm{d}t^2} + 2\dfrac{\mathrm{d}y}{\mathrm{d}t} = 2\mathrm{e}^t$　　　　　　　　③

与上式对应的齐次方程的特征方程为

$$r^3 + 3r^2 + 2r = 0$$

解得 $r_1 = 0, r_2 = -1, r_3 = -2.$

$\therefore Y = C_1 + C_2 e^{-t} + C_3 e^{-2t}$

由于 $\lambda = 1$ 不是特征根，所以应设 y^* 为

$$y^* = b e^t$$

代入 ③，得

$$(b + 3b + 2b) e^t = 2 e^t$$

$$\therefore b = \frac{1}{3}$$

$$\therefore y^* = \frac{1}{3} e^t$$

故 ③ 的通解为

$$y = C_1 + C_2 e^{-t} + C_3 e^{-2t} + \frac{1}{3} e^t$$

由原方程组的第二个方程有

$$\frac{dx}{dt} + x = e^t - \frac{d^2 y}{dt^2} - 2 \frac{dy}{dt} - y$$

$$= e^t - (C_2 e^{-t} + 4 C_3 + \frac{1}{3} e^t) - 2(-C_2 e^{-t} - 2 C_3 e^{-2t} + \frac{1}{3} e^t) - (C_1 + C_2 e^{-t} + C_3 e^{-2t}$$

$$+ \frac{1}{3} e^t)$$

$$= - C_1 - C_3 e^{-2t} - \frac{1}{3} e^t$$

即 $\dfrac{dx}{dt} + x = - C_1 - C_3 e^{-2t} - \dfrac{1}{3} e^t$

$$\therefore x = e^{-\int dt} \Big[\int (- C_1 - C_3 e^{-2t} - \frac{1}{3} e^t) e^{\int dt} dt + C_4 \Big]$$

$$= e^{-t} \Big[\int (- C_1 e^t - C_3 e^{-t} - \frac{1}{3} e^{2t}) dt + C_4 \Big]$$

$$= - C_1 + C_3 e^{-2t} - \frac{t}{6} e^t + C_4 e^{-t}$$

故原方程的通解为

$$\begin{cases} x = - C_1 + C_3 e^{-2t} + C_4 e^{-t} - \dfrac{1}{6} e^t \\ y = C_1 + C_2 e^{-t} + C_3 e^{-2t} + \dfrac{1}{3} e^t \end{cases}$$

同步自测题及解析

一、单项选择题

1. 若 y_1 和 y_2 是二阶齐次线性方程 $y'' + p(x)y' + q(x)y = 0$ 两个特解，C_1，C_2 为任意常数，则 $y = C_1y_1 + C_2y_2$ ___C___ .

(A) 一定是该方程的通解　　　　　　(B) 是该方程的特解

(C) 是方程的解　　　　　　　　　　(D) 不一定是方程的解

解 当 y_1，y_2 线性无关时，y 是方程的通解，线性相关时，y 是特解，所以选 C.

2. 以 $y_1 = \cos x$，$y_2 = \sin x$ 为特解的方程是 ___B___ .

(A)$y'' - y = 0$　　　　(B)$y'' + y = 0$　　　　(C)$y'' + y' = 0$　　　　(D)$y'' - y' = 0$

解 $y''_1 = -\cos x$，$y''_2 = -\sin x$，故 $y'' + y = 0$.

3. $y = e^{2x}$ 是微分方程 $y'' + py' + 6y = 0$ 的一个特解，则此方程的通解是 ___C___ .

(A)$y = C_1e^{2x}$　　　　　　　　　　　　(B)$y = (C_1 + x_{C_2})e^{2x}$

(C)$y = C_1e^{2x} + C_2e^{3x}$　　　　　　　(D)$y = e^{2x}(C_1\sin 3x + C_2\cos 3x)$

解 特征方程 $r^2 + pr + 6 = 0$. $p = 2$ 为方程的解代入得 $p = -5$，则 $r_1 = 2$，$r_2 = 3$. 故 $y = e^{3x}$ 为方程另一特解.

4. 微分方程 $y'' - y = e^x + 1$ 的特解 y^* 形式为 ___B___ .

(A)$ae^x + b$　　　　(B)$axe^x + b$　　　　(C)$ae^x + bx$　　　　(D)$axe^x + bx$

解 特征方程 $r^2 - 1 = 0$，

特征根为 $r_{1,2} = \pm 1$，

所以 $y'' - y = e^x$ 有特解

$y_1^* = axe^x$

$y'' - y = 1$ 有特解

$y_2^* = b$

所以原方程有特解

$y^* = y_1^* + y_2^* = axe^x + b$.

二、填空题

1. 微分方程 $\dfrac{d^2y}{dx^2} + \omega^2 y = 0$ 的通解是 $\underline{C_1\cos \omega x + C_2\sin \omega x}$，其中 C_1，C_2 均为任意常数.

解 特征方程 $r^2+\omega^2=0$,特征根 $r_{1,2}=\pm\omega i$,故通解为 $y=C_2\cos\omega x+C_2\sin\omega x$.

2.已知某四阶线性齐次方程有四个线性无关的解 e^{-x}、e^x、$\sin x$、$\cos x$,则该微分方程是 $\underline{y^{(4)}-y=0}$.

解 由题知,特征值为 $-1,1,\pm i$,故特征方程为 $(r^2-1)(r^2+1)=0$ 即 $r^4-1=0$.故微分方程为 $y^{(4)}-y=0$.

3.以 $x_1=x_2=2$ 为特征值的阶数最低的常系数线性齐次微分方程是 $\underline{y''+4y'+y=0}$.

解 特征方程为 $r^2+4r+4=0$.故微分方程 $y''+4y+4y=0$.

4.以 $(x+C)^2+y^2=1$ 为通解的微分方程是 $\underline{y^2(1+y'^2)=1}$(其中 C 为任意常数).

解 由 $(x+C)^2+y^2=1$ 知 $2(x+C)+2yy'=0$

$\therefore\ x+C=-yy'$

代入原方程得

$y^2(1+y'^2)=1$.

三、求 $(e^{x+y}-e^x)dx+(e^{x+y}-e^y)dy=0$ 的通解.

解 设 $P(x)=e^{x+y}-e^x$ $Q(x)=e^{x+y}-e^y$

有 $\dfrac{\partial P}{\partial y}=\dfrac{\partial Q}{\partial x}=e^{x+y}$.

故解为 $\int_0^x 0dx+\int_0^y e^{x+y}-e^y dx=(e^x-1)(e^y-1)=C$

即通解为 $(e^x-1)(e^y-1)=C$.

四、求 $(xe^y+1)dx+(\frac{1}{2}x^2e^y+y)dy=0$ 的通解.

解 设 $P(x)=xe^y+y$ $Q(x)=\frac{1}{2}x^2e^y+y$

$\dfrac{\partial P}{\partial y}=\dfrac{\partial Q}{\partial x}=xe^y$

$\therefore\ \int_0^x(x+1)dx+\int_0^y(\frac{1}{2}x^2e^y+y)dy$

$=\frac{1}{2}x^2+x+\frac{1}{2}x^2e^y+\frac{y^2}{2}-\frac{1}{2}x^2$

$=\frac{1}{2}x^2e^y+\frac{y^2}{2}+x=C$

故通解为 $\frac{1}{2}x^2e^y+\frac{y^2}{2}+x=C$.

五、求微分方程 $y''-5y'+6y=xe^{2x}$ 的通解.

解 特征方程为 $r^2-5r+6r=0$

解得 $r_1=2,r_2=3$

$\therefore Y = C_1 e^{2x} + C_2 e^{3x}$

又 $\lambda = 2$ 是方程的特征单根,所以应设 $y^* = x(ax+b)e^{2x}$ 代入方程,得

$(2a - b)e^{2x} - 2ae^{2x}x = xe^{2x}$

比较系数,得 $\begin{cases} 2a - b = 0 \\ -2a = 1 \end{cases}$

$\therefore a = -\dfrac{1}{2}, b = -1$

$\therefore y^* = (-\dfrac{1}{2}x - 1)xe^{2x}$

故所求方程的特解为

$y = C_1 e^{2x} + C_2 e^{3x} - (\dfrac{1}{2}x + 1)xe^{2x}.$

六、已知 $y_1 = xe^x + e^{2x}, y_2 = xe^x + e^{-x}, y_3 = xe^x + e^{2x} - e^{-x}$ 是某二阶线性非齐次微分方程的三个解,求此微分方程.

解　由线性微分方程的解的结构定理可得

$y_1 - y_3 = e^{-x}, y_1 - y_2 = e^{2x} - e^{-x}, (y_1 - y_3) + (y_1 - y_2) = e^{2x}$

是该方程对应的齐次方程的解.

由于 $\dfrac{e^{-x}}{e^{2x}} = e^{-3x} \neq 0$ 知 e^{-x} 与 e^{2x} 是对应齐次线性方程的线性无关解. 而 y_1 是非齐线性方程的特解,由非齐线性方程解的结构定理得其通解为

$y = C_1 e^{-x} + C_2 e^{2x} + xe^x + e^{2x}.$

七、求方程的解:

$4y'' + 4y' + y = 0; y(0) = 2, y'(0) = 0.$

解　特征方程　$4r^2 + 4r + 1 = 0$

解得　$r_{1,2} = -\dfrac{1}{2}$

$\therefore y = (C_1 + C_2 x)e^{-\frac{1}{2}x}$

由 $y(0) = 2, y'(0) = 0$,得 $C_1 = 2, C_2 = 1.$

故所求特解为　$y = (2 + x)e^{-\frac{1}{2}x}.$

图书在版编目（CIP）数据

高等数学全程导学及习题全解．下册/周珑主编．—北京：中国时代经济出版社，2006.9

（21世纪高等院校经典教材同步辅导）

ISBN 7 - 80221 - 123 - 9

Ⅰ．高…　Ⅱ．周…　Ⅲ．高等数学 – 高等学校 – 教学参考资料　Ⅳ．013

中国版本图书馆 CIP 数据核字（2006）第 055921 号

高
等
数
学
全
程
导
学
及
习
题
全
解
（
下
册
）

周珑　主编

出　版　者	中国时代经济出版社
地　　　址	北京东城区东四十条 24 号
	青蓝大厦东办公区 11 层
邮政编码	100007
电　　　话	(010)68320825(发行部)
	(010)88361317(邮购)
传　　　真	(010)68320634
发　　　行	各地新华书店
印　　　刷	北京市优美印刷有限责任公司
开　　　本	880 × 1230　1/32
版　　　次	2006 年 9 月第 1 版
印　　　次	2006 年 9 月第 1 次印刷
印　　　张	12.5
字　　　数	300 千字
印　　　数	1 ~ 5000 册
定　　　价	13.50 元
书　　　号	ISBN 7 - 80221 - 123 - 9/G·071